首都图书馆乡土课堂
精选讲座文集

上册

首都图书馆　编

學苑出版社

图书在版编目（CIP）数据

如是京华：首都图书馆乡土课堂精选讲座文集／首都图书馆编．— 北京：学苑出版社，2023.10
　　ISBN 978-7-5077-6767-4

Ⅰ．①如… Ⅱ．①首… Ⅲ．①北京-地方史-文集 Ⅳ．① K291-53

中国国家版本馆 CIP 数据核字（2023）第 183570 号

责任编辑：战葆红　刘　悦
出版发行：学苑出版社
社　　址：北京市丰台区南方庄 2 号院 1 号楼
邮政编码：100079
网　　址：www.book001.com
电子信箱：xueyuanpress@163.com
联系电话：010-67601101（销售部）　010-67603091（总编室）
印　刷　厂：河北赛文印刷有限公司
开本尺寸：710 mm×1000 mm　1/16
印　　张：51.25
字　　数：720 千字
版　　次：2023 年 10 月第 1 版
印　　次：2023 年 10 月第 1 次印刷
定　　价：198.00 元

编委会

主　任　毛雅君　许　博

副主任　李念祖

编　委　李凌霄　朱　亮　曹　云　解　冰　杨　雪

前 言

2017年1月，中共中央办公厅、国务院办公厅印发了《关于实施中华优秀传统文化传承发展工程的意见》，该意见指出：中华优秀传统文化，积淀着中华民族最深沉的精神追求，代表着中华民族独特的精神标识……对延续和发展中华文明、促进人类文明进步，发挥着重要作用。这也为全民阅读指明了方向，即中华优秀传统文化应该成为全民阅读的核心内容，这对于弘扬社会主义核心价值观、提高新时代的国民素质，具有十分重要的意义。

首都图书馆与北京市社科联、北京史研究会于2003年1月4日共同创建的讲座品牌"首图讲坛·乡土课堂"，多年来一直积极倡导全民阅读，传承中华优秀传统文化，赓续北京文脉。该品牌以向市民普及北京历史文化知识为宗旨，从北京的先农坛讲到鸟巢，从建城讲到建都，从帝王之家讲到胡同四合院，它带领市民穿梭于古今之间，徜徉于北京的街头巷尾，陶醉于独特的京味文化之中，市民们通过"乡土课堂"更加生动、深刻地认识了北京这座历史文化古都的无穷魅力。"乡土课堂"凭借自己独特的地域文化定位、富含趣味的选题以及嘉宾生动的讲述，不断激发着北京市民对传统文化的兴趣、对北京的热爱，推动了人文北京的建设。截至2023年9月，"乡土课堂"已成功策划举办讲座912期，线下接待听众10余万人次，线上受众近2000万人次。

2023年正值"乡土课堂"举办20周年,为深化讲座服务成果,提升讲座传播影响力,有效促进讲座知识的再次传播,我们特从已举办的900余场讲座中选取38篇精彩讲座文稿结集出版。本书按主题分为"一城三带""中轴线""京城探游""传统节日""城门记忆""皇家坛庙""宫廷生活""艺术撷珍"8个系列,内容涉及北京名胜古迹、地理变迁、历史大事、地方艺术、民间风俗、城市规划等不同方面,以期提升读者对于讲座主题知识的连贯性、深入性了解,增强其对于北京历史文化继续学习、探索的兴趣。主讲人既有来自北京大学、北京师范大学等著名高校桃李满天下的教授,也有来自于北京市文史研究馆、北京市社会科学院等科研院所数十年如一日耕耘于学术文化的研究员,还有来自于故宫博物院、北京古建博物馆等多年专注于文物研究和文化传播一线的博物馆工作者。他们中有年过古稀的著名学者,也有年富力强的学术中坚,还有近年来风华正茂的青年才俊。在内容编排上我们尽量保留了讲座口语化风格,用通俗、生动的文字去讲述复杂的历史事件,解析深刻的文化现象。此外,书中还配有多幅高清图片,直观地展现北京丰富、多元的文化和历史。期待该书能让更多人重新认识北京这座有着3000多年建城史、870年建都史、拥有深厚的文化积淀的历史古都。

编 者
2023 年 10 月

目 录

一城三带

北京西山永定河文化带景观解读与保护发展……张宝秀 / 3

山水人和　生生不息
　　——论西山永定河生态环境的可持续发展……高大伟 / 16

北京大运河文化带及其文化遗产……郁志群 / 39

北京长城文化带文化寻踪……汤羽扬 / 54

中轴线

穿越古今　漫步中轴
　　——走读中轴线路与看点……李建平 / 79

北京城市中轴线：中国古都文化的灿烂结晶……韩　朴 / 100

北京中轴线的历史文化内涵……王　岗 / 128

近现代北京中轴线建筑的变与不变……谭烈飞 / 158

20世纪北京中轴线的历史变迁……王建伟 / 173

京城探游

北京琉璃厂文化街与文化名人轶事……马建农 / 199

千年回望
　　——卧佛寺 樱桃沟……李明新 / 221

皇家园林看西郊　西郊园林自辽金
　　——北京传统园林区域形成的地理基础和文化渊源……吴文涛 / 251

鳌延千梵
　　——长河岸边的五塔寺……郭 豹 / 272

国宝之路：北京城西南　一线阅千年
　　——从白云观到南堂……李卫伟 / 303

传统节日

北京春节的习俗与文化内涵……张 勃 / 321

灯火不曾阑珊
　　——元宵节及文学中的元宵节……成 敏 / 337

阳极阴生五自重
　　——文学作品中的端午节……陈连山 / 359

不知秋思落谁家
　　——诗词里的中秋……谢 琰 / 379

一城三帯

北京西山永定河文化带景观解读与保护发展

张宝秀

一、北京三条文化带提出的背景和意义

北京市文物局学习贯彻落实习近平总书记2014年2月在北京考察工作重要讲话精神，基于多年文保工作经验、需要和文化遗产保护利用新理念，2015年在为北京市"十三五"规划提建议时，提出整体保护长城文化带、运河文化带、西山文化带的建议，旨在推进区域文化遗产连片、成线保护利用，挖掘区域文化遗产整体价值。三条文化带的具体名称和范畴后来略有变化。

2017年，经中共中央、国务院批复的《北京城市总体规划（2016年—2035年）》公布，提出"构建四个层次、两大重点区域、三条文化带、九个方面的历史文化名城保护体系"，"推进大运河文化带、长城文化带、西山永定河文化带的保护利用"。

为了深入学习贯彻习近平总书记视察北京重要讲话精神，落实《北京城市总体规划（2016年—2035年）》，2017年8月北京市成立了推进全国文化中心建设领导小组，明确了建设全国文化中心要集中做好首都文化这篇大文章，重点抓好"一核一城三带两区"。

"首都文化"至少包括源远流长的古都文化、丰富厚重的红色文

化、特色鲜明的京味文化和蓬勃兴起的创新文化这四个方面。"四个文化"是北京市推进全国文化中心建设的基本格局,是中华优秀传统文化、革命文化、社会主义先进文化在首都的具体体现和生动实践。

"一核一城三带两区"是以培育和弘扬社会主义核心价值观为引领,以历史文化名城保护为根基,以老城、大运河文化带、长城文化带、西山永定河文化带为主要抓手,推动公共文化服务体系示范区和文化创意产业引领区建设,把北京建设成为弘扬中华文明与引领时代潮流的文化名城,建设中国特色社会主义先进文化之都。"一核一城三带两区"是北京市推进全国文化中心建设的总体框架。

北京地区的大运河、长城、西山永定河三条文化带坐落在我国北部、东部,东西万里长城和南北大运河一横一纵两项世界文化遗产形成的主要人文地理框架北端,与北京城关系密切,不可分割,环抱京城,控扼冲要,在北京城市诞生、发展、地位不断提升和南北民族文化融合不断深入的历史过程中,三条文化带逐步形成和发展,作为北京城周围的辅助性、服务性区域,分别承担着物资保障、文化交流,安全护卫、民族融合,精神颐养、治国理政的重要功能,与北京城同步发展,文化积累越来越深厚,文化内涵越来越丰富。三条文化带蕴含着丰富的古都文化、红色文化、京味文化、创新文化,如今是北京历史文化名城的有机组成部分,是重要的首都功能区。

文化带,即带状文化区,是一类地域综合体,是具有共同生态文化基础和历史文化属性的带状空间单元,在生态、历史、文化、经济、社会、政治等方面具有独特的统一体功能。以文化带形式作为推进北京历史文化名城保护和全国文化中心建设的工作抓手,体现了系统性思维创新,有利于区域文化遗产成线连片保护利用,有利于物质文化遗产、非物质文化遗产及其周边环境的整体性、综合性、系统性保护,有利于统筹保护、传承、利用。

二、北京西山永定河文化带的内涵外延

北京市西山永定河文化带是以京西太行山脉和横亘其中、东南流经平原地区的永定河"一山一水"为基本骨架的宽带状文化区。这里生态良好，历史悠久，底蕴深厚，与北京城关系密切，历史上随着北京中心城地位的提升、变化而发展演变，在生态本底上的文化积累日趋厚重，进而构成一个山水相拥、阴阳交融、人文荟萃、特色鲜明的文化生态地域综合体。[1]

北京西山永定河文化带保护发展规划范围：北起延庆区妫川谷地，南抵房山区拒马河谷地，东临北京老城，西、南、东南至市界。包含北京西部海拔100米以上或坡度25°以上的山地丘陵区、市域南部永定河流域平原段以及山前低于海拔100米的三山五园等重点地区，历史上属于永定河流域的莲花河、凉水河上游地区，涉及昌平、海淀、门头沟、石景山、丰台、房山、大兴、延庆8个行政区，总面积5070平方公里。

北京西山永定河文化带划分为精华区和辐射区，分别约占规划区总面积的29%和71%。其中，精华区以三山五园地区、八大处地区、永定河沿岸、大房山地区等西山永定河文化带历史文化资源密集地区为主线，兼顾商道、香道等历史古道，以及风景名胜区等生态文化资源分布，其范围以三山五园重点地区为轴心，北至昌平南口，南至卢沟桥宛平城，西联八大处—模式口—三家店—门头沟，西南经模式口至潭柘寺、戒台寺再至周口店、云居寺、琉璃河西周燕都遗址、十渡，东含莲花池—金中都、团河行宫、南海子公园，面积1477平方公里，是文化带历史文化和生态文化保护发展的重点地带。辐射区包括：（1）西山生态本底区，涵盖文化带内500米及以上的所有山体部分，总面

---

[1] 北京市推进全国文化中心建设领导小组关于印发《北京市西山永定河文化带保护发展规划（2018年—2035年）》的通知，京文建发，2019，第4号。

积 2392 平方公里，约占规划区总面积的 47%，是北京西部重要的生态涵养区和生态屏障。未来重点进行生态保育、生态功能提升，对各类建设行为进行管控与引导。（2）城镇文化发展区，规划区范围内的平原地区，面积 1201 平方公里，约占规划区总面积的 24%，未来从管理、实施角度统筹落实好各项管控和引导要求，使文化带的文化内涵得以充分挖掘、阐释和彰显。

三、北京西山永定河文化带的自然景观

西山，是北京西部山地的总称，属太行山脉最北段，居太行之首，古代被誉为"神京右臂"，拱卫着北京城。明朝嘉靖年间张爵《京师五城坊巷胡同集》："西山，府西三十里，太行山首"。北京西山北起昌平区南口关沟太行山与燕山的分界线，南抵房山区拒马河谷地，西至北京市界，东临北京小平原，呈北东-南西走向，长约 90 公里，宽约 60 公里，总面积约 3000 平方公里，约占全市面积的 17%。

北京西山地势由西北向东南逐级下降，依次有东灵山—黄草梁—笔架山、百花山—髽髻山—妙峰山、九龙山—香峪大梁、大洼尖—猫耳山等四列山脉。地貌类型主要包括中山、低山、丘陵和山间谷底。最高峰东灵山海拔 2303 米。四列山脉串联着西山的世界文化遗产、文物保护单位、传统村落等历史文化资源，连接着世界地质公园、自然保护区、风景名胜区、国家森林公园等生态文化资源，文化与生态相融共生，承载着北京的山水城市意象。

其中，香峪大梁是西山向北京平原延伸部分，以永定河河道和军庄沟与西山主体部分相隔离，俗称小西山，是西山向北京平原延伸部分，为太行山余脉，主峰海拔 797.6 米。小西山是历朝历代在西山建设经营比较集中的区域，主要位于海淀区和石景山区，是以三山五园、八大处为核心的文化遗产聚集区，皇家园林遗产和宗教文化资源非常

丰富。

北京西山是我国的地质学摇篮。1913年，民国政府工商部先后成立地质调查所和地质研究所，开展区域地质调查，自主培养了我国第一批地质学人才，于1920年印行了我国第一部地质学著作《北京西山地质志》，编号为"地质专报甲种第一号"，由此开启了中国区域地质调查的序幕。

永定河水孕育了北京城，养育了北京人，培育了北京文化，是北京的母亲河。分别发源于山西、内蒙古和北京的桑干河、洋河和妫水河三大支流在官厅附近汇合，以下河段始称永定河。永定河谷由西北向东南横切西山山体，斜贯北京西南部平原，是最大的过境河流，流量极不稳定，加之上游经黄土区，河水含沙量较多，历史上在出山口门头沟三家店进入平原地区后经常改道。

永定河历史上曾称湿水、治水、灅水，晋代下游曾称清泉河，隋唐时期称桑乾河，辽金以后直至清初上游仍称桑乾河，中下游称卢沟河，因河水含沙量高、河道迁徙无常，又称浑河，俗称无定河。清康熙三十七年（1698），清政府在卢沟桥以下至当时的狼城河河口两岸筑堤后，为使河道永久安定，造福民众，康熙赐名永定河。直至20世纪50年代修筑了官厅水库之后，才改变了永定河的水文特征。

永定河是海河六大支流之一，全长759公里，流经内蒙古、山西、河北、北京、天津5个省区市的43个县市，流域面积4.7万平方公里。官厅以上为上游，地处黄土高原及石质山区；官厅至三家店出山口之间为中游，是山峡地段，天然落差340米，水流湍急，水能资源丰富；三家店出山口以下进入平原，形成河道洪冲积扇，海拔在25米至100米之间。永定河北京段全长170公里，流域面积3105平方公里，占全市面积的18.9%，其中山区面积2453平方公里，占79%，平原面积652平方公里，占21%。西山永定河文化带区域内主要河流还有拒马河、温榆河，拒马河流经南界，北端为温榆河上游，京密引水渠经过东北部山前地带。

北京西山永定河文化带自然山水灵秀天成，历史文化荟萃凝聚，是展示北京人文精神的重要载体，是首都坚守生态屏障、尽显绿水青山的典范。

四、北京西山永定河文化带的文化景观及其层累过程

美国文化地理学家卡尔·索尔（C. O. Sauer）于1925年发表《景观形态学》，创立了文化地理学的景观形态学派，认为"文化景观是由文化群体对自然景观作用所塑造出来的，其中，文化是代理者，自然区是媒介，文化景观是结果。""自然景观很重要，因为其提供文化景观形成的基础，然而，文化景观的形成力是文化本身。""文化景观通过各个时期所经历的发展，可能最终达到其循环发展的结尾。随着异文化的到来，新景观会强加在旧景观上"。[1]

英国历史地理学家达比（H. C. Darby）认为任何一种文化景观都是由不同历史时期的文化叠加而成，历史文化景观就是历史文化层的不断叠加；研究地理景观必须要有发生学的思想，可以采用横剖面的方法，通过一系列横剖面的复原，来恢复某一地区地理景观的变化过程，从而为现代地理景观的特点做出发生学的解释。[2]

北京西山永定河文化带生态良好，历史悠久，底蕴深厚，文脉绵长，人与自然和谐共生，与北京城关系密切，历史上随着北京中心城地位的提升、变化和南北民族文化融合不断深入而发展演变，在生态本底上的文化积累日趋厚重。自史前至新石器农业文明肇始，直至今

---

1 C. O. Sauer., "The Morphology of Landscape," *Berkeley: University of California Publications in Geography*, 2（2）（1925）.

2 H. C. DARBY, *An Historical Geography of England Before 1800*（Cambridge: Cambridge University Press, 1948; "On The Relations of Geography and History," *Transactions and Paper, Institute of British Geographers* 19（1953）.

天，这里历史文脉连绵不断，逐步形成今日的文化景观。

北京西山地区自魏晋起便是文人墨客的钟爱之地，但是西山文化景观基本特征的形成，开始于辽金时期。辽代，北京成为五京之一的陪都南京，西山地区出现了一批寺院建筑。北辽皇帝耶律淳死后葬于香山。金代迁都燕京，建立中都，成为北半个中国皇朝首都，位于都城郊区的西山永定河地区的文化层累过程由此加速，对永定河的治理也逐步加强。此后直至元明清时期，随着都城地位和职能的提升，文化景观内涵快速丰富起来。西山地区是离都城最近的山脉，峰峦叠翠的景致不仅吸引了历代帝王来此游猎休憩，这里更逐渐成为营建皇陵和园林的重要区域。辽金以来，西山一直是帝王权贵巡行、休闲、宫外理政的重要场所和普通民众放松身心、静养心性、求神拜佛的京郊生态休闲和精神寄托文化区，至清朝修建三山五园，文化景观营造达到辉煌的顶峰。

金贞元元年（1153），金海陵王完颜亮正式迁都燕京（名为中都）。金代在房山修建皇陵，建卢沟桥（初名广利桥），开金口河从永定河引水，皇帝常巡幸西山，在香山、玉泉山、仰山、驻跸山等处建起多座行宫和寺院，在西山沿山一带建起众多墓园。为了获得充足的粮食物资供应皇室贵族、官僚集团及驻军需要，大力发展漕运，先后开凿漕河（运河）、金口河、闸河等运河，打通了海淀台地，将西北郊与都城紧密联系在一起。金章宗时期在北京西山建造了著名的圣水院（黄普寺）、香水院（法云寺）、金水院（金仙庵）、清水院（大觉寺）、潭水院（香山寺）、泉水院（玉泉山芙蓉殿）、双水院（双泉寺）、灵水院（栖隐寺）八大水院行宫。多数行宫遗址今仍存，如人们比较公认的：泉水院即玉泉山芙蓉殿，清水院即今大觉寺，潭水院即香山公园香山寺。

元代定都北京后，为了满足大都城市用水和漕运需要，对大都的水利资源开发和漕运工程建设尤其重视，对城内河湖水系进行了人工调整，并增开渠道，不仅实施改造旧闸河、修建金口河、疏通坝河等重要工程，还开凿了白浮瓮山河，与旧闸河贯通建成通惠河，取得了辉煌的城市水利建设成就。元大都建有专供宫苑用水的水道——金水河，其水源在玉泉山诸泉，开辟了专用的渠道，经"高梁河、西河，俱跨河跳槽"，从和义门南水门引入城中，注入太液池，从太液池流出，经宫城前方，东注入通惠河，以补充漕运用水。金水河的开通，加强了西北郊与中心城的联系。元代在大都西郊修建多座皇家寺庙和行宫。如，元文宗于天历二年（1329）四月，到瓮山泊游览，被周边景色深深打动，于是命建"大承天护圣寺"。寺位于玉泉山和瓮山之间、瓮山泊北岸，三年后建成，规模恢宏壮丽，寺前湖中架水阁两座，寺后建园林，已有皇家园林雏形，元代皇帝到瓮山泊游览时经常驻跸于此。明宣德二年（1427）重修后改名"功德寺"。

明代，山前平原成为园林宜居区，达官贵人建设园林别墅，海淀附近"稻畦千顷"。沿山一带成为墓葬陵园区，不仅有 200 余位王、公主、嫔妃埋葬于此，还有景泰皇帝朱祁钰的陵寝景泰陵，留下许多以"府"为名的墓园地名。山地成为寺庙风景区，明代太监在西山兴建起大量寺庙，明人王廷相《西山行》中有诗句"西山三百七十寺，正德年中内臣作"，就是其写照。明代中叶以后，北京西郊一带园林日益增多，渐具规模。其中，最享盛誉的当数武清侯李伟所建的清华园和著名书画家米万钟所建的勺园。

清代前期，国力鼎盛之际，选择北京西北郊山水形势和气候适宜之地锐意营建皇家园林，形成著名的"三山五园"，同时进行了河湖水系的调整，规模之宏伟，工事之浩繁，远过前代。东自海淀村附近，西至香山，二十余里间，离宫别馆接踵而起，殿阁楼台遥遥相望。或驻跸，或巡幸，朝仪之盛，比于京华。周围绕以八旗营房，严事护卫。随着这一区域园林的兴建，西郊一带原始景观，为之一变。清代，在西北郊兴建以三山五园为代表的大型皇家园林，皇帝驻京的大部分时间在此居住和理政，三山五园成为紫禁城之外的又一处中枢之地，成为与老城并立的政治中心。清代进一步强化了南苑皇家园囿功能。大力治理永定河，如康熙采取了浚河筑堤、借水攻沙、借清刷浑等举措。

近代以来，西山地区成为中外文化交流的场所，清华大学、燕京大学相继在此建立。法国诗人圣琼·佩斯在此创作了《远征》，后来获得诺贝尔文学奖。抗战期间无私援助中国人民的白求恩式法国医生贝熙业在西山建房居住、活动。中法大学的部分机构也立足西山。革命先行者孙中山先生逝世后，曾停灵于碧云寺。西山曾是红色根据地所在地，中国共产党领导的抗日武装在此与日寇进行了顽强斗争，留下不少抗战遗迹。

1949年3月25日，毛泽东主席和中共中央"进京赶考"，进驻香山，在这里指挥了渡江战役，并筹备了中华人民共和国的成立，留下了珍贵的革命史迹。1949年以后，石景山脚下形成大型钢铁厂，成为重要的工业遗产，山前附近出现了一批优秀近现代建筑。21世纪初，因北京市环保要求和城市发展空间布局的影响，首钢迁出北京，迁往河北省曹妃甸，北京石景山区首钢园区实现了华丽转身，成为现代化文化产业、绿色产业园区，成为了城市更新的典范。

五、北京西山永定河文化带的地位价值

北京西山永定河文化带具有良好的自然环境本底和丰富的古都文化、红色文化、京味文化和创新文化资源，区位优势明显，资源禀赋优良，文化资源类型丰富、等级高、分布集中、空间组合好，旅游资源密集程度高。据初步统计，规划区范围内拥有不可移动文物约1600处，占全市40%以上。其中，世界文化遗产3处；全国重点文物保护单位和北京市文物保护单位分别占全市的30%左右；国家级和市级传统村落分别占全市的76%和52%。70%以上的历史文化资源相对集中分布在海淀、房山和门头沟三个区。

北京西山永定河文化带是向世界展示中国多元文化融合的一个窗口，以西山山水生态文化为基础，聚集了史前考古文化、园林古建文化、宗教寺庙文化、军事防御文化、村落古道文化、陵寝墓园文化、民族融合文化、红色革命文化、中外交流文化、民间民俗文化、科技教育文化、农业休闲文化等多种文化类型。

这里自然与人文融合突显中国生态文化特色，一方面山峰挺拔、泉水甘甜、植被茂盛、野趣天成，另一方面有史以来就是人类活动的密集地，留下的古迹时代久远、数量众多、前后承继不断线，具有很高的历史地位与综合价值，具有不可替代性，是北京的生态之基、文明之源、历史之根、文化之魂，拥有打造成世界文化景观的巨大潜力。北京西山永定河文化带在其发展演变的过程中即体现出人文与自然高度融合的特色，汇聚形成生态中的文化，文化中的生态，承载着天人合一、国家一统、民族融合、宗教和谐、包容厚德、开拓创新的历史文化价值，充分体现着山水人和的人地关系。

北京西山永定河文化带是北京历史文化名城的有机组成部分、北京市推进全国文化中心建设的主要抓手之一、京津冀协同发展的空间载体和文化纽带，在推动区域文化遗产连片、成线保护利用，挖掘区域文化遗产整体价值，构建涵盖老城、中心城区、市域和京津冀的历史文化名城保护体系，推进北京全国文化中心建设中具有重要作用。

六、北京西山永定河文化带的保护发展

北京西山永定河文化带的保护与发展需要把握好一座山（西山）、一条河（永定河）、一个城（北京城）的关系。文化带保护与发展的重点任务，概括起来说，就是保护遗产、挖掘文化、传承文脉、修复生态、整治环境、建设设施，促进区域可持续发展。

《北京城市总体规划（2016年—2035年）》明确提出加强西山永定

河文化带整体保护利用，将依托三山五园地区、八大处地区、永定河沿岸、大房山地区等历史文化资源密集地区，加强琉璃河等大遗址保护，修复永定河生态功能，恢复重要文化景观，整理商道、香道、铁路等历史古道，形成文化线路。

北京市推进全国文化中心建设领导小组于2019年4月印发的《北京市西山永定河文化带保护发展规划（2018年—2035年）》提出构建"四岭三川，一区两脉多组团"的西山永定河文化带空间结构，强化四岭三川的城市山水格局，加强三山五园地区的整体保护，塑造家国情怀文化脉与山水人和生态脉共融的两大脉络，打造各具特色的文化生态组团。"四岭三川"体现的是西山永定河的山水格局特征；"一区"是指三山五园地区，是北京历史文化名城保护体系的两大重点区域之一；"两脉"是以西山永定河历史文化资源与生态资源的密集分布带为经脉，集中体现了"山水人和，家国情怀"的文化精神；"多组团"是基于上述结构形成的重点发展片区。

一区耀中华：三山五园重点地区，是传统历史文化与新兴文化交融的复合型地区，拥有以颐和园为代表的古典皇家园林群，是中华优秀传统建筑和园林文化集大成之地，应建设成为国家历史文化传承的典范地区，国际交往活动的重要载体。

两脉传古今：沿永定河形成的山水人和生态脉和沿西山山麓形成的家国情怀文化脉，记载着从旧石器时代到新中国成立以来的文化与生态形成演化的历史脉络，是中华优秀传统文化创造性转化和创新性发展的基础和经络，体现了人与自然、人与人和谐共生的中国智慧。

三川穿绿廊：永定河及其支流清水河和大石河、拒马河这三条贯穿北京西部、西北部和西南部的河流，与沿岸的历史文化遗址遗迹、传统村落以及水库湖泊、森林、湿地等山水林田湖草生命共同体构成了共生共筑的滨水景观绿廊。

四岭带名峰：以北京西山四道山岭为背景，重点保护与提升20座知名山峰为主体的山地风景资源，构建都市自然风景线和地理标志，打造春花秋叶、层林尽染的城市山体景观，为北京城提供见山望岭的景观视廊。

多元文化蕴京城：由古街古镇、传统村落、寺庙群及其承载的民风民俗等多元文化为主体，经由古道、绿道、步道相连通，形成历史文化与生态文化和谐共融的特色组团，连线成片整体保护发展，成为北京历史文化名城保护的重要支撑。

北京西山永定河文化带保护与发展规划措施包括加强文化遗产保护、推进生态环境保护、挖掘文化内涵、传承红色文化、建设文化项目、加强文化生态旅游功能、完善跨区域联动机制等。北京西山永定河文化带保护与发展的总体目标是，将西山永定河文化带建设成为自然人文相得益彰、生态文明引领示范、精神文化获得感强、强区富民成效显著的北京国际一流和谐宜居之都的重要组成部分，重要的首都功能区，以及京津冀协同发展的有效空间载体和文化纽带。

近几年，北京市委市政府持续推进实施《北京市西山永定河文化带保护发展规划》，落实2018年—2022年五年行动计划，每年都有年度重点任务，同时实施《北京市永定河综合治理与生态修复实施方案》，西山永定河文化带的龙头三山五园地区于2020年列入国家首批文物保护与利用示范区创建名单，文化带区域生态环境提升、文化遗产保护与活化利用、基础设施完善等各方面都取得了明显的保护和发展成效。

北京市西山永定河文化带的未来保护发展方向，应是遵循保护好、传承好、利用好"三好"原则，按照世界文化遗产"文化景观"类标准保护和重塑西山永定河文化带文化景观，给予西山永定河文化空间再生产的机会，区内联动、京津冀协同，构建区域成片连线、山水相依的文化遗产保护体系，建设成为首都的公共文化服务体系示范区和文化创意产业引领区，推动中华优秀传统文化创造性转化、创新性发展，服务北京全国文化中心建设、京郊区域持续发展和京津冀协同发展。

张宝秀 北京联合大学应用文理学院院长，北京学研究所所长，北京学研究基地主任，教授

山水人和　生生不息
——论西山永定河生态环境的可持续发展

高大伟

西山、永定河被尊称为北京的"父亲山""母亲河",它特有的山水形态,丰饶的自然资源,特别是森林资源,与北京城相生相融、相互作用,哺育北京人民的血肉之躯,滋养北京人民的精神世界,形成了一个具有世界意义的山水人和的完美范例。

翻阅关于西山永定河的相关志书和历史典籍,大约有1372处文献资料,很多记载都是和山水环境密切相关,追寻其中的规律,我们看到一条尊重自然、保护环境、修复生态、保护森林、绿色发展的可持续发展规律。历史经验告诉我们,实现西山永定河文化带可持续发展的一个重要基础,就是要保护好生态环境,这也是我们在西山永定河文化带中需要发扬光大的一种生态文化精神。

一、西山永定河自然环境形成的历史过程

西山永定河是大自然鬼斧神工的造化,也是大自然给予人类的富饶馈赠。它是后来衍生出的各种生态文化、各种文化现象发展的一个重要自然物质基础。

（一）北京地质历史上第一次重要的造煤期

八百里太行，上接燕山，下衔秦岭，是华北平原和黄土高原的一个重要的分界。北京，正位于这条巨龙的北端，所以它又有"太行之首"的称谓。早在北宋年间，著名科学家沈括就在太行山上发现，这里的鹅卵石很多都是海螺的化石。当时，他就断言说这个地方曾经沧海。后经地质学的研究证实，在距今6亿—5亿年，华北地区曾是一片汪洋大海。后来在"吕梁运动"中，华北地区整体上升为陆地，北京也大部分变为陆地，原本海生的植物向陆地发展，陆地上逐渐开始出现蕨类植物、维管束植物、石松类和松柏类植物等。在这期间，本区地壳多次差异升降，海水进退往复，促使在大地上生长的茂密森林植物和长期积存的森林枯落层，被埋藏在地层里，在缺氧条件下，形成北京地质历史上第一次重要的造煤期，现在西山丰富的煤炭资源，基本就是在这一历史时期形成的。

（二）北京地质历史上第二次重要的造煤期

距今2.3亿—6700万年的中生代，北京地区形成以裸子植物为主要树种组成的森林时代。特别是侏罗纪至白垩纪的地质时期，北京地区进入造山运动的兴盛期，即"燕山运动"时期，岩浆大量喷发，整个区域都被岩浆岩所覆盖，这一时期半干旱气候生长的裸子植物与蕨类植物开始衰退，双子叶植物起源，森林开始发生、发展、消亡、灭绝或变异等周而复始的复杂演替过程。在这个时候，现在的八宝山、黄庄到怀柔高丽营这一线，整个东部下沉，西部上升，西山永定河的初步地质形态出现了。剧烈的"燕山运动"，使陆地上生长的茂密森林植物被深埋地下，经过生物化学、地球化学和物理化学演变，逐渐形成固体可燃的煤炭。因此说，燕山造山运动是北京的第二次造煤期。

（三）北京地质历史上第三次重要的造煤期

距今 6700 万—5700 万年，"喜马拉雅造山运动"更为剧烈，整个华北平原相对下沉，太行山再次被抬升、隆起，最终整个太行山横空出世。同时经过千万年的锤炼，被称为北京"父亲山"的西山终于产生，这也是北京第三次造煤期。

1920 年，中国第一部地理志《北京西山地质志》正式出版，书中将西山的整个地形地貌概括为"四道山岭"。它具体是指西山四列从西南到东北走向的山脉，由北向南依次为：

第一列：东灵山—黄草梁—笔架山；

第二列：白草畔—百花山—青水尖—妙峰山；

第三列：九龙山—香山；

第四列：大洼尖—猫耳山。

第一列"东灵山—黄草梁—笔架山"中，海拔从 2000 多米一直到 1600 多米，这里有北京海拔最高的东灵山 2203 米。第二列海拔在 2000 米到 1200 米高度，相对第一道峰略低。再往南就是九龙山—香峪大梁，这道山脉实际上最低，海拔基本在 1000 米以下。再往南就是大洼尖—猫耳山，海拔在 1300 米左右。

这样四列"西南—东北"走向的山脉，是典型的宽山、窄谷地貌特征。现在在北京的山上还有很多平坦的草甸，西山里面有很多高山草甸。窄谷是狭窄的峡谷，一种典型的地貌。

在这种地貌下，在 300 万年到 50 万年之间，发源于黄土高原上的北京"母亲河"永定河，借助巨大的地势差，正好纵向穿过这四列山，从官厅水库至门头沟三家店 102 公里，河流长度 108.7 公里，平均海拔500—100 米，短距离内落差，从 450 米降至 100 米。山高谷深，水流湍急。下游从三家店出山，入京津平原到渤海口，永定河水从山谷中奔流而出的时候，把山谷间大量富含各种矿物质的土壤就带出来，在下游的开阔平地形成了肥沃的"北京湾"冲积扇，这就是西山永定河和北京城的地质关系。

（四）北京最早的生物多样性群落

从气候环境来看，太行山是一条重要的地理界线，东部的华北平原从植物带上是落叶、阔叶林带。西侧的黄土高原，是森林草原带。北侧的蒙古高原是干草原地带。北京的西山就位于太行山北端中间的交会处，拥有得天独厚的地理优势，季风和候鸟群带来了不同的生物物质资源，西山优沃的土壤、土质和气候环境，又为不同的物种安家创造了非常适宜的环境，从而形成了这一区域丰富的生物多样性。

土壤对植物生长影响非常大。石灰岩的母质土壤，非常适合侧柏、柿子和核桃生长。片麻岩母质的土壤，矿物质含量非常丰富，有利于苹果和枣树这种果品的生长。花岗岩母质的土壤，有利于栗子和猕猴桃的生长。大家知道枣和栗是相对方便储藏的，这些食物为早期人类的发展提供了食物来源。周口店一系列猿人遗址的出现，有一部分因

图 1 延庆北山红杏林

素就是来自食物,特别是冬季还能有食物保障。

西山这四列山脉上植物分布的垂直带也非常明显,海拔由高到低,依次有五个植物带。首先就是1900米以上,亚高山的草甸。第二级1900米到1600米之间,是以油松、落叶松林和桦树为代表的针阔混交林。1600米到1200米之间,是以山杨林、桦树林为主的阔叶混交林。1200米到1000米之间,就是油松林(或栎类林),还有松栎混交林、针阔混交林。再往下,就是海拔1000米以下,以乔木、花灌木、观赏地被为主的植物带。

可见,不同的高度会有不同的植物带,不同的植物带又有不同的树种。比如,松栎混交林最后成为气候带里重要的植物,是因为它的形成大概得需要一百年的演替过程。最后在植物竞争关系中长成林的树种构成了一个稳定的生态结构。这个生态结构的形成需要上百年,这个变化过程不仅仅是植物的变化,同时期土壤在变化,土壤中的菌类在变化,灌木树种在变化,昆虫、鸟类、动物也都在不断地变化,不断形成新的生态平衡。

历史上,在原始森林中虎、豹、熊、野鹿、野猪、黄羊,包括天鹅、雁等野禽都非常多。虽然后期生态环境发生了很大的变化,但北京西山永定河地区,仍是北京的生物多样性最为丰富的地区,有2000余种植物和近万株古树名木。野生动物资源也很丰富,拥有麋鹿等国家一级、二级重点保护动物,还有近百种北京市级保护动物。尤其是由于地处世界八大鸟类迁徙的东亚到澳大利亚线上,观鸟爱好者在西山发现了有400多种不同的鸟类。

(五)西山永定河的山水格局

在西山永定河的规划中,我们把现在的山水格局概括为"四岭三川"。"四岭"是以北京西山四道山岭为背景,保护提升名峰为主体的风景资源,构建的是都市自然风景山脊线;"三川"是永定河、大石河、拒马河这三条河，保护提升河流沿线历史文化遗迹和森林湿地资源，构建都市滨水景观绿廊，共同组成西山永定河文化带内三条风景秀丽的自然河川。

西山与永定河的山水格局，为华夏文明的种子最终在"北京湾"落地积蓄了富饶的自然本底，枝繁叶茂的自然条件，促成了北京最早的生物多样性群落。

二、西山永定河自然环境的兴衰演变

近1000年来，西山永定河一带、北京城市发展很快，但从生态环境的角度来看，有些发展是以牺牲环境资源为代价的，尤其是森林资源逐步被破坏。

（一）人类索取破坏森林资源

首先是从辽金元开始，由于北京都城的建设，人口在不断增加。都城建设一方面需要木材，这些建筑材料大量取自西山和太行山脉。同时，随着城市人口的增加，生活水平的提高，冬季对木炭的消耗非常大。对木炭的消费，又消耗了大量的森林。

曾经有一个统计，隋唐的时候，整个太行山的森林覆盖率是50%，到了元明清的时候森林覆盖率就由30%下降到了15%。至清末，又由15%降到了5%，森林面积大幅下降。

森林不仅意味着为人类提供木材，木材的功能仅为它综合生态效益的十分之一，它还起到了调节气候、涵养水源、保持水土、净化污染、增强土壤的肥力、减轻自然灾害、保留物种多样性的作用。森林被破坏，也会殃及土壤。随着西山永定河上游森林的消失，西山一带水土流失非常严重。

西山的小气候环境对北京的气候环境变化影响也非常大。曾经的歌谣"永定河出西山，碧水环绕北京湾"已无人唱。它之所以停止，是因为永定河曾经断流。

永定河本来是北京的母亲河，在上游有水的情况下，它可以通过一些地下的河道，为历史上的一些故道，通过地下进行补水。上游河道断水以后，故道补水的这些地方，水就全都没了，包括万泉庄、玉泉山地下泉水，基本就全都断流了。因为西山的水断流，从20世纪50年代开始，颐和园昆明湖开始另立水源，不再依靠西山玉泉山的水，最后直接接到密云水库。北京的水源从50年代有了密云水库，北京的水基本上够用，到了90年代，密云水库的水已经供应不了北京城市发展，只得再往上游找，到最后南水北调一直从丹江口引过来。调水是解决问题的一个方法，但从某种角度上来讲也说明生态环境恶化。

（二）工业污染破坏自然生态

如果说水土流失还停留在表面，西山永定河地区的工业污染就更要命。三次重要的造煤期让西山矿产非常丰富，隋唐的时候，西山就有煤厂和窑厂，除了石灰，西山提供的木材也是当时城市建设一个重要的能源和建筑材料。到了元明清，西山的煤炭、石灰，包括汉白玉，都是北京城市建设的重要材料。清代在西山建立起中国最早的一个现代化的煤厂，就是同忻煤矿。

民国期间，北京师范大学的学生到西山实习，曾经写了一本《门头沟印象》，当时对门头沟的印象80%以上是矿地，形成了一个黑的世界，泥土、房舍、沟里的水，甚至人的脸和手全是黑的。道路上的煤土都成了细细的粉末，即便是天晴无风日也是尘土飞扬。当时就有一句话，叫"家有半碗粥，不去门头沟"，形容的就是门头沟这种环境状态。

新中国成立时我们国家一穷二白，迫切需要工业化。在发展过程中，西山因为矿产资源丰富，也付出了资源代价。这些资源，从工业

图 2 以首钢为代表的石景山八大厂

发展的角度来说,是我们重要的财富。而且当时迫切需要发展工业,使我们来不及考虑资源攫取和自然生态之间的平衡关系。20世纪中期,在京西地区出现了空前的办矿高潮,北京曾经一度成为全国的十大煤炭工业基地。当时不但北京,天津的煤炭也由西山煤炭来供应。不光是挖掘煤炭,一大批以煤炭为能源的重工业企业,也在西山地区建成投产,以首钢为代表的石景山八大厂就建在永定河畔。

还有大型的化工企业燕山石化落户在房山。这种过度的重工业化,已远远超出了西山永定河的环境承载量。后来出现了矿区地陷、塌陷,曾经有几十个村庄被迫搬迁,地下水的超采,致使河流水系受到严重的污染,山体破坏、水土流失严重,泥石流时有发生。空气污染物也严重超标,雾霾成为西山永定河生态环境的一个标签。

三、西山永定河自然环境的生态修复

党的十八大以来,以习近平同志为核心的党中央把生态文明建设上升为国家战略。特别是2019年,习近平总书记在西山永定河北京段,紧邻官厅水库、横跨妫水河两岸的世园会开幕式现场,向全世界发出了"同筑生态文明之基,同走绿色发展之路"的邀约,是西山永定河山水人和、行稳致远的根本遵循。

2017年党中央、国务院批复的《北京城市总体规划（2016年—2035年）》，明确了北京人口总量上限、生态控制线和城市开发边界三条红线。西山永定河的重要组成部分门头沟区、延庆区，以及昌平和房山区的山区，被划定为"生态涵养区"。

（一）产业升级改造

2005年6月30日，首钢功勋锅炉五号炉正式停产搬迁，标志着首钢涉钢系统搬迁正式启动，也拉开了西山永定河区域内重工业企业转型发展的一个序幕。首钢搬迁调整后，原厂区以全新的理念打造新首钢高端产业综合服务区，以2022年冬奥会为契机，首钢建设了冬奥广场、工业遗址公园、石景山景观公园、城市织补创新工厂和公共服务五大配套服务功能。

为响应首都的定位调整，京煤集团主营的煤炭开采业务也正式宣布退出西山。2018年，关停了一个主要矿区木城涧煤矿。2019年，大安山煤矿关停。2020年，大台煤矿关停退出。停产后的矿区资源迎来新的生机，实现矿区的跨越发展。目前，京煤集团依托现有的土地资源，探索生态旅游、医疗、健康、养老、特色小镇、智能停运车等绿色产业。

图3 首钢升级改造

燕山石化的搬迁动意早在2015年已经获得了国家发改委的批准。中国工程院名誉主席徐光黎院士曾经算了一笔账。说如果燕山石化搬迁到曹妃甸，它搬迁后省下来的水量，足够雄安100平方公里拓展区域的用水。这个比喻，也说明燕山石化是用水大户，这些水多半就取自西山。

当这些矿井全部停产、不再抽水挖煤，用水大户搬迁了以后，西山永定河的水源、地下水生态恢复就有了希望。一项研究资料表明，随着煤改气的完成，2016年北京西山地区的PM2.5平均浓度比2013年下降了25.3%，空气质量好于北京的平均水平。

（二）西山植树造林

新中国成立前夕，北京林木覆盖率仅有1.3%，西山地区尚存森林4200亩，覆盖率仅4.7%。面对森林资源消失殆尽，首先是实施大规模的植树造林。

1953年抗美援朝战争一结束，国家的政治经济一平稳，朱德总司令就把当时的林业部部长梁希叫来，下达绿化西山的任务。为了保证造林能够切实有效，当时还请来苏联专家勘察小西山，得出的结论是种不了树。这就带来了一个很重要的课题，西山到底能不能种树，能不能完成任务？

当时从林业部到北京市园林、林业部门，想办法一定要把树种上。按照一般规律，北京平原地区基本是春季植树或者秋季植树，雨季是不植树的，因为北京的雨季非常短，下了一点雨马上太阳就出来，出来了以后光照非常强烈，雨水一蒸发，树木就死了。

但是，西山植树创造了一个北京山区造林的方法，就是赶上雨季植树，赶到每年春夏之交二十天到一个月雨季抓紧植树。经过几十年植树，居然打破了当时苏联专家下的论断。西山到了80年代时候，栽植的树木全都长起来了。当时为了更好地绿化西山，北京先后成立了

图 4 门头沟百花山国家自然保护区景观

很多林场,像西山林场、永定河林场、百花山林场等。经过 20 多年,西山在 80 年代基本绿化初见成效。

改革开放的总设计师邓小平非常重视绿化。在他的倡导下,全国人大 1979 年设立 3 月 12 日为全国植树节。1982 年 3 月 12 日植树节那天,小平同志在北京西山的玉泉山上种下了义务植树运动的第一棵树,开创了党和国家领导人每年参加首都全民义务植树的传统。

党的十八大以来,每年春天,习近平总书记都会身体力行,拿起铁锹和群众一起参加义务植树活动。从率先垂范到强调加强生态保护,习近平总书记始终关心国土绿化事业,引领推进生态文明建设。

2013 年 4 月 2 日,党的新一届中央领导集体上任以后,习近平总书记率领常委,再一次来到西山脚下,参加义务植树活动,这次习总书记语重心长地强调,要把义务植树深入持久地开展下去,为全面建成小康社会、实现中华民族伟大复兴的中国梦,不断地创造更好的生态环境。新中国的几代领导人在西山永定河畔种下了遮荫子孙的常青树，他们用率先垂范的行动向全国发出了绿化美化祖国的一次次号令，经过首都人民的艰苦努力，西山永定河终于披上了绿装。

70多年接续奋斗，西山永定河95%的宜林荒山实现绿化，"父亲山""母亲河"从童山濯濯、河流涸竭到重披绿装，融入了绿满京华的盛世图景。

（三）从生态涵养林到生态风景林的转变

到了20世纪末，西山永定河的森林覆盖率大幅度提高，从保护环境绿化西山的角度看，西山的生态涵养林建设告一段落。2000年前后开始转型，向生态风景林的方向发展，从2002年到2012年用了10年的时间，开展了西山彩叶林的建设工程，围绕名胜古迹，围绕前山脸地区和主要公路（前山脸主要是山的公路两侧），还有主要河道两侧的一些重点地区加大了彩色树种的种植比例。截止到2013年，通过10年的彩叶林工程，西山彩叶资源分布已经达到了25万亩，创造出了层

图5 层林尽染的香山

林尽染、万山红遍的西山生态景观。

景观效果可以概括为三个字,"美、长、多"。"美"就是西山的彩叶林面积占全市的彩叶林面积的75%,景观效果非常好。"长"就是彩叶的观赏期非常长,最早从最北边八达岭森林公园开始,随着气温逐渐降低,凤凰岭、鹫峰、妙峰山,包括慕田峪、千灵山,然后再往南到百望山,再到北宫森林公园、香山、八大处,彩叶观赏季可以从10月上旬一直到11月下旬,观赏期在一个半月到两个月之间。"多"就是看西山的彩叶,不一定扎堆去一处,可以随气候变化,从最北端开始,一处一处看,每一处都不一样,像八达岭森林公园,不是整个森林公园全都是彩叶,而是正好在有一处四面环山的一个小山坳里头,四周全都是长城,然后中间的山坳里头整个满谷都是彩叶。这样以长城为背景,看彩叶效果非常好。再如香山是跟皇家园林结合起来,和人文景观结合起来,八大处是和众多的古寺古庙结合起来,景观也不一样。

现在一到秋天,就集中宣传北京的彩叶,不光是香山一处了,一共给市民推荐了19处彩叶观赏点,其中有十几处都在西山,未来北京金秋观彩叶肯定是一张亮丽的生态名片。

(四)党的十八大以来两轮百万亩造林

2012年,北京启动实施两轮百万亩造林工程。2012—2017年,北京市启动第一轮百万亩造林绿化工作,结束了"有城无林"的生态状况。2018年,又启动第二轮百万亩造林绿化工程,在2018—2022年累计增绿102万亩。截至2022年底,北京全市森林覆盖率达44.8%,首都绿色生态空间大幅扩展。

两轮百万亩造林过程中,西山永定河涉及的昌平、大兴、房山、门头沟等区均是重点区,累计造林70万亩。在永定河流域新增森林面积20万亩,结合原有林地,形成70多公里长、面积达30万亩的城市森林。结合原有的一些林地,在柴家河、青龙湖、永定河的周边,南

图 6 第二轮百万亩造林绿化

苑森林湿地公园周边形成 27 处万亩以上的风景林区块。

为什么需要两轮百万亩造林呢？因为万亩以上的林就可以在局部环境下影响小气候。有研究指出，有万亩森林的地区以及它的周边，降雨的概率要比光秃秃的城市界面，高出近 50% 的概率，降雨可以有效改善小气候小环境，同时万亩的森林可以让鸟类安家，因为鸟类或是任何动物安家，要有一定的植物营养面积，一定的生态环境。

在全市百万亩的造林规划中，专门有一个设计，叫"生态岛"，就是按照鸟类迁徙的路线，从郊外到城市里飞行一段距离，为给鸟类提供休息、饮水、食物的一个地方，特意设置了一些"生态岛"。比如，红嘴蓝雀现在在天坛公园已经能看到了，"生态岛"就针对红嘴蓝雀的生态习性，把它从郊外引到城里。在建公园、造林的时候，就按照鸟类的生态习性、繁殖习性配置植物，形成若干个群落，鸟类自然就顺着这些"生态岛"进入城市，在城里落户，这也是这次北京城市总规中的一个理念，通过造林给鸟类创造一个生态环境。

近年来，结合浅山区的建设，建设"京西南—登峰探险"的"大西山—访古寻香""京西北—人文探险"森林游憩环带。

京西煤矿退出来后，以占地 18 万亩的京西林场为代表，大批林场建设成为森林公园，这样算下来，以后就在西山永定河的这一线，将形成由 30 多处森林公园、100 多处城郊公园、2 处地质公园和 6 处风景名胜区组成的生态文化游憩体系。

（五）西山永定河地区生态治理工程

为了让永定河、大石河、拒马河恢复水草丰盛，碧波流淌，开展了一系列生态治理工程。根据国家《永定河综合治理与生态修复总体方案》和《北京市永定河综合治理与生态修复实施方案》，北京市园林绿化领域规划实施 5 大类 13 个项目，新增 18 万亩滨河森林，新建 5.5 万亩滨河公园。

永定河生态修复以来，生态质量得到明显改善。已新增造林 17.03 万亩、森林质量精准提升 31.35 万亩。在市域范围内形成一条 170 公里长的绿色生态廊道；官厅水库周边新增森林湿地 4.5 万亩；新首钢周边新增森林湿地 0.5 万亩；北京新机场临空经济区周边新增森林湿地 5 万亩，打造"穿过森林去机场"的新国门形象。

2019 年 10 月初，断流 40 年的永定河恢复全线通水。永定河恢复流水意义很大。北京平原地区 4000 多平方公里原来基本都是它的冲积扇，所以它的各个古河道都在地下，这些水有一部分会通过古河道渗透下来，今后整个北京地区的地下水位都有可能大幅地提高，所以它是一整套生态体系的改变，不仅仅是永定河四季不断流。

近年来房山区对大石河流域也开展了环境治理工程，修整河道、增补水量、绿化美化，生态修复后的优良环境吸引了大量的白天鹅、黑鹳、大黄鸭、疣鼻天鹅等国家珍稀保护鸟类，这些国家珍稀的鸟类

图 7 永定河生态修复

图 8 松山国家自然保护区景观

一城三带

图 9 国家珍稀保护鸟类

每年迁徙的时候都眷顾这里,这里也成了观鸟摄影的优选之地。

还有一个就是为保护拒马河水生态环境,建设十渡旅游休闲廊道,通过基础设施改造,把两侧基础环境,以及旅游和服务设施进行集中规划和改造,未来"蜿蜒拒马河,秀美十八渡"将会重现,拒马河谷成为集运动健身、康体养生、户外休闲、文化体验于一体的山水旅游廊道。

四、西山永定河生态环境的规划思路和成果

西山永定河丰富的自然资源孕育源远流长的绿色生态文化,2017年发布的《北京城市总体规划(2016年—2035年)》将西山永定河文化带列入北京历史文化名城保护体系。

图 10 北京三条文化带

（一）西山永定河文化带建设的提出

西山永定河文化非常丰富，整个规划一开始的思路主要集中在物质文化遗产和非物质文化遗产方面，没有太多生态方面的考虑，市委、市政府最后确定下来西山永定河文化带由市文物局和市园林绿化局牵头，把生态因素考虑进去，把生态和文化融合起来。西山永定河文化带前期就是研究如何把生态的脉络捋出来，通过梳理西山永定河自然空间的生态特征和文化资源的分布格局，两项一叠加，才产生一系列的文化脉络，所以把西山永定河未来的特征描述成为"四岭三川一区两脉多组团"的空间格局。

"四岭三川"就是自然生态，它基本上把西山永定河的自然风貌、山水框架概括出来。"一区两脉多组团"是围绕着山水环境而形成的一些文化脉络特点。

"一区"就是加强三山五园地区整体保护。"三山五园"地区在全国文化中心建设这个大结构里是占着两区其中重要的一区，在"一城

图 11 清代三山五园盛景全貌

"三带"里它又跟"一带"重合,那就要作为区域重点进行打造。要构建历史文脉与生态环境融合的"三山五园"地区。这一块的总面积是68.5平方公里,在生态建设的层面上,除了要保护好三个山、五个园,还包括中间地带,尤其是历史上中间地带河网密布,还有大片的水稻田,但是后来有了大量的建筑,现在可以拆迁的基本上已经差不多了,要完全恢复水稻田,恐怕不可能。

这一区域规划了13个园外园,就是13个森林公园,目前这13个公园已经全部建成,面积很大,共计14.5平方公里,现在围绕着颐和园到香山外边,已经连成片,景观非常好,在公园里,靠近玉泉山的附近保留了150亩的水稻田,到了春夏的时候,还可以看到稻田风光。还有围绕着"三山五园"地区已经建成了北京最早的一条绿道,有38公里,现在可以沿着绿道,穿行在"三山五园"地区。

"两脉"就是结合西山、永定河生态环境,构建由重要文化遗产串联的文化脉、生态脉。永定河沿岸生态资源非常丰富,有河流、有湖泊,由此衍生的一些古村落、古遗迹,我们叫山水人和生态脉。它的重点是生态,永定河的生态好了,北京平原地区的地下水,地下的水脉、地下的水源，整个生态环境都会发生一个很大的变化，包括历史上对永定河的治理，也是体现了人对自然的改造，所以这是它的一种文化精神，称为"山水人和生态脉"。

"多组团"就是打造一批有历史底蕴、有绿水青山、有乡愁记忆的生态文化组团。西山靠近东部的山麓地带，也就是浅山区，这个山麓地带历史上是从华北平原到蒙古小高原的一个重要通道，所有的西山古道基本都分布在这里，还有一些大量的文化遗迹，包括周口店的古猿人遗址、古蓟城、燕都，还有众多的寺庙，都正好集中在平原和山地的交界地带。它们和北京城的文化联系非常紧密。这一带可以说从北京千年发展史上，关联着一些重要的历史事件，影响历史进程的重要人物，我们把它提炼成一种家国情怀。于是，西山永定河的文化精神也就有了，山水人和、家国情怀，就是西山永定河的文化精神。

图 12 西周燕都遗址博物馆

（二）强化"四岭三川"的山水格局

四岭三川要强化西山永定河对城市山水格局的影响。"四岭"不是抽象的，要有人文因素，要把西山打造成著名的文化山。最终依据西山的高度、自然生态和文化资源，确定了20座名山。比如说，大家熟知的东灵山、白草畔和百花山，还有黄草梁、老龙窝、金树塔、清水尖、

图 13 妙峰山古树与娘娘庙景观

笔架山、黄楼洼、猫耳山、妙峰山、凤凰岭、大洼尖、上方山、九龙山等,自然资源都非常好,从文化资源上来讲也都是顶尖的,可以打造成名山。

首先要集中打造 3 条山脊线。第一条要保护好的山脊线就是九龙山香峪大梁,就是小西山地区。登上这些山,可以直接眺望北京城。

北京最阔的山脊线是大洼尖猫耳山,这道山脊线在房山区,从房山方向进北京的主要公路都是以这道山脊线为最佳背景的,而且这道山脊线在世界地质公园里,地质风貌非常有特色。

还有最美的山脊线、海拔高度位列第二的"百草畔—百花山—清水尖—妙峰山"这道山脊线,这条山脊线跨越了 1 个自然保护区,3 个森林公园、8 个风景名胜区和 1 个国家级的文物保护单位,还有 7 个市级的文保单位。资源级别非常地高,景观特色也非常漂亮。

北京最高的山脊线是"东灵山—黄草梁—笔架山"这条,它位于门头沟和昌平,是北京最北部海拔最高的山体屏障,这条山脊线自然资源非常丰富。这条山脊线和河北怀来的山脉连为一体,特别是东灵山,东灵山算是国家级风景名胜区,同时也是国家级自然保护区,但它不是隶属于北京,而是河北小五台山国家资源保护区和小五台山风景名胜区。我们把这个山脊线建好,随着京津冀协同发展,和河北的小五台风景名胜区是可以连为一体的。

"三川"就是永定河、大石河、拒马河这三条河流。未来的永定河两岸将形成一个由官厅水库至三家店段百里的山水画廊,陆续将在官厅水库建几十万亩的森林湿地,进一步净化官厅水库的水,到三家店沿线将陆续增加十几个郊野公园。还有聚落文化长廊的建设,清水河这一段,永定河上游的一个支流,三家店以下到平原地区,两侧的绿化带宽度不低于200米,有的地方能够达到500米,将建设都市休闲绿廊,还有一系列的公园。还有拒马河这一条水系它实际上也是雄安新区的上游,不仅穿越十渡风景区,它还和河北著名风景区野三坡、百里峡相连。

图14 丰台莲花池公园景观

为了便于下一步的操作，西山永定河文化带打造了"多组团"串联、蓝绿交织的文化廊道，就是打造一批有历史底蕴、有绿水青山、有乡愁记忆的生态文化组团。比如，八大处模式口这一线，在实际操作层面上去观赏、去游览，这个文化组团里头有寺庙，也有村落，但是寺庙和村落和其他地方的寺庙和村落，在建筑格局、形态、特点上，还是不同的。所以，"多组团"共分了14个组团，这些组团就涵盖了西山永定河的8个区块，每个区里头都有一个到两个组团，这样也便于实际操作。比如，石景山区打造的八大处、模式口这样一个组团；丰台区打造的卢沟桥、宛平城和金中都、莲花池组团。门头沟有两个重要的组团，一个是斋堂组团，还有一个是潭柘寺这样的寺庙组团。房山的组团比较多，有十渡、周口店、上方山—云居寺的组团，还有琉璃河、西周燕都遗址的组团。大兴有三个组团，一个团河行宫，一个南海子南苑组团，另外一个就是新机场组团。延庆组团主要是妫水流域和官厅水库。

西山永定河从自然带、生存带、经济带到文化带变迁，折射了亿万年地质、生态变化与人类起源和发展的历史关系，揭示了人类文化可持续发展的最终归宿就是人与自然和谐相处，今后我们要在习近平生态文明思想指引下，把西山永定河打造成为一个文化与生态完美融合发展的典范。

高大伟 北京市园林绿化局局长，北京生态文化协会会长，教授级高工

北京大运河文化带及其文化遗产

郗志群

北京大运河文化带及其文化遗产，我想讲三方面的问题：第一个问题是北京大运河文化带缘起；第二个问题是中国大运河概况；第三个问题重点讲北京运河及其文化遗产。

一、北京大运河文化带缘起

北京三个文化带是在北京市制定"十三五"规划背景之下提出的。2015年11月25日，中共北京市第十一届委员会第八次全体会议上通过了《中共北京市委关于制定北京市国民经济和社会发展第十三个五年规划的建议》，其中首次提出三个文化带，包括北部的长城文化带、东部的运河文化带、西部的西山文化带。据我了解，最早提出三个文化带概念的是北京市文物局。2016年5月6日，北京市发布了《北京市国民经济和社会发展第十三个五年规划纲要》，其中就三个文化带做了具体的定位和阐述，北部推进长城文化带；打造东部运河文化带；西山文化带主要是两部分，一个是西部三山五园八大处，主要就是海淀区皇家园林，另一个是西南部推动永定河流域历史文化长廊建设。《北京市十三五规划纲要》的出台，正式把三个文化带纳入2016—2020年北京城市规划建设。

到了2017年，三个文化带的地位和未来的规划都又有所提升。4月12日，北京市规划和国土资源管理委员会发布了《北京城市总体规划（2016年—2030年）》草案。草案里对未来十五年北京城市发展做了一个总体的规划，其中提出四个空间层次，包括旧城、中心城区、市域、区域。还有文化名城保护的两个重点区域，一个是老北京城，另一个是三山五园皇家园林。另外特别强调了三个文化带建设及九个文化遗产保护与传承的点，如世界遗产及文物、历史河湖水系等。可以说，这个草案已经对未来十五年北京市历史文化名城保护与传承做出了具体规划。在规划的同时，三个文化带的建设已经大力推进。2017年6月8日，《北京日报》曾经报道"运河文化带规划文本已经完成"，围绕着推进运河文化带传承发展规划了20个重点项目，包括运河博物馆、北京歌舞剧院、运河图书馆、媒体中心等。同时，运河文化带未来将重点推进北运河通州段综合治理、通惠河通州段综合治理以及萧太后河景观提升等。

2017年7月17—18日，在中共北京市第十二届委员会第二次全体会议上，当时的代市长蔡奇传达了中央政治局常委审议北京城市总体规划及习近平总书记的重要讲话，强调要全力推进大运河文化带、长城文化带、西山永定河文化带建设，强化首都风范、古都风韵、时代风貌的城市特色。另外，关于三个文化带的名称及排序也有变化，之前排序的长城文化带、运河文化带、西山文化带变成大运河文化带、长城文化带、西山永定河文化带。9月29日，北京市规划国土委发布《北京城市总体规划（2016—2035）》正式文本。这个文本不但对三个文化带做了更加具体的规划和表述，比如：大运河文化带是以元明清时期京杭大运河为保护重点，以元代白浮泉引水沿线、通惠河、坝河和白河（今北运河）为保护主线，以北京城市副中心建设为契机，推动大运河遗产保护与利用，加强路县故城遗址保护，全面展示大运河文化魅力。而且三个文化带建设也从15年延长到20年，也就是说未来20年，三个文化带的建设仍然是北京文化建设中的重点，有很多事情可以做。

二、中国大运河概况

中国大运河是世界文化遗产。2014年6月22日，在第38届世界遗产大会上中国大运河获准列入世界遗产名录，成为中国第46个世界遗产项目。列入世界文化遗产的中国大运河包括隋唐大运河、京杭大运河和浙东运河三大部分。大运河总体走向是南北向，从北到南沟通了海河、黄河、淮河、长江、钱塘江五大水系，地跨北京、天津等8个省、直辖市以及27座城市，全长2700公里，是世界上开凿时间较早、规模最大、线路最长、延续时间最久的运河。但有一点需要说明，就是2700公里的大运河不全是世界遗产，只有其中保存比较完好的27（一说31）段河道、58（一说65）处遗产点，共1011公里被认定为世界遗产。这些地方按规定都要竖立"世界遗产"的标识。

大运河的基本走向是南北向的，最早的运河出现在江南地区，就是公元前486年吴王夫差开凿的邗沟，从今天的扬州到淮安，沟通了江、淮两大水系。到隋唐时期，运河向西形成了一个箭头形，向西的一段叫通济渠，其目标就是通向东都洛阳。所以，历史上大规模的运河开凿，第一目标是通向首都，把物资运到都城去。箭头形向东北的一段叫永济渠，其终点到涿郡，也就是今天的北京地区。那时候北京虽然还没有成为都城，但确是中原王朝非常重视的北方军事重镇，隋唐两朝征伐高句丽，都是以涿郡为集结地，运送大量的物资和军队。所以，历史上大规模运河开凿的另一个目标就是军事重镇。等到了元朝，北京成了首都，叫大都。京杭大运河在隋唐大运河的基础之上截弯取直，直接修向大都，再次印证了大运河通往首都的规律。

京杭大运河从杭州到北京共分成7段，由南到北分别叫江南运河、淮扬运河、中河、会通河、南运河、北运河、通惠河，除此之外从杭州到宁波，还有一个浙东运河。京津冀地区的运河主要包括三段，一个是北京境内的通惠河，还有北运河以及南运河。通惠河起点是从昌平区白浮村的神山泉开始，终点到通州区高丽庄入北运河。元代的通惠河是从通州县城的南边再向东南，经过张家湾从高丽庄的里二泗村进入北运河。通惠河全长按照《元史·地理志》的记载是164元里142步，元里稍小于今天的华里，所以直接折合为82公里是不准确的。另一段是北运河，北运河的上游是北京的温榆河，温榆河发源于昌平，是北京中部地区一个重要的水系。温榆河向南流到通州区北关，开始称为北运河，然后继续向东南流到河北省的香河县，再进入天津武清区、红桥区汇入海河，全长180公里，在北京市境内是38公里。第三段是南运河，南运河从南向北流，起自山东的临清，经过德州，再经过河北的沧州青县，进入天津的静海区，到三岔河口跟北运河、海河汇合流入渤海，全长509公里。

三、北京运河及其文化遗产

我们先追溯一下北京地区运河的发展历史。目前文献的记载显示，北京最早出现运河是在东汉时期。《后汉书·王霸传》记载：建武十三年（37）"霸颇识边事，数上书言宜与匈奴结和亲，又陈委输可从温水漕，以省陆转输之劳。事皆施行。"王霸是当时的渔阳太守，作为边疆的一个地方官，最重要的任务当然是守卫边疆，但如何守卫边疆是可以有不同做法的。王霸向中央提出了两点建议，"和亲"和"漕运"，即用与匈奴联姻的手段避免、延缓战争的发生；同时利用温水（今温榆河）漕运物资，加强防备。王霸提的这两件事情，最终是"事皆施行"。从这一段史料大致可以认定，北京最早运河的起源应该是在东汉时期。

东汉以后在北京历史上大规模的水利建设还有不少，比如公元250

一 城 三 带

运河全图

年，三国时期的镇北将军刘靖，曾带领士兵在湿水（今永定河故道）上建造了一个大型的水利工程——戾陵堰和车箱渠。按照文献的记载是"积石笼以为主遏"，即在笼子里边放上石块，然后堆到河道形成一个坝体，类似于我们现在的滚水坝。这个坝的位置邻近于西汉燕王刘旦的戾陵，故称戾陵堰。这个滚水坝的目的就是抬高上游的水位，然后在上游河道河岸上开一个水门，在两山之间开凿一条渠道，把水向东导流，由于开凿的像车箱一样，所以叫车箱渠。车箱渠其实一直向东开挖渠道，经过今天石景山区北部、海淀区西南部一直流到今天紫竹院公园的小湖，再沿着高梁河最终流向蓟城。严格地说，刘靖建造的戾陵堰、车箱渠主要的功能是用于水利灌溉，并不主要用于航运，所以它不能算是运河。公元262年，朝廷派专管河渠事务的河堤谒者樊晨到蓟城，在修整戾陵堰、车箱渠的基础之上，沿着高梁河又向东开挖了车箱渠东支，最终连通到温榆河，沿途灌溉农田万余顷，是刘靖修的戾陵堰、车箱渠灌溉面积的5倍。这个东支到元朝初年郭守敬利用它的东段开发成坝河，所以戾陵堰、车箱渠在后来北京地区运河史上也曾经发挥过作用。

根据文献的记载，北京历史上大规模开挖运河应该是出现在金代，这显然与金海陵王完颜亮迁都北京有密切关系。金代利用西山和永定河的水曾经修过两条引水渠。首先是利用玉泉山的水，经过开渠导引到昆明湖，然后凿通海淀台地，把水引到紫竹院湖，再分成两条，一条引到积水潭，另一条向南引到金中都的护城河里。两条水都汇入开挖的闸河，向东一直到通州与潞水相连，史称"金漕渠"。不过由于金漕渠水量有限，无法满足金中都对物资的需求，所以到大定十一年（1171）又新开了一条引水渠——金口河。金口河是引卢沟河水补充闸河的水量，以提高闸河的运输量。但由于卢沟河水"水性浑浊，积滓成浅"，难以行舟，且一旦暴发洪水会危及中都城的安全，所以到大定二十七年（1187）金口河就被弃用了。金代闸河开挖的主要目的就是向中都城转运物资，它的运河属性是很明确的，所以可以确认的北京地区早期大规模开凿运河的历史是从金朝开始的。

元代北京地区运河的发展达到鼎盛。当时的运河主要是两支，坝河和通惠河。在没有开挖通惠河之前先完成了大都城北部的坝河，是在樊晨开挖的车箱渠东支的基础之上改造而成。坝河也是由郭守敬设计督建的，其特点是为了控制水量在河道沿途修了7座坝，从西到东分别是千斯坝、常庆坝、郭村坝、西阳坝、郑村坝、王村坝、深沟坝，所以叫坝河。坝河西边的起点起自海子（今积水潭），然后出元大都东墙最北边的光熙门一直向东，最后在沙窝附近进入温榆河，再与北运河连通。元朝早期从南方运来的漕粮，经过北运河进入坝河，然后最终进到大都城，止于海子。但是，由于坝河水量也是比较小，不足以维持大都城物资的需要，于是郭守敬另寻新的水源，设计开挖了北京历史上最有名的一条运河——通惠河。

通惠河从昌平区白浮村神山泉引水，向西流再折向南，一路上汇集了一亩、榆河、玉泉等众泉，再截取沙河、清河的上游，共流入瓮山泊（颐和园昆明湖）。从瓮山泊经长河（高梁河）流入和义门（西直门）的水关到积水潭（又称海子，明代以后称什刹海）。从积水潭东的万宁桥（步粮桥、后门桥）经大都城皇城的东墙外流过沙滩、北河沿、南河沿，经御河桥南，出丽正门东水关，再转向东南流入文明门外的金闸河。再从金闸河往东40里流到通州区张家湾西的高丽庄，入潞河，全长约82公里。

北京地区大运河主要是以元代运河的线路作为一个基本的主线。这个大运河主体是跨越现在北京的昌平、海淀、西城、东城、朝阳、通州6个区，通惠河、北运河是北京大运河的主线，坝河、南长河是支线，另外明清时期北京城的护城河系统也具有一定的漕运辅助功能，在这样一个大的范围之内，北京运河的文化遗产点还是很多的，中国文化遗产研究院做过一个统计，北京运河沿线有52处物质文化遗产点，其中包括5处世界遗产点段、20处总规点段、6处国家级文保单位、9处省级文保单位、12处区级文保单位，另有11项非物质文化遗产。总体的特征可以概括为：级别高、分布密、时代长、类型多、内涵广。

北京大运河文化带大致可以分成三大区域，即西郊、老城、通州。西郊指从通惠河源头白浮泉到西直门外高梁桥闸，它是北京大运河的上游，主要功能是引水。这段运河利用了金代的长河，建成了广源、白石、高梁诸桥闸，使水流充沛通畅，成为大都城乃至明清北京城的生命之河。西郊的运河除了引水之外，元代以来，因其旖旎风光还成为京师最胜地。运河沿线皇家园林、敕建寺庙、贵胄私第、丹楼珠塔，可谓星罗棋布，异彩缤纷。尤其是清代营建的三山五园，打造的长河御道，更是北京大运河上游文化遗产的经典之作。

先说源头白浮泉，位于昌平区化庄村东龙山东麓，又名龙泉，流水出处有青石雕刻的9个龙头，取名九龙池。都龙王庙位于龙山之巅，庙坐北朝南，由照壁、山门、钟鼓楼、正殿及配殿等建筑组成。院内有明、清碑刻5通，是研究当时民俗风情的重要实物资料。现在九龙池台上有"白浮泉遗址"碑。2013年白浮泉遗址被列为全国文物保护单位。

颐和园昆明湖，原为北京西北郊众多泉水汇聚成的天然湖泊，曾有七里泺、大泊湖等名称。昆明湖的前身叫瓮山泊，因万寿山前身有瓮山之名而得名。又因地处北京西郊，被称为西湖。1998年11月，颐和园被列入《世界遗产名录》。

除了昆明湖，颐和园里的桥跟运河遗产也有密切的关系，最有名的就是十七孔桥，这是昆明湖上最著名的景点。此外，玉带桥和绣漪桥也很重要，玉带桥是玉泉山水流进昆明湖的入口，绣漪桥是昆明湖的出水口，它们从形状上都是单孔拱桥，几乎一模一样，只是玉带桥比绣漪桥稍微大一点。绣漪桥下面有船闸，当年皇家的龙船经过长河，从绣漪桥下进入昆明湖，到达颐和园，所以它们应该是颐和园里跟运河关系最密切的两个桥。

出了绣漪桥就是长河,长河是金元时期人工修建的一条连接玉泉山与京城的重要河道。绣漪桥至西直门北三岔口闸段被称为南长河。明后期,河道失修淤塞。清康熙年间,为便于往来皇宫和西郊御园,始疏浚长河。乾隆时经大规模修浚,建为皇家专用水上游览线——长河御道,沿岸新建或改建乐善园、倚虹堂、五塔寺、万寿寺及紫竹院行宫,以便中途休憩。民国时期的长河景观,可以看到沿途遍种柳树,风景还是非常好的。

郭守敬在修通惠河的时候,沿途修了24座闸,最西边的就是广源闸。广源闸是元朝通惠河上游的头闸,兼具调水、码头等功能,号称"长河第一闸"。每逢通惠河水浅难以行船时,朝廷都会派官员赴广源闸畔的龙王庙祭祀水神,提闸放水,元代之后明清两朝继续沿用广源闸。2013年,广源闸作为大运河北京段的一部分,被列入全国重点文物保护单位。广源闸再往东,长河北岸有一处很著名的皇家寺庙——万寿寺。万寿寺始建于明朝万历年间,是万历皇帝的母亲慈圣宣文皇太后为即将亲政的万历借佛事树立天子形象,带头捐资修建。慈圣宣文皇太后就是明朝非常有名的李太后,她信奉佛教,自称"九莲菩萨"。明末万寿寺遭到一定程度的破坏,清代顺治、康熙、乾隆、光绪几位皇帝都对万寿寺进行了重修、扩建。特别是乾隆为其母做六十、七十大寿时,连续两次对万寿寺进行了大规模的修缮和扩建,增建了西路行宫,形成了我们现在看到的这个规模。万寿寺里非常典型的建筑就是乾隆皇帝的御碑亭。而且当年万寿寺门外长河上有御用码头。

长河再往东走,还有一处重要的皇家寺庙——五塔寺。五塔寺原名"真觉寺",创建于明代永乐年间,寺内高石台上有五座小型石塔。清王朝建立后,乾隆为给其母做寿曾两次重修五塔寺。乾隆十六年(1751)第一次重修后为避雍正皇帝"胤禛"名讳,改名为"大正觉寺"。乾隆二十六年(1761)是皇太后七十大寿,五塔寺作为祝寿的主要场所之一又进行了全面修葺,并请来一千名喇嘛念经。这个寺庙是典型的汉传佛教制式,金刚宝座跟印度的金刚宝座最大的区别点,就是里外刻有很多小佛龛,这是汉传佛教很重要的一个形态。从五塔寺再往东是高粱桥闸,是北京西郊历史上一座名桥。建于元至元二十九年(1292),为全石筑架,南北走向,单孔石拱桥,桥面净宽6.2米。因跨高粱河而得名"高粱桥"。今闸已毁,现存闸板一件。现在高粱桥为20世纪80年代初展宽路面时重修。

下面再讲讲老城区域。

自老北京城西直门水关至今朝阳区平津上闸是北京大运河的中游,主体流经北京老城区,是北京大运河文化带的核心区段。元代时,通惠河此段水道经行路线是:长河自和义门(明称西直门)水关流入大都城,汇聚于积水潭(又称海子)。再从积水潭东侧万宁桥经皇城东墙外流过沙滩、北河沿、南河沿,经御河桥南,出丽正门东水关,转向东南汇入文明门外的金闸河。于今观之,北京作为中国大运河的北起点,入选世界遗产名录的一共有两段河道和三处遗产点,即通惠河(今通州段)、通惠河故道(今东城区玉河故道)、积水潭(今什刹海)、万宁桥(包括澄清上闸遗址)、东不压桥遗址(包括澄清中闸遗址)。其中后四项均在西城区和东城区,足见老城大运河文化遗产具有位居顶端、集中分布的特点。

西直门水关前身是元代和义门的水关。根据文献的记载,和义门城门南北两侧各设一个水关。元大都城内由高粱河、海子、通惠河构成的漕运水系和金水河、太液池构成的宫苑水系,分别从和义门北南两侧水关流入大都。明洪武年间,为便于防守,水系更易,和义门失去水关作用。永乐年间改名西直门。但此门仍是明清自玉泉山向皇宫送水水车的必经之门,故有"水门"之称。

汇通祠是明清北京城北护城河水进入积水潭的入口水。旧称法华寺,始建于明永乐年间,因祠庙迎水临水,当时又称为"镇水观音庵",

以寓镇水之意。该祠坐落于积水潭西北岸的小山上，西山诸泉沿小山流入积水潭。清乾隆二十六年（1761）重修观音庵，在其内供有龙王像，改名"汇通祠"。1988年重建后改为郭守敬纪念馆。

积水潭是从大都至今北京城里非常重要的一片水域，历史上也很有名，它有很多的名字，像西海、海子、北湖、莲花池、净业湖、西水关、西涯等。它是古代永定河故道留下的坑洼地，地上和地下水汇集而形成的湖泊。元朝时的积水潭包括今天的前海、后海和西海三湖，总水域比现在积水潭要大很多。积水潭前海和后海交汇处有一座银锭桥，为南北向的单孔石拱桥，外形犹如一个倒置的银元宝。银锭桥在古代京城中是一座非常知名的桥。之所以出名，主要是因为桥和两处景致相关联——银锭观山和海水倒流。因银锭桥地处两海交接处，视野开阔，站在桥上往西望去，越往西水面越宽阔，尽头烟云浩渺，可以隐隐约约地看到峰峦起伏朦胧的西山景色，所以有"银锭观山"一景。"海水倒流"则是因为明代时，西海里的水并不直接通向后海，而是通过月牙河直接流向前海，由于前海水位高于后海，形成前海之水倒流入后海的奇特景观，民间对此奇观有"银锭观山水倒流"的俗语。当然现在的银锭桥是后修的，因此它尽管有名但并没有被选为大运河世界文化遗产点。

离银锭桥不远的万宁桥及澄清上闸则是货真价实的世界文化遗产点。万宁桥又称永定桥、后门桥、海子桥，位于地安门外北京的中轴线上，与天安门内外的金水桥遥相呼应。万宁桥始建于元代，初为木桥，后改为石桥。元代为解决漕运问题，郭守敬主持开凿了通向积水潭的通惠河，万宁桥正处于通惠河和积水潭相接处，是积水潭的入口，漕船要进入积水潭则必须经过万宁桥下。桥下装有水闸，名为澄清闸，其主要作用是控制积水潭的水量，保证过往船只的顺利通行。桥体结构为汉白玉单拱石桥，长宽各10余米，两侧汉白玉石护栏上雕刻有莲花宝瓶图案，古朴粗拙，桥面用板石砌筑，而略微拱起。桥体两侧各有两只镇水石兽，四只水兽中只有桥东北侧的水兽为元代遗留，现状斑驳，风化得较为严重，其余三只皆为明代时雕刻，三个保存较好。明代的三只水兽形态各异，西侧的两只是将头外伸，身体一侧悬在岸壁上，并向桥洞中看去。桥东侧的两只头伸出岸沿边，犹如伏岸望水的姿态。

过了万宁桥再往东南方向就是玉河故道，也是一处世界文化遗产点。元代玉河称为通惠河，主要用于漕运。到了明代，一般将通惠河由玉泉山至大通桥一段称为玉河；由大通桥至通州的一段称为通惠河，又称大通河。明永乐重建都城，水系改变，通惠河改名为玉河，漕运功能消失。玉河东边就是今天很有名的南锣鼓巷。在这段玉河故道上还有一座东不压桥，桥下有一座古闸——澄清中闸，也是一处世界文化遗产。

明朝嘉靖时期对大运河进行疏浚，大运河的终点码头到了北京城东郊的大通桥。大通桥，位于东便门外。修于明代，废于20世纪50年代。为三孔石桥，桥洞为拱形，桥墩为尖形，以利分水。在四个桥墩的侧壁有垂立的石槽，可以在石槽间插入木方子挡水，名为"大通闸"，由于是明代通惠河上的第一座闸，又俗称"头闸"。大通桥往东不远还有一个非常有名的闸——庆丰闸，老北京人称之为"二闸"，这个地方也是北京东郊著名的游乐之地，冬天溜冰，夏天游泳坐船。从庆丰闸再往东到高碑店，这里有三个闸：平津上闸，平津中闸，平津下闸。其中，平津上闸的遗址还保留着，是大运河通惠河段唯一保留下来的元代漕运码头遗址。

最后讲讲通州区域。

通州一词始于金代，海陵王完颜亮迁都后，为保障中都粮食等物资的供给，下旨开凿中都至潞县（今通州地区）一带的运粮河，因当时通州为运粮河北端的终点，故取"漕运通畅周济"之意，改潞县为"通州"。通州地处北京湾众水汇集的下游，自古水路交通发达，是京畿仓储、漕运的重地，江南塞北物资的集散地，是北京的东大门。前人评价通州运河，有"天下船运之物皆凑集通州""舟楫之盛可敌长城之雄"的赞誉。元代以来，通州的运河主要包括两段：

1.通惠河下游：从金闸河往东至通州张家湾高丽庄里二泗村汇入北运河。

2.北运河：始通州北关，中纳通惠河，南流至西集镇牛牧屯村出北京市境，长度38公里。

历史上运河给通州带来繁荣，使得通州政治、经济、军事、文化地位较之其他州县都更高一等，也给通州留下了众多运河文化遗产，成为北京运河文化最为丰富的地区。随着通州进入北京城市副中心时代，大运河文化遗产将成为一张更加亮丽的名片。

通州重要的文化遗产点，首先要介绍的就是永通桥，也就是我们俗称的八里桥。永通桥历史悠久，最早可追溯到元代。初为木桥，明朝正统年间改建为石桥，并由明英宗赐名"永通桥"。永通桥南北长50米，东西宽16米，桥中间设计有三个拱券，中间拱券高耸，高8.5米，宽6.7米，两侧拱券狭小，仅高3.5米，与中拱呈错落之势，这样既保证小型的漕船不必落桅即可通过，还可以使桥下河水通过三个孔洞迅速排泄。石道碑位于永通桥桥南以东200米处。清雍正十一年（1733）雍正帝为记载修筑京通间石道之事撰文并在东桥头立"御制通州石道碑"，乾隆三十八年（1773）重修。原雍正御制碑有碑亭，四角攒尖，黄琉璃筒瓦带宝顶，柱栋朱髹，和玺彩画，碑南向面道，艾叶青石制。光绪二十六年（1900）被八国联军烧毁。2005年在原址建碑亭，亭总高12米，为四角、黄琉璃亭，双围柱、重檐、歇山顶。现位于京通快速路旁。

从八里桥再往东就到了通州城。明洪武元年（1368），明将孙兴祖奉命在通州夯筑城墙，外砌城砖，连垛墙高三丈五尺，面积约1.7平方公里。城周九里十三步，设四门：东称通运，西称朝天，南称迎薰，北称凝翠。门各有楼,是为旧城。明正统年间,瓦剌军袭扰京城。正统十四年(1449)总督粮储太监为护卫西、南二仓,奏建新城。新城东连旧城,周七里,设二门。新旧城地理形状受制于北运河、通惠河走向、形势。通州新城建于旧城西侧,新旧两城像是横放的"吕"字。通州新旧城总面积约3平方公里,光绪初城内街巷102条,人口4万,为京东首邑。现在通州城已经荡然无存,只留下一些重要的文化遗产的标志,比如燃灯佛舍利塔。

燃灯佛舍利塔始建于北周末期,在唐代贞观七年(633)复建,辽代重熙年间重建。元、明、清都曾维修。康熙十八年(1679),京师大地震,燃灯佛舍利塔倾圮,只剩塔座,康熙三十七年(1698)重建完成。八国联军入侵北京时,燃灯佛舍利塔遭到破坏。"文革"期间又遭毁坏。1976年唐山大地震,此塔受到波及,但没有倾圮。1985年9月至1987年11月,北京市文物局和通县人民政府筹资29万元,进行抢救性修缮,再现了燃灯塔的原貌。该塔是京杭大运河北端的标志,是通州重要的历史文化遗存。

在燃灯佛舍利塔附近还有一个重要的景观——葫芦头。葫芦头是通州大运河石坝码头向通惠河转运漕粮的起点泊岸,位于通州北门外运河河道东端,因水面形似葫芦而得名。通州漕粮常在此过斛装袋,过坝装船运到大通桥,再装车运入京仓。现存主要遗址位于西海子公园内的葫芦湖。

在通州运河遗产中还有一个堪与通州媲美的张家湾。张家湾镇在通州城的东南方向,这里自古多水,北运河、凉水河、萧太后河、玉带河四水在此汇合,自古便是重要的漕运集结地。自元朝张瑄试行海运至清光绪二十六年(1900)漕运停止的近700年间,张家湾码头一直是商贾云集、漕运发达,素有"大运河第一码头"之称。如今还保留着北城门遗址、古码头遗址等。

北京大运河繁华千年,留下不可胜数的名胜与传奇,尤其是元代大科学家郭守敬以白浮泉为源头，经瓮山泊、大都至通州张家湾开凿的通惠河，让北上的漕船直抵城下，创造了古代水利工程的传奇。近代以来，大运河又和风云激荡的百年中国历史紧密相连，1860年英法联军、1900年八国联军两次入侵北京，都是沿大运河逼进北京城，中国军人在通州张家湾、八里桥一带英勇抗敌，谱写了中国人民反抗侵略的悲壮篇章。

北京大运河文化带，是中国运河文化带的华彩乐章，是北京文化遗产的典型代表，需要人们更多地了解它、保护它。

郗志群 首都师范大学北京文化遗产研究中心主任，教授、博士生导师

北京长城文化带文化寻踪

汤羽扬

一、北京长城文化带建构背景

首先谈一下长城保护的国家战略。2006 年，国务院颁布了《长城保护条例》，差不多同时期，国家文物局与国家测绘局联合启动了全面的长城资源调查，这次长城资源的调查，各省市都配备了人力和车辆，完全是在沿长城一步一步地实地进行考察，这次调查还确定了长城的真实长度。2015 年，关于长城的保护有过相关报道，长城保护有不尽如人意的地方。

在这样的背景下，2016 年，国家文物局发布了《中国长城保护报告》白皮书，一方面总结了多年来长城保护的工作的经验以及存在的问题，同时也对未来进行了展望，也向国内的公众，特别是向国际上说明我国长城保护的情况。国际上对中国长城保护是非常关注的，说到中国必提长城，长城是中国的符号。这也体现了长城在发挥民族优秀文化传统中的重要作用。2019 年 1 月，国家文物局公布了《长城保护总体规划》，对全国长城的保护提出了总体要求，明确了各省市要编制本省市长城保护规划，提出了"价值优先、整体保护、预防为主、原状保护、因地制宜、分类保护、属地管理、加强协调、适度开放、合理利用"的方针。2019 年 12 月，中共中央办公厅、国务院办公厅印发《长城、大运河、长征国家文化公园建设方案》，国家文化公园的建设对坚定文化自信、彰显优秀传统持久影响力和革命文化强大感召力有重要作用。另外就是在空间上统一国土规划，保护优先、传承优先，这是一个总体的精神。

长城到底是一个怎样的存在？在2005年、2006年，一直到2009年这段时间里我曾经参加了北京长城资源调查。目前由国家文物局发布的我国历代长城总的长度是21196.18公里。万里长城，其实有两万多公里长。这些长城资源是有分类的，包括城墙、烽火台、城堡等，单独的遗产点总计4万多处。全国15个省区市、404个县都分布有长城资源。其中最长的就是明代的长城墙体，约8368公里，占长城总长度的39.4%，北京的明代长城的长度约占全国明代长城总量的5.7%。

1987年，经联合国教科文组织审核，长城被批准列入《世界遗产名录》，长城符合世界文化遗产6条标准中的5条。这6条标准是：

1. 代表一种独特的艺术成就，一种创造性的天才杰作；

2. 能在一定时期内或世界某一文化区域内，对建筑艺术、纪念物艺术、城镇规划或景观设计方面的发展产生极大影响；

3. 能为一种已消逝的文明或文化传统提供一种独特的至少是特殊的见证；

4. 可作为一种建筑或建筑群或景观的杰出范例，展示出人类历史上一个或几个重要阶段；

5. 可作为传统的人类居住地或使用地的杰出范例，代表一种（或几种）文化，尤其在不可逆转之变化的影响下变得易于损坏；

6. 与具特殊普遍意义的事件或现行传统或思想或信仰或文学艺术作品有直接或实质的联系。只有在某些特殊情况下或该项标准与其他标准一起作用时，此款才能成为列入《世界遗产名录》的理由。

长城除第5条之外都符合。这说明长城在整个世界和中国的遗产中是非常具有代表性的。

图1 万里长城雄姿,选自《北京》(1959),国庆十周年纪念版画册

我想从几个维度来说一下长城。

一个是时间维度。长城的建造是自春秋战国至明清,延续时间有两千余年。春秋战国时,七国争雄,诸侯国在自己的边界上断断续续建一些墙体作为防御,后来在秦汉的时候,特别是秦的时候,把一些不连续的墙修补增加,然后形成了一个比较连续的长的防御体系。再有就是明代,历史上最大的一次修建长城是在明代。历史上规模比较大的、完整的修筑长城时期是秦和明这两个时期。

二是空间维度。跨越两千余年的长城,是在农业和牧业两大文明之间反复拉锯过程中形成的产物。时间维度两千多年,那么空间维度有多大呢?长城总体是线性的,但是,其实是有空间深度的、延续展开的,东西延绵整个中国北部地区,由东向西5000余公里。我们可以看到,几条主要的河流,黑龙江、辽河、黄河流域都有长城资源分布。在新疆则是一些点状分布,没有长城墙体,而是一些连续的烽燧,还有金界壕。金界壕是否可以作为长城的一部分？起初是有争议的。清代的柳边墙，算不算长城的一部分，同样也有不同的说法。最终在我们整个长城资源调查中，金界壕还是列入了长城的资源体系。

长城的南北跨度其实也很长，从黑龙江到淮河。为什么到淮河？因为有楚长城，在河南有楚长城，在湖北的楚长城是否作为长城，也还有争议。如果我们把早期长城都算上，南北就是从黑龙江到淮河，分布大约有3000公里。在中国版图的空间的维度上，长城虽是星星点点，但分布广泛。不同时代长城墙体不一样，明代的是最长的，延续性和整体性最强。

三是从类型的维度。资源调查时发现，长城有4万多个点，为什么呢？因为是按多种类型来进行划分，可以说长城是一个多单元、多类型组合的建筑物，它是以多重纵深、组团式结合构成的古代防御体系，在一些重点的地方，它的进深还是很大的。即便是21世纪初全国性的长城资源调查，也并没有完全涵盖。我们在宁夏做长城保护规划进行调查的时候，看到有的地方烽火台延续不断，非常长，但其中一些并未被列在长城资源里。这是因为当时长城资源调查大多限定在长城墙体两侧各3公里范围内，而有一些烽火台可能延续到非常远的地方，因此就没有列入长城资源统计的数据中，但它依然还是长城的构筑物。在明代边墙是最主要的类型，此外还有敌台、烽火台、关堡、窑址，生产砖的窑址在北京、河北就有很多。还有壕沟、挡马墙、品字窑、驿站、仓储、居住址、砖瓦窑、采石场，还有一些积薪（传递烽火的构筑物）。

不同类型的要素，共同构成了一个防御体系，在建造材料和建造技术上，也都有非常大的区别。比如，新疆的克孜尔朵哈烽燧，为了保护丝绸之路，沿着道路有很多这样的烽燧。当然还有烽火台，另外还有一些卫城。建造材料非常丰富，虽然是土、石、木、砖这样一些非常简单的材料，但是经过组合、加工，根据地方特点，形成了多种组合和变体的材料，涵盖了夯筑、堆筑、坯筑等一些不同的构筑方式。我们看到的土墙，未必都是夯筑的，有的就是堆筑的。我们看到的石头墙，有的是砌的，有的就是干垒的，不用灰浆直接垒筑。长城的材料和建造工艺并非是官式统一做法，地域特征和灵活运用特征非常突出。如果有人去登长城，在北京平谷红石门可以看到，长城砌筑的石材，与山体岩石的纹路、机理、颜色完全都是一样的，很多都是就地取材。

另外还有一个维度，就是人与自然关系的维度。长城的分布在整个中国的北方地区，它是农耕文化与游牧文化的交错带，一方面是阻隔，另一方面也促进了地方的生产生活、贸易和文化的交流。在人地关系上，专门从事文化地理学的专家特别倾向于认为，长城就是借助气候和地貌修筑的，没有这样特殊的环境是不会有长城的。因为特殊的地形地貌和气候，成为游牧民族和农耕民族之间一个天然的交错区域，借用这条交错区域，不同的年代的拉锯，形成了这样一个特殊的人工设施。不论在历史上是怎样的，我们今天可以看到，长城是人工物和自然物的完美结合，一处人类活动、人工建造物与自然山水巧妙灵活的组合，构成了长城文化景观。文化景观是人和地球之间不断作用，积淀形成的一种比较固定的、特殊的景观现象。

同时，长城也与我们国家的许多重要事件相关，比如说抗战，长城被写入国歌，见证了特殊的重大历史事件。

北京长城文化带的建设是什么样的情况呢？北京长城文化带的动议，其实也有一段时间了，我记得我们在做北京历史文化名城规划前期研究的时候，就提到过将北京北部山区的长城视为一个整体进行认知和保护。《北京市"十三五"规划纲要》提出，推进区域文化遗产连片成线保护利用，即是把遗产连片成线地利用，挖掘区域文化遗产整体价值，实施北部长城文化带、东部运河文化带、西部西山永定河文化带的保护和利用。《北京城市总体规划（2016年—2035年）》中北京城市战略定位是：全国政治中心、文化中心、国际交往中心、科技创新中心。其中，文化中心建设提出构建四个层次、两大重点区域、三条文化带、九个方面的历史文化名城保护体系。《北京长城文化带保护发展规划（2018年—2035年）》于2019年4月发布。长城不再仅仅是单一的文物概念，而是对区域发展有重要的标志作用和带动作用的超大型线性文化遗产。

北京长城文化带需要考量的，是在一定区域内、以长城军事防御设施及文化为纽带，挖掘历史变迁而养育的相关文化要素及其特点，通过要素之间的整合、合作、协同，实现未来文化区域系统有序的结构调整、运作与生长，加强区域内以长城为核心的资源认知和梳理，这是长城文化带的基础。我们梳理、认知，然后再发展它，最基础的梳理是对它资源、价值的梳理，所以在我们所做的长城文化带保护发展规划里，其中有一大部分工作就是现场调查，去区域沟通，去每个区、镇、村，去了解里面到底有些什么，不仅仅是长城遗存，还有其他相关的文化要素。

对于北京长城文化带，到底多大范围，要不要划定一个范围，其实是有争议的。我是学建筑学的，所以比较偏空间和物质方面的规划，我认为还是要确定一个大概的区域，否则很多项目和事情就没有办法落实到具体地方，但是这个区域到底多大是有争议的。最后商议长城文化带的范围分为核心区与辐射区两个层次，总面积4929.29平方公里，非常大的范围，但辐射区域比较倾向于模糊一些的区域。北京总面积大概是1.6万平方公里，我们可以看长城文化带的面积，在北部山区这样一个范围里，差不多接近5000平方公里，占比还是非常高的。其实也不奇怪，因为2018年底北京市公布了北京北部的生态红线，长城全部在北京生态红线范围之内，而且实际上生态红线的保护范围比长城文化带要大得多。这样的话，我们划定的长城文化带，它的核心范围是长城，规划范围涉及长城沿线6个区，分别是平谷、密云、怀柔、延庆、昌平、门头沟，6个区42个乡镇，全部位于北京的生态涵养区里面，也就是在长城文化带范围内。

依据功能相关、空间相关、文化相关的分类方法，北京长城文化带资源构成可以分解为长城遗产（线）、景观环境（面）、相关文化（点）三大类要素，以此建构北京长城文化带的基础资源框架。基于区域协同发展框架下的"北京长城文化带"，是一个从"基础层—稳定层—优化稳定层"的由低级到高级的立体空间构架。

表1中的三大类九亚类，是我们梳理的资源。这里面的第一类长城遗产资源，包括长城本体和长城密切相关赋存的地貌环境。第二大类是景观自然资源，包括生态景观环境和人文景观环境。第三大类是相关文化资源，里面内容比较多，包括长城城堡延续居住形成的一些

表1 北京长城文化带资源构成

主要类型	分项内容		主要内容
长城遗产资源	长城本体	建构筑物	边墙、城堡、敌台、烽火台，关隘、相关遗存等
	赋存地貌	山体水体	山、峪、水、植被等
景观环境资源	生态景观资源	公园景观系统	风景名胜区、自然保护区、森林公园、地质公园、矿山公园、湿地公园等
		自然生态环境	山林地、坡地、耕地、水系等
	人文景观资源	文化遗产	全国、市级、区县级文物保护单位，4处历史文化名镇名村，26处传统村落
		村落旅游	市级民俗旅游村、一般村镇
		旅游景点	各区已经开放的旅游景点
相关文化资源	城堡村镇及非物质文化遗产（含特色文化）	城堡型村落	长城军事卫、所，城堡延续至今的村庄、集镇
		非物质文化遗产	战事、战争传说、长城文化故事、长城修建工艺等；传统手工技艺、生产与生活习俗、节日、礼仪、社会组织习俗、民间艺术等

村落，以及非物质文化遗产，还包括与长城相关的抗战文化、红色文化等。这样大概统计了一下，北京长城文化带内各类资源点共有2873处，其中主要是长城遗产资源2400多处，还有相关文化资源424处，生态资源点40片。生态资源片指的是十三陵风景名胜区等，包括有森林公园、地质公园、水源地等。从行政划分上看，6个区里，密云区占了1061处（片），延庆区914处（片），密云和延庆是长城资源最丰富的，其次是怀柔区395处（片），门头沟区68处（片）。

二、北京长城文化带长城遗存资源

长城作为"北京长城文化带"空间构架主线的理由是：

第一，长城是世界上建造历史最长、分布范围最广的世界文化遗产，有极高的世界知名度。除其自身独特的历史、艺术、科学与文化、社会价值外，长城遗产对"北京长城文化带"区域内的聚落体系、建筑艺术、纪念物艺术、风景景观及民俗文化的形成与发展有重要影响。这是其他资源无法比拟超越的。

第二，长城及其赋存地貌的大尺度线性空间结构，为联系文化带内各资源要素提供了物质的以及精神的条件。长城在文化带内的影响力与凝聚力使整合各资源要素的集聚成为可能。

第三，长城是一种共享资源，资源对象清晰，保护体系成熟完备，能够在区域环境、生业、文化保护利用上起到引领性作用、凝聚作用。所以我们确定它作为区域里重要的文化要素，形成区域聚合力。

北京长城资源到底有多少？北京长城总长度是520.77公里。这个数字其实是有争议的，为什么呢？因为在做长城资源调查的时候，国家文物局确定的是哪个省市做的调查，调查段的长城就在哪个省市的统计数据里，北京长城的统计数据没有包括金山岭这一段长城。此外，公布的长城长度是墙体的长度，并未包括敌台的长度，这也是目前看到的北京长城长度与以往说的北京明代长城520公里有差距。北京现存长城为两个朝代，北齐与明代。这样500多公里的长度，占全国长城总长度的2.5%。明代的长城非常长，而且建造也是最坚固的，最有代表性的，明代长城总长度8000多公里，北京的明代长城长度大概占整个明代长城的5.7%。

长城墙体包括土墙、石墙、砖墙、山险墙、山险5种类型。有人认为北京哪有土的墙呢，不都是石头和砖的墙吗？确实有，但是比较少，原来我也没太关注，后来发现有，出了八达岭，外面是岔道城，岔道城在明代属于宣府镇，在城的外面，西北边，就有一条土墙。石墙其实在北京长城中的比例非常高，还有就是砖墙。所谓的砖墙，其实并不是全部砖砌，一般是下面为条石，内芯有碎砖碎石，或内芯为土与碎石，外侧是包砌的砖墙。另外就是山险墙，北京有相当一部分墙都是利用的山险，不砌墙，在山上面砌垛口、女墙。还有纯粹就是利用山险的。

单体建筑包括敌台、马面、水关（门）、铺房、烽火台5种类型，大概一共有1742座。铺房就是咱们说的敌楼上面的建筑。

关堡，包括关和堡两种，一共是158处。挡马墙有6段，另外还有砖瓦窑大概有33处。我们前些年在延庆的石峡、野生动物园里面，还可以看到砖窑遗址。另外在所谓的残长城，现在称为八达岭古长城，就有早期的采石场，可以看到采石的一些痕迹，另外还有一些石刻、碑刻，还有一些题记。这样的长城遗存，占北京市整个长城文化带遗存资源总量的84%。

北京选址在背依燕山山脉、太行山余脉，面对渤海的山前平原。居庸关所处关沟西边是太行山，东边是燕山，中间的通道是两个山脉的分界线，是一个特别特殊的地质构造。自古北京往北部的内蒙古高原、松辽平原，就是居庸关和古北口这两条主要通道。当然下面还有通往海边的路。北京选址在这样的一个平原，被称为北平湾。北京的山是面对平原陡，面对北边缓，所以北京的长城非常好看，非常雄伟。

北京城不仅是北平湾的核心，还是华北平原与北方山地、高原之间南北交通线的天然焦点，连通中原与塞外的要塞，也是北边蒙古高原的游牧民族和华北平原的农牧民族交错的地带，是华北平原与北方山地高原之间交通的一个天然交点。北京的地理区位决定了其历史地位，在中国版图及中国历史发展进程中都是非常重要的。

军都山是北京的主要山脉，属燕山山脉，处于燕山山脉和太行山脉的接合部位，东以古北口与燕山相邻，西界为居庸关同太行山相对峙。这样的山形地貌形成了北京北部长城建设的底本。

有人说北京的长城最早是燕长城，因为长城在历代的修缮过程中，有后代在前代长城的基底上再修的情况，就目前看，考古学上并没有特别的证据确定北京有燕长城。现在考古学上确认并认定的是北齐的长城，北齐长城总的长度在北京是40多公里，其中昌平是最多的，占了30多公里，其他6个区县都有，但是非常少，就是星星点点，是不是被后来明代长城叠压了呢？叠压了多少？还要做更深入的研究工作。

在昌平黄楼院下面的马刨泉，有比较清楚而且是非常连续的一段北齐长城，两段连续比较长的北齐长城都在昌平区内，其他各个区内的都比较少，目前确认的北齐长城一共是14段，46.7公里，其中昌平31.6公里，为最长。

《四镇三关志》中还有一些相关的长城古图，可以看到明代长城的防御布局。明代是我国修筑长城最巅峰时期，也是材料最讲究，城墙最坚固，敌台、关堡最密集，形式最多样，成就最高的时期。北京长城又是明代长城中最杰出的代表，为什么？因为它要守卫明皇陵，要守卫都城，因此在敌台、烽火台分布的密度，以及城墙的牢固性方面，都是明代长城最杰出的代表。在北京长城沿线，关口非常多，这里面我们列了一些比较重要的关口，比如说墙子路关、将军关、黑谷关、古北口关、白马关、冯家峪关、石塘岭关、河防口关。还有大大小小的城堡。延庆区永宁城是一个卫城，因为它距离长城比较远，虽然没有统计在公布的长城资源里,但确实是长城防御体系的卫所。还有居庸关、沿河口、洪水口等,其实还有很多,沿北京北部山区有非常多的关口。我们做了一些地形地貌分析,关口其实都设在沟谷处,与沟峪有非常密切的关系。这次我们做昌平区长城文化带保护发展规划,注意到在长城以内的山前区有非常多的"里口",在古代,这些口子也都有驻守,现在多已无存,但地名尚存,与文献记载一致。

通过高程图可以清晰地看出长城与山体、沟壑的关系。平谷区长城大概是53.67公里,有今天还存在的关堡11个。我们将其列入长城文化带,统筹考虑保护与发展,如将军关、黄松峪关、南水峪、北水峪、四座楼等。四座楼保存得挺不错。它们与河道和河谷的关系非常清晰,比如说将军关,是一座关堡,位于将军石河河谷,城堡的北墙与长城墙体相连。

密云区的长城分布情况,不但有长城墙体,还有敌台,有一些重要点段的敌台非常密集,如黑谷关、古北口至司马台、白马关关口的周边。密云长城墙体共计182.97公里,是北京6个区中长城最多的区,关堡有61个,占长城文化带91个重要城堡中的50%还要多。密云区东、北、西三个方向都有长城。

怀柔区的长城,虽然不是太长,但是怀柔区有非常著名的箭扣长城和"北京结"长城。这是多道长城墙体的相交点。怀柔区的长城大概是69公里,我们在长城文化带规划里面确定重要关堡22个,比较有代表性的是慕田峪、箭扣、黄花城、河防口、撞道口等,这里充分展现了长城的人文与自然完美结合的关系。

延庆区长城长度175公里,长城文化带规划作为重点的关堡42个,其中八达岭长城、九眼楼长城、四海冶城堡、石峡城堡都非常有名。八达岭长城不只是游客看到的砖石长城,在它的防御方向外侧还有一个像喇叭口似的长城墙体。它外面还有一条连续的墩台,从北京一直延伸至河北,为什么用连续的墩台,这些墩台正好守在一道沟口,无论山口或沟口位置都需要加强纵深防御。

昌平区的长城不是太长，共34公里，关堡5个。昌平长城主要是北齐长城，有两段，一段在刘村镇这边，另一段在十三陵后面。居庸关以外就是延庆辖区。

门头沟区没有连续的长城墙体，在永定河河道北边的山上有10余座敌台，称为沿字号敌台。敌台所处位置非常险要，通过敌台互相瞭望，守护山下的古道。关堡主要有沿河城、洪水口。

北京长城城墙十分坚固，在明代有城砖包砌的墙体，早期的长城是不用砖的，多用石材、土。另外明代长城最大的变化就是创造了空心敌台。北京的长城中70%是砖石砌筑，25%是山险墙，剩下的很少的是夯土墙，所以北京的长城90%多都是山险和砖石墙，所以是非常坚固的。

我们对北京长城的敌台做了一些分析，其数量最多，类型也是最丰富的。北京长城总计有1484座敌台，90%是砖的，烽火台65%是砖石的，非常牢固。戚继光在《练兵实纪》中写早年边墙上的砖石小台互相之间的联系很薄弱，而且军士、将士都暴露在暑雨霜雪之下，因为没有遮避，武器也无处存放，不利于打仗。明代建造了敌台，敌台设在一些长城重点部位及关口要道。敌台高出墙体三四丈高，中间是空心的，四面设箭窗，上层设楼橹，顶部环以垛墙，便于瞭望、袭击和掩护，两台之间视线通达，便于相互营救。此外空心敌台内可储存粮食、武器，可住宿，便于固守，也稳定了军心。在明代有一些边墙段的敌台实际上也兼有烽火台传递军事情报的作用。空心敌台的类型非常丰富，虽然我们现在看到比较多的都是砖拱形式，但是实际上早期敌台内部有很多是木结构的，外面砖砌，内有木柱，上至木枋，再上铺楼板，然后上面再建铺房。因为木材不经久，多已腐朽无存。即便是砖拱，其形式也非常多。敌台内部少有二层，但在古北口、金山岭还可以见到二层的敌楼。敌楼本身两层，顶上再建铺房。有了敌台以后，加强了明代长城的军事防御能力，兵士们可以在长城顶上避风雨，因为敌台高于长城墙体，也更利于瞭望和防守。戚继光在《练兵实纪》里面也写道：除了外面烽火台，长城上的一些敌台也兼作传烽火，从山海关起，到整个蓟镇的烽火消息传递，大概有三个时辰即能全部传遍，也就是说烽火传递信息的速度非常快。

三、北京长城文化带相关文化资源

如果梳理一下与长城相关文化资源，可分为这样几个类型。

1. 城堡型村镇代表的军防村镇文化。前面谈到很多长城城堡延续至今，成为现在的村庄，其中既包括城堡城墙、寺庙、建筑，也包括非物质文化遗产。我们梳理出 91 个重点的城堡型村镇和 31 类非遗传统活动，包括打铁花这样一些表演。

2. 寺观庙宇文化。我们在做长城调研的时候，发现北京北边山区有很多民间的庙宇，如二郎庙、娘娘庙、关爷庙、瘟神庙等，沿着长城所在山体的山脚下，也发现有寺庙遗址。这些寺庙距离村庄还有一段距离，我们推测或许与守卫长城士兵的日常生活以及民间信仰有关，这些兵士也需要祈祷平安，祈祷战事胜利。在怀柔鹞子峪山脚下的一处寺庙遗址，还保留有一棵大的古树，沿着山坡的台地可以辨认建筑的规模。据地方文物部门工作人员说，怀柔区沿着长城脚下山边上有 20 多处寺庙遗址。期待下一步对这些遗址进行考古和清理，做一些研究工作。

长城文化带传承体系中，还有很多反映农耕生活、民间信仰、节庆活动的北部山区特色人地景观。庙宇寺观有很多，一些很小的寺庙里，民间绘制的壁画非常有特色。有的被破坏了，有的被后人描得面目全非，非常可惜。比如，永宁南关的一个关帝庙，我们看到墙上有早期的民间对于世俗生活、战事、一般人生活的一些描绘。近年一些地方小的庙宇受到重视，陆陆续续进行了修缮，但是修缮的过程还是缺少研究。

3. 抗战文化和红色文化。红色文化现在说得比较多，抗战文化、红色文化是文化遗产保护的一类主题，这里有军事事件的发生地，有关于敌后抗战、解放战争的纪念地。

大致说1938年之前主要是以长城为战场，1938年以后主要是敌后活动，在西北部山区有一条敌后活动线，靠东部晋察冀边区也有一条活动线，目前还有很多遗存，也包括有一些烈士陵园、纪念碑，其实都可以纳入长城文化带的资源中。

4. 交通驿道文化。在中国古代有驿道驿传系统，这些和长城也有密切的关系，比如说，连接宣府镇的鸡鸣驿、榆林堡、岔道城，是古驿道上的城堡。岔道城位于八达岭关城外，它和榆林堡，和再往河北的鸡鸣驿，都是古驿道上的交通驿站。交通驿道文化里，我们也把詹天佑、京张铁路纳了进来，这条铁路在八达岭利用特殊的"之"字形解决了爬坡问题。

5. 陵寝和墓葬文化。为什么把陵寝和墓葬文化也纳入呢？因为长城有一部分功能就是为了保护皇家陵寝的，在十三陵的周边有几个关口，既是长城的关口同时也是明代皇家陵寝的守护口。

6. 历史文化景观。可以把历史文化景观理解为人类长期与自然互动作用，积淀形成的历史文化与自然环境统一的景观。比如，关沟72景，居庸叠翠，望京石及天险等。

7. 军防村镇文化。民俗方面的代表，有长城打铁花、延庆旱船，永宁的南关竹马、丫髻山庙会等。我们为什么会把军镇文化放进去呢？因为在长城文化带里，其实最有烟火气息的、最活跃的部分，就应该是有人生活的区域，同时它也有遗产的存在，像鹞子峪，整个城墙基本上是完整的，非常可惜的是在紧邻城墙位置新建了一些房子，没有很好规划，对历史环境风貌有负面的影响。

很多城堡在建设之初就有完善的防御，如岔道城。岔道城因北往延庆城，南去八达岭，西去张家口，东去永宁四海，诸路从此分开而称岔道。战国时期，这里即是重要的交通要塞，曾名三岔口，又名永安甸。元代，大都至上都的驿路在此通过。岔道城城堡与八达岭关城相呼应，是居庸关防御系统的组成部分，因为位于关沟最北端，成为八达岭的前哨。历史上有"如欲敌之绝意于居庸，必先使之无垂涎于岔道，未有岔道危而八达岭无事，居庸不震惊者也"。这充分说明了岔道城作为居庸关军事防御体系组成部分和护卫京城的军事前哨的重要作用。城内一条大路连接东西门，其他巷道基本保持了原有格局。城内有城隍庙、关帝庙、衙署、驿站、清真寺等建筑，经过维修保存尚好。岔道城南墙外为自然溪沟，西南一处平坦地为当时练兵的校场。城堡外北侧山坡上有4个环城而建的烽火台，西北为一条夯土墙，沿山体向北而上，至山顶设敌台一座，整个城堡自身的防卫系统很完备。

四、北京长城文化带自然景观资源

关于自然景观资源，我们对区域的地形地貌，通过GIS进行了分析。北京西、北部为燕山山脉和太行山脉，沟壑非常丰富，作为长城大尺度的地理单元基底，我们梳理了"两山四水，十八沟峪"的特点。两山就是燕山和太行山脉，环绕北京的小平原，构成了向南陡立的陡崖山险。四水就是潮白河、永定河、温榆河和沟河四大水系。十八沟峪包括十八条沟壑小流域，也是长城防御的主要关口。

地形分析发现古代重要关口都是和比较大的沟壑相对应的。比如说，将军关沟，有将军关、将军关城堡；黄松峪沟，有黄松峪关、黄松峪城堡；潮河沟，有古北口关、古北口堡和潮河关城堡；还有关沟、怀九河沟、怀沙河沟，都有头道关、二道关、磨石口关，有关也有城堡。我们可以看到，北京山区很多的村庄都是选在沟峪中略高的坡地上,不是在山顶,也不是在沟底,而是在沟两侧山体的台地上,城堡占据了守卫的有利地形。比如说,白羊沟有白羊城,长峪城也是在长峪沟,刘家窑沟里面有沿河城等。我们选择这些城堡型村庄作为重要的点,是想能够带动传统村落发展,让军堡和沟峪文化及经济发展相互结合。

关于自然景观资源,北京长城沿线有大量的自然保护区、风景名胜区、森林公园、湿地公园、地质公园、矿山公园、水源区等,共有40处,包括八达岭—十三陵风景名胜区、松山自然保护区、百花山自然保护区、延庆世界地质公园、蟒山国家森林公园、黄松峪国家森林公园、古北口森林公园等。这些自然景区内多数都有长城遗存。我们通过园林部门了解,北京下一步要对所有北部的自然景观资源进行一个整合,就像长城文化带对区域进行的整合一样。目前的自然保护区有区级、市级、国家级的,它们的边界、范围、管理各自为政,如能整合更利于发展。北京市已经公布了生态保护红线,对区域的整体保护有非常大的益处。

五、价值阐述及面临问题

关于长城的价值,有很多方面:一是长城是中华民族的精神象征,在很多文件里都有提到,包括在山海关、古北口、喜峰口、平型关等长城沿线,抗战的《长城谣》《义勇军进行曲》等,体现了长城对中华民族爱国精神的作用。二是长城见证了中国基于传统农耕经济与城池控制的治国思想、防御理念,以及对北部边区的开发与经营。长城不仅是边疆的防御边界,同时也是丝绸之路,是一些跨区域、跨文明贸易交流的重要纽带。长城不仅仅是简单的墙,要看到它在整个文化和国家发展中的作用。三是长城还承载了人与自然融合互动的文化景观价值,长城沿线,地形地貌非常丰富,人与自然互动、融合关系非常突出。

北京长城是中国长城最杰出的代表,因为北京虽然只有北齐和明代两个时期的遗存,但是北京的长城是十五个省市中保存最完好、工程最复杂、修建最坚固、文化最丰富的段落。另外,北京的长城修筑与丰富多彩的太行山脉、燕山山脉地貌景观结合,呈现出人与自然景观高度的融合统一。

长城精彩地体现了中国古代完美的军事防御体系特征,比如说它的设施,设施之间的关系,反映了当时的营建技术水平,许多的工程技术经验今天仍然值得借鉴。前一段时间北京启动了每年10处的长城抢险工程,我们在现场看了一下,可以看到砌筑用的大石块,大家讨论,认为石头一定不是从山下运上来的,应是就地开采的,经过了这么多年,原来的开采面已经没有了,但是可以看到当时的工艺和砌筑方式。再举个简单的例子,我们去调研崇礼冬奥会现场,崇礼长城是块石干垒的,在这样一片丘陵地带,可以看到长城在地上隆起的墙体在地面起伏。仔细观察,虽然垒筑的块石多已坍塌,但还可依稀辨认原有的界面,能不能把塌落的块石归回去,而不是完全恢复它的高度?之后做了一个试验段,但是现在的工艺技术,哪怕只是把石头归回去,看着和原有工艺就是不一样,不仅不平整,缝隙也很大,怎么看都不对。这里是想说,虽然长城只是石头、砖、土这样材料修筑的,但是它还是反映了当时建造技艺特点和水平。

图2 自城阙望长城,选自《燕京胜迹》

北京长城文化带的价值是什么，我们也进行了思考，认为长城不是单一的物质构成物，长城所处的带状区域有特定的人文特征，长城具有凝聚文化、展现文化传承和文化活力的作用，是区域文化的生长点之一。北京长城文化带，贯穿了北京北部、西北部生态涵养区，经过千年的演变，构成了自然与人文的稳定景观结构和高度统一，反映了人地关系，自然与人的生产生活的互动与延续，一种人与自然高度统一的理念。另外，长城文化带也是北京历史文化名城整体价值中非常重要的组成部分，北京的历史文化名城，不仅仅是老城的62平方公里，而是包括了老城及其周边文化遗存整体，长城遗存是历史文化名城整体中的一个部分，与北京的发展是密切相关的。

关于长城的保存状况。长城分布地域广，修筑延续时间长，长城墙体多为就地取材，长期以来受自然侵蚀风化、人类生产生活和历史环境变迁等多重因素影响，保存至今的长城大多损毁或有局部坍塌，部分地面已全部消失。历代长城遗存中，明长城保存相对完整。然而，经过几百年自然及人为活动影响，很多点段的长城墙体，特别是大量的敌台、烽火台正处在一个经过多年侵蚀后濒临倒塌的临界状态。北京长城保存了建成时的整体格局，现存遗存70%以上轮廓可辨认（遗址状态），30%以上轮廓较为清晰，完整性较好。

长城的现存状态与保护还是令人堪忧的。我们要做长城文化带，要进行旅游，长城准备好了吗？这是我们需要思考的。通过大量调查，我认为明代的长城很多点段都处在坍塌的临界状态。雨水或者是其他侵害都会对它造成非常大的影响。

通常大家习惯地认为长城是建筑，但在《长城保护总体规划》中明确，长城是古建筑与古遗址两种形态并存，是以古遗址遗存形态为主的文化遗产，并且有着突出的文化景观特征，长城这种独特的遗存的形态，是在两千多年不间断的历史演进中，人类活动与自然侵蚀共同作用的结果，是长城保存的历史状态，也是现实状态。公众经常会对长城维修提出种种意见，而且越来越多地认识到上百年的自然侵蚀也是长城存在的一种状态，不希望把它的全部历史痕迹去掉。我们对长城的认知，要看到基本完整的，包括完整的敌台以及铺房，也包括残缺的，如敌台只留存了半边，或是垛口墙都无存了，不要试图把遗址形态恢复成为完整的建筑，只要安全就好。还有一些长城点段已经消失了，更没有必要重新建起来。这里强调的是，要认可长城的遗存状态，以及历史的痕迹。我们要做的工作是要让它安全。遗产也有生命，也有寿命，也可能会消失，我们要做的工作是让它慢一点消失，而不是让它变成一个全新的。

北京的长城全部处于高敏感地质区，八达岭、黄花城、慕田峪、司马台等长城点段都位于高风险区，包括地址问题、自然灾害问题、地面沉降、暴雨冲刷影响等。北京在总体规划中也考虑了对居住在地质敏感和灾害多发地区村庄的迁移。

还有一个问题就是部分长城开放点段的超负荷旅游。北京有多处作为景区开放的长城段落，包括政府主导、村镇管路、公司经营等多种方式，当然也有未开放但游人自行攀爬的，无序的攀登会对长城顶面已经残损的构件带来很大的伤害。就是八达岭长城景区，我们踩踏的城墙地砖，每年都在局部更换，因为人的踩踏磨损非常严重。游客特别集中的长城点段，其实对长城也是有影响的，所采取的方式是每日及瞬时游客容量的控制，目前八达岭即采取网上预约门票的方式，对日游客量进行控制。

当然，我们也要思考更多的开放方式，来满足公众对参观长城和体验长城的需求，目前看，对于长城开放利用的整体谋划还是不足。

六、北京长城文化带资源的整合与共享

我们在长城文化带保护发展规划中也对区域资源整合进行了一些

思考。这个区域里面有这么丰富的资源及当代的生活，需要空间整合、功能整合、机制整合、稀缺资源共享和互补共赢。

关于空间整合，希望将长城的展示利用做成一个整体。现在我们去八达岭，所了解的就是八达岭，其他段的长城就不知道了。或者说去了另外一处长城，也只限于了解所去长城，不知道长城整体是什么样子，所以我们希望能够建立起一个参观者不管到哪个点，都对北京长城有整体了解的框架。

还有功能整合，希望将长城保护，还有将文旅、村庄整理、生态修复、基础设施建设等进行整合。这些年，政府各行政主管部门在这个区域都投入很多项目，如彩林、小流域治理等，这些项目需要在总体功能定位目标下统筹安排，形成互补共赢，形成公共服务设施、道路接驳的完整体系。

另外机制整合，不仅仅是长城，包括历史文化名村名镇等，目前都是各部门分别管理，缺少之间的协同，建立共同机制是促进区域发展的重要保障。

长城是稀缺资源，有不可复制的唯一性和不可替代性，需要统筹安排精华地段的接待和开放，使资源能够公平共享。

如何做到差异性发展和互补同样重要。在北京长城文化带展示利用中主要考虑了地质景观、遗产景观和聚落景观互相的协作。我们一定都要登到长城顶上看吗？周边能不能有一些可观景的疏散区域，能不能让城堡更多地传达军事文化的内涵。或者是能不能适当扩大整合开放景区，减少攀爬未开放段的人群。还有我们能不能把开放做得更多更好，服务更周到，接驳更方便。另外，我们是不是可以不仅满足年轻人登长城的愿望，让老年人或者腿脚不方便的人也能近距离观看长城，感受长城壮丽的景观，这些都需要综合性的思考。我们也做了一些初步的设想，即建构一个整体性的展示体系。一方面是几个大的博物馆，比如：提升中国长城博物馆展示内容与水平；每个区也都有自己的博物馆或展示馆。我们在村镇调研时，地方很积极，他们会把从周边收集来的长城题刻都集中在一起进行展览。我们也考虑计划布局这些展示设施，可以城堡为主，或以长城为主，或以相关设施为主，差异化进行展示阐释。另外就是将蓟镇的马兰路、石塘路、古北口路等关口，通过统一的标识和解说系统地串联起来。

还有一个很重要的就是便捷的接驳系统。北京到长城的道路是放射形的，到达某一长城点段再到另外一处就不容易了，所以需要枢纽和接驳系统，除了纵向到达以外，横向能够连接。我们提出了几个大的枢纽点，以增强横向的连接，至少是组团一级的连接。

长城文化带提出的空间框架是"一线、五片、多点"。一线是长城，五片是五个大的组团，包括马兰路组团、古北路组团、黄花路组团、居庸路组团和沿河城组团，每个组团是几十平方公里到100平方公里，它不是一个点，是一个片段。我们希望严格控制一些区域不让人随便攀爬长城，但同时把能登长城的点段扩大，之间的关系做好做强，形成组团。多点就是前面提到的那些长城城堡，大概91个。这是长城文化带的结构框架。这里面的多点，可以进行城堡型村庄的考古与价值发掘，文物修缮，另外结合生态修复，村庄整治，环境整治，使城堡型的村镇居民宜居，游客乐住，同时在这里能体验长城文化。长城沿线很多城堡观看长城的景观非常好。比如，在鹞子峪村口，就可以看到附近长城的整个走势，包括古北口也一样，在古北口抬眼四望，哪个方向都可以看到长城。

一线长城非常重要，能不能经受大量游人攀爬？我们提出口号，到2035年"北京长城无险情"。我们不主张全面去维修、去恢复，但却要排除险情，不能因风雨就垮了。无险情、保证安全应该是要做的保护工作，不是整条线的维修，而是把每一个有险情的点段做深做细。

五个片的目标就是希望能够以现在的开放点扩大，让它有更好的接待能力，接待和容纳更多的游客。关于五个组团也有大致的设想，比如说红石门组团，它就包括了红石门一脚踏三省、将军关长城、黄松峪长城，大概是92平方公里，在这区域里做接驳，接待游客游览长城及参观其他文化与自然资源。

密云的组团，包括古北口、司马台，也包括金山岭，还有西沟，大概是76平方公里。这个区域原本就有开放长城景区，只不过各自为政，各做各的。比如，金山岭长城景区和司马台长城景区能不能联合？实际情况是政府签了联合协议，到了景区这一级就出问题了，是利益分配问题。总的来看，还是需要联合，了解长城需要在一个区域去感受，而不仅限于一个点。

怀柔的组团，包括慕田峪、九眼楼、响水湖，大约也是90平方公里范围。如渤海所城，当地已经做了很多工作，村政府有一个小的展室，将收集到的长城碑刻石刻进行展览。我们需要鼓励地方的这些工作，渤海所城做好了，可以辐射周边。

还有就是昌平和延庆作为一个组团，形成两主五副的格局。从南口到居庸关、上关、八达岭，然后就到岔道城、连墩、八达岭古长城，还有石峡城堡都在这个组团。区域内线资源连成片，北京非常重要的北门户的特点就出来了。这里资源非常丰富，风景也非常好，春夏秋冬关沟里面的景色都不一样。冬天是冬天的景，夏天是夏天的景，各有特色。

最西边是门头沟沿河城组团，门头沟区是以西山永定河文化带为主，长城遗存分布较少，长城文化带在门头沟，排在西山永定河文化带之后。门头沟地区沿字号长城敌台非常有名，多经过维修。烽火台占据山势，相隔不远一座，视线相望，景观非常好，可适度开放。

汤羽扬 中国文物学会传统建筑园林委员会常务理事，北京历史文化名城保护学术委员会委员，博士生导师，一级注册建筑师

中轴线

穿越古今　漫步中轴
——走读中轴线路与看点

李建平

北京要进一步聚焦全国文化中心建设，做好首都文化这篇大文章，以中轴线申遗为抓手，推进北京历史文化名城的整体保护，是北京发展的战略部署。为满足人们日益增长的文化建设需求，提升首都功能核心区的文化品位，《2020年首都核心功能区控制性详细规划》的草案公布，要求推出文化探访路，讲好北京故事。在控制性详细规划中提出了十条精品文化探访路，第一条就是中轴线的文化探访路，即走读北京中轴线。

十条精品文化探访线路包括：第一条，中轴线的文化探访路；第二条，玉河、什刹海、护国寺、新街口文化探访路，主要是历史街区；第三条，南锣鼓巷、雍和宫、国子监、地坛文化探访路；第四条，东四、南新仓、日坛文化探访路；第五条，月坛、白塔寺、西四文化探访路；第六条，和中轴线有关的皇城文化探访路；第七条，也是和中轴线有关的环天安门广场、前门大栅栏文化探访路；第八条，新文化街、宣南文化探访路；第九条，天坛、先农坛、天桥文化探访路；第十条，白云观到三里河、北京展览馆文化探访路。

走读中轴线需要做两个准备：第一个是线路的准备，要设计好怎么走和沿途的看点；第二个要有知识储备，走之前要做好功课，通过互联网和有关书籍查阅每个看点的知识点。走读中轴与课堂教学不同，老师上课有 PPT 文件、黑板，可以通过文字图像教学，而走读更强调参与、体验、知识互动，和老师交流。所以，走读老师要学会讲故事，通过故事把看点的知识传授给听众。

北京中轴线的文化探访路可分四处：一是从永定门到正阳门；二是天安门及广场；三是从端门到景山万春亭；四是从地安门到钟鼓楼。

一、从永定门到正阳门

（一）从永定门到正阳门线路设计

从永定门到正阳门的主要看点有永定门的城楼、御路与甬路，天桥和市民广场、老字号"都一处"，正阳门的箭楼、中国公路"零"公里标志等。这段探访从永定门到正阳门，可以领略老北京的风情和文化，线路设计可以从南向北，也可以由北向南。

如果从南向北，从永定门开始，在哪儿集合？在永定门城楼的东墙，城墙上有个标志，表示这里与原来的城墙连接。由东墙后向北面，可以进门洞，看"北京中轴线南端点"标志。然后，沿着永定门向北行走，就可以观察当年皇帝出巡的御路。御路两端有出土的花岗岩石板路遗迹，为原来的甬道。顺着御路，可以看到重要的看点——天桥，到前门又迎来另一个重要的看点——老字号"都一处"，再接着走是鲜鱼口和大栅栏，最后再来到正阳桥牌楼、正阳门箭楼、正阳门城楼。一般参观完正阳门城楼，还会在正阳门城楼上再领略一下中轴线，大概花费半天时间结束探访。具体参观路线如下：

起点（永定门城楼东侧城墙下集合）：永定门—御路—天桥—都一处（老字号）—鲜鱼口—正阳桥牌楼—正阳门箭楼—正阳门城楼（城楼上俯瞰中轴线结束）。

如果从北向南，从正阳门城楼出发，先在正阳门城楼内看展览，然后参观修缮后的正阳门箭楼。而后来到北京坊，这里有一个非常现

图 1 新修复的永定门城楼

代的书店,著名的北京 24 小时书店 Page One。书店东北角的 3 层有拍摄前门箭楼、城楼最佳的摄影地点。由书店走出来,沿途经过老北京的烧酒博物馆。北京人爱喝"二锅头",二锅头是烧酒。那么最早的烧酒制造地在哪儿?在崇文门外。所以,崇文门早年间负责收税,重点收酒税。继续向南,来到天桥,可看走天桥四面钟和小广场、御路,然后到永定门城楼。同样需要花费半天时间探访。具体参观路线如下:

起点(正阳门城楼西侧入口处集合):正阳门城楼—正阳门箭楼—北京坊(书店)—老北京烧酒博物馆—天桥及市民广场—御路—永定门(登城楼南望燕墩及中轴线南延长线)

作为中轴线南端的起点——永定门。很多人提出一个疑问,为什么永定门城楼看着比前门城楼小。第一,它是在原址上修复的,两侧有连接城墙往东、往西与城墙皆相连的标志,表明城楼并没有改变位置。第二,中国古代社会最大的特点是等级社会,城墙城楼内外有别,也就是说内城和外城修建有区别，内城前门（正阳门）城楼高大雄伟，外城的城楼就要小一点、薄一点，所以按照永定门原样修复后本身就会比前门城楼显得矮小。作为中轴线南端的起点，新修复的永定门城楼是我们值得看的看点。

（二）永定门石匾的审美与故事

永定门是北京外城最大一个城门，中轴线南端的起点，也是进城的标志。永定门修建于明朝嘉靖年间，它的寓意是永远安定。首都的安定在古代社会经常被强调，比如康熙年间将"无定河"命名为"永定河"，然后我们又在永定河边上修建永定阁、永定楼。永定，就寓意着北京城永远安定，再加上一左一右的左安门、右安门，它的核心意思就是一城永定、左右相安。

2003年，在计划复建永定门城楼的时候，人们意外发现了明代的永定门石匾。位置在先农坛北京古代建筑博物馆门前古柏树下，石匾长2米，高0.78米，厚0.28米，楷书"永定门"三字沉雄苍劲，保存完好，是明嘉靖三十二年（1553）始建永定门时的原物件，现存首都博物馆。如今复建的永定门城楼门洞上方所嵌"永定门"石匾就是仿照明代石匾雕刻的。

图2 永定门石匾

（三）中轴线南段"御路"

我们研究中轴线，中轴线非常有特点，南起永定门，北止钟楼，全长7.8公里。公里是世界上的说法，中国讲华里。7.8公里折算正好是15华里，15华里从正阳门到永定门6里地，报纸都讲打通了6里通道，从正阳门到钟楼9里。这是天地之和，从正阳门到钟楼，北京中轴线上有皇宫，天子所在地，9为天，前面（南面6里）为地，中间有御道供皇帝出行。

有人问沿这条御道有什么看头，我说古代皇上去祭天，往东边是天坛，沿着这条路往西是先农坛。古时候天坛没有那么多门，今天的天坛南门、天坛东门、天坛北门，都是我们为天坛公园开放方便大家出行而后开的。当年皇上来祭天的时候，这个门得对着御路，所以天坛在西墙上开两门，南边那个是皇帝冬至祭日走的，叫圜丘坛门。天坛西门靠北（现天坛西门）的叫祈谷坛门，是立春皇帝去祭祀老天走的门。这两次祭祀是不一样的。冬至是一年年底了，12月20—22日前后，皇上要跟天对一次话。为什么那天对话？冬至那天白天最短、黑夜最长，古人就认为是天和地挨着最近的时候，这时候跟老天说话，老天能听见，所以皇上那天就站在圜丘坛正中的中心石，在那儿跟老天汇报。这是第一次，叫作圜丘祭天。第二次就是立春之后，皇上又要去天坛祈年殿，我们叫祈谷坛。皇上这次去目的非常明确，就讲几件事：第一件跟老天爷说，开春了，要种地了，希望老天爷保佑风调雨顺，第二句五谷丰登，第三句国泰民安。这几件事有内在联系，跟老天说你把这一年的风控制好，你要给我和谐的风，别来暴风，别来沙尘暴。原来我们不知道，其实风对我们日常生活太重要了，如果老在屋子里头，大人就会建议你出去过过风。另外，我们种植农作物，大量的农作物都靠风来传播、授粉。另外，人的情绪和风也有关系，夏天非常热的时候人们就盼着来点小凉风。风很重要，所以期望风调。雨也是一样，春雨贵如油，春天期望下雨；夏雨遍地流，夏天期望雨不要那么多。只要风调雨顺，就能五谷丰登，五谷丰登大家就吃得饱、穿得暖，国泰民安。

御路东边的先农坛也开两门，北边的挨着太岁坛，南边的是先农坛门，所以沿着御路走，如果不去永定门，去天坛是可以的。尤其看看皇帝祭天的地方，从西门进去是圜丘坛，圜丘坛东、西、南、北有四个门，代表春、夏、秋、冬。东边的是一年开始，名"泰元"；南边名"昭亨"，亨就是顺利的意思；西边名"广利"；北边名"成贞"。原来东、西两个门被占着，都在老百姓的房子里头，一个泰元，一个广利，最近都给修好了，特别值得去看一看。

沿着皇上走的御路看，有人会问两边是什么路？这个路叫甬路。清朝雍正年间，为了便于都城和其他地方的交通修了好几条道路，一条从通州到北京老城，老百姓俗称"石板路"，还在八里桥那儿立了碑（石道碑）。从北京出永定门到南苑去也修了石道；还有去卢沟桥的，去圆明园的，修了好几条，这都叫甬路。永定门内的石板被挖出后，原来都罩着玻璃，现在我们把玻璃板去掉了，不同时代几种修路的历史痕迹全打开了，让大家穿越古今，能够看到历史的变化。这些路都是值得看的看点。

（四）天桥——天子出巡走过的桥

天桥为什么叫天桥？是天子出巡的桥，皇帝从这里去天坛、先农坛，必须经过此桥，由此称"天桥"，古代社会中老百姓是不能走这座桥的。老百姓在天桥两边搭两个木桥。为什么要搭木桥？为什么要有天桥？因为下面有河。这条河叫"龙须沟"，是因为老北京人传说天桥是龙的鼻子，桥下流水为"龙须"。这条河往东流叫"东龙须沟"，往西流叫"西龙须沟"。因为北京的水从西北流向东南，天桥靠西就是现在天桥市民广场，地势高一点。往下就是天坛北门，现在叫金鱼池小区，地势低一点。清末民初的时候，西龙须沟上面先垫起土来了，就出现了市场，所以天桥市场发展更多的就是在天桥的西边。

天桥和地安门桥（万宁桥）是呼应的，样子有些一样，不一样的地方就是老北京城的文化——天高地矮，天桥高，地安门的桥矮，体现天和地的区别。天桥高到什么程度？有人比喻说就像颐和园西堤上的玉带桥，北京的老人回忆说站在天桥的南边看不见正阳门箭楼，站在天桥的北边看不见永定门城楼。为什么它被拆除了？因为它影响交通了。当时想铺有轨电车轨道，设计师一设计成"过山车"了，所以它被拆除了。新修建的天桥是个景观桥，和真实的天桥有出入，但作为中轴线上的一个景观恢复了，让大家知道这里原来有个桥，下边有龙须沟。

上文讲的地势高的地方，最早修建了市民广场，其标志性建筑是四面钟，旁边是天桥"八怪"的青铜塑像。

何为"怪"？就是不寻常，有不一般的绝活。为了生计或生存，"八怪"在老北京天桥市场撂地摊，进行表演，给老北京人留下深刻印象。由此，"八怪"成为老北京记忆的重要组成部分，也推进和丰富了北京民间技艺的创新和发展。天桥"八怪"不同时期有不同的代表人物。青铜塑像"八怪"分别为：拉洋片的大金牙；走旱桥上的赛活驴（杂技）；手劈砖石的常傻子（硬气功）；擅长顶碗和耍狗熊的程傻子；摔跤和气功高手沈三；耍中幡的王小辫（舞姿潇洒有韵味）；说单口相声又会表演的穷不怕；说唱"数来宝"的曹麻子。

今天的金鱼池小区就是当年龙须沟最洼的地方，老舍当年体验生活就到这里来了，写了话剧《龙须沟》，在这里生活期间还写出了《骆驼祥子》。在今天金鱼池小区中街路口，还有老舍的图像和《龙须沟》《茶馆》《骆驼祥子》书的雕塑，也是走读中轴线南段的一个看点。

清末民国时期龙须沟已经成了臭水沟，沟旁住着逃荒、逃难的劳动人民，他们靠卖力气、耍手艺生活，但是他们的生活环境脏乱差，还经常遭受地方恶霸、流氓的欺辱，生活环境非常恶劣。所以，党和人民政府一进北京，就下决心，坚决把这个地方治理了。话剧《龙须沟》是老舍的代表作之一，描写了龙须沟一个小杂院4户人家的遭遇，塑造了程疯子、王大妈、娘子、丁四嫂等各具特色的人物形象，表现了新旧时代两重天的巨大变化，歌颂了党和人民政府关心下层劳动群众，办实事，使其过上好日子、新生活的过程。剧作完成于1950年，1951

年2月由北京人民艺术剧院首演,焦菊隐导演。

(五) 全聚德

"全聚德"烤鸭店本不叫"全聚德",也不是烤鸭店。商贩杨全仁由山东到北京做活鸡活鸭生意,由于他平日省吃俭用,有点积蓄,一天,他在前门外看到一家叫"德聚全"的干果铺经营不善要转让,便拿出积蓄,将其买下。有了自己的铺子,起个什么字号呢?他请教风水先生。风水先生说:"鉴于以前这间店铺倒运,晦气难除,你现在将'德聚全'旧字号颠倒过来,改称'全聚德',可冲其霉运,踏上坦途。"于是,杨全仁请来对书法有造诣的秀才钱子龙书写了"全聚德"三个大字,制成金字匾额挂在门楣上。

杨全仁认为,"全聚德"这个字号好。一是他的名字中有一个"全"字,二是"聚德"就是聚拢德行,可以向世人表明自己做生意讲道德。解放后,周恩来总理在"全聚德"宴请外宾时,一位外宾好奇地问周总理"全聚德"三个字的含义,周总理机智而精辟地解释说全聚德是"全而无缺、聚而不散、仁德至上"。"全而无缺"意味着"全聚德"在烤鸭以外,还广纳鲁、川、淮、粤菜等菜系之味,菜品丰富,质量上乘无缺憾;"聚而不散"意味着天下宾客在此聚餐聚情,情意深厚;"仁德至上"则集中体现了"全聚德"人以仁德之心真诚为宾客、社会服务的企业理念。

(六) 箭楼和雨燕

正阳门箭楼(俗称"前门箭楼")是老北京城的标志,还是北京城历史进程的见证地。1949年春节过后,2月初举行解放军入城仪式,是从永定门入城,过正阳门后部队往东交民巷转,永定门城楼、正阳门箭楼和城楼就成为中轴线上最重要的历史见证建筑。梁思成先生讲,从永定门开始到这儿,就看到了高大的前门箭楼、城楼,南北中轴线上第一个重点或高潮就出现了。现在，正阳门箭楼、城楼作为一个整体加以保护，周围环境做了治理，原有的汽车总站，还有很多商店全部清理了，改为大片的绿地、公共空间。最主要的在这两个城楼上都可以领略中轴线，是走读中轴线重要的看点。城楼对外开放，里边有展览，这个展览中地上有一个中轴线的距离标识（正阳门经纬标识与北京中轴线距离尺度）。城楼当中根据经纬度准确地算出正阳门的经纬度在哪儿，然后向南六里到永定门、向北九里到钟楼，这也是一个值得关注的看点。在正阳门城楼前（城楼南向）下边有一个中国公路"零"公里的标志，是由清华大学美术学院做的。什么叫"零"公里标识？原来八达岭高速、京津唐高速等国家的道路，要用G来表示，"G"就是"国家"的英文缩写。要想富先修路，北京现代快速发展，就是因为道路的畅通。我们现在有G1、G2、G3、G4、G5、G6、G7，据说现在又通新机场，全是快速路，G什么意思？国道。八达岭高速现在叫G6，到新疆的叫G7，那是国道，国道从哪儿出发？从首都出发。我小的时候我记得从北京站坐车去济南老家，一上火车我老父亲就说，每天从北京站有一列火车开到一个省会城市，每天一个省会城市有一列火车要进北京站，这是首都，北京站是中国铁路的"零"公里计算地。中国公路"零"公里在哪儿？原来到北京，北边到德胜门，南边赵公口，东边东郊，西边西郊，不准确，设定一个准确的地方，就叫"零"公里标志。世界很多国家重要的城市都有"零"公里标志，首都必须得有，最后确定在正阳门下。清华大学美院根据老北京的文化，紫禁城的文化、南朱雀、北玄武、左青龙、右白虎来设计"零"公里标识的方位，就使设计更有北京文化特色和味道。看到这个标志就能理解大兴国际机场一定是凤凰的造型，南朱雀。北玄武北边要有山有水，南边是凤凰展翅，东边是青龙，西边是白虎。这是天之四灵，天的定位，而中间是"零"，更是一个中心。"零"公里标识出了东、南、西、北四个方位标识清晰以外，图案本身是一个圆形车轮，有转动感，每一个刻度由车条组成,非常贴切,是走读中轴线非常值得看的景点。

箭楼的历史痕迹更加明显。这些檐儿是民国时候德国工程师凯尔修的。北京电视台的李欣先生曾把凯尔先生的后人请来,人家孙子辈讲,当年他爷爷修的时候,这个水泥是从德国进口的,我原来以为是汉白玉的,上城楼上一看是水泥的,100年过去了,仍然很坚固。它在向世人讲述北京城市从古代向近现代转变,近现代转变用水泥是一个标志,古代社会没有水泥,所以这个遗迹我们还保留着,保留一个城市的转变。巴黎有一个埃菲尔铁塔,刚修完的时候一片反对声,因为巴黎是一个古都,怎么弄一个现代化大铁塔搁在这儿啊?后来想和我们的正阳门箭楼异曲同工,城市从古代向现代转变,两个重要的新型建筑材料出现了,一个是钢铁,一个是水泥。埃菲尔铁塔用了世界最好的钢,当时中国没有钢,我们用最好的水泥(当时的水泥价格超过汉白玉),两个都是标志性建筑,现在到巴黎埃菲尔铁塔没人说它不好,是巴黎城市的象征。北京古代的正阳门箭楼向现代社会转变的标志都

图3 正阳门箭楼

融在这些水泥的装饰上头了。

北京是一座包容的城市，正阳门箭楼西洋的图案原来没有，箭楼从城墙（瓮城墙）上走过去，这些景点都是德国工程师格尔修建的时候改建的，所以箭楼的开放会更有历史的厚度，更有文化的氛围。如果我们讲好了这个故事，接着到后边天安门广场的改造，可以看出这个城市是怎么一步一个脚印从古代传承到现代的。

要讲好中轴线的故事，就要讲好雨燕的故事。正阳门箭楼是我们北京的标志，也是雨燕聚集的地方。雨燕是北京的象征，是唯一用北京命名的候鸟。根据观察，原来以为这个鸟在这个建筑上会不会腐蚀了建筑，一化验，不是酸性的，是中性偏碱一点，对古代建筑物没损害。雨燕在空中飞行的时候，老鹰要飞过来了，它有一个独特的本领，会直角拐弯，当你冲过来的时候，它直角拐弯了，老鹰抓不着它；雨燕空中能呼吸，能喝水、能吃饭、能睡觉。我们安上定位仪看它都往哪儿飞？市文物局专门观察雨燕的一个同志跟我说，秋天8月就开始南下了，来年开春清明回来，到哪儿去了？到非洲的南端纳米比亚，那里的气候正好跟我们相反，湿度大，昆虫多。雨燕走这路线也特别有意思，先进蒙古高原，不能从海上走，那儿湿气太大，昆虫少，没吃的，它沿着我们的"一带一路"一直顺着西亚奔非洲去了。它是北京的象征，生命力极为顽强。

第二年开春能准确找到它们的家，不仅继续住古代建筑，新建筑也能接受。我小时候我们住胡同里头，我们家门楼上也有个雨燕就在那儿孵窝，两只眼睛瞪着看着你，你不伤害它，它绝不妨碍你，就在那儿安家。春天来秋天走，跟人类和平共处。我们北京地区是商人的后裔，我们的图腾，我们古老民族信奉"玄鸟"，人家说玄鸟就是燕子，几千年来，我们的老祖宗就尊重燕子，所以我们这个地方叫燕地，山名"燕山"，水名"燕水"，取个城名叫燕京。辽代的北京城叫燕京，它的遗址燕角楼，在今天的西城区，就是原来老宣武区的南线阁这儿，能看到燕角楼遗址。

我们历史上著名的萧太后就是在北京出生的,萧太后名"萧绰",原姓拔里氏,赐姓萧,契丹族,辽代著名政治家;因出生在燕地,取乳名"燕燕";因出生和成长在燕京,从小读了汉文书籍,了解中原汉文化,又具有契丹人尚武气质,成为契丹与汉文化相结合的一代新人。这只燕子在燕山山脉飞来飞去,留下不少遗迹。在北京城南有萧太后运粮河(今凉水河),北海琼华岛传说为萧太后梳妆台,海淀温泉传说为萧太后沐浴池,通县张牛公路上有萧太后桥,怀柔看花台传说为萧太后赏花之所,昌平东山顶有水盆石传说萧太后在此地洗过脸,在延庆古城村有古城墙,传说是应萧太后梦后而建,民间一直称呼为萧太后城。这些民间传说也是北京燕文化的重要组成部分。

进入新千年后,北京夏季奥运会吉祥物五个福娃里最后一个妮妮头上就顶着燕子。这次新中国成立70周年大庆,各省市的彩车从天安门广场经过,北京的彩车打头就是燕子,燕子已经成为北京的名片,北京的精神。

二、天安门及广场

走读北京中轴线天安门广场范围并不大,我们一般是在国家博物馆北门集合,这个地方是地铁1号线天安门东站南出口,公交通勤的各路长安街上跑的车都有站。这里的看点是国家博物馆、天安门城楼、人民大会堂、人民英雄纪念碑、毛主席纪念堂。领略的风采是人民当家作主。上午这个线路是在国家博物馆北门集合,国家博物馆是"中国梦"提出的地方。

(一)参观路线

从博物馆向北过地下通道,就到劳动人民文化宫,古代的太庙变

图 4 天安门

成劳动人民的文化宫，突出人民当家作主这个文化主题；然后经过天安门城楼各观礼台，可登城楼俯瞰整个天安门广场；下城楼从中山公园门前经过之后，过地下通道到人民大会堂正门前，讲述人民大会堂修建的故事；然后向东到人民英雄纪念碑下讲10座浮雕，到毛主席纪念堂结束。在走读过程中，天安门的石狮子和蔼可亲，讲这个狮子一定要从永定门的狮子、正阳门的狮子讲到天安门的狮子，层层上升。正阳门的狮子叫"国门卫士"，挺立威武。永定门前的狮子是新做的，原来的在箭楼外，就显得小一点。中轴线上的狮子越往北走，规制越高，到太和门前头得用青铜的；到乾清宫门前得铜制镏金的了，是规格最高的。高潮过去之后变麒麟了，最后变大象了。我们有一个学生给外国人讲这个动物，给游客都讲醉了。北京的狮子是一种文化，与西方文化不同，很庄重的，又有礼节和秩序，是一种吉祥的文化。

　　天安门前看华表也有讲究，起到人民监督作用。最早这个华表叫诽谤木，据说从尧舜禹的时候，尧提出来的，在他们家门口立个柱子，大家有意见可以刻在上头，提意见。诽谤这词现在不好听了，原来诽谤就是监督机制。皇帝为了表示接受监督，他也立华表。上面蹲了一小兽，名叫"犼"，是管监督的。龙生九子，这个"犼"就喜欢站在高处，专门监督皇上的。外边的"犼"俗称"望君归"，里边的俗称"望君出"。里边是监督在紫禁城里的皇上的，别老在深宫里，出来看看老百姓的疾苦；外边那个一看皇上又下江南了，得警告皇上，别老在江南玩，适当地赶紧回来。但是这种监督只是老百姓一种美好的愿望，根本实现不了。

图 5 华表

天安门前的金水桥、华表、石狮子是走读天安门、增长历史文化知识的看点，同时也是品味北京城市文化的细节，细节决定精彩。

（二）红色文化

天安门广场还是红色文化的圣地。1949 年初，北平解放庆祝大会在天安门召开。10 月 1 日，开国大典在天安门城楼和广场举行，那一天，中华人民共和国中央人民政府成立了。《开国大典》的油画原作在国家博物馆。升国旗也是天安门广场的重要看点。

人民大会堂也有很多故事可讲。人民大会堂修建的时候，最早立项叫"万人大礼堂""人大会堂"。毛主席在延安的时候就说，我们共产党有事要和人民商量，解放以后修个大点的礼堂。1959 年的时候毛主席到工地视察，问这个工程叫什么？说给人大了，叫人大会堂。毛主席说要

图 6 人民英雄纪念碑

加上个"民",叫"人民大会堂",整个天安门广场主题是人民至上。

人民英雄纪念碑可讲的也很多。从焚烧鸦片到解放军胜利渡长江总计10幅浮雕,突出人民创造历史,讲人民英雄。第一幅浮雕,焚烧鸦片,当时构思曾考虑突出林则徐形象。"五四运动",也有人提议突出鲁迅、陈独秀,结果10幅浮雕中一个名人也没有。我数了数,10幅浮雕里170多个人物中没一个认识的,他们是人民,中国人民。毛主席说,人民,只有人民才是推动历史进步的真正动力。

三、从端门到景山万春亭

从端门到景山万春亭这一段是南北直线,包括明清的故宫、景山。一般是从南向北走读。

起点(天安门北面东侧华表下集合)端门—午门—太和门—太和殿—中和殿—保和殿—大石雕—乾清门—乾清宫—交泰殿—坤宁宫—御花园—神武门—景山—万春亭(俯瞰南、北中轴线)。

重点在于讲好故宫的故事,讲好劳动人民创造历史的故事。例如保和殿后大石雕,采集于70公里以外的大石窝,古代运输与凿刻、雕琢有多么艰辛;皇宫宫殿建筑设计,建造者蒯祥、杨青、样式雷等一批大国工匠,有很多故事。还有非物质文化遗产,如故宫角楼的修建与鲁班的传说等。

重点讲好故宫的故事。讲什么?要讲好劳动人民创造历史的故事。外国人来了老问故宫谁建的?我们跟他们讲,是人民建的。他说不是朱棣皇上吗?我说朱棣皇上那个时期、那个年号,皇上下令迁都建紫禁城,下诏书,但是真建的时候得依靠人民,依靠木匠、石匠、瓦匠。史书记载下来了,著名的木工有蒯祥,被称为"蒯鲁班",杨青石匠,样式雷是杰出的古建设计师,人物非常多。

讲故宫重点是讲好中轴线上建筑,突出的是前朝后寝建筑,家国

图 7 故宫太和殿

一体文化。故宫中路是紫禁城的核心区,也是走读中轴线的核心区。这里的看点有端门、午门、内金水河、太和门、太和殿、中和殿、保和殿、乾清门、乾清宫、交泰殿、坤宁宫、御花园(含钦安殿)、神武门。"前三殿"也称"前朝",是皇帝君临天下的场所,"后三宫"也称"后寝",是皇帝起居的生活区域。明清两朝皇帝多数时间不在前朝的太和殿处理政务,而是在后寝的乾清宫处理政务。雍正朝以后移至养心殿。这是因为在封建家国体制中,皇帝视国如家,视家如国,家国一体。

太和殿顶上的脊兽是中国古代建筑上最多的,象征着皇权至高无上。在骑凤仙人之后,总计有10个脊兽。骑凤仙人来源是根据南朝齐明王修道成仙的传说,仙人之后10个动物依次是:龙、凤(象征皇家的富贵与吉祥)、狮子(百兽之王,象征威武不可侵犯)、天马、海马(象征皇家威德能通天入海)、狻猊(猛兽,能食虎豹,象征皇家能征服一切)、狎鱼(能呼风唤雨,灭火消灾)、獬豸、斗牛(均为异兽,能辨曲直,用角去顶坏人、佞臣，象征皇家正大光明，办事公正）、行什（带翅膀会飞的猴子，生性聪颖、灵活，象征皇家充满智慧）。10个脊兽象征皇帝才能十样齐全，寓意十全十美。

中和殿、保和殿体现"中和"与"保和"的文化思想。"中和"是孔子的中庸之和。保和、太和，道教《易经》里讲保合、太和利于贞。后三宫乾清宫、交泰殿、坤宁宫也有讲究，乾清宫是皇帝的宫殿，坤宁宫是皇后的宫殿；皇帝的宫殿在前，皇后的宫殿在后，中间是交泰殿，阴阳交合。在这一区域里，乾清门"乾"代表天，坤宁门"坤"代表地，日精门代表日，月华门代表月，皇帝、皇后的居所（宫殿）是在天地日月之中。

出了坤宁门就进入御花园。御花园最大的看点是对称。万春亭与千秋亭对称，绛雪轩与养性斋不仅对称，而且是"凸凹组合"，对称中暗含阴阳和谐。

故宫神武门原来叫"玄武门"，因为康熙皇帝叫玄烨，根据避讳制度改叫神武门。"神武"为皇家御林军中的后卫军，有"神武"之师的

图8 景山

赞誉。神武门为故宫北门，为了区别故宫方位，最近特别将景山前街故宫车站改为"神武门"车站。

登景山看故宫可领略中轴线。我们管这条线叫龙脊，在景山上能看到故宫主体建筑，看不见人的活动，主体建筑的屋脊像龙的脊椎，一节一节的。

在景山山体后面（北面），修缮后的寿皇殿也值得一看。这里是明清皇帝供奉先皇的地方。现在看到的寿皇殿是清乾隆年间仿照太庙大殿的样式修建的，是北京中轴线上著名的皇家祭祀建筑。

四、地安门到钟鼓楼

最后一部分就是从地安门到钟楼。

从地安门到钟鼓楼主要看点有：地安门雁翅楼（中国书店）、地安门遗址、为宝书局（新华书店）、万宁桥、火神庙、鼓楼、钟楼、宏恩观山门、杨昌济故居等。

走读看点有地安门雁翅楼书店，这是因为一般我们在雁翅楼中国书店集合。最近雁翅楼中国书店重张开业，西雁翅楼上下两层，在里边集合。冬天去了还可以在里边暖和，因为里边有桌子，有看书的地方。走读第一站是地安门为宝书局，是北京最早的新华书店，各个地方讲读书的时候都忽略了这个老书店，这个书店的特点是始终坚守着为老百姓服务宗旨的一个新华书店。其他看点还有万宁桥、火神庙、钟楼、鼓楼，还有宏恩观。

万宁桥俗称"后门桥"，后门桥的望柱，透雕的栏板饱经历史沧桑，有些栏板已经风化得十分明显，但这种景观正是走读的看点。万宁桥始建于元代，是北京中轴线上历史最悠久的古代建筑。在万宁桥东、西两侧有镇水兽，其中东北方位的最"萌"，样子已经模糊，但有元代至正年号，是确信无疑的元代遗物，是走读必须了解的看点。在

图 9 万宁桥

万宁桥西侧是大运河澄清上闸的遗址,既能领略中轴线,又能看到运河的遗址,说明这是一个交会点。万宁桥故事很多,据说刘秉忠在这儿确定中轴线,万宁桥(时称"海子桥")是北京中轴线确定的基准点。万宁桥还有很多传说,最著名的是"火烧潭柘寺,水淹北京城"。这是古人对水火灾情的警示。俗话说水火无情。在潭柘寺烧火池上面有"潭柘寺"三个字,烧火的时候火苗不能蹿到"潭柘寺"三个字,蹿到这儿寺庙就有火灾的危险了,是对火的警示。后门桥这儿是水的警示。传说后门桥下有石鼠,正阳门外有石马等,既是对水灾的警示,又有子午线的寓意。这里有很多故事,均属于非物质文化遗产,需要走读之前系统梳理。

鼓楼是给老百姓报时的,现在每天有击鼓表演。鼓楼看击鼓前一定看中轴线,能看到景山的万春亭。鼓楼前这条街 600 米,是有古代商业街特点的。元大都城规划时,确定叫前朝后市,鼓楼前这是集市、后市。

鼓楼前这个街还有特点,从西北马凯餐厅这儿开始逛,这边繁华,过后门桥之后马上转到路东去了。护国寺小吃在路东这儿。元大都后市有3条街:白米斜街、烟袋斜街和鼓楼斜街,我们现在讲大运河文化带和中轴线走读文化线路交叉就在这儿。

钟楼也是给老百姓报时的。钟楼内大钟是明代的大钟,钟敲的时候要"紧十八慢十八,不紧不慢又十八",敲2次108下,是按照1年、12个月、24节气、72候(一候为五天)之和确定的,与天坛祈年殿建筑设计有相同特点。报时是按定更、二更、三更、四更、五更,定更为戌时,晚上七点到九点,人们要休息了;二更为亥时,九点到十一

图10 钟楼

点，要入睡了；三更夜半，或者叫子时，就是十一点到一点，是人睡眠最深沉的时段；四更丑时，凌晨一点到三点，鸡叫了，准备起来了；五更平旦，太阳出来了。下一更卯时，点卯了，上班了。古人这个时间设计非常有意思，是根据天体运转和人的生物钟来设计的。

还有铸钟娘娘的传说，属于非物质文化遗产。铸钟娘娘庙、钟楼、大钟都是物质遗产，铸钟娘娘的传说是非物质文化遗产。非物质文化遗产更适合讲好中轴线的故事。

在中轴线后面还发现一个原来的农贸市场，一看是个老庙，这个庙叫宏恩观，我们从钟楼上往下看，宏恩观的大殿帝君殿保存挺好。现在，宏恩观作为北京城龙尾之要地已经修复，辟为文化场所，可参观。

从宏恩观这儿出来，最后一个看点是东城区豆腐池胡同。再往东一点，也就是杨昌济的故居。毛主席1918年来北京第一站就投奔他的老师杨昌济，在这儿他跟杨开慧相知相爱，在北海、在景山、到故宫，都留下他们的足迹。毛主席和蔡和森就住在这个窗户倒座的南房。这里边又有很多故事，有机会再讲给大家。

李建平 北京联合大学北京学研究基地学术委员会主任，研究员

北京城市中轴线：中国古都文化的灿烂结晶

韩 朴

说到古都北京的城市布局，最令人瞩目的特色就要说是以紫禁城为中心的向心对称格局，以及从城南永定门一直绵延到城北钟鼓楼，长达7.8公里的城市中轴线。在城市中轴的沿线，至今还保留着大量的古代建筑文物，熠熠生辉，昭示着中华古都的风采。

2011年6月，北京市正式启动了中轴线申遗工程。2022年8月，国家文物局正式确定，推荐"北京中轴线"作为我们国家2024年世界文化遗产申报项目。

作为申报对象，这条城市中轴线虽然位于北京市，但它却是我们整个国家的申遗项目，而且申报的目标也不仅局限于中轴线上现存的那些建筑文物，而是包含了这条中轴线所表达出来的中国古都文化。这种文化是属于中华民族的一套完整的思想体系，透过这条城市中轴线，人们能够了解中国人是如何以都城规划布局的方式来表达对于政治理念、文化象征和生活空间的认识。

这种以中轴线为主要特征的古都文化并非北京人所独有。数千年来，神州大地上曾出现过众多的朝代、国家和都城，虽然大多数拥有中轴线的古代都城未能将原始样貌保留至今，但伴随着中华民族的成长过程，古都的中轴文化从无到有，代代传承，为我们留下了一笔丰厚的文化遗产。即便是保留至今的北京城市中轴线，也是叠加了元、明、清三朝至今700多年都城文明的精华。由于这条中轴线处在历史文明接力传承的最后几棒，因而它继承都城文化最全面，保存物质文明最完整，成了凝聚中国古都文化的灿烂结晶。

为此，让我们沿着中华历史长河，去浏览那些最有代表性的古代都城，以拍摄延时摄影的手法，将中国古都文化的传承轨迹浓缩展示出来，以此探寻中华古都中的中轴对称的格局形成的过程及其产生的文化背景：夏商周三代就有中轴对称格局了吗？赵武灵王、秦始皇、汉武帝时代的都城是什么样的？第一座相对严格的城市中轴线是谁建成的？为什么说汉魏洛阳城的形制布局影响后世长达千年？中原华夏民族与边疆民族的都市文化又是怎样相互学习借鉴，形成共同的中华都市文化的？

"中"的观念从何而来

中国、中轴线、中轴对称，这个"中"的观念从何而来？

在甲骨文里，"中"字属象形字（一说指事字），为旗旒之象形，像一面竖立的旗帜，上下各有两条旗斿（liú）同旒。古代旌旗上的装饰品）向左飘动，中间的方口为立中之处，表示中间之意。甲骨文中常见有"立中，亡风"的词句，意指竖立"中"这种带旒的旗帜来测定风向。金文的"中"字与甲骨文相同，只不过旗斿飘向右侧。小篆出现后省掉了旗斿，此后出现的隶书、楷书与小篆相同，皆写作"中"。字义也由单纯的"中间"引申为中央、内里、中介、媒介等义，读作zhōng；又引申为得当、符合、命中等义，读作zhòng。

古代中国人在对宇宙长时间的观察中，逐渐得出了"中"的空间概念，他们将自己生活的地域称作中国。而且不管是哪个民族的统治者，都会把自己看成是中央之国、中原之国的主人。

此后经过儒家学者将"中"的概念逐步发展为中和、中庸的哲学思想,进一步深化为对宇宙秩序的认识,即所谓:"中也者,天下之大本也;和也者,天下之达道也。致中和,天地位焉,万物育焉"。(《礼记·中庸》)意为:"中"是天下的根本所在,"和"是普遍通行的准则。达到了"中和"的境界,天地就各就其位、秩序井然,万物就可以生长发育了。

这一思想最初为华夏民族所普遍认同,形成为一种民族意识,以及政治、伦理、道德的规范,进而被培育成为整个中华民族的凝聚力和向心力。

"中"的文化观也普遍存在于中国的各种建筑形式中。都城是国家的政治中心,而都市中轴线的概念则来源于中国古人对北极星的崇拜。在农业文明时代,中国古人发现北斗星座的运转总是围绕着北极星,北极星恒定不动,而满天繁星拱卫着它。古人将这种天象移植到人类社会,便形成了一种政治秩序的理念:"子曰:为政以德,譬如北辰,居其所,而众星拱之。"(《论语·为政》)意思是:"孔子说:用道德的力量去治理国家,就会像北极星那样安然处在自己的位置上,别的星辰都环绕拱卫着它。"

在这种观念影响下,中国古代都城的理想规划,逐渐形成了以宫城(帝王居所)的正殿(最高权力中心)作为基准,以此生发出一条南北向的中轴线,并以北为尊;与此同时注重群体建筑的纵向延伸和横向对称,使诸多建筑形成拱卫中心的格局。当然,这种规划格局的形成并非一朝一夕,而是在中华民族几千年的都城实践中逐步发展丰富起来的。

《考工记》与中轴对称布局

关于中国古代都城的规划与营造,《周礼·考工记》中的"匠人营国"一篇已提出了全面具体的理想模式:"匠人营国,方九里,旁三门。

国中九经九纬，经涂九轨。左祖右社，面朝后市。"意思是：匠人营造都城，方形城垣每面长九里，各有三个城门。城内纵横各有九条道路。每条道路宽度九轨（一轨为八尺）。王宫居中，左侧是宗庙，右侧是社坛，前面是朝会处，后面是市场。"已经清晰地提出了都市中轴线与中轴对称布局。

《考工记》是中国古代重要的科技文献，在历代的都城规划与营造实践中具有极大的影响。一般认为《考工记》成书于春秋末期至战国初期，是齐国的工艺官书。西汉时因《周礼》六篇中的《冬官》一篇亡佚，故汉儒将《考工记》补入，故又称其为《周礼·冬官》或《周礼·考工记》。我们能不能根据《周礼·考工记》的记述，来论证中国古代都城的中轴线布局究竟形成于何时呢？对于这个问题，学术界存在着明显的不同意见。

有人认为，《考工记》记载的应该就是西周时期的都城制度；但也有人认为，先秦时期尚未形成如此严整的都市中轴线布局，而且迄今为止，《考工记》所描述的都城布局还未能被任何都城考古所证实，无论是先秦西周还是秦汉时期的都城，没有一个能与其完全相符。

然而，大量的古代文献和考古资料也显示出，在中国古代城市的规划与营造中，"尚中"的思潮确实产生得比较早。早在西周之前，已有一部分都城开始表现出了中轴布局的倾向。

中国古都中轴线的发展轨迹

一、夏商周三代的"尚中意识"

1. 洛阳偃师商城

1983年春，中国社科院考古所在河南偃师县发现并发掘了一处商城遗址，推定其存世年代为公元前1600—前1400年（存世200年左右），属于商代早期的都城，也是目前发现中国古都采用中轴对称布局的早期实例。

遗址有大小两重城墙。筑城年代小城在前，大城在后。在小城初建阶段就已表现出中轴布局的特点，城址平面呈南北长方形，在东西城墙中部各有一座城门，左右对称。宫殿区居于南北中轴线的南段，外围有一圈方形的"宫城"，宫城内的5座宫殿基址，一座居中，其余两两对应。

到扩建为大城时，由于避让天然地物，使城址的平面有失规矩，但从城门、道路、宫殿等建筑看，仍然极有规则。如此规整的中轴线布局，显然是经过精心规划的。

2. 安阳洹北商城

另一处类似的都城是位于安阳的洹北商城。这处遗址与殷墟王陵遗址和殷墟宫殿宗庙遗址共同组成了规模宏大、气势恢宏的殷墟遗址。殷墟是中国商代晚期的都城遗址，清光绪二十五年（1899）在小屯村发现了殷墟甲骨，自1928年起直至今日，对它的考古发掘一直没有中断。洹北商城的发掘开始于20世纪60年代初，至1999年取得了突破性进展，确认这是一处商代中期的城址。

洹北商城为矩形城垣，宫殿基址位于南北中轴线的正中，整个建筑是一个四合院的形式，有门道、楼梯、台阶、门槛、庭院，甚至庭院中还能分辨出原来的东西厢房和正殿。

3. 曲阜鲁国故城

公元前1045年，周灭商，武王之弟周公旦被封于鲁。鲁国都城略呈方形，始建于西周初年，是严格按照周礼的规定建造的，因而其布局与《考工记》的城市思想有不少相符之处。

都城南为宫城区，北有手工业作坊，前朝后市，左坛右祖。城内有东西、南北向各五条交通干道，南北向中间的一条干道北起宫城，向南穿过南东门，直达城南的舞雩（yú，祈雨）坛（又称舞雩台），构成了城市的中轴线。基于考古工作所探明的鲁国城垣的修筑年代，以及《考工记》成书年代的主流考证观点，鲁国故城空间形态的成熟完备应当早于《考工记》的成书问世。

就目前掌握的考古材料看，除洛阳的偃师商城、安阳的洹北商城、曲阜的鲁国周城等少数都城遗址外，夏商周三代其他的都城遗址，一般还看不出整体的中轴线布局。但就一些单体宫殿建筑中的中轴对称布局，夏商周三代倒是一脉相承，并为后来历代都城所承继。

此时的中华民族虽然都市规划思想还是以朴素的实际应用目的为主，但已能感受到"尚中意识"的清晰萌芽。

二、春秋战国

进入春秋战国时代后，不但国家之间相互攻伐，各国内部的国民暴动、陪臣弑君、以下犯上的情况也屡有发生。如此时代背景下，都城的形制布局也发生了重大变化。各国诸侯普遍将君王专属的宫城从国家都城的中心位置独立出来，置于外郭城的一侧或一隅。"筑城以卫君，造郭以守民"（《吴越春秋》），城与郭开始有了分工。

各国诸侯"高台榭，美宫室，以鸣得意"（《国语·楚语》），宫殿的台基越建越高，高台建筑盛极一时。这种建筑是以夯土版筑的高大台基作为宫城的基础与核心，在上面营造宫殿，不但平面形制巨大，而且立体形制宏伟，高低错落，巍峨壮观。一方面显示君王地位之崇高，同时在礼崩乐坏的特殊年代里，也增添了宫廷的防卫能力。

1. 燕下都故城遗址

燕下都位于今河北易县县城东南，分为东西二城，中间有城垣隔开。东城的中部和东北角为宫殿区，中北部和南部为居住区和工商业区。西城内有居址和墓葬。从总体格局看，整个宫殿建筑群以武阳台、望景台、张公台和老姆台四座大型夯土台基为中心，依次分布在一条南北中轴线上。

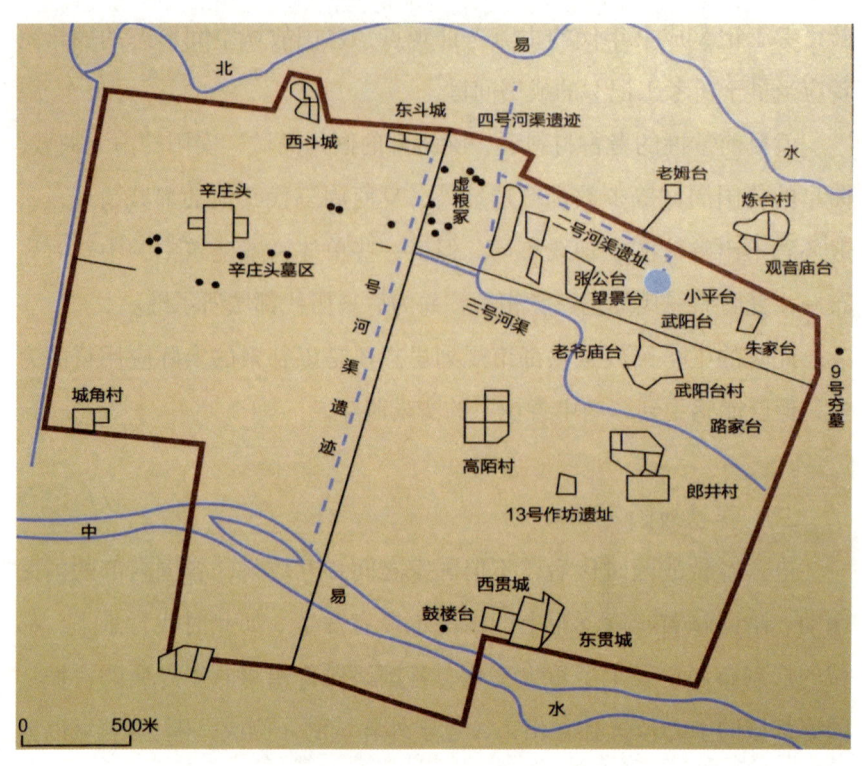

图1 易县燕下都

2. 邯郸赵王城

战国时期的赵国邯郸故城位于今河北省邯郸市区及西南郊区。整个故城表现为双城制，分为赵王城和大北城两部分。赵王城是宫殿区，由西城、东城和北城组成，平面呈"品"字形。大北城是居民生活区和工商业区，与赵王城最近处相距仅60米。

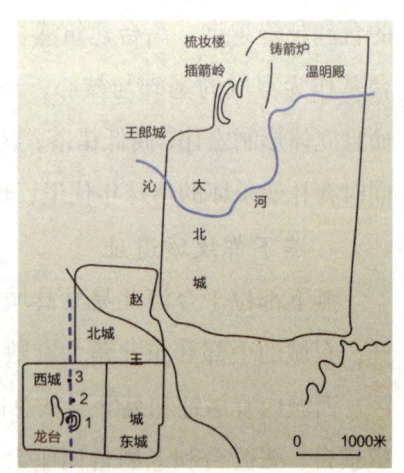

图2 邯郸赵王城平面图

赵王城的西城内建造有全城规模最大、等级最高的宫殿建筑"龙台",处于中轴上的中心位置,是宫城中的"大朝正殿",与北面的2号、3号建筑基址纵列排成一条轴线,表现王权的至高无上。

图3 赵邯郸故城——龙台

图4 赵王城龙台复原图

中轴线

107

三、秦汉时期

1. 秦咸阳城

秦始皇统一六国之前,都城咸阳和赵王城一样,只是诸侯之城,还不是全中国的首都。

咸阳最初的范围,仅限于九嵕山以南(山阳)至渭河以北(河阳)的区域,故称"咸阳"。自商鞅变法后,国力迅速膨胀,咸阳城的建设也向渭河南岸大幅度发展,先后修建了著名的章台宫、兴乐宫、甘泉宫、信宫、阿房宫,以及七庙、上林苑等建筑。

秦统一六国后,咸阳由诸侯之城变成了天下唯一的帝都,都市范围急剧扩大。"咸阳之旁二百里内,宫观二百七十,复道甬道相连"(《史记·秦始皇本纪》),并于泾渭之间建东方六国宫室,以纪念统一天下之伟业。

然而,秦都咸阳在急剧扩大的过程中,始终没有形成外郭城。因为没有一个统一而长远的都市规划,自然也谈不上城市中轴线和中轴对称格局。《考工记》近似儒家所构拟出来的政治理想及营国制度,并没有受到重法轻儒、非常务实的秦政权的重视。

2. 汉长安城

西汉王朝的都城选址于渭河以南,这里正是秦咸阳的宫殿群最为密集的区域。之所以呼为长安城,是因为此地原属秦都咸阳的长安乡。

西汉建国之初,经济凋敝,百废待兴,乃至车不同驷(《史记·平准书》:"自天子不能具钧驷,而将相或乘牛车,齐民无藏盖。"),都城的规划与建设只能因时制宜,因地制宜。自刘邦起,长安城的建设经几代皇帝接力,断断续续建设了90多年。西汉初年的长安城,实际上是大量地因循、改建了秦咸阳的旧宫,根本谈不上长远的城市规划。汉惠帝连续三年征发劳力,才算修筑起了长安城的外垣,使其初具轮廓。从长安城曲折多拐的城垣轮廓来看,建造者应该是既无心也无力去参照《考工记》的营国制度。随着国力的日渐强大,尤其是到汉武帝时代，长安城才能大规模地新建和扩建，终于成为与罗马齐名的国际性大都会，却与《考工记》的理想模式没有太大的关系。

汉长安城以皇帝发布政令的未央宫为基准，以横门至西安门的南北大道作为中轴线。这条中轴线很短，且不居于城市中心，对城市格局的影响力不强。城内皇宫、官署、仓廪交相杂处，大部面积为宫殿占据，民居所占的比例极小。太后居处的长乐宫与皇帝的未央宫对峙并重，是典型的多宫制都城。城内西北隅有东市、西市。城南有社稷、宗庙、辟雍等礼制建筑，布局松散，像个大杂院。

形成这种状态的原因有二：①汉初国力孱弱，没有规划国都的意识，也没有能力，只能因时制宜，因事制宜；②长期因循之后木已成舟，欲罢不能。至汉武帝时修造建章宫时，城内已无空地，只能在城外择地。

3. 东汉洛阳

从东汉，经三国曹魏、西晋，直到南北朝的北魏，上下500年间，中原王朝均以洛阳为都，历史上称为"汉魏洛阳"。在此期间，洛阳城正式开启了中国都城布局和宫室制度的新时代，对隋唐以后历代都城的规划产生了重大影响，在中国古都建设史上占有重要的地位。

虽然如此，但这些巨大变化并不是在东汉时期发生的。东汉建都洛阳之初，也是继承了此前东周、秦、西汉的洛阳旧城，沿袭了秦汉都城的多宫城制，采用对峙并重的南、北两宫制度。都城南墙上有4座城门，南宫的南门直通南墙中部偏东的平城门，这条平城门大街一直通向城外的灵台、明堂、辟雍、太学等礼制建筑，就算是东汉洛阳城的中轴线。但这条中轴线也并不在都城的居中位置，甚至中轴线经过的南北两宫也都不在一条直线上。

这种状态一直延续到东汉王朝的最后一年，随着王朝新主人的到来，才开始出现了巨大变化。

四、魏晋南北朝

1. 魏都邺城（邺北城）

实际上，最早规划都城中轴线的城市并不是东汉的都城洛阳，而是位于今河北省临漳县的邺城，当时的邺城也不是东汉的国都，而只是一位权臣封地的治所。

东汉末年，曹操挟天子以令诸侯。在多年的军阀混战中势力日益增强，并且牢牢地控制了东汉朝廷，无天子之名而具天子之实。自建安九年（204）曹操从袁绍手中攻取了东汉魏郡的郡治邺城，从此便把这里作为自己的军政大本营而大力营建。这也就是后来曹操被汉献帝先后册封为魏公和魏王，其子曹丕继之建立魏国的出处了。

曹操在邺城首次实现了"先规划、后建设"的城市建设理念，把

图 5 邺北城的创建者曹操

中轴对称的布局手法扩大应用到整个城市。一改秦汉时代的多宫制，首创了居北、居中的单一宫城制；首创了一条连接宫城主殿（文昌殿）、宫门（止车门）和都门（中阳门）的城市中轴线，并在这条南北长街的两侧对称布置衙署。首次利用一条东西方向的穿城大道把全城分为南北两部分，街北是宫殿、官署和贵族居住区，西北城墙上的"铜雀三台"使邺城名扬千古；街南则是普通民居和商业区。功能分区明确、结构严谨，一改前代都城的松散布局。这种布局方式承前启后，对此后的都城规划具有重大意义，因此邺城被称为中国古都规划的肇始地。

曹丕代汉移都洛阳后，仍以此作为北都。其后相继作为后赵、冉魏、前燕、东魏、北齐六朝的都城，先后长达400多年。

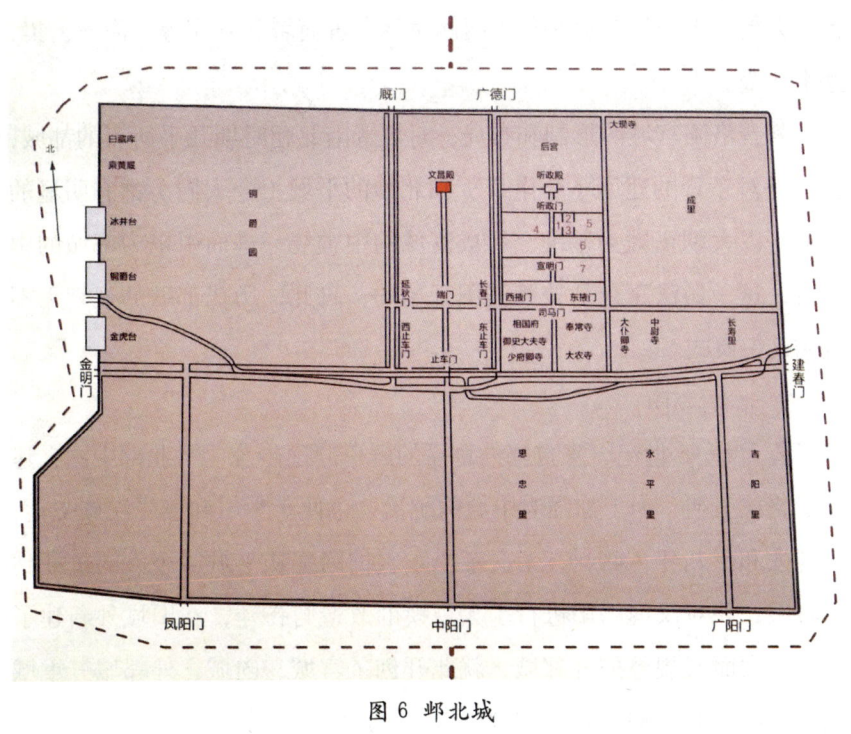

图 6 邺北城

2. 魏都洛阳

220年正月曹操去世,其子曹丕袭魏王。当年10月即逼迫汉献帝禅位,以魏国天子的身份,取代了东汉王朝。同年12月"幸洛阳",马上开始了对于洛阳宫室的营造改建。

曹魏改建洛阳城的规划思想,更多地因袭了曹操的邺城。尤其是魏明帝曹叡,自幼深受邺城环境的熏陶,登极伊始便开始对洛阳宫城进行大规模的营造和改建。他创建了以太极殿为核心的单一宫城制;宫城外,列宫、省、禁三重墙垣;宫城内,太极殿(大朝正殿)位居中央,两侧设东、西堂。前朝后寝,宫城北端还设有皇家禁苑华林园。

宫城的正门阊阖门是迄今所知最早的宫城门阙,以宫城正殿太极殿、宫城正门阊阖门和都城正门宣阳门一起,构成了洛阳城的南北轴线。铜驼大街是汉魏洛阳城的中轴大街,也是我国最早的都城轴线大街。大街一主两辅3道并行，两侧对称布置衙署和寺庙等，商贾云集，寸土寸金。

魏晋洛阳宫城的形制和布局，对魏晋南北朝时期几乎所有的都城，特别是对东晋的建康（今南京）和北魏的平城（今大同）都有明显的影响。以大朝正殿为基准，形成宫城的中轴线，进而引申为都城的中轴线，这一做法正是从曹魏洛阳开始的，自此，历代都城的规划无不遵循这一模式。

3. 北魏洛阳

公元4—6世纪，来自塞外草原的鲜卑族逐步统一了北部中国，建立了北魏王朝。为了加强对中原的统治，也便于学习和接受汉族文化，北魏太和十八年（494），孝文帝拓跋宏把国都从平城（今大同）迁到了洛阳，并对汉魏洛阳进行了大规模的改造与扩建，在旧城外新建了一个巨大而又规整的外郭城，就此开创了宫城、内城、外郭城三重城垣的格局。外郭城内划分出320个方形的里坊，坊周筑墙，每边长一里。把工商业区都设在内城以外。

北魏洛阳的形制布局在中国古都规划的发展中具有重要的地位，它具有居中、居北的单一宫城制；明确、唯一的都市中轴线与中轴对称布局；宫城、都城、外郭城三重城垣环套；还具有严密、清晰的坊市制度。

北魏洛阳的形制布局影响后代都城规划长达千年，其后的隋唐长安、隋唐洛阳、北宋东京、金中都、元大都以及明北京等历代名都的规划都受到它的影响。

4. 东魏北齐邺城

天平元年（534），北魏分裂为东魏和西魏。东魏迁都于邺，在邺北城的南墙外续建邺南城，南北两城相衔，合二为一。

东魏、北齐邺城的营建是北魏洛阳都城制度的又一次实践。由于是在一块生地上先规划后建设，不会受到旧城的影响，这使得都市的中轴线第一次处在真正的城市几何中轴线上。它很可能具有内外相套的三重城垣，城址的中心是宫城正门，宫门之前的御道两侧顺次排布中央衙署，左右分列宗庙和社稷，并具有统领不同城圈的南北轴线。居民区分设里坊，除了市场的布置，其余城市要素的安排都比较符合《考工记》的理想规划，是目前所知最符合《考工记》理想规划的中国古代都城遗址。

遗憾的是此城存世不足半个世纪，承光元年（577）北齐亡，此城亦衰落，并最终毁于隋初的战争。

五、隋唐时期

隋大兴城和唐长安城

589年，隋朝统一中国，结束了自西晋末年以来中国长达近300年的分裂局面。

隋朝虽建都关中，却没有承袭汉长安城的故地，而是另择新地建设首都大兴城，在一张白纸上对大兴城进行了全新的严格规划。其最大的特点就在于一次规划，一次建设，一次成型，遂成就了一代名都。

然而，仅仅37年后，唐朝代隋而立，同时也全面承袭了隋都大兴城，并更名为长安城。除唐太宗建大明宫，唐玄宗修建兴庆宫等局部修建和扩充外，都城的整体形制基本未变。

唐代长安城的规划特点有四：①具备宫城、皇城、郭城三重城垣；②宫城和皇城位于郭城北部的正中；③以沟通宫城承天门与皇城朱雀门之间的承天门大街（又名天街），和沟通皇城朱雀门与外郭城明德门之间的朱雀大街共同组成城市唯一的南北中轴线；④中轴线两侧，108个里坊以及东市、西市对称分布。

为了突出北部中央宫城的地位，以宫城内的承天门、太极殿、两仪殿、甘露殿、延嘉殿和玄武门等一连串高大的重要建筑压在中轴线的北端，展现皇权的威严。

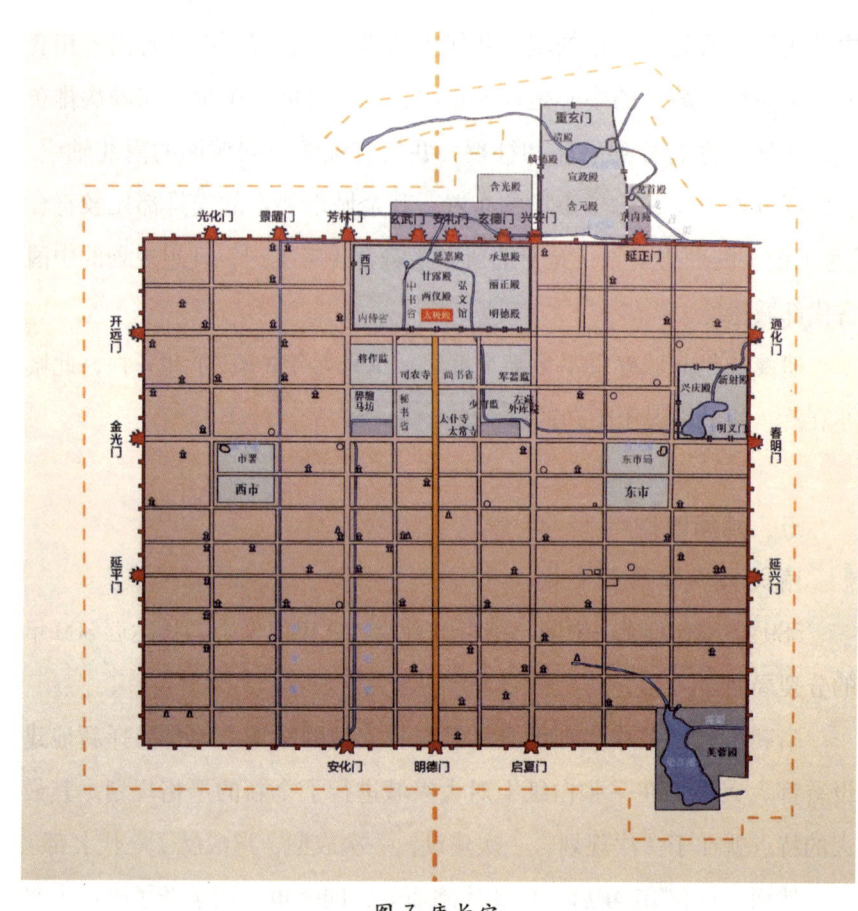

图 7 唐长安

这种棋盘式的中轴对称布局，极大地影响了唐朝的属国以及东亚其他国家，如渤海国的上京城（牡丹江宁安市渤海镇）、新罗王京（韩国庆州市）、日本平安京（京都市）等都城的规划布局。

六、宋元时期

隋唐以前的天下一统时代，历朝建都大都表现为以洛阳为代表的中原地区和以长安为代表的关中地区的东西分立。唐代以后，都城的选址开始出现南北摆动的新阶段。北方游牧民族相继南下，与汉族集团相互争战、共存、融合，逐渐建立起多元一体的中华民族国家。

在这一进程中，都城的规划和布局也出现了新的变化。游牧民族所建立的国家主动跻身于中华法统，在都市规划建设领域积极吸纳华夏文化，同时也将一些具有民族特色的文化纳入中华文化之中。

1. 北宋东京城

北宋东京城又称"汴梁""汴京"，是当时世界上有名的大都会，在中国都城建设史上承先启后，发挥了极为重要的作用，并对同一历史时期辽金两朝的都城规划产生了直接的影响。

《吕氏春秋》曰："古之王者，择天下之中而立国，择国之中而立宫，择宫之中而立庙。"东京城由宫城、内城和罗城三重城垣构成了"回"字形三城环套。与隋唐都城相比较，这种"择中而立"的"回"字形平面布局进一步突出了"皇权至上"的中央集权统治思想。

北宋东京城在扩建时力求形成一条正对宫门的城市轴线，即宫城大门宣德门—皇城正门朱雀门—外城正门南熏门。作为大朝正殿的大庆殿（俗称龙亭大殿）便坐落在全城的中轴线和中心点上，突出了帝王独尊天下的威势。

中轴线

随着经济贸易的发展，北宋东京城中封闭式的里坊制度已被打破，逐渐形成了开放式街巷布局，对后世都城营建产生了重要的影响。

2. 辽上京

辽朝（907—1125）是由契丹族建立的朝代。都城上京临潢府，位于今内蒙古赤峰市巴林左旗林东镇。这座都城与北宋的东京城几乎同时存在，是辽朝营建最早、使用时间最长的都城，也是中国历史上使用时间较长的草原都城之一，代表了辽代早期的都城规划理念。

辽上京城平面略呈"日"字形，由北部的皇城和南部的汉城两部分组成，体现的是"因俗而治"的统治理念，即"以国制治契丹，以汉制待汉人"的民族之别。

辽上京的北城内，皇城和宫城形成"回"字形环套格局，表达了"择中而立"的思想，体现的是"皇权至上"儒家政治理念，显示出契

图8 辽上京北城遗址航拍图

丹皇帝学习汉族的建都理念。

考古工作发现，一条东西向的大道贯穿了皇城东门、宫城东门和宫城内一组东向的大型宫殿基址，清晰地展现出东西向的中轴线布局，证明辽上京城确曾存在着契丹族东向为尊的情况。时至今日，辽代遗存下来的许多大型历史建筑中，这种"尚东"的契丹遗风仍可见到，如北京西山的大觉寺即为一处典型。

3. 辽中京

游牧民族统治者在与汉族的交往过程中，迅速学习并接受了汉文化，其中也包括都城的规划与营建。辽代早期都城规划强调的是因俗而治，在进入中原后，对都市规划的认识已发生本质改变。

辽圣宗统和二十三年（1005），北宋和辽国在经过多年的战争后，经过谈判，重划边界，缔结了澶渊之盟，此后百年间，两国不再有大规模的战事。而辽五京之一的中京城就是澶渊之盟签订后新建的一座

图 9 辽中京大明塔

陪都，是与辽上京模式迥然不同的一座新城。适逢国力强盛，又赶上了百余年的辽宋结盟和好，陪都建得比上京还要宏伟。

辽中京坐北朝南，有外城、内城和宫城三重城墙。内城位于外城中央偏北，宫城位于内城北部正中，宫城内中轴线上有一处大型宫殿基址。南墙设有3门，正南门阊阖门与内城阳德门、外城朱夏门之间以40—60米宽的大道标明中轴线，两侧有市楼建筑、佛塔寺院和街道围成的坊区。但城内也依然留有大片的空地，供契丹人广设毡帐。

显然，"澶渊之盟"背景下建立的辽中京城，其规划和布局已深受中原都市的影响。

4. 金上京

类似的例子，还有女真族建立的金朝。

女真人生活在白山黑水之间，1115年，金太祖完颜阿骨打建都上京会宁府（今哈尔滨市阿城区），僻在华夏一隅。

金上京分为南北二城，南城为女真族皇帝和贵族所居，北城则为工商业区和其他民族生活的区域。像辽上京一样，这种"日"字形格局，体现了"因俗而治"的统治理念。而南城内的皇城（即宫城）与外城之间亦形成"回"字形格局，又表现出中原都城皇权独尊的理念。因而，这是一座集辽、宋风格于一身的都城。

5. 金中都

1149年，金海陵王完颜亮发动宫廷政变，成为金朝的第4位皇帝。在他统治的12年间展开了一系列改革，大力推广汉文化。为了完成对中华大地的统治，进一步奠定并巩固金王朝的华夏正统性，海陵王万里迢迢，把都城从上京迁到了燕京（今北京市），精心规划，大兴土木，为其命名为中都析津府。

金中都并非生地建城，而是肇源于唐代的幽州城和辽五京之一的辽南京，老城中的子城（内城）偏于城市的西南角。要想把这座旧城改造成类似北宋汴京一样的中轴对称模式，难度很大。

女真人在辽南京的基础上向东、西、南三个方向大规模扩建。扩建后的金中都由外郭城、内城、皇城和宫城四重城墙套合而成，皇城与宫城已约略处于都城的中央位置。

在原辽南京旧城范围内，女真人按照北宋东京的宫城格局进行大规模改建。一条南北中轴线经皇朝正殿、宫城正门、皇城正门与郭城正门相连，两侧的殿宇对称分布，突出了皇权的至尊。

实际上，这也是北京城历史上的第一条城市中轴线。遗憾的是年代久远，岁月消磨，金中都城市中轴线上的物质遗存已完全看不到了。不然的话，我们所要申报的就将是一条将近900年的中轴线了。

6. 南宋临安

靖康二年（1127），金兵攻陷北宋东京城，掳徽、钦二帝北去，北宋灭亡，史称"靖康之变"。康王赵构南渡继位，建立了南宋王朝，建都临安（今杭州市）。

临安地处西湖与钱塘江之间，丘陵山地占总面积的三分之二，江、湖水面占8%，平原不到三分之一，是典型的丘陵地形。因可供城市发展的主要用地位于吴山以北，于是南宋皇城不得不一反古代将宫城置于都城中部或北部的惯例，而是把皇宫、衙署、太庙统统放在城南的吴山和凤凰山的东麓，为城市向北部平原发展留出足够空间。作为都城中轴线的御街自宫殿北门向北延伸，贯穿全城，在布局上开创了"南宫北市"的先河。

受地形限制，临安城只有皇宫大内的平面是正方形，内城已呈不规则形，外城则完全是南北狭长形态。在如此地形条件下，也说不得什么《考工记》的理想规划了，只能像《管子·乘马》篇所言："因天材，就地利，故城郭不必中规矩。"

7. 元大都

元朝是中国历史上首次由少数民族建立的大一统王朝。

1260年元世祖忽必烈登基之后，诏改漠南滦河沿岸的开平府为都，后因考虑其位置偏北，不利于控制中原，遂于1264年决定把都城迁至燕京地区。此后，开平府称上都，燕京新建的都城称大都。上都为夏都，大都为冬都，就此确立了两都巡幸制度。

忽必烈几经权衡，放弃了饱受战争摧残的金中都，而把眼光投向了中都城东北方向的平原和湿地上。经由汉族学者刘秉忠总体规划，奠定了大都城的基本格局。元大都规划营建之前，首先进行了全面勘测，在全城的几何中心建立"中心台"，这在中国城市建筑史上尚属首创。由于是择地新建，新都可以不受旧格局的约束，得以充分展现中华都市文化的理想，历来被认为是高度实现了《考工记》理想规划的城市实例。

① 规划并造就出一条明确清晰的都市中轴线（从天安门至钟鼓楼）；

② 实现了宫城、皇城、郭城三重环套的"回"字形布局；

③ 实现了前朝后市，左祖右社以及街道系统的对称布局和统一间距等；

④ 开放式的坊巷胡同系统继承了北宋东京模式。

然而，元大都城内的宫城位置却一反唐、宋时位于都城中、北部的传统，而建在了城市的南部，且大内与兴圣宫、隆福宫三足鼎立，而非传统的前朝后寝格局。

有人认为，这样的设计不会出自刘秉忠，其根本原因在于蒙古民族世代逐水草而居，宫城的布局也是以太液池为中心。蒙古帝王根据具体的地理环境和实际需要，在元大都的规划建设中留下了自己的民族印记。

8. 元中都

大德十一年（1307），元武宗继位才十天即下诏："建行宫于旺兀察都之地，立宫阙为中都。"第二年中都宫城即全面完成，正式投入使用，同时皇城、郭城的建设工程也顺利推进。至大四年（1311）正月，武宗在大都病逝，继任的仁宗随即下令"罢建中都"。元中都从建立到废止不到5年时间，但此后作为行宫仍沿用了几十年。至正十八年（1358），一支红巾军在"掠大同、兴和塞外诸郡"时，顺路攻克上都并焚毁宫阙，中都遂成废墟。

我们如果从城市的平面构成和功能分区的角度来看，周代鲁国都城、东魏北齐邺城和元中都3座城址是目前所知最符合《考工记》理想规划的中国古代都城遗址。这3座城址都是多重方形城垣内外相套的形制，不同的城市功能要素被贯通城市南北的轴线串联在一起，城市的几何中心也是具有特殊意义的建筑。其设计不仅与《考工记》理想规划的思想精髓基本吻合，而且也得到了比较理想的实践与实现。

元中都与东魏北齐邺城相比，其外形更趋近于东西、南北等长的正方形，数重城垣内外相套构成逐渐扩大的回字形，虽然尚未完成最初设计的全部规划方案，但仍是与《考工记》理想规划相似度最高的都城实例。

七、明清时期

1. 明南京城

1368年，朱元璋推翻元朝，创立明朝，建都南京。南京地形，山地丘陵占六成，河湖平原占四成，只有中部地形较平坦。继承古代建都的规划传统，会受到自然条件的极大限制。

明南京城由宫城、皇城、京城、外郭城四重城垣构成，是中国古代面积最大的都城。针对南京地形，设计者放弃了自汉唐以来取方形或矩形的帝都旧制，而是按照星象布局，因形随势而建，京城与外郭城的形状极不规则，成为中国都城建设史上的特例。

没有了方形城垣，也就没有了都市中轴线和中轴对称布局。于是，京城与外郭城不便表达的中轴对称格局，便格外充分地表达在皇城与宫城上。南京皇城布局在京城东侧的平原地带，始建于元朝至正二十六年（1366），明朝洪武二十五年（1392）基本完工，前后历时二十六年。其布局依《周礼·考工记》中所载"左祖右社、面朝后市"为原则，是遵循礼制的模范。依《礼记》关于"五门三殿"的古制，宫城从南向北依次为洪武门、承天门、端门、午门、奉天门。洪武门至承天门两侧为中央官署区，承天门至午门两侧为太庙和社稷坛（左祖右社）。

五门之后，前朝以奉天殿、华盖殿、谨身殿为核心，东有文华殿和文楼，西有武英殿和武楼；后廷以乾清宫、坤宁宫为核心，西有春和宫，东有柔仪殿、奉先殿，两侧为东西六宫。

明南京皇城与宫城的整体布局和建筑形制都成为后来明北京的设计蓝本，并直接影响了中国明代分布于全国各地的各级王府、韩国首尔的景福宫、越南顺化的紫禁城和琉球国的首里城（今日本冲绳）等宫殿建筑的布局与形制。其建筑风格、装饰风格作为中国明清官式建

中轴线

筑的母版，影响至今。

2. 明中都

1368年，朱元璋在应天（今南京）即位称帝。洪武二年（1369）九月，下诏以凤阳为中都，"命有司建置城池宫阙如京师之制"。为加强中都建设，朱元璋先后派得力助手韩国公李善长、中山侯汤和等主持工程。下设行工部，集全国名材和百工技艺、军士、民夫、移民、罪犯等近百万人，营建6年之久。最终却因"劳费"为由，于洪武八年（1375）"罢中都役作"，但已建成的部分已完全具备了我国都市建筑的基本格局和形制。

中都城的规划建设完全依照《考工记》的设计思想，以一条中轴线贯穿全城，具有前朝后寝、左祖右社等布局特点，宫城面积比北京故宫还要大上12万平方米。皇城内外的建筑布局继承宋、元传统，开创明清新风，堪称中国古代最豪华富丽的都城建筑之一，在中国古代都城发展史上占有重要地位。

"罢中都役作"后，中都被定为陪都，众多皇子、宗室等经常在此历练、练兵，常年居住在中都城内。靖难之役后朱棣迁都北京，因距离遥远，便不再有皇子到中都生活居住，宫殿遂逐渐荒废。其后600年间世事沧桑，这座中国历史上最豪华的都城，大部分宫阙殿宇现已尽毁，仅存午门、西华门和长约1100米的城墙。

有学者认为，元中都的城址与明中都的规划共同反映了宋元以来都城规划的整体水平和发展趋势。比较东魏北齐邺城、隋唐长安、元明中都这些城市的个案可以看出，《考工记》的理想规划对于中国古代新建城市的影响并未因时间的流逝而逐渐减弱，随着中国历史上几次大规模的游牧文化与农耕文化的冲突、融合，最终在近古时期的末段迎来了高潮。

3. 明北京（嘉靖朝以前）

朱元璋去世后，燕王朱棣通过一场"靖难之役"打到南京，从侄子的手中夺过皇位，随后又将都城迁回了他的龙兴之地北京城（1421）。新登基的永乐皇帝为建新都而大兴土木，在世界建筑史上掀起了一场罕见的大规模营造活动。

新都建设的基本思路为"北京营建，规制悉如南京，而高敞壮丽过之"。不仅城垣宫殿的位置关系全盘承袭南京，几乎所有重要建筑的名称也一应旧制。当年攻克元大都后，已将城市北墙向南收缩了5里，此时建设新都，为了能够将皇城和紫禁城摆在南北中轴线的中间位置，便又将大都的南墙向南扩展了二里，直至今日的正阳门一线。这样一来便拓展了宫城的前奏空间，能够像南京一样将太庙和社稷坛安排在皇城内、宫城前，并在延长了的千步廊两侧布置中央衙署。

宫城内的布局，改变了元朝以太液池为中心安排大内正朝与隆福宫、兴圣宫的格局，又恢复了汉族传统的前朝后寝形制。都市建设中仍然沿用了元大都的中轴线，并将旧鼓楼大街上的钟、鼓二楼向东移到全城的轴线上，从而使宫城轴线与全城的中轴线完全重合。

中轴线

4. 明北京城（嘉靖朝以后）

1521年，嘉靖皇帝以藩王身份承继大统。为了获得并巩固皇权，多年来，通过"大礼议"等多种以礼制研讨为表象的政治行为，对包括城市规划布局在内的前朝事物大肆变易更改。嘉靖初年，便在京师四郊新建地坛、日坛、月坛，一改明初天地合祀的天地坛为单纯的天坛。

1553年，为防御蒙古入侵，明世宗决定依照古都的礼制传统，利用元大都土城遗址，兴建一道四面环绕京城的外郭城。后因工程浩大，财力不济，只能将计划中的口字形环套式的外城变成了"凸"字形的衔接式外城。

至此，明北京城所沿用的元大都中轴线，进一步从正阳门向南延至永定门，将天坛和山川坛等郊祀之地也一并囊括在外城范围内，奠定了明清北京城的最终格局。

5. 清北京

清代北京完整地承袭了明代的都市中轴线和中轴对称格局，经过多年的精雕细琢，使其更加丰富与完善。

然而，清代北京内外城的功能却已发生了重大变化：顺治五年（1648）"谕户部等衙门：……除八旗投充汉人不令迁移外，凡汉官及商民人等，尽徙南城居住"，类似辽上京和金上京的"因俗而治"，形成了满汉分城居住的双城制，而北京内城则成为全国最大的"满城"（满洲驻防旗营）。

八、民国北京

进入民国以后，推翻了封建王朝，中轴线的性质也发生了根本变化。北京中轴线已由封建皇权的象征转变为中华民族的文化遗产。中轴线上的天安门广场原是封建王朝的精神标识，庶民从来无缘入内；辛亥革命后，封闭了数百年的宫廷广场从此对外开放，为公众提供了一个公开表达其信仰和追求的公共空间。

民国三年（1914）新版《新北京指南》一书记述道：

> 中华门先系大清门，与东西长安门虽设而不开，禁人行走。民国元年尽行开放，可由中华门与东西长安门往来出入。……又中华门内向系千步廊，民国二年秋间，又于东西廊中间各开一门，东对户部街，西对四眼井街，均可往来。
>
> 旧日的皇城盘踞在北京城市中央，阻断了四方的交通联系。辛亥革命后，打通了皇城内外的交通，并在皇城内开辟出南北池子、南北长街、西什库大街，以及横贯皇城的景山前街等几条干道，初步形成了今日皇城范围内的交通格局。
>
> 出入内城（指皇城以内），向惟东安门、西安门、地安门可以

往来出入，其南则无门户可通。民国元年，于城之南左开一便门，曰南池口（今南池子街门）；南右开一便门，曰南府口（今南长街街门）。东可从东偏南池口直达正阳门，或出东西长安门；西可从西偏南府口直达正阳门，或出东西长安门，自外入亦如之。

又东安门北，外对翠花胡同开一便门，曰花园口（今五四大街与东皇城根交叉处）；地安门西，外对厂桥街开一便门，曰北栅栏（今西什库大街、德胜门内大街与地安门西大街交界处）；均可出入，往来毫无阻碍。

又内海（西苑三海）向系禁行，苑内景物无从瞻眺，民国元年亦行开放，东西城人民可以往来出入，交通甚形便利，苑内景物一览在望，世界光明于此可见一斑。

进入民国以后，城市交通量激增，封闭的旧城墙系统严重限制了城市交通和经济的发展。民国四年（1915），民国政府启动了正阳门改建工程，仅用了6个月的时间，使原来封闭的瓮城变成了一个开放的空间。正阳门两侧的城墙上各开通两个南北向的门洞，直接沟通了内外城的往来。

辛亥革命前，北京城内从未有供庶民使用的园林和公共空间，中轴线上更不可能。辛亥革命后展开了大规模的公园开放运动，前清皇家专有的宫殿、坛庙、苑囿相继改造成为适合公众消遣游憩的公共空间面向民众开放。1914年，位于中轴线上的社稷坛面向公众开放，因地处城市中心，故称中央公园。1915—1925年间，先农坛（称城南公园）、天坛、故宫、北海和地坛（称京兆公园）先后面向公众开放。

九、新中国首都的中轴线

1949年新中国成立后，对城市中轴线上的宫廷广场进行了大规模的改建。首先拆除了封闭着广场的宫墙和长安左、右门，拆除了广场外残破不堪的旧衙署。

中轴线上建起了人民英雄纪念碑,广场两侧建起了人民大会堂和国家博物馆,奠定了天安门广场作为国家政治中心的基调。同时拓宽了东、西长安街,并向两侧延伸,赋予古城一条全新的东西中轴线。以往孤立于天安门广场之外的正阳门城楼和箭楼,也被组织到广场中来,成为一个整体。

中华文化源远流长、博大精深,其中也包括对于国家都城的规划

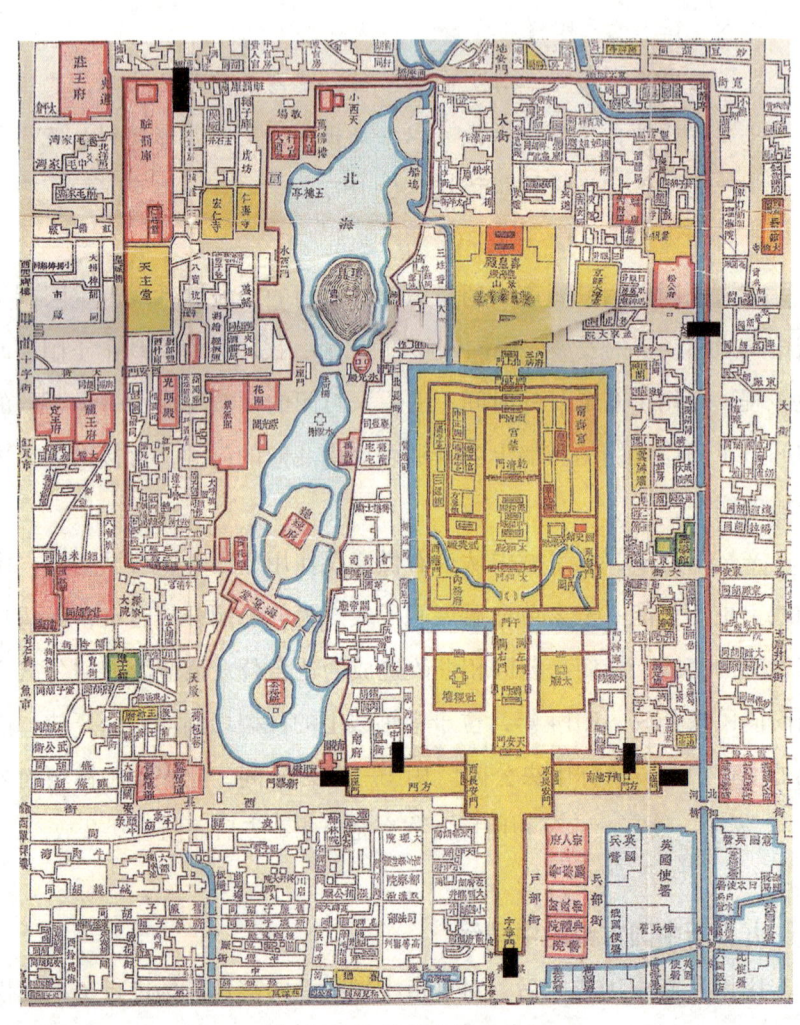

图10 民初开放皇城示意图

思想。历代先人曾经规划、建设、使用过的古代都城，包括已经湮没在历史长河中的一些古都，也都是中华传统文化的物质基础和重要组成部分，与中华民族共同诞生、成长、发展、进步。中国古代都城发展变化的整体轨迹，就像一部伟大史书中的相关章节，从来未曾中断，代代传承发展，这也就是我们申报北京城市中轴线作为世界文化遗产的意义。

韩朴 首都图书馆原副馆长，北京市文史研究馆馆员，研究馆员

北京中轴线的历史文化内涵

王 岗

北京的历史文化工作者已经对中轴线做了大量的研究和宣传工作。最近中央和北京市委市政府对于中轴线申遗都是非常重视,并且加快了速度。中轴线在北京历史上的重要地位,可以简单地用几句话来形容一下。现在的北京发展规划新规中讲到了"一城三带"。在"一城三

图 1 从景山上俯览紫禁城,选自《旧京史照》

带"中,"一城"应该是北京历史文化的核心。"一城"就是北京的老北京城。在老北京城的整体范围内,中轴线又是老北京城的核心。换句话说,就是在北京历史文化当中,中轴线是核心中的核心。

一、北京中轴线的形成和发展的基本脉络

北京中轴线的形成,有一个历史发展的过程,这个过程实际上是和北京历史的发展密切相关的。大家都知道金中都城是北京作为首都的第一个里程碑。北京的中轴线也是在这个时期开始出现的。

(一)金中都中轴线

金朝是女真族这个少数民族建立的。女真族在建立金朝以前,主要生活在东北地区,就是现在的黑龙江流域。他们崛起、发展的时候是在辽后期。

五代时期的石敬瑭把幽州割让给了辽朝。所以从辽朝开始,北京地区就开始和中原王朝脱离了关系。辽朝末年女真族崛起,反抗辽朝的腐败统治,当时金太祖阿骨打建立都城的时候,是在现在黑龙江的哈尔滨的阿城,建立的叫金上京。建立金上京以后,金朝发展的势力非常快,很快就和宋朝联合起来,就把辽朝推翻了。之后金朝又南下,把北宋给推翻了,宋朝的残余势力就跑到江南去了。推翻了北宋以后,金朝和南宋之间的疆界就在江淮一线,双方的力量就在江淮一带开始平衡了,开始相持阶段。

这个时候,在整个历史发展过程当中,出现了一个重要的事情,就是海陵王的政变。最初的金朝的统治者是金太祖,之后是金太宗,金太宗之后是金熙宗。在金熙宗的时候,海陵王发动政变,把金熙宗杀了。这时就做了一个非常重要的决定,就是把都城从金上京迁到今天的北京,当时叫燕京。这个过程实际上是非常重要的,因为金朝初

年定都上京的时候，他只是在东北一隅。到了金太宗的时候，已经把北宋灭了，拓展到了江淮一线。从长江边上走到哈尔滨，过去没有火车，也没有飞机，最快的就是马，走起来要用几个月的时间。所以长江边上发生了什么事情，金朝的统治者最快也要几个月以后才能得到消息。这对于统治者来说是个非常麻烦的事情。同时，金上京很多的物资供应也要从中原地区运过去，这个费用又太大了。所以金海陵王在把金熙宗杀了以后，决定把都城从东北迁到北京，就是华北平原的北端，这个决定在当时是符合金朝历史发展的大趋势的。

金海陵王在做这个事情的时候，做得"绝"，他不光是把都城从金上京迁到了金中都，而且他把自己祖先的那些坟、那些陵墓也从金上京挖出来运到现在的北京。于是在北京现在的西边房山就有了金朝的皇陵，这是很重要的遗迹。同时他把所有金朝的女真贵族，从金上京全都给迁到北京，把金上京的宫殿、陵墓、所有的建筑都给夷为平地。这是做得比较绝了，意思就是谁也别想再回去了。

因为他的迁都在当时受到了金朝大量贵族的反对，大家都不愿意迁都，都觉得金上京这个地方特别好。但是他下了决心，一定把都城从金上京迁到了今天的北京，当时建立的都城叫作金中都。开始出现中轴线。就是因为海陵王把都城从金上京迁到了金中都。在当时有一个"五京之制"，原来是不完善的，到了金海陵王迁到中都以后，他把"五京之制"也给完善了。除了中都以外，东京、南京、西京、北京，他确立了当时金朝的5个都城的位置。

海陵王在建立金中都以后，他把当时的燕京城重新规划和建设。辽南京城全城有8个门，每一边是2个门。如果要是用这个城来作为金朝的中都城，海陵王认为这个事情是不成的，他要重新建一座金中都城，但是又没有脱离辽南京城原来的基础。

到了北宋的时候，国家的都城模式发展出现了一个新的变化，这个模式就是北宋的东京城。再往前，汉唐时期的都城不是这个样子，它是三个方城包在一起，最里边的是个宫城，宫城外面是皇城，皇城外面是都城，是三个方块包裹在一起的，这是北宋的都城模式。

海陵王在建中都城的时候，也想做一个非常伟大的都城，这个都城以谁为模型？就是北宋的都城。所以他在扩建金中都城之前就派了大臣到开封，把北宋都城的整个模式都给测量了，到底有多宽、有多长、有多大，各种各样的设施是什么样，宫殿建出来什么样？都画了图，拿回来作为金中都建设的蓝图范本。做出了一个金中都城的建设模式。金海陵王和当时主持这个扩建工程的人非常聪明。

金中都建成以后的宫殿已经到了皇城中央位置了。海陵王是怎么做到的？他就是在辽南京城的基础上，北城墙不动，同时在东面、南面、西面各向外扩展了三里地。他这么一扩大以后，就把皇城变成了全城的中心，变成了建成都城以后的这个位置，使整个都城趋近于一个正方形的城，城的中心位置就是皇城和宫城，所以扩建都城的这个设计非常巧妙。由于有了这么一个扩建工程，金中都和北宋的都城就基本上一样了，皇城和宫城都在整个都城的中央。

由于模仿了北宋的模式，他扩建的中都城形成了北京的第一条中轴线，是从南到北有一条直线，贯穿整个金中都城。当时的金中都城，一共有十三个门。有的史书记载说是十二个门，有的史书记载是十三个门，为什么有一个门的差距？按照《周礼·考工记》的记载，古代都城的模式它是横三纵三，就是横着是三条线贯穿全城，竖着也是三条线贯穿全城。那么在三条线当中有一条中间的线，竖的这条就是中轴线，这是从先秦一直到秦汉时期，中国古代都城的理想模式，但是那个模式是一直也没有实现的理想模式。

而北宋的都城基本上完成了这个模式，所以它的中轴线，南边三门的中间这个门和北边（它这原来是四个门）的三个门是对应的。那么中间的这个门就形成了一个从城的最南边的正中间的门，可以一直看到（如果要是所有城门都打开的话）城北边的门，这是贯穿全城的中轴线。实际上不管是金中都还是北宋都城开封，它北面都是四个门，除了三个门和南边的三个门对称之外，又多出一个门，我个人理解是，古人把阴阳的观念已经带到了都城建设当中。按照古代阴阳的观念，南面是阳，北面是阴，而在古代人的数字观念当中，凡是属阳的，有阳的属性的这些所有的东西都是用单数表示，不管是建筑、坛庙等，所有的建筑都是单数。在阴面都是用双数，所以北宋的都城北面城墙的城门是四个。

金中都北面的城墙也是四个门，必须是四个门。因为古代都城建设是一个非常大的事情，不是有些人认为是原来中都是三个门，后来为了皇帝出行方便又开了一个门，不是这么简单的事。这个城市从它规划建设开始，就已经有了非常完整的规制，所以这个金中都的中轴线模式是北京的第一条中轴线，存在时间很短，60多年，金中都就灭亡了。这条中轴线也就消失了。

（二）元大都中轴线

元朝是由蒙古族建立的，而元朝在建立元大都之前，曾经建立过两个都城。大蒙古国的第一个都城，是和林城，和林城现位于蒙古国。这个都城的出现，也标志着当时的大蒙古国的社会性质出现了巨大的变化。大家都知道草原民族是个游动的民族，从最早先秦时期北边的这些草原民族开始，一直到元朝，北边草原民族在草原上很少去建立都城。为什么呢？他是怕别人来打他。一旦在草原上建立了一个都城，就形成了一个固定的目标。中原王朝的部队打过来，在都城是没有办法跑的，如果我不建立都城而是到处走，中原王朝的军事力量再强大，你打不着我。所以在元朝之前，草原上的大多数民族没有建立都城的习惯。

大蒙古国建立都城的概念大概是从耶律楚材开始的。正是在耶律楚材的建议下，元太宗建立了大蒙古国的第一个都城，元太祖成吉思汗自建立大蒙古国以后20多年，就没有建立都城，他虽然已经非常强大了，东征西讨，但是他一直也没有建立都城，没这习惯。

元太宗的继位和耶律楚材有着非常大的关系，所以他继位以后，就重用耶律楚材，建立了大蒙古国的第一座都城。这个时候大蒙古国非常强大，于是就很自信地建立了都城，这是大蒙古国的第一座都城。大蒙古国的第二座都城就是元上都，现在的内蒙古正蓝旗境内的遗址，已经申报为世界文化遗产，得到了联合国的承认。

大蒙古国的建立过程非常曲折，其中的一个很重要的标志就是皇位继承制度一直没有确定，谁横，谁势力大，谁当这个皇帝。在争夺皇位的过程当中，元太宗的弟弟拖雷，他是元太宗他们哥四个当中最小的，最后由他的儿子夺得了皇权，叫作元宪宗，忽必烈是他的弟弟。元宪宗在夺得皇权的时候，大蒙古国是分成三大块的，一大块就是蒙古草原的本土，这块地方皇帝占着。还有一大块就是草原西部的地区，现在中亚、西亚这块地方，就是由皇帝的亲人，等于是他的亲属，也是黄金家族的这些人在那儿建立了若干个汗国，被称为四大汗国。而第三大块就是中原地区了，长城以南一直到长江、淮河沿线。这一大块的中原地区，是大蒙古国的第三块地方。这时西边的一块元宪宗已经基本上管不了了。元宪宗能管的就是蒙古大草原和中原地区。于是当时元宪宗就让忽必烈（他的弟弟）来主持中原地区的军政事务，所有中原地区的事情由忽必烈来管。

于是忽必烈就在现在内蒙古正蓝旗这个地方建立了一个王府，叫作开平府。建立开平府以后，就在这儿来主持中原地区的军政事务，实际上等于是一个都城的作用，但是因为忽必烈不是皇上，开平府也就不能称为都城。

这时元宪宗在向南攻打南宋，在蜀中钓鱼城让南宋的军队给打死了。大蒙古国没有皇上了，怎么办？于是忽必烈率领了军队和他最小的弟弟阿里不哥，两个人开始争夺皇位。当时的阿里不哥是留守和林，而忽必烈正跟着元宪宗去打南宋的鄂州（今湖北武汉），从长江边往回走的时候，走到了开平府，就宣布当皇帝了，当了皇帝以后，他就把开平府作为都城了。这个时候他弟弟也宣布当皇帝，两个人之间就打了有六七年仗，最后忽必烈获胜，把他弟弟打败了。于是开平府都城就正式让忽必烈命名为元上都。

与此同时，忽必烈还想继续打南宋，想统一全国，但元上都在内蒙古，离长江远了点，忽必烈想在中原地区再建立一个都城。他选了半天，觉得还是北京最合适。于是就建造了元大都城。从大蒙古国时期开始，这个地方经历了名称的变化，最初叫燕京，之后叫中都，最后叫大都。

忽必烈确定要在燕京建立都城的时候，他也犹豫了很长一段时间，是以金中都作为基础来建都城，还是在金中都之外，再选一个地方建都城，最后决定在一块新的土地上重新建造一个都城，就是今天的北京城。它最基本的城址在今天二环以内，这个部分就是在元大都时候建造的。

忽必烈在建造这个都城的时候，没有模仿任何以前的都城模式，而是完全按照当时元朝对中国古代都城建设的一种理解、一种模式、一种规划建造了这个大都城，他在建造大都城的同时，继续攻打南宋，并且把南宋给消灭了，统一了全国。

有人说清朝的疆域最大，我说不是，中国历史上版图最大的是元朝，不算西亚、中亚那些汗国，元朝本土就比后来的清朝的国土大。这不是我的观点，是事实。元朝统一天下以后，当时的中国只有一个都城，即元大都城。在元朝统一以前，各个王朝有各自的都城，南宋有都城，西夏也有都城，吐蕃也有都城，大理也有都城，各个政权都有自己的都城。元朝统一天下以后，全国的统治中心就是大都城。元朝当时实行的是两都制，大都和上都，但是最重要的都城是大都，上都只不过是元朝统治者度夏的地方。

在元大都建造的过程当中，中轴线初步形成，而中轴线进一步的形成和发展，则是在此后的明代。

（三）明代北京中轴线

明朝是北京中轴线的定型时期。明朝在建北京之前曾经出现了一个插曲，朱元璋在攻灭元朝以后，把都城迁到了南京，当时大都城就被取消了首都的位置。取消以后，当时的一个重要的做法把大都城北面向南压缩了五里地，就是由现在的朝阳、海淀区的土城遗址那儿，一直压缩到现在安定门、德胜门这一线。有人说是出于军事防御的需要，我认为不是，跟军事防御没有任何关系。按照古人的等级观念，最大的城市一定是都城，别的城市不能比都城面积还大。元大都城方60里，而不再当都城？就要把你的面积压缩，于是就由原来东面和西面各三个城门压缩到了各两个城门。到了明成祖朱棣又把北京作为都城以后，他没有再往北恢复，而是又往南拓展了两里。所以都城的面积大小实际上是代表着它的等级。

压缩之后，当时的大都改叫北平，北平就是要平定北边的意思。当时除了政府的军队之外，朱元璋派了三个儿子镇守北边，一个在山西太原，一个在北京，一个在辽东。晋王、燕王、辽王，就是为了防止元朝军队的反扑。三个王首当其冲就要和元朝的残余势力进行战斗。当时的局势还没有平定，因为元朝的元顺帝不是被打死了，而是跑了，从大都跑到漠北草原上去了，一起跟他走了几十万人，他的力量还是很大的。

在当时朱元璋封的三个王当中，只有燕王在和北元的战斗当中屡屡获胜。山西晋王、辽东辽王，都没有什么辉煌的战绩。所以当时的朱棣就显示出他的军事才干。朱元璋的大儿子皇太子死得早，朱元璋就把皇位传给了他的孙子建文帝，建文帝上台就想削藩，觉得他这些叔叔太厉害了，他不踏实。但是他的那些大臣实在没给他起好作用。

说先从弱的削，这就坏了。你从弱的叔叔开始削是好削，但是你削着削着，强的就不踏实了，强的就会有想法了，就该对付你了。

朱棣属于强藩，属于在朱元璋封的这些王里边最强大的，而且他的夫人是大将徐达的闺女。有了这种关系，削到最后把朱棣给逼反了。发动战争"靖难之役"，把建文帝推翻，他自己当了皇帝，于是朱棣就把都城从南京挪到北京，挪到北京以后迁都北京，又是一个很困难的过程。

他的儿子、他的孙子、他的手下大臣，都反对他迁都北京，都说南京好，吃的也好，玩的也好，风景也好，什么都好。北京什么都不好，气候也不好，又艰苦，吃的也不好，又危险，靠着北边，所以他手下几乎是所有人都反对他迁都北京，但是朱棣是一个伟大的政治家，有远见。后人说他是皇帝戍边，什么叫皇帝戍边？不是看边疆来了，是看他的江山来了，为什么？因为朱元璋在把南京作为都城的时候，一定要把重兵放在北边，南京不用重兵，都城旁边也没有威胁，他搁的军队多了不行，必须把军队放在北边。他把军队放在北边，形成了一个什么局面？就是军事重心和政治重心就分离了。军队都在北边，而政治中心在南边，北边一旦有变动，南边管不了，控制不了。朱棣当燕王就总结出这个经验，政治中心一定要和军事重心合在一起，都城可以迁，军事重心是不能动的，于是他就把都城从南京坚决迁到了北京。迁到北京以后，历史也证明了，明朝再也没有发生过大规模的动乱。重兵都在北京的周边，谁要想造反，就很难成功了。

明成祖朱棣为了巩固北京的重要地位，于是决定死了也要葬在这里。就在昌平黄土山的一个小山坡，风水师说这里好，他给改名叫天寿山，作为皇陵。现在的十三陵就在那里。此后他的儿子孙子再往下一代一代传下去，没有人再动过北京这个位置。所以历史发展总是曲折的。

但是朱棣在建北京城的时候，也出现了一个很有意思的插曲，早在朱元璋封他为燕王的时候，明朝政府要给他在这儿建王府，而建王府的时候就要选王府的基址，选基址以后还要上报朱元璋，朱元璋同意才能建造王府。当初王府选在哪儿了呢？我个人觉得应该是选在了太液池西岸。就是现在国图的那个位置。太液池东岸就是现在紫禁城了，过去在太液池的东边是元朝的大内，是元朝的皇帝的地方，在那儿建王府的话是有禁忌的。而太液池西岸在元朝是皇太子建东宫的地方，于是就把基址选在了太液池西边造了王府。

在他夺了皇权以后，要建造北京的宫殿，按照史书记载永乐四年（1406）开始建北京，于是就把他那王府作为中心，实际上在太液池西岸建造了一个完整的北京宫城。这个宫殿建完了以后，他一看宫殿没有在北京的中轴线上，在西边了。于是他又觉得还得在中轴线上建我这个宫殿。到了永乐十四年（1416），又重新建紫禁城。原来建的那个宫殿，在明代文献上写着叫作"西宫城"。永乐十四年（1416），在北京中轴线上重新建造了宫殿，即紫禁城。

建紫禁城的时候，北京发生了很大变化，和元朝的模式已经完全不一样了。中轴线上的所有的重要设施，左祖右社等，和元朝完全不一样，包括太庙、社稷坛等。等于明成祖重新建造了一个中轴线。他在把北京定为都城以后，重新修了鼓楼和钟楼，就是中轴线的最北端，这个鼓楼和钟楼咱们现在觉得很普通，在过去却不是这样的，在中国古代的规制当中，只有都城才有鼓楼和钟楼，所以当时元朝灭亡以后，朱元璋把都城定在南京以后，就把北京元朝的鼓楼、钟楼全给拆了，因为这鼓楼、钟楼它代表着国家的标准时间，在当时意义非常重大，古人看得很重的。明成祖又把鼓楼、钟楼重新给修复了，作为中轴线的最北端。

到了明朝中期，皇位继承制度就出现问题了，明武宗死了没人继承，从外地过继一个人当皇帝，就是明世宗。他不是明武宗亲生的儿子，是过继过来的儿子，于是他就什么东西都想改变，其中的一项，就是把坛庙都给变了，原来只有一个坛叫郊坛，在城郊，祭天、祭地、祭日、祭月、祭山川、祭河流，所有的神都在一个坛祭。明世宗把这个坛给分了，原来的地方改祭天，北郊建地坛，东郊建日坛，西郊建月坛，日月天地分别祭祀。这种分祭办法古代也有，但是明朝朱元璋的时候采用的是合祭，所以朱棣到了北京以后也是合祭，模仿朱元璋的制度，到明世宗这儿全给分了。他又把太庙的祭祀办法改了，原来只有一个庙，他分成九个庙，最后九个庙都建好了，忽然一场大火把九个庙都烧了，他害怕了，他觉得这是老天爷警告他，不让他这么干了，最后又改建成原来的一个庙。

嘉靖时期，明世宗又在北京建南城。现在北京的南城，就是这个时候建的。明世宗在建南城以后，出现了一个问题，就是当时朱棣决定迁都北京的时候，建了两个坛，一个是天坛，一个是山川坛，这种坛庙是应该建在郊外的，不能建在城里。但是明世宗一建南城，把这些坛都给圈到城里来了，咱们现在见到的就是这么一个情况，这不是郊坛了，是城里的坛了。

而且很多人讲中轴线的时候有误解，说天坛和现在叫先农坛的（当时叫山川坛），它们两个是对称的，实际上不是这个概念。从文化上来讲，天坛和地坛是对称的，日坛和月坛是对称的，日月对称，天地对称，天坛和山川坛没有任何关系。后来山川坛里边的其中的一个坛叫先农坛，也是到了嘉靖、万历的时候，才把山川坛改成先农坛。先农坛和天坛也还是不对称的，先农坛应该和先蚕坛对称，农耕和养蚕，因为过去讲的是耕织，耕织是对称的，所以天坛和先农坛这两个坛在地理位置上是对称的，但是从文化意义上来讲是不对称的。

明代把外城修完了以后，永定门成了中轴线的最南端。就是说北京中轴线，是南城扩建之后，加以定型。

（四）清代北京中轴线

清军入关后，马上定都在北京。当时的北京有大量的东西都要重

图 2 天坛,选自《燕京胜迹》

建,比如紫禁城。紫禁城在明末李自成到北京以后,没有占住,临走的时候一把大火全给毁了,所以清朝的皇帝到了北京实行继位大典的时候,不是在三大殿,而是在武英殿,靠西边的那个殿,三大殿都没了。清朝在一开始恢复建紫禁城的时候,它同时还要打仗,还要清除南明的势力,还要清除闯王的势力,还要清除各地起义军,顾不上大规模修建,所以当时建的过程当中,应该是先建了前边的三大殿,但是它在名称上叫两殿一宫,后来又把里边的两宫给建起来,前面三大殿,才又恢复三大殿的名称。

清朝统治者在恢复北京城的时候是下了很大力量的。同时他要进一步完善中轴线的设施,最重要的标志就是景山的建设。景山在中轴线上新建一个楼——绮望楼,那么在山顶上又建了五个亭子,这些亭子看起来不像亭子了,像一个很壮观的大建筑,景山五亭。同时在景山的后面,清朝帝王又改建了寿皇殿,这个寿皇殿原来就有,但是原来不在中轴线上。清朝把它挪到了中轴线上，这样一条中轴线，就是今天见到的明清时期的中轴线，基本上完善了。清朝的东西讲得不太多，因为清朝它本身是个守成的，就北京而言，清朝在中轴线的建设方面没有更多新的东西，基本都是恢复老的东西。

再往下讲，就是当代北京中轴线的发展。在这个问题上，很多朋友都有这种观念，就是现在一说到北京中轴线，引起很大争议的申遗问题。中轴线上现在多了这么多东西，天安门广场、人民英雄纪念碑、国家博物馆、人民大会堂、毛主席纪念堂等。为什么会出现这种情况？实际上是和历史发展的现实，密切结合在一起的。

新中国成立以后，紫禁城就不再是政治中心，变成一个博物院了。整个北京的政治中心、国家的中心在天安门。以天安门为中心的新中国的这种文化标志，和以前以紫禁城为标志的古代的这种体制完全不一样。有了天安门，再加上前面的天安门广场，人民英雄纪念碑，实际上突出了一个什么主题？就是人民当家作主。太庙变成了劳动人民文化宫，社稷坛变成了中山公园，把左祖右社都给变了，这个左祖右社的功能已经变了，太庙没用了，我们现在不是皇帝在位了，也没有皇位继承了，这太庙就失去意义了。同样，国家博物馆和人民大会堂的建设很有意思。国家博物馆，它是展示中华民族悠久历史的最高场所，太庙它本身是展示自己王朝正统的场所。而人民大会堂是全国最高的立法机关，全国人民代表大会，所有国家的法律都要由人民代表大会来确定，代表国家。社稷坛就是代表国家的意思，所以这两个建筑的出现很巧合，和中国古代的优秀传统文化一脉相承。

二、中轴线的历史文化内涵

（一）天人关系

金中都中轴线的建造，是一个文化模仿的过程，它没有创新。而北京中轴线的实际创新是从元代开始的。在元代的中轴线上，最北端是钟鼓楼，而钟鼓楼在元代以前，一直就是都城的重要标志，中国古代所有的都城都要有这个钟鼓楼，现在大家到寺庙里去看，就会看到一进山门，两边就是钟鼓楼。这个模式实际上是从中国古代都城的模式当中吸收来的。

在元朝建立以前，所有中国古代的都城，钟楼和鼓楼是分列在皇城前面两侧的，东边一个，西边一个。这个钟鼓楼的设置实际上就代表了人们对钟鼓楼的认识。到了元大都，把这个钟鼓楼从皇城前面的左右两侧，一下子挪到了皇城的北边，而且放在了全城中心的位置，也就是整个大都城最中心的位置，说明什么呢？说明元大都的设计规划者认为，这个钟鼓楼是最重要的建筑，其重要性甚至超过了帝王居住的皇城。

金中都和北宋都城开封的皇城、宫城是在全城中心位置，中心位置最重要。元大都的钟鼓楼放在了全城的最中心的位置，而且放在了整个中轴线的最北端，这是两个最重要的概念。一个最重要的概念是以中为中心，为最重要的位置。再有一个是以北为上。中国古代像隋唐时期的都城长安，皇城放在全城的最北边，它不在都城中央，这也是一种文化观念。最北边的意思是南面君临天下，所以北为上，这个观点从汉朝一直到唐朝，贯穿在建都的理念当中。

到了宋金之后，把最北边为上的观念改为在中间最重要了。到了元代，它则把都城中心和最北端为上的不同观念结合到一起，就设计出来钟鼓楼的位置。当时元大都的鼓楼叫作齐政楼，这三个字很简单，三个字三个意思。第一个字"齐"，齐是什么？管理，齐家治国平天下的"齐"，把这个国家都要管起来，那么齐是什么？就是管理国家的标准，叫"齐"。"政"是什么？政务、政治，楼是这个建筑的名称。那么为什么叫齐政楼？就是管理所有的国家的事情，都要以它为标准，齐。可想而知，当时元朝对于钟鼓楼这么重视，它标志着当时的人对于天人关系的认识，元朝时候的人对于天人之间的关系的认识和以前是不一样的。这个观念最开始是宋朝儒学家提出来的，叫作"天人合一"观念。

现在很多人都在讲天人合一，认为是人与大自然的合一，实际上是在误解。真正的天人合一，这"天"是什么概念？许多人认为天是自然，人和自然要融合在一起。但是这个观念是现代人的观念，现在人认为天是自然，古人不认为天是自然。在古人的观念当中，这个天有两个概念。一个就是神，天神，再一个天是高于人的存在，天和人是不能合在一起的。按照古人的观念，天是至高无上的东西，它怎么会是自然呢？自然是在"天"之下的东西，在地上的东西。那么对于"天"和人怎么能够合在一起，既然说人和"天"本来就是分开的，而且分得非常严格，那它怎么能够合在一起？怎么合一？宋朝的儒学家就给出了一个特定的概念，宋朝的儒学家认为"天"除了是至高无上的观念之外，是在不断转动的，而地是不动的，地要一动就坏了，地震了就出现问题了，"天"是一定要动，是不能不动的，止不住地动。"天"在动的过程当中就形成了规律，包括白天黑夜、春夏秋冬、冷暖等，这些自然环境的变化是天在运行的结果。而"天"在运行过程当中是有规律的，所以一年才有12个月，才有365天。这个运动的规律，宋朝的儒学家就管它叫天道，就是"天"的运行规律。

宋朝的儒学家又说，人世间的社会发展也在不断变化，也在不断运动。这个动的结果也有规律，就是人类社会发展的规律，叫人道。一个是天道，另一个是人道，这是两个规律，两个道。第一个概念，天有道。第二个概念，人也有道，第三个概念就是人的道要合于天的道，就是人间社会发展的规律（即秩序）是一定不能打破的。如果打破了，这个社会就要发生动乱，发生灾害。天道如果出了问题，就会出现大规模的自然灾害了，人道如果出现问题，社会秩序发生问题，不能正常运转了，就该出现灾难了。所以说，人的社会发展规律，即人道，要合于天道，这叫天人合一。

所以在儒家的学说当中，它发展到这一步，是历史的结果，宋朝的儒学家提出了天人合一的观念，但是那个时候宋朝的都城已经都建成了，建都城的人也不一定采纳宋儒"天人合一"的观念，于是宋朝的都城就没有这种模式。到了元朝建元大都的这些人，理解了宋儒提出来的天人合一的观点，一定要把天道放在最高的位置，这样才能够使社会稳定，才能够使自然康泰。谁代表天道呢？钟鼓楼。于是就把钟鼓楼放在了全城最重要的位置，最中心的位置，又是中轴线最北端的位置，最尊贵的位置，皇城里的皇帝再尊贵，也是天子，即是天的儿子，就得在天的南边，于是就把皇城放在了钟鼓楼的南边。这个在历史文献当中有体现。

整个大都城，除了钟鼓楼之外，还有很多重要的设施，如皇城，除了皇城以外，当时最重要的政府机构都在大都城。包括中书省，相当于现在的国务院，中书省是主掌管全国政务的机构。枢密院，相当于中央军委，所有重要的国家军事事务都由枢密院来管。御史台，是最高监察机构，例如现在的监察委员会之类。这三个最重要的国家机构，都分别被安置在大都城的不同位置。

例如御史台，管核查政府官员是否腐败，是否违法的机构。按照天象，这个机构应该设在西北，在当时的大都城西边有三个门，西边最北边的门叫肃清门，故而御史台最初是放在肃清门里面的。当时大都城的规划者认为这里合适，合天象，合它的职能。但是肃清门里边的位置在现在的海淀区，这么重要的机构搁在那儿，每天要见皇帝，又没有小轿车，又没有自行车，阔一点的官员，能骑马，穷一点的官员连马都骑不起，来跟皇帝交流沟通太不方便了。经过很长一段时间的磨合，觉得西北太远了，就把御史台挪到了崇文门里，这是后来机构的变化，它已经和当初的规划不一样。

所以当初在进行大都城规划的时候，是把天的主题和人的主题，

中轴线

密切结合在一起的，这是讲的第一个关系，就是天和人的关系。这是在中轴线里面最重要的一个关系，通过相关机构的位置摆设，就能够看得出来这种关系。

（二）君臣关系

因为北京作为首都，它是全国的政治中心。那么在中国古代最重要的政治中心里，什么是最重要的关系？就是君臣关系。君臣关系处理好了，整个社会秩序都能够正常运行，君臣关系一旦出现问题了，马上就会影响到社会的正常运转，影响到国家的安定。在这个关系上，中轴线是怎样体现出来的呢？就是通过紫禁城和千步廊的关系，而紫禁城和千步廊的本身也是在不断发展的。从什么时候开始有了紫禁城前面的千步廊呢？是从唐朝开始有的。在唐朝的千步廊，实际上只是一个建筑的模型，还没有包含君臣关系。

到了金中都建造的时候，紫禁城并不叫紫禁城，皇城、宫城的前面，就建有千步廊，肯定是从唐朝、宋朝延续下来的，这时紫禁城和千步廊的左面，是太庙，左祖右社的那个左祖。它是合乎都城建设规制的。但是右边搁的是尚书省，没有社稷坛，因此左祖右社的模式最终形成现实还是到了元大都，金朝也没有左祖右社。尚书省在金朝已经是非常重要的机构，相当于元代的中书省。中国古代官制的改革，隋唐是一个标志，建立了三省六部制。三省六部制发展到了金朝，就变成了一省六部了，把中书省和门下省都给去掉了，只有尚书省，相当于现在的国务院，实际上在金中都的中轴线两边，一边是太庙，一边是政府机关，这就是金中都的千步廊。

到了元朝大都城的千步廊，它什么都没有了，既没有左祖，也没有右社，也没有尚书省，因为元朝改成中书省了。元朝改成中书省以后，当时把中书省搁在鼓楼的西边、皇城的后边，这个位置，叫作凤池坊，为什么搁在那儿？元朝人说了，那地方叫作紫薇垣之次，就是紫薇垣的旁边。紫薇垣是什么？紫薇垣就是皇城的位置。当时元朝没叫紫禁城，到明朝才叫紫禁城，就搁在皇城旁边了。

再往后元朝因为政府机构变化，又设了一个尚书省，就把尚书省搁在了紫禁城的前面，千步廊的东边。尚书省设置的时间很短，很快就取消了，以后又把中书省从鼓楼西边挪到了皇宫和宫城的前面。这个时候的千步廊和紫禁城的关系还没有突出显示。到了明朝，千步廊开始非常突出地显示了它的位置。明朝初期有一个很重要的事情，就是朱元璋当了皇帝以后，他把中书省给废了。因为他认为中书省就是宰相掌权，当时宰相等同于现在总理、副总理，朱元璋怕宰相掌权，他就把中书省给废了，皇帝直接掌管六部，不再设中书省。

到了朱棣在北京建造都城以后，他就把所有的衙署（六部等）都放到了千步廊左右。原来在他刚到北京的时候，衙署都是分散的，六部是就便散开安置的。到了明英宗的时候，开始把所有的机构衙署（六部和其他的中央直属机构）都搁到了千步廊的两边，而且是排列有序的。这时是把文武的观念体现出来了。众所周知，北京城南边三个门，东边的崇文门，西边的玄武门，一文一武，而明朝把这个观念带到了整个皇城的布局。在三大殿的两边，东边叫文华殿，西边叫武英殿，东边是文，西边是武。在千步廊两边，所有跟文有关系的衙门都放在东边，所有跟武有关系的衙门都放在西边，这是文武有序，这马上就体现出来了，所有的衙门都集中在千步廊两边。

因为没有中书省了，也没有尚书省了，直接由皇帝掌管六部。六部的首领官位置已经非常高了，于是就形成了这种文武平衡的模式。这种模式充分体现了君臣关系，君居北，臣在南，这是紫禁城从它的发展的模式上所体现出来的一种文化内涵。所有的军队、锦衣卫、通政司（通政司就是养军马的地方）等，凡是和军事有关系的都搁在西边，搁东边的有礼部、吏部、户部、工部等。礼部是管文化的，吏部是管官员的，户部是管财政的，等等。这些人和部门都搁在了东边，东西

中轴线

是对称的。

(三) 父子关系

体现父子关系当然是太庙。在中国古代最早提到的夏、商、周这三个朝代，但是和咱们再往后的中国历史的发展，联系最密切的是周朝。夏、商虽然和周联系在一起，但是夏、商两个朝代的很多事情目前是说不清楚的，有什么影响也说不清楚。而知道的比较准确的制度确立，是从周朝开始的。周朝当时实行了三种制度，其中两种实际上是和父子关系密切联系在一起的，一个是宗法制，另一个是分封制，第三个是井田制，那是土地所有制，跟父子关系不大。

在这两个制度确定之后，一直影响到清朝，清朝灭亡了，帝制就没了。在清朝灭亡之前，这两个制度都是非常重要的。宗法制是一种通过血缘关系来确定的财产继承制度。在这种制度里边，个人在家庭里面处在什么位置上？是什么亲属关系？你就有什么相等的继承家庭财产的权利。如果没有在这里边的位置，那你就没有任何分享财产的权利。宗法制是把人们分成了大宗、小宗，小宗下边又分成大宗、小宗，这么一个一个宗的分下去，一直分到平民百姓。

分封制是什么？按照周朝的制度，天子是大宗，他的嫡长子也就是大宗，是继承皇位的。其他不继承皇位的皇子叫分封，分封到各个地方当诸侯。大宗是一定在都城的，都的意思就是有宗庙的城，古人的都的意思就是说有天子宗庙的城，大宗和小宗的区别就是天子死了以后要进太庙他要在太庙当中占有一席之地，除了天子及皇太子之外，其他的皇子都被封为各地的诸侯。而被分封出去的诸侯，每个人也要建一个祭祀祖先的庙，这个庙叫宗庙。诸侯再往下，诸侯的嫡长子继续继承诸侯的位置，其他的诸侯的儿子就被封为士大夫，有他的封地。而他建的祭祀祖先的地方叫作宗祠，士大夫再往下就没有了，就是庶民了。庶民他没有自己建的庙，他要祭庙，就要到士大夫的庙去祭，这就是大宗、小宗,就是太庙、宗庙、宗祠的关系。在中国古代,从天子一直到民间,这个宗祠的祭祀关系都是存在的,这也是一个分封的制度。

正统的传承以你在太庙当中的位置作为标志,如果进不了太庙,你当皇帝的合法性就要受到质疑,或者是遭到反对。如果你是把一个政权推翻了,自己当了皇帝,建立了一个新政权,那你在太庙当中一定是在第一位,是有权利进太庙的,也就是有了一个太庙的系列。在太庙的系列里边,实际上体现了什么叫嫡庶有别的继承关系。如上所述,明武宗死了,明世宗过继过来当皇帝,他在太庙里头是有位置的,但是他自己的亲生父亲在太庙里是没有位置的。在古代的继承关系上有两条原则。基本上一个叫作父死子继,一个叫作兄终弟及。这两条原则可以通过元朝在元大都的太庙体现出来。蒙古少数民族对于中原地区的这套继承制度,是很不适应的,也不遵守,所以就出现了很多混乱的局面。

在当时的草原上,家庭财产继承关系和中原地区的嫡长子继承关系,正好是相反的,中原地区的财产继承关系,从周朝开始就定了,是嫡长子继承。嫡长子以下的兄弟,分出去单立户。自己立户之后,仍然是嫡长子继承,其他的儿子分门立户。蒙古族的观念跟这正好相反,是最小的儿子看家,继承财产,而老大、老二、老三统统都出去单立门户。所以这个制度它和中原地区的财产继承制正好拧了,而且元朝贵族不大守这个法,有元朝的这些皇帝作为例证。

元成宗、元武宗、元英宗就是断了父子相承关系。而元太祖死了以后,元太宗即位,元太宗实际上不是元太祖最大的儿子,既不是嫡长子,也不是幼子,他是老三,他就继承了皇位。他死了以后是他的儿子元定宗继承皇位,但是元定宗不是他的嫡长子,也不是他的嫡长孙。他死了以后,元宪宗继承皇位。元宪宗是元定宗的兄弟辈,但不是太宗这一支的,而是元太宗的兄弟拖雷的儿子。元宪宗死了以后,是元世祖继承了皇位，元世祖跟元宪宗实际上是兄弟。

元世祖死了以后是元成宗继承的皇位，元成宗是元世祖的孙子。这是因为什么？元世祖当时实行了汉法，立了他的嫡长子作为皇太子，而皇太子比他死得早，他又立了皇太孙，就相当于明太祖和建文皇帝那个关系。元世祖死了以后，他的嫡孙子元成宗继承了皇位，但是到了元成宗死了以后也没儿子，元武宗继位，元武宗是元世祖的儿子。侄子死了以后，叔叔继承皇位，那么元武宗和元仁宗又是兄弟，元武宗在当了皇帝以后，因为他弟弟夺皇权有功，就把他弟弟立为了皇太子，兄弟约定，武宗死了以后，把皇位传给弟弟仁宗，但是仁宗死后，皇位还得还给武宗的儿子，仁宗就同意了这个约定。于是元武宗死后，仁宗继承了皇位，但是仁宗死后，却没有把皇位传给武宗的儿子，而是给他自己的儿子，就是元英宗。

元英宗也没有继承下去，他待了没两年被人给杀了，于是泰定帝就继承了皇位。从大草原上带着军队过来的，都是有势力的人。及泰定帝死后，皇位被元文宗给夺过来了。元文宗是元武宗的儿子，所以他继承皇位就非常不正。元明宗是元文宗的哥哥，他虽然没有当皇帝，但是他被他的弟弟给尊称为皇帝了。之后元文宗死了，让元宁宗继承了皇位，元宁宗是元明宗的儿子，所以这个继承关系乱了，元顺帝是元宁宗的哥哥，也是元明宗的庶长子，元朝几十年的时间，这么多个皇帝来回换，换了半天乱到糊涂，最后把江山也丢了。

在元大都的太庙里边，排位在不断地变化，一个皇帝上台，很多把前边的皇位都给弄下去了，换了个皇帝又来回倒腾，所以太庙的这种父子关系、继承关系很乱。在我国少数民族的统治者当中，特别在元代，这种表现太突出了，非常混乱，这种混乱实际上标志着国家的混乱。皇位争夺的不稳定带来的政治动荡，给整个国家的稳定、整个国家的发展，都带来特别坏的影响。元朝之所以短命，这是一个非常重要的原因。

到了另一个少数民族统治的清朝。清朝初年也是出现了这个问题。清朝一开始的时候皇帝儿子多，儿子多了，打架，斗争太激烈，想办法，遗诏立储。皇帝在死以前写个遗诏，大家看遗诏就完了，谁也别争，但实际上底下还在争，只不过没这么激烈而已。这种遗诏立储的办法也不高明，还是不如嫡长子继承制比较稳妥、比较稳定。

我们再看看中国历史上皇帝继承的奇怪现象。就是开国皇帝的儿子特别多，而到了亡国皇帝的时候都没儿子，明清两代几乎都是这样。此前的金朝金章宗，死了没儿子，就开始完了，最终被蒙古国给灭了。清朝帝王最后也是没有儿子，到清朝末年皇帝死了就没有嫡传的继承人了。所以我觉得这种父子关系在历史上是很有意思的一种巧合，天要想灭你，连儿子都不给你，让你断子绝孙，不就是这么一个道理吗？看开国皇帝，子孙旺盛，十几个二十几个儿子，这种继承关系是与血缘脉络密切相关的。

最后讲御容殿与奉先殿的关系。太庙是中国古代代表帝王身份的一个最大的宗庙，一个宗庙祭祖的地方，故而称太庙。除此之外，皇帝还有一个祭祀祖先的地方，叫作御容殿。从宋朝开始，前一个皇帝死了以后，下一个皇帝一定要请画师来给前一个皇帝画像，因为在中国古代专门有一门画人物像的高手，被请来给死了的皇帝画像，叫作御容。那么这个御容不放在太庙里面，在宋朝开始在寺庙里面建立一个殿，叫作御容殿。寺庙里头建一个殿，放皇帝的御容。

所以从宋代开始，宋代、元代、明代、清代的皇帝画像都是模仿本人绘制的。这些画像都被供奉在御容殿里，元朝也是一样。元朝继承了宋朝的制度，每个皇帝在继位以后，先建一个寺庙，在寺庙里边就建有一间御容殿，及皇帝死后，下一个皇帝就画张肖像，放在御容殿里。在元朝，每个帝王建一座寺庙，每个庙里都有一个御容殿，以供此后帝王岁时加以祭祀。

到了明朝就又变了。明朝的太祖朱元璋虽然是和尚出身，但是他把这个御容殿制度给取消了。他在皇城里面宫城外面专门建了一个殿叫作奉先殿,决定所有皇帝死了以后,还都画一个御容,这御容不再往庙里送了,就都放在奉先殿里。国家有大事的时候,皇上要到太庙里祭祖,平常没有大事的时候,皇上就在奉先殿里面祭祖,所以按照当时人的观念,太庙是皇帝代表国家祭祖的场所,而奉先殿则是皇帝私人祭祖的地方。

到了清朝,又把奉先殿改成寿皇殿,并设置在景山后边的中轴线上,这里后来曾被作为北京市少年宫。清朝帝王把历朝皇帝的御容画像都放在寿皇殿里祭祀,这也是表示父子关系的一种很重要的制度。

(四)家国关系

中轴线上最主要的设施就是左祖右社,《周礼·考工记》就曾经提出过一个中国古代建立都城的理想模式,叫作面朝后市,左祖右社,什么叫面朝后市?就是皇帝和他办公的地方,一定是在前边,就是南边。这是皇帝办公的地方,政府办公的地方。后面、北面是什么地方?是商市做买卖的地方,所以叫面朝后市。

而左祖右社,祖就是太庙,社就是社稷坛。这种理想模式是一直到元大都才开始有的,此前一直到宋朝,金朝,虽然有了中轴线了,也有左祖,却

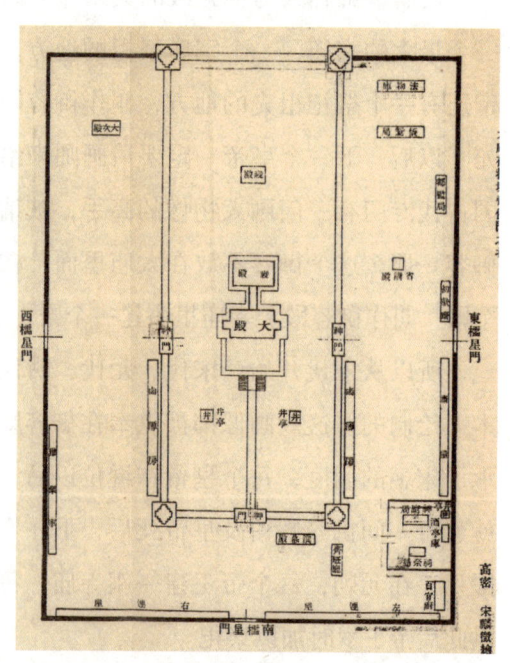

图3 元太庙图,选自《元大都宫苑图考》

缺右社，没有社稷坛。社稷坛的设置，在中国古代非常普遍。讲中国古代是个重农的社会，农业生产是国家生产的支柱，于是在全国都设有社稷坛，不是说都城才有，都城、各府、各州、各县、各乡、各村都有社稷坛。凡是有农民的地方，都有社稷坛，祭社稷是为了让农业生产能够有保障，这是一个文化上的现象。

在都城的左祖右社中，这个社是代表国家的社稷坛。同时这里又牵扯到一个很有意思的东西，就是明世宗，他在改变天、地、日、月分祭的情况下，又在西苑（现在的北海中南海）里边设了两个坛，一个叫帝社，一个叫帝稷，表示他对社稷的重视。例如，在此前的大都城，太庙建得很早，在大都城还没建的时候，元世祖忽必烈就在旧中都城里边建了太庙，但是社稷坛建得很晚，社稷坛就是元世祖死了以后，元成宗继位才建的社稷坛。为什么建得这么晚？说明他的重视程度不一样。

那么元朝的太庙建在哪儿了？没建在天安门前面的位置，是建在现在的朝阳门里面，当时叫齐化门，他的左祖右社，是在皇城的两边。明朝后来改成在皇城前面建左祖右社，挨一块了。元朝在朝阳门里边太庙，社稷坛则是在现在的阜成门里边，它是以皇城为中心对称的左祖右社。虽然说大都城在规划的时候是有左祖右社，但是草原民族对农业生产确实不重视，甚至有的草原上的贵族到了北京以后，就主张把汉人都给杀光了，把良田都弄成草地来养牲口，这显然是不可能的，但是蒙古贵族是有这种想法，有这种观念的。

就像当时的国子监。国子监是全国的最高学府，也是到元世祖死了以后，到了元成宗继位才建了国子监。如果说不重视国子监，显然不是。国子监在古代跟现在的学校不一样，它不是一个普通的学校，谁想上谁就上，谁考分高谁就上，不是。古时候国子监是贵族子弟学校，一定是大官的子弟，非常大的大官子弟，才能够到国子监里边去念书。为什么呢？它的名额有限，比如元朝一开始建立国子监，全国200个

图 4 国子监廨舍图，选自《钦定国子监志》

名额，200个人谁来念？绝对都是特别高的高官子弟，稍微穷一点、稍微地位低一点的子弟，根本进不去。

因此元朝统治者对国子监不能不重视，教育贵族子弟的学校，选全国最好的老师，最有名的儒生来教学生，后来这所学校扩大到学生400人，但是全国400人，全国有多少高官啊，在北京高官就1万多个，因此品位低一点的官员子弟根本进不去，所以对于这种学校肯定政府会重视。

再例如大都路，相当于现在北京的市委市政府。大都路都总管府，是整个北京地区的最高地方长官办公的地方。到了元成宗的时候，还是租用老百姓的房子办公，最后才修建了衙署。所以说对于一个东西判断依据是不是它建造时间的早晚，重视不重视，跟早晚是没有关系的。虽然很重要，但是不一定马上就有，都是在逐渐完善的过程当中，而大都城的左祖右社也是如此。

明代和元代的左祖右社是不一样的，元代是在皇城的两边，到了明代，变成了皇城前面的左右两侧。这种变化也体现一种文化上的观念变化，从整体来看，元朝的都城格局是比较开放的，带有游牧文化的风格，而到了明朝，整个压缩到一个封闭的格局里。这是讲到家国。家是在太庙，国是在社稷坛，左祖右社，这实际上是代表了两个很重要的文化主题。

为什么太庙在东，而社稷坛在西？它的文化含义实际上是与阴阳五行有直接关系的。在中国古代哲学当中，很早就有了五行的概念，五行即金、木、水、火、土五种元素。和五行相配套的，叫作五常，仁、义、礼、智、信。这五常古人认为是人们必须遵守的行为准则。五常和五行怎么才能配上套？东边在五行当中属于木，木是什么概念？是万物生长的概念。春天是万物生长的季节。西边在五行当中属什么？西边属金，金属的金。金过去是什么？古人认为是兵器，同时是什么？是秋天，是万物成熟收割的季节。

春天粮食开始生长，秋天粮食成熟，要收割，所以东边是仁，西边是义，这个是政治上的含义。实际上代表的就是太庙在东，要讲仁孝，讲文化传承。在西边的社稷坛代表的是国家，人和国家之间的关系，则是要讲忠讲义，这种政治观念在许多地方都有体现，包括此前金中都建立以后，它在四面的城门当中各带了一个仁义礼智。肯定中间就是信。人以信为本，立身之本。所以东门叫施仁门，西门叫彰义门，南门叫端礼门，北边叫崇智门，北边属水，水是智。仁者乐山，智者乐水，所以这种五行观念实际是和仁义，是和道德伦常当中的五常配套的。

配套的结果就是把太庙放在东边，把社稷坛放在西边。如果把社稷坛放在东边，太庙放在西边，这就乱了，就和五行的顺序相背离了。这就是在中轴线两侧，为什么太庙要放在东边，社稷坛放在西边，它直接体现的是家和国的关系。在中国古代,从周朝开始就叫家天下,那么再往前推,很多古代的儒学家认为从夏朝开始就是家天下了,而家天下政治主题,是一个完整的体系,从每个人开始,修身、齐家、治国、平天下。这是中国古代社会的一个完整的社会链,是和修身、齐家有关系的,同时,齐家和治国也是有关系的,治国和平天下也是有关系的,由此形成一个完整的社会秩序链。这种家国关系在中轴线所体现的,就是左祖右社。

这个设置,也是在元大都才开始完成的,在此之前是没有的,从长安到洛阳,再到南京,中国古代的历史说明,当时的古都中轴线已经是一个非常完整的文化观念的集合体。

(五) 内外关系

内外关系是一个很有意思的话题。在从明朝到清朝的紫禁城,一直到今天的故宫博物院,这个皇家的建筑是很完整的文化坐标。在明朝创建三殿两宫的时候,它是一种改革。在此之前的元大都皇城,是围绕着太液池作为中心的。皇帝、皇后的两组宫殿是建在太液池东边,皇太子和皇太后的两组宫殿,则是建在太液池的西边,所以,这是四组建筑围绕着太液池而建。这种以太液池为中心的文化,是和少数民族游牧民族环水草而居的概念相一致的,游牧民族都喜欢环湖而居。到了明朝,则把所有皇家的建筑都挪到太液池东岸了,而且新建的紫禁城和元朝的宫殿是不一样的。

元朝的大都宫殿里是没有内外区别的,皇帝在哪个宫殿,大臣、侍卫等就都跟着在哪个宫殿活动。到了明朝紫禁城是内外有别的,就是外朝和内廷在紫禁城中已经有了严格的区别。在这里,许多人在讲到紫禁城的时候,总喜欢称之为三殿三宫,实际上这是一个浅显的错误。因为在古代中国的传统文化中是有阴阳区别的,外朝是阳。内廷是阴。所以在外朝,所有的建筑一定是单数。单数代表的是阳的概念。

而在内廷，所有的建筑一定是双数，双数代表的是阴的概念。因此，在内廷不可能出现单数。

很多人在讲到内廷的时候，乾清宫和坤宁宫中间有一个交泰殿，认为这就是三宫。但是内廷不可能有三宫，只有两宫，就是乾清宫和坤宁宫，中间交泰殿，只是殿。宫是住人的地方，殿是办事的地方，它是完全不同的两种建筑，是不能相提并论的。在乾清宫和坤宁宫的两边，又建有东、西六宫，六也是一个偶数，不可能会有七宫九宫，内廷的宫殿数可能比较多，但不是越多越好，一定是东西六宫。

而人们通常认为外朝只有三大殿，我个人认为不是三大殿，而应该是五大殿。太和殿、中和殿、保和殿，这是三大殿，而两边还有两个殿，即东边的文华殿，西边的武英殿。文华殿和武英殿的名称，从明朝一开始建紫禁城就有了。而在朱棣建北京城的时候，三大殿也不是统一的名称，是叫奉天殿、谨身殿、华盖殿，因此三个殿的名称是不一样的。所以文华殿和武英殿，应该是与三大殿一起，被称为五大殿。

五是单数中间之数，人们讲皇帝总是叫九五之尊，而不可能是九三之尊，虽然三个殿坐在中轴线上，但是还有两个殿坐在中轴线的两侧，故而外朝是包括这两个殿的。作为三大殿在明朝建立以后，主要是举行重大仪式的地方，皇帝平时的活动，则是在文华殿和武英殿，因此，这个五大殿才共同构成了整个紫禁城外朝的完整内容。

从外朝再往北走就是乾清门，是清朝御门听政的地方。乾清门是外朝和内廷的分界线。皇帝从乾清宫出来，到了乾清门就处理政务了。故而被称为御门听政。早在明成祖建北京城时，永乐十八年（1420）建成宫殿，建成之后不到半年，一场大火把三大殿给烧了，这个时候明成祖就在奉天殿的前面，即奉天门听政。后面宫殿没了，这时的明成祖处理政务在奉天门，故被称作御门听政。

到后来明英宗时才把三大殿修复，中间一直就没有重修，没有三大殿就在奉天门处理政务，所以御门听政是有传承关系的。这是讲的内外关系，外是外朝，内是内廷，这个内外关系实际上是非常明确的，而且是在五大关系当中非常重要的一个关系。就是一定要内外有别。对这个观念，很多人大概都不同意，认为太保守、太落后。

然而在中国历史上，内外无别的情况一定是政府出问题了，朝廷出问题了，才会出现内外无别。从历史上来讲，汉代、唐代是中国古代社会前期最兴盛的两个朝代，这两个朝代当中出现的最大的问题一个是外戚专权，一个是宦官干政。所谓外戚专权，就是皇后家里的人（被称为外戚）掌权了，结果就是他们在掌权的过程当中，产生了很多不良的行为，造成了恶劣的影响。宦官是内廷的产物，也就是宫廷以内的地方才有宦官，这些宦官当时也对朝政产生了恶劣的影响。汉唐以来就有外戚专权和宦官干政，一直内外无别的典型事例。

举两个例子，第一个例子是外戚专权。元明清以后，统治者对外戚专权是高度重视的，如果皇后家里人势力太大，就会干扰到皇帝，干扰到政府的各种活动。为了加以防范，明朝定了一个规矩，皇帝所娶的皇后，必须是贫寒人家的女儿，不能找有钱有势人家的女儿，这是一条规定。有了这条规定，在明朝就没有出现过外戚专权的现象。当然，到了明末这个规矩没了，虽然皇后是贫寒人家的女子，但是帝王还会娶妃子，明朝末年的皇帝娶了妃子，妃子家的父亲兄弟就很厉害，由此产生了非常恶劣的影响。这就是内外无别的例证。

第二个例子是宦官专权。在明朝初年，太祖朱元璋曾经立了一个碑在皇宫门口，明令禁止宦官专权，而且立下规矩，宦官不许识字。如果宦官不识字，就很难干预政务。但是燕王朱棣在和他的侄子打仗的时候，也就是"靖战之役"的时候，他利用了宦官的配合，才最后获得胜利，实际上他是打不过明朝的政府军的，但是朱棣和建文帝手下的宦官们勾结起来，有宦官给他提供情报，告诉他现在南京城里边空虚，大军都往北边去了，于是朱棣就躲过这些明朝的政府军队，突然打到了南京，偷袭了没有军队守卫的南京城。由于宦官帮他夺得天下，朱棣就开始重用宦官。而随着宦官的权力恶性增长，干预政府事务，最后导致了明朝的灭亡。宦官是在宫廷内的人员，随着取得帝王的信任，却能够跑到宫廷外边去干政，这也是内外无别的典型事例。

再比如说清朝末年，慈禧太后的垂帘听政，这实际上也是内外无别的表现，从而最终导致了清朝的灭亡。所以在中国古代的历史上，这种内外关系，是一定要做到内外有别。

中轴线上体现出来的这五大关系的文化主题，第一个是天人关系，是要奉天遵命，恪守秩序。第二个是君臣关系，是要尽忠尽义，人尽其能。第三个是父子关系，是要亲亲尊尊，家族和睦。第四个是家国关系，是要内外兼顾，各司其职。第五个是内外关系，是要内外有别，各行其道。

当然，这五个文化主题不是我总结出来的，而是古人在这条中轴线上所体现出来的、非常重要的五种关系。这五种关系如果能够正常运行，整个社会的发展就会保持正常。一旦出现了问题，就会严重影响到整个国家、整个社会的发展。

王岗 中国古都学会副会长，北京古都学会会长，研究员

近现代北京中轴线建筑的变与不变

谭烈飞

说到近现代北京中轴线建筑的变和不变，主要包括四个方面：第一，变主要是讲历史的剧烈动荡，不变的是北京中轴线建筑传承有序；第二，变主要讲城市变迁带来的建筑损毁，不变的是北京中轴线建筑规制依然存在；第三，变主要是经历了时代变迁，中轴线从最初的元代成型，到明清时期中轴线的7.8公里，一直到新中国成立以后，中轴线依然是我们北京城的脊梁，不变的是北京中轴线故事丰富多彩；第四，中轴线申遗步伐加快，北京中轴线建筑理念清晰。具体主要讲三个时代，那就是古代、近代和当代，这三个历史时段中轴线的变与不变。

一、从实测解读中轴线建筑的"变"与不变

在新中国成立以后，对整个中轴线进行过两次大规模的实测，都是用现代化的手段进行实测的。1952年5月，北京市的房管局测量队对旧城中轴线进行了实测，在实测中选取了中轴线很重要的几个有代表性的点，比如说永定门北侧门的中心，箭楼、正阳门、中华门、天安门、端门、午门，各门南侧门的中心，神武门北侧门的中心，景山万春亭南侧的中心，地安门、鼓楼南侧门的中心，以这些门的中心点对整个中轴线进行了实测。为了使实测准确，同时测量了磁子午圈和

地理子午圈夹角，为了更进一步了解中轴线这条直线的情况，1964年9月对中轴线进行了重测，在重测过程中，可能有些点就需要进行三角点的测量。

1964年的复兴门就是一个门洞，在门洞上边确定一个测量点，是三角点的点位。东边也找到了建国门，确定测量的点位，通过技术手段又准确地把中轴线进行了实际测绘。最后测绘的结果是，永定门距离中轴线偏了9.26米，鼓楼向东偏了1.69米。从正阳门到景山所偏的距离都不到1米，从一般的概念看，如果偏离不到1米，基本上认定是一个直线。

我们再看从天安门到午门，再到神武门，直线偏差可能就更小了。

很多历史学者想进一步研究，中轴线为什么呈现的几乎是一条直线？两端偏差可能多一点，中间的几乎就是一条直线。为什么会出现这种情况呢？有各种各样的解读，我们通过资料的收集和整理，得出的结论是，可能和最初中轴线在元代设定的时候有一定的关系。

元大都整个大都城的中轴线，不是一条直线。那么怎么解释这条线呢？不同专家有不同的解读。元大都都城兴建的时候，当时主要的设计者是刘秉忠，刘秉忠对整个元大都的规划和建设是举足轻重的人物，他的地位也非常之高。刘秉忠对儒学、道家、佛家都有很深的研究，当时忽必烈作为皇帝，就把大都城的规划交给他来进行。规划的时候，整个大都城宫城主要包括三个宫殿，同时进行建设。当时忽必烈一直住在北海的白塔山，据说他在这里住的时候，感觉非常之好，周边的环境美，山在绿波荡漾的湖水中心。如果城市围着这里建设，这个大都城的影响力可能会更加壮观，同时有些史料还提到，在这里住让他有回到蒙古大草原那种感觉。忽必烈当时就命刘秉忠，要沿着白塔山和现在的北海、中南海周边建设宫城，这个宫城我们主要指的是皇宫。大家现在看到的宫城，东边建皇宫，西南建隆福宫（隆福宫我们一般称为太子宫），东北方建兴圣宫（有的史料提到是皇后居住的宫殿），这样整个皇城就呈现出三个宫殿鼎立的局面。我们现在把已经散佚的《析津志》进行了收集整理，在《析津志》中有这样的记载："世祖建都之时，问于刘太保秉忠定大内方向，秉忠以今丽正门外，第三桥南一树为向以对，上制可。"这意思是什么呢？当时元世祖皇帝忽必烈问刘秉忠，大内的方向怎么定。刘秉忠回答说，丽正门外第三个桥南边有一棵树，以这棵树为最南端，设计一条直线。大家注意有几个很关键的词，"定大内方向"实际上就是宫城的方向，也就是说设定通过宫城的一条中轴线。元代有些史料，也提到了丽正桥外第三个桥南边这棵树，比如元代宫词提到独树将军，"九重深处五云排，丽正门当千步街。独树将军桥下立，诏封新赐小金牌"，皇帝"遂封为独树将军"，独树将军成为元大都最南端中轴线的起点。也就是说，丽正门一直到中心阁，这条线是当时宫城的中轴线，而整个大都城的中轴线，似乎还没有更直接的资料可以显示。这是我的理解，当然很多专家有其他的观点。

到了明代以后，明永乐十五年（1417），在元大都宫城基础上又重新规划和建设了明代的皇城。这个皇城的中心很明显，就是我们今天看到的景山。以景山为中轴线的很重要的基准线，设定了明清时期一些核心的建筑，包括我们现在能够看到的清代的太和殿、中和殿、保和殿，这三大殿应该都是不偏不倚地建在这条中轴线上。这时北京城的中轴线已经很明确地显示出来，南一直延续到永定门，紫禁城往北一直延续到钟鼓楼。

应该说，在明清时期整个城市的基准点变成了景山，中轴线已经明显地建立起来。但是这条线出现了一些偏差，应该和元代宫城的中轴线是有关系的，所以我们现在看到，7.8公里核心的正阳门到地安门一线基本上是笔直的，这就是当时中轴线的基础，后来与我们所理解的中轴线有一定的差异。

说到明清时期中轴线的情况，侯仁之先生认为北京城第一个里程碑就是历史上北京城的中心建筑紫禁城。在我讲到这里的时候，还要给大家提供这样一个概念：一般我们现在解读作为规划中的中轴线，大体分为三段，这三段我们称之为紫禁城段，也就是中轴线故宫段；再有就是从景山往北称之为北中轴；从天安门往南称之为南中轴。这其中出现了故宫中轴、南中轴和北中轴三个概念。如果从功能的角度来考虑，从紫禁城到正阳门这段作为中轴线，可能标志性的功能多一点，使用上的功能弱一点。北中轴和南中轴明显已经演化成道路的功能，人们可以在中轴线上理解它的交通功能，这种功能是很明显的。这是一般从规划角度分成三个段，我自己则更愿意把中轴线分成四段，把天安门一直到正阳门这一段分出来作为单独一段，它标志性的功能就更明显了。

中心建筑紫禁城建成至今已经将近600年，在这600年里，它代表的是封建王朝统治时期北京城市建设的核心，也是中国传统建筑艺术的一大杰作。到今天它依然屹立在全城空间结构的中心，它不仅是中国人民的艺术财富，而且已被列入世界文化遗产，享誉全球，它不仅属于北京，不仅属于中国，它是整个人类的遗产。

古代时期中轴线上有很多很重要的建筑，确实是非常讲究。我举个正阳门的城楼的例子，老北京人都知道，正阳门通常说是大前门，老人一讲就是"前门楼子九丈九"，说明前门楼子在整个北京城的地位非常显赫。为什么显赫？因为它达到了阳数的最高级别。一三五七九为阳数，到九是阳数的最高数，而正阳门的高度是九丈九尺。我们一直以为它大约是九丈九尺，表示它的至尊至大，特别是用于都城的正门，应该享受阳数的最高级。但是我们看到有些史料的数据，也确实产生一些疑问。瑞典有个学者叫喜仁龙，他专门写了《北京的城墙与城门》，这本书价值非常大，其中他给北京主要的城门都进行了很认真的现代化的测量，最后他对前门测量的结果是通高42米，如果换算成市制，大概是约合13.86丈，这个数远远高于九丈九。后来到2005年，北京古建所对正阳门的城楼又用现代化的仪器进行了测量，最后测量的结果是，从地平线到门楼的正脊的上皮，是43.85米，合14.4丈，比九丈九更多了。所以根据测量的结果，我们感觉前门楼子九丈九是一个大约数，只是表示它的极高极大，主要体现它是都城正门。但是在史料的收集过程中，我们又得出了完全不一样的结论，1900年正阳门毁了，光绪二十七年（1901）的时候，就开始重新修建正阳门。我们发现当时直隶总督袁世凯和顺天府的府尹陈璧，因复建正阳门城楼奏《为正阳门城楼原建丈尺无案可稽，谨会同酌拟办法请旨事奏折》，在奏折中写得特别清楚，"今拟除城身不计外，正阳门大楼自地平至正兽上皮止，谨拟九丈九尺"，另外后边还说"较崇文门大楼高一丈六尺二寸，较宣武门大楼高一丈六尺八寸"。在这篇奏疏中我们可以明显地感到，正阳门所系叫"拱卫宸居""为中外观瞻"，所以它地位显著，就是要建到九丈九尺。但这个九丈九尺不是从城墙下边开始量，而是从城墙上边一直到正脊上皮，正好是九丈九尺，而且这个尺寸是一点都没错。所以通过这个奏折，我们才认定了正阳门确实是九丈九尺，它的作用是"固若金汤""垂之永久"，同时还要"辅弼吉星"，实际上就是风水要求，所以一定要达到九丈九尺。

中轴线的建筑中，很多建筑理念确实体现了当时的人对整个文化本身的理解。比如天坛是世界文化遗产，体现了东方人的宇宙观，对宇宙是怎样认知的，是怎么理解的，体现在天坛的建筑上，应该说达到了非常高的程度。比如祈年殿里边有四根龙井柱代表了春、夏、秋、冬四季。有红的金柱十二根，代表了一年的十二个月。外边还有檐柱，外檐的柱子也是十二根，代表了一天的十二个时辰。十二檐柱加上金柱是二十四根，这二十四根加起来，又代表了一年的二十四节气。如果再加上四根龙柱就是二十八根，二十八代表二十八星宿。同时上边还有八根童柱，加起来是三十六根柱子，这三十六根柱子，又表示三十六个天罡。这三十六个天罡后边对着还有七十二地煞，三十六个天罡实际上又是皇天上帝的所谓保护神。这些都是我们的古人对天和天体运行的理解，对整个宇宙的认识。所以我们到天坛以后，特别是面对祈年殿的时候，第一个感觉是祈年殿把万里无垠而且神秘的天囊括在一个具体的建筑当中，它的每一块砖石，每一根木料，都和天紧密地联系在一起，应该说我们古人的智慧达到了非常高的程度。实际上天坛主要由两个坛组成，一个是圜丘坛，一个是祈年殿的祈谷坛。圜丘坛的设计主要体现在对天的理解，整个圜丘坛和天是最近的，它所有的建筑包括砖石，都采用了极阳的建筑形式，从上到下都是九。圜丘中间是天心石，天心石周边是一层一层的九和九的倍数所组成的坛面，把它分成三层，三层栏杆，也是九和九的倍数，整个栏杆上面雕刻龙，也体现极阳。这些理念，都是我们祖先对宇宙的理解，应该说这种理解也达到了相当高的程度。

二、民国时期的历史贡献

实际上我一直在强调，民国时期在中轴线的传承和建筑中，体现了传承有序这样的重要特点，这是不容忽视的。我们讲到中轴线的时候，一般认为中轴线的建筑体现了中华传统文化的精髓，延续至今它们又体现了现代文明的魅力，而现代文明的魅力作为很重要的连接和铺垫，应该说在民国时期的贡献度是非常之高的。民国时期对北京中轴线进行了相应的建设和改造，比如说，天安门前的道路被打通，整个天安门广场从封闭状态到开放格局的建立，是民国时期完成的。另外又对前门地区的改造，对前门箭楼的改造，同时又开辟社稷坛、天坛、先农坛为市民公园。这些为市民服务的公园，开始一批一批地在北京古老的城市中出现。这些成就的取得，现在看来多是具体工程的实施，但是在当时的历史条件下要付出非常大的努力，应该说都具有划时代的意义，同时也对后世产生了巨大的影响。侯仁之先生曾谈到北京的

图 1 民国时期的天安门，选自《旧都文物略》

三个里程碑：古代的紫禁城、当代的天安门广场、亚运村和奥运村及奥运公园建设。其实我更愿意提到在民国时期，围绕着正阳门的改造所形成的正阳门外周边一系列的重要工程，也是一个重要的里程碑。这个里程碑规模、面积和工程没有那么大，但是它对历史发展也具有划时代的意义。

我们知道明清时期的天安门广场是一个"T"字形的广场，广场外缘基本是宫墙围着，两边千步廊，千步廊两侧是当时所谓主要的衙门，南端是明代大明门，清代叫大清门，民国时期又叫中华门。两侧有所谓的"五府六部"，过去都是皇家的禁地，体现封建皇权至高无上的尊严和地位，老百姓是不能过去的，是不能通行的。进入民国以后，1912年把长安左门、长安右门打通，门前只留了门洞，使东西长安街开始成为通衢道路。1913年又把千步廊拆了，当时整个广场除了天安门到中华门之间有一条10米宽的石道外，其他地方没有铺装。这个地区就形成了最初的天安门广场。

民国时期的改造在革命的氛围之下也有过一些过激的想法，当时如果完全采取所谓革命化的措施，对整个中轴线的伤害也会很大。在民国时期曾经有动意要拆故宫，当时北洋政府要把故宫的三大殿改造为国会的会场。当时曹锟政府已经委托了上海通义洋行的瑞典籍建筑师阿尔宾·施达克对三大殿进行测量，而且要求他提交改造方案，这个方案的内容就包括在太和殿两侧要建5.2米的建筑，两侧还要开门洞，三大殿要开辟成国会的会场。当然这些方案的提出，立刻遭到了当时社会的强烈反对，1923年5月22日，当时的《顺天时报》刊载了吴佩孚的一个电报，大意内容是"顷据确报，北京密谋要决拆三大殿，建西式议院，料不足"，这个"料不足"指的是施工用的材料不足，还要"拆乾清宫以补足之，又要拆各部机关于大内，而鬻各部署"。当时此电报立刻引起各界人士的强烈反对，吴佩孚表示，"百国的宫殿精美则有之，无有能比三殿之雄壮者，此不止中国之奇迹，实大地百国之瑰宝。欧美各国无不断断以保护古物为重，以此号为文明，反之则号为野蛮。"他的意思就是说，这三大殿你必须得保护，外国认为文物都是国家要保护的，我们如果拆了三大殿是会被谴责的。因为吴佩孚的地位和影响力还是比较大的，引起社会反响以后，拆改故宫的计划就搁浅了。通过这件事我们可以看到，一是吴佩孚等人的行为，为故宫的保护做了贡献，同时也应该看到，当时人们已经认识到故宫作为国家重要的文化精华应予保护，应该说是引起社会共鸣的。

在一系列的城市改造中，有些是适合事物发展的，是和事物发展趋势相吻合的，例如对正阳门的一系列改造。当时要改造正阳门，因为从正阳门出来进入外城是很重要的交通枢纽，在正阳门东西两侧，出了门是当时的正阳门东火车站和正阳门西火车站两个很重要的客运站。再往南，是很繁华的商业区，人来人往，几乎都要通过正阳门，而正阳门的口又特别窄，交通很不方便，人出不去进不来。从交通考虑，从城市发展考虑，当时决定一定要改造正阳门，1915年6月16日，朱启钤（北洋政府的内务总长、交通总长，还做过北京市的市政督办）在正阳门箭楼上，手持据说是当时袁世凯总统发给他的一个银镐，镐的木柄上刻写着"内务总长朱启钤奉大总统命令，修改正阳门，爰于1915年6月16日，用此器拆去旧城第一砖，俾永变交通"，率先刨掉了第一块砖，拉开了改造正阳门的历史序幕。

正阳门东西的车站，东边这个车站已经开辟成铁路博物馆，当时是京奉铁路正阳门东站的车站，西侧是京汉铁路的车站，当时是很繁华的。正阳门改造是首先将瓮城拆除，露出了箭楼和城楼之间的一个广阔广场，另外在正阳门的东西两侧开通了两个门洞，可以走车。特别让人觉得不可思议的是，改造箭楼请了一个外国的工程师，改造成不中不西的一个箭楼。当时在正阳门改造，城楼两侧各开的两个门洞主要是便于车辆人员的交通，便于内城到外城来，而且史料记载是"计厚两法尺，每洞各宽九法尺，高八法尺，两旁的墙身亦加筑新墙，以掩拆卸痕迹"，也就是说这个门洞宽九米，高八米，这都是改造以后。所以正阳门工程是北京城中轴线的重要组成部分，应该说是有序传承、推陈出新的重要体现，为今天北京城的现代化建设奠定了良好的基础。

在改造正阳门的同时，朱启钤对整个中轴线的一些重要建筑物，也进行了很认真的修缮，比如对祈年殿的修缮，请了林徽因和梁思成。当时这个工程量还是很大的，据说耗资77万法币，整个对圜丘坛的3034块石板进行了重新铺装，特别是对祈年殿，进行了几乎是下架的全部修缮。

另外我们在谈到朱启钤对现代文明的贡献上，有很多重要的点，从中山公园的改造，我们也能体会到朱启钤是一个什么样的人。朱启钤提到，"此实我国数千年来特重土地人民之表征。今于坛址，务为保存，俾考古者有所征信焉。"除了保存核心的祭坛等社稷坛的传统建筑外，大量增加了市民需要和体现时代特点的公园设施。利用拆除千步廊的木料修建了东西长廊和敞亭，新建有投壶亭、松柏交翠亭等，将圆明园遗存的"青云片""青朵""搴芝""绘月"等珍贵太湖石移入公园，从河北运来北宋时期的石狮，点缀各处起到画龙点睛之效。建造

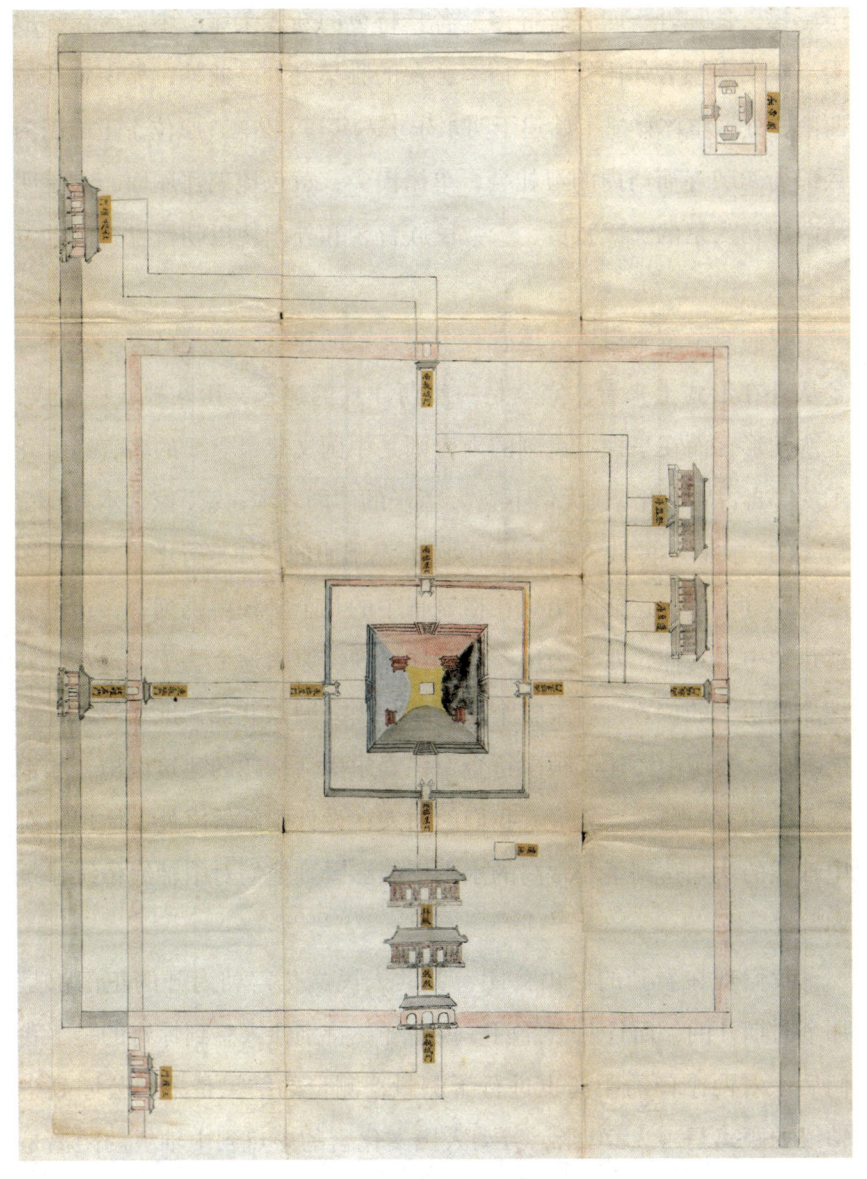

图 2 社稷坛示意图

中轴线

了中西合璧建筑唐花坞，在唐花坞前面开挖湖泊，修建水榭，布置假山。从圆明园遗址整体搬迁来"兰亭八柱"，正面刻《兰亭修禊曲水流觞图》《题记》，背面刻乾隆皇帝赋写"兰亭"的诗作，八根石柱上分别镌刻着历代书法家和乾隆临摹的《兰亭集序》帖。新建有来今雨轩、春明馆、绘影楼、长美轩、四宜轩等多处各具特色的新式茶座、中西餐馆，成为当年文人墨客休闲娱乐、请客会友的雅集之处。此外，靠中轴线偏西南之处，整体移建了始建于明永乐十八年（1420），原位于正阳门内兵部街鸿胪寺衙门内的习礼亭，单檐攒尖，黄色琉璃瓦屋面，它是明清两朝初入京的文武官员、少数民族首领和外国使臣朝觐皇帝前的习礼之地。

  我们要了解朱启钤，还有一个很典型的建筑，就是格言亭。格言亭从外在形式上来看，完全是一座西洋式的建筑，用八根石柱筑成，呈八角形，而在亭柱上镌刻的内容则是中国文化最重要的名言，有孔子的"自古皆有死，民无信不立"，孟子的"国之本在家，家之本在身"，岳飞的"文官不爱钱，武官不惜死"，王阳明的"知是行之始，行是知之成"等语录，这样的语录在格言亭中的几个壁柱中镌刻着，这也许就是"中学为体，西学为用"的具体体现。原来这个亭子在现在"公理战胜坊"的位置，后来整个搬到了中山公园东北部，进东门不远就能看到。公园中还建了很多符合市民娱乐生活情趣的建筑设施，如水禽笼，还有一些大鸟笼等。我们的前人在设计中细微之处，体现出对中轴线的认知达到了非常高的水平，能够看到他们对中轴线传统建筑的敬畏。

  我们现在看到的中山公园、劳动人民文化宫朝南开的正门都是那个时期开的，而且两个开门一模一样，特别让人感到惊奇的是，我们后来对两个门的距离也进行了测量，测量的结果是中山公园到中轴线的距离是155.270米，劳动人民文化宫的中点到中轴线的距离是155.334米，四舍五入，两边到中轴线的距离都是155.3米，应该说是严谨地遵从中轴线的。

朱启钤认为所有的中国传统文化都应该很认真地保护，所以他建了中国营造学社，把整个中轴线重要的建筑都请专业人士进行了测绘，现在留下了中轴线建筑的测绘图，据说有700多张，包括紫禁城，包括我们知道的一些主要建筑，都有完整的现代技术的测绘，确实为我们今天进一步保护传承和利用这些古建筑奠定了很重要的基础。另外，营造学社也集结了那一代很重要的建筑史家和建筑学者，包括梁思成、林徽因、单士元、刘敦桢，这些耳熟能详的大家都是营造学社的成员。另外他为了保护古建筑做了大量工作，同时也对文化的进一步传承，有一些很深入的思考和实践，这就是变与不变的理解，这些都在建筑中体现出来。

三、当代北京中轴线建筑传承中最显著的特点

在当代，我们对北京中轴线建筑的传承也充分体现了变与不变的特点。概括起来，新中国成立以后，把以皇帝为核心，转变为以人民为中心，这种变化中可以清晰地体会到中华传统文化的有序传承，也可以深切地体会到中国传统文化的博大精深，在这种变化中还可以了解到"文化巨人"对中国传统文化的认知水平是如此之高，令人敬仰。这是我对当代人传承中的理解。

第二个里程碑很重要，就是对天安门广场的改造。在改造中赋予具有悠久传统的全城中轴线以崭新的意义，显示了在城市建设中古为今用、推陈出新的时代特征，在文化传承上有着承前启后的意义。比如广场的规划，在整个中轴线的线上建立了人民英雄纪念碑，是广场中特别大的一件事。另外建了人民大会堂，建筑的体量一下就超过了紫禁城建筑的总和，使城市的重心向南移到了天安门广场。

建立人民英雄纪念碑是1949年9月30日在全国政协第一届全体

会议上通过，当时就定了地点在天安门广场。会议闭幕以后的第一件事，就是毛泽东率领的中央领导趁着夜色到广场举行奠基仪式。在建设过程中，也体现了推陈出新、变和不变。比如说先建碑，后建广场，另外碑一般都是坐北朝南为正面，纪念碑则是坐南朝北，这都是很重要的特点。在纪念碑的设计中，很多地方都体现了传统文化的特点，比如说纪念碑的碑座上大小两层，须弥座上四周基本上都是传统的牡丹、荷花、菊花、垂幔，中国传统文化中体现高贵、纯洁、坚韧的装饰，表达全国人民对英雄们的怀念和敬仰。

当然，在天安门广场的规划中也有一些不同意见，到底应该建多大，怎么建。但是无论如何，整个中轴线是非常清晰的，所有建筑都遵从于整个城市中轴线的位置。中心纪念碑两边的建筑，有些是错落的，有些是对称的，建筑非常多，最后不同意见都归纳到中央最高领导人那里进行决策。最后毛泽东指示，改建天安门广场要反映我国历史悠久、地大物博、人口众多的特点，气魄要大，要使天安门广场成为庄严宏伟、能容纳一百万人集会的世界上最大的广场。周恩来也多次强调，广场面貌一定要体现"人民当家做主"的主体思想和时代精神，在整个天安门广场的建设中，人民两个字是核心内容。最后整个广场的设计是张镈先生拿出的方案，这个方案和我们现在看到的广场是一样的，广场的宽度定在了500米。

整个天安门广场于1959年9月开始重修，工程很浩大。广场主要是围绕着中轴线，体现的是有序传承、推陈出新，主要体现在三个方面：第一，天安门是皇城正门，成为人民共和国的标志；第二，社稷坛的正南方200米，建立了人民大会堂；第三，作为皇家祭祖的太庙的正南200米，建起了历史博物馆和中国革命博物馆。这三件大事是在广场上建的最主要的工程和改造。为什么天安门成为广场的最主要的核心？天安门明清时期是皇城的正门，一直都发挥着历史上应有的作用。1949年开国大典是在天安门举行，当时天安门广场有两个很重要的标语，一个是"中华人民共和国万岁"，另一个是"中央人民政府万岁"，到第二年标语变了，把"中央人民政府万岁"改为"世界人民大团结万岁"。这两个标语的更改体现了共和国初创者的初心，一个"中华人民共和国万岁"，希望我们人民共和国永葆青春；另一个"世界人民大团结万岁"，是希望我们人民共和国能够屹立在世界民族之林，和整个世界人民团结在一起，实际上和我们现在所强调的人类命运共同体是一致的。为什么天安门成为标志？因为国徽的正中是天安门，为什么选天安门？有两个很重要的原因：一个是新民主主义革命的最重要的代表意义，"五四运动"的纪念地是在天安门广场。另一个是开国大典是在天安门广场举行的。这些都是具有划时代意义的，所以就把天安门作为国徽的正中的标志，现在有天安门的标志，北京不能用，只有国家才能用。

在天安门的改造中，也体现了变与不变的理念。1969年对天安门进行了大规模的改造或者叫复建。当时在"文化大革命"时期，有些人提到，天安门有些龙凤和玺的彩绘，是不是封建的东西，当时也报到周总理那儿，建议把这些图案改成葵花向阳、延安宝塔。当时总理看完报告明确说，就要龙凤和玺，龙是中华民族的象征，原主体部分都不要改。另外就是对人民大会堂和历史博物馆的建设，社稷坛正南方200米建的人民大会堂是和社稷坛一脉相承的。什么叫社稷，社神、稷神，加起来就是江山社稷，所以五谷坛就体现在"祭社稷"，能够使江山永固，在正南方向建人民大会堂，因为我们认为，我们的江山靠的是人民，所以在它的正南方，在相应传承的最正的位置上，建了人民大会堂。

另外，人民大会堂中还有以全国各省市自治区命名的、富有地方特色的厅堂，现在一共有多少个省市自治区，就有多少个厅堂。实际上这和社稷坛五色土也有相应的关系。封建时期，五色土中间是黄土，东边青色土，南边红色土，北边黑色土，西边白色土，这五色土由全国各地奉献，实际上体现着"普天之下莫非王土"。而我们现在看到，人民大会堂专门设了这些厅，也体现了整个国家的地位和传承的关系是有密切联系的。

在中轴线上还有一些重要的建筑，包括旗杆、毛泽东纪念堂，这些建筑经过测量，也是沿着中轴线，几乎不差分毫。对人民英雄纪念碑的四角和中心点进行测量，最后也是对照中轴线，只向东偏了大概不到10厘米，基本就是在中轴线上。

四、中轴线申遗

中轴线申遗的步伐在加快。中轴线及其延长线，以文化功能为主，是体现大国文化自信的代表性地区，所以我们既要延续历史文脉，展示传统文化的精髓，又要做好有机的更新，体现现代文明的魅力。中轴线既是历史轴线，也是发展轴线，要注重保护与有机更新相衔接，完善传统轴线空间秩序，全面展示传统文化的精髓。我们在延续这种精髓，传承、体现现代文明的魅力，也做了相应的工作。比如说在规划中，南中轴线确定道路的宽度为80米，也做了一些限高的规定，高度不能超过18米，这样使传统的建筑能够通过中轴线体现出它的历史特点。

在中轴线申遗过程中，要加强基础性工作，系统、深入、细致地开展中轴线历史文化研究，深入发掘中轴线的历史内涵、文化内涵和时代内涵，生动讲好中轴线故事。解决好有历史缺故事，有建筑缺内容，有修缮缺品位等一系列问题。要调动各方积极性，营造全社会共同关心、参与中轴线保护的良好氛围。北京历史文化是中华文明源远流长的伟大见证，要更加精心地保护好，凸显北京历史文化的整体价值，强化首都风范，展示古都风韵，具有时代风貌的城市特色。

谭烈飞　北京史研究会顾问，北京市地方志办公室原副主任，编审

20世纪北京中轴线的历史变迁

王建伟

20世纪中轴线的变迁、演变的过程,和整个北京城的命运变化密切相关。

到底什么是中轴线?北京档案馆的新馆大厅中展示的一幅画,气势非常磅礴,大概有七八层楼高的样子,这幅画是从底部到上部,一贯到底,从中可以对中轴线有一个最直观的印象。通俗来讲就是从南端永定门到北端的钟鼓楼,这么一个纵贯起来的建筑连线。

关于中轴线的概念,明清时期就不断出现、不断完善。20世纪40年代,梁思成先生和一些建筑学家比较早地提出了中轴线的概念。他说:"一根长8公里,全世界最长,也是最伟大的南北中轴线,穿过了全城。北京独有的壮美秩序就由这条中轴的建立而产生。前后起伏、左右对称的体形或空间分配都是以这中轴线为依据的;气魄之雄伟就在这个南北引伸、一贯到底的规模。"这是梁思成先生在当时《北京——都市计划的无比杰作》文章中提出来的。

关于梁思成对中轴线概念,还有一个更加身临其境的描述,还是在那篇文章当中,他提道:北京城这条中轴线把你由永定门领到了前门和五牌楼,是一个高峰。过桥入城,到了中华门,远望天安门,一长条白石板的"天街",止在天安门前五道桥前,又是一个高峰。在这里我们忽然看见了紫禁城,四角上有窈窕秀丽的角楼,中间五凤楼,金碧辉煌的形象最为庄严。进入午门又是广场，隔着金水河白石桥就望见了太和门。这里是另一高峰的序幕。过了太和门就到达一个最高峰——太和殿。这可以说是这幅长"手卷"的中心部分。由此向北过了乾清宫逐渐收场，到钦安殿、神武门和景山而渐近结束。在鼓楼和钟楼的尾声中，就是"画卷"的终了。我们想象一下，从永定门一直一贯到钟鼓楼的这条线，把不同的建筑连缀起来。

但是最近这些年来，北京市政府一直在大力地做中轴线申遗的准备工作，据我了解，北京市政府非常重视这个事情。但是申遗的中轴线概念，和以前梁思成中轴线概念是不太一样的。2019年，在北京市第十五届人民代表大会常务委员会上，当时张家明副市长做了《关于中轴线文物保护情况的报告》，对于中轴线的概念有一个官方的解说，既有中轴线的遗产区，还有一个缓冲。他说：北京中轴线是北京市目前唯一一处世界文化遗产预备项目，其核心要素包括：钟楼、鼓楼、万宁桥、景山、故宫、社稷坛、太庙、天安门、天安门广场（人民英雄纪念碑、毛主席纪念堂）、正阳门及箭楼、天坛、先农坛、永定门，以及连接这些要素的历史街道。遗产区南北长7.8公里，东西宽0.1—2.6公里，面积5.6平方公里；缓冲区为中轴线两侧外展2—3公里，面积为45.3平方公里；遗产区与缓冲区总面积为50.9平方公里，覆盖老城面积的65.4%。中轴线的遗产区和缓冲区是北京历史文化遗产的精华集中区，包括故宫、天坛和大运河3项世界文化遗产；456处不可移动文物，其中国家级文物保护单位72处、市级文物保护单位98处、区级文物保护单位86处、尚未核定公布为文物保护单位的不可移动文物200处；另有优秀近现代建筑18处、历史文化街区25.5片（国子监地区计0.5片）和4片风貌协调区。

它有一个缓冲区，就是在中轴线两边，大概有2—3公里，比方说天坛和先农坛，过去认为不在中轴线上，但是现在也放置在我们申遗的缓冲区当中。这是我们现在对中轴线一个最基本的认知。

今天我和大家分享20世纪这条中轴线的命运和变迁。主要讲三个方面，第一讲清末，从庚子事变，也就是从八国联军进入北京到清末作为一个时间段；然后是民国，1912—1949年；最后是1949年新中国。通过这三个阶段介绍中轴线的演变过程。

一、清末：从庚子事变说起

中国近代史的开端是1840年的鸦片战争，但是鸦片战争是在广东沿海打的，广东和北京离得很远，对当时北京生活的普通人和中央政府来讲，冲击都不是很大。有材料说，和议之后，都门仍复恬嬉，大有雨过忘雷之意。鸦片战争对京师几乎没有什么影响。第二次鸦片战争是1860年，这时候英法联军进了北京，烧了圆明园，但是对城内核心区还有一段距离，联军主要是在郊区进行了一些劫掠、抢夺。北京居民对侵略一个最直接、最惨痛的感受，实际上是1900年八国联军入侵北京。从1900年到1901年《辛丑条约》签订，其间一年多的时间，北京城处于一种沦陷状态，对北京的冲击是带有摧毁性的，对这个城市造成巨大破坏。

庚子事变对北京的冲击是一个内外联动的冲击，内因就是义和团对北京的破坏。当时帝都最繁华的前门地区，基本上被烧光了，这个是由义和团纵火，我们自己人烧毁的。它是先从大栅栏的老德记西药房纵火，然后火势失控，当时整个前门地区基本上什么都没剩，而且波及了正阳门。当时大火过后正阳门前门的整个城门楼基本上被破坏，正阳门以前有国门之称。而且从规制上讲，它的规模是非常讲究的，也是最大的，是整个北京城向南的皇城正门，被如此破坏也预示着整个政府、整个朝廷、整个国家的命运到了这样一种程度。这是当时从前门大街的五牌楼拍到的被大火烧焦后的惨状，崇文门大街当时几乎不剩什么了。这都是当时非常繁华的店铺，现在基本上就像废墟一样。

图片不是特别的清晰，但是基本上能够感知当时的那种状况。

还有另外一个损失，就是《永乐大典》。清军和义和团为了攻打当时的英国使馆，和翰林院是挨着的，一直久攻不下，想到了一个办法就是火烧、火攻，这是传统的一种方式，结果火攻的过程中波及了旁边的翰林院，把自己的翰林院给烧掉了。翰林院收藏的《永乐大典》，遭受了巨大损失。

八国联军发动了侵华战争。当时在国外报刊上刊登有一幅漫画，他们认为"黄祸"蔓延，以保护侨民为借口侵入北京。内城东南角楼是八国联军的炮火攻击的。这是永定门被炮火攻击的情况，顶部受到了一些摧毁。

不管是正阳门还是永定门，都是整个中轴线的特别节点，带有标志性意义的建筑。之所以谈到庚子事变，谈到八国联军，主要是谈这场事变对于中轴线的破坏。八国联军入侵北京，进入紫禁城，一定是从轴线上、从最具象征意义的地方进入皇城的城门，它既是一种仪式，也带有侵略象征意义。1937年日本入侵北京，也是要从前门、正阳门楼底下，从最具象征意义的轴线上进入城市，实际上是对侵略的一种宣示，是一种象征。当时八国联军在太和殿广场举办阅兵式，坐龙椅。联军的统帅瓦德西和八国联军各个联军的首脑在紫禁城内合影，这是他们对于侵略行为的一种宣示行为。这对中国人而言是一段非常屈辱的历史。

当时法国远征军在占领北京之后，出西南走卢沟桥，向其他的中国腹地开进。卢沟桥虽然和我们中轴线很远，一讲到卢沟桥就认为是1937年那场卢沟桥事变，实际上1900年的时候法国远征军就已经跨过了卢沟桥，然后向中国的腹地入侵。

比较有代表性的《京城各国暂分界址全图》，是八国联军对北京内城、外城分区占领的标识，不同的颜色代表着不同国家的占领区，英国领区是黄色的，法国占领区是蓝色的，美国占领区是绿色，德国占领区是红色，意大利占领区是米色，日本占领区是蛋青色，用一种很直观的方式表现八国联军对北京城的分割。八国联军在北京大概驻扎了一年多的时间，从1900年的8月，到1901年《辛丑条约》的签订，中外达成了一个"和解"，但这个"和解"是带引号的"和解"，中国人通过付出巨大的代价，达成一个与侵略的妥协，联军退出。中国和西欧的地理位置，八国联军不可能长期派兵驻扎在这里，当时联军统帅说过这样一句话：世界上没有任何一个国家有如此的人力、物力去维持对中国的奴役、统治。

慈禧太后带着光绪帝逃亡西安，后世史家用了一个比较好听的名字叫"西狩"。条约签成之后，慈禧带着这些官员队伍浩浩荡荡地回到北京。她回来的时候一定要风风光光地从正门回来，走的就是中轴线。当时的丹麦记者蒂格森记录了回来的过程。正阳门瓮城关帝庙现在已经被拆掉了，正阳门瓮城一直有两座小庙，左边是观音庙，右边是关帝庙。慈禧回来的时候要去祭奠，还要去庙里进香。现存有唯一一张可以确定光绪匆匆忙忙地从轿子里出来的本人照片，光绪作为一个皇帝，我们从来没有见到他的真容，以前在教科书中有刊登关于光绪帝戊戌维新百日政变时候的图片，现在从各个方面证明这个图片应该是不对的。通过这些图片也可以去揣测慈禧和光绪的关系，光绪长期被慈禧压抑、禁锢，作为一个皇帝，他不具有作为一个皇帝的基本权利。

关于慈禧爱照相的说法，已经得到了大量的证实，慈禧留下了很多的图片，包括她过生日的时候的一些图片，晚年时候的大量照片，但是光绪从来没有留过一张正面的、能够认清他面容的画像。当时在城墙上有很多外国的官员们，公使，还有夫人，以及当时的很多摄影记者。慈禧在照的时候还挥舞手帕，向城墙上的这些外国的公使们以及记者们挥舞，面露笑容，她是故意在向这些人展示她的致意；前面这个刚刚从轿子里出来的就是光绪，光绪是匆匆忙忙地从轿子里出来，然后瞬间就进入了庙里，他根本不想让别人看到。美国作家立德夫人在她的《我的北京花园》里描述："皇帝的行动还是闪电般地迅速，几乎连一眼都不让人看到。他跨出轿子，祭过供奉护国大帝关羽的武庙，立即又被抬走了，叫人都不敢相信他曾下过轿。反之，慈禧太后则停留了很久，向城墙上各色外国观众先是挥手，再是挥手帕，然后又要来了一副看戏用的眼镜，以便更仔细地打量他们。"

关于中轴线火车站的情况。北京最早的火车站是19世纪末期的，修建在马家堡，基本上是现在北京南站的位置。从这个角度讲，南站的选址有一些历史的缘由。在中轴线上还有另外两座火车站，天坛火车站和正阳门东站。正阳门东站在正阳门以东的位置。庚子事变八国联军进北京的时候，在天坛修建了一座临时性的火车站，为了运兵方便，但这个火车站简陋。随着八国联军退出北京，这个火车站就逐渐地拆除了。联军的主要活动地点在东交民巷，从天坛到东郊民巷还是有一段距离的，当时也不太方便。为解决交通衔接的问题，后来把火车站直接建到了正阳门东站这个位置。以前火车站不建在那个位置，因为怕惊动龙脉，传统文化接受不了火车可以直接开到离皇城那么近的地方。相关档案有1901年火车通过永定门西豁口的图像留存下来，外国侵略者不在乎这个，直接把城墙拆掉，火车直接开到了永定门西边这个位置。还有现在的正阳门东站，已经变成了中国铁道博物馆了，民国时期的钟楼位置有变化，从以前的左边移到了右边。这个应该追溯到新中国成立后，为了地铁一号线通过，把钟楼移到了现在的这个位置。

二、民国北京中轴线的历史变迁

民国之后是中轴线变化比较大的一个阶段。民国是1912年建立。随着清王朝的瓦解，与传统封建制度匹配的中轴线皇城建筑，失去了制度上的支撑。清代的天安门前的景象完全是处在一种封闭的状态下，整个皇城处在这个城市的正中心,从东到西是没法直行的,比方现在长安街上可以从东到西直接穿过去,过去完全是一种封闭的状态,从北京城的西边穿到东边,或者从东边穿到西边,要到正阳门那个位置才能穿行城市。民国之后,广场首先改造,两边的长安左门和长安右门打通,在长安街上形成贯通,城市从东到西可以直接通行。1860年英法联军入侵北京的时候一个随军的记者摄影师比托,拍了天安门的最早图片。还有1900年八国联军进北京的时候拍到天安门的情况。

(一)天安门前区域的改造

简单梳理一下民国期间天安门前的一个变化。1912年中华民国建立,为庆祝中华民国临时政府成立,在天安门前进行庆祝。临时政府是在南京由孙中山建立的,但是北京城楼上也出现标语。实际上是1918年的11月份为了庆祝"一战"胜利,在天安门广场举行的集会。1918年10月发生了一个比较重大的事,第一次世界大战结束了,中国作为一个战胜国,在天安门广场举行庆祝仪式,这也是天安门政治性的一个表现。

民国建立之后,天安门前形成一个向所有市民都开放的广场,大家一旦有什么重大的事件,就开始自动去天安门前聚集,这是天安门的一个政治符号,是政治地位的表现。"五四运动"相关图片上可以看到"还我青岛""打倒卖国贼曹汝霖"的标语,这是在1919年天安门前发生的学生的抗争,最近《觉醒年代》在热播,比较好地还原了当时的学生运动。"建设东亚新秩序",是北京1937年沦陷之后,日伪政府在天安门城楼前挂的一个标语。沦陷时期是1937年到1945年。1948年的天安门城墙上四个字"天下为公",城楼上的图片被华表盖住了,是蒋介石的图片。也就是说在天安门上挂领导人的相片是有历史的。通过很多其他的图片看到当时民国时期长安街上的路灯的情况。1953年斯大林逝世的时候,斯大林的照片出现在天安门城楼上,是临

中

轴

线

时性的，表达少年儿童对他的缅怀。这也说明那个时候苏联是老大哥，中苏关系处在一个蜜月期。

中华门可能大家的认知已经很模糊，因为它已经不在了，1959年拆除的。这个位置基本上就是现在的毛主席纪念堂。图1是棋盘街，就是从现在的正阳门城楼往北的一个景象，这张图片揭示了一个信息，应该是民国时期的，肯定不是清末的，因为清末时期的匾额肯定是满汉并列的，既有满文也有汉文，如果只有一个汉文的时候，就可以断定是民国之后的。当时像一个棋盘，所以命名为棋盘街。民国时期很多图片经常会出现棋盘街，它也是中轴线上非常重要的一个点，就是从正阳门到大清门——或者说民国时期的中华门之间的区域，也就是现在毛主席纪念堂到正阳门城楼那片区域。这是20世纪50年代末期，纪念碑已经建成、从正阳门城楼上拍到的棋盘街景象。

山本赞七郎是当时日本很有名的一个摄影师，也是随军记者，他

图1 棋盘街，选自《旧京史照》

当时在北京开了照相馆。他在1898年庚子事变之前拍到的一个景象，这时的正阳门是非常拥挤的，正阳门城楼下只有一个门洞，是内城和外城沟通的一个交界点，两边可以看到我们刚才说的那两座庙，一个是观音庙，一个是关帝庙。李大钊1915年底从日本留学回来，一直在北京生活了十几年，他当时对正阳门楼底通行的情况有一个介绍："我常走在前门一带通衢，觉得那样狭隘的一条道路，其间竟能容纳数多时代的器物：也有骆驼轿，也有上贴'借光二哥'的一轮车，也有骡车、马车、人力车、自转车、汽车等。把20世纪的东西，同15世纪以前的汇在一处。轮蹄轧轧，汽笛呜呜，车声马声，人力车夫互相唾骂声，纷纭错综，复杂万状。稍不加意，即遭冲轧，一般走路的人，精神很觉不安。推一轮车的讨厌人力车、马车、汽车，拉人力车的讨厌马车、汽车，赶马车的又讨厌汽车。反说回来，也是一样。"特别年轻的孩子可能无法想象，他把当时这种不同的交通工具在正阳门城楼下相互混杂在一起的景象，作为当时整个社会新旧之争的表现。在民国时期很多人的回忆中，都可以看到正阳门楼下拥挤的程度。

民国之后开始对正阳门实行改造。朱启钤可以理解为民国北京的第一任市长，当时北京还没有建立市政府，只是建立一个京都市政公所。朱启钤首先对城市进行改造，对正阳门进行了翻修改造。以前它是一个瓮城，是封闭性质的。他大刀阔斧，邀请德国设计师进行改造。当时正在改造时候的脚手架以及改造过程中的一些图片，现在都收藏在清华大学的图书馆里。民国之前的正阳门和我们现在看到的不一样，民国经过朱启钤改造之后，正面的这些窗，窗户上的纹饰，都是当时新增加的，水泥是用了德国的最新技术，据说现在水泥还在发挥作用。改造是1914年、1915年完成的，到现在已经100多年了，这个水泥还是非常坚固。前些年当时的德国设计师罗格·凯尔的孙子专门来到北京，相关方面接待了他们，追寻他先祖的足迹，来看当时他爷爷设计的正阳门改造工程。后来虽然经过了很多次修建，但都是1915年时候的样式。马凳形的楼梯也是在1915年改造时候新增加的。正阳门实现了一个功能性的改造。以前正阳门更多的是一种象征性的意义，经过改造之后，城门楼具有了实用性的特征。以前之所以说拥挤，只有城门底下的一个门洞可以通行，经过改造之后，两边各加了两个门洞，城外与城内之间通行的通道扩展了，拥挤的程度得到了大大的缓解。以前正阳门是有瓮城的，它的城楼和箭楼之间是封闭性的，是战争状态下，或者封建时期作为一种防御性的功能。民国时期瓮城拆掉之后，突然之间变得开阔了，开放内城与外城之间人员、物资各个方面的流动，城市活力开始得到激发。

正阳门城楼非常巍峨，离以前民国时期正阳门东站——就是现在铁道博物馆那个位置很近。现在北京站也离正阳门或前门很近。我第一次来北京的时候，大概十七八岁，出了火车站没感觉什么，但是我记得走到不远处，突然看到那个巍峨的城楼——正阳门的顶部，确实给我一个心灵上的震撼，那种巍峨感、庄严感，对人的视觉冲击还是很大的。民国时期从正阳门车站出来的人看到正阳门城楼也有记忆，一个叫孙福熙的人，他说："出东车站门，仰见正阳门昂立在灯火万盏的广场中，深蓝而满缀星光的天，高远的衬托在他的后面，惯住小城的我对之怎能不深深的感动呢。"（孙福熙：《北京乎》）之所以把这段话提出来，是最适合我当时的一种心情，我觉得从一个小城市，一个很小一个地方过来的人，来到帝都看到城门上的巍峨建筑就是这种心情。

这种记忆，也在侯仁之先生的回忆中得到验证，他说："我作为一个青年学生，对当时被称作文化古都的北平，心怀向往。终于在一个初秋的傍晚（1932），乘火车到达前门车站。当我在暮色苍茫中随着拥挤人群走出车站时，巍峨的正阳门城楼和浑厚的城墙蓦然出现在我眼前。一瞬之间，我好像忽然感到一种历史的真实。从这时起，一粒饱含生机的种子就埋在了我的心田之中。"应该是当时真实的心情记录。

正阳门是国门，有一种对国家的象征意义，对朝廷的象征意义，对城市的象征意义。或许，只有老北京人才能理解前门对于他们的意义。深得老北京文化之"味"之"神"的老舍笔下的祥子，不知道自己的生日。当第一次买上自己的车的时候，他把这一天当作了自己的生日和车的生日，还戏称为"双寿"。怎么过这个"双寿"呢？祥子有个主意："头一个买卖必须拉个穿得体面的人，最好不能是个女的。最好是拉到前门，其次是东安市场。"（老舍：《骆驼祥子》）可见前门在普通人心目中重要的象征意义。

（二）皇宫·故宫·博物院

下面说从皇宫到故宫到博物院的演变过程。中轴线最核心的元素就是紫禁城，在整个中轴线上是重中之重。从天安门到午门，包括太和门、太和殿，这条中轴线一直到故宫北边的神武门——就是故宫博物院的正门。

清末民国时期，它和我们现在想象的很不一样。齐如山先生在自己的《北平怀旧》中，讲到去紫禁城的时候留下的记忆，他去的时候是光绪二十六年，就是1900年庚子年，八国联军侵入北京的那一年，紫禁城被侵略者占据了，在之前几乎已经成了一个废城。他说：宫中的情形，据理想是应该庄严肃穆，但有些地方的情形，却不如此。我于童年时，因认识太监，曾经进去过一次；光绪二十六年（1900），很进去过几回，所以对于里边情形，看到过一些。在皇上常经过的地方，当然是相当洁净，稍背的地方，也是大堆的炉灰垃圾及茶叶果皮等。尤其是西北一带靠紫禁城墙的地方，因宫中不用，都是归太监的亲戚本家暂住，里面有小饭铺、小茶馆、鸦片烟馆、赌局等，都是全的。里边的太监，出来一次很远，多在此处来消遣。皇上看不见，内务府怕得罪太监，又不敢举发，遂腐败到如此。据清宫史的记载，一次被皇上知道了，迁出去了两千多人，足见其处闲杂人等之多。最奇怪者，是太和殿等处，也非常之脏……出太和门往东，再由东华门出来，在

中

轴

线

太和殿前月台上丹墀看到很多人粪，干脆说就是一个大拉屎场；丹墀下院中，则蓬蒿满院，都有一人多高，几时皇上经过，几时才铲除一次。民国以后，却洁净多了。清末国家的实力非常衰弱，尤其是在19世纪末期，慈禧把政治中枢搬到了颐和园，国家的最高领导人是在颐和园里办公。北京紫禁城从居住的条件来讲，并不是适合人们居住的一个空间，而颐和园那个地方，尤其是清代末期经过了重修，作为一个少数民族王朝，肯定希望经常居住在那样一种山清水秀、湖光山色的地方。紫禁城在清末已经几乎被废弃了，每年大量的时间处在一种废弃的状态，只有在一些重要的节点这些王公大臣们才会回到紫禁城。

八国联军入侵北京的时候日本的小川一真拍摄了很多紫禁城。不管对中国人还是对外国人来讲，以前紫禁城都是非常神秘的一个地方，只有八国联军入侵，侵略军们自己的军用记者包括摄影师开始进入紫禁城，才第一次把紫禁城的影像向全世界进行公开的展示。他拍摄了1901年时候的一个景象，可以看出紫禁城非常的破败荒凉，和我们想象当中的金碧辉煌、庄严肃穆完全不一样，杂草丛生。他也拍了1918年第一次世界大战结束之后，中国作为战胜国扬眉吐气，在紫禁城举行的一个庆祝仪式的图片，北洋政府组织举办的。时任的中华民国大总统徐世昌在太和殿门前发表讲话。这个时候的紫禁城，至少太和殿广场得到了一定程度的清理和恢复。

当时的紫禁城，前边是属于办公场所、礼仪场所、政治场所，后边乾清宫皇帝的后宫就属于生活性的一个场所。民国之后，根据中华民国和前清朝签订的优待条件，说暂居宫禁、日后移居颐和园，也就是说小朝廷溥仪皇帝在民国之后一直还住在紫禁城后院。有些照片中的后宫景象，显得他好像很无聊，抱着柱子，还显得很童真未泯，毕竟是一个十几岁的孩子，因为宣统皇帝也就是十几岁的样子。有溥仪戴着墨镜非常淘气的一张图片，1921年的时候在故宫千秋亭西侧的房顶上。他是1906年出生，那时也就二十几岁。1924年，冯玉祥发动

图 2 溥仪于故宫房顶

了北京政变,对北京城影响非常大,以前签订的一些优待条件撕毁了,直接把溥仪请出了故宫。溥仪皇帝小朝廷从故宫里搬出来之后,紫禁城实现了开放,从一个皇宫变成了一个故宫博物院。1925 年正式成立了故宫博物院。以前的皇宫——一个神秘的地方,可以向公众开放,成了一个公共的、只要花钱就可以进的地方,对当时人们的思想观念冲击很大,从探秘的角度来讲是很吸引人的。

故宫的专家朱家溍先生,当时参观故宫时候还是个孩子,他记录道:"寝宫里,桌上有咬过一口的苹果和掀着盖的饼干匣子;墙上挂的月份牌(日历),仍然翻到屋主人走的那一天;床上的被褥枕头也像随手抓乱还没整理的样子;条案两头陈设的瓷果盘里满满地堆着干皱的木瓜、佛手;瓶花和盆花仍摆在原处,都已枯萎……窗台上摆满了外国玩具,一尺多高的瓷人,有高贵的妇人,有拿着望远镜、带着指挥刀的军官,还有猎人……古铜器的旁边摆着大喇叭式的留声机,宝座左右放着男女自行车。还有一间屋内摆着一只和床差不多高的大靴子。"

图 3 小川一真拍摄的紫禁城全景,选自《清国北京皇城写真贴》

(朱家溍:《一个参观者对故宫博物院的印象》)这和齐如山1900年去故宫的情况有一些对照。

在当时参观者眼中留下的印象都不是很好,都是很压抑的。比方说唐弢,"逛过故宫,难免会生发几分感慨。对于帝王的生活,文人们是同情、批判多于向往的。紫禁城虽然建筑得金碧流辉、巍峨壮丽,但在凝重静穆的氛围中,却不免包含令人压抑的单调、呆板而又枯燥的气息。"(唐弢:《帝城十日》)张恨水在逛故宫的时候留下了一篇文章叫《逛故宫杂感》,他说:"作皇帝的人,为什么住这么多房子?……他不就是终身幽禁在这几道高墙里面吗?住的真也不算多。几个城墙圈子以外,有多大的天地,恐怕他还是茫然呢。以这样的人把握住一国人民的命运,简直是瞎子摸海。"(张恨水:《逛故宫杂感》)他没有感觉到故宫的尊贵,他感到是故宫的戾气,他说由神武门入院,处处觉得寂寥如古庙,一点生气都没有,他说男旷女怨,必定"戾气"冲天。那样一种非常压抑的环境下,产生各种心计,各种斗争,都是一种自然的反应。

但是如果换一个视角,在景山上看故宫的时候,一片红墙黄瓦的感觉更开阔。当时很多人也记录了在景山上看故宫的场面。在景山顶,面对皇宫,许地山在反思我们这个民族的历史。他不无激愤地指出,皇帝不过是"白痴强盗","他抢了天下把自己监禁在宫中,把一切宝物聚在身边,以为他是富有天下。这样一代过一代,到头来还是被他的糊涂奴仆，或贪婪臣宰，讨、瞒、偷、换，到连性命也保不住"；白痴强盗底下产生的大盗和小偷不过是"寄生人类的一种"，或者"寄生的寄生"。(许地山：《上景山》)

或许是在景山之顶："登山一望，不但一片琉璃瓦的紫禁城尽收眼底，即九城烟树，亦均在望中矣。"(邓云乡：《禁城记趣·景山》)

还有一个视角是角楼，从这个角度来看故宫可能给人的感觉更好一些。邓云乡说，在景山前门往西，到大高殿门前牌楼西边，可以看到皇宫最美的一角：当年大高殿的三座牌楼都还未拆除，转角处"官员人等到此下马"的满、汉文石碑还在，这里放眼往紫禁城方向一望，正是禁城西北角，最美丽的一角……这里宜于迎晨曦，宜于看朝雾，宜于吊斜阳，宜于待新月，更宜于初夏的夜在这里听新蛙的鼓唱。那时学校图书馆晚上九点闭馆，待闭馆后回家，到此处时约在晚间九时半左右，马路上行人稀少，筒子河边更是寂无人语，惟闻一片蛙声，对着寂静的五百多年的禁城宫阙、御河流水，领略这种特殊的天籁的音乐，常常有一种忘我的感觉，似乎与周围已化为一体了。(邓云乡：《禁城记趣·角楼蛙声》)

(三) 现代公园的出现

北京公园的出现，也基本上在中轴线皇城领域，比方说最早的中央公园，也就是现在的中山公园，这是北京最早的公园。太庙，变成了和平公园。现在北海公园，是1925年开辟的。1925年8月2日，地坛辟为"京兆公园（市民公园）"开放。1928年，景山辟为公园向游人开放，即"景山公园"。1928年7月1日，颐和园正式由国民政府接收，交北平特别市政府管理，遂作为最大的皇家园林公园向民众开放。1929年5月，中南海辟为公园开放，即"中南海公园"。当时的"克林德碑"，现在在中央公园是"公理战胜坊"，是从东单移到了公园里。

北京几座公园的品格有分类，高长虹《南海的艺术化》记录道："先农是下流人物传舍,中山装满了中流人物,北海略近于绅士的花园。"晴川:《公园是为谁而设的?》中说:"下等人可到海王村去,中等人可到城南去,上等人可到中央公园去。"(《晨报》1922年6月18日)

(四)南段与北段:中轴线与日常生活

唐晓峰说:目前绝大多数对于北京中轴线意义的阐述,均着眼于其对皇权的衬托。中轴线与皇权的结合,的确是北京城平面设计的用心之处。但在实际生活中,中轴线也是极具影响力的城市社会空间,由一些具体的建筑物与社会行为构成,集中折射着北京社会的重要特征。北京社会文化的两个方面的传统,即上层皇家文化和基层百姓文化,在中轴线上都有自己的位置。

外城中轴线没有统率左右两翼的力量,却具有南北贯通的功能,这是它的主要空间意义。这种居中的南北贯通路线,除了日常的通行功能之外(这种日常性的功能内城中轴线是没有的),在特定的情况下,也成为礼仪性通道。皇帝赴天坛祭天,到先农坛,当然要走这里。另外,外国使团进京,也会走这里。在皇帝不到,外使不来的时候,外城中轴线上全然是百姓的地盘,百姓们在这里可以开展自己日常的商业、文化行为。

中轴线与我们的日常生活比较密切相关的部分,是它的南段和北段。

南段,前门大街、天坛、先农坛、永定门这一片区域,是与普通人的生活有着密切关系的。前门大街在民国时期,是北京也是整个北部中国的一个重要的商业核心区。当时新世界商场,后来毁于火灾,是非常大的一个综合体,是北京最早的一个 Shopping Mall 的雏形,在1918年就已经出现了,而且也经常出现在很多后来影视剧当中。它开始有最早的电梯,有最早的魔术表演,包括很多的哈哈镜、冰激凌、唱片机,具有民国时期大型商场的功能。

讲到前门、大栅栏,会讲到八大胡同那片区域。这些年来,关于八大胡同有一些很严肃的研究,很学术性的研究。以前只是把它作为一个声色的场所,一个类似红灯区区域的地方,实际上这种认知是比较狭窄的。整个大栅栏地区,都是一个巨大的商业区、巨大的信息集聚区。在空间区位上,八大胡同下面几个要素非常重要:

八大胡同地区距天安门比较近,具有交通便利的条件。清朝和北洋时期中央政府的主要机构位于此间,是政治运行与各种权力幕后交易的主要舞台。

周边集中了容纳流动人口的旅馆、饭店、会馆以及商业与娱乐设施,是一个以华北乃至全国为市场的商业流通中心,不仅为北京居民提供各种日常生活必需品服务,而且面向南来北往的行商过旅,以及大批长期旅居外城的在京人员提供社会生活服务。

是清代以来以钱庄、票号、典当、银行为主要形式的华北地区金融中心,每天流转着大量的金钱。这里的经济活动非常活跃,一部分业务不局限于北京一地,而带有大地域甚至全国性质。

由于这一区域集中了全国各地的会馆以及报馆,是当时重要政治信息的采集、编辑与出版发行中心,所以也是一个全国的政治、经济、文化的信息中心。

所以说整个大栅栏地区不是一个简单的商品交易场所,它是整个北部中国经济、政治与文化,甚至是信息交流的中心。我们可以对整个大栅栏包括八大胡同地区有一个中国经济史上更新的认知,它在一定程度上关系着北京市或者整个国家经济运行的核心命脉。这也是更准确地看待从中轴线衍生出来的这片区域的问题。

民国初年,在北京城的改造中,南、北新华街的开辟是一个重要案例,具有重要的政治、社会意义。总统府、新华门、府右街、新华街、和平门、香厂,在人们的感知中,连接而成为一个区域性的城市空间系统。这一空间系统在原北京城空间结构中是完全不存在的。它的出现打破了传统王朝时代城市空间的格局,几近成为北京城市现代化的先驱。

南段的天桥被称为"高等华人所不去""北平下层阶级的乐园"。飞扬的尘土与污浊的气味给不同描述者留下了共同的印记:

天桥每块地方,都有没胫的灰土,没有刮风的时候,灰土也会随行人的脚步飞扬,笼罩了天桥的面目。天桥是下层阶级群众的乐园……绅士的少爷小姐们,这儿不大发现他们的足迹。他们怕灰土的污染,怕臭气的难闻,怕嘈杂的侵扰,他们是不愿看这些贱民,这些低级的艺术,这些缺少甜蜜味的剧本。(衷若霞:《天桥》,《宇宙风》第21期,1936年7月16日)

天桥的暴土永远是飞扬着,尤其是在游人拥挤的时候。虽然也有时,暴土会稍为灭迹,然而这也只是在黄昏的一刹那,是极短暂的时间。在午间,游人们是兴奋的来到这里。同时,暴土也飞扬起来。汗的臭味、熏人的气息,还有脏水被日光所蒸就兴奋的发的恶味,是一阵阵的随着风飘过来,送到每个人的鼻孔里。这气味的难闻,会使人呼吸都感觉着窒塞。可是他们,很多的人,都似乎未曾感觉出来,仍然在兴奋玩乐。(张次溪编:《天桥一览》,中华印书局,1936年)

天桥还具有特殊功能。据说侦缉总队是派有很多人,天天变装在这里采访、侦视,做办案的工作。他们自己说,这里是藏污纳秽的所在。一般下层社会的人,多要在闲暇的时候到这里来玩。凡是作案的

图4 民国时期的天桥,选自《北京旧城》

人，多不是什么高尚有知识的人。在他们没见过多大世面的人，得了意外的财富，自然免不了挥霍和夸耀，因此在娼窑和天桥是很好的办案的处所。他们得着这妙诀，所以在这里很破过许多惊人的奇案。还有其他机关，也派有相当的密探。（张次溪编：《天桥一览》，中华书局，1936）

自景山至鼓楼这段是中轴线的北段。它紧承"前朝"皇城，一直延伸到"后市"。虽然分布在这条线上的建筑均隐藏于紫禁城的背后，但因为独特的地理位置和建筑特色，使其能够俯瞰北京，记录历史。

从景山万春亭北望寿皇殿、地安门遗址和鼓楼。地安门被敌军炮火轰塌，仅存遗址。地安门内有四个大水潭。这里地势低洼，一到雨季就会形成水潭，直到民国初年改造后才彻底好转。从钟鼓楼远望，由漕运而兴的什刹海，与统摄皇城的景山以及方正规矩、重重帷幄的紫禁城，像一个个音符，构成了一首完整的乐章。

三、1949年之后的新变化

（一）新中国成立之后的天安门广场建设

天安门广场经历了20世纪50年代、60年代，到70年代的几次大改造，形成了现在的基本格局。

20世纪40年代后期，由于受到战争影响与破坏，天安门广场前疏于护理，杂草丛生，地面坎坷不平，一派荒芜景象。1949年1月31日北平和平解放之后，北平市政府随即发动群众开展义务劳动，清除垃圾，疏浚河道，天安门广场面貌有了明显改观。1949年8月，为迎接开国大典，北平市政府再次对天安门广场进行突击式整治，包括清除广场内的地面障碍物，修整天安门、中华门和东西长安门楼顶部，搭设临时观礼台，并将天安门城楼前的华表与石狮向斜后方移动，展宽了五道桥的前石板路，伐掉了金水河前妨碍视线的树木。在广场内的道路上铺装了沥青路面，安装22.5米高电力控制大旗杆。

阎崇年先生当时正在广场旁边一个中学读书，新中国成立70年的时候，写了一篇亲历记，介绍了他当年参加义务劳动，上街参加活动，以及头一天晚上住在教室里的喜悦心情："十一"凌晨，天刚放亮，大家心有喜事，不叫自起。洗漱之后，到饭厅吃完早餐，每人带上馒头，身着白色衬衫、深色（蓝、青、灰）制服裤子，便去集合整队……队伍刚出南长街南口，看见路旁有许多夜里进城等待集结受阅的骑兵。这天首都30万人，在天安门广场，参加开国大典。广场上红旗飘扬，歌声回荡。队伍在广场集结后，红旗迎风招展，歌声此伏彼起。突然，乌云密布，下起雨来。广场是土地，四处泥泞。同学们用雨具遮盖灯笼、彩旗，又唱又跳，高呼口号，全然忘了浑身在淋雨。

天安门广场经过了几次的改造，才形成了现在的规模。

1952年8月1日，纪念碑动工兴建，1958年5月1日落成。人民英雄纪念碑位置的确定，对后来天安门广场的空间设计有重大影响。

1952年8月，拆除东西长安门，把观礼台改为永久性建筑。

1954年8月，拆除东长安街牌楼和西长安街牌楼。

1955年，拆除了沿公安街和西皮市的两道红墙，将广场向东西扩展，广场北部两侧红墙也被拆除，形成更加开放的空间形态。金水河前原有的榆槐树也换植了冬夏常青的油松，广场上铺砌了混凝土方砖。

1958年8月，为了庆祝新中国成立十周年，中央决定扩建天安门广场，同时新建人民大会堂、历史博物馆和革命博物馆等一批大型公共建筑，以展示年轻共和国所取得的成就。

1968年3月，天安门管理处向北京市委紧急报告称："天安门是我们伟大领袖毛主席检阅广大革命群众的地方……为了保卫伟大领袖毛主席的绝对安全，向全国人民和世界人民负责，我们意见，要下定决心，采取治本的办法，对城楼进行重新翻建。"检查小组最后的结论是：城楼结构本身就存在着一定程度的不合理和用材不当，加之历史上曾多次遭受较强烈地震的冲击，在屋面渗漏，长期缺乏维护和长期失修的情况下，整个木构架的变形越来越大，糟朽等情况日趋严重，已经直接威胁到毛主席的人身安全。整个工程极为保密，施工人员"根正苗红"、政治可靠、技术过硬。一些重大问题都由周总理亲自审定。1969年的改造，天安门建筑外观虽然不变，但城楼中增加了许多新的设施，如供电、热力暖气、照明、上下水、电梯、通讯、防雷、消防、新闻摄影、电视广播以及国家领导人专用休息室等。工程于1969年12月15日城楼开始拆除，12月31日拆除完毕。1970年"五一"前完工。整个施工都是在冬季，所以在天安门城楼外搭了一个37米高的大暖棚把整个城楼都罩住，在棚内供暖气。

20世纪70年代，天安门广场又迎来了一次重要扩建。1976年在中华门遗址处兴建毛主席纪念堂。由于其位置在广场南侧，其朝向打破了我国一般纪念性建筑坐北朝南的传统习惯，而是正门朝北，面向人民英雄纪念碑和天安门城楼。同时，天安门广场东西两侧路向南直通至前门东西大街，广场区域向南一直延伸到正阳门城楼下。为此，拆掉了广场左右两侧邻近东、西交民巷的一些建筑。经过此次改造，天安门前形成了以人民英雄纪念碑为中心，东西宽500米、南北长880米，总面积达44万平方米的广阔空间，其中心干道可同时通过120列游行队伍，整个广场可容纳100万人集会，这也是我们今天看到的天安门广场的轮廓。

传统中轴线与东西长安街轴线相交于天安门广场，天安门广场不仅作为北京城市中心的地位被更加凸显，更是成为当代中国绝对意义上的"政治心脏"。

（二）20世纪80年代，中轴线概念逐渐回归城市规划视野

在20世纪80年代时，中轴线的概念才逐渐地回归到大家的视野当中。因为新中国成立之后，更多考虑的是城市的发展，城市的实用

功能。"消费城市"变成"生产城市",在为工农业生产服务、为首都城市发展服务的政策理念引领下,同时也为了治理交通拥堵,中轴线上的一些重要建筑继民国之后再次遭到破坏,一些节点景观被拆除。

1951年拆除永定门瓮城,1955年拆除地安门门楼,1957年拆除永定门箭楼,随后拆除了永定门城楼。同时,在中轴线东西两侧新建了很多公共建筑以及住宅。曾经塑造古都壮美秩序的中轴线的原始意义与功能被淡化,中轴线不仅在概念上是模糊的,甚至在一段历史时期被"遗忘"了。

进入20世纪80年代之后,北京城的总体规划方案有一个巨大的调整。1983年7月14日,中共中央、国务院在对《北京城市建设总体规划方案》的批复中明确指出,北京是全国的政治中心与文化中心,今后不再发展重工业。1983年,北京获得第十一届亚洲运动会举办权,这也是中华人民共和国成立以来第一次承办大型洲际运动会。北京市政府决定将亚运村以及大多比赛场馆选址在城市北部。为缓解从老城到亚运村的交通拥堵,从北二环中路的钟鼓楼桥到北四环中路的北辰桥开辟了一条新的通道,即"北辰路",长度约5公里,这可以认为是明清北京中轴线第一次长距离向北延伸。

随着2008年奥运会申办成功,北京以此为契机开启了一轮新的城市改造。2008年奥运会开幕式的时候,用29个大脚印烟花的方式,来象征中国人民奔向百年奥运的一个历程。这个脚印走的就是中轴线,它是从永定门一直向北沿着中轴线,通过这种方式再一次确认了中轴线在整个国家发展当中的重要地位。

1949年以后的北京城改造,在不打破对称性结构的前提下,仍以天安门广场为核心建设政治中心,同时延长原有的长安街,继续发展东西向的对称格局,这一改造是成功的。不过,也看到另外一个问题,由于东西向沟通与流动的强化,使北京城南北向的关系出现了失衡,长期以来南城得不到足够的发展。政府很早地意识到这个问题,21世纪之后，尤其是 2008 年之后，有几次南城发展计划，开始对城市发展格局的失衡进行了纠正。目前这种效果是非常明显的。现在北京的南北东西之间逐渐向着一种均衡化的方向发展，大兴新机场也在中轴线的南延长线上。这就是中轴线从庚子事变以来一百多年历史中发生的翻天覆地的变化。

王建伟 中国人民大学历史学院教授

京城探游

北京琉璃厂文化街与文化名人轶事

马建农

"琉璃厂文化街"——北京南城一个蜚声海内外的文化街区，在这里，聚集着众多以经营古旧书刊、文献典籍和传统字画、文房四宝、碑帖尺牍、古玩珠宝等中国传统文化用品的店铺。每当一提到它，人们自然联想到那风格独特的斋、堂、阁等仿古建筑，形态各异的店招幌子，充满文化气息的老店匾额，令人神往。漫步在方砖墁地的琉璃厂，环顾两厢，清雅逸俊、鳞次栉比的店肆，顿觉韵味无穷。流连于坊肆之中，古代典籍、金石篆刻、文房四宝、古董珍玩琳琅满目，使人沉浸在东方文化的魅力之中。由此，琉璃厂被视为中国传统文化的窗口，有"中国博物馆街"的美誉，被文人学士视为安身立命之所。甚至有的学者将这里经营古旧书刊的书店和销售文房四宝的店铺称为"开架的图书馆""免费的博物馆"。数百年来，这里曾经集散、保护和流通了不可估量的文化财富，成为中国传统文化物质载体的"聚宝盆"，在北京的历史文化发展史上显示出特有的文化作用。

北京琉璃厂之所以能成为传统文化商品的集散地和展示窗口，而且今天被视为北京城重要的传统文化展示街区，不仅仅是这里经营的琳琅满目的传统文化商品，更在于它所拥有的丰厚的文化内涵。琉璃厂作为清代以来北京文化经营的重要街区，其历史文化影响和所汇集的文化内容，是北京文化发展历程中重要的标志之一，并且成为清康

图 1 琉璃厂，选自《北京旧城》

熙以来北京文化活动的重要地域之一。

琉璃厂地区见于文字记载最早可追溯到辽代，这里曾是辽南京城东的燕下乡海王村。清乾隆三十五年（1770），清廷工部在琉璃厂的工匠于窑厂取土中曾发现辽代御史大夫李内贞的墓志，其墓志上曾有这样的记录："大辽故银青崇禄大夫……陇西李公，讳内贞……保宁十年（978）六月一日薨于卢龙坊私第，享年八十，其年八月八日，葬于京东燕下乡海王村。"今天琉璃厂中国书店所在地的"海王村公园"就是由此得名。可惜这块墓志当时被掩埋，只是录下墓志的铭文，这是我们今天可以看到有关琉璃厂的最早的文字记录。

金代时，琉璃厂一带因拥有中都城的佛教巨刹延寿寺而成为重要的政治活动场所。金代灭北宋后，俘获徽、钦二帝，并将徽、钦二帝押解北上，途经北京时曾将徽宗赵佶、郑后囚禁在这里。历史上曾经在此出土过延寿寺的断碑，就有这段记载。据说在延寿寺里有一口古井，赵佶经常在此"坐井观天"。

元代建都北京，海王村成为大都城的南郊。由于构筑大都城的需要，元朝开始在这里建立琉璃窑，烧制琉璃瓦。这是历史上这一带最早开始出现琉璃窑阶段。

这里需要特别说明的是，有人在研究琉璃厂时，经常有元代海王村出现"琉璃厂"的提法。这种提法是不对的，"琉璃厂"作为北京城的一个历史名称，最早出现在明代。

明代永乐年间，成祖皇帝开始重新营造北京城，官府先后建立了琉璃厂、神木厂、台基厂、大木厂和黑窑厂。其中琉城南的海王村一带因元朝时建立有琉璃窑，便将琉璃厂衙设立在这里，"琉璃厂"一词由此而来。

到了明嘉靖四十年（1561）以后，修建北京外罗城，琉璃厂被围在外罗城内。当时，北京外城扩建，京师在原来的三十三坊的基础上重行划定，内城划为二十七坊，外城划为七坊。琉璃厂一带成为外城七坊的范围，并开始出现一些街道。但当时由于这里有一些水洼和土丘，便成为一些文人雅士的游玩之地。这一点，在明代人撰写的《长安客话》《帝京景物略》中记载，这里仅有一些街道、房屋，但还没有成规模的集市。

琉璃厂一带发生巨大的变化，并且逐渐形成北京的文化一条街，源于清代施行的旗民分城而居的管理政策。

清顺治元年（1644），清军入关，占领了北京，并在北京实行旗民分城而居的制度，"凡汉官及商民人等尽徙南城"。按照"旗民分城而居"的政策，内城由八旗兵及其家属居住，汉族官员、士绅和民众等皆迁于外城。当时，在外城分为商业聚集区和士绅聚集区。以崇文门、前门一带为主要的商业区域，而大多数汉族的官员和文人学士便主要地集中在琉璃厂附近地区居住，由此形成了北京南城的居民结构的新布局。据文献记载，清王朝建立以后，许多著名的学者文人，像龚鼎孳、吴伟业、孙承泽、朱彝尊、王士禛、李笠翁、纪晓岚、戴震、钱大昕等都在这里留下了历史的痕迹。明末清初的著名学者孙承泽，住在琉璃厂附近，其住宅和花园被称为孙公园。现在的琉璃厂南侧还有前、后孙公园胡同，就是孙承泽宅地的遗址。王士禛在北京居住期间，住在琉璃厂的火神庙夹道。著名学者孙星衍居于琉璃厂南夹道（今天的琉璃厂万源夹道），"海内三布衣"之一的朱彝尊寓居于海波寺街。因其院里有两株紫藤，朱彝尊就把他的寓所取名"古藤书屋"。他的诗中有不少是吟咏紫藤的。在"古藤书屋"，朱彝尊主要是从事《日下旧闻考》的写作，为北京的历史研究留下了珍贵的文献资料。

另外，清代以后，专门为文人学士服务的各地会馆多集中在这里，使它客观上成为各地的文化养分在北京融合和升华汇聚区域。以琉璃厂东西两侧为例，东起前门西至宣武门，就有大大小小会馆数十家。吴长元的《宸垣识略》记载琉璃厂附近的会馆主要有："延寿寺街曰潮州、长元，吴柴儿胡同曰鄱阳，杨梅竹斜街曰和含，李铁拐斜街曰襄陵、三延、肇庆，韩家潭曰广东，章家桥曰渭南……"而居住在这些会馆的或为应试的举子，或为进京述职、候补的官员。文人士绅的聚集和各地学子、官员在宣南一带的流动，使得这里形成了北京的主要文化集散地，众多的文人士子在这里的官邸、宅第、会馆间相互走动，吟诗唱和，结诗社、兴诗会，构成了全新的士乡社会文化氛围，也就是我们所说的"宣南文化"。

正是由于宣南文化的形成和兴盛，使得这里逐渐营造出一个宣南文化圈，这为琉璃厂文化街的兴起提供了客观的成长环境。琉璃厂文化街的兴起，首先是从书肆业的集中而带动起来的。

清代初年，北京书肆多集中于慈仁寺一带，即今北京广安门大街北侧。到康熙年间，随着慈仁寺集市的衰落，书肆逐渐东移，集中到琉璃厂一带，并快速发展。

清康熙年间，琉璃厂逐渐繁荣起来，特别是前门外的大栅栏等地区成为北京最为繁华的商业区，带动了琉璃厂街道集市的发展，并开始出现书肆。至乾隆时期，随着慈仁寺集市的衰落，书肆逐渐东移，集中到琉璃厂一带，并快速发展。当时，由于汉族官员以及文人学士多居住于琉璃厂一带，成为最常光顾琉璃厂书肆的顾客，这对于琉璃厂书肆的兴起有着直接的作用。乾嘉时期，考据之风尤甚，许多文人致力于考据之学，讲求版本、目录及注释之说，许多书肆便投其所好，广罗珍善之本，以供学者选购、收藏，以至清代藏书家、考据大师旅居京城，"无不往游琉璃厂，盖收集善本，罔不求厂肆也"（《琉璃厂小志》，北京古籍出版社1982年出版）。而居住在琉璃厂附近会馆的客人，或为应试的举子，或为进京述职、候补的官员，他们成为琉璃厂书肆的忠实顾客，时常以此为消遣、消费的场所。像撰写《琉璃厂书肆记》的李文藻就是在乾隆三十四年（1769）在京候补时琉璃厂书肆的常客。离京后，途中闲闷，便将在京时逛琉璃厂书肆的情景一一记述，为后人研究琉璃厂书肆之发展留下了极其珍贵的资料。

清代的《四库全书》等编纂活动，给琉璃厂的发展提供了强大的动力和更为优越的外部环境。清乾隆三十八年（1773）开"四库馆"，广征天下藏书，编修《四库全书》。书贾们借此良机涌入京城，设店开肆，图书交易异常活跃，琉璃厂的书肆发展得到极大地促进，同时也带动和刺激了琉璃厂其他文化经营类别的发展。翁方纲曾记述，参加编撰《四库全书》的编修官们"……午后归宿，各以所校阅某书应考某典，详列书目，至琉璃厂书肆访之。是时，江浙书贾奔辏輂下。书坊以五柳居、文粹堂为最。"四库馆的开设，成为琉璃厂书肆繁荣的重要契机，琉璃厂的书肆发展出现了第一次高潮。很多书肆从小小的书摊或书铺发展成为十分讲究的大店，经营上也形成一定的规模。清乾隆五十五年（1790）有人记述琉璃厂的聚瀛堂"特潇洒，书籍又富，广庭起篁棚，随景开阖，置椅三四张，床桌笔砚，楚楚略备，月季花数盆烂开。余卸笠据椅而坐，随意抽出看之，其乐也。"（《琉璃厂小志》，北京古籍出版社1982年出版）这里记述的聚瀛堂仅仅是乾隆时期琉璃厂众多书肆中的一家。

在以往研究北京文化发展史或记述北京书业发展历程中，大多数人认为琉璃厂书肆的兴起是由于乾隆朝开"四库馆"而使得琉璃厂书

图 2 琉璃厂书摊,选自《老北京城与老北京人》

肆开始兴起。这种观点实际上并不准确。据李文藻在清乾隆三十四年（1769）记载,当时的琉璃厂已经有书肆30余家,而开"四库馆"则是在清乾隆三十八年（1773）,此时的琉璃厂书肆已经形成一定的规模。

　　琉璃厂地区的书肆繁荣发展,带动了这个街区的文化经营氛围的兴盛,使这里成为文人雅士"安身立命"之所。在这条街衢上,书肆的大规模出现,大量图书典籍聚集于此,伴之而起的是其他为文人服务的行业如文房四宝、书画碑帖以及装裱、古玩珠宝等随之发展,诸多与文化消费有关联的店肆也纷纷落户于此。除了书肆、南纸店以及古董铺之外,裱字画、雕印章、包写书禀、刻板镌碑等与文人学士有关的行当莫不纷集。并奠定了琉璃厂文化街的特殊地位,成为京城重要的文化活动区域。

　　纵观琉璃厂文化街的形成和发展,我们可以看到,这条具有丰富传统文化内涵的街区,自清朝以来在北京文化的发展上表现出极为鲜明的文化特色和历史内涵。

　　其一,琉璃厂文化街成为传统文化的集散地和荟萃中心,展示着丰富的中国传统文化的载体，并且涌现了许多具有鲜明特色的传统老字号。

琉璃厂文化街形成和发展的300余年中，已经成为以经营古代典籍图书、碑帖字画、文房四宝、金石古玩等方面的集中经营区域。这里的店肆，或经营善本古籍、珍稀碑帖，或买卖名家书法、历代字画，或荟萃珍奇珠宝、文物古玩，既有被誉为"免费博物馆"的荣宝斋、庆云堂，也有被称作"开架图书馆"的来薰阁、邃雅斋。这些店铺所经营的是记载着中华传统文化的各种载体，并且在长期的经营活动中逐步形成自己的风格和特点。当然，伴随着时间的流逝，琉璃厂的老字号也不断地出现更迭和改变，琉璃厂形成之初的字号，早已是历史的痕迹。但是，还有部分老字号保留了百余年，一直流传到今天。

其次，琉璃厂文化街成为文人学士流连徜徉、安身立命之所，也是学者贤达的交流聚会场所。

其三，琉璃厂文化街的发展造就了一大批"亦文亦商"的经营者，并在他们的经营活动中客观地保护、发掘和传承了祖国的文化遗产。

琉璃厂诸店肆的经营项目和业务范围与文化发展密切相关，这些店铺的店主或伙计终日接触古旧书刊、碑帖字画、金石篆刻、文房四宝、古玩珍宝，又常年与文人学者或显贵贤达交往，耳濡目染，深受熏陶，对历朝各代的古旧书刊版本、源流、内容、作者以及学术思想等方面的知识日趋熟识并逐步提高，或者对文物真假的鉴定、珠宝翠钻的品赏有独到之处，渐渐地造就出一批具有较高水平和高超专业技能的"专家式"文化商人。他们或是古旧书刊的版本专家，或为古玩书画的内行，或具有高超的古书装订修补技能或文物鉴定水平，成为经营的权威和骨干。在古旧书业中，乾隆年间琉璃厂鉴古堂的店主老韦，20世纪古书业中文禄堂的王晋卿、通学斋的孙殿起、来薰阁的陈济川以及当代中国书店的雷梦水、张宗序等便是其中的代表人物。古玩行中有孙虞臣、赵佩斋、袁厚民以及近现代的赵汝珍、邱震生等人。这些"专

图3 琉璃厂字画售卖,选自《洋镜头里的老北京》

家式"的文化商人,对琉璃厂的发展、对北京文化的交流、传播和发展,给予了积极的推动作用,产生了积极的影响。有的人甚至著书立说,像通学斋掌柜孙殿起著有《琉璃厂小志》《贩书偶记》、王晋卿著有《明版书录》、雷梦水著有《书林琐记》、赵汝珍著有《古玩指南》等。这些专著,或为研究北京历史的重要的参考文献,或为某一专业领域的必读之书。

其四,琉璃厂特有的文化环境,使之成为北京重要的文化活动的中心。

琉璃厂文化街的整体氛围和它的文化聚集性,使得琉璃厂成为北京城文化活动的中心地带,许许多多的重大文化事件或主要的文化活动就发生在这里。

我国最为著名的文学巨著《红楼梦》的传播,就与琉璃厂有着直接的关系。《红楼梦》最早流传于世间,是由抄本的形式传播的。程伟元在甲戌本的序言中曾经写道:"好事者每传抄一部,置庙市中,昂其值得数十金,可谓不胫而走者矣。"程伟元所说的"庙市"就是指的琉璃厂火神庙的书肆。清乾隆五十六年(1791),程伟元以"萃文书屋"的名义,出版了一百二十回本《红楼梦》"程甲本",次年又刊行了"程乙本"。程甲本、程乙本的刊行充分显示出琉璃厂在《红楼梦》一书的传播和红学发展上所起到的突出的促进作用。在以后的《红楼梦》的

图 4 琉璃厂古玩，选自《老北京城与老北京人》

版本流传过程中，琉璃厂依然是《红楼梦》一书的整理和刊刻的主要地域，这种状况一直延续至今。

琉璃厂不仅仅是典籍方面、文物古玩的流通方面独具特色，在其他方面，如徽班入京即以后的京剧发展，也与琉璃厂有着千丝万缕的联系。当初徽班进京，由于清朝规定不得在内城建造戏园、会馆，地处南方各省进京必经之路的宣南地区就成为梨园子弟的落脚之地。像喜连成、富连成、斌庆社这些著名的京剧科班都是坐落在琉璃厂四周。而正乙祠戏楼、安徽会馆、湖广会馆这些京剧大师经常献艺的舞台，也与琉璃厂遥相呼应，形成一个文化区域。

当然，谈到北京城的重大文化活动，琉璃厂地区的新春逛厂甸就更为著名了。琉璃厂一年一度的新春厂甸盛会是北京城的一次重要的民俗活动，每年正月初四至十六，琉璃厂"一市人如海"，红男绿女、老叟幼童，纷纷到此观赏游玩，选购中意物品，俗称之为"逛厂甸"。新春厂甸期间，琉璃厂的海王村公园（今中国书店总店所在地）人头攒动，风车、空竹、风筝、琉璃喇叭等玩具摊杂陈于此，应春的小吃，如艾窝窝、豌豆黄等诱馋着人们停下脚步。熙熙攘攘的人群，商贩们高声的吆喝，伴随着风车的鸣响，构成了一幅生动的市井图画。游动的人群中，时常看到孩子们手中举着一串串几尺长的大糖葫芦，招人眼目，至今这种场景甚至被视为老北京的一种标志。

　　琉璃厂文化街特有的文化功能和文化氛围，使得它成为各个时期文人雅士流连忘返的"安身立命之所"。琉璃厂的各个店铺十分注重与文人学士的交往，"以书会友""以珍奇揽人"成为琉璃厂各个店肆良好风尚和经营传统。历代文人学士也把逛琉璃厂视为一种高雅的文化享受。许多文人称书肆店员为"书友"，称古玩行的经营者为"年兄"。清前期，孙承泽、王士祯、孙星衍、朱彝尊、李渔、纪晓岚等人都是古旧书肆的常客。琉璃厂文化街的形成，与这些文人学士有着诸多直接的关联。乾隆年开"四库馆"，参加编修《四库全书》的编修官们几乎每日都到琉璃厂书肆搜购书籍。这样的记载，时常见诸历史文献。清末民初，不论是清朝的遗老遗少，还是倡导新政的改良派，在政治上和思想上总是针锋相对，可在对待琉璃厂的问题上却不约而同地一致。所以琉璃厂有死抱着前清政权阴魂的保守者题写的店铺匾额，也有倡导改良的梁启超开办的长兴书局，二者相安无事，同处于一个街区上。这就是琉璃厂的文化魅力，同时也让文人将其视为自己在京城文化活动中的自由空间。正是由于北京琉璃厂文化街所具有的丰富的文化内涵和门类广泛的文化经营店铺，使得这里从清康熙后期，一直持续到20世纪80年代中后期，一直是北京城最为集中的文化消费街区，正如前面提到的，被各个不同历史时期的文人雅士视为安身立命之所。清代学者潘际云在他的《清芬堂集》中有这样一首诗：

　　　　细雨无尘驾小车，厂桥东畔晚行徐。
　　　　奚童悄向舆夫语，莫典春衣又买书？

这首诗极为形象地描绘了文人学士对琉璃厂的眷恋和对书籍的痴迷，也透视出琉璃厂对文人雅士的诱惑力。琉璃厂为此留下了无数的文人名士的足迹，也流传着他们的趣闻和轶事。

谈到文人名士在琉璃厂交往，首推就是李文藻。

李文藻（1730—1778），字素伯，号南涧，山东益都人，清乾隆二十六年（1761）进士，官至桂林府同知。李文藻喜好访求散帙而配备成套，在典籍的搜求上颇有建树，藏书颇为丰富，达数万卷之多。甚至有时为了买书，竟典当衣物，是历史上有名的书痴。乾隆己丑（三十四年，1769）李文藻在京候缺，住在琉璃厂附近的百顺胡同近半年的时间。闲暇时间，他以抄书和到琉璃厂各个书肆访书为乐。其自述说："此次居京师五月余，无甚应酬，又性不喜观剧，茶园酒馆，足迹未尝至；惟日借书钞之，暇则步入琉璃厂观书。虽所买不多，而书肆之不到者寡矣。"当然，由于他以琉璃厂书肆为徘徊之地，以淘书为乐，收获自然很大，他曾记述说："乾隆己丑（1769）……夏间从内城买书数十部，每部有'楝亭曹印'，其上又有'长白敷槎氏堇斋昌龄图书记'。昌龄官至学士，楝亭之甥也。"（《琉璃厂小志》，北京出版社1982年出版）是年十一月，李文藻离京赴任，路途之上"长夜不能寐"，对自己在琉璃厂书肆的游逛回味不已，寂寥和眷顾之中，便将其逛琉璃厂书肆一一记录，同时也记录了琉璃厂文化经营的许多细节，为后人留下了著名的《琉璃厂书肆记》，也成为后人研究琉璃厂发展的重要文献资料。

较为详细地记述琉璃厂的文化经营活动和书肆的买卖状态的第二人是清代末期的著名藏书家缪荃孙。缪荃孙（1844—1919），字炎之，又字筱珊，江苏江阴人。为光绪二年（1876）进士，曾任翰林院翰林、国史馆编修，历主江阴南菁书院、济南泺源书院、江宁钟山书院讲席，先后担任江南图书馆和京师图书馆监督，是我国近代图书馆的创建人之一，也是著名藏书家和版本学家。缪荃孙与琉璃厂有着极为密切的联系，同治六年（1867）缪荃孙进京，他前后在京寓居数十年，琉璃厂成为他最为留恋的活动之地。清末民初的琉璃厂书肆和骨董店到处留下了他的足迹，每每到一店铺就久久徘徊，在书肆中怡然自得地淘书，并与琉璃厂的书商结下了不解之缘。宣统三年（1911）辛亥革命爆发，缪荃孙离开北京到上海居住。虽已远离京城，但是盘桓在琉璃厂的那种怡然自得的情形历历在目而使他无法忘却，因此他仿照着李文藻撰写的《琉璃厂书肆记》，写下了《琉璃厂书肆后记》。用他的话说："忆昔太平盛世，士大夫之乐趣，有与世人异者，因作《琉璃厂书肆后记》，为李南涧大令之继。"缪荃孙在《琉璃厂书肆后记》中将同治到光绪年间的琉璃厂的书肆逐一记录，对具有一定的经营特点的店铺记载得颇为详尽，成为继李文藻之后第二位详细记录琉璃厂书肆的学者，为我们今天研究琉璃厂的发展留下了宝贵的文献资料。

清后期曾任直隶总督、北洋大臣、川汉及粤汉铁路督办大臣、署理四川总督的端方，就是琉璃厂的常客。有一年他奉旨到盛京办差偶然听见盛伯羲、王莲生谈论碑帖，便好奇地打听，不料盛伯羲、王莲生二人对端方颇为不屑，奚落端方只知道饮酒作乐而已。端方愤而拍案，称："三年以后再见。"从此决意钻研碑帖，他来到琉璃厂，向琉璃厂精通碑帖的商人李云从请教，并与之结拜为兄弟，几年后便在碑帖方面颇有造诣，成为研究碑帖的专家。

近代著名学者翁同龢、潘祖荫、李文田、王懿荣等常以琉璃厂的书肆、骨董店为聚会场所，看书赏画、吸烟品茶、闲聊杂谈，成为一种风气。高兴之余，便为店铺题诗写匾，琉璃厂店铺的牌匾很多都出自名家之手，为当时名人或社会显贵所题。翁同龢题写的有"茹古斋""宝古斋""尊汉阁""赏奇斋""秀文斋"等，潘祖荫题写匾额的有"宝森堂""韵古斋"，李文田所题写的有"翰文斋""聚古堂""勤有堂"。此外，陆润庠题写过"荣宝斋"，康有为题写的"长兴书局"，梁启超题写的"藻玉堂"，曾国藩题写过"龙威阁"，徐世昌所题"戴月轩""静文斋"，姚茫父题写的"邃雅斋""瀛文斋"等。琉璃厂各个店铺之所以悬挂这些社会名流和达官显贵题写的匾额，无非是炫耀自己店铺，以此招揽顾客。但从另一个方面也看出了琉璃厂各个店铺与文人雅士、社会名流的那种密切的交往和联系。

北京政府时期被"安福国会"选为大总统的徐世昌，和琉璃厂也有着千丝万缕的联系。徐世昌早年清贫，被迫到河南开封等地教私塾，偶遇袁世凯。袁世凯与他交往，认为徐世昌颇有潜力，便资助他进京考举人，徐世昌果然中举，又考取进士，在翰林院做编修。后随袁世凯在小站练兵，成为袁世凯重要的谋士，跟随袁世凯左右。后在袁世凯的保举下一路迁升，前后任兵部侍郎、军机大臣、巡警部尚书等职，民国时期又任国务卿，1918年他出任北洋政府的大总统，1922年下台后寓居天津。其下台后，常在琉璃厂的清秘阁、荣宝斋等店铺挂笔单，以显示他的文人本质和宦游回归之意。他在琉璃厂的字一般落款为"水竹邨人"，所定"润例"极高，让一般的顾客望而却步，但是琉璃厂的南纸店还是很愿意挂他的字。徐世昌对琉璃厂有一种难以割舍的文人情怀，也与这里的许多店铺交往较多，也正是因为这个"琉璃厂情结"的驱使，他为戴月轩、静文斋题写店铺匾额，直接落"徐世昌"款，而且分毫不受笔润。

不仅仅是徐世昌一个大总统如此，北洋时期的"吴大帅"吴佩孚也同样与琉璃厂有着关联。在琉璃厂南侧不远的南新华街路东有个长春会馆，里面有几家书肆和玉器店，院子的门额上，就是"吴大帅"题写的"玉器长春会馆"门额。

我国近现代著名藏书家伦明先生，对琉璃厂也是情有独钟，甚至在琉璃厂留下了"破伦"的绰号。伦明，字哲如，广东东莞人，光绪二十七年（1901）中举。伦明嗜书为命，在目录学领域具有很高的造诣。民国五年（1916），伦明被聘为北京大学文学系教授，他常年盘桓于琉璃厂，终日沉醉在淘书的乐趣之中。每每到琉璃厂，总是一席破旧的大衣，足蹬旧鞋袜，颇有些不修边幅的样子，所以琉璃厂的书肆店主和伙计们给他起了一个绰号"破伦"。在生活上，伦明也不像他人喜于交际，而是埋头淘书、看书，他家里的佣人曾与琉璃厂书肆伙计说："我家主人犹似无主之人，时食残羹剩饭，身着破衣烂履而不以为然也。"但是伦明好书之心依旧不改，大小书铺都要被他踏破了门槛，甚至连独自夹包袱皮做古旧书买卖的，或者走街串巷的小书贩子都和他相识。一次伦明听说琉璃厂晋华书局新近购进一批图书，兴致勃勃跑去挑选。他看收购的书单子上有一本《倚声集》，便想要此书，店主告知该书被店里的伙计拿着给他人府第送去，伦明焦急万分，赶紧乘洋车赶到那家，在宅门外等着送书的伙计，不等伙计进他人的宅门，便将所喜好之书半路"打劫"。民国二十六年（1937），伦明南下广州就任岭南大学教授，但依然与琉璃厂书肆保持着密切的联系，委托琉璃厂书肆为他选书购书。伦明与孙殿起交往甚是亲密，孙殿起经营的通学斋就是伦明出资在琉璃厂开办的，其并不企盼着为其谋利，就是为了更方便于找书。他曾在《辛亥以来藏书纪事诗》中称颂说："后来屈指胜蓝者，孙耀卿同王晋卿"，并特意注释说："故都书肆虽多，识版本者无几人，非博览强记，未足语此。余所识通学斋孙耀卿、文禄堂王晋卿二人，庶几近之。孙著有《贩书偶记》《丛书目录拾遗》，王著有《文禄堂访书记》，皆共具通人之识，又非谭笃生、何厚甫辈所能及矣。"其与琉璃厂的渊源之深，由此可见一斑。

　　近代著名书画家、鉴赏收藏家周肇祥先生也是琉璃厂的常客之一。周肇祥（1880—1954），字嵩灵，号养庵，别号退翁，为浙江绍兴人，清末举人，肄业京师大学堂。民国时，他先后任四川补用道、奉天劝业道、署理盐运使、临时参政院参政、葫芦岛商埠督办等职。还一度任湖南省长，没多久辞职回到北京，任清史馆提调、北京古物陈列所所长。他晚年任团城国学书院副院长，以传授金石书画为主。周肇祥喜好收藏文物，他的藏品很多来自琉璃厂，曾治一收藏印，曰："周肇祥小市得。"以此表明其收藏之好。周肇祥先生美须髯，琉璃厂各店肆戏称"周大胡子"。周肇祥虽时常盘桓于琉璃厂，但他对价昂的文物珍品也往往望而生畏，于是便将其逛琉璃厂以及所见古玩一一记录，汇集为《琉璃厂杂记》。《琉璃厂杂记》是第一部较为详尽地记载琉璃厂古玩行经营古董、文物的典籍，他虽然是以杂记的方式记载，当为后人研究琉璃厂古玩行的状况提供了直接的参考资料。1995年赵珩兄和海波先生合作将此书点校，并由北京燕山出版社出版，为人们留下了一本研究琉璃厂的重要文献。

鲁迅先生寓居北京十四年中，也与古旧书肆结下不解之缘，从他的日记中统计，在琉璃厂访书购物达480次之多，先后购买3800多册（部）图书、碑帖，当时的来薰阁、通学斋、有正书局、直隶书局、商务印书馆、神州国光社等都留下了鲁迅先生的足迹。鲁迅先生不仅是文学巨匠，也是一个碑帖、刻石画像等方面的收藏爱好者，他一生收藏的碑拓达6000多幅，各类刻石画像也有六七百幅，其中很大一部分是从琉璃厂购买的。和他人收藏和喜好碑帖不同，鲁迅将碑拓上的文字以及刻石上的画像等作为历史资料来加以研究，尤其是表现游猎、征伐、宴会和车马仪仗等内容的图画，更是格外的垂青，认为是研究史实的真实的资料。在鲁迅先生民国四年（1915）4月25日的日记中曾记道："往琉璃厂买《射阳石门画像》等五纸，二元；《曹望憘必需品造象》拓本二枚，四角。"6月13日记载："往琉璃厂买《赵阿欢造象》等五枚，三角。又缩刻古碑拓本共二十四枚，一元。帖店称晏如居缩刻，云出何子贞，俟考。"同年8月3日记载："下午敦古谊帖店送来石印《寰宇贞石图》散叶一分五十七枚，直六元。"11月20日又记载道："在敦古谊买《爨宝子碑》等拓本三种，三元。"我们只是随手摘录了鲁迅先生日记中的几条，就可以看到他与琉璃厂诸店铺有着如此密切的交往。此外，鲁迅先生对琉璃厂南纸店销售的各种笺纸评价极高，也注意收藏。鲁迅先生在1932年初再次来到北平后，曾专门到琉璃厂各家南纸店收集诗笺。他极力推崇琉璃厂南纸店销售的笺纸，而且为人们渐渐地淡忘笺纸而忧虑，担心笺纸会逐渐走向消沉。他回到上海以后，与郑振铎商议，由郑振铎在琉璃厂收集各种笺纸。郑振铎遍访琉璃厂各家南纸店，淳菁阁、松华斋、松古斋、懿文斋等店铺都是郑振铎先生时常光顾的店铺，他在琉璃厂搜集到许多笺纸，并陆续寄往上海。鲁迅经过反复遴选和鉴别，最后选定了332幅，分为6大册，用宣纸彩色套印。鲁迅还特意写了《北平笺谱序》，对中国版刻及其笺纸的发展历史、所面临的危机形势以及编印《北平笺谱》的原因进行了细致的阐述。郑振铎也在书中的《访笺杂记》中详细讲述了搜购画笺、交涉印刷、调查刻工姓名等整理编辑的经过，并在他自己撰写的序中谈道："鲁迅先生于木刻画夙具倡导之心，而于诗笺之衰颓，尤与余同有眷恋顾惜之意，尝与余言之，因有辑印《北平笺谱》之议。"1933年年底《北平笺谱》刊行问世。为了提高《北平笺谱》的收藏价值，鲁迅、郑振铎在每一部笺谱上亲笔签名。他们分别把《北平笺谱》送给了苏联版画家协会和美、英、法、日等国家的图书馆。《北平笺谱》刊行后颇受欢迎，没过多久，又再一次加印了一百部。

郑振铎先生也是琉璃厂的常客，他在《访笺杂记》中写道："我到北平教书，琉璃厂的书店断不了我的足迹……"琉璃厂的一些老人回忆，郑振铎与来薰阁的掌柜陈济川关系很好，交往甚密。郑振铎先生在"七七事变"前曾主编《文学月刊》等进步书刊，还经常发表抗日爱国的文章。上海沦陷后，日伪当局便搜捕通缉郑振铎先生，陈济川便让郑振铎先生躲藏在来薰阁在上海的分店之中，当时郑振铎先生还利用来薰阁的分店与徐森玉、王伯祥等文化人士聚会。危难之中，陈济川等有如此的胆识和魄力，当然是出于爱国之心，但是在当时要冒极大的风险，由此足以看出郑振铎先生和琉璃厂书肆的交情之深。1949年以后，郑振铎先生出任国家重要领导职务，但依旧不忘到琉璃厂淘书，琉璃厂的老人回忆说：郑振铎先生买书是买得"最冲"的，搜求图书的"网"既大又密，一批图书经郑振铎先生挑选之后，也就所剩无几。记得当年一位老先生曾悄悄地对笔者说："别瞧郑先生那么大官，买书啊……也砍价哟。"郑振铎先生不仅经常到琉璃厂淘书、买碑帖，对这条街的各个行业的发展也极其关心，20世纪50年代初期，琉璃厂的古旧书业发展有些迟缓，特别是作为传承着文化典籍的古旧书业完全是在私营的店肆之中。为此，郑振铎与齐燕铭、吴晗等一起倡议，于1952年11月成立了我国第一家国营的古旧书店——中国书店。

不仅是鲁迅、郑振铎、钱玄同、刘半农、魏建功等也都是琉璃厂的常客，他们把琉璃厂看作是心目中的乐土，怡然自得地享受着淘书之乐。鲁迅先生和钱玄同先生曾经为搜寻小说《何典》而勤劳多年，但始终未能如愿。1926年春，刘半农在琉璃厂的书摊上偶尔得到一部《何典》，喜出望外，并将这部书整理校勘后出版，鲁迅先生还特为此书的校勘出版撰写了题记，他在题记中记述说："还是两三年前，偶然在光绪五年（1879）印的《申报馆书目续集》上看见《何典》题要，这样说：'《何典》十回。是书为过路人编定，缠夹二先生评，而太平客人为之序。书中引用诸人，有曰活鬼者，有曰穷鬼者，有曰活死人者，有曰臭花娘者，有曰畔房小姐者，阅之已堪喷饭。况阅其所记，无一非三家村俗语；无中生有，忙里偷闲。其言，则鬼话也；其人，则鬼名也；其事，则开鬼心，扮鬼脸，钓鬼火，做鬼戏，搭鬼棚也。语曰出于何典？而今而后，有人以俗语为文者，曰出于《何典》而已矣。'疑其颇别致，于是留心访求，但不得；常维钧多识旧书肆中人，因托他搜寻，仍不得。今年半农告我已在厂甸庙市中无意得之，且将校点付印；听了甚喜。此后半农便将校样陆续寄来，并且说希望我做一篇短序……"

著名语言文字学家魏建功先生也与琉璃厂书肆结下了深厚的友情，特别是与来薰阁掌柜陈济川友情更为浓厚。魏建功先生为北京大学著名教授，先后兼任中文系主任、北京大学副校长，第三、四届全国人大代表。1955年被聘为中国科学院哲学社会科学部委员。九三学社第三、四、五届中央常委，他是我国现当代著名的学者。抗日战争时期北平沦陷，魏建功先生到大后方教书，其夫人带着孩子们留在北平。1938年春节，魏建功先生在长沙，无法顾及家中的亲人，来薰阁掌柜陈济川派伙计到魏先生家中，送去一袋米、一块肉，还留了一点钱，帮助魏先生家眷熬过了艰难的一个春节。60余年后，魏公的儿子魏至先生向笔者讲述这段历史的时候，还充满了对琉璃厂书肆前辈的感激之情。1946年魏建功先生作为国语推广委员会的成员，到台湾推行国语教育，魏先生的夫人带着孩子们去台湾找魏先生，途经上海时，就住在来薰阁上海分店中。用魏至先生的话说："来薰阁上海分店当时都成了北大和台湾国语推广会的接待站了。"魏建功先生对琉璃厂书肆也不遗余力地帮助，来薰阁影印《宋本广韵》就是在魏先生的指导下完成的。1969年陈济川先生去世，陈夫人病卧家中。当时的政治环境，使得陈济川的家人倍感压力。一日，魏建功先生戴着大口罩悄悄地来到陈家，看望病卧榻上的陈夫人。他不放心陈济川的孩子们，把陈家孩子们的下落逐一打听，记在本上，才辞别离去。多少年来，当人们重新回忆起往日的历史，无不为学者文人与琉璃厂商贾们之间结下的深厚友谊而感动。

　　清华大学著名教授朱自清先生与琉璃厂的书肆也结下了不解之缘，他经常到琉璃厂逛书店买书，与通学斋的雷梦水先生逐渐熟悉，雷梦水先生也时常去朱自清家中送书，两人结下了深厚的友谊。朱自清先生喜欢收集一些珂罗版的画册、戏曲小说和唐诗宋词等方面的典籍，雷梦水先生便留心收罗，曾先后为朱自清先生搜求到明洪武年刊本《读杜诗愚得》、清道光五年（1825）刊刻本《杜诗琐证》和清初刊刻本《昌谷诗注》等书，朱自清先生极为满意。一次，雷梦水先生到朱先生家送书，朱自清先生鼓励雷梦水要锻炼学着写点东西，雷梦水为难地说："我一个卖书的，文化程度又低，哪能写出东西来？"朱自清先生正言厉色地对雷梦水说:"你看宋代的陈起,你的舅舅孙耀卿不都是卖书的吗?只要自己能树立雄心壮志,肯刻苦学习,还得要坚持,锻炼锻炼不就行吗?"他还一点点地教雷梦水如何练习写作,如何读书。半个多世纪以后,雷梦水先生谈起这件事情,还充满了感激之情地说:"我现在能写一些短篇文章,不能不归功于朱先生的启发诱导。"1948年夏7月,朱自清先生身体已颇为虚弱,其扶杖再到琉璃厂,依旧是原来的习惯,先到通学斋小坐品茗,稍事休息后又赶到开明书店校阅他所编辑的《闻一多全集》。8月3日,雷梦水先生收到朱先生的一封信,上写:

梦水先生:
　　请代找《古文关键》一书,谢枋得著,费神,为感。
　　祝好!
　　　　　　　　　朱自清 八、三

这封信很可能就是朱自清先生的最后遗墨,雷梦水先生一直珍藏在家中。20世纪80年代后期,笔者为雷梦水先生撰写传记,雷先生谈及他与朱自清先生的交往时,说到最后声音渐渐低沉下来,悲伤之情油然而生。那时的场景,让年轻的我也不得不埋下头,不敢再说什么,只是在静静地记录着。沉寂之中让我深深地感受到京城文人学士与琉璃厂商贾的那种浓厚的情谊和无尽的眷顾。1992年中国书店成立四十周年店庆,因要印制纪念文集,需要用此信,雷梦水先生小心翼翼地拿了出来,拍照以后又仔细地收藏起来。

在琉璃厂书肆中,书肆商贾与文人学者结下深厚的友情,甚至是患难之交的事例比比皆是。北京大学著名教授侯仁之先生与琉璃厂开通书社的郭纪森在数十年的交往中结下了深厚的友情,留下了感人的轶事。侯仁之先生是山东恩县人,著名历史地理学家,我国历史地理学奠基人。1932年秋被保送投考燕京大学历史系,成为著名学者洪煨莲教授的学生。1940年夏天，侯仁之先生完成硕士学业，留校任历史系助教。1941年秋天，侯先生因掩护和安排燕京大学的学生南下抗日，而遭到日本侵略者的逮捕。1942年他被营救出来，被迫辗转到天津投奔他的岳父。当时侯先生的老师洪煨莲先生非常担心他，可又没办法写信，也无法邮寄，郭纪森先生便利用他去天津收购古旧书的机会往返于京津之间，多次给侯仁之先生捎带口信。侯先生对郭老先生的壮举极为感激，30多年后，他在撰写回忆录时，两次提及此事，念念不忘。笔者年轻时曾看到侯先生的回忆录提到此事，便找到郭纪森询问，郭老先生很淡然地说："我都不太记得了，也就是传个话。"

侯先生的老师洪煨莲先生也与郭纪森有着密切的友谊和一段感人的轶事。1941年洪煨莲教授被日本人逮捕入狱，家中只有夫人和一个小女儿，郭纪森便经常到洪先生家中帮着做点事情。洪煨莲先生后来被释放出狱，但依旧被日本人监视居住，郭老先生便经常去看望他。正是这种患难之交，使得洪煨莲和郭纪森之间留下了一段极为感人的轶事。1946年洪煨莲教授到美国哈佛大学讲学，临行前留下一笔钱让郭纪森为他买《明实录》《正续玄览堂丛书》等十几种典籍，并约定买好了书先暂时存放在郭纪森的开通书社。岂料时局的变化让洪煨莲先生再也没有回到北京，一晃近30年过去，中美之间开始交往以后，洪煨莲先生写信给郭纪森，告诉他当年的书就算了，毕竟数十年的变迁，让洪先生觉得他委托郭纪森买的书已经没什么可能再存在了。郭老先生回信告诉洪煨莲教授：当年委托买的书他依旧仔细认真地保管着。洪煨莲先生大为意外，也十分感动。他后来委托自己的学生，从北京的寓所中挑选一个精致的笔筒、一方上好的石砚送给郭纪森作为留念。郭老先生的开通书社是租用洪煨莲夫人江安真女士名下购买的房子，位于琉璃厂177号。30年过去，郭老先生仍旧记着给洪太太留着租房的租金，到1980年已经累积了1000元。那时的1000元不是一个小数，但郭先生始终信守着当时的承诺。1980年，洪煨莲先生亲手起草了"委托状",表示可以将该处房屋赠送给郭纪森先生,但郭老先生婉言回绝了。洪煨莲与郭纪森长达近半个世纪的交往和友情,留下了令人感动的佳话。

  琉璃厂曾经有一家照相馆,在中国近现代史上留下了一笔精彩的记录,那就是东琉璃厂路北火神庙口的守真照相馆。清末,同盟会在举行多次武装起义失败之后,决意以血的代价与清朝统治者进行誓死的抗争。当时同盟会决定在北京刺杀摄政的醇亲王载沣。宣统元年(1909)同盟会革命党人黄复生来到北京,在琉璃厂火神庙开设了一家照相馆——守真照相馆,作为掩护革命的据点。当时在守真照相馆里,只有三个人,一个是黄复生,一个是汪精卫,还有一个王姓的北京人。宣统二年(1910)三月的一个深夜,汪精卫与喻培伦、黄复生在摄政王载沣每日进宫的必经之路什刹海旁的银锭桥下掘坑埋炸弹,当他们在桥下掘土时,惊动了周围住户所养的狗,犬吠声四起,他们不得不停了下来。次日晚他们又去埋设炸弹,刚刚将炸药埋好,就被发现,事遂败露。黄复生、汪精卫等人被捕入狱。在琉璃厂火神庙开设的守真照相馆也被查封,它成了琉璃厂上经营时间最短的一家照相馆。

  琉璃厂的古旧书肆对到访的文人学者都十分留心他们的研究方向和研究内容,哪位学者喜欢什么、哪位学者收集什么样的文献资料和图书,哪位学者在买书上有什么样的特点甚至嗜好,琉璃厂的老店员都能一一道来,如数家珍。记得北京社科院满学研究所原所长阎崇年先生有一次在与笔者聊天时说过:"你们琉璃厂的老先生为读者服务是非常周到的,他们也了解学者们的研究方向和工作内容,你们老琉璃厂的×公我第一次和他交往,第二次他就记住了我是做什么的,第三次我再和他交往,他已经把我喜欢的书和要找的书为我留了下来。可是他的少公子也在你们中国书店,我恨不能去了八百次他都对我一无所知,每次还要我给他'请安',问候他的父亲。"阎先生的话是对中国书店工作的爱护和提醒,但更是对琉璃厂古旧书肆那种殷勤周到服务的一种眷顾。

笔者年轻时常为寻找不到合适的作者而苦闷时，这些琉璃厂的老先生往往能为我提供大量的学者研究内容的信息，甚至直接为我提供方便，给学者们打电话、写条子，帮助联系。笔者在琉璃厂工作20年，这种"后门"没少走过。这从一个侧面反映出琉璃厂古旧书肆与文人学者的那种亲密关系，体现了琉璃厂书肆"以店为媒、以文会友"的优良经营传统。

马建农 中国书店出版社名誉总编辑，北京史研究会副会长，编审

千年回望
——卧佛寺 樱桃沟

李明新

一、卧佛寺、樱桃沟是西山文化带上的明珠

（一）西山文化带上的明珠

关于西山文化带的地理范围，没有一个统一的说法，而且每个历史时期也都有不同含义。由于北京市提出"西山永定河文化带"的概念，经过专家们的反复讨论，最后建议的范围为：北起昌平区南口关沟，南抵房山区拒马河谷地，西至市界，东临北京小平原，稍向东北部扩展，包括海淀三山五园历史文化景区。涉及昌平、海淀、石景山、丰台、门头沟和房山6区，总面积约3000平方公里，约占全市总面积的17%。

本文涉及的是民国时期文人们称之的西山——北京西部的山，被称为"小西山"的。再具体些，就是由东部的金山、北部的寿安山、西部的香山相围合的这个范围，也就是小西山的核心区。卧佛寺和樱桃沟就是在这个核心区里的一座古寺和与它紧邻的一个山谷。

这个核心区自辽金开始，成为帝王们的活动区，文人墨客踏春赏秋的地方，百姓进香祈福的地方。

我曾经写过一篇散文，开头是这样的：清风流水，钟鼓晨昏，一千三百年静静过去了，卧佛寺和寺中的卧佛，就这样守护着一方净

土，不在意山外的世界，是怎样由唐而元，再由明而清，一路劫火烽烟走到今天。这是一片古老的土地，古老得令人惶恐；这里静卧了几个世纪的古佛，以"无缘大慈，同体大悲"之心，包容了苍苍莽莽的万物众生。在"西山上下三百寺"中，除卧佛寺外，其他寺庙的历史，最早可以溯源到辽金时期，唯有卧佛寺可追溯到1300多年前的盛唐。它是一座有着"大唐风度"的、西山最古老的寺院。那时，它的正名叫"兜率寺"。兜率寺就是卧佛寺！

我想今天和读者们一起，回望一下这座古寺和它身后的樱桃沟，在一千多年的历史时空中，有哪些人在这里活动过，发生了哪些事，有些什么故事。虽然他们离我们很久远了，但是他们看见过、膜拜过、欣赏过、触摸过的古迹还在，只是站在这些古迹面前的人变成了我们。王羲之在《兰亭集序》里有这样一句话："后之视今，亦如今之视昔。"我想我们今天的人依旧应该不忘祖宗，多做好事，因为历史无法跨越，因为后人在看着我们。

（二）地理方位及生态环境

人文历史的追溯，首先要看生态，所谓"地灵人杰"，生态环境、生态条件是不可缺少的。北京小西山一带有着独特的气候。

卧佛寺、樱桃沟位于北京植物园内，寿安山阳，为燕山山脉与平原过渡地带，属暖温带大陆性季风气候，四季分明，春秋短，冬夏长。因为东、北、西三面群山拱卫，山前为丘陵台地和平原，它像一把罗圈椅，从西北向东南敞开。樱桃沟水源充沛，溪流穿谷而过，这种自然地理环境，形成了这一地区少有的温暖湿润气候。这种气候更利于多种植物生长，春天鸟语花香，夏季晴云碧树，秋天树叶如丹，冬季积雪凝素。因此这里自古就受到帝王和士人的喜爱。自唐代开始，历代王朝在此营建行宫别院，鼎盛时几十个寺观遍布沟谷、台地，成为游览胜地，因此，不仅帝王的銮舆经常光临，文人墨客也多来踏青郊游，百姓进香祈福路不绝履。这种兴盛随朝代更迭起落，一直延续到清朝末期，经过千余年的流变，形成了深厚的人文积淀。

从行政归属看，卧佛寺、樱桃沟属于1956年由国务院批准并拨专款建立的北京植物园的园区。北京植物园由树木园、专类园、展览温室为主的现代植物园，以及卧佛寺、樱桃沟、曹雪芹纪念馆等名胜古迹两大部分组成。全园总规划面积400公顷，已建成开放游览区200公顷。

北京植物园经过60余年的建设，已成为集科普、游览和科研为一体的国家重要的植物园之一。其丰富的历史人文景观以及蕴藉其中的深厚的传统文化内涵，其层峦叠翠、绿树晴云、清幽静雅的自然野趣更是北京近郊难得的"桃源仙境"。近年来到植物园游览的人越来越多，希望朋友们在欣赏自然景观的时候，也顺便追寻下古人的足迹，让我们的旅游加上些人文的色彩！

（三）卧佛寺历史沿革

卧佛寺正名为"十方普觉寺"，始建于唐贞观年间，距今已有1300多年历史，是北京现存的最为古老、规制最高的寺院之一。卧佛寺之名为俗称，因寺中主尊为卧佛造像而得。

从始建到清王朝灭亡，卧佛寺一直是皇家寺院。它的主持由皇帝钦点，历朝历代的修缮费用均出自"帑银"。它的供奉也体现了帝王们对佛的虔诚。清雍正、乾隆时期，在卧佛寺的西路院建起行宫院，这里又成为帝王礼佛、处理公务和澄怀静心之所。

卧佛寺称始"兜率寺"，为天宫最高层之意。在一千多年的历史演变中，寺名几经更改，曾有"昭孝寺""洪庆寺""寿安寺""永安寺"等名。清雍正皇帝在卧佛寺大修后，为该寺赐名"十方普觉寺"，此名沿用至今。

兜率寺的名字，要首先从唐太宗征高句丽谈起。高句丽是隋唐时代兴起于我国东北部的强大民族政权,因其骁勇善战,对中原王朝造成了强大的威胁。为解除边患,安定国家,隋炀帝先后三征高丽,民生凋敝,并引发了隋末农民战争,以致隋朝灭亡。唐朝建立后,强大的高句丽政权依然威胁着唐朝的边界安全。同时,高句丽还不时出兵侵占朝鲜半岛上的新罗,新罗无力抵抗,屡向唐朝求援。

为了彻底解决边患,扶植新罗,唐太宗于贞观十八年(644),出兵征高丽。初战,唐军屡战屡捷。至次年9月,天气转冷,太宗皇帝下令班师。途经幽州时,为了悼念东征阵亡的将士,太宗皇帝于城内建悯忠寺(今法源寺),而于西郊建兜率寺。《天府广记》卷之三十八《寺庙》载:"唐悯忠寺建于贞观十九年,太宗悯东征士卒战亡者……于幽州城内建悯忠寺。"

为什么此寺名为"兜率"呢?佛经记载,"兜率天"为诸多菩萨往生之地。诸菩萨得生于兜率天宫,从兜率下,入于母胎。兜率宫如是福聚、如是端正、如是微妙、如是庄严。唐太宗希冀这些与他并肩作战的死难将士,能成为菩萨,得以往生,得享兜率天。唐太宗修兜率寺时,正值玄奘法师刚刚从天竺回到中土。他从天竺带回梵文佛经657部,和各种佛造像。卧佛寺的主尊"丈六金身旃檀卧佛",就是根据玄奘带回的图纸塑造的,"卧佛寺"的称呼也由此而来。此名一直沿用至元代延祐年间。

延祐七年(1320),元英宗硕德八剌继位。这位17岁的年轻帝王是一位十分有作为的皇帝。他推举贤能,精简机构,节制财用,减轻徭役,加强法制,推行汉法,生活上也很是自律。当发生地震灾情时,他"减膳、彻乐、避正殿",整肃朝纲,曾劝戒群臣说:"卿等居高位,食厚禄,当勉力图报。苟或贫乏,朕不惜赐汝;若为不法,则必刑无赦。"他笃信佛教,一登上宝座,便大兴佛事,开始扩建卧佛寺。他"冶铜50万斤作寿安山佛像"——就是现在安卧在卧佛殿内身长5.4米的铜铸卧佛。

令人不解的是，当时寺内檀香木卧佛就供在现在三世佛殿的龛位上，为何英宗要再铸一尊铜卧佛呢？此事一直无解，有待深入研究。遗憾的是这尊铜卧佛并未护佑这位年轻的皇帝，由于英宗"励精求治""一新机务"的改革措施，触动了皇室贵族的利益，遭到一部分保守蒙古贵族的强烈反对，1323年被反对派刺杀，史称"南坡之变"。英宗死后，寿安山寺的修建工程暂时停顿下来，这一搁就是10年，直到至顺二年（1331），元文宗方"以寿安山寺，英宗所建未成，诏中书省，给钞十万锭"，以萨勒迪等总督工役，卧佛寺扩建工程才得以完工。

之后，元代的几朝皇帝都对卧佛寺进行"役万人，举重资"，不断地修缮。卧佛寺成为规模宏大、声名远播的大寺庙，在西山地区"最称巨刹"。

卧佛寺的名称在元代几经更改，始称"寿安山寺"——得名于其后的寿安山，中期称作"大昭孝寺"，元末则改称"洪庆寺"。

自元代至治元年（1321）到清雍正十二年（1734），在410多年的时间里，两尊卧佛共存一寺，这在各大寺庙委实少见，可谓是中国建筑史和佛教史上一大奇观。

明朝曾五次翻修、六次接驾，是该寺的一段显盛时期。除了第一次，其余的四次翻修，都是由国家拨款。

其中最值得一提的是成化十八年（1482）的第三次修缮。此次改观最大，明宪宗于现在琉璃牌坊前的小广场敕建寿安寺如来宝塔一座。历时八个月，建成了一座宝塔，就在现在琉璃牌楼的一个小广场上。塔内藏有佛骨舍利。塔外建有左、右二殿。宪宗不但出重金建塔，而且还将香山乡民人谢真等户内地五顷二十五亩，赐予寿安寺如来宝塔供奉香火。

据《宛署杂记》《日下旧闻考》等书记载，明代英宗、宪宗、武宗、世宗、神宗五个皇帝，都曾驾临该寺，其中神宗朱翊钧还去了两次。

明末清初，社会动荡，十方普觉寺亦冷落了一段时间。清代雍正八年，怡亲王允祥出资对卧佛寺进行修缮，不久亲王身殁，其子弘皎、弘晓继之，将寺内所存的东、中两路建筑全部进行翻建，对原有佛像进行修复、重塑，原供奉在三世佛殿的檀香木卧佛被移走。工程一直延续到雍正十二年（1734）末，方才竣工。现立于三世佛殿前的雍正皇帝撰《御制十方普觉寺碑》，详细记述了修寺的缘起、经过，并敕赐寺名为"十方普觉寺"的缘由。

"十方"指东、南、西、北、东南、西南、西北、东北、上、下，十个方位。雍正皇帝之所以要给卧佛寺赐名"十方普觉"，是基于释迦牟尼佛卧游的理解而起，他认为佛有大法力，能够普知宇宙所有的事情。一佛独卧，十方普觉。从此，"十方普觉寺"成为卧佛寺的正名，并一直沿用至今。

修葺后的十方普觉寺"为西山兰若之冠"。高宗弘历曾在弘晓等人的陪同下游览，并留下了"两峰辟仙路，其背众岭环。兰若百年余，胜境非尘寰"（《日下旧闻考》卷一百一）的赞誉。乾隆六年（1741）御制望西山诗中写道：

迤逦西峰翠霭侵，纱橱闲凭散幽襟。
无心最喜云生岫，得句多因座对岑。
黛色烟光相卷画，卧游静赏当登临。
晚来兰若僧方定，遥想疏钟度远林。

乾隆四十八年（1783），弘历又对十方普觉寺进行了一次扩建，华美富丽的琉璃牌坊和西路幽静的行宫院，都是这次增筑的。

乾隆皇帝喜作诗，一生有四万多首诗留世，他的诗有很重要的史料价值。他在卧佛寺留有诗作20多首，为我们今天研究卧佛寺提供了非常珍贵的信息。

慈禧皇太后和光绪皇帝曾有驾幸卧佛寺的记录，光绪十二年

（1886）到十四年（1888）左右，清廷曾经有过一次对西郊皇家园林的普遍整修，在这次大修中，卧佛寺也作为"搭车"工程做了修护。

晚清时，卧佛寺樱桃沟一带曾为清宫的部分太监管理。由于资金困难，民国初年，北京青年基督教会与卧佛寺方丈智宽和尚签订了租房合同，每年以100银圆的租金，租借了卧佛寺东、西二院的大部分房屋，租期为20年。

在民国时期，卧佛寺经历了两次修缮，第二次是民国二十二年（1933），由中华民国参议院参议员王泽颁家族倡议，天津产业界集资修复。为什么王氏家族要修庙，原因下文会讲。

1932年，著名建筑学家梁思成偕林徽因考察了卧佛寺，之后在《中国营造学社汇刊》发表了"卧佛寺平面"一文，文中指出卧佛寺保持了唐代寺庙"伽蓝七堂"的格局，有着很高的价值。这是一个专家的权威定论。

中华人民共和国成立后，卧佛寺划归北京市公园管理委员会领导。1957年，卧佛寺被列为北京市第一批重点文物保护单位。

1960年，卧佛寺最后一任方丈智宽和尚去世，工作人员在整理其遗物时，发现一纸条，上写"卧佛寺志，光绪庚子年（1900）散失"。八国联军的烧杀抢掠，让寺僧们很是仓皇，毕竟他们也是血肉之躯啊！但是寺志之后再没有续写过，这一点不可理解，毕竟当一天和尚，要撞一天钟啊！

1966年开始的"文革"对卧佛寺破坏很大，寺内50余尊佛像被推倒砸碎，三世佛殿前的石碑被拉倒，雍正御制的十方普觉寺碑被用火烧后，又冷水淬激，以致断裂，千年古寺，面目全非。为了保护琉璃牌坊，北京植物园职工还将乾隆皇帝御笔"双林邃镜"和慈禧皇太后御笔"性月恒明"牌匾偷偷收藏起来，使这些珍贵文物得以幸免。此时恰值周恩来总理到碧云寺视察，同时来到了卧佛寺。见到寺内惨状，当即指示封闭了卧佛殿，停止对外开放，才使这座古寺逃脱了完全被毁的噩运。

1973年，为了迎接尼克松访华，北京市政府对卧佛寺进行了修复。4月7日，周恩来、邓颖超到卧佛寺视察，批准香山碧云寺和卧佛寺对外开放。

1983年，国家对卧佛寺进行了大规模修缮，这次修缮，复建了"智光重朗"牌坊，修复了行宫院；恢复了三世佛殿的三世佛像和十八罗汉，完成了寺内佛像彩绘。至1984年底，卧佛寺堂院整洁，佛殿肃穆，古木扶疏，恢复了古寺风貌。

1984年、2000年、2006年、2009年植物园对卧佛寺都进行了大规模修缮，使得卧佛寺彻底达到了大乘佛教唐代禅宗皇家寺庙的等级标准。2001年被定为国家级重点文物保护单位。至此，这座有着1300多年历史的古老寺院，再次焕发出盛世光彩。

二、古寺建筑

十方普觉寺建筑布局规整，其整体布局按清代建筑平面可分为牌坊、月池、钟鼓楼、佛殿、寺僧起居和行宫6部分。

1932年，营造社对北京的古建进行了大规模考察，梁思成和林徽因夫妻来到卧佛寺，之后写了《卧佛寺的平面》一文，文中写道：从前面牌楼一直到后殿，都是建立在一条中线上的。这个在寺的平面上并不算稀奇，稀奇的是全寺用"四合头"式前后分成几进，这是少有的。这一周的廊，东西（连山门和后殿算上）十九间，南北（连方丈配殿算上）四十间，呈一个大长方形。这就是"唐宋以来有伽蓝七堂之称。惟各宗略有异同，而同在一宗，复因地域环境，互相增省……"

现在卧佛寺中院，除去最后的后殿外，前面各堂为数适七，虽不敢说这是七堂之例，但可借此略窥制度耳。

这种平面布置，在唐宋时代很是平常，敦煌壁画里的伽蓝都是如此布置。在北平一带,却只剩这一处唐式平面了。

下面带着大家从它中轴线上的第一个牌楼往里走。

(一)"智光重朗"牌坊

"智光重朗"牌坊位于卧佛寺的最南端,是卧佛寺第一处景观。牌楼四柱、三间、三楼,柱出头庑殿式木质,灰筒瓦顶,朱红漆柱。朝南的正楼额枋上书写着"智光重朗"四字,牌坊背面书有"妙觉恒玄"四字。"智光"是指佛说咒语的大法力,也泛指佛所讲经具备的大法力。"智光重朗"应该是寺庙重修,佛法重新普照一方后题写上去的。"妙觉恒玄"四字是指"妙觉"之境界玄妙无比,非常人可达。按照卧佛寺的修缮历史来看,卧佛寺第一重牌楼上的"智光重朗"四字,应该是卧佛寺在乾隆四十八年(1783)重修之后题写的。

1932年梁思成夫妇看到的可不是这样的:眼前的这座,只说它不顺眼,已算十分客气,不知哪一位和尚化来的酸缘,在破碎的基上,竖了四根小柱子,上面横钉了几块板,就叫它做牌楼。

(二)丛林坡道(古柏夹道)

卧佛寺"智光重朗"牌坊至"同参密藏"牌坊之间,是一段矮墙相护、古柏夹道、步步升高、长134米的石砌坡道。坡道分作三路,由两行粗壮茂盛的古柏分隔开来。中间一路为寺庙原有的古道,稍宽,两边较窄。古柏夹道之间是石道,《鸿雪因缘图记》称其为"驶道","长里许,夹以古桧百章"。清初,隐居在樱桃沟著书的孙承泽在《天府广记》中有"门有老柏百许森立,寒威逼人"和"大松两行拥之,香翠扑人衣裙"的描述。

整个坡道有侧柏41株,其中丁级古侧柏37株,最粗者胸径达1.42米,胸围达4.48米。据推测,这棵最古老的柏树树龄已达1300多岁,是唐朝建寺时所植。整条坡道古柏耸列,树影斑驳,夹路参天,且路面徐徐升高，使人们感觉从尘世一步步走近佛境，顿起庄严肃穆之感。

（三）同参密藏牌坊

丛林坡道的尽头即是卧佛寺的大门，"同参密藏"牌坊（即琉璃牌坊）是卧佛寺的标志性建筑。琉璃牌坊建于清乾隆四十八年（1783），四柱三间七楼，单檐歇山黄琉璃瓦顶。须弥座、夹杆石和拱门为白石雕刻，柱间隔以朱墙。两侧次楼匾上镶有琉璃砖拼接的二龙戏珠图案，中间正楼匾上镌有乾隆皇帝御书的"同参密藏"四字，是要求人们一同来参悟佛祖的无上妙法，以期证得无上正道，使佛的秘藏成为不秘。

背面为"具足精严"四字，亦为乾隆皇帝所题。是说佛法精细严密。与"同参密藏"配合，深刻地阐述了佛法的博大精深，以及修佛的方向。琉璃牌坊华丽精美，五彩斑斓，规模宏大，堪称寺内一绝。该牌楼与香山昭庙、国子监、东岳庙等地琉璃牌楼同等规模，是北京最富丽堂皇、做工最精美的牌楼之一。

明成化十八年（1482），明宪宗敕建寿安寺"如来宝塔"就在此处。这座宝塔"巍峨山立，神光华灯，屹望于数百里外，真福地之奇迹也"。为了纪念工程的建造，宪宗亲自撰写了塔铭碑文。

此塔自明成化十八年（1482）建成，历经300年风雨已难以支撑，在乾隆四十八年（1783）大修时改建为现在的琉璃牌楼。

（四）月池

卧佛寺放生池以条石砌就，呈半月形，故又名月池。

佛教认为放生就是慈悲的一种具体表现。为了方便信众放生，寺庙中一般都建有放生池，供信众对鱼、龟等生灵进行放生。因为信仰放生即是积德，所以放生池又名"功德池"。

（五）钟鼓楼

在月池北边的东西两侧，按照"晨钟暮鼓"的规制，山门殿前东侧为钟楼；西侧为鼓楼。钟、鼓是寺院内的起居号令，凡遇有重大的佛事活动，或撞钟或擂鼓，或钟鼓齐鸣，皆按宗教章程有严格的规定。钟楼内保存着铸于明代万历辛丑年（即万历二十九年，1601年）的铁钟。

图1 卧佛寺铁钟，选自《燕京胜迹》

（六）山门殿

卧佛寺山门殿位于放生池的正北面。卧佛寺山门殿面阔三间，歇山筒瓦顶。殿额"十方普觉寺"原为雍正皇帝所赐，现为原中国佛教协会会长赵朴初题写。殿内两侧两侧供奉哼、哈二将立像。

（七）天王殿

天王殿位于山门殿北侧，是卧佛寺的第二重殿宇。山门殿与天王殿前以砖砌甬路相连。天王殿面阔三间，飞檐歇山顶。弥勒佛两侧为四大天王泥塑彩绘像。

（八）三世佛殿

三世佛殿即很多寺庙中的大雄宝殿，面阔五间，进深三间。殿内须弥座上供三世佛坐像。三世佛有横三世、竖三世之分。横三世佛指三个世界的佛，即东方琉璃世界药师佛、中间娑婆世界释迦牟尼佛和西方极乐世界阿弥陀佛，卧佛寺现在供奉的是横三世佛。纵三世佛分别为过去佛燃灯佛、现在佛释迦牟尼、未来佛弥勒，一般藏传佛教供奉竖三世佛。

三世佛殿原为唐代建寺时的卧佛殿，殿内供奉一尊按照玄奘法师从天竺带回格式制作的檀香木卧佛。至清雍正末年，怡亲王允祥家族大修卧佛寺时，将檀香木卧佛移往别处。至此，自元朝至治元年（1321）铜卧佛铸造，至清雍正十二年（1734），长达400多年的时间里，两尊卧佛共处一寺的胜景消失了。但是我们仍然可以从前人留下的诗歌中看到当时二佛共卧的胜景。

二佛卧何日，娑罗初种朝。
游人摩顶踵，近寺接根苗。
寂寂劫先觉，荒荒年后凋。
山泉相与古，万去入尘嚣。

此诗作者李言恭，生于明嘉靖二十一年（1542），卒于万历二十七年（1599），明开国功臣李文忠后人，袭封临淮侯，守备南京，万历十四年（1586）调京城。言恭以武人而好文，实出家学渊源。其父李庭竹，在驻守南京时，便以"宏德邃学，庄简恤士"著称。

明代大文学家、公安派代表人物袁宏道也有诗为证：

山深双佛榻，铃塔影斜阳。
万畛花为国，千围树是王。
觅泉源更远，寻石径偏荒。
数里新篁路，将无似楚乡。

袁宏道（1568—1610）是明代文学家，"公安派"主帅，袁宗道二弟。其字中郎，号石公，又号六休，湖北荆州公安县人。

袁宏道始终无意于仕途，万历二十年（1592）（其24岁）就中了进士，但他生性酷爱自然山水，不愿做官，到处访师求学，游历山川。他甚至不惜冒险登临。他曾说"恋躯惜命，何用游山？""与其死于床，何若死于一片冷石也。"在登山临水中，他的思想得到了解放，个性得到了张扬，文学创作的激情也格外高涨。他曾辞去吴县县令，在苏杭一带游玩，写下了很多著名的游记，如《虎丘记》《初至西湖记》等。

（九）卧佛殿

卧佛殿位于三世佛殿之后，为寺内主轴线上第四重殿宇。卧佛殿面阔三间，单檐歇山，绿琉璃瓦顶，黄琉璃瓦剪边。殿里供奉着十方普觉寺的主尊铜卧佛。

卧佛殿建筑面积196平方米，略小于三世佛殿。

卧佛寺大殿门额上悬挂慈禧皇太后所书"性月恒明"匾，门两侧抱柱楹联一副：上联为"发菩提心印诸法如意"；下联为"现寿者相度一切众生"，为溥杰先生题写。

卧佛殿内宝床上供奉着元英宗时铸造的铜卧佛，佛像长5.3米，高1.6米，重约50万斤，耗银500万两。

佛像头西面南，倒身侧卧状。双腿平伸，右手曲肱托首，左手自然平舒放在腿上。佛像面部安详，体态自如，浑朴精致，表现了佛教艺术净化、肃穆的风格和元代高超的冶炼铸造技术。

人们在瞻仰过铜卧佛后，常常会提出如此巨大的佛像在当时的科技条件下是怎样制成的呢？经研究发现，卧佛寺铜卧佛为一次铸造成型的，铸造基本步骤如下：堆砌土台，在台上制坯、翻模、浇铸、整修，基本工作完成后，在佛身上装饰髹彩，最后以汉白玉雕件组装成现在可见的莲花台座。整个过程环环相扣，不能出现丝毫差错，难度可想而知。

铜质造像在我国卧佛雕塑作品中本就少见，加之元代卧佛流世较少，这尊铜卧佛重量之大，工艺难度之高，耗资费工之巨，制作之精

图 2 卧佛，选自《燕京胜迹》

美，举世罕见，具有极高的历史、科学价值和艺术，是不可多得的杰作。该卧佛造像为中国，也是世界上现存最大的铜制卧佛。

关于卧佛卧姿的意义，素有"涅槃"与"卧游"两种说法。"涅槃"说认为，卧佛像展示的是释迦牟尼圆寂时向弟子交代后事的情景；"卧游"说则认为，此像是佛"卧游"的造型。

那么，卧佛寺卧佛姿态代表怎样的意思呢？三世佛殿前的雍正皇帝御制十方普觉寺碑文就指出：佛谓"游"有四：一者行、二者住、三者坐、四者卧，以是四法，名之曰游……此七宝床上古佛，现前丈六金身……岂非一佛卧游，十方普觉欤？"从佛学的角度，阐释了佛像卧姿的意义。

游卧佛寺，观娑罗树与卧佛是士人的传统，不少帝王皆来过卧佛寺瞻仰卧佛，文人雅士游卧佛寺，题咏卧佛者众多。明代兵部尚书王在晋《游卧佛寺》诗云：

> 佛说卧非卧，是名卧佛因。
> 坐无功朽骨，像亦表天真。
> 乾坤呼吸老，世事展翻频。
> 万态双眸外，千秋一息臻。

写下"滚滚长江东逝水，浪花淘尽英雄，是非成败转头空"的明代著名诗人杨慎也曾到卧佛寺游览，并作《卧佛》诗咏叹卧佛寺铜卧佛。

卧佛像后，环立着释迦牟尼的12名圆觉，这12弟子表情严肃，神态安详，手持莲花，俯首而立。

卧佛殿内悬挂"得大自在"匾，为乾隆皇帝御题。自在，是一种修行的境界。修佛就是要达到"自在无碍"。乾隆皇帝为卧佛殿题写"得大自在"的匾额，是说佛已达到最高境界，不受任何实物的影响，得到了最大的自在。

（十）藏经楼

藏经楼位于卧佛殿后，是寺院的最后一座建筑。面阔5间，有前廊，卷棚硬山箍头脊，灰筒瓦顶，东、西两侧各有三间北配房。

明清两代，卧佛寺不但以卧佛出名，还以藏经著称。明英宗、明神宗分别给卧佛寺赠"大藏经"。清朝雍正皇帝还将自己亲笔辑录的佛经语录赐予该寺。

由于经书众多，为了防止潮湿、虫蛀损坏经书，寺僧每年都要把经书拿出来晾晒。每年的农历六月二十四日为卧佛寺"晾经日"。这一天，卧佛寺的僧人都忙碌起来，把经书从书柜里拿到院子里晾晒。需要晾晒的经书很多，周边寺院的僧人都要过来帮忙。晾晒前，还要举行隆重的诵经仪式。

1936年，段祺瑞死后，因战乱难择墓地，其灵柩曾在藏经楼下层停放，解放后由其家人移走。

卧佛寺的东路院，是寺院的住持和僧侣们住的地方；西路院是帝王的行宫。

东路院我们不说了，我们看看行宫院。行宫院为卧佛寺的西路院。为帝王外出休憩之所。卧佛寺行宫兼顾了处理政务和园林游乐的两种功能。关于它的始建年代，民间有"雍正行宫"的说法。从雍正八年（1730）开始的卧佛寺大修，一直持续到雍正十二年（1743）。这次大修后，雍正为卧佛寺赐名"十方普觉寺"，依此说法，行宫院应为此次修缮新建。乾隆时又加以完善。但从乾隆在行宫院所作诗文分析，应为乾隆四十八年所建，或有雍正时规模较小，乾隆扩建之可能。

行宫三进院落，自南向北依次是：宫门前院、东西各有三间朝房。宫门、假山、水池和小平桥、引水石渠、西侧三排御膳房；一进院：垂花门、东西游廊、北侧为穿堂殿；二进院：假山、北屋五间为"含青斋"。三进院：方池、"古意轩"。古意轩西侧为含碧亭、大盘石、观音阁、万松亭。

三、古寺高僧

在卧佛寺的历史上，高僧大德层出不穷。自元、明、清三代，寺内住持多由皇帝钦点，高僧众多、名僧辈出，或传经讲法或主持寺中事务，其中尤以济舟、超盛、青崖三位禅师，以戒行精严、潇洒出尘，为皇室所敬重，为民众所敬仰。

（一）超盛禅师

超盛，生于康熙三十四年（1695），年少时，坠车被救，悟生死梦幻之理，遂登西山出家。尝诵唐人"春眠不觉晓"一绝，遂悟禅理。

超盛禅师的佛学造诣和为人受到雍正皇帝的认可，颁赐了他禅师的封号及银印。雍正皇帝赐"银印"对象只有三人，即妙正真人（道士）娄近垣、文觉禅师元信和超盛，表示着雍正皇帝对三人学问素养的认同。

超盛与雍正皇帝的交往时间不长，不过三年，但是，受到的肯定最多。不仅受敕命、银印，雍正十二年，被任命为卧佛寺住持。

雍正十三年（1735）二月，奉依敕命，超盛禅师回南省视其父。雍正帝让直隶总督驻扎保定府的李卫在超盛经过保定或超盛十月回京时与他相见。意在让李卫有些开悟。李卫很聪明，深领圣意，他在奏折上说："仰见圣主爱惜臣工，无微不至。惟恐愚鲁之资，未知心性本原，使人所不易轻见之高僧，得与亲近，藉其牗启，以扩知识，承命之下，感深肺腑。"

在保定逗留期间，超盛依照皇命以佛理点化李卫，并将情况通过奏折报与皇帝："李卫虽一心诚笃，向上有志，但领会全无半点，恐一时未必能得。"雍正朱批道："实可谓一窍也不通，尚在甚远。虽然，亦不可择省力处下手也。回程再至保，尽力开示。"

八月二十三日，雍正皇帝逝世于圆明园。原来与雍正皇帝接触的僧人众多，新继位的弘历只命"见地明通，修持精进，深蒙皇考嘉奖"的超盛、元日二人来京，瞻仰梓宫。超盛卒于乾隆二十二年（1755），享年61岁。

（二）青崖禅师

青崖，俗姓丁，名元日，字青崖，淮安盐城人。生于康熙十九年（1680），卒于乾隆十一年（1746）。

青崖自幼聪颖机敏，7岁即有出家的想法。他的父亲丁偶梅处士和母亲易氏倍感惊诧，便送他到永宁寺出家。其后，游历各寺，拜访名师，寻求佛理。

雍正十二年甲寅（1734）秋，奉雍正皇帝诏命来京。雍正皇帝见青崖"仪观修伟,戒行精严,其为教,有提唱之妙,无锤拂之炫,直指向上,力挽大法,而潇洒出尘,不堕色相。雍正赐予紫衣四袭及宝盂、玉如意等物,并把他留在宫中。次年,命青崖"出主天童寺法席"。

雍正十三年(1735)八月,雍正皇帝薨逝,四皇子宝亲王弘历即位,令苏州织造海保将南游的卧佛寺住持超盛禅师及青崖一起送到京城,令青崖继任卧佛寺住持。

青崖因其佛学造诣深厚,备受皇帝的宠信,与当朝官员、文人骚客也多有往来。乾隆元年,著名书画家郑板桥来京应试,得中进士。闲暇之际,曾到卧佛寺游赏,与青崖禅师相识。

当看到寺庙墙壁上的题诗后,郑板桥和其原韵,作《访青崖和尚,和壁间晴岚学士、虚亭侍读原韵》,云:

西山肯结万山缘,吹破浓云作冷烟。
匹马寻径黄叶寺,雨晴稻熟早秋天。

渴疾由来亦易消,山前酒旆望非遥。
夜深更饮秋潭水,带月连星舀一瓢。

乾隆六年秋,郑板桥再次入都。他到西山与青崖和尚等旧友欢聚。此时,青崖和尚已经62岁,郑板桥作《山中卧雪,呈青崖老人》:

一夜西风雪满山,老僧留客不开关。
银沙万里无来迹,犬吠一声村落闲。

乾隆皇帝非常敬重青崖禅师,与他来往甚多,《日下旧闻考》称其屡受皇帝赐示诗章。郑板桥说他"紫衣郑重君恩在,御墨淋漓象教崇"。

乾隆八年,乾隆皇帝御驾亲临卧佛寺,作《御制香山示青崖和尚》诗：

> 坐久兰烟消篆字，禽声树色总天真。

随驾的怡亲王弘晓也非常尊崇青崖和尚，"雅重师法，常备衣钵若干具，请师开坛说戒"。乾隆皇帝对弘晓与青崖之间的关系也很清楚，他不仅自己作诗，还命弘晓按照自己的诗韵和诗。弘晓还在《随驾幸卧佛寺恭纪》诗中写道：

> 扈从山行好，清晨辇路幽。
> 花宫瞻此日，卧佛已千秋。
> 月映朱旗动，风飘香篆浮。
> 吾皇偶临幸，不是喜宸游。

乾隆十一年（1746）春，青崖禅师圆寂，世寿67岁。乾隆皇帝发内帑银一百两，和硕怡亲王弘晓赠银五十两，交卧佛寺住持僧成煜，会同内务府官员一起办理青崖禅师丧葬事宜。京郊诸山的僧俗官员都亲赴葬仪，堪称盛典。

青崖禅师葬于卧佛寺"西园"内——今卧佛寺行宫万松亭南面。青崖禅师墓塔以砖砌就，前为石制供桌，左前为墓碑。碑文由大学士张廷玉撰写。

四、古寺植物

卧佛寺的植物景观有着古老、北方稀有和寺庙特色的特点。

植物的年龄比人类长，这使它们客观上成为卧佛寺千年变迁的见证者，而千百年来人们把对卧佛的敬仰和对世事沧桑的感慨，乃至对卧佛寺周边自然景观的赞颂，都附予在对寺中古老植物的歌咏中，让今人多了一个解读卧佛寺历史演变的侧面。

　　卧佛寺内植物景观主要有古柏、海松、娑罗树、二度梅、银杏和牡丹。

　　以古柏造景而成"古柏夹道"，树在，景亦在；海松依然苍劲，有着旺盛的生命力；蜡梅虽是"梅开二度"，但它顽强的生命力，让人们在欣赏她时，更多了一层人文的力量。桫椤老树寿逾千年后已殒，之后补植的新树，经几十年风雨，已经成景，人们借此怀古，平添几分怅惘；古银杏虽经年久远，却似值壮年，秋风中绽放一树金黄，为古寺平添一番风采。惜古人诗中赞颂寺中牡丹已无踪影，后人亦未恢复此景，只能借诗想象其美丽了。

（一）海松

　　海松在天王殿院内，甬路东、西各有一棵。胸围3米有余，高20余米。为唐代建寺时所植。

　　明末区怀瑞在《游业》中记载：天王殿前"左一海松，后殿卧佛一，又后小殿更置卧佛一，后遂称卧佛寺"。

　　古人松柏不分，此处"松"，实为柏树。古柏树干斑驳，树冠苍郁，虽寿千年，依然十分强壮。

（二）娑罗树

　　天王殿院内的娑罗树是与卧佛同样著名的重要景观。因其年代久远和树种来源于西域闻名于世。

　　孙承泽的《春明梦余录》载："寺在唐为兜率寺，今名永安，殿前娑罗树来自西域，相传建寺时所植，今大三围矣。"清代初期谈迁在《北游录》中进一步指出："像（指檀香卧佛像）自唐与娑罗同植。"

　　更早的是明代人蒋一葵在《长安客话》中载："寺内有娑椤大树二

株，可数围，其子如橡栗。寺僧云：不但与普提幼子可作佛珠，碎之下酒可疗心痛，诸山皆无。"

《帝京景物略》记有"寺内即娑罗树，大三围，皮鳞鳞，枝槎槎，瘿累累，根抟抟，花九房峨峨，叶七开蓬蓬，实三棱陀蛇，叩之丁丁然。周遭殿墀，数百年不见日月，西域种也。初入中国，崟山、天台与此而三。游者匝树则返矣，不知泉也"，并载有明代于奕正的娑罗树歌：

不知老树年何庚，西山一簇娑罗名。
大叶小叶青如剪，千螺万螺绕根生。
阶前数亩数百载，日影不向其中行。
耳中惟闻雨大作，出树乃见天空晴。

明代"公安派"代表人物袁中道和其子袁祈年父子两人均留下了咏诵娑罗树的诗歌：

袁中道"娑罗树"诗云：

山深双佛榻，铃塔影斜阳。
万畛花为国，千围树是王。

（三）古银杏

三世佛殿山墙东西各一株银杏树，均被列为一级古树。以北京潭柘寺、大觉寺古银杏树做参考，这两株银杏应为建寺时所植。银杏又名"白果树"，其果实有药用效果，是中国特有的珍贵树种。银杏叶片呈扇形，秋天转为橙黄色，如同一面面黄色的蝴蝶舞动。飒飒秋风起时，叶片翻飞，落地铺金，天地一片金黄，与红墙黄瓦的建筑相映，别有一番景象。

(四)牡丹

卧佛寺的牡丹为宫中太监所植,是专门供皇帝欣赏的。《长安客话》载:"卧佛寺多牡丹,盖中官所植,取以上供者。开时烂漫特甚,贵游把玩至不忍去。"

明代汪其俊有诗赞曰:

何意空门里,名花傍酒杯。
恍疑天女散,绝胜洛阳栽。
香与青莲合,阴随贝叶来。
佛今眠不起,说法为谁开。

(五)钟鼓楼院蜡梅

钟鼓楼院内有古柏20株,其中一级古柏14株、二级古柏6株、泡桐2株、七叶树1株、洋槐2株。

近几年钟鼓楼院内新植几十株蜡梅已经成景。这些蜡梅或植于放生池四周;或栽于院内路边、墙角,花未开时,朴素的植株绿叶,并不引人注目,但每至元旦前后,蜡梅盛开,朵朵蜡质的小黄花散发出沁人心脾的香气。

蜡梅不是植物学上的梅,因为与梅花都开在严寒中,香味相近,而色似蜜蜡,且腊月开放,故有其名。因为花开春前,为百花之先,又称寒梅或冬梅。蜡梅先花后叶,花与叶不相见,花开之时枝干枯瘦,故又名"干枝梅"。

到卧佛寺赏蜡梅,成为京城颇负盛名的一新景观。

(六)二度梅

天王殿门前,甬路两侧,各有一丛蜡梅。东侧一株为唐代建寺所植,不知何年何故枯萎而死,经年后新芽再生而被称为"二度梅"。"二度梅"

为人们口耳相传,并未见诸文献。

考卧佛寺始建为安忠魂,以寒梅清韵伴忠魂千古,实为植物配置上的奇思之作,为今天的园林植物配置可借鉴之范本。

此株梅树,亦未见诸文人墨客的题咏,或因未赶上花期。蜡梅只有在花期时方有香气袭人,而平日枝叶朴素,并不出众夺目。是否此因,也未可知。

伟大的文学家曹雪芹在离卧佛寺不远的正白旗居住、创作,经常来往于家庭与西山名寺之间,距离其家咫尺之遥的卧佛寺自然也是他常到的地方。《红楼梦》第九十四回《宴海棠贾母赏花妖失宝玉通灵知奇祸》中写道,怡红院里的海棠枯萎了一年,次年重新开花。有观点认为,《红楼梦》中海棠死而复生的情节就取材于卧佛寺的二度梅。

五、古寺碑文

古碑是重大事件的记录,是古人有意留给后人的信息。

寺里共有六通碑,我们今天介绍三通:三世佛殿前两通和天王殿前一通。三世佛殿院内甬路东西两侧各有一通石碑,东侧为雍正皇帝瞻礼石碑;西侧为乾隆皇帝瞻礼诗碑。

雍正十二年(1734),怡王府修缮卧佛寺工程基本完毕。雍正皇帝为之作《御制十方普觉寺碑》,立于三世佛殿前甬道东侧。碑刻正面碑文云:

> 西山寿安有唐时古刹,乃入山第一胜境。中有旃檀香佛像二:其一相传唐贞观中造;其一则后人范铜为之;皆作偃卧相,横安宝床,俗称卧佛,见于记载诗歌者屡矣。

三世佛殿甬道西侧乾隆瞻礼诗碑碑文中说:中有佛像二。然今只一卧佛，其一亦不知何时移向何处。这是乾隆四十八年写的。

这通碑四面有御制诗，分别作于乾隆四十八年（癸卯，1783）、乾隆五十年（1785）、乾隆五十二年（丁未，1787）、乾隆五十四年（己酉，1789）、乾隆五十八年（癸丑，1793），乾隆皇帝至少五至卧佛寺，几乎每两年一游卧佛寺。乾隆皇帝对卧佛寺的喜爱，由此可见一斑。

天王殿甬路东侧的王泽颁撰文重修西山普觉寺碑：

王泽颁为民国时"洋灰大王"王锡彤之子、中华民国参议院议员。文中记述了民国时重修卧佛寺的起因和过程：

王锡彤（1865—1938），字筱汀，号悔斋，河南汲县卫辉城关人，中国近现代史上著名的爱国实业家。他的人生有三段主要经历:教育家、实业家、学者。三段人生，段段精彩而饱满。但是人们一提起他，就会说他是"洋灰大王"。的确，在他曲折的人生中，是洋灰和洋灰在中国的推广使他成为至今令人难以忘却的人物。

赵太夫人19岁嫁给王锡彤，其时王家并不宽裕，"时君姑罗太君老且病，夫人苦心翼护，每食必亲调以进，每寝闻呻吟声必趋省夜，尝数起，累十数载不懈"。后来家境日丰，夫人"未尝一制华饰"一日次子归自日本，见夫人"衣百结"，就偷偷地扔掉了，把自己给母亲买的新衣服拿了上来。夫人见后十分生气，她斥责儿子说，我的衣服还很结实，"吾久安朴素"，你为什么要把它毁掉呢？

王锡彤晚年患病，十分痛苦。夫人悉心照料，仍不见愈。于是"乃乘夜礼佛，蕲以身代，疾旋瘳"。自此夫人斋素事佛，及临终，神明湛然。并留遗嘱，令家人用檀木作簪珥，不要在棺中置放珠玉。

北京西山生态环境良好，四时俱胜。其金山、寿安山、香山一段，为半围合形态，自西北向东南开敞，呈太师椅状。这种后有高山为靠，前有碧水为照，得自然山水格局，符合风水理论，因此，自古以来成为王公权贵卜葬之地。

王泽颁母亲、民族资本家"洋灰大王"王锡彤夫人赵太夫人，笃信佛教，修为甚好。死后曾"暂厝寺屋"，以待卜葬西山之麓。王锡彤家族墓地，就在卧佛寺坡道下，东行200米处，香山百姓称为"洋灰大王墓"。

碑文记载了1935年，长城告警，战事已经"箭在弦上"，王泽颁为母亲在卧佛寺扶灵守孝，身在西山古寺里，也"一夕数惊"。既为国事担忧，又因半月阴雨，忧虑墓园工程不能完工。唯一能做的，就是口诵佛号，祈求佛的慈悲护佑。也许是赵太夫人的功德，也许是王泽颁的虔诚感动了上苍。就在灵柩抬起出寺的瞬间，天空豁然开霁，祥光拥现，曦轮赫奕。而当葬事甫竣，阴雨如故。

六、樱桃沟盛景

樱桃沟在寿安山西麓，是一条长近一公里的山谷。其得名于满山的樱桃树。早在康熙年间就有"樱桃花万树，春来想灼灼"的诗句。此种樱花，是中国原生种樱，花不大，果也酸涩，但成片生长，在北方实属罕见。且花开烂漫，遍布山谷，景色动人。又称退谷、水尽头、水源头、周家花园，是与卧佛寺齐名的北京西山著名历史风景名胜之一。

樱桃沟地貌结构呈梯形、树枝状分布。年平均气温11.1摄氏度，1月平均最低气温-7.1摄氏度，7月平均最高温度28摄氏度，冬无严寒，夏无酷暑，空气湿润。沟内有众多的动植物种类，这样的生态环境，自古就成为人们追求的世外桃源。它既有丰富的野趣，又有深厚的人文积淀。

樱桃沟与卧佛寺毗邻，地处卧佛寺西侧的山谷里，与卧佛寺同属一个小气候带，水出一脉，人文同根，所以在历史上人们经常把樱桃沟与卧佛寺连接在一起。

樱桃沟见著史料的记载是在金代章宗皇帝所建的"看花台"，元代着力建设卧佛寺，樱桃沟没有大的改观。明代是樱桃沟的繁盛时期，沟内泉水淙淙，竹篁幽曳，奇石突兀，林木葱郁，众多寺观遍布沟谷两侧。见于史书记载的就有隆教寺、圆通寺、普济寺、五华寺、光泉寺、台和庵、广慧庵等。名人雅士多来樱桃沟郊游赏景，留下了大量诗篇。

明灭亡之后，樱桃沟寺毁香断，野径蓬蒿，满目荒凉。清代吏部左侍郎孙承泽（号北海，1593—1676）于顺治十一年（1654）退隐于樱桃沟。他构筑了退翁亭、退翁书屋、烟霞窟等建筑，并题碣"退谷"，专作《退谷小志》，"退谷"二字由此成了樱桃沟的另称。孙在他所著的《天府广记》《春明梦余录》两书里，详细介绍了樱桃沟景物和古迹。

中华民国时期的樱桃沟，是私人开发的兴盛时期。清朝灭亡后，樱桃沟不再是皇家禁地，达官显贵在沟里营建私人别墅，立界碑，修围墙等，其中以周肇祥为最。周肇祥字嵩灵，自称退翁，浙江绍兴人，清末举人。曾任奉天警务局总办、代理湖南省省长、河南省财政厅厅长清史馆提调等职。笃信佛教。

周肇祥工诗文，精于文物鉴赏，通文史，晚年潜心金石书画。1926年，担任中国画学研究会会长，出版会刊《艺林旬刊》《艺林月刊》。1927年与齐白石一起创办《湖社月刊》。

1926—1928年，任古物陈列所所长，在任期间，他主持了文物鉴定和分级工作，为今天博物馆的文物分类和管理打下了基础。

1918年，周肇祥从清朝遗太监郝常太手中弄到了盖有龙头大印的皇家地契，在樱桃沟四处树起了他的"静远堂界碑"。沟南坡建"鹿岩精舍别墅；北坡广泉寺遗址修建"生圹之地"，他夫人陈默娴去世后，就埋葬在这里。

明代是樱桃沟大规模开发时期，环山寺庙林立，先后建成的寺庙有五华寺、普济寺、广泉寺、隆教寺、广慧庵、圆通寺、太和庵等数十处。樱桃沟内泉水淙淙、竹篁幽曳、奇石突兀、林木葱郁，加上众多的寺观遍布沟谷两侧，幽邃静谧的樱桃沟一下子热闹起来，形成了寺庙、泉水、篁丛、红叶、奇石五大奇观。

(一) 泉水

樱桃沟内水源丰沛，除水源头外，无名小泉遍地皆是，观山景、听鸣泉自有一番特别的感觉。

(二) 篁丛

篁丛即竹丛。竹子生于南方，因南北气候差异，一般北方竹子长势较差，尤其是地处北国的北京，成丛成林生长的就更为罕见。樱桃沟四面环山，南面的樱桃沟口比现在小得多，所谓"两山相夹，小径如线"。加之沟内泉水淙淙，环境湿润，使得沟内温度、湿度都比沟外高不少，较适宜竹子生长。丰茂繁盛的竹林点缀于山涧，自然是北国一道独特的风景。

(三) 奇石

奇石是樱桃沟内的另一胜境。樱桃沟为第四季冰川冲积而成，故整条沟内怪石嶙峋，大者如白鹿岩、石上松，小者不计其数，各有所像。此外，樱桃沟内因气候温湿，生有大量野花，故金章宗于此建"看花台"，漫山遍野的野花，与众多的奇石、山泉相配，实为北国少有的佳景。

(四) 红叶

红叶为西山名景，樱桃沟内的红叶在明代堪与香山红叶媲美。当时，樱桃沟一带遍生枫树、黄栌、柿树，每值秋季，树叶转红，层林尽染，遍山红透。明人作文描写说："叶紫紫，实丹丹，风日流美，晓树满星，夕野皆火。"写尽满沟秋色。

樱桃沟内寺庙多由明代太监供奉，战乱纷争，太监们自顾不暇，寺庙失去靠山，也大都荒废；清初近二十年的时间里，人们忙于从战乱之中恢复家园，无心游赏，樱桃沟内寺毁香断、满目蓬蒿。

此时，樱桃沟迎来了它的一位重要主人——孙承泽。

(五)孙承泽与退谷

樱桃沟又叫"退谷",其名来自孙承泽。孙承泽(1593—1676),字耳北,号北海,又号退谷,一号退谷逸叟、退谷老人、退翁。山东益都人,世隶顺天府上林苑(今河北大兴)。他是明末清初政治家、收藏家,明崇祯四年(1631)中进士,官至刑科给事中,清顺治元年(1644)被起用,历任吏科给事中、太常寺卿、大理寺卿、兵部侍郎、吏部右侍郎等职。富收藏,精鉴别书、画。孙承泽著有《春明梦余录》、《天府广记》《庚子消夏记》《九州山水考》等40余种,多传于世。卒年85岁。

孙承泽是位书生,忠君思想一直在他的骨子里。但是命运弄人,1644年春李自成攻进北京,他在玉凫堂书架后自缢,被人解救;服毒自己受不了,又吐出来了。后又同长子跳井,也被救。不久即任大顺政府的防御使,又改任谏议,相当于中央一级的官员。清兵入关,顺治元年他又当上了吏科给事中,后来历任大理寺卿、兵部右侍郎、都察院左都御史等职务。清顺治元年起供职于清廷。

他经历了明、大顺、清,三易其主。在清廷任职10年,频繁调迁,由太常寺历大理寺、吏部、兵部,虽加太子太保、都察院左都御史衔,其实并没有得到重用,也未建立大的功勋。他心灰意冷,于顺治十年辞职,结束了他的宦海浮沉。他开始著书立说。

孙承泽告老退休后,便隐居樱桃沟,他自号"退翁",在沟内修造烟霞窟、退翁亭、退翁书屋等建筑,樱桃沟自此始有"退谷"之称。他的两部著名的北京地方史料书《春明梦余录》和《天府广记》就是在这里写作的。

孙承泽十分喜爱这里,《天府广记》卷三十五"岩麓"附"退谷"记载说:"京西之山,为太行第八陉,自西南蜿蜒而来,近京列为香山诸峰,乃层层东北转,至水源头一涧最深,退谷在焉;后有高岭障之,而卧佛、黑门诸刹环蔽其前,冈阜回合,竹树深蔚,幽人之宫也!"

他的朋友王崇简、潘宗海、陈路若、朱锡、李武曾等人常来这里与他诗酒唱和，清初著名诗人吴伟业曾作《退谷歌赠孙退翁》一诗，诗中说：饮君酒，就君宿，羡君逍遥之退谷。

孙承泽的另一位友人胡世安为他作《退谷赋》最后说：人亦有言，闲者是主。

康熙年间，著名诗人王世祯、宋荦、朱彝尊等人先后来此游览，后者还作有《退谷》诗一首，诗云：

退翁爱退谷，未老先抽簪。
行药乱峰路，筑亭双树林。
闲中春酒槛，静里山泉音。
满目市朝贵，何人期此心？

"退谷"泉水名闻京城，康熙年间的《宛平县志》将"退谷水源"列为"宛平新八景"之一。宋荦作诗描写樱桃沟景色，把水源头称作"水尽头"，他的《游退谷寻水尽头》一诗写道：

如笠亭开退谷前，四山积翠落层巅。
花围曲栏宜呼酒，木架荒崖任引泉。
踏石寻源闻淅沥，临溪濯足爱沦涟。
萝阴窈窕苔矶静，坐听樵歌胜赏偏。

（六）白鹿岩与白鹿洞

"如笠亭"西200余米处，有一高6米，长14米的巨石，这就是古籍记载中的"白鹿岩"。白鹿岩形似"元宝"，又俗称"元宝石"，是樱桃沟一处重要的景观。在香山地区的传说中，有曹雪芹根据此石，创造《红楼梦》中贾宝玉的说法。

元宝石下有洞穴，深 6 米，宽 3.6 米，高 2.1 米，可容 10 余人，相传为辽代骑白鹿神仙修行、居住的地方，名"白鹿洞"。

民国时，周肇祥曾对白鹿洞进行过清理、整修，他还在洞内嵌碑，记述了白鹿洞的传说和自己清扫白鹿洞的经过。

（七）石上柏

白鹿岩的西南山坡上，有一块巨石，石高 10 余米，宽 4 米，中间裂有石缝，其间，一株侧柏生出。石上柏高 7 米，干径 35 厘米，其根粗壮如巨蟒，挤满整个石缝，树龄达 300 余年。

古人松桧不分，人常谓之松树，称"石上松"。《春明梦余录》记载曰："独岩口古桧一株，根出两石相夹处，盘旋横绕，倒挂于外……是又岩中之奇者也。"周肇祥作诗描述石上柏说："古桧裂石出，垂荫如翠幄。"民间相传此乃曹雪芹《红楼梦》中，宝黛"木石前盟"的原型所在，为樱桃沟重要的景观之一。

现在的樱桃沟，进行了重新修建，为了游客游览方便，在沟谷里建起了栈道，是人们四季游览的好地方。

我做过《植物园志》的工作，做过"卧佛寺历史文化"的课题，深深感受到这个工作的乐趣，那就是面对同样的客观景物，通过整理文献、古诗，我们能穿越千百年的时空与古人神会。在感受人非物是的沧桑岁月中，在思辨和取舍中，或者会心一笑，或者拍案啧啧，其中百味，我心自知。

千年转瞬，古迹尚在，人世已经流转百余轮。在同一个坐标点上，浏览千年历史流变，无形中也增加了我们自己的历史人文素养。

李明新　曹雪芹纪念馆荣誉馆长、中国作家协会会员

皇家园林看西郊　西郊园林自辽金
——北京传统园林区域形成的地理基础和文化渊源

吴文涛

辽金时期是北京由藩镇迈向首都的起步阶段。尤其是金中都，它在北京城市发展史上具有里程碑的意义，无论是民族融合、经济与社会发展还是城市的规划建设，多方面地为后来元明清定都北京打下了坚实基础。其间，皇家园林的兴起、传承，见证了北京全国政治文化中心的发展历程。今天的讲座选取辽金时期一些著名的园林如香山行宫、大宁宫、"八大水院"以及相关的重要人物如金世宗、金章宗等历史素材，以解读辽金时期北京皇家园林兴起的地理基础和文化渊源，揭示北京园林道法自然、南北融合、恢宏大气之文化特色的由来。

一、北京传统园林的区域分布

我们首先简单澄清一下概念：

1. 传统园林概念：

所谓中国传统（或古典）园林，主要以江南私家园林和北方皇家园林为代表，它们有以下几个共同要素：山水园林形式、传统建筑主体、历史悠久、体现中国传统文化和精神气质等。

所谓山水园林形式，就是这个园林里面，不像西方的园林那样，多使用几何图形的大草坪和花卉摆件，或者大型雕塑来组成，我们园林的主要形式是山水园林，有山有水，造园子一定要引水堆山，哪怕是假山都行。山水之间点缀的建筑主要是传统的亭台楼阁。还有，就是它的历史非常悠久，所谓古典或者传统，那就是历史上存在时间很早，延续时间很长。再有，它要能体现中国传统文化元素，和中国人的精神气质，这是它几个共同的要素。

我们今天不对概念作专门探讨，只在时间上大致做个界定，所关注的传统园林就是从历史上传承下来的、保留了相当丰富的历史文化景观的园林，以区别于现当代新建的公园。也就是说它们是历史上就存在而延续下来的。

刚才说的是概念问题，下面我们看看它的分布区域。

2. 分布区域：

下面两幅图上所呈现的大多是明清时期的园林分布，可以很明显地看出它们集中分布的区域跟水有关。图1是沿河流的走向，主要是永定河的古河道。图上麻麻点点的位置，都是永定河的几条古河道。金钩河这里画得有点不够确切，其实玉渊潭也是处于永定河古河道的金沟河故道中的，这个地方也应该是麻麻点点的，金钩河故道是横穿北京城的，是穿城而过的。

也就是说，我们可以看到，著名的长春园、圆明园、颐和园，包括香山、玉泉山的这几个园林，都在原来永定河的清河故道上，而像玉渊潭、龙潭湖，包括积水潭这块儿，都是在它的金沟河故道上，而莲花池、南苑这一带，又是在永定河的㶟水故道上。这些都跟河道有关系，主要是跟永定河洪积冲积扇的分布走向有关系。

图2就是泉脉的分布，显示了河流故道和山前洼地的潜水层溢出。也就是说，河流故道和山泉洼地的潜水层，它的分布跟园林之间存在着关系。它基本上有三个区域，在图上可以看得很清楚。我们的园林大都存在于有泉水露头的地方，也就是古河道或者含水层丰富的地方，有泉眼冒出来的地方。

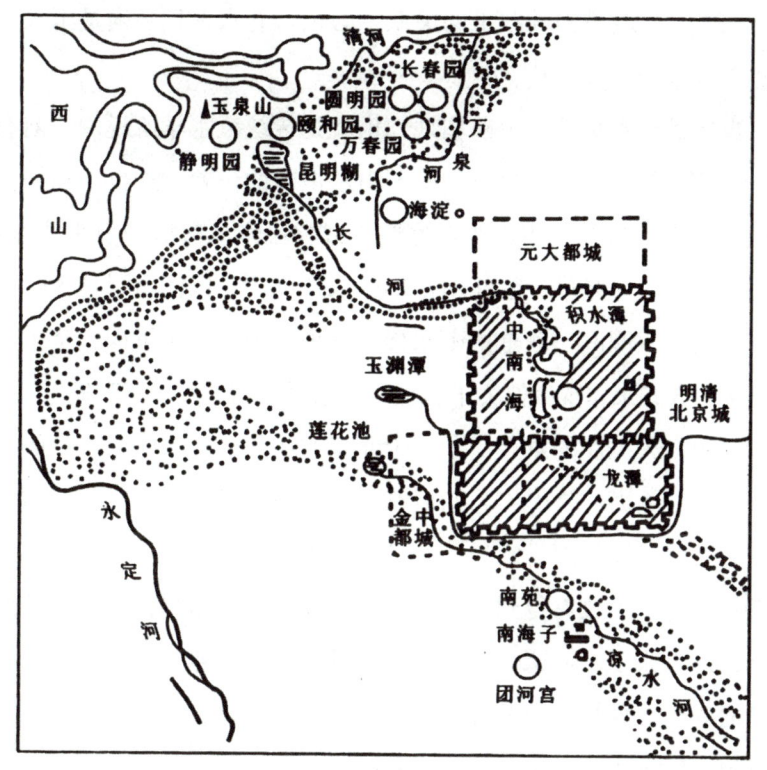

图1 永定河的古河道

北京平原永定河冲积扇上分布的泉水与湖泊

图2 河流故道和山前洼地的潜水层溢出

总之，这就是园林跟水的关系，必须得有水，且必须是水源丰富的地方。

当然最受青睐的是山前坡地，也就是传统风水学所说的"前有照（水）后有靠（山）"的地方，所谓山水俱佳的位置。这也是中国传统园林讲究山水形胜或借山水造庭院，或移山水入园庭的由来或体现。像北方园林大多是借，依托山水形式来造庭院。以江南园林为代表的多是移山水入园庭，就是把山水移天缩地地纳入庭院里面，基本上以这样两种方式来体现我们关于园林和山水之间的一种理解和概念。

我们今天关注的重点，是位于北京城西郊也就是西山一带的皇家园林，这一方面，是因为它们更符合我们前面所说的中国传统园林特色，另一个重要原因是它们具有良好的延续性和可见性——就是说咱们现在还可以大致看得到它们的原有风貌和历史格局，它们被较好地保存延续下来了。而诸如东、南郊的延芳淀、南苑一带，由于永定河河道的变迁，水源断流或泥沙堆积等环境因素和社会变革的巨大影响，这里的古代园林都已风貌不再，踪迹难寻了。

那么，图上呈现的这些园林都是从什么时候开始出现的呢？这就要追溯到辽金时期了。秦汉以及之前的春秋战国时期，现在北京所在的位置被称为蓟或者燕，是一个小的分封国的都城；到隋唐五代及宋朝时，这里被称为涿郡或者幽州，是中原王朝靠近北部边界的一个藩镇，蓟城作为其行政治所，只有驻军衙署和简单的城池设置。但辽金以后就不一样了。

二、辽金时期皇家园林的兴起

辽金时期是一个比较特殊的时期。辽是契丹族建立的政权，建都上京（今内蒙古赤峰巴林左旗东南），行"五京"制。以原幽州城——也就是今天的北京作为陪都，改称南京。又因此地处于燕云十六州当中的燕，所以它又称燕京。

辽朝皇帝的活动虽然主要在上京，但经常在"五京"之间迁徙，一年四季随气候在各处安营扎寨，"五京"之间还有很多"捺钵"之地。这是他们游牧民族的一种传统生活方式和文化习俗。这个后面还会进一步讲到。

金朝是女真人建立的王朝，他们也是北方来的游牧民族，也实行"五京"制。但女真人似乎比契丹人更喜欢燕京这个地方。1153年，金朝在海陵王完颜亮的指挥下废弃其起家之地——上京（今哈尔滨阿城），把宗室贵族、猛安谋克（他们的一种社会组织，以部落为单位军民一体）等政治核心包括祖陵、宫室、衙署等一并迁移到了燕京，改称此地为中都，取其居"五京"之中之意，也就是实际上的金朝首都。迁都后并在职官礼乐、军事防御、行政建置、文化教育、社会习俗等方面进行了一系列改革，把这里发展成为北半个中国的政治文化中心，从而确立了北京作为一代王朝首都的地位。直到1215年被蒙古军队摧毁，金中都存在了62年。

既然辽金分别以燕京作为了一段时间的陪都和首都，那么，对这方水土不可避免地依照他们的生活方式和习俗来加以利用和改造，其中，选取水草丰美之地建立行营、行帐或者行宫，作为"四时捺钵"或"春水秋山"的场所，就是一个重要的体现。

简单介绍一下：什么叫"四时捺钵"和"春水秋山"？

以契丹辽朝为代表的北方游牧渔猎民族政权有"四时捺钵"的制度习俗，即所谓"春水秋山，冬夏捺钵"的四季渔猎活动。这是保持游牧民族传统的重要形式，也是帝王政治生活中的一件大事。金朝沿袭了辽朝的捺钵制度，虽然逐渐简化为"春水""秋山"两个系列——所谓"春水"，就是春天到有湖、有水面的地方去捕猎，放飞海东青，捕捉天鹅等水鸟；"秋山"就是到山里去打猎，去打鹿、狍子、老虎、狼等各种野兽。

但天子"巡狩""游幸"在金朝政治生活中的重要性同样不可小觑,并有着更加复杂和创新的功能,如通过骑射、渔猎活动练兵习武,检阅军队,借机考察官吏、体察民情、了解部族及社会各方面的信息,并展示君道、礼制等。也是跟不同族群、贵族集团之间很重要的一种联谊活动,类似于现在搞好关系的公关活动。

那么,辽金时期都有哪些重要的皇家园林和行宫苑囿呢?

辽代的相关记载比较少,而且,在北京地区能传存于世的基本都为金代所继承了,所以,我们就以金代为例,挖掘一下辽金时期奠定的皇家园林和行宫苑囿的基础。

金中都的园林建设在北京史上也是相当值得大写一笔的。城内的同乐园与郊外的香山寺、建春宫、大宁宫、玉泉行宫等处,以优美的环境、秀丽的风景著称,不仅是当年的皇家苑囿,也对后来北京城市发展产生了深远的影响,为我们留下了宝贵的文化遗产。

同乐园又称西苑、西园、西华潭等,位于金中都宫城的西门玉华门以外,仿中原王朝古典园林"一池三山"的仙境意蕴,其间造有瑶池、蓬瀛、柳庄、杏村等宫苑胜景,金世宗、章宗时期,皇帝多次在西苑举办马球、射柳等活动,并开放给百姓与官员观看。

鱼藻池:又称"琼林苑""瑶池",位于金中都宫城内,水系与同乐园相通,是同乐园伸入宫城的部分,属于宫殿区的园林。所以有很多文献把它和同乐园混为一谈。由于缺乏文献和考古资料佐证,仅凭景观名称也确实难以区分其具体位置和布局。但鱼藻池的遗迹今天还是能看到的,就在金中都大安殿遗址的西侧,今西城区广安门外南街青年湖后又叫游泳池的地方,有大片池塘的痕迹,已经被保护下来了,但还有一些烂尾楼亟待处理。

不论同乐园、西华潭、鱼藻池等是同一片园林,还是分属宫城内外的两处园林,它都是金中都引水造园、修建宫廷苑囿的代表之作,是其效仿中原王朝都城模式的创新之举,连"琼林苑""瑶池"等名称也是直接沿用宋都汴京御园的。这体现了他们向汉文化融入的一面，但园林对水的利用及其功能和作用方面又更多地体现了其自身的民族传统。

中都城南门附近有广乐园，又称南园、南苑。园中有常武殿、熙春殿，因此也叫熙春园。海陵王、金世宗、金章宗曾在殿外球场打马球、射柳，这都是女真族体现尚武精神的生活方式。

中都城南郊的建春宫，也就是后来元朝的"下马飞放泊"，明清时期的南苑所在地。当时是古永定河也就是㶟水故道上的泛滥区、漫滩地，方圆两三百里，水阔草密，动植物丰富，是皇族们放马、打猎、捕鱼、驯鹰、练兵、举行传统节日庆典的场所。

从《金中都城内园林分布图》《金中都城郊园林分布图》上可以大致看到金中都的主要园林都分布在什么位置。

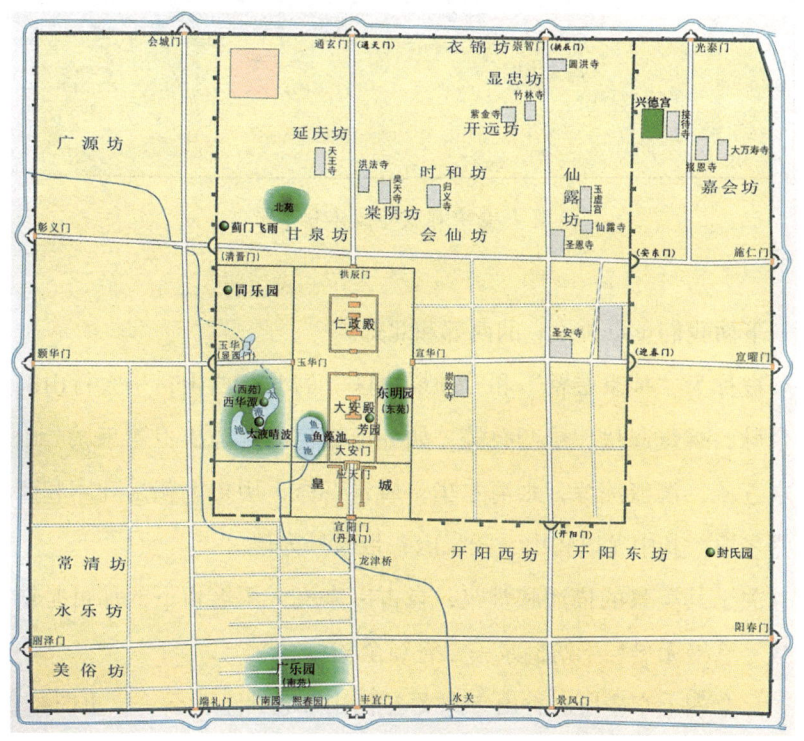

图3 金中都城内园林分布图

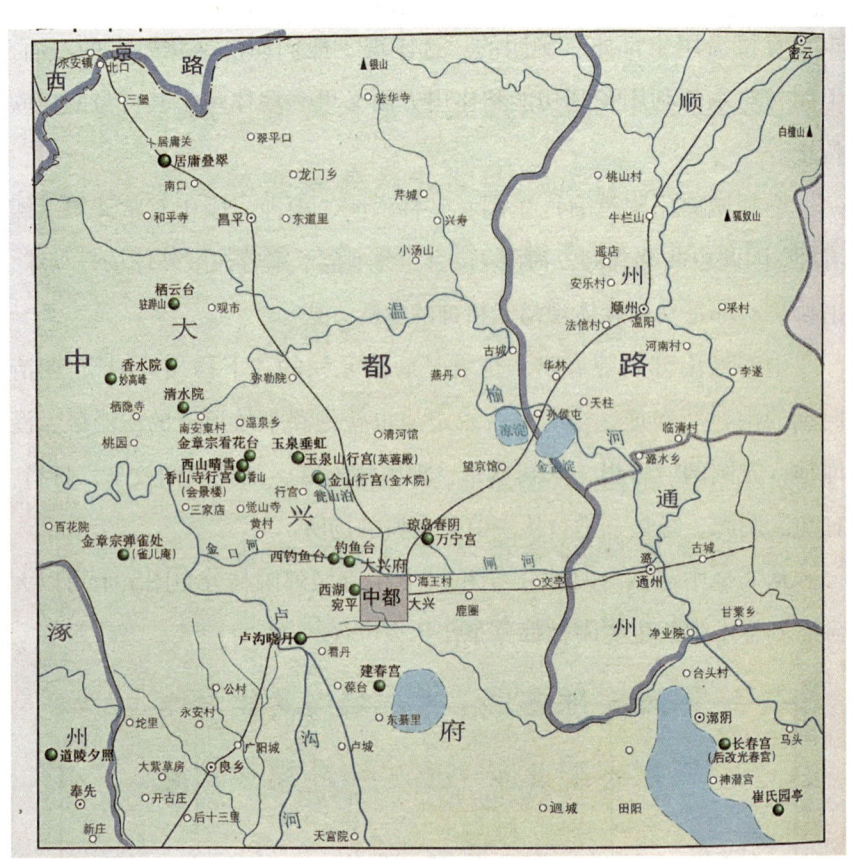

图 4 金中都城郊园林分布图

下面我们重点说说它的西郊和北郊。

被称为"神京右臂"和"神皋奥区"的北京西山，是太行山的北端余脉，蜿蜒起伏，层峦叠嶂，如一道绿色的屏障拱卫着京城。山中林木苍翠，溪流淙淙，水清木华，风景奇秀，历史上就是寺庙和园林兴盛之地。其中尤以香山、玉泉山一带风景为佳。

关于其美景的描述和赞叹，自古以来文人墨客留下的那可是篇章无数、笔墨无尽！不妨摘录一二管窥全豹。

1. 金朝人李晏所写香山寺碑文："西山苍苍，上干云霄，重冈叠翠，来朝皇阙。"（《明一统志》卷一《京师》）称其为"古道场"，号称"小清凉"。

2.元代文人张养浩作有《游香山》诗："常恐尘纷汨寸心,好山时复一登临。长风将月出沧海,老柏与云藏太阴。宝刹千间穷土木,残碑一片失辽金。丹崖不用题名姓,俯仰人间又古今。"(《归田类稿》卷一九《七言律诗一》)诗中既描绘了香山的美景,也有对辽金时期香山一带寺庙建造之多的批评。这也从一个侧面反映了当时香山已然成为风水宝地的情形。

既然"这么近、那么美",所以自辽金以来,这里就为历代帝王所青睐,成了皇家行宫之首选。

契丹贵族崇尚佛教,辽代帝王就常以修行为名,去西山里的寺庙驻跸,并大兴土木地建造了一批皇家寺庙,也叫敕建寺庙。流传至今如香山寺、碧云寺、大觉寺等,其实都是始于辽代的。大觉寺里还有一块辽代的碑,以及900多年的古银杏树,这都是见证。

金朝发展更盛。早在海陵王迁建中都的第一年贞元元年(1153),就建造了"金山(今万寿山)行宫",就是现在的颐和园附近,但存在时间很短。

海陵王之后的金世宗则相中了辽代"香山寺"所在的宝地,将山下的安集寺与山上的香山寺合并,加以翻修扩建。寺前新建三门,中建佛殿,"后为丈室云堂,禅寮客舍,旁则廊庑厨库之属,靡不毕兴,千楹林立,万瓦鳞次"。寺之上端又建大阁,"复道相属",旁有翠华殿,"下瞰众山,田畴绮错。轩之西叠石为峰,交植松竹,有亭临泉上。钟楼、经藏、轩窗、亭户,各随地之宜"(《元一统志》卷一)。前寺后宫,布局方正,因山就势、因地制宜,把各类建筑和景观安排得错落有致,规模十分宏大。大定二十六年(1186)三月建成后,金世宗亲往视察游幸,赐名大永安寺(又名甘露寺),并赏良田二千亩,栗七千株,钱二万贯作为寺中永久产业,供其常住之费。由于金世宗经常前来驻跸,遂有"香山行宫"之名,可以说,这是香山地区最早的皇家敕建寺庙和行宫园林。

继世宗而立的金章宗完颜璟（1168—1208）更是一个游山玩水的达人。其在位20年，正是金朝经济发达，人口增长，府库充实、社会安定的时代。他本人对汉文化极为推赏，兴办学校，尊崇儒士，并鼓励女真族和汉族通婚，促进了民族融合。他还喜好诗词、书法、绘画和园林文化，他仿造宋徽宗写的瘦金体在历史上也很有名。总之，他对金朝文化的发展和金中都政治文化中心的巩固，起到了积极的作用。

登位之初他即在玉泉山上打造了自己的"芙蓉殿"；继而又将西山山麓其他一些风景胜地开辟为行宫别墅。其中最著名的有八处，被后世称为"八大水院"或"西山八院"。其具体位置虽无定论，但通常说法是玉泉山泉水院、大觉寺清水院、金山寺金水院、法云寺香水院、黄普寺圣水院、香山寺潭水院（以上均在今海淀区）、双泉寺双水院（在今石景山区）、栖隐寺灵水院（在今门头沟区）。

其中的香山寺潭水院，就是金世宗留下的香山行宫，也是金章宗最喜欢游幸的地方。他在原来香山寺的规模上加以扩建，增添了"会景楼"等新景观。每逢岁时必往"巡幸"，仅《金史·章宗纪》中就有7次他游猎香山行宫的记录。金章宗对这里的林泉格外欣赏，相传有一天他夜宿香山行宫，梦到山下有两股清泉喷涌而来，天亮后命人在所梦之处挖掘，果然有两股泉水喷涌而出，于是取名为"梦感泉"，旁刻"双井"二字立石为碑。附近也分别因金章宗的行迹而留有"祭星台、护驾松"等景观。自此，香山寺名冠香山诸寺之首。

而"八大水院"可以看作西山地区首次出现的皇家园林集群，虽然还是多与寺院、庙宇相结合，但宗教意味已趋淡化，帝王避暑、游猎、外交、理政等功能渐为主要。园林建设也更加精致，取天然之意趣，依山水之形胜；亭台楼阁形态多样，庭院布局错落有致；各处行宫独具特色又彼此关联，反映了金代山水园林的空前水平。这是北京园林史上的一次造园高峰，也是北京皇家园林兴起的奠基之作。

不同于城内的宫廷苑囿，辽金时出现的西山园林是真山真水的天然园林。这种以自然山水景观为基础建造的皇家园林演变、发展至清代，就出现了以"三山五园"为代表的皇家园林群落。这个我们后面还要讲。

除西山之外，我们还得看看金中都的北郊——大宁宫。

为什么要特别讲，因为它的意义太大了。除上述西山的园林之外，最著名的就是这个建成于金世宗大定十九年（1179）的大宁宫了。它又称太宁宫、寿宁宫、寿安宫、万宁宫等，在金代还被冠以"北宫"之名。它位于中都城外东北的白莲潭畔，是一大处依托广阔的湖面来建造亭台楼阁、呈现湖光山色的园林。

白莲潭是古永定河的一条故道——高梁河（也称"三海大河"）遗留下来的湖泊。从更新世晚期直至东汉末年，古永定河从今石景山附近向东流，经八宝山北、田村、半壁店、八里庄，到今紫竹院附近接纳众多泉水，又经高梁桥至今德胜门西，再南折入今积水潭、什刹海、北海、中海，穿过今长安街人民大会堂西南，再向东南流经前门、金鱼池、龙潭湖，经左安门以西流向十里河村东南至马驹桥附近汇入㶟水主干道（今凤河河道）。也就是说，它是斜穿整个北京城之后又汇到㶟水中去了。

尽管永定河在东汉以后开始改道南迁，但由于有今紫竹院附近泉水（其实也是古永定河河道地下水的浅层溢出）的不断汇入以及原有水体残存形成的湖泊，从今紫竹院以下的河道并没有断流。上游田村、半壁店、五孔桥、八里庄以北直至紫竹院一段水体也因山脚泉水补充而断续存在（今双紫支渠所行河道疑为旧河道遗存）。由于当时今紫竹院附近的泉水还相当丰沛，高梁河河道在很长时期保留着丰富的水体，作为河道遗存的今积水潭—什刹海—北海—中海这一片水域在当时是一片很大的湖泊，在金代被称为白莲潭，水面比现在要广阔很多。加之沿岸丰美的水草植被和美丽的风光——当时这大片水面就像镜子一样，可以映照西山的倒影，所以辽金时期的皇帝就相中这里作为其行宫的上佳选地。

辽代，曾在今北海公园的琼华岛一带建有游猎度假的行宫——"瑶屿"。金代，则开通长河引入来自西山的水源，进一步扩大湖面，疏浚湖泊，堆筑小岛，用开挖湖泊的土石堆筑了日后被称为琼华岛与瀛洲（或称"圆坻"）的两个岛屿，然后以此为基础扩建为太宁宫。

西边是一望无际、开阔浩渺的水面，中间是琼华岛（即今北海公园琼华岛）和瑶光台（即今北海公园团城）。琼华岛在金代又称寿乐山，它是仿照汴京的皇家园林——艮岳而建造的。上面堆砌着玲珑剔透、千姿百态的太湖石，相传是海陵王命建中都时直接取自汴京。琼华岛的山体形象、园林布局和造景意向也与艮岳相似。沿湖边，一组组宫殿雕梁画栋，华丽气派。

因金世宗、金章宗二帝经常住在这里处理政务，这里被当时的官员称为"北宫"或"北苑"，一些官员还留下了描绘其华美景色的诗词，如赵摅《早赴北宫》、赵秉文《扈跸万宁宫》等。金代燕京八景中两处"太液晴波（清代改秋风）""琼岛春云（清代改春阴）"都在这里，反映的都是这里的景色。

白莲潭之畔大宁宫的修建，对金中都而言，其意义不仅仅是在政治上的犹如清代圆明园之于紫禁城的关系，更重要的是它启发了解决城市水源问题的一种开拓性思路，为城市的延伸、扩大开辟了新的触角和据点，对后来元大都的选址提供了水利基础和宝贵的经验。后来忽必烈营建大都新城，所选地点就是以大宁宫为中心的园林风景区。享誉世界的元大都正是以此为基点崛起，并为后来明清北京城奠定了基础和格局。

顺便提一下："燕京八景"说源于金代。

金章宗时期的园林建设，是元、明、清各朝大力开辟园林风景区的前导。今中国国家博物馆收藏有明永乐年间王绂的《北京八景图》。

其《北京八景图诗序》中称："地志载明昌遗事，有燕京八景，前代士大夫间尝赋咏，往往见于简策。"也就是说，金章宗明昌年间（1190—1195），已经形成了人称"燕京八景"的一组著名的风景胜地。此后，不论是《元一统志》的"燕山八景"、明代《宛署杂记》的"燕台八景"，还是清代乾隆帝钦定的"燕京八景"，八处风景的名称彼此之间互有异同，但都延续了金代开创的"燕京八景"的传统，直至全国各地的府州县志群起模仿，形成了千篇一律、刻意拼凑的"××八景"。

伴随园林的兴盛而产生了一个"副产品"，或者说相伴而生、相辅相成的。那是什么呢？

三、伴随园林兴盛而产生的"副产品"——城市水系格局的拓展

随着园林开发的用水需求，金中都的城市水系也开始随统治者政治空间的拓展而向郊外延伸。其典型的标志就是长河的开凿——西山水系与高梁河的连通。

金朝人在开辟水源方面具有超越前人的眼光，他们除了在引用卢沟河水方面大做文章，还早早地把目光投向了西北郊外西山脚下丰富的湖泊和泉脉。在玉泉山附近引水圈湖、修建离宫别墅以及"八大水院"的事情只是其中的一个方面。更重要的是，他们尝试把西山脚下的水源水系与金中都的城池、苑囿联系起来，构成一个完整的体系，不仅沟通了其位于中都城内外的几处政治活动中心，而且为后来的漕运及新的城市水系格局奠定了基础。

西山最著名的泉脉就是玉泉了，所谓"天下第一泉"。辽代在玉泉山建起了北京西北郊最早的皇家园林——玉泉行宫。金代又建芙蓉殿，金章宗完颜璟先后多次行乐于玉泉山泉水院。除了玉泉山脚下，往北一点的西山山麓沿线还有很多这样出水丰沛的泉脉。比如瓮山（今万

寿山）后面有玉龙泉、双龙泉、青龙泉、月儿泉、柳沙泉等，再往北去直到今昌平境内先后又有冷泉、温泉、黑龙潭、马眼泉、沙涧泉、一亩泉、双塔河、虎眼泉、白浮神山泉，等等。这些泉水或汇成小河，或积聚成潭，连带成串地散布在从西向北弯转的山坳坡脚下。大都随地形走势，向东流向今六郎庄、万泉庄（即巴沟低地）一带，朝着海淀汇聚；或者向东北经今青龙桥、肖家河等地流向清河谷地，原本与南边的高梁河水系并不相连。它们中间还隔了一个地势较高的海淀台地。

　　金朝在修建高梁河畔的大宁宫时，或许是为了进一步增加白莲潭的水源，扩大其湖面；也或许是为了能够从这里更方便地前往玉泉山行宫，把两处行宫紧密地联系起来，总之，在这前后，金朝首先将玉泉山一带的泉流，向南引入瓮山泊（又称七里泊、金湖，即今昆明湖所在），然后开凿了从瓮山泊通往高梁河上源的人工渠道，把西山水系引向东南，汇入太宁宫旁的白莲潭，从此和高梁河水系接上了联系。沟通这瓮山泊和高梁河的人工渠道，就是今天被称为"南长河"的那条河道，它起自今颐和园南门，到今紫竹院后接上高梁河。水利史大家姚汉源先生和历史地理学家侯仁之先生都曾撰文论证这是金朝人的杰作。这一段河道长度不过五六公里，从海拔50米的昆明湖一带穿过海拔52米的土坡汇聚今紫竹院附近的泉水，只需开凿两米多深的河道，工程量并不是很大，在挖濠筑城、大修离宫别墅的金代，这是完全可以做到的。

　　其初始目的可能是为了使高梁河上源的水量更加丰沛，白莲潭水域面积更大，并兼以周边农田灌溉功能。但后来起到的作用就远非这么一点点了：它一是方便了从大宁宫到西山行宫的联系，助推了西山皇家园林的兴起；二是沟通了高梁河水系与西山水系，为漕运开辟了新的水源，使西山水系（以玉泉为主，故又称玉泉水系）开始成为助推北京城发展壮大的主动脉。这条河对北京城的意义非常重大，它被后人称为北京城的"龙脉"。

为什么这个时候会兴起皇家园林、别苑行宫？为什么会呈现这么大规模的集群化的发展？

四、辽金时期园林兴盛的原因及分析

来自北方草原的契丹与其后的女真、蒙古、满洲，都是擅长骑马射猎的民族。这不仅是他们的生存本领和生活方式，而且是融入血液、代代相传的民族文化基因。从辽金时期如炭山、延芳淀、香山、万宁宫等遍布五京之间的各处"捺钵"驻地、元代的下马飞放泊、柳林行宫到明清时期的南海子（南苑）以及清代的木兰围场等，都是游牧民族入住中原农耕区以后也依然遵从旧俗的表示。从辽到清是一个由围绕都城和陪都四处游猎、随时安营逐步发展成为在都城附近设立大规模的皇家苑囿的过程。

这一点，我们不妨先从《辽史》所列的、在历代正史中绝无仅有的《游幸表》中看看当初这些北方游牧民族的皇帝来到中原之后对四出游猎的热情有多高吧！

表1《辽史》卷六十八《游幸表》摘要

帝王	时间	巡幸地点
太宗耶律德光	会同三年（940）	燕京城南郊阅兵；奉圣州（治今河北涿鹿）、炭山（在今河北赤城沽源县东南闪电河上源处）行猎
	会同五年（942）	巡狩南京（今北京）；驻跸阳门（今河北怀安柴沟堡东北二十里阳门堡）
	会同七年（944）	凉陉（今河北沽源闪电河上源，属炭山）避暑；"障鹰于炭山"
	会同九年（946）	渔阳以西的枣林淀检阅军队
辽世宗耶律阮	天禄元年—五年（947—951）	经常驻跸祥古山（今河北涿鹿东南小矾山与温泉屯之间）

续表

帝王	时间	巡幸地点
辽穆宗耶律璟	应历二年（952）	曾驻南京；炭山行猎
	应历三年（953）	曾驻南京、奉圣州等；常驻怀州（治今内蒙古巴林右旗东北的岗根苏木）
辽景宗耶律贤	乾亨二年（980）	整个冬季驻在南京，春于南京赏牡丹
	乾亨三年（981）	八月猎于炭山
	乾亨四年（982）	往华林、天柱（即今顺义花梨坎、天竺镇）休假、往云州（今山西大同）、猎于炭山、在祥古山行猎，其间连续在南京驻扎达三个月以上
辽圣宗耶律隆绪	统和四年（986）	在炭山障鹰和打猎；到华林、天柱行宫
	统和五年（987）	冬季常驻南京；幸潞县（治今北京通州）西放鹘擒鹅；到长春宫（在延芳淀附近）赏花钓鱼；在平地松林（今内蒙古赤峰市西北部及河北围场县境的大兴安岭南段）行猎
	统和六年（988）	正月到华林、天柱行宫；八月"射鹿于近山，驻跸赤城南"
	统和七年（989）	春季驻延芳淀；四月到儒州龙泉（今延庆东南五十二里龙泉峪）；五月在桑乾河行猎；十二月"猎于蓟州（治今天津蓟州区）之南甸"
	太平年间（1021—1031）	南京东南的台湖（今北京通州台湖）以及附近的延芳淀、长春宫是冬春季行宫，南京西北的炭山与鸳鸯泺（今河北张北县西北安固里淖）则是夏季避暑之地，有时中途还在儒州、可汗州（治今河北怀来东南旧怀来）行猎
辽兴宗耶律宗真	重熙五年（1036）	在黄花山（今北京怀柔黄花城一带）、炭山行猎
	重熙六年（1037）	猎于鸳鸯泺、野狐岭（在今河北万全县北三十里）、龙门县（治今河北赤城县西南龙关镇）西山、到炭山避暑
	重熙八年（1039）	猎于武清寨（今天津武清）之苇甸

续表

帝王	时间	巡幸地点
辽道宗耶律洪基	清宁六年至寿昌六年间（1060—1100）	曾驻南京，到鸳鸯泺、炭山等地行猎
天祚帝耶律延禧	乾统五年（1105）	鸳鸯泺、炭山射虎、驻扎奉圣州
	天庆至保大年间（1111—1122）	大鱼泺（在今河北张北县西）、鸳鸯泺、炭山等处行猎

除了《辽史·游幸表》外，另据《辽史·圣宗本纪》等文献记载，辽南京东南的台湖（今北京通州台湖）以及附近的延芳淀、长春宫，是辽圣宗与太后休闲之所，南京西北的炭山与鸳鸯泺（今河北张北县西北安固里淖）则是夏季避暑之地。每年春夏两季几乎形成了以南京为支点的固定巡行路线，有时中途还在儒州（治今延庆）、可汗州（治今河北怀来东南旧怀来）行猎。

圣宗为帝长达四十九年，前期得到萧太后的强力扶持，军政事务的重点在于与北宋的战争，故而多次与太后一起驻扎南京并在周边地区休闲避暑。宋辽实现和平后，国事的重点转移到契丹的北方及其与诸国或部族的关系，因此圣宗不像执政前期那样多次经行南京及其周边的休闲避暑之地。在辽代诸帝中，圣宗是在南京及周边地区活动次数最多、时间最长的一位，统和至太平年间也是这座城市得以发展的黄金时代。

保大元年二年（1122）正月十五金兵攻克中京，天祚帝从南京出居庸关到鸳鸯泺，这也是辽代诸帝在南京活动的结束。

看着这些记录，基本可以判定辽代帝王除了在上京待着的时间多一些，其余大都在各处营帐行宫流转，到南京（燕京）驻守的时间是逐渐增多。

契丹族的生产生活方式是以游牧和渔猎为主，"有事则以攻战为务，闲暇则以畋渔为生，无日不营，无在不卫"（《辽史》卷三十一《营卫志上》)。其统治管理也是随季节变化、逐水草畋猎的"捺钵"制度,即车马为家四季转徙、随气候和水草条件安营扎寨的社会模式。春捺钵,主要是钓鱼捕鹅;夏捺钵,用于避暑纳凉;秋捺钵,则进山捕猎,射杀野鹿和虎狼;冬捺钵,则往南方"与北、南大臣会议国事,时出校猎讲武,兼受南宋及诸国礼贡"(《辽史》卷三十二《营卫志下》)。这是极富北方游牧渔猎部族生活习俗特点的制度,与以封闭规整的宫殿坛庙为主体的中原汉政权都城制度截然不同。

如何融合两种文化的差异、实现汉地统治而又满足契丹本民族传统制度的需要?辽朝除了设立五京制外,还在南京城外因地制宜地设置了许多类似于捺钵的猎苑行宫。如:今通州东南部的延芳淀、今北海附近的"瑶屿"(后来的大宁宫),跨今大兴、丰台的长春宫(即金建春宫、元下马飞放泊、明清南苑)。此外,就是大规模对香山、阳台山等西山诸寺院的扩建与经营,其中"香山寺"的建设已有相当规模。值得注意的是,辽代在西山的经营虽以庙宇寺院为主,但其中许多已具有接待皇帝驾临的御用园林性质,如香山寺、阳台山清水院(即今大觉寺)等。辽帝借此保留捺钵习俗、进行宗教活动、处理部族及外交事务等,这也为后来金朝所继承。

同属游牧渔猎部落的女真族所建的金朝沿袭了辽的"五京"制和"捺钵"制,实行"春水秋山,冬夏捺钵"。金代的"捺钵"与辽有很大不同。金朝帝王在行宫居留的时间短,活动规模和形式也简单得多,但其政治上的重要性却非同小可。如金章宗在位20年,有16年行春水、九年狩秋山的明确记载,这不仅是其保持游牧民族传统的需要,也是帝王政治生活中的一件大事。相比于辽捺钵对传统习俗有更多的保留,金捺钵在政治上有更加复杂和创新的内容,它赋予了城外的山水资源以全新的功能。如通过渔猎活动练兵习武,借机考察官吏、体察民情、展示君道礼制等。

金比辽更深入地接近中原汉文化,他们以燕京为中都,将政治中心转入了中原，但仍需通过塞外避暑、秋狩等形式展现帝王巡边耀武的作用。

随着女真族日渐汉化、金朝与南宋边界的南移，皇帝更多地只在金中都周围实行"春水秋山"，从而推动了北京园林文化的大发展。

相比于辽，金朝统治者的汉化程度更高，这从他们留居燕京的时间长短就能反映出来，尤其是金世宗、金章宗时期。从辽南京到金中都，民族融合与文化包容性得到了明显的提升。

且看辽太宗与其母述律太后的一段对话——述律太后说："使汉人为胡主，可乎？"太宗曰："不可。"太后说："然则汝何故欲为汉主？"又说："汝今虽得汉地，不能居也。"（《资治通鉴》卷二〇四，开运二年条）述律太后又对臣僚们说："自古及今，惟闻汉来和蕃，不闻蕃去和汉。"（《旧五代史》卷一三七《外国列传》）由此可见，契丹统治者并无一统天下做中国皇帝的意识。因而，他们对已经占领的幽燕地区仍然实行"汉人治汉，契丹人治契丹"的分化策略。直到后期兴宗、道宗时，才稍有改变。在辽朝统治的180余年间，燕京城也基本保持着原幽州的坊里旧制形式。也就是说，辽帝王仍以立足上京为自己的根本，他们是固守自己的地盘有限地接纳汉族文化。

到了金朝就不一样了，他们欲为中国正统的观念较为明显，有着强烈的"居天子之正""合天下于一"的意识。如海陵王迁都，就是要实现"自古帝王混一天下，然后可以为正统"的理想，要做中原的主人。金朝人迁都燕京之举，远非契丹人建辽南京可比。他们认为"燕京乃天地之中"，因此把金中都营建得"有宫阙井邑之繁丽，仓府武库之充实，百官家属皆处其内，非同昔日之陪京也"（《金史》卷九十六《梁襄传》）。将大批女真宗室贵族及其附属人口甚至皇族陵地迁移到中都或其四围州县，又派人将金上京的宫殿、宗庙、王府等建筑全部平毁，表明要彻底斩断回归发祥故土之念，坚决以中都城作为首都。海陵王"命左右丞相张浩、张通古，左丞蔡松年，调诸路民夫筑燕京，制度如汴"(《日下旧闻考》卷三七《京城总记》),也就是效仿北宋东京城的规制来建,表明努力追求汉王朝都城所具有的正统地位和皇家气派。

其后的金世宗、金章宗在汉化的程度上是走得更深更远,以至于把"春水秋山"那一套制度习俗移到了燕京城郊,又把中原王朝崇文、宣武、怀柔、抚夷这些统治之道融入了传统的骑射渔猎活动中。也就是说,通过这些"捺钵"和"春水秋山"的活动,实际上行使政治上的管辖和维稳。

五、北京皇家园林——民族融合、文化融合的见证和产物

辽金游牧民族带来的逐水草而居、视天地为营帐的自然理念造就了燕京地区以真山真水为依托的众多天然园林。不是单个园林,而是园林群落的出现,是区域性的。

伴随着城郊园林区域的出现,城市水源及水系格局也拓展到西山山前,为后来北京城的发展奠定了方向。

元、明以后,这种以寺庙为主体、依山水建景观的皇家园林从香山附近向着更靠近城区的山前开阔地和水网密集处发展,以香山寺、碧云寺、卧佛寺、功德寺、好山园、西湖景等为代表的一系列离宫别苑相继出现。清朝在此基础上,又大规模地整合西山一带的山水资源。乾隆时候修建了昆明湖水库,把玉泉山的泉水和六郎庄一带的水源,以及清河、高粱河,做了统一的规划和整理。集山水园林发展之大成,最终构建起包括香山静宜园、玉泉山静明园、万寿山清漪园(后改颐和园)以及圆明园、畅春园在内的"三山五园"皇家园林群落,达到了中国传统园林建设史上的高峰。

总之,辽、金两朝是北京由北方政治文化中心迈向全国政治文化中心的关键时期,城市中心及四郊,尤其是西山一带皇家园林的兴盛,反映的是游牧渔猎文化与中原汉文化的碰撞与融合。而正是这种融合

构成了北京皇家园林独特的艺术魅力和恢宏大气。北京皇家园林依山傍水，是以自然的山水空间作为一个大的背景，来建立亭台楼阁；不同于南方那种很小巧的，在小小的庭院里移天缩地，以假山、堆石或者轩窗的方式制造一种墙中之画的意境，来反衬天地之广阔。北方的园林不是这样的，它就在天地之间！

这种特色、这种魅力，就是由民族融合、文化融合所带来的。这个园林文化兴盛的过程，也从另一方面，见证了北京这个全国政治文化中心的发展历程。能够让我们清楚看到，我们这个文化中心形成的起源来自哪里，来自我们多民族文化的融合发展、相互交融。

吴文涛　北京古都学会副会长，北京史研究会副会长

鳌延千梵
——长河岸边的五塔寺

郭 豹

10月中旬，五塔寺就会迎来它最美的季节。院内的金刚宝座塔前有两棵600岁的雌银杏树，树干虬劲，枝繁叶茂。银杏黄的时候，满树金黄，古树、古塔相映成辉，游人如织，更吸引许多摄影爱好者扛着"长枪短炮"来拍摄。每年10月下旬到11月中旬是银杏的最佳观

图1 五塔寺秋日美景

赏期。石刻馆的四季风景都很美。冬天，雪后的五塔寺、石刻馆一片静谧、银装素裹，非常漂亮。春天，玉兰花开，满树繁花，洁白如雪。夏天绿树成荫，睡莲绽放，塔影倒映在石洗中，令人流连忘返。

有的朋友去过石刻馆，但也还有一些朋友没有去过。石刻馆其实很好找，位置就在国家图书馆的东边，动物园的北门。从白石桥沿着长河北岸向东走，在首都滑冰馆的南门，有一座平的石桥。继续向东，看到长河上一座白色的石拱桥。桥的南头是北京动物园，桥的北头就是石刻艺术博物馆了。石刻馆的大门口很有特色，左右各有一根高大的华表，东侧还有一个巨大的龟趺。这是石刻馆的第一道门。从门进去往北走不远，就能看到第二道门，门上还有三个字"真觉寺"，是由已故的著名爱国高僧巨赞法师题写的。

题目"鳌延千梵"，来自乾隆时期一张宫廷画师画作上的标题。这画就是描绘乾隆皇帝在五塔寺为其母祝寿的盛大场面。在后面，我会给大家详细介绍画的内容和"鳌延千梵"的含义。

副标题是"长河岸边的五塔寺"，因此我想重点介绍的是长河。

长河，指颐和园昆明湖南端绣漪桥至西直门外高粱桥之间的这段河道，全长 10.8 公里。

这条水系的历史悠久，历史上经金、元、明、清历代屡加疏浚和整修，成为北京城市供水、灌溉、漕运和游览的重要河道，也是北京运河的重要组成部分，对北京的城市建设、经济发展、历史文化的形成，都有重要影响。

金代以前是自然河道，称"高粱河"（"粱"字不能写作"梁"），但对其源头、走向，诸学者众说不一，至今仍没有定论。

金代也称为"皂河"。1153 年金海陵王完颜亮迁都后，为满足宫苑和漕运用水，打通"海淀台地"，上引瓮山泊（今昆明湖）之水，下接高粱河上源。

元代称"高粱河""高良河"，并设有正九品的"高粱河巡检"。也有文献称"金水河"。为解决漕运所需水量，郭守敬不用一亩泉旧源，另引昌平白浮泉水，西折而南，过双塔、榆河、一亩、玉泉诸水，经瓮山泊，自元大都和义门西水门入城，汇于积水潭，复东折而南，出大都文明门的南水门，东至通州高丽庄入白河。至元三十年（1293）完工后，忽必烈将整条河命名为通惠河。

明代称"高梁河"，也有文献称"玉河"。由于水源枯竭，废白浮泉，仅从瓮山泊引水沿高梁河至京城。玉河仅供宫廷用水和皇帝游玩行船，漕运仅到通州以南张家湾运河码头。

清代仍称"高梁河"。乾隆皇帝在开发西北郊皇家园林的同时，对从昆明湖到高梁桥的这一段河道进行了疏浚，包括清挖河底、局部拓宽和整理泊岸。之后这条河就被改称为"长河"，成为皇家从大内前往西郊的御用水路。沿途还新建或重修了倚虹堂、五塔寺、紫竹院、万寿寺等多处行宫及乐善园、苏州街等景观，并点缀亭榭。同时设有堆拨10座，不许人行及百姓捕鱼、行船。光绪年间，慈禧太后再次命人

图2《三山五园外三营地理全图》中的长河

整修后，成为她每年夏天从紫禁城到颐和园避暑的必经水路。

清末民国时期，因国力衰弱，长河呈现出破败不堪的凄凉景象。

新中国成立后，对长河水道进行了多次整治，如：1960年为北京提供生活和生产用水的京密引水渠动工，1966年竣工；1998—1999年，长河经过大规模治理，达到了水清、流畅、岸绿、通航的标准，并于1999年7月由北京市旅游集团和北京市水利局共同推出了游船旅游项目"皇家御河水上游"，长河航线的起点为北京展览馆后湖码头，终点是颐和园。此外，新中国成立后就对沿线景观进行了治理，整修开放了颐和园、动物园，沿岸兴建了很多文化休闲设施，包括紫竹院公园（1953年）、北京展览馆（1954年）、首都体育馆（1968年）、中国剧院（1980年）、北京图书馆（1987年，后改名为国家图书馆）、北京艺术博物馆（1987年）、北京石刻艺术博物馆（1987年）、北京海洋馆（1999年）等。

长河一线风光如画，明清时期即有"天坛看松、长河看柳"之说。元明清至今一直是北京市民郊游踏青的胜地。明袁宏道《游高梁桥记》这样描写："高梁桥在西直门外，京师最胜地也。两水夹堤，垂杨十余里，流急而清，鱼之沉水底者，鳞鬣皆见。精蓝棋置，丹楼珠塔，窈窕绿树中。而西山之在几席者，朝夕设色以娱游人。当春盛时，城中士女云集，缙绅士大夫非甚不暇，未有不一至其地者也。"明刘侗《帝京景物略》记载："水从玉泉来，三十里至桥下，荇尾蘼波，鱼头接流。夹岸高柳，丝丝到水。绿树绀宇，酒旗亭台，广亩小池，荫爽交匝。岁清明，桃柳当候，岸草遍矣。都人踏青高梁桥，舆者则塞，骑者则驰，蹇驴徒步，既有挈携，至则棚席幕青，毡地藉草，骄妓勤优，和剧争巧。……是日游人以万计，簇地三四里。浴佛、重午游也，亦如之。"

长河两岸名胜古迹众多，包括河道、桥闸、码头、园林、寺庙、行宫、祠墓等不同类型。桥闸码头主要有绣漪桥、长春桥、麦钟桥、广源闸、白石桥、倚虹堂码头、高梁桥等；园林主要有颐和园、农事试验场、畅观楼、豳风堂、三贝子花园、乐善园等；寺庙主要有颐和园龙王庙、广仁宫（西顶，蓝靛厂碧霞元君祠）、万寿寺、延庆寺、真觉寺（后文称五塔寺）、极乐寺等。其中被列入各级文物保护单位的有颐和园、蓝靛厂清真寺、立马关帝庙、广仁宫（西顶，蓝靛厂碧霞元君祠）、万寿寺、广源闸、法华寺、清农事实验场旧址、真觉寺金刚宝座。这些风景和文物古迹结合，形成了包括运河文化、皇家园林文化、建筑文化、宗教文化、民俗文化等在内的多元文化。

五塔寺就位于交通便利、风景秀丽的长河北岸，并成为长河沿线一处重要的人文景观。文献记载："寺址土沃而广，泉流而清，寺外石桥望去，绕绕长堤，高柳夏绕翠云，秋晚春初，绕金色界。"

五塔寺这里实际上有三个身份：其一，是一座明清时期的皇家寺院（真觉寺、正觉寺）；其二，是一处全国重点文物保护单位（真觉寺金刚宝座）；其三，是一家对外开放的专题博物馆（北京石刻艺术博物馆）。

一、一座明清时期的皇家寺院

五塔寺的历史扑朔迷离。简单且通行的说法是：明成祖永乐时期建了这座寺庙，名叫真觉寺；明成化九年（1473）的时候，建成了一座非常漂亮的金刚宝座，因为上面有五座小塔，所以老百姓俗称这座寺庙为五塔寺；到了清代，为了避雍正皇帝胤禛的讳，就改称正觉寺。所以，明代的真觉寺、清代的正觉寺、老百姓俗称的五塔寺，都是一回事，都是这座寺庙的名字。乾隆皇帝曾两次把这里作为为其母祝寿的场所之一。到了清末民国时期，寺庙逐渐荒废。

下面我们来详细介绍这座皇家寺院的"前世今生"。

(一) 真觉寺

明成祖永乐时（1403—1424）建寺，称"真觉寺"。成化九年（1473）建成金刚宝座。文献记载："成祖文皇帝时，西番板的达来送金佛五躯，金刚宝座规式，诏封大国师，赐金印，建寺居之。寺赐名真觉。"（明刘侗《帝京景物略》卷五）也就是在明成祖永乐时期，有个西域来的高僧叫板的达，他送来了五尊金佛和一个金刚宝座的模型，永乐皇帝封他为大国师，为他建了一座寺庙，赐名真觉寺。

文献记载的这段话其实有一些地方并没有说清楚，有的地方还不准确。南开大学历史学院何孝荣等学者都进行过考证。这个西域来的高僧叫什么名字？其实"板的达"不是他的名字，而是他的尊称，翻译有"班迪达""板的达""班哲达"等等，意思是"大学者"，类似现在的博导、教授之类的头衔。他的名字的全称是"实哩沙哩卜得啰"，简称"室利沙"。他的国籍也有多种说法，有印度、西域、中国西藏、尼泊尔等，现在我们一般认为他是印度国籍。室利沙来华的时间有两种说法，永乐初年（永乐皇帝在位22年）、永乐十二年（1414），现在一般采取永乐十二年的说法。同时，他受封为大国师的时间也并不是在永乐皇帝在位时，而是在永乐二十二年（1424）七月明成祖驾崩后，九月明仁宗封其为大善大国师。真觉寺建寺的年代也有很多争论，后面我会给各位朋友详细介绍。

真觉寺是明成祖时期建成的，但刚才我们看到的那个金刚宝座并不是永乐皇帝时期建成的，而是到成化年间才建成的。《帝京景物略》中还记载"成化九年（1473），诏寺准中印度式，建宝座……列塔五……"，明明白白写得很清楚。而且宝座是按照中印度的建筑风格建造的，上面有五个小塔。

我们来看金刚宝座的正面（南面），上面有个仿木的石匾额，有两行字，上面一行大字写的是"敕建金刚宝座"，"敕建"就是皇帝下令建的，下面一行小字"大明成化九年十一月初二日造"，也就是1473

图 3 真觉寺金刚宝座上的仿木石匾额

年建成的。

　　以上，我们把明代的事给介绍完了：这个寺庙是明成祖永乐时期建的，当时称"真觉寺"，到了明成化九年的时候建成了金刚宝座。

　　然而，以上只是一种说法。有学者有不同意见。这就是五塔寺的第一个谜团：寺和金刚宝座究竟建于何时？

　　持不同意见的学者，认为寺庙并不是明代才建成的，而是元代就有了。

　　之前提到，清代为了避雍正皇帝的讳，所以把"真觉寺"改名"正觉寺"。但是，文献中有不同的记载。《日下旧闻考》中引用明朝的一本书《燕都游览志》，该书中提到"真觉寺，原名正觉寺，乃蒙古人所建"。这里提到的蒙古人不是今天的蒙古族，而是元朝的代称。如果文献记载无误的话，明代，而且是在《燕都游览志》这本书写成之前，真觉寺就曾经叫过"正觉寺"了。

　　明代万历年间一位进士贡修龄，写过一首诗《清明日同杜生洲、李又思、刘人斋、刘忠孕游高梁桥及极乐正觉诸寺》，提到了清明这一

图 4 金刚宝座上雕刻的大象，身上有"龟背锦"的图案

天，和朋友一起去游高梁桥、极乐寺、正觉寺，也说明了"正觉"这个名字不是明代之后才有的，是明代就有了。

明代还有一本书《长安客话》，记载"真觉寺塔甚古"。这本书是万历年间成书的，也就是1573年前后。金刚宝座塔是成化九年（1473）建成的。仅仅过了100年，到了蒋一葵写这本书，能叫"真觉寺塔甚古"吗？

乾隆皇帝在《重修正觉寺碑文》中提到"旧志所称大正觉寺"，也就是说"大正觉寺"并不是他在的时候才改名的，而是之前而且是过去的志书中就被称为大正觉寺。

以上这些文献的记载，都让人们疑窦丛生。

我们再看下金刚宝座上雕刻纹饰的艺术风格。金刚宝座上面雕了很多大象，大象身上披着毯子，毯子上的纹样非常漂亮，它有个学名叫"龟背锦"。北京大学的林梅村教授来五塔寺的时候，说这样的纹样

图5 金刚宝座须弥座下方上的梵文经咒和藏文《吉祥海赞》（局部）

是典型的元代纹样风格，而不是明代的。

除了艺术风格外，还有一个非常重要的证据，就是塔身须弥座下方的文字了。我们注意到两行文字中，最下面一行是梵文的经咒，上面一行小字是藏文。藏文是什么内容呢？有学者经过研究、查找，在西藏萨迦寺的一本书中找到了出处，它是元代帝师八思巴1263年写给忽必烈的一段新年贺词，名字叫《吉祥海赞》，最后一句是"为使皇帝社稷安，祈愿一切皆吉祥"。

如果说金刚宝座是明代所建的，那么元代帝师八思巴写给忽必烈的贺词能不能刻在明代的建筑中？现在可能不太讲究，但在过去是非常要命的。至少我是认为给元代皇帝的贺词不应该在明代建筑上出现。

所以第一个谜团，真觉寺金刚宝座究竟是明代还是元代所建？学者仍有不同的争议。甚至有学者认为真觉寺的前身是元代为八思巴所建的大护国仁王寺，金刚宝座是八思巴的舍利塔，但这方面的证据尚显不足。

（二）正觉寺

清代为避雍正皇帝胤禛名讳，改称"正觉寺"。乾隆时两次将这里选做为其母祝寿的场所之一，并进行大规模修缮、改造。

我们都知道古代有避讳的制度。到了清代，雍正皇帝名字叫"胤禛"，那么这座寺庙就不能再叫"真觉寺"了，改成"正觉寺"。

"真觉""正觉"，包括金刚宝座，名字都不是随便起的。有什么用意呢？"真觉""正觉"都是释迦牟尼得道觉悟；金刚宝座则是释迦牟尼得道觉悟成佛的时候身下坐的地方。所以，我认为寺庙的名字以及盖这座金刚宝座都是为了表达对释迦牟尼的尊崇和纪念。

这个寺庙最高光的时候是在乾隆皇帝时期，乾隆皇帝两次将这里选作为其母祝寿的场所之一，并进行大规模修缮和改造。

我们都知道有部电视剧叫《甄嬛传》，在电视剧中甄嬛的原型就是乾隆皇帝生母崇庆皇太后。崇庆皇太后非常有福气，她生活在一个和平的年代，没有经历过后面的鸦片战争、太平天国起义等各种动乱，一直活了84岁，乾隆皇帝又对她非常孝顺，而且是五世同堂，所以她一生享尽了荣华富贵。

乾隆皇帝为崇庆皇太后过了三次大寿，60、70和80岁。和北京真觉寺这个地方有关的是皇太后的60、70两次大寿。

乾隆十六年（1751），崇庆皇太后六十万寿盛典，开万寿恩科、免天下钱粮，同时把颐和园里的瓮山改名为"万寿山"。当时还让宫廷画师画了祝寿的盛大场景，画卷名叫《万寿图卷》，全图四大卷，总长百余米，描绘了昆明湖至紫禁城沿途设置的庆寿景点、迎驾官员和皇帝仪仗等欢庆场景。

我们来看：画面中间的位置是真觉寺门前的长河，上面，也就是南面，是今天北京动物园的地盘，但当时还没有动物园，只是一片荒郊野外，还有农田。下面是北面，就是五塔寺，大家注意到，因为这上面有五个小塔，所以老百姓俗称这座寺庙为"五塔寺"。

图 6 《万寿图卷》局部（故宫博物院藏）

它的中路建筑是黄琉璃瓦，两侧建筑是绿琉璃瓦，这个建筑等级是很高的。过去琉璃瓦不是随便都能用的，黄琉璃瓦是皇家建筑才能用的，绿琉璃瓦也是王爷、贝勒这种级别能用的。普通老百姓用什么瓦？左侧有一个小房子，灰瓦，老百姓只能用灰瓦，绝对不能用琉璃瓦。

在这幅画卷中，我们还能非常清楚地看到：真觉寺里金刚宝座上和上面的五塔被涂成了红颜色。再放大看，金刚宝座的整体是红色的，每层屋檐是绿的或者蓝色。是画家画错了吗？并不是。

这就涉及五塔寺的第二个谜团：塔身为什么是红色的？

现在到石刻馆看这座塔，如果不仔细观察可能看不出表面曾经是红色，这是因为经历了几百年的风雨，上面的红色已经风化、剥落了。但如果细细看，上面还是有种暗红色，尤其是有佛像的位置，佛像身上的斑斑点点实际就是上面的红色物质剥落以后留下来的痕迹。我们再到塔室内部看看。塔室内部的佛像表面上的红色保存得就比较完整了。这上面的红色不是朱砂这种颜料涂上去的，是糊了厚厚的一层。这种红色物质据说是用猪血、糯米汁、麻布糊上去的，叫作"血料"。

塔身、佛像上为什么会糊上这种红色的血料？在文献中没有查到

图 7　真觉寺金刚宝座塔室内部，中心柱西侧的阿弥陀佛

记载，请教了佛教专家也没有答案，其他地方也没有类似的做法。所以，这至今仍然是一个不解之谜。红颜色是明代就有的，还是乾隆重修寺庙时涂抹上去的呢？我个人推测应该是乾隆给母亲祝寿时涂上去的，表示吉祥、喜庆。

十年之后，崇庆皇太后过七十大寿的时候，对正觉寺再次进行了大规模修缮，这次由傅恒、兆惠、阿里衮、三和等四名官员主修的，当时工程用了四万多两白银，还不算用旧料抵的一万多两。这次修缮的花费是十年前皇太后过六十大寿时工程费用的好几倍。竣工之后，乾隆皇帝还立了碑，一共有两块，一块上面是汉、满两种文字，另一块是蒙、藏两种文字，内容都是一样的，介绍了重修正觉寺的缘由和修金刚宝座的意义。这两块碑现在都还在原地，石刻馆里面立着。

崇庆皇太后过七十大寿这一次，宫廷画师也把当时祝寿的场面画下来了，一共有8张，叫《胪欢荟景》图册，和六十大寿画的画一样，都在今天的故宫博物院藏着。

这一张是《胪欢荟景》图册中的一幅，在正觉寺祝寿的场景。我们注意到在山门之外有上千名喇嘛来给他母亲念经祝寿，所以这个寺庙是藏传佛教的寺院。

这张画的题目叫《釐延千梵》。第一个字比较难认。它有三个意思：其一，读作lí，后来简化为"厘米"的"厘"字；其二，读作xī，

图 8 《胪欢荟景》图册之《釐延千梵》（故宫博物院藏）

通"禧"，吉祥的意思；其三，读作 xī，古同"僖"，用作谥号。

《釐延千梵》的"釐"是第二种读音、第二种意思，和"恭贺新禧"的"禧"意思差不多，但还是有细微的区别。《说文解字》中明确解释为"家福也"，清代段玉裁在《说文解字注》中进一步解释"故许释为家福，与禧训礼吉不同"。也就是说，都是吉祥有福，但"釐"是家里有福气，"禧"则是行礼获吉。这个釐字我们现在很少接触，但在古代用得很多，经常用的一个词是"祝釐"，意思是祈求福佑、祝福、祭神祈福。在恭王府的多福轩内，悬挂着"同德延釐"四字匾额，这是恭亲王奕訢过五十大寿，慈禧太后为其手书的，"同德"意思是同心同德，"延釐"意思是福寿延绵不断。另外，大家看过电视剧《延禧攻略》，"延禧"和"釐延"的意义也都是一样的。

在这儿还要解释第四个字："梵"，很多朋友把这个字读作二声，梵高、梵蒂冈，但字典中这个字只有一个发音四声。"梵"是什么意思？在《说文解字》中，许慎解释"梵"的时候就说这个字出自西域的佛教经典中，但不知道啥意思。我们现在一般用这个"梵"字表示和古印度有关的、和佛教有关的。

我们看到《鳌延千梵》的画面上是一片金碧辉煌，而在崇庆皇太后六十大寿时的《万寿图卷》中，正觉寺中路建筑是黄琉璃瓦、两侧是绿琉璃瓦。但到了七十大寿时，中路建筑仍然是黄琉璃瓦，两侧建筑则由绿琉璃瓦换成了黄琉璃瓦，这说明正觉寺的等级规制进一步提高了。

画面左上角是金刚宝座和其上的五塔。我们注意到五塔画得并不是那么逼真，但把五座塔画出来了，在五塔的前面，还有一个天圆地方绿琉璃瓦的建筑，造型很独特。这个建筑并不是明代建的，而是乾隆皇帝在给他母亲过生日时添建的建筑。

（三）清末、民国时期寺庙逐渐荒废，后被毁

国家图书馆藏有光绪二十三年时的西郊的一幅地图，名字叫《三山五园外三营地理全图》。从图上我们可以看出，真觉寺还是非常完整的。金刚宝座前面有很多黄琉璃瓦屋顶的寺庙建筑，上面标有"真觉寺"三字。下面也就是东侧，极乐寺的屋顶是普通的灰瓦。但很遗憾，真

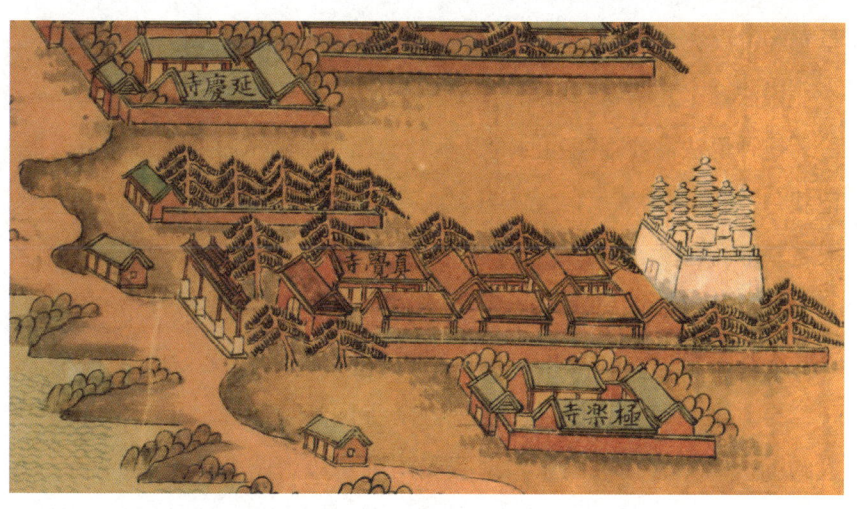

图9《三山五园外三营地理全图》局部（国家图书馆藏）

觉寺内的其他建筑现在都看不到了，只留下金刚宝座。

大家现在去石刻馆的话，会在金刚宝座塔前看到玻璃罩罩着一个巨大的须弥座，须弥座前方有两排柱础。这里就是真觉寺里大雄宝殿的遗址，玻璃罩罩着的须弥座就是过去大雄宝殿里面供佛的台子。大雄宝殿和佛像都被毁了，只留下了供佛的台子。

真觉寺这座昔日的皇家寺院为什么被毁？这也曾是五塔寺的谜团之一。过去有三种说法：

说法一：英法联军或八国联军烧毁。

我到石刻馆工作后，第一次听到这种说法的时候，就表示怀疑。为什么呢？我们看到塔前有两棵银杏树，离塔和大雄宝殿非常近。从常理上推测，如果大雄宝殿被烧毁了，那这两棵银杏树也应该保不住，但现在，我们在这两棵树上看不到任何被烧过的痕迹。

我又查了其他资料。2013 年北京市文物研究所（现更名为北京市考古研究院）对大殿基进行了考古勘探，通过考古勘探发现从明代到清代，大殿的格局未变。在乾隆时期的地层中，发现了大量的黄琉璃瓦，这印证了文献记载乾隆二十六年对寺庙进行的修缮和规制提升。但是发掘的探沟中，未发现任何红烧土和碳粒。这说明寺庙从建成至今，没有经过火灾。所以，真觉寺被火烧的说法就被考古发掘推翻了。

说法二：光绪末年坍塌。

这种说法需要查阅当时的文献和老照片。清末时期北京的《晨报》记载："尔时四周墙垣已无，只金刚宝座矗立于阡陌中……然大殿及配殿之基址尚在。"1917—1918 年《都市教育》刊载了关承琳的《西郊乡土记》，其中写道"五塔寺在万寿寺东……今殿宇均圮，仅余五塔矣"。这些报刊上的文字，说明在 20 世纪初，五塔寺已经荒废了。

再看老照片。我们目前发现五塔寺的最早照片，是 1891 年英国人约翰·汤姆逊拍摄两张，现藏英国维尔康姆图书馆（The Wellcome Library）。我们能看到金刚宝座、围绕着金刚宝座一圈的汉白玉围栏，

图 10 真觉寺金刚宝座立体照片，1891 年，（英）约翰·汤姆逊摄

图 11 真觉寺金刚宝座，1901 年，（德）穆莫摄

图 12 真觉寺金刚宝座，1907 年左右，（荷兰）希特斯摄

塔前有两棵银杏树，远处还露出乾隆御制碑亭的一角。图 10 大家注意看，左右两侧基本上一模一样，这是立体照片，在清末民国时期非常流行，很多照相馆都拍了这样的立体照片，让人们购买或者观看。另外一张，近处左侧能看到乾隆御制碑亭还是非常完整的，但碑亭和金刚宝座之间的空地已是荒草丛生。

到了 1901 年，德国驻华公使穆莫拍的五塔寺照片中（图 11），金刚宝座上面中间小塔的塔刹不见了；金刚宝座周围一圈的汉白玉石栏杆荡然无存；乾隆御碑亭也都不见踪影，东侧的石碑倒在地上。

在 1907 年前后，荷兰公使希特斯镜头下的五塔寺就更加破败（图 12），金刚宝座四角的香炉已经不翼而飞。画面上能非常清楚地看到金刚宝座西侧的石碑矗立在荒原上，在塔的东侧，实际上还有一通石碑倒在地上，这是乾隆重修寺院时立的两通碑，现在都还在金刚宝座两侧矗立着。但是乾隆时期曾有的碑亭早就被拆除了，至今没有恢复。

这些报刊、老照片,说明了在清末民国时期,真觉寺逐渐荒废了。

说法三:1927年被商人拆卖砖瓦木料。

民国十六年(1927),掌管蒙古、西藏等少数民族地区事务的蒙藏院以2500元的售价将正觉寺庙产卖给了商人黄埒东,其复转卖其亲属那某,包给一个木厂拆卖木料。此事见于《顺天时报》1930年3月16日的报道。在1930年第35期《北平特别市市政公报》中,有题为《遵查黄埒东报五塔寺村二十四号拆房伐木准驳情形请鉴核由》的一篇呈文。在一本叫《华北画刊》的杂志上,1930年第55期,刊载了一整版报道,上面有几张照片。一张是金刚宝座和上面的5座小塔。另一

图13 《华北画刊》1930年第55期中关于五塔寺被毁的报道

张的画面背后是金刚宝座，前面站了一群人，人群之前是大雄宝殿内的须弥座，须弥座前面是一堆残砖乱瓦，照片的标题是"国立北平天然博物院研究院政府院长偕同吴稚晖、张溥泉及故物保管委员会西北科学考察团诸先生参观五塔寺留影"。还有一张照片，在被拆掉的大雄宝殿前，码放着拆下来的砖头，照片说明是"五塔寺被毁后砖石狼藉招人拍卖情形"。由此可见，五塔寺内大雄宝殿等建筑的彻底被毁，是1927年商人拆卖砖瓦木料所致。

我们还注意到，在1871年的老照片中，金刚宝座上中央小塔的塔刹是完整的，到了1901年、1907年的老照片中，塔刹已经不翼而飞了。之后，在民国时期，又多次有匪徒登塔盗窃。如1934年2月28日的《京报》报道了破获五塔寺塔顶被盗案的消息，另外，破案时飞贼越窗咬伤署长手腕，很有意思。

1937年5月，北平市文物整理实施事务处组织力量对五塔寺金刚宝座进行修缮，补配了中塔铜顶，添筑了门楼、院墙，收回了30亩基地，1938年11月完工。修缮后的五塔寺由坛庙事务所管理，并在1940年对游客开放。

（四）新中国成立后对五塔寺的保护，并成立北京石刻艺术博物馆

1951年，五塔寺由西郊公园（后更名为北京动物园）管理。并在1962年、1973年进行了维修。

1976年发生了唐山大地震，北京的一些古建筑包括金刚宝座也受损严重。当时东北、西北两个小塔因为震裂严重，所以在1979年至1980年的时候被拆除重建。拆开之后有个小地宫，地宫之上有一根高高的木头，叫中心木，还有搭着的脚手架。在东北、西北两个小塔下面都有小地宫。其中西北小塔里面出土了上千个香泥小塔。在东北小塔地宫里面出了两个瓷罐，其中一个装着药材、香料，外面墨书"成

化二年"的字样。

前面我们提到，文献中记载永乐皇帝时期西域来的高僧给永乐皇帝敬献了五尊金佛。有人猜测这五尊金佛就藏在金刚宝座上面的五个塔里面，每个塔里面一尊。但是东北、西北小塔被拆开后，里面是没有金佛的。也有人说这五个金佛都藏在中间的大塔里面，这个同样不得而知。但我个人认为这五尊金佛藏在里面的可能性不大。

塔室内部的展柜中，放着一根长长的木头，这是在唐山大地震之后的修缮中，发现西北小塔的中心木糟朽严重，所以就拆下来，但当时没钱，所以换了一根水泥电线杆在里面。

1980年五塔寺移交给北京市文物局，成立了五塔寺文物保管所。1987年，又在五塔寺的旧址上，成立了北京石刻艺术博物馆。如今的石刻馆，既承担着保护真觉寺金刚宝座的职责，又是收藏、研究、展示北京地区石刻文物、艺术的一家专题博物馆。

以上就给大家介绍完了五塔寺的前世今生，还有曾经的三个谜团（最后一个谜团已经被解开了）。

二、一处全国重点文物保护单位

1961年，真觉寺金刚宝座（五塔寺塔）被公布为第一批全国重点文物保护单位。

很多朋友并不了解第一批国保单位的分量。咱们国家那么多古建筑、古遗址，1961年公布的第一批国保名录只有180处，北京也只有18处。北京的18处中，有天坛、故宫、八达岭长城、颐和园、云居寺、周口店这些世界文化遗产。真觉寺金刚宝座的体量并不大，高不过20米左右，南北长18米，东西宽15米多，就这么一个小塔，居然与刚才那么多世界文化遗产一起，被列为第一批全国重点文物保护单位，可以说明它的历史、科学和艺术价值是很高的。具体体现在两个方面：

第一，中印结合的建筑风格；第二，明代精湛的雕刻艺术。

我们先来介绍第一个特点：中印结合的建筑风格。

金刚宝座内为砖砌，外部甃以石材。根据2016年北京建筑大学的测绘数据，下部的宝座平面为长方形，南北长18.33米，东西宽15.73米，平均高8.83米。金刚宝座顶部平台之上有5座小塔。中央小塔边长4.44米，高12.83米，有13层；周围四座小塔边长3.66米，高10.18米，有11层。

现在看到的金刚宝座是仿照印度菩提伽耶寺大塔兴建的，有着典型的印度风格。外观上都是有一个巨大的底座，上面有5座小塔。这种类型的塔，被称为金刚宝座式塔。像这样的塔，咱们国家保留下来的还有10座左右。外省市中，比较有名的是：云南昆明官渡妙湛寺妙应兰若塔，明英宗天顺二年（1458）建成的，比真觉寺金刚宝座塔早了十几年；还有内蒙古呼和浩特的慈灯寺塔，建于清雍正五年（1727），落成于雍正十年。金刚宝座类型的塔在北京就有四座。除了明代的真

图14 真觉寺金刚宝座上的5座小塔

觉寺金刚宝座外，清代建了3座，分别是香山碧云寺金刚宝座塔、玉泉山的妙高塔、西黄寺的清净化城塔，但这3座都是乾隆时期兴建的，看来乾隆皇帝对金刚宝座这类建筑是情有独钟。

但中国在兴建的时候还是做了些调整。菩提伽耶大塔上面的5座小塔中，中间的最大，四周的4座小塔比较矮小。真觉寺金刚宝座上面的5座塔呢，中间的大塔和四周小塔的比例悬殊不那么大，显得更加协调，这是一处有明显变化的地方。

图14上面的5个小塔有什么寓意？为什么是5座塔呢？

一种说法是五塔象征着五方佛，源自密宗金刚界的思想。中间的塔代表大日如来佛，东边是阿閦佛，南方的宝生佛，西方的阿弥陀佛，北方的不空成就佛。我们不用记这么多，知道这五座塔象征着五方佛就可以了。

这种说法可以在明宪宗《御制真觉寺金刚宝座记略》的碑文中找到依据，碑文记载："上有五佛，分为五塔，其丈尺规矩与中印度之宝座无以异也。"所以说五塔代表着五方佛的概念。

但是文献中还有另外一种说法。明代北京的地方文献《帝京景物略》中明确记载"五塔因缘"："五塔因缘。拘尸那揭罗国，即中印土。娑罗林精舍，有塔，是金刚神躄地处。次侧一塔，是停棺七日处。次侧一塔，是阿泥楼陀上天告母，母降哭佛处。次一塔，是佛涅槃般那处。次侧一塔，是佛为大迦叶波现双足处。"

也就是说，建这5个塔是有特殊含义的，它代表着释迦牟尼圆寂时的5个地方。

"金刚神躄地处"，在玄奘法师写的《大唐西域记》有记载，说的是执金刚神密迹力士听到释迦牟尼圆寂的消息以后非常悲痛，就把手中的金刚杵扔出去，晕倒在地上。"停棺七日处""佛涅槃般那处"，这两个都容易理解。"阿泥楼陀上天告母，母降哭佛处"指的是释迦牟尼的弟子阿泥楼陀上天宫，将释迦牟尼圆寂的消息告诉了释迦牟尼的母亲摩诃摩耶，其母下来哭释迦牟尼的地方。"佛为大迦叶波现双足处"在《大唐西域记》也有记载，文献很长，大意是：释迦牟尼圆寂后，信徒们把他的遗体放在金棺里面，下面堆上香木，但怎么点都点不着。大家很惊诧。这时，他的弟子阿泥律陀就说弟子迦叶波还在外面呢，所以点不着。等迦叶波和500弟子从外地赶回来以后，问：释迦牟尼的遗体还能见到吗？弟子阿难说：香木已经堆好了，等待焚烧。这时就见释迦牟尼从棺中伸出了双足。迦叶波绕着金棺行礼，之后绕着金棺唱着赞美之歌。这时，本来点不着的木头自动燃烧起来，烈焰熊熊。

我们来看一下，在金刚宝座上面有5座小塔，在中间小塔南侧的须弥座上，雕刻着一双脚印，这就是佛足。从图上看，下面须弥座像不像是一座巨大的金棺？雕刻的图案，是不是象征着释迦牟尼躺在里面，双足伸出来？所以，我们从文献记载和塔上面这样的雕刻中，可以断定这座塔就象征着"佛为大迦叶波现双足处"。

金刚宝座造型是仿照印度的风格，包括上面的佛足等图案也是源

图15 真觉寺金刚宝座上，中央小塔南侧的雕刻图案

自印度。那么中国的建筑风格体现在哪儿呢？

金刚宝座下面分为五层，每层上面都有屋檐，瓦当、滴水都是中国传统屋檐的元素。进到塔室内部，塔室内部是有一圈回廊能够转的，中心柱位置的上方会看到仿木的斗拱，斗拱也是中国传统建筑的元素。更有意思的是进到塔室内部，抬头会看到顶部有藻井。藻井是中国古代建筑表示等级比较高的一种做法。而且这样的藻井不止一处，我们看到登塔楼梯拐角的位置也有，只不过雕得不是那么精美。从楼梯上来到塔顶之后，抬头会看到顶上还有一个藻井，但这个藻井时代比较晚，是乾隆时期添建的。

塔顶有藻井的这个建筑，从外部看是天圆地方的造型，屋顶是黄琉璃瓦绿剪边。它是做什么用的？为什么会建成这样？大家想一想，我们人能从楼梯这儿上来，下大雨的时候雨水是不是也会从这儿灌进来？所以这是起到遮风挡雨作用的建筑，名字叫作罩亭。为什么会建成天圆地方的造型？明代这个地方是什么样的我们已经不得而知，但乾隆皇帝是个讲究人，所以他把这个地方改建成这么一个漂亮的建筑，黄琉璃瓦的屋顶，规格也很高。但有很多人认为它不协调，觉得不好看。不过，毕竟是皇帝所建，现在也不能把它当成违章建筑给拆了。

接下来介绍金刚宝座建筑上的第二个特色：明代精湛的雕刻艺术。

金刚宝座除了中印结合的建筑风格以外，还体现了明代精湛的雕刻艺术。在明代文献中记载有"梵像、梵字、梵宝、梵华"。

塔身上下总共有1561尊佛像，所以我们这座金刚宝座也号称"千佛之塔"。这些佛像都是坐着的，面部表情是一样的，但手势是不一样的——佛教称"手印"，即"千佛同面，手印有别"。佛像上的手印总共有五种，分别是智拳印、触地印、与愿印、禅定印、施无畏印，不同的手印也有不同的讲究，我们不用详细了解。

在金刚宝座的南北两侧，各有一个拱形的门，这个拱形的门我们叫"券门"或者叫"拱券"。这里的券读音是 xuàn，不能读作 quàn。

图 16 真觉寺金刚宝座南侧券门上的六拏具图案

券门上的雕刻非常精美，上面图案叫"六拏具"。共有六种形象，从上到下依次为：大鹏金翅鸟、龙女、摩羯、飞羊、狮子、大象。中间的是大鹏金翅鸟，它的双腿双臂张开，背上有一对翅膀，长着鹰嘴。佛经中记载，它"一日之间可食一龙王及五百小龙"。在大鹏金翅鸟的两侧，斜立着身材婀娜多姿，头戴华冠、身披璎珞的，这是龙女，它有一条长长的尾巴，注意这不是蛇，是龙女的尾巴。大家仔细看，画面上大鹏金翅鸟的爪子正紧紧地抓住龙女的脚腕，是要吃龙女的。所以龙女并不是在展现其动人的舞姿，而是很痛苦，要挣脱大鹏金翅鸟。接下来的这个动物是摩羯，但和我们所说星座的摩羯不一样，也有人说是水中的鱼王，或是巨鲸。下面是长着翅膀的山羊，以及比较常见的狮子、大象，雕刻都非常精美。

图中的六种图案是藏密中六种以动物象征组成的法相装饰，常用于佛像的背光和券门之上。北京的居庸关云台、碧云寺金刚宝座等建筑上，都有类似的六拏具石刻图案。南京明初的大报恩寺塔琉璃拱门上也有类似六拏具的图案。大报恩寺的琉璃塔已经被毁了，但在南京博物院、南京市博物馆都有复原的展示。

我们接下来看东北小塔的南面，非常漂亮。这上面雕刻的图案非

图 17 真觉寺金刚宝座上，东北小塔南侧上雕刻的图案

常精美，石质也非常好，里面可能含有一些微量元素，经历了几百年的风雨，已经像玉一样温润了，非常漂亮。我们可以想象在没有风化之前肯定是雕刻得更加精美。这就是经历了岁月沧桑，文物所呈现出的动人魅力。

刚才提到，在金刚宝座上面中间小塔南侧的须弥座上，雕刻着一双佛足。这双佛足雕刻得非常精美，在一朵盛开的莲花之上，两侧还有佛八宝：轮螺伞盖、花罐鱼肠。

图 18 上雕刻的是迦陵频伽的图案，上面发黑的是出现了病害。西南小塔的东侧因为受风化比较轻微，所以图案保存得非常完整。迦陵频伽是人面鸟身，有一双鸟爪，背上一对翅膀。它是佛教传说中的一种神鸟，因为它的声音美妙动听，婉转如歌，胜于常鸟，所以佛经中又称为妙音鸟或美音鸟。

金刚宝座上面还有很多精美的雕刻，像四大天王的图案，遗憾的

图 18 真觉寺金刚宝座上,西南小塔须弥座东侧上雕刻的迦陵频伽图案

是由于风化,表面面部出现了一些缺失。此外,上面还有藏文、梵文等文字,以及佛八宝等图案。

由于它有中印结合的建筑风格,同时它是明代雕刻艺术的杰作,所以建筑大师梁思成评价它是同类型建筑中"最精的代表作""最杰出最重要的实例"。通过刚才的介绍,可以说真觉寺金刚宝座当之无愧。

林徽因也夫唱妇随,写了一篇文章《北京近郊的三座"金刚宝座塔"》,她没有把玉泉山的妙高塔算在里面,她盛赞:"(西直门外五塔寺塔、德胜门外西黄寺塔和香山碧云寺塔)这3座塔虽同属于一个格式,但每座各有很大变化,和中国其他的传统风格结合而成。他们具体地表现出祖国劳动人民灵活运用外来影响的能力,他们有大胆变化、不限制于摹仿的创造精神。在建筑上,这样主动地吸收外国影响和自己民族形式相结合的例子是极值得注意的。"这个评价也是非常高的。

三、一家对外开放的专题博物馆

介绍一下北京石刻艺术博物馆。

石刻馆馆藏文物2600余件（套），以北京地区的石刻、石雕文物为主，包括碑碣、墓志、造像、经幢、石雕、石质建筑构件等类别。众多寺庙碑、诰封碑、墓碑、会馆碑、唐至清代墓志等石刻，是北京地方史志研究的重要实物资料。馆内基本陈列为"贞石永固——北京石刻艺术历史文化展"，分为露天展区和室内展厅。拓片传习室常年开展拓片表演及互动。每年还举办"五色五香——五塔寺端午文化嘉年华"等文化活动。

我们看到的这个室内展厅内有北京地区最早带文字的刻石——汉故幽州书佐秦君神道石柱及石墓阙残件。

图19 石刻馆室内展厅中展出的汉故幽州书佐秦君神道石柱及石墓阙残件

图 20 石刻馆室内展厅中展出的北魏太和造像

图 21 石刻馆室内展厅中展出的那腊卢氏墓志

图 22 石刻馆露天展区——耶稣会士墓碑区

这个展厅还展出有北京地区最早的佛造像——北魏太和造像,距今天已经有1500多年的历史了。

在这个展厅展出的主要是墓志。照片右侧有块方形的卧碑,它不是碑,是墓志,是清代著名诗人纳兰性德夫人那腊卢氏的墓志。

在室外展区,也有很多很有特色的石刻文物。像这张照片中,就是清代耶稣会士去世以后在中国的墓碑,上面有十字架和拉丁文。其中有很多名人,包括张诚、白晋等,墓碑原在正福寺墓地。

这片区域的碑都是非常高大的。我们注意到右侧有一通石碑特别高大。这通碑是谁的呢?很多朋友看过《延禧攻略》,里面有一位小鲜肉,是御前侍卫、总管内务府大臣、户部尚书富察傅恒。电视剧的情节是杜撰的,但傅恒是历史真实存在的人物,他是乾隆皇帝的小舅子,孝贤纯皇后的弟弟。他虽然是皇亲国戚,但是很有本事。乾隆时期,四川大小金川土司叛乱，乾隆皇帝派出讷亲、张广泗等重臣，都损兵折将、溃不成军，一怒之下把这两位大臣砍头了，又派自己小舅子上阵，最后打赢了。乾隆皇帝很满意，就追封了傅恒的先祖，给他家盖了祠堂，并立了这么高大的一通碑表彰傅恒的功劳。这通碑的体量非常巨大，高约6米，上面的雕刻更是极其精美。碑身正面、背面及两侧都浮雕云龙纹。龟趺下面的海墁石上雕着海水纹，四角各有一个漩涡，漩涡中心分别雕着水中的小动物鱼、虾、龟、蟹。每当下过雨后，漩涡里积满了水，此时鱼虾龟蟹就好像活起来一样，栩栩如生，令人叹为观止。

　　欢迎各位朋友走进北京石刻艺术博物馆，来了解石刻文物背后的故事。

郭豹　北京市考古研究院研究馆员，北京古都学会副会长

国宝之路：
北京城西南 一线阅千年
——从白云观到南堂

李卫伟

从白云观，到天宁寺，到报国寺，再向东到长椿寺，再向南到牛街礼拜寺，再向东南一点点到法源寺，从法源寺再向东一点，再向北，一直到北，到宣武门的宣文堂也叫作南堂，就是一条千年的线。基本上这几个地方都在北京城的西南，而且从题目可以看出来，这一条线，可以看到北京城千年的发展史。欣赏这条千年的古建筑之路，需要带着五个问题。

第一个问题，北京最大的一个道观在哪里？

第二个问题，北京三环以内最古老的古建筑是哪座？

第三个问题，享有"明代京城第一刹"之称的寺院是哪一座？

第四个问题，牛街的礼拜寺为什么是坐东朝西？

第五个问题，北京最古老、规模最大的天主教堂在哪里？

一、白云观

（一）北京最大的道观——白云观

白云观，始建于唐开元十年（722），当时叫作天长观，到了金代的时候，白云观得到了一次重修，后来泰和三年（1203）又因火灾重修，更名太极宫。道教当中，无极生太极，太极生两仪，两仪生四象，四

图 1 白云观，选自《旧京史料》

象生八卦，所以太极宫非常符合道教的理念。再到元太祖十九年（1224）的时候，白云观里出了一位名人，叫作邱处机，可能很多看过武侠小说的人，对这个名字非常熟悉，在我们的道教发展史上，邱处机也是非常著名的一位道人。他奉旨居住在太极宫里，又改了一个名字，叫作长春宫。白云观这个名字，是什么时候才开始叫的呢？到了明朝的正统八年（1443），长春宫改名成了现在的名字"白云观"，一直到现在没有再更改名字。

白云观不但是规模最大，其实也是北京历史最久远的道观。坐北朝南，它分成中路、东路、西路三路，中路是一个轴线，东、西路沿着中路对称布置。中路为主要建筑所在区，从中路的建筑就可以看出白云观规模之大。我们从中路看有多少层建筑，第一层建筑从左侧来数起，可以看到"万古长青"青砖壁，再有就是三间四柱七楼式牌楼。牌楼在道教当中有一个特殊的作用，道人们经常在牌楼的前面观星望气。过了牌楼之后是山门，过了山门之后是灵官殿，在佛教当中一般叫它天王殿，其实是一个护法神的殿。再往后就应该是窝风桥，它不是一个殿，而是一层建筑。过了窝风桥是钟楼鼓楼，它并不是完全的在轴线上，而是有点像轴线上的配殿，但是又和配殿不完全一样。再往下叫作玉皇殿，供奉玉皇大帝的。再过了玉皇殿之后是老律堂。过了老律堂，就是邱处机的殿，叫作邱祖殿。过了邱祖殿之后，最后一座建筑不是殿了，而叫三清四御阁，是一座二层的楼阁。从影壁牌楼算起，如果不算钟楼鼓楼的话，白云观有九重殿宇，如果加上钟楼鼓楼，可以算作十重。九重是一个什么概念呢？九重宫阙烟尘生，千乘万骑西南行。为什么叫九重宫阙，因为过去的宫殿，基本上都是九重。一说是九重，基本上用宫殿来形容。白云观建筑的重数和宫殿是相等的，所以可以看出它的规模之大，等级之高。

图2 白云观内的春节庙会，选自《旧京影像》

除了中路、东路、西路之外，白云观还有一个特殊的地方，它还有一座园林叫作小蓬莱。在过去道教的传说当中，有三座仙山，蓬莱是一座，还有一座方丈，另外一座叫作瀛洲。所以道教的园林也是起了一个非常仙意的名字，叫作小蓬莱。小蓬莱的建筑是光绪朝代添建的。佛教很多建筑都有戒台，道教当中也有戒台，也是要僧人来剃度出家。在小蓬莱中有一座道教的戒台。如果把白云观所有的景点组合起来，其实形成了一个特别有意思的情境，在戒台剃度出家，剃度出家之后，叫作闻妙悟道，就有妙香亭，之后居住的地方叫云华仙馆，多么有意境的一座园林，它的建筑的主题都符合道家的"成仙得道"。

（二）天下第一丛林

道观跟丛林有什么关系？其实丛林在道教当中，或者在佛教当中，是一个音译，从梵语当中译过来，如果用汉语叫贫婆那。丛林又分为两种形式，一种叫子孙庙，一种叫十方丛林或者十方庙。十方庙就是说，不论你是天下哪来的道长，它都要接待你，十方的这些道长过来都需要接待。而子孙庙就不接待了，它只接待自己本寺院的僧人，所以叫子孙庙，只接待自己人，不接待外人。而白云观就是一座十方庙。为什么说它是十方庙，它要接待天下来朝圣的人。如果没有一定的实力，就无法接待这些朝圣的人，管饭都是个问题。所以白云观叫作天下第一丛林。

天下第一怎么来的呢？白云观被叫作全真派天下三大祖庭之一，全真派由邱处机开创。全真派的一个特点就是他要求道长们全身心投入修行。正一派可以结婚，但是全真派是不可以结婚的。元朝初期，长春真人邱处机谒见成吉思汗，成吉思汗对邱处机非常推崇，于是使当时以邱处机为代表的全真派盛极一时，声名达到了巅峰。邱处机也被成吉思汗任命掌管天下的道教，也就是成了道教的一个大总管，极有权势。所以当时白云观也成了中国北方道教的中心圣地，是名不虚传的天下第一丛林。

（三）一言止杀救苍生

邱处机去谒见成吉思汗的时候，是带着自己的初心去的。1216年的时候，成吉思汗已经是一位将近70岁的老人，在那个年代已经岁数相当大了。暮年的成吉思汗对自己的身体已经不像之前有自信了，虽然他还在向欧洲等地不断征伐，但是他也想要自己的身体永远这么强壮，想要达成自己的霸业、理想。所以他就请了听说是鹤发童颜身体特别好的邱处机，去求长生之术。邱处机到了之后，成吉思汗接见了他，于是邱处机把自己的政治理想、宗教理想向成吉思汗进行了三次讲解。第一次他为成吉思汗讲解养生之术，也就是长生之道，清静寡欲。第二次他觉得成吉思汗已经很信任他了，于是开始摆出自己的政治观点，一统天下，不要乱杀无辜。他对成吉思汗说：你滥杀无辜，是会伤及自己的。第三次他对成吉思汗讲：你如果得了天下，之后要对天下实行仁政。这就是一言止杀救苍生。邱处机不但不让成吉思汗大肆杀戮，还要请成吉思汗在得天下之后施行仁政。他这样一位伟大的道长的这种心胸，不仅仅来自个人的修行，还来自心怀天下，从这里也可以看出来，伟大的人很多地方都是一样的。

（四）白云观里有四宝

第一宝：万古长青

很多人奇怪怎么万古长青还能成宝贝呢？我告诉大家，万古长青并不是一个宝贝，而是在中路第一座大影壁上镶着四个大字，叫作万古长青，表示白云观能够万古长青。这四个大字是历史上著名的元代大书法家赵孟頫写的。赵孟頫是宋朝的皇族后代，其博学多才，能诗善文，精功书法，尤以楷、行书著称于世，与欧阳询、颜真卿、柳公权并称"楷书四大家"。

第二宝：明代的铜"特"

白云观的西路有一尊酷似骏马的铜兽。它骡身、驴面、马耳、牛蹄，传说它具有奇特的功能,人们哪里不舒服,先摸摸自己再摸摸它的相同部位,即可手到病除。所以在过去铜"特"没有被特意圈起来的时候,浑身都被摸得特别亮,金光闪闪的。

第三宝:乾隆御赐瘿钵

邱祖殿乃白云观建筑群之中心。殿内瘿石座之上置瘿钵,传为宋代遗物,是乾隆皇帝赐给白云观的,钵体镌刻"乾隆二十一年奉旨重修髹金仍供本观"字样,钵下相传埋藏邱祖遗蜕。乾隆皇帝把钵赏赐给白云观之后,白云观的道长们可以拿着去宫里面化缘。这个跟一座大缸一样大的瘿钵,那得化多少缘?所以此钵其实是皇家的一种象征,代表皇家要支持白云观。瘿钵不是纯铜的,上面是镀了金的,就是重修髹金。

第四宝:长廊石刻

白云观当中有一条长长的长廊,长廊当中镶嵌了很多的石碑。其中有福寿两字,有"孙文"的题名,即孙中山,字中山,名叫孙文。长廊中还有徐世昌题名的石碑等,很多名人的书法,镶满了整个一座长廊,非常具有历史文化价值。

(五)白云观里有趣闻

白云观里的趣闻,跟我们的民俗非常相关。每逢过年的时候,凡是逢着初一十五,尤其是正月初一正月十五,有很多信众都来白云观里摸石猴。有一个说法是白云观里有三个石猴,要是能够把三个石猴都找到,而且每一个石猴都摸一摸,那么就能够全年消灾免难,健康长寿。所以很多石猴都被摸得油光锃亮。还有一则趣闻,在白云观当中有一座石桥叫作窝风桥,这座桥没有水,是一座旱桥。在这个桥的桥洞下面挂着一个非常大的铜钱造型的大铁钱,游客可以买一些小铜钱,来砸大铜钱,如果谁能从大铜钱眼儿当中挂的铃铛上,或者从眼儿当中穿过,或者是正砸中了大铃铛,说明他这一年财运非常旺盛。所以每当过节的时候,有很多人来这里,叮叮咚咚砸这大铜钱,当然有很多人砸中了,其实这是一个美好的祝愿。

二、天宁寺

如果说白云观是我们千年的开始,那么天宁寺续上了我们的另一个千年。天宁寺是一座非常秀美的密檐式塔,为什么叫它密檐式塔?天宁寺有一层一层的檐式,离得非常近,显得非常密,这种塔就叫作密檐式塔。

(一)辽金第一刹

天宁寺创建于北魏孝文帝延兴年间(471—476),初名光林寺,是北京地区创建年代最早的寺院之一。辽代的时候,天宁寺塔重修,内建密檐砖塔,建成了一个

图 3 天宁寺塔,选自《旧都文物略》

叫作八角十三层的密檐的舍利塔。往后,金代又在辽的燕京正式建都,天王寺便位于金中都皇城的宣华门里,是皇城中的唯一大寺,所以在金世宗、金章宗时此寺修建得更为辉煌,并改名大万安寺。明宣德十年(1435)正式更名天宁寺。

(二)北京三环以内最古老的建筑

天宁寺其实还有一个非常有意思的故事,跟梁思成有关系。梁思成先生和林徽因先生,在 1935 年左右,曾经沿着北京的郊区,进行了很多调查,其中就有天宁寺。这座天宁寺塔,绝大多数人都说它是一

座唐代的塔，而梁思成先生考证完了之后认为从建筑形式上看，这座塔不是唐代而是辽代的，并且发表了《平郊建筑杂谈》陈述其观点。此时梁思成先生只是从形式上来推断，并没有史料上的支持，到了20世纪90年代，北京市古代建筑研究所承担了天宁寺塔的修缮任务。在对天宁寺塔进行修缮的时候，古代建筑研究所成员在塔基当中有一个非常重要的发现。天宁寺塔里面发掘出来了一方石碑，石碑上非常明确地说了天宁寺塔建于辽天庆十年，也就是1120年。1120年到今年2023年，已有900余岁，三环以内最古老的建筑就是天宁寺塔了。过去在塔上悬挂铜铃，是一种信众的信仰，他们认为将铃铛悬挂在塔上是修功德的表现。20世纪60、70年代的时候，天宁寺塔挂着铃铛，每当刮风，这些铃铛就会发出清脆悦耳的声音。

三、报国寺

（一）元明城西第一刹

报国寺始建于辽，明成化二年（1466）重修，改名慈仁寺，俗称报国寺。成化年间有一位非常著名的僧人，叫作周吉祥，是周太后的亲弟弟，是一位得道高僧，他在此出家，并扩建了寺庙。康熙十八年的时候，北京城发生了有记载以来最大的一次地震，这次地震将寺院的大部分建筑都给震塌了。乾隆十九年（1754）的时候进行了改建，之后改名叫作大报国慈仁寺。报国寺不光历史久远，规模也相当的宏大，从山门开始数起一直到后面，中轴线上曾有七重殿宇，为当时北京南城最大庙宇，也是著名的书市，寺后的毗卢阁还是旧时文人聚会、登高望远之处。书市一直从明代延续到了现在。

（二）顾亭林祠

熟悉报国寺的人都知道，这里还是一个文化市场，有很多古玩字画都在此进行售卖。有位名人与此书市的形成息息相关。报国寺还叫作顾亭林祠，提起顾亭林这个人很多人不太熟悉，但是一说出他的大名顾炎武，大家可能就非常清楚了。顾炎武是历史上非常著名的学者，在明代末年的时候曾经寓居到寺庙里头，就是借住在寺里，并不是他自己的家。等到了道光年间的时候，何绍基、张穆等人集资在顾炎武居住的院落当中修建祠堂，命名为顾亭林祠，有佛殿、享堂、碑亭等建筑。顾亭林祠坐北朝南，三进院落，院落东南隅设砖门楼，门上石匾刻有篆书"顾先生祠"。所以这座顾亭林祠就成了报国寺当中非常著名的一个景点。除了有大的书市之外，当时很多的名人都会聚集到报国寺的毗卢阁，进行诗会，这也是书市形成的一个重要原因。

四、长椿寺

上文几座寺庙从唐代到辽代到元代，之后应运而生的就是一座明代始建的大寺院，叫作长椿寺。

（一）明代京城第一刹

长椿寺的明代京城第一刹之美誉，来自明代和清代的史书中，长椿寺的第一并不是因为它规模最大，而是因为它在明代太有名了。它的有名是因为一位太后，就是万历皇帝的生母李太后。因为她特别地遵从当时的一位著名的禅师，叫水斋禅师明阳。当时是在南方居住，所以将水斋禅师从南方接到了北方，为了让这位禅师有修行之处，在万历二十年（1592）的时候，万历皇帝为这位水斋禅师建造了长椿寺。长椿就是寓意长寿，不但是想要水斋禅师长寿，最重要的是万历皇帝希望自己的母亲能够长寿。因为李太后特别信奉佛教，去世之后人们称她尊号"九莲菩萨"，而且将她的画像供奉在了长椿寺当中。到了明代末年，崇祯皇帝因想念他的生母孝纯刘太后，让画家画了一张刘太后像，也挂在长春寺内。过去的皇帝皇后死了之后，画像多是要挂在专门供奉的太庙当中，刘太后的却是挂在了寺院当中，可见崇祯皇帝对寺院和佛教的崇信之情。

（二）大雄宝殿覆筒瓦

一座皇家寺院中最重要的殿宇又叫作大雄宝殿，应该覆黄色琉璃瓦，长椿寺的大雄宝殿东西配殿的屋顶覆的是黄琉璃瓦，但正殿却是灰筒瓦，这是为什么？据推断是因为东西配殿当时供奉了两位娘娘的画像。两位娘娘都是金枝玉叶，是皇家的人，所以东西配殿覆了黄色的琉璃瓦，这在北京城当中是独一份了。这两位娘娘的画像现在已经找不到了，但是供奉画像所遗留下来的黄色琉璃瓦一直保持到现在。

（三）古刹朝东开

佛教寺院或者住宅、道教宫观，多数都是坐北朝南。长椿寺为什么却朝东开呢？长椿寺是明代万历年间才开始兴建的一座寺院。明代嘉靖年间的时候已经建成了外城，所以长椿寺所在的外城的西南位置已经属于城市里面了。由于它是在城里头建的，所以没有那么大的地方让它建造如此大规模的一座寺院，好不容易找出一块空地，一量又发现南北的方向排不开。佛教寺院一般都是有规制的，最起码要有山门、天王殿、大雄宝殿、观音殿、后罩楼五重建筑。虽然南北放不开，但是东西倒是挺长的，于是就朝着东方建造了。到了清朝的时候，文人龚鼎孳出资在长椿寺修建一座楼阁，名曰妙光阁，成为文人墨客登高远眺、吟咏作诗的场所，清代后期倒塌。上文中讲到报国寺也有文人登高作诗，所以我们经常讲到宣南文化，即北京的南城文化是名不虚传，有太多的名人都在这里留下了自己的诗词歌赋。长椿寺不但有文人，也有我们的革命先烈的足迹，革命烈士李大钊先生在这里流尽了最后一滴血，他的遗体曾经在长椿寺当中停灵。

五、牛街礼拜寺

(一) 北京历史最悠久、规模最大的清真寺

牛街礼拜寺比较特殊，北京其他的清真寺，都叫清真寺，只有牛街的清真寺叫作礼拜寺。牛街礼拜寺创建于辽代统和十四年（996），距今1027年，是由辽代的一位阿拉伯学者那速鲁定所创建。到了明代成化十年（1474）的时候，皇帝给其赐名礼拜寺。清代康熙三年（1664）的时候，对礼拜寺进行了一次大规模重修，康熙皇帝亲题"礼拜寺"匾额，所以这座寺院就一直沿袭了传统叫作礼拜寺，没有再叫清真寺了。民国时期又对礼拜寺进行了一些扩建，扩建之后其规模更大，就是现在的牛街礼拜寺。牛街礼拜寺不但有男信众可以来礼拜，还有女礼拜寺，所以规模是越来越大。近些年，该寺又陆续进行了大规模修缮，并且继续作为广大信教群众进行宗教活动的场所。

(二) 融合的建筑风格与形式

牛街礼拜寺的纹饰与中国传统的纹饰有很明显的不同。牛街礼拜寺是一座典型的中国传统建筑与伊斯兰风格装饰相结合的建筑群，建筑采用中轴线对称的传统布局，主要建筑有极具伊斯兰特色的望月楼、礼拜大殿、邦克楼、碑亭和讲堂等。它从布局上也与传统寺庙不同，如果说长椿寺是因为地方不够才坐东朝西的话，那么牛街礼拜寺就是故意为之，因为它的建筑大门要朝向牛街这条街，好让穆斯林信众在朝拜的时候，朝向西方圣地麦加。多数清真寺是跟牛街礼拜寺坐落朝向相反的，是坐西朝东的，这样从东边大门进来之后一直向西走，走到礼拜大殿就可以朝西方朝拜了，而牛街礼拜寺因为是坐东朝西的，所以从西边入口进去之后，并不是要穿过殿堂，而是要向南侧绕过大殿，沿着一条侧路一直走，走到庭院中间的时候，转一个弯再回到朝向西方礼拜大殿的位置来进行朝拜。所以为了调整到正常的情况，这

里的礼拜大殿是从东门进入。礼拜寺彩画和地上铺的地毯都是从阿拉伯变形、与中国的传统古建筑进行了融合所形成的风格。所以牛街礼拜寺是融合了阿拉伯与中国建筑艺术的一个建筑形式。

（三）三卷勾连搭

三卷勾连搭是清真寺建筑中的最主要特征之一。如果看到一座建筑是连起来了有三个屋顶，就是三卷勾连搭，如果有两个屋顶，就叫作两卷勾连搭，有四个屋顶叫四卷勾连搭。牛街礼拜寺就是三卷勾连搭。道教、佛教寺庙的大殿是不做成三卷的，而伊斯兰教的礼拜大殿一般都做成三卷，这跟他们的礼拜形式有一定的关系。因为穆斯林特别爱干净、清洁，所以他们在进到礼拜大殿做礼拜之前，一定要脱下鞋子，在外面脱鞋脚也会踩脏，要到屋里来脱鞋。于是进到了建筑的第一卷，用于人们进入礼拜大殿之前进行身心的清洁与调整，并脱下鞋，将鞋子整整齐齐地排好，之后赤着脚进入第二卷礼拜殿进行礼拜，再来到第三卷"窑殿"。窑殿里没有塑像，是一个空空的建筑，但是它象征着圣地麦加，由此形成了一个三卷勾连搭的礼拜大殿。礼拜大殿面阔五间，由歇山庑殿勾连搭及周围加抱厦组成，连前殿总进深达39米，可以容纳上千人同时做礼拜。

（四）邦克楼与望月楼

牛街礼拜寺还有两座特殊的建筑。一座是望月楼，是阿訇乡老登楼寻望新月，以定斋月始末之处，也是寺的主入口，为六角攒尖顶，黄琉璃瓦绿剪边屋面，檐下悬书有"牛街礼拜寺"的匾额一方。另一座是邦克楼，位于礼拜大殿和后殿组成的院落正中，为一座重檐歇山顶的方亭，是礼拜寺用于召唤教众来做礼拜的建筑，所以又称其为宣礼楼或唤礼楼。这两座建筑在我们佛教和道教寺院当中是不具备的，其建筑形式有点像道教的牌楼，因为道教的道士们也经常在牌楼下观星望气。由此可以看出宗教也有很多相通的地方。

六、法源寺

(一) 悯忠寺

法源寺是北京南城现存历史最为久远的寺院。寺始建于唐朝,其位置在唐代幽州城东南部。

唐贞观十九年(645),唐太宗李世民为哀悼北征辽东的阵亡将士,诏令在此立寺纪念,但未能如愿。武则天万岁通天元年(696)才完成工程,赐名悯忠寺。

(二) 东西塔

盛唐之后,由盛唐转衰的关键节点有两个人是关键人物,那就是安禄山和史思明。他们两个从今北京地区起兵,一直打到了唐代长安城,将唐玄宗和杨贵妃逼出了长安城。安禄山和史思明分别在悯忠寺中建造了一座塔,叫作东塔和西塔,东塔为安禄山造,西塔为史思明造。塔久已毁去,只有史思明造西塔时的铭刻现在还保存在寺中,还有一个碑铭一直留存到了现在。

(三) 靖康之耻

安禄山和史思明是让唐朝由盛而衰的两个重要人物,而靖康之耻当中的主角是宋钦宗和宋徽宗父子二人,徽宗是爸爸,钦宗是儿子,被完颜宗望和完颜宗翰两位带领着诸将攻破了开封汴梁城。二帝被俘虏,包括他们在内的宫内3000多人都被俘虏,这一年是靖康元年(1126),于是称为靖康之耻。到了靖康二年(1127)的时候,北宋就灭亡了,金太宗下诏废宋徽宗和宋钦宗二帝,贬为庶人,囚禁于法源寺,后来徽宗和钦宗又被押到了大漠,两人死在了异国他乡。

(四)廊院制

从法源寺第二进院开始,也就是天王殿一直到最后一进院的后罩楼,都被廊子给围起来了,这种建筑形式是唐代到明代非常盛行的一种格局。将建筑用廊子给围起,称为廊院制,到了明代后期廊院制就极少有了。在北京寺院中,除了法源寺有廊院制,还有卧佛寺也有,能找到的就这么两座了,所以这是早期建筑形式的遗留院制,也是一个非常重要的特征。

七、南堂

佛教、道教和伊斯兰教是中国传统的三大宗教,到了明代以后,又有一种宗教传入了中国,就是天主教,也就是与南堂相关的宗教。

(一)北京最古老、规模最大的天主教堂

南堂又称圣母无染原罪堂,因地近宣武门,俗称宣武门天主堂,始建于明万历三十三年(1605),由当时意大利著名的传教士利玛窦在此兴建。利玛窦将天主教带入了中国,带入了北京。南堂是北京的四大天主堂之一,也是规模和历史最悠久、最大的一座。清顺治七年(1650)的时候,又来了一位著名的传教士,叫汤若望,而且汤若望这个人,他不但是一位传教士,还是一位科学家,担任钦天监监正。汤若望将南堂扩建为城内第一大教堂。顺治皇帝曾24次驾临南堂,并御制天主堂碑铭。

(二)利玛窦、汤若望、南怀仁

明万历二十九年(1601),神宗皇帝为来华耶稣会士批赐了住地。意大利籍耶稣会士利玛窦来京后也在此地居住,他以黄金五百两买下其住地旁的"首善书院",将其作为私人祈祷所。随着信教人数的不断

增加，明万历三十三年（1605），利玛窦神父将其改建成了一座小教堂。

清顺治七年（1650），德国耶稣会士汤若望将其建成一座20米高的巴洛克式大教堂，同时还在西侧建神父住宅、天文台、藏书楼和仪器馆。因汤若望的博学和友善，顺治帝曾24次到南堂微服私访，并与汤若望促膝谈心，还亲切地尊称其为"玛法"（满语"老爷爷"的意思）。

汤若望神父去世，继之而来的是比利时耶稣会士南怀仁。清康熙十四年（1675），康熙帝两次亲临南堂看望南怀仁神父，为南堂御笔"万有真源"匾额和"敬天"匾额，命悬挂于南堂内。

（三）主教座堂

1979年12月21日，中国天主教爱国会自选自圣主教傅铁山在宣武门天主堂接受神职，成为天主教宗教活动在中国大陆恢复的一个标志性事件，同时也标志着南堂再次成为天主教北京教区的主教座堂。目前天主教北京教区主教府就设立在这里。

主教座堂是在教区中设立的具有特殊地位的教堂，内设主教座位，供主教主持敬礼仪式、教导信徒及总揽教务，且通常在其附近建有主教公署。

李卫伟　北京市考古研究院研究馆员，古代建筑方向学术带头人

传统节日

北京春节的习俗与文化内涵

张 勃

一、春节：中华民族最大的节日

中国人大多数要过两个新年，一个是阳历的新年，一个是农历的新年，或者说夏历的新年，春节就是夏历新年。世界上很多国家和地区都会庆祝新年，但是不同国家新年的开端并不完全一样。春节指称大年初一、正月初一，不过一百多年的历史。在1914年之前，我们现在称作春节的日子更多被称为"元旦"，也就是我们现在用于称呼公历1月1日的名称。当然，在我们的生活当中，春节并不仅仅指正月初一，而是一段时间，我们也把它称作过大年。

过年首先要确定年的长度。我们说年复一年，日复一日，是我们对时间做的一个划分。确定一年的长度有多长，既要依靠天文星象，同时也和习惯有关。公历平年是一年三百六十五天，闰年是三百六十六天。夏历平年是三百五十多天，闰年就会有三百八十多天，一闰一个月。在我国，年、岁的时间周期概念在三代以前就已经被人们掌握。《尚书·尧典》记载尧帝安排当时负责测定时间的羲氏、和氏说："咨！汝羲暨和。期三百有六旬有六日，以闰月定四时成岁。允厘百工，庶绩咸熙。"这里的期就是指的一年，三百有六旬有六日就是一年三百六十六天，当时已用闰月来确定四季，调整一年的长度。还有像

《尔雅·释天》记载："夏曰岁，商曰祀，周曰年，唐虞曰载。"提到不同朝代对年的称呼不一样，夏朝的时候把年称作岁，商朝的时候称作祀，周朝的时候称作年，唐虞的时候叫作载。再比如《诗经》里面也讲到年，当旧的一年过去，新的一年到来的时候，人们会举行一些活动，《诗经·豳风·七月》说"曰为改岁，入此室处"。"改岁"，就是从旧岁进入新年。后面又提到不同的月份要做不同的事情，"九月肃霜，十月涤场。朋酒斯飨，曰杀羔羊。跻彼公堂，称彼兕觥，万寿无疆。"到了九月，开始下霜，天气变得寒冷，十月的时候要把场地打扫得很干净，准备好酒美味，宰杀羔羊，大家到一个公共的场所举杯祝贺，互送祝福，这就是过年的雏形。

历史时期还有过一年有多个开端的时候，比如《史记》讲到汉代有四个岁首。一个是冬至，二十四节气里面冬至非常特殊，"冬至一阳生"。在阴阳观念里，冬至是阳气生发、阴气达到极致的时候，《史记》说它是"产气始萌"，产气就是生气，冬至是阳气生发的时候，它是一个开端。"腊明日，人众卒岁，一会饮食，发阳气，故曰初岁。""腊明日"是先秦时期延续到后来的一个特别重要的日子，腊日举行的腊祭，是特别盛大的祭神、祭祖活动，腊祭活动举行的第二天人们要聚会欢饮，也是一个开端。"正月旦"，就是正月初一，是统治者确定的一年的开端，被称为"王者岁首"。立春，也是二十四节气之一，立就是建的意思。立春日是春天的开端，也是四季的开端。当然，从汉代开始，正月初一的地位就已经确定下来，而且变得越来越重要，以至于成为中华民族最大的节。中华传统节日是一个体系，包括很多个节日。从春节往后数，有二月二、三月三，还有清明节、端午节、七夕节、中元节、中秋节、重阳节等，在众多的传统节日当中，春节是最为重要的。

春节是最大的节。春节之大，大在它的历史悠久；春节之大，大在它的节期之长；春节之大，大在它的内容之多；春节之大，大在它的过者之众；春节之大，大在它的受重视程度之高。俗话说，"一年不赶，赶三十年"。无论刮风雨雪，都挡不住我们回家过年的脚步。

俗话说："过了腊八就是年。"腊八就是腊月初八，自一年最后一个月的八日开始，有些地方到正月十五元宵节的时候才结束，所以春节的时间是很长的。不同的活动会充实着这些时间，所以它的活动也非常多，内容很丰富。再者，这个节日的参与人数很多，中国14亿人口绝大多数都是过这个节的，2019年1月21日至3月1日的40天春运期间，全中国旅客发送量29.8亿人次。更何况我们还有很多海外华人，也非常重视春节。

二、北京的春节习俗

中国地域辽阔，不同地方的人们因地制宜，在共享同一个节日框架的同时也发展出不同的习俗内容和表现形式。不同地方的习俗表现可能会有很大的差异，这一方面受自然环境的影响，比如物产方面，北方会种植小麦，南方是稻作区，所以春节的饮食上就有不同，北方吃水饺，南方吃汤圆；北方很多地方会蒸各种各样的花糕，非常的漂亮，南方则会出现诸如糍粑这样的节日食品。当然也和人文环境有关系。北京是首都，和其他的地方习俗既有相同的一面，也会有不同的一面。

从历史的角度看，北京的春节习俗是在传承中不断变化的。变化一方面体现在节日长度上。"一入腊月便是年。"在元代的时候，人们就是这么认识的，元人熊梦祥的《析津志》是记录元代北京地方各种情况的专书，就提到，北京的年是从腊八一直过到燕九节。燕九节在正月十九。到清朝，过年期间要封印。一旦把印封起来，公务就不能再做了，也就意味着放假了。封印的时间是在腊月十九到二十二之间。在这几个日子里，由当时的一个职能部门叫钦天监的，选择一个好的日子把印封起来。自此，学生也就放假了，不再上学了，戏馆也封台了，不再唱戏了，人们开始进入忙年的阶段。封印一直要延续到来年正月，开印后重新开始办公。开印的时间是新年正月十九、二十、二十一三天之内选择一个日子进行。从封印到开印基本上是一个月的时间。但发展到现在,节日的时长就短了许多。

过节吃的、用的也会有很大不一样。清朝中期一个叫潘荣陛的大兴人著有《帝京岁时纪胜》,记录北京一年到头都有什么习俗活动。他提到从腊月初一开始,市场上卖的东西就不断地发生变化,不同的时间卖的东西不一样。

> 腊月朔,街前卖粥果者成市。更有卖核桃、柿饼、枣、栗、干菱角米者,肩挑筐贮,叫而卖之。其次则肥野鸡、关东鱼、野猫、野鹜、腌腊肉、铁雀儿、馓架果罩、大佛花、斗光千张、楼子庄元宝。
>
> 初十外则卖卫画、门神、挂钱、金银箔、锞子黄钱、销金倒酉、马子烧纸、玻璃镜、窗户眼。请十八佛天地百分。钱店银号,兑换压岁金银、小梅花、海棠元宝。
>
> 廿日外,则卖糖瓜、糖饼、江米竹节糕、关东糖。糟草炒豆,乃廿三日送灶饷神马之具也。又有卖窑器者,铜银换瓷碗,京城之香炉烛台;闷葫芦,小儿籍以存钱;支锅瓦,灶口用为助爨。
>
> 至廿五日外,则脂麻秸、松柏枝、南苍术煨岁矣。

这些卖的东西在当时都是北京市场上十分常见的,现在我们能看到的、在用的其实已经不多了,说明节日的习俗、节日的物品都在发生变化。

清代北京人过年的习俗,第一个就是赐福字。福是中国人对于美好生活的一个概括。大约从雍正皇帝开始,清朝皇帝就有在腊月初一赐大臣福字的做法。昭梿《啸亭杂录》记载:"定制,列圣于嘉平朔谒阐福寺归,御建福宫,开笔书福字笺,以迓新禧,凡内廷王公、大臣皆遍赐之。翼日，上御乾清宫西暖阁，召赐福字之臣入跪御案前，上亲挥宸翰，其人自捧之出，以志宠也。其内廷翰林及乾清门侍卫皆赐双钩福字，盖御笔勒石者也。其余御笔皆封贮乾清宫，于次岁冬间，特赐军机大臣、御前大臣数人，谓之赐余福云。"每年腊月初一，皇帝先到阐福寺去进香，之后去紫禁城中的建福宫，开笔书写福字，写完福字，就把它赐给王公大臣。第二天皇帝又到乾清宫的西暖阁，把一些大臣召进来，皇帝亲笔写福，写完一个之后就给一个大臣，那大臣双手捧着离开，表明恩宠。福字也不一样，有的福字是双钩的福字，便于大臣拿到之后把它刻在石头上，也是非常荣耀。皇帝写的字，有一部分不赐完，留到第二年冬天的时候赐给军机大臣、御前大臣几个人，这个叫"赐余福"。腊月初一赐福字揭开了清宫过年的序幕。这一天还有冰嬉活动。清代张为邦、姚文瀚画的《冰嬉图》，展示了八旗健儿在冰上进行各种运动的盛大场景。乾隆皇帝写过《御制瀛台雪景诗》，有一段注讲到，每当冬天太液池、中南海冰都已经结得非常厚了，就让八旗和内府三旗习冰嬉之技，既可以观赏，同时也是一次大型的军事演习。

近代以来，腊八之后，春节的节奏开始加快。下面我们通过重要的时间节点来看北京过年的习俗。

（一）腊八

根据老舍《北京的春节》记载："按照北京的老规矩，过农历的新年（春节），差不多在腊月的初旬就开头了。'腊七腊八，冻死寒鸦'，这是一年里最冷的时候。可是到了严冬，不久便是春天。……从腊八起，铺户中就加紧的上年货，街上加多了货摊子——卖春联的、卖年画的、卖蜜供的、卖水仙花的等都是只在这一季节才会出现的。"在这里，老舍先生指出腊八是特别重要的时间节点。

腊八有煮腊八粥的习俗，腊八粥是用各种米、豆、干果熬煮制成，通常认为它的起源和佛教有关，所以也被称为佛粥或者是福德粥。今天北京的不少寺庙都有腊八施粥的做法，比如雍和宫这样的场所，在腊八期间是特别热闹的，它也会煮粥，腊八这一天人们可以过去分享。

这种煮粥的习俗，宋代的时候就已经有了，北京早期的资料比较少，但元代《析津志》中已有"宫苑以八日佛成道日，煮腊八粥"的记载，表明元代北京已经有喝腊八粥的做法。"帝师亦进。士庶有力之家，丰杀不同，馈送相尚，亦故典也。"普通宫廷当中要享用，普通的人家也要煮粥，不光自己来享用，还特别讲究馈送和分享，腊八由此成为朋友们、邻居们之间互相沟通的时间节点。《光绪顺天府志》说，腊八粥，也叫八宝粥，每到腊月八日的时候，雍和宫就会熬粥，熬了之后，要送给皇帝享用，而"民间每家煮之"。

北京还有一个习俗活动，就是腊八凿冰藏冰。古代没有机械化的空调冰柜，但我们的古人非常聪明，他们会把冬天的冰藏起来，到了夏天取出来使用，《诗经》的《豳风·七月》说："二之日凿冰冲冲，三之日纳于凌阴。"可见把冰凿下来，藏到冰窖里，先秦已经有这种做法。明清时候，修了很多冰窖，有一些保留到了现在，成了重点文物保护单位。明代刘侗、于奕正《帝京景物略》说："十二月八日，先期凿冰方尺，至日纳冰窖中，鉴深二丈，冰以入则固之，封如阜。"清代潘荣陛《帝京岁时纪胜》说："腊八日，御河起冰贮窖，通河运冰贮内窖，太液池起冰贮雪池冰窖，开䜩门运之。各门护城河打冰，于河边修土窖贮之，夏日出易甚便。"宫廷用冰十分讲究，要把紫禁城外面的护城河先刷干净，然后把干净的水放到里面去，结出的冰就是干净的，再把它封藏起来。现在的雪池胡同有雪池冰窖，是明代的。明代雪池冰窖内部空间长25米，宽10米，高10米，窖门有1米多厚，封闭性比较强，大约能盛2500立方米冰，6座冰窖大约能盛15000立方米冰。恭俭胡同也有一个冰窖，现在已经成了一个饭馆。

（二）小年下：祭灶

祭灶也叫小年下，是过年前一个很重要的时间节点。民以食为天中，灶是烹饪食物的专门场所，先秦的时候，灶已经成为五祀之一，户、灶、中霤、门、行神，这叫"五祀"。后来人们用黄羊来祭灶，尤其是宫廷以及大户人家，要用黄羊。晋人干宝《搜神记》记载："汉宣帝时，南阳阴子方者，性至孝，积恩好施，喜祀灶。腊日晨炊，而灶神形见。子方再拜受庆。家有黄羊，因以祀之。自是已后，暴至巨富，田七百余顷，舆马仆隶，比于邦君。子方尝言：'我子孙必将强大。'至识三世，而遂繁昌。家凡四侯，牧守数十，故后子孙尝以腊日祀灶，而荐黄羊焉。"

传说汉代的时候有一个人叫阴子方，非常孝顺，与人为善，特别喜欢祭祀灶神，腊日这一天早晨做饭的时候，突然看到灶神现身了，阴子方赶紧虔敬地去拜，正好这时候家里有一只黄羊，他就把黄羊拿来祭祀灶神。自此以后，阴子方家里变得非常富贵昌盛，田产增多了，家里一些人还当了官。由此形成了腊日节用黄羊祭灶的习俗。到清代，"二十三日祭灶，古用黄羊，近闻内廷尚用之，民间不见用也。"清宫往往会从南苑那边打黄羊来祭祀灶神。民间祭灶不用黄羊，"惟用南糖、关东糖、糖饼及清水草豆而已"。民间传说灶神是一家之主，一年到头和一家人住在一起，观察这一家人的待人接物行为，做一个记录，到腊月二十三的时候，灶王要上天去汇报工作，老天爷会根据他的汇报来确定明年怎么样对待这一家人，做了善事要表彰，做了恶事要惩罚。人们为了让灶王爷多说好话，就让他多吃糖，吃了糖，嘴巴就甜了。当然，关东糖最后还是让人吃掉了。民间认为灶神上天的时候还会骑马，所以除了祭祀灶神之外，还要给他扎一匹马，并为马准备草料，一般是给它吃草豆。

关于祭灶的时间，有的地方是在腊月二十四日，有的地方是在腊月二十三日，富察敦崇《燕京岁时记》记载，北京人一般在二十三日，

"惟南省客户用二十四日"。今天,这个节日习俗明显没落了,除了与人们的信仰淡化有关,也和我们居住环境的变化有关系。

(三)忙年

祭灶之后,年的脚步就更快了,人们进入十分紧张的忙年阶段。忙年都忙什么?北京有童谣云:"二十三,灶王爷上天;二十四,扫房日;二十五,磨豆腐;二十六,炖猪肉;二十七,杀公鸡;二十八,洗邋遢;二十九,油儿走;三十晚上熬一宿,大年初一走一走。"《帝京岁时纪胜》中也有比较详细的记载:"送灶神后,扫除祠堂舍宇,糊裱窗槅,贴彩画玻璃窗眼,剪纸吉祥葫芦,还账目,送节礼,谢先生,助亲友馈炭金,整齐祭器,擦抹什物,蒸糕点,炸衬供,调羹饭,治祭品,摆供献,雕茶果,神堂悬影,院内设松亭,奉天地供案,系天灯,挂琉璃。"可见主要的工作有这样几种。

第一种是打扫卫生,装饰空间。把灶王爷送走之后,就开始打扫房屋庭院,之后开始张贴一些新的吉祥物、新的饰品。其中重要的是春联。

《燕京岁时记》载:"春联者,即桃符也。自入腊以后,即有文人墨客,在市肆檐下,书写春联,以图润笔。祭灶之后,则渐次粘挂,千门万户,焕然一新。或用朱笺,或用红纸,惟内廷及宗室王公等例用白纸,缘以红边蓝边,非宗室者不得擅用。"贴春联的习俗,追溯源头可以追到先秦时期的桃符。"新年纳余庆嘉节号长春",据说是我国的第一副春联,是五代的孟昶制作的。对联对仗工整,平仄讲究,成了一个专门的文体,用于过年,大约是明代以后的事情。在那之前,人们更多的是用桃符。所以王安石《元日》诗云"总把新桃换旧符"。桃符是用桃木制作的偶像,最早的两个偶像应该是神荼、郁垒。《山海经》里面讲,神荼、郁垒住在度朔山下的大桃树上,他们两个的特点是会抓鬼,检阅百鬼,知道哪个鬼会无端地危害人,就把这个鬼抓起来给老虎吃。汉代人过年的时候，门上就装饰桃人，另外还要贴虎头，挂苇索。据说神荼、郁垒把鬼抓住之后是用苇索捆起来，扔给老虎吃。桃符后来慢慢地演化成了春联、门神这样的装饰物。清朝仍然传承着贴春联的习俗，但满人的春联多是白底黑字，而不像汉人那样多是红底黑字。

清代有竹枝词描写教书先生撰写春联的活动："教书先生腊月时，书春报贴目临池。要知借纸原虚话，只为些须润笔资。"写春联也叫书红，穷苦的文人靠自己的知识，靠自己的技能来赚一些钱，也是当时的真实反映。清朝中后期有个文人叫穆齐贤，他的日记称为《闲窗录梦》，现存五卷，第一卷记事自道光八年元旦至七月二十九日，第二卷自道光九年元旦至六月三十日，第三卷自道光九年七月初一日至除夕，第四卷自道光十年元旦至五月三十日，第五卷自道光十五年元旦至六月二十七日。这些日记是作者每日行踪、所历事件的流水账，涉及广泛，内容丰富。里面也记载道光九年自腊月十四日开始，写春联就成了他的主要工作。当年腊月廿日学堂放假，次日（当年的封印日）穆齐贤就在"遵古堂"药铺前"设摊写对联贩卖"，一直写到了除夕上午，差不多是十天的时间，卖了一万多文钱，除了本金及另外的零碎花费外，还有六千多文留下来，成为他过年期间一个非常可观的收入。

忙年的第二种重要工作是积极置办年货。过去的年味很足，大量的物品准备过程是增加了年味的。现在大量的准备性的工作没做，就让人觉得年味淡了。穆齐贤就积极置办年货。以道光九年为例，腊月二十日，他花一千二百文钱购买了一顶毡帽，又花一千六百文购买一双棉鞋。腊月二十九，他又从"振昌号"买了六斤油、三十六斤面，从"永盛号"买了一蒲包干果等物。

此外，忙年还包括送节礼、谢先生，等等。

（四）除夕

过了忙年一段时间，就是除夕，刘侗、于奕正《帝京景物略》记载了400百年前北京人过年的情形："三十日五更又焚香楮送迎，送玉皇上界矣，迎新灶君下界矣。插芝麻秸于门檐窗台，曰藏鬼秸中，不令出也。门窗贴红纸葫芦，曰收瘟鬼。夜以松柏枝杂柴燎院中，曰烧松盆，熰岁也。悬先亡影像，祀以狮仙斗糖、麻花馓枝，染五色苇架竹罩陈之；家长幼毕拜，已，各自拜，曰辞岁。已，聚坐食饮，曰守岁。"

插芝麻秸是"藏鬼秸中"，芝麻秸是带着一些刺的，起一个辟邪的作用。门窗贴红纸葫芦，叫"收瘟鬼"，葫芦谐音福禄，本身是驱邪的一个物品。到了夜晚烧松柏树枝，叫"烧松盆""熰岁"。先辞旧、再迎新，辞岁之后"聚坐食饮"，"守岁"一直到天亮，就进入了新的一年。潘荣陛《帝京岁时纪胜》记载："除夕，为尊亲师长辞岁。归而盥沐，祀祖祀神，接灶，早贴春联、挂钱，悬门神、屏对，插脂麻秸，立将军炭，阖家团拜。更尽分岁，散钱、金银锞锭，亲宾幼辈来辞岁者，留饮啜，答以宫制荷包，盛以金银锞饰。出门听人言之吉凶，卜来年之休咎，名曰听谶语。炉内焚松枝、柏叶、南苍术、吉祥丹，名曰煨岁。阖家吃荤素细馅水饺儿，内包金银小锞。食着者，主来年顺利。高烧银烛，畅饮松醪，坐以待旦，名曰守岁，以兆丰年。"

老舍《北京的春节》记载："除夕真热闹。家家赶做年菜，到处是酒肉的香味。老少男女都穿起新衣，门外贴好红红的对联，屋里贴好各色的年画，哪一家都灯火通宵，不许间断，炮声日夜不绝。在外边做事的人，除非万不得已，必定赶回家来，吃团圆饭，祭祖。这一夜，除了很小的孩子，没有什么人睡觉，而都要守岁。"

这些不同时代关于除夕的记录，让我们看到了北京人除夕时的种种讲究。

(五) 大年初一

正月初一,是过年的一个高潮部分。这天早晨要吃水饺。吃水饺的时候讲究里面要包一个金银小稞子,谁吃到这个包着钱的水饺,谁就来年吉祥。过去宫廷中的皇帝也遵循着这个习俗。为了让他第一口吃到包有钱的水饺,就将它摆到非常显眼的地方,他夹的第一个一定是这个,表明未来非常的吉祥。饺子的谐音是"交子",意味着时间的更新,饺子的摆放通常也很讲究,形状要摆成圆形,寓意就是"圈福",初一的饺子比较讲究吃素馅,寓意着一年平安无事,比较素净。往往还要吃蒜,蒜是在腊八的时候泡的,这个时候正好变得翠绿翠绿的,非常好看,也好吃。

进入新年之后最重要的习俗就是拜年。明代陆容《菽园杂记》里说:"京师元日后,上自朝官,下至市人,往来交错道路者连日,谓之拜年。"拜年讲究的是亲自拜年、要登门。有些人需要跑的太多了,来不及进到人家里去,就要放一张帖子。根据穆齐贤的日记,道光八年正月初一这天,他去了40家拜年,路近的走着去,路远的雇辆驴车。初一、初二、

图1 拜年,选自《旧京史照》

初三是拜年的高潮,一直持续到正月初十,甚至到正月十八,还可以拜年,这么拜下来100多家。从他拜年看得出来他的整个社会关系网络。他的亲戚朋友,平时有经济往来的,都要通过这种拜年的方式交往,从而把过年变成了一个社会交往重要时间段。到了现代社会,人们依

然拜年,并兴起新的拜年方式,比如电话拜年、微信拜年等。

逛庙会也是新年的重要活动,这个活动一直到现在大家都非常喜欢。北京的庙会特别多。因为北京历史上作为都城是一个宗教信仰中心,有很多庙宇,大量的人在相对固定的时间聚集在这些庙宇及其周边,慢慢地就形成了庙会。其中很多庙会是在过年期间进行的,比如说大钟寺、白云观,还有曹老公观、厂甸、护国寺、隆福寺等,过年期间都成了吸引人的重要场所。大钟寺(觉生寺)"自初一日起,开庙十日。十日之内,游人坌集,士女如云";白云观,"自初一日起,开庙十九日。游人络绎,车马奔腾,至十九日为尤盛";曹老公观儿,"自

图 2 东安市场内的春节庙会,选自《旧京影像》

初一起，开庙半月，游人亦多"；厂甸儿，"自初一日起，列市半月"；护国寺，正月七、八日开庙；隆福寺，九、十日开庙。有很多竹枝词描写北京的庙会，比如《草珠一串·游览》云："琉璃厂甸又新开，异宝奇珍到处排。妇女摩肩车塞路，都言看象早回来。""曹公观起自新正，奇巧花灯认不明。堪笑儿童无见识，偏于此地放风筝。"这些竹枝词都很好地描写了过年期间庙会的盛况。庙会活动丰富多彩，穆齐贤也经常去这些地方逛。

大年初一还有一些禁忌，比如说不能吵架，太阳出来之前不能倒垃圾，不能说"坏""死""病""穷"等这样一些不吉利的字眼，最好不要打破杯、盘。这些禁忌有时候被说成是迷信，但是它有一些实际的功用，就是它约束了人们的行为，从而维护过年期间的干净、和谐的氛围。如果不把这些规矩放在心里，不去遵循，可能就会出现不和谐的状况。

（六）元宵节

元宵节又称灯夕、灯节，是过年大戏中的又一高潮部分，习俗活动丰富，堪称北京城的狂欢节。《宪宗元宵行乐图》描绘了明朝成化年间宫廷过元宵节的情景：到处张灯结彩，人人穿着喜庆，不仅有钻圈、爬杆等各种杂技表演，还专门请来了货郎摆摊售卖各种玩意儿，热闹非常。

春节期间的习俗活动很多都是户外的，特别热闹。这些活动让人释放内心，尤其是女性，在元宵节可以自由活动，甚至晚上也是可以出行的。北京城门平时夜间都要关闭，在元宵节期间可以例外开放。刘侗、于奕正《帝京景物略》记载了明代元宵节的盛况："八日至十八日，集东华门外，曰灯市。贵贱相沓，贫富相易贸，人物齐矣。妇女着白绫衫，队而宵行，谓无腰腿诸疾，曰走桥。至城各门，手暗触钉，谓男子祥，曰摸钉儿。击太平鼓无昏晓，跳百索无稚壮，戴面具耍大头和尚，聚观无男女。有以诗隐物，幌于寺观壁者，曰商灯。立想而漫射之，无灵蠢。十一日至十六日，乡村人缚秫秸作棚，周悬杂灯，地广二亩，门迳曲黠，藏三四里，入者误不得径，即久迷不出，曰黄河九曲灯也。十三日，家以小盏一百八枚，夜灯之，遍散井灶门户砧石，曰散灯也。其聚如萤，散如星，富者灯四夕，贫者灯一夕止，又甚贫者无灯。……望前后夜，妇女束草人，纸粉面，首帕衫裙，号称姑娘，两童女掖之，祀以马粪，打鼓，歌马粪芗歌，三祝，神则跃跃，拜不已者，休，倒不起，乃咎也。男子冲而仆。"提到灯市，提到女子走桥摸钉儿，还有各种社火、观灯、猜灯谜，等等。又说乡村人会在很大的一块地方"缚秫秸作棚"，周边悬挂各种各样的灯，人们在里面走，结果转来转去转不出来，叫"黄河九曲灯"。这种玩法在我国许多地方依然传承，已经成为国家级非物质文化遗产代表性项目，现在密云东田各庄村也会在元宵节期间举行。

门头沟区的京西幡会也在元宵节期间举办。京西幡会原名"天人吉祥盛会"，每年正月十五早晨，庄户和千军台村各自挂幡，下午3点，庄户村的幡会在"起会"后来到千军台村东口，千军台村的幡会在此"接会"。正月十六，千军台村幡会又来到庄户村走会。幡会是两村一年一度的聚会联谊活动。

（七）耍燕九

到了正月十九耍燕九，耍燕九也叫燕九之会。袁启旭《燕九竹枝词序》说："京师以正月十九日为燕九之会。相传元时丘长春于此日仙去，至今远近道流皆于此日聚西白云观；观即长春修炼处也。车骑如云，游人纷沓，上自王公贵戚，下至舆隶贩夫，无不毕集，庶几一遇仙真焉。"白云观是耍燕九的场所，不仅是道士，普通的北京民众也会到那个地方去。耍燕九的一个重要活动是在窝风桥上打金钱眼，谁能打中它，就意味着新年吉利。另一个就是摸石猴，白云观里的石猴，位置很分散,所以民间就有了"铁打白云观,三猴不见面"的俗谚。过年期间摸石猴,据说可以祈福消灾,所以人们多去摸一摸,以图吉利。

三、春节的文化内涵

北京春节是一系列节日的组合,习俗多样,包括各种饮食活动、空间装饰活动、社会交往活动、信俗活动等。这些活动以辞旧迎新为主题,强调家庭团圆,表达人们在新旧年转换时的期待与祝福。希望在一元复始、万象更新之时,能够实现人与自然的和谐、人与人的和谐以及人自我身心的和谐,具有丰富的文化内涵,主要体现在以下几个方面。

(一)更新

过春节就是新年对旧年的取代,是时间的更新。北京人强调顺天应时,随时而动,根据时间的变化调整自己的行为。当时间进行更新的时候,人事也要进行相应的更新,即"一元复始,万象更新"。在更新了的环境里,穿着全新的衣服,说着"新年大吉"的吉祥语来迎接并确认着新时间的到来。

(二)祈吉

祈吉,实际上包含着驱除凶邪和祈求吉祥两个方面。

过年时的装饰具有驱凶祈吉的含义。张贴大红的"福"字斗方或各种吉祥画儿、春联、门神以及明显带有吉祥意味的合体字,都具有明显的祈吉内涵。

(三)迎春

"一日之计在于晨,一年之计在于春。"在中国人的心目中,春天是播种的季节，是充满希望的季节。正月初一既是一年的第一天，也是春季的第一天，因此，春节具有迎春的内涵。春节期间张贴的对联有专门的名称叫作春联，很多春联确实春意饱满，比如"百花迎春香满地，万事如意喜临门""迎春迎喜迎富贵，接财接福接平安"等。

（四）团圆

"有钱没钱，回家过年。"家，在过年期间几乎成为所有中国人的情感指向和归属。团圆内涵，不仅指生者之间的团圆，也指生者与逝去的亲人之间的团圆。祭祖仪式上，将最好的食品最先献给他们，用最庄重的礼节跪拜礼向他们致敬，这是对逝者的尊重，也是感恩之心的重要体现。

（五）和谐

和谐是宇宙万物各守其正而又彼此和睦共处的理想状态。在一元复始、万象更新之时，力争达到人与自然的和谐、人与人的和谐以及人自我身心的和谐，是人们春节期间的美好诉求。祭祖仪式，拜年仪式，走亲戚看朋友的社会交往，以及各种娱乐活动等，都有助于和谐。

丰富的文化内涵赋予北京春节不断传承发展的精神动力。今天传承春节，也要传承好它丰富的文化内涵。

张勃 北京联合大学北京学研究所研究员，"我们的节日"北京工作室领衔人

灯火不曾阑珊

——元宵节及文学中的元宵节

成 敏

人们常说"不出十五就是新年",因此元宵这样的日子特别重要,如果没有度完元宵,意味着我们仍然还处在春节的节庆环节里,而当元宵过去,整个春节一系列的欢庆活动就落下了帷幕。

在这样一个非常重要的日子里,我们就一起来回顾一下元宵节是怎样形成的;在不同的时代里它有怎样的文化内涵,有什么样的活动;人们是怎样来欢度这个节日的;每一个时代又赋予了节日什么样的新色彩。我们从能够追溯到的文字资料的汉代作为出发点,发现当时元宵就是一个比较重要的日子。

一、元宵节日的来历

元宵这两个字的字面意思是什么呢?

"元"就是大,就是开始;"宵"是指夜。人们常常说的"难忘今宵"其实就是难忘今夜。"元""宵"合在一起就是第一个夜晚。什么样的夜晚才能算是第一个夜晚?实际上是专门指新的一年开始的第一个月圆之夜。无论是从时令的感觉来讲,还是从人们欢庆的节点来讲,它都是一个特别重要的时刻。不出十五,还是新年,但是一旦出了十五,我们就知道新春的节庆活动全部结束了。

它曾经有很多的名字，我们会叫"元宵节"，也有叫"元夕"的，还有人叫它"灯节"。灯节和前面的两个就不太一样了，前面是以时间来标注的，而"灯节"是以一个重要活动来命名的。也就是说在整个元宵的活动里，最重要的、最令人记忆深刻的，或者说共同承载了我们最多集体记忆的一个活动，是和灯有关的。元宵节的活动很多，有跑旱船、扭秧歌，还有看戏、观灯，人们没有说它是其他活动的节日，而说它是"灯节"，可见"灯"在元宵节这个节令里的含义是非常特殊的。我们还说元宵节是"上元节"，这些不同的名称里其实饱含着我们对于节日的认识，还有一些共同的记忆，是当时文化留下的痕迹。

元宵节的活动，包括上面提到的一些，其实不是在某一个时代形成的，也不是在每一个时代里都会出现。它随着时间慢慢发展，在不同的时代里诞生出一些不同的活动，然后不断地累积到今天，形成了一个丰富的节日。实际上就是每个时代都给了它不同的内容，同样我们今天也给元宵节赋予了如今这个时代特殊的内涵。

2008年开始，元宵节已经被纳入国家级的非物质文化遗产。我们也提倡在这样的节日里，包括春节、元宵、七夕等，能够不仅仅是承载过去的文化记忆，我们还要赋予它们新的时代内容。在欢度元宵的时候，大家怀着过去愉快的回忆来环顾今天，这也是一个特别有意义的事情。

二、两汉魏晋南北朝时期的祭神祈福

在汉代的时候，元宵节作为一个重要的日子，已经被标记了。实际上在两汉魏晋时，它的重要性不仅仅体现在它是一个民俗节日，很多时候它是跟重要的祭祀连在一起的。

元宵节又叫上元节，是跟道教的文化有关系的。道教有上元、中元和下元的划分，而上元是指正月十五，上元、中元、下元有不同的管理者。正月十五的上元是由天官来管理的，据说这个天官特别喜欢热闹，所以大家张灯来庆祝。也有人说，实际上元宵节的灯或者这种燃灯的习俗，比较早的时候是跟佛教文化有关，因为在供奉佛祖的时候要燃灯以示敬意。后来到了唐代就开始在元宵节张灯了，之后经由唐宋到元明清一直延续了下来。

汉武帝时颁布了太初历，就是阴历和阳历、夏历和周历的合历，把正月定为一年的首月，正月的初一就是元正，十五的晚上就是元夕了。

汉武帝要祭祀太一神，也就是管理全部神的神，整个晚上都要祭祀。《汉书》上说，在汉代的正月十五这天晚上打破了宵禁的限制，人们可以夜游，也叫"放夜"，在夜晚可以自由行动了。到了汉明帝的时候，在宫廷和寺庙里燃灯来敬佛。在宫廷里，这个日子跟祭祀很郑重地连在一起；而民间做什么呢？根据崔寔的《四民月令》，在民间这天大家用各种草药来做药丸，养生。

《荆楚岁时记》里面还引用了一条资料，说在正月十五有登高之会。如今不太有这样的一个节日活动了。如果是在南方正月十五登高，确实可能比较愉快，在北方更能体会到高处不胜寒的感觉。

除了祭祀、登高、制药丸，我们还可以看到在魏晋就有的一个赛紫姑活动。这个"赛"，其实就是祭祀的意思。也就是说这天要祭祀一个神，这个神就是紫姑神。紫姑神到底是怎么来的，到底是谁，有不同的传说，大部分跟妇女劳动和桑蚕的农事是有关系的。祭紫姑神是希望能够保佑来年桑蚕丰收，或家里的诸事顺利。这个活动到清代的时候还一直存在。《聊斋志异》里有一篇小说叫《花姑子》，花姑子这个姑娘做了一个紫姑的像，而其眉目袍服非常工整，就是做好了以后要用来祭拜的。赛紫姑的习俗起源比较早，而且延绵的时间很长。

三、隋唐的灯火狂欢

随着时代的发展，我们发现原来一个郑重的、非常严肃的节日，开始变得比较活泼。今天我们常说一个词叫"闹元宵"，它更多体现了内心的一种喜悦，甚至含着一种狂欢的性质。

中国人一般都比较含蓄，有人说我们缺少西方的酒神狄奥尼索斯的精神，但是我们恰恰给了元宵节一个词叫作"闹"。"闹"这个词饱含的文化内容是生机勃勃的，它是热烈的、激情洋溢的。它是什么时候注入这样的内容的呢？大约是在隋唐以后。

《隋书》中记载，柳彧抱怨说元宵节太热闹了，所有的人都外出，男女混杂，而且太奢侈豪华了。《隋书·柳彧传》里说，那一天人们"充街塞陌"，满街满巷都是人；"鸣鼓聒天"，音乐的声音特别大；"燎炬照地"，特别亮的蜡烛照亮了夜晚。人们的活动也体现出狂欢，戴着面具，戴着兽面，甚至男生穿着女生的服装。大家在一起演奏音乐，然后是非常豪华的宴会。这是一个非常热闹的节日，甚至人们不惜倾家荡产，把所有的钱都拿出来尽元宵之欢。这就会引起士大夫们的忧虑，觉得这样热闹的节日好像不行，从而开始抱怨。但我们正是通过这些抱怨可以看到那个时代的热闹、繁盛，元宵节里饱含了生机勃勃的张扬性质。

正月十五日于通衢建灯夜升南楼
隋炀帝

法轮天上转，梵声天上来。
灯树千光照，花焰七枝开。

隋炀帝是一个喜欢热闹的人，甚至有点过于喜欢热闹了。正月十五的时候他在南楼之上观灯,就写了这首诗。他说看到的景象实在是太漂亮了,"灯树千光照,花焰七枝开",有七灯的灯树让隋炀帝都感到豪华。《隋书》卷十五《音乐志下》[1]记载:"每岁正月,万国来朝,留至十五日,于端门外,建国门内,绵亘八里,列为戏场。百官起棚夹路,从昏达旦,以纵观之。至晦而罢。伎人皆衣锦绣缯彩。其歌舞者,多为妇人服,鸣环佩,饰以花毦者,殆三万人。"人们在正月十五"从昏达旦",都参加聚会,在广场上能够有三万人,这真的是一个盛大的节日。

到了唐代就更加繁盛,元宵里的歌舞、灯、音乐等因素就更多姿多彩了。刘肃《大唐新语》记载:"京城正月望日,盛饰灯影之会,金吾弛禁,特许夜行。贵臣戚属及下俚工贾,无不夜游。"从贵族到百姓,大家都可以来夜行。到了武则天和中宗之后就更热闹了,"士女无不夜游,车马塞路",马和车还有人把路都给堵了,人多到什么程度呢,"有足不蹑地浮行数十步者",被挤的人只能在人群里飘着走,脚都沾不到地。唐人比较有名的元夕诗词有崔液的《上元夜》、苏味道的《正月十五夜》等。

上元夜

[唐]崔液

玉漏银壶且莫催,铁关金锁彻明开。
谁家见月能闲坐?何处闻灯不看来?

"谁家见月能闲坐,何处闻灯不看来。"是说谁能看到这样明亮的月亮能够忍得住在家里坐,一定要到有灯的地方去。人们热情,听到哪里有灯大家都去看,这真的是对唐代的元宵佳节盛况的一个描述。

---

[1] 魏征等撰《隋书》,中华书局,1973年,第381页。

正月十五夜

[唐]苏味道

火树银花合,星桥铁锁开。
暗尘随马去,明月逐人来。
游伎皆秾李,行歌尽落梅。
金吾不禁夜,玉漏莫相催。

"火树银花合,星桥铁锁开。"在这样一个灯光灿烂的夜里,宵禁没有了。"暗尘随马去,明月逐人来。"月光照耀着人们。苏味道感受最深的是"游伎皆秾李,行歌尽落梅",人们在唱落梅歌。最后说"金吾不禁夜,玉漏莫相催",不要催老百姓们,因为这一天是没有宵禁的,让人们纵情享受美好的元宵之夜。

从魏晋南北朝时郑重的、和祭祀有关的节日,到隋唐热闹的、跟歌舞纵情狂欢相关的节日,元宵节其实发生了很大的变化。到了开元天宝年间就更加繁盛了。王仁裕的《开元天宝遗事》[1]记载:"韩国夫人置百枝灯树,高八十尺,竖之高山上,元夜点之,百里皆见,光明夺月色也。"韩国夫人就是杨贵妃的堂姊妹,她家里在元宵节的时候特别奢侈,弄了八十尺高的灯树,还放在高山之上,一百里以外的人都能够看到灿烂的灯光,真的是让月亮都没有颜色了。

《明皇杂录》[2]中记载:"每正月望夜,又御勤政楼,观作乐。"又云:"在东都时"大陈灯影,设庭燎,自禁中至于殿庭,皆设蜡炬,连属不绝。时有匠毛顺,巧思结创缯彩为灯楼三十间,高一百五十尺,悬珠玉金银,微风一至,锵然成韵。乃以灯为龙凤虎豹腾跃之状,似非人力。"唐明皇会登楼来看大家欢度节日,而且是在东都洛阳的时候做了很好的灯,

---

1 王仁裕撰,《开元天宝遗事》,丁如明校点,上海古籍出版社,2012年,第28页。
2 郑处诲撰,《明皇杂录》,丁如明校点,上海古籍出版社,2012年,第45页,第56页。

很亮，在庭院里燃起来，并且让巧匠弄了一个灯楼，高一百五十尺，上面挂着各种装饰品，当风吹来的时候发出铿锵的清脆鸣声。各种动物灯做出动物跳跃的样子来，非常生动。"似非人力"，就是巧夺天工。

由此可以看出，此时"灯"这个因素已经非常突出了，无论是天子还是庶民，晚上看的、要特别强调的都是灯。这样一来如果看不成灯就会懊恼了。大诗人李商隐就有一年元宵节没有看成灯而心中郁闷。

正月十五夜闻京有灯，恨不得观

[唐]李商隐

> 月色灯光满帝都，香车宝辇隘通衢。
> 身闲不睹中兴盛，羞逐乡人赛紫姑。

"月色灯光满帝都，香车宝辇隘通衢"，李商隐自己想象人们在都城里是多么的热闹，人挤人，大家都在看灯。"身闲不睹中兴盛"，他没机会，现在人在外地，没有看到。"羞逐乡人赛紫姑"，外地的元宵是怎么过的？他说当地人都在祭祀紫姑神。李商隐不愿意跟他们一起，而是想看灯，遗憾之下写此诗，灯在他的心中是元宵节的象征。

四、宋——狂欢与爱情

到了宋代，元宵节延长了。隋唐的时候元宵节是正月十四、十五和十六，三天，到了宋代延长加上十七和十八，增加节日长度到五天。

在元宵节的时候灯会比唐代还要繁盛。根据《东京梦华录》记载，元宵节的时候皇帝自己要亲登御楼宴饮观灯。"山楼上下，灯烛有数十万盏"，贵族之家当然也都跟着，有数十万盏的灯。"至正月七日，人使朝辞出门，灯山上彩，金碧相射，锦绣交辉。面北悉以彩结山启，上皆画神仙故事，或坊市卖药卖卦之人……用辘轳绞水上灯山尖高处，用木柜贮之，逐时放下，如瀑布状。又于左右门上，各以草把缚成戏龙之状，用青幕遮笼，草上密置灯烛数万盏，望之蜿蜒如双龙飞走。"实际上庆祝从正月初七就开始了，开始准备扎棚架挂灯，在各个房门前或者广场会有大的鳌山，就是大的灯架上面挂满了灯，而且上面画着各种人物故事，水能够通过辘轳搅到棚架的顶端去，从顶端再倾泻下来，形成瀑布一样的景观。瀑布的水光映着灯光，是流动的，是一个特别漂亮又光彩夺目的景象。灯也不是普通的灯，它是用草扎起来后在外面蒙上布，然后在上面再插上各种灯，就像龙一样蜿蜒闪亮。

皇帝在正月十四的时候到五岳观去活动，十五的时候到上清宫去拜访，然后到了十六的时候要在御楼上来跟大家一起同赏灯，当皇帝回宫，其余的人才开始他们的夜游。到哪里去呢？到大相国寺，就是李清照的先生赵明诚常常在这里买古董、买旧书的大相国寺。我们还知道鲁智深也去了大相国寺。在元宵节这一天，大相国寺是一个特别喧闹且充满了世俗之趣的欢乐场所。

大相国寺里面有很多的灯，而且灯牌上面写对联："天碧银河欲下来，月华如水照楼台。"灯光和月光互相辉映。很多的寺院都是有灯的，不光是大寺里有，普通的街道上也有。万街千巷都是人潮汹涌的时候，以至于每一个房门口要设一个收容的地方，以防止小孩走丢，可见会挤到什么程度，热闹到什么程度。

御带花·青春何处风光好

[宋] 欧阳修

青春何处风光好？帝里偏爱元夕。万重缯彩，构一屏峰岭，半空金碧。宝檠银钰，耀绛幕、龙虎腾掷。沙堤远，雕轮绣毂，争走五王宅。

雍容熙熙昼，会乐府神姬，海洞仙客。拽香摇翠，称执手行歌，锦街天陌。月淡寒轻，渐向晓、漏声寂寂。当年少，狂心未已，不醉怎归得！

欧阳修就说："青春何处风光好？帝里偏爱元夕"，什么时候最好？是元宵节呀！"万重缯彩，构一屏峰岭，半空金碧"。这里都是灯，灯光照耀着这么热闹的一个晚上，大家都应该尽兴游赏。"不醉怎归得"，就是不醉不归，好好地欣赏享受一下元宵节日的快乐吧。

那么还有一点，原来女性的束缚比较深，不可以在街市里随便走动，但在这样的一个夜晚是可以的。这样一来很可能会有爱情故事发生。

生查子·元夕

[宋]欧阳修

去年元夜时，花市灯如昼。
月上柳梢头，人约黄昏后。
今年元夜时，月与灯依旧。
不见去年人，泪湿春衫袖。

"去年元夜时，花市灯如昼"，跟所爱的人约在黄昏以后，可是到今年月亮还是那个月亮，这个灯还是那些灯，但是那个你不在了，眼泪流了下来。

这个时候我们就会发现，从两汉魏晋南北朝的祭祀，隋唐的热烈的歌舞，到了宋代元宵节又开始跟爱情有关了。它不仅仅是一个热闹着听音乐的祈祷的节日，它还是一个追逐自己爱情的夜晚，是一个真正的佳节。

蝶恋花·密州上元

[宋]苏轼

灯火钱塘三五夜，明月如霜，照见人如画。帐底吹笙香吐麝，更无一点尘随马。

寂寞山城人老也！击鼓吹箫，却入农桑社。火冷灯稀霜露下，昏昏雪意云垂野。

苏轼说，我在密州过元夕，相对于原来的杭州来讲密州是个小地方，在密州能看到什么呢？所以上阕苏轼就没有写密州，他就写他记忆之中杭州的灯，"灯火钱塘三五夜，明月如霜，照见人如画。"他说"帐底吹笙香吐麝，更无一点尘随马"，是说在杭州过的灯节是那样的热烈，那样的干净，那样的漂亮。可是他现在被贬到这样的一个山城，"寂寞山城人老也！击鼓吹箫，却入农桑社。火冷灯稀霜露下，昏昏雪意云垂野。"他说我在这样一个远离都城的地方，我壮志未酬，听到村舍的元宵的音乐之声，其实内心感到深重的惆怅。"昏昏雪意云垂野"，要下雪了吧。这是苏轼的世界在下雪。这样元宵不仅仅是狂欢，更多的是他的追忆，有他梦想难酬的惆怅。

南宋没有北宋那么强盛，但是元宵佳节的热闹不减。我们可以在相关的记载里看到，比如说《西湖老人繁盛录》说临安的灯巧夺天工：在中瓦南北茶坊内有福州灯、平江玉棚灯、珠子灯、罗帛万眼灯；而在清河坊至众安桥有沙戏灯、马骑灯、火铁灯、象生鱼灯、一把蓬灯、海鲜灯、人物满堂红灯，市面上还有许多纸灯。周密在《武林旧事》卷二"灯品"里也提到过："又有深闺巧姓，剪纸而成，尤为精妙。"陆游也在《十二月一日》中写过："儿书春日榜，女剪上元灯。"家里的女孩子用剪刀剪纸，剪出来上元的花灯，可见剪纸做灯也是南宋的一个风俗了。

好事近·春雨细如尘

[宋] 朱敦儒

春雨细如尘，楼外柳丝黄湿。风约绣帘斜去，透窗纱寒碧。

美人慵翦上元灯，弹泪倚瑶瑟。却上紫姑香火，问辽东消息。

朱敦儒的词，说一个寂寞深闺中的女子，她在等待自己爱人的消息，没有消息怎么办呢？她在祭紫姑神。看来紫姑神不光管蚕桑，还增加了新的功能，她管人们的团聚。

永遇乐·落日熔金

[宋] 李清照

落日熔金，暮云合璧，人在何处。染柳烟浓，吹梅笛怨，春意知几许。元宵佳节，融和天气，次第岂无风雨。来相召、香车宝马，谢他酒朋诗侣。

中州盛日，闺门多暇，记得偏重三五。铺翠冠儿，捻金雪柳，簇带争济楚。如今憔悴，风鬟霜鬓，怕见夜间出去。不如向、帘儿底下，听人笑语。

李清照说元宵佳节的时候是"融和天气"，但可能一会就来风雨。她不想出去游玩，那样寥落的心境，那样落寞的生涯，她不想过元宵了。万一天气不好呢？就可以不去了。她就把招她一起游玩的朋友们都谢绝了。她足不出户，心中的元宵节却浮上心头，记忆中美好的元宵之日又来到了她此刻悲凉的心上。她说：我记得从前在汴梁的时候，"闺门多暇"，有空，"记得偏重三五"，大家最重视的、偏爱的就是元宵节了。大家都打扮得特别漂亮，"铺翠冠儿，捻金雪柳"，雪柳就是灯市上卖的。"簇带争济楚",大家穿得很整齐、很漂亮,一起过元宵佳节。那是记忆中的美好岁月,还没有经历国破家亡,所以"如今憔悴,风鬟霜鬓",我现在憔悴了,我现在到了一个心境苍凉的时刻,所以说我不再去观元宵灯火了。但是这样盛大的一个节日李清照想逃避也逃避不了的,她就在帘子底下听外面的人声喧哗,听那些人潮人海之中看灯的人们笑语而过。

青玉案·元夕
[宋] 辛弃疾

东风夜放花千树,更吹落,星如雨。宝马雕车香满路。凤箫声动,玉壶光转,一夜鱼龙舞。

蛾儿雪柳黄金缕,笑语盈盈暗香去。众里寻他千百度,蓦然回首,那人却在,灯火阑珊处。

辛弃疾说元宵那天太热闹了。放烟花了,"更吹落,星如雨",灯在风中转了很长的时间。这是写背景的,重要的是写什么?是写他要寻找一个人,找不到,在人潮人海之中找不到,但是回头的时候发现他在灯火阑珊处又看到了。这是失而复得,寻寻觅觅终于找到的一种感觉,惆怅,甜蜜,然后喜悦。所以大家都很喜欢这首诗,很多人认为这应该是元宵节的代表作。

我们在诗词里看到很多关于元宵的描写,在故事小说里是怎么写的?我们今天看不到宋元人说书的底本,但可以看到冯梦龙整理的"三言"。"三言"里很多材料是宋元的,描写的生活也都是那个时代的,这里面有两篇特别值得注意的小说,一篇叫《杨思温燕山逢故人》,另一篇就是《张舜美灯宵得丽女》。这两篇都是特别有名的小说,但是实际上他们写的是不一样的方面。

杨思温曾经是在汴梁，见过东京特别热闹的元宵佳节，经历了靖康之乱后流落到燕山。燕山这个地方也是有灯的，人们请他在元宵节看灯，他说："看了东京的元宵，如何看得此间元宵？"他不是嫌弃这个地方的灯节不好，实际上是怕触目生愁。但是在这样的一个元宵，他遇到了一个素不相识，看起来像是东京人的人，一看打扮的样子就很像，他真的是驻目惆怅，在这样遥远的异乡，在一个团圆的元宵佳节，孤身一人在外，看到来自故乡的人都觉得很亲。这篇小说整体弥漫着诗意，而这种诗意里带着惆怅，带着对故园的想念，而这种思念恰恰就是通过在异地追忆自己家乡过元宵的热闹体现出来的。

而另外一篇《张舜美灯宵得丽女》，就是一个比较喜庆的故事，当然是经历了波折之后的欢乐。张舜美在元宵佳节看灯的时候遇到了一个女孩子素香，他一见钟情。这里面有一个特别有意思的细节，就是素香的侍女提着一盏彩鸾灯，这个彩鸾灯引起了张舜美的注意，然后一下子注意到了素香本人。先是看到了灯，这个灯就成了素香的标志，在小说里不断写到彩鸾灯，就因为这是他们元宵节相认时候的一个标志物。另外它是有特别含义的，因为彩鸾就跟唐彦谦在诗里写的一样，他说"几时重会鸳鸯侣，月下吹笙和彩鸾"，它是跟婚姻相关的，跟爱情相关的。这样的一个女孩子让侍女提着彩鸾灯在走，这很明显是一种青春的表白，是一种对爱情的追求。我们可以看到在元宵节爱情的主题实际上是在不断强化。

五、明清时期节日的世俗化和文学化

到了明清的时候，这个节日越来越丰富，同时它也越来越生活化，越来越世俗化。这个世俗它不是一个贬义词，它其实就是这种非常平实朴素的俗世的生活。它是越来越贴近人们，越来越接地气儿。

明太祖朱元璋规定放假从初八上灯开始，到正月十八落灯结束，十天放假。到了明成祖永乐年间,永乐七年的时候,放假从正月十一开始一直放,放十天,这十天非紧急不办公,听从老百姓到处观灯游乐,宵禁不那么严苛了。

朱元璋和朱棣本人都是特别严肃,特别铁腕的,但是他们在节日的设置上出乎大家的意料,所以郎瑛在《七修类稿》里就说朱元璋在南京放假那么长时间,十天的元宵佳节是招商的,类似今天招商引资,让商人们都来做生意。明清的元宵佳节卖东西有一个特点,是卖古董。我们今天在很多的风俗画上都看到这一点,有古董摊,元宵节开箱子取古董,那也是一个很热闹的场景。

到了宣德年间,朱瞻基说元宵节放二十天,并且在元宵节当天召集群臣都来看灯,热闹热闹。放了一次还不过瘾,到了宣德五年和宣德八年又都放了二十天,真的是前无古人的悠长假期。这样的一个元宵节,人们纵情享受快乐,无论是亲情的团聚,还是爱情的甜蜜,都饱含在这个节日里了。

张岱在《陶庵梦忆》里就多次提到灯,因为他自己很喜欢灯,他也喜欢收藏灯。他们家是山阴的望族,他们曾经把元宵的灯会办到什么程度呢?张岱在《龙山放灯》的原文中是这样描述灯节盛况的:"万历辛丑年,父叔辈张灯龙山,剡木为架者百,涂以丹膜,悦以文锦,一灯三之。灯不专在架,亦不专在磴道,沿山袭谷,枝头树杪无不灯者,自城隍庙门至蓬莱岗上下,亦无不灯者。山下望如星河倒注,浴浴熊熊,又如隋炀帝夜游,倾数斛萤火于山谷间,团结方开,倚草附木,迷迷不去者。"[1] 就是长长的路上、树上、山路上,都挂满了灯;这个灯多到什么程度呢?长长的一条路上都是灯,就从山下往山上去看,好像银河倒泻下来。又好像是隋炀帝当时夜游的时候放了很多萤火虫一样,在山中久久不散去。这是一个特别豪奢的场景,他们在张灯之

---

[1] 张岱:《陶庵梦忆·西湖梦寻》,中州古籍出版社,2012年,第182页。

后赏灯，赏灯的同时要"宴歌弦管"，要"鼓吹笙簧"，要有音乐，还要饮酒、饮茶、作诗。并且他还在《世美堂灯》里非常骄傲地分享了他自己收藏灯和购买灯的经历。他说他曾经收藏过别人送他的一个灯，做的时候十盏灯花了两年的时间，做完了以后历经十几年都没坏，很新。他的仆人还特别善于收藏灯，就是普通的纸灯他都能够藏十年不坏。灯其实很容易坏，时间久了，脆了，旧了，不新鲜了，各种原因都会导致灯坏掉，但张岱收藏得当，所以要是谁说灯哪个地方最盛，他说是世美堂！这流露出了他的自豪和对灯以及灯节的喜爱。

我们还可以通过张岱的记录看到当时这个节日放烟花放得很热烈，还要听戏，过元宵不听戏不行。后来在《红楼梦》里曹雪芹也写贾母过元宵的时候听戏，不光是听戏，还要听说书。那么元宵节在明清文学里大概是个什么样子？会不会有变化？会有变化。

首先来说一下《水浒传》。《水浒传》写的都是宋代的事情，但作者是元末明初的人，当然他会带着自己时代的一个特色，尤其是民俗节日的描写的时候，他虽参考以前的资料，但是肯定会有自己时代的特点。在《水浒传》里写过几次元宵，其中最有名的就是第六十五回"时迁火烧翠云楼，吴用智取大名府"，这一回里智取大名府的一个关键一环就是元宵节。他们利用元宵节时欢乐的人们纵情游赏的机会，都混到城里去，装作看灯人。大家看《水浒传》的时候，就发现吴用派小分队混入城，其中王矮虎、扈三娘、孙新、顾大嫂、张青、孙二娘等是一队，这些人都扮成庄稼人去城里看灯，但他们的实际任务是什么呢？实际任务是到城中放火。可见这个元宵节就是表面上热热烈烈地去观赏灯，背后是热热烈烈地去做他们梁山的事业。

书中写梁中书本来不想在元宵节张灯的，他说道："年例城中大张灯火，庆贺元宵，与民同乐，全似东京体例。如今被梁山泊贼人两次侵境，只恐放灯因而惹祸。下官意欲住歇放灯，你众官心下如何计议?"[1] 闻达便道:"……若还今年不放灯时,这厮们细作探知,必然被他耻笑。可以传下钧旨晓示居民:比上年多设花灯,添扮社火,市中心添搭两座鳌山,依照东京体例,通宵不禁,十三至十七,放灯五夜。教府尹点视居民勿令缺少。相公亲自行春,务要与民同乐……"梁中书说算了,就不放灯了,因为害怕水浒好汉来捣乱,结果他的部下就说,要是不放灯了,人家就笑话你没面子,所以我们还要放这个灯,还要过元宵节。而且我们要比往年还热闹,要大规模地来赏灯,要添两座灯山,要跟东京一样,而且我们不宵禁了,从十三至十七放灯放五夜。在这五夜里梁山的人就已经把他们的准备工作做好了,所以元宵节是一个特别"热闹"的元宵节。这个元宵环节确实写得特别好,因为表面上是歌舞升平,背后是剑拔弩张,他写的艺术水平很高的。

但是在《水浒传》里实际上还是把热闹的节日作为一个重要的转折点,写了吴用通过这个时刻拿下了大名府,梁山的事业进入了一个新的阶段。在小说上当然不仅仅是写节日的,写节日是为了推动故事情节,刻画人物。比如第31回,宋江看灯:

宋江在花荣寨里住了将及一月有余,看看腊尽春回,又早元宵节近。且说这清风寨镇上居民商量放灯一事,准备庆赏元宵,科敛钱物,去土地大王庙前扎缚起一座小鳌山,上面结彩悬花,张挂五七百碗花灯。土地大王庙内,逞赛诸般社火。家家门前扎起灯棚,赛悬灯火。市镇上,诸行百艺都有。虽然比不得京师,只此也是人间天上。当下宋江在寨里和花荣饮酒,正值元宵。(32回,第247页。)

到这清风镇上看灯时,只见家家门前搭起灯棚,悬挂花灯,灯上画着许多故事,也有剪彩飞白牡丹花灯并芙蓉荷花异样灯火。

---

[1] 施耐庵著,李贽等评点,宋杰辑《水浒传名家汇评本》,北京图书馆出版社,2008年,第511页。下文引《水浒传》原文均出自此书。

四五个人手厮挽着，来到大王庙前，在鳌山前看了一回，迤逦投南走。

大家看到，在花荣寨里，曾经请宋江看过一次灯了，这一次看灯也推动了故事情节的发展，因为宋江他要看灯，他不光是在跟花荣在小地方看，并且说要去清风镇看灯，他就带了几个人，四五个人手挽着手，来到大王庙前，结果他赞叹的时候被刘知寨的夫人认出来了，又引出了一场新的波折，然后故事就继续向前发展。

大家就可以看到在《水浒传》里元宵节写得特别的花团锦簇，同时又非常的紧张，作者有很高的功力使这个节日在梁山英雄看来是热闹的，是一个胜利的节日，当然对他们的对头来讲那就不是这样了。

在《三国演义》里也有写元宵场景的，也跟《水浒传》一样写元宵节写了三次。每一次在元宵节他们都计划对付曹操，但是每次在元宵节开展行动的时候都失败了。这个我就不细讲了，《三国演义》的这几次发生在第二十三回、第六十九回和第一百一十九回，都写得是很紧张的内容。我们在这里附上原文：

> 且说董承自刘玄德去后，日夜与王子服等商议，无计可施。建安五年，元旦朝贺，见曹操骄横愈甚，感愤成疾。帝知国舅染病，令随朝太医前去医治。此医乃洛阳人，姓吉，名太，字称平，人皆呼为吉平，当时名医也。平到董承府用药调治，旦夕不离；常见董承长吁短叹，不敢动问。时值元宵，吉平辞去，承留住，二人共饮。饮至更余，承觉困倦，就和衣而睡。忽报王子服等四人至，承出接入。服曰："大事谐矣！"（23回）[1]

---

[1] 罗贯中：《三国演义》，人民文学出版社，1973年，第202页。后文《三国演义》引文均出自此书。

金祎曰:"正月十五日夜间,城中大张灯火,庆赏元宵。耿少府、韦司直,你二人各领家僮,杀到王必营前;只看营中火起,分两路杀入;杀了王必,径跟我入内,请天子登五凤楼,召百官面谕讨贼。"(69回)

姜维怂恿钟会叛乱(119回)也是在元宵节。

我要特意跟大家推荐的在明清的小说里描写过元宵好看的,是《西游记》。我们常常会说师徒四人忙得不行,饭也吃不上,真是经常吃不上,谁给他们过元宵?巧了,还真的热热闹闹地、正正规规地过了元宵,并且唐僧还主动看灯了。

《西游记》第九十一回"金平府元夜观灯玄英洞唐僧供状"是这样写的:

唐僧要行,却被众僧并斋主款留道:"老师宽住一二日,过了元宵,要耍去不妨。"唐僧惊问道:"弟子在路,只知有山有水,怕的是逢怪逢魔,把光阴都错过了,不知几时是元宵佳节。"众僧笑道:"老师拜佛与悟禅心重,故不以此为念。今日乃正月十三,到晚就试灯。后日十五上元。直至十八九,方才谢灯。我这里人家好事,本府太守老爷爱民,各地方俱高张灯火,彻夜笙箫。"[1]

本来唐僧在寺院里吃了斋,想要赶紧赶路的。结果人家就挽留他,说:"过了元宵,要耍去不妨。"就玩玩再走。唐僧就非常地惊讶,就说自己:"弟子在路,只知有山有水,怕的是逢怪逢魔,把光阴都错过了,不知几时是元宵佳节。"忙到不知道哪一天是节日了,人家就笑他。当天是正月十三,是试灯的,十五就是上灯了,后来到了十八九才谢灯。

---

[1] 吴承恩:《西游记》(二十卷一百回世德堂本),人民出版社,2008年,第817页。后文《西游记》引文均出自此书。

大家说我们这里都是天竺国的外郡，这里老百姓、老爷都喜欢灯，所以大家都彻夜赏玩，并且还有一个金灯桥，要去走这个桥，还管得起饭，你不要走了。唐僧就住下来了。当天晚上就跟着看了，锣鼓喧天，人家来庙里来送灯，来献佛，他就跟着看了灯；第二天正月十四又闲耍了一回又看灯；最后到了十五，人家说我们前两天看的都是荒山里的灯，现在我们要进城去看灯，唐僧这次欣然同意，就跟着一起去城里看灯了。

所以说唐僧就很难得地享受了一个元宵的假期，当然也没闲着，因为最后他观最灿烂的那几盏灯，用的油最多，那是妖怪用来取油的。妖怪很喜欢油，他就来让大家供奉香油，然后拿走，当然妖怪最后被孙悟空捉住了。元宵节也没忘了本职工作，实际上是《西游记》里很少有的这样的一个场景。《西游记》里这几个师徒基本上不过节的，但是过了一个元宵节，而且是很放松地过了好几天，对吧？并且最后临了本职工作还没耽误，这个真的是《西游记》里很亮眼的一段，但往往容易被大家忽略掉。

清代有很多小说都写了元宵，如果说《水浒传》《三国演义》是侧重于写节日欢乐外表之后的紧张、剑拔弩张，构成一种对比的话，在清代情况则更加复杂。

蒲松龄在《聊斋志异》，写了两个很漂亮的故事，关于这个节日的。一个是《封三娘》，就是两个女孩子一见就非常倾慕对方，结下了友谊，这样一个故事就是发生在上元灯节。另外一个特别有名的故事就是《婴宁》。大家都知道《婴宁》这个故事很好，但是很可能想不起来婴宁跟王子服实际上是在上元节观灯的时候认识的。在观灯的时候婴宁拿着一枝梅花，王子服一看说这个女孩子"荣华绝代，笑容可掬"，真是好，心生倾慕，并且一见钟情，这个女孩子一看别人这样看着她，就把花扔到地上，"笑语自去"，并且批评他说"个儿郎目灼灼似贼！"他这眼亮得像贼。婴宁在元宵节留下了她灿烂的笑容和她那一枝花，然后走了，把王子服抛入一个相思的境地去，相思成疾。《聊斋志异》的原文是这样写的："会上元,有舅氏子吴生,邀同眺瞩,方至村外,舅家有仆来,招吴去。生见游女如云,乘兴独邀。有女郎携婢,撚梅花一枝,容华绝代,笑容可掬。生注目不移,竟忘顾忌。女过去数武,顾婢曰:'个儿郎目灼灼似贼!'遗花地上,笑语自去。"[1]

清代最有名的写元宵佳节的小说还是《红楼梦》。《红楼梦》也写了三次元宵,第一回就是元宵佳节香菱丢了,在一个热闹的时刻,一个人一生的悲剧开始了。所以《红楼梦》写元宵,写的是五味兼集,让你觉得内心无比复杂。在第十八回里就写元春当了皇妃,难得被准许在元宵节回家探亲。在元宵节大家又看到贾府新造了这个花园,大家看到是一个省亲别墅,它石栏上都系着各种玻璃的风灯,比原来绢的纱的纸的都要亮对吧?玻璃那个时候还很贵,贵族之家才会有,你看贾宝玉的房间就有个大穿衣镜,那都是装饰品,很贵的。并且在树上没有花叶,怎么办呢?它要用通草来做,就这种假的花粘上,像真的一样,并且在池子之中还用通草剪出来各种动物的形象。所以它不仅仅在写节日的灯、节日的活动,实际上还写了一个豪奢的处在崩溃前夕的大家族辉煌到顶峰时候的那种奢侈的感觉,当然就跟最后"白茫茫大地一片真干净"形成了一个强烈的对比。但是这个对比不是一下子完成的,到了第五十三回至五十四回的时候又写了一次元宵,如果说上一次第十八回的元宵是一个烈火烹油的局势,到了五十三回至五十四回,这一次大家就会看到这是鼎盛到极点要盛转衰的一个样子了,我们看当时是都干了些什么呢?

贾母在大花厅上摆酒跟家族的人来宴饮,并且挂灯,不光是挂灯,那个灯的荷叶托还是可以翻转上去的,特别的精巧。除了喝酒之外还要看戏,自己家有戏班子清唱,外面也有戏班子,还有听说书的,听弹曲子的,还拿出一枝梅花击鼓传花。另外还有放烟花炮竹,专门写

---

[1] 蒲松龄著,赵伯陶注评:《聊斋志异(详注新评)》,人民文学出版社,2016年,第244页。

到史湘云自己也喜欢放,王熙凤也说她自己放得比小子们还好,这些豪爽的女性在元宵节也是喜欢放鞭炮的。当然《红楼梦》专门提到了鞭炮有哪些种类,说有什么满天星、平地一声雷,有什么九龙入云,这些烟火炮竹的名字都有,大家可以根据名字想象燃放的场景是个什么样子的。

回顾了一圈,从汉魏晋到隋唐到明清,我们可以看到这个节日的活动,从祭神、登高做药丸,到观灯,到游赏、音乐,到爱情,然后到文学里,不断地通过节日来推动故事的发展,来书写他要描写的那个社会。我们发现这个节日它实际上特别有内涵,而且内涵是不同的时代赋予了它新的内容。

大家会看到这个节日有更多的内涵了,不光是文学上,不光是贵族士大夫,是百姓,各个阶层所有的人都参与到节日里,给这个节日以特别多的色彩。有很多人就会说,你都说了它那个节日是怎么来的,这个节日都干啥,在文学里是怎么写的,那吃什么?今天我们常常会说吃元宵。在明代的时候,吃什么呢?明代田汝成就写过,这一天吃很多东西,有粉团,有瓜子,有很多别的。天启皇帝的宦官刘若愚在《酌中志》中也说,那天要吃元宵,用糯米细面里面放核桃仁,放白糖,做成馅,放到开水里滚,就像核桃那么大,他说这个就叫元宵,然后还写了做法、材料。除了汤团或者汤圆、元宵之外,其他的都是搭配,所以在《上元竹枝词》里,清代的符曾说:"桂花香馅裹胡桃,江米如珠井水淘",是用淘好的糯米,胡桃桂花馅做的汤圆。

从祭神、制药,到登高、观灯,到夜游,到放烟花、听戏、走百病、吃元宵;从游赏到谈恋爱;然后从文学到现实,从现实到文学,我们领略了元宵节日丰富的文化内涵。就像我们刚刚说的,每个时代都有每个时代的元宵,我们这个时代也有我们这个时代的元宵,我们今天以这样的一个方式——云课堂一起学习,也是我们这个时代过元宵的一个新的方式。

元宵的灯火是从来不曾阑珊的，节日里饱含的这种节令感，它饱含着我们的这种情感，我们的意愿，我们的审美，我们的文化，实际上还包含了对我们民族文化的信仰，就像元宵的灯，是真的一直亮着的，这是灿烂亮着的一个节日。

成敏　北京语言大学文学院教授

阳极阴生五自重
——文学作品中的端午节

陈连山

端午节大家都会过，相关的讲座、图书等各种信息也很多，本文换一个角度，谈谈文学作品中的端午节。

为什么从这个角度来讲？这就要从更抽象的层次来理解。"人类是万物之灵长"，这是大家耳熟能详的一句话。人也是动物，"人"这种动物很特别，比别的动物要高级，要称作万物之灵长。那么这种崇高的地位从何而来？人明明是动物，为什么又是所有动物中最高级的、最神圣的？这样的崇高地位其实来源于人类对自己生活的创造力。人类为自己的自然生活，创造了文化的含义、文化的价值。

所以，人类的生活不是像普通动物一样生老病死这样简单的自然过程，而是一个具有文化意义的过程。当人类创造了文化价值以后，人类的生活就高于自然，高于其他所有动物，才能称得上是"万物之灵长"。文化使得人类成为高级的动物，成为万物之灵长。

一年365天，年年重复，活一百年有36525天。如果天天都一样，生活会变得很枯燥无味，同样的时间，同样的二十四小时，你要经历三万多个，会多么无聊。所以，人们就创造了对时间的一个想象，一个认识，说某些日子是吉利的，是好的，某些日子是不好的。端午节是一种节日文化，十分特别，古代把它看作一个不好之中最不好的"恶月恶日"，最不好月里边的最不好的日子。为什么这么说？为什么一个最不好的日子，居然还能成为节日？当然，对于大部分人来说，节日的意义是隐藏着的、隐含着的，人们只是过节，按照节日风俗行动，并不用语言说明它的涵义。可是文学作品里的端午节，那是被叙述出来的，被作者考虑过、思考过、体验过、反思过的。因此在文学作品里，端午节的涵义就更加明确，对于我们理解端午节，理解端午节的性质，理解端午节的涵义，有更大的帮助。所以，我今天就从历史上跟端午节关系很大的文学作品的角度来谈端午节，看一看古人在过端午节的时候体验到了什么，领悟到了什么，表达了什么。这样就可以更好地理解端午节的涵义。

一、端午节的原始意义是恶月恶日

重午

[宋]李纲

> 谁将佳节号天中？阳极阴生五自重。
> 角黍但能娱幼稚，彩丝那得制蛟龙？
> 千年沉汨英灵在，万里浮菖习俗同。
> 逐客有家归未得，满怀离恨寄南风。

李纲是北宋末年赫赫有名的大政治家，曾经领导军民共同抵抗过金兵入侵，失败后他又帮宋高宗建立了南宋。

李纲写："谁将佳节号天中？阳极阴生五自重。"这两句什么意思呢？是谁把这个美好的节日命名为天中节？天中节是端午节的另外一个名字。"阳极"就是阳气达到了极端，这是说端午节靠近夏至。"阴生"就是阴气开始重生，开始复活。这是古代的阴阳哲学，这种观念认为整个宇宙万事万物分成阴阳两大类。阴阳二气，互相平衡，共同运动，实现了宇宙的正常运转。端午节是农历的五月初五，正好是夏至所在的月份，一般在夏至前或者在夏至后。夏至时，太阳运行到了北回归线，直射北回归线，此时北半球的白天最长，夜晚最短。因为夏至是日照时间最长的一天，所以古人认为这一天的阳气达到了极盛。否极泰来，物极必反。阳气达到了极盛，阴气就会复活。所以李纲说"阳极阴生五自重"。"五自重"是说月份数字和日期数字重复，就是五月初五，即端午节。这句诗表明了端午节（天中节）最根本的文化涵义跟夏至有关，跟阳气达到了极盛有关。

下一句"角黍但能娱幼稚"。"角黍"就是粽子，"但"意思是只是，"幼稚"就是小孩子、儿童。意思是角黍这个东西只能使儿童们娱乐。"彩丝那得制蛟龙？"彩丝，是五色线。"那"，这里应该读成"哪"，是个疑问词。意思是彩丝这个东西怎么能够控制得了蛟龙呢？"蛟龙"是想象的水里的一种引起洪水的龙，不是一般的龙。一般人们所说的龙是在天上飞的，而蛟是专门引起洪水的，是恶龙。

前边这两句诗说的是端午节吃粽子、缠五色线习俗的起源的传说故事。按照古代笔记小说记载，有一个人叫欧回，在河边碰到了屈原显灵。屈原跟他说：你们每年祭祀我，给我很多的角黍，非常感谢你们。可是我平时老吃不着，因为角黍扔到河里之后，都被蛟龙给抢了，我吃不着。那怎么办？有一个办法，你把它包好以后，外边缠上五色线，就是"彩丝"，蛟龙或者鱼鳖虾蟹害怕彩色的丝线，就会躲开了，我就能收到了。欧回就答应了，以后就都这么做。这就是人们对端午节习俗的一种解释性的传说。实际上用彩色丝线缠一缠，就能够控制得了蛟龙吗？这是李纲对端午习俗的反思。所以李纲写出这一句是反问句，他是有怀疑的。从文学来研究端午节的一个好处就是可以看到作者直接表达出所思所想。李纲作为成年人对于传说不可能完全信，他会反思。

后两句李纲就开始回答前边提出的问题了。"千年沉汨英灵在"，千年以前有一个伟大的灵魂，在汨罗江跳江自尽。英灵说的就是屈原，楚国灭亡，他誓不与暴秦同生在天下，自投汨罗江，殉国而死。屈原是个伟大的英雄，是个伟大的灵魂，是个高尚的人。李纲前面说，彩丝制不了蛟龙。角黍似乎也没什么意义，是不是只是哄哄孩子的？在这一句，他又回答了：不是这样的，是为纪念屈原的英灵。屈原虽然已经自沉汨罗江死掉了几千年，但是他的英灵依然存在。"万里浮菖习俗同"，"万里"是指普天之下，全国都有一种共同的习俗——浮菖。"菖"是菖蒲，是一种植物，它的叶子长得像宝剑。古代过端午节的时候都要用菖蒲，因为菖蒲像宝剑，能有辟邪的作用。"浮菖"就把菖蒲切碎了，泡在酒里，叫菖蒲酒。为了纪念屈原这个伟大的英灵，所以"万里浮菖习俗同"，全国各地都喝菖蒲酒。现在依旧有一些地区一直流行着喝菖蒲酒。

"逐客有家归未得，满怀离恨寄南风"，"逐客"就是被流放的人，其实就是指李纲自己。李纲后来受排挤，被贬官发配，所以他就自称"逐客"，跟屈原当年被楚王流放是一样的。所以到了端午节，他就想起屈原，又想起自己的命运，感叹"逐客有家归未得"，有家回不去。"满怀离恨寄南风"，满腔的悲愤，满腔的背井离乡的忧愁，都寄托给南风，让它随风飘散去吧。

这首诗通过描写端午节，寄托了李纲对屈原的崇敬，同时也寄托了自己对国家政治的不满，对自己作为一个忠臣，又被放逐的命运的不满。这是一个被贬的忠臣，过端午节时的个人感受，包含的感情是非常激烈的。我们每个人都过端午节，可是李纲个人的特殊经历，导致他对端午节的感受是不一样的，在他这首诗里面，端午节是忠臣投江自尽的日子，是不好的日子，这正是此诗的重要之处。

从这首诗延伸下去，就要讲一讲端午节的原始意义"恶月恶日"。

端午节其实有好多名字。北方一般也叫它端阳节，上文说了因为它在夏至前后，阳气达到了极端。也有叫重五的，因为端午节在农历五月五日，有重复的两个"五"，所以叫重五。还有一个说法，端"午"

是中午的午，因为古代在日历方面使用干支纪年、干支纪月、干支纪日法。对照"子丑寅卯辰巳午未申酉戌亥"，正月是寅月，二月是卯月，三月是辰月，四月是巳月，五月是午月。"端午"原来的涵义是指五月的第一个午日，所以它也叫重午，这个午是中午的午。端午节还称天中节，是因为太阳走到了最强的时候，就好像在天空正中间一样。因为这时候特别热，容易得皮肤病，所以古人就会采兰草、香草来泡在水里，把这水变成含有药物成分的水。就像现在洗药浴一样，所以端午节还叫浴兰节，还叫蒲节，来源于喝菖蒲酒、挂菖蒲等等。

端午这个节日有这么多的说法，最根本的一点是跟夏至有关。

先秦古籍《礼记·月令》在分析五月的特征的时候说："是月也"，就是这个月，"日长至"，白天长度达到了最长。"阴阳争，死生分"，阴气和阳气互相争斗得很激烈。"分"是半的意思，"死生分"就是死生各半，有些植物死了，有些植物刚刚出生。举个最简单的例子，端午节前后是北方的小麦成熟的季节，收割的季节，小麦死了。而有一种药材叫半夏，在夏至前后开始生长。古人看到这个现象很害怕，因为他们认为夏天的植物都应该特别茂盛，"死生分"是阴阳二气互相斗争非常激烈，导致宇宙出现偏差，出现障碍，运行不能正常，人类的生存会受到威胁。所以古人从端午节所处的这个时间点，推论这个日期是充满危险的，它跟生死有关，是生死攸关的关键时刻。

从另外的角度来讲，夏至前后，北方的气温暴升，温度提升特别快，气候急剧变化，人就特别容易生病，各种疾病会比较多，容易发生瘟疫，当然就容易死人。同时这个时期一些毒虫都长大了。春天惊蛰以后，虫子陆陆续续都开始从土里爬出来，长到夏至时期已经比较强壮了，也就是五毒都出来活动了。五毒，一般是指蛇、蜈蚣、蝎子、壁虎和癞蛤蟆。还有一种五毒的说法是包括蛇、蜈蚣、壁虎、蝎子，还有蜘蛛。

基于以上两方面的因素，疾病、毒虫都在这个时刻容易威胁到人的生命，所以古人就把这个日期概括成有邪气，危害人类的"恶月恶日"。古人因为相信五月初五是"恶月恶日",甚至直接影响到这一天出生的孩子。当时的迷信是五月初五出生的孩子未来会危害父母。科学性的因素和迷信的因素加在一起,就使得古人更加坚信端午节是个"恶月恶日"。

既然是恶月恶日,就是有危险的日子,人们就要想办法来对付这些危险。端午节所有的习俗,很大一部分都是人们设计来对付恶月恶日的。民俗和节日里的各种行为,实际上是展示了当时人们如何应对这种特定日期。比如对付五毒:小孩子容易受到五毒的伤害,因为大人们都知道这五种东西有毒,不招惹它,而小孩子没那么大的能力。所以给小孩做一个兜肚,挂在小孩子的肚子前面,上面绣五毒的图案,作用是帮助小孩识别五毒。小孩识别之后就知道这几种动物有毒,要躲开。另外,人们认为它还有保护的意义,有五毒往这儿一放,现实的五毒就不过来了。其他还有雄黄酒、放黄烟子等驱除五毒的民俗活动。

还有一个比较大的活动类型,就是采百药。采各种各样的药材,最有代表性的就是菖蒲和艾草。如图1所示,大捆的主要是艾草,艾

图1 菖蒲和艾草

草边上那些细长的尖叶子，就是菖蒲。

古代的中药学是古人总结经验，摸索出来的一套祛除病患、拯救人类生命、保证健康的一种医学知识。有一些内容科学性不够，但其实更多是作为一种信仰给病人提供精神支持。比如古人相信夏至的时候是阳气极盛，在端午节这一天药物的疗效也达到了最高。所以端午节是古代药农最忙的一天，要把重要的药材全采了，才能保证药材的质量最好。

到农村去看，农民们一大早就到山上去割艾草、菖蒲。还有一个事要干，那就是捉癞蛤蟆。平时农村的癞蛤蟆很多，可是到了端午这一天，想找癞蛤蟆反而找不着。所以就形成一个民间谚语，也是一个口头的文学，叫"癞蛤蟆躲端午"。癞蛤蟆知道在端午节自己的生命受到威胁，所以它要躲起来，躲一天算一天。为什么会这样，蛤蟆真知道这天自己要被捉吗？其实不是。平时我们见蛤蟆多，因为大家都讨厌它，不理它，也不捉它。第一个人看见了不捉，第二个自然也看见了，这蛤蟆就好像有两个一样，再有第三个人看见，好像大家都看见了。可是如果第一个人捉走了蛤蟆，后边的人就都见不着了，大家都去捉的时候，癞蛤蟆自然而然就看不着了。所以人们误解它躲起来了。抓蛤蟆是为了做成药材。虽然说它平时有毒，但把它晒干了，可以做成药材。人们还会塞一个墨锭到癞蛤蟆的嘴里，然后把它晾干，墨锭就变成药物了。夏天容易得皮肤病，长些小疖子、小疔疮，诸如此类，用它一抹，消炎效果很好。

下边讲欧阳修咏叹端午节的一首词。

渔家傲

[宋]欧阳修

五月榴花妖艳烘，绿杨带雨垂垂重。五色新丝缠角粽，金盘送。

生绡画扇盘双凤。

　　正是浴兰时节动,菖蒲酒美清尊共。叶里黄鹂时一弄,犹瞢忪,等闲惊破纱窗梦。

　　李纲的政治运气不太好,忠臣又被打击,被贬过官。另一位,一辈子特别顺利的欧阳修,过端午节的感觉又是如何,这首《渔家傲》呈现了出来。

　　"五月榴花妖艳烘",农历五月的时候,石榴花开了。"妖艳"是说石榴花的颜色特别的鲜艳,不是贬义词,形容它极红。"绿杨带雨垂垂重",柳树一层层垂丝垂下来。"绿杨"是指柳树,不是杨树。古代的杨柳在诗歌里不区分,说杨也是柳,说柳还是柳。"五色新丝缠角粽",五种颜色新蚕丝缠着粽子。"新丝"是端午节前后,正好是古代养蚕成熟的时候,养蚕结束了,蚕结了茧,缫丝拿出来之后弄成丝线,就是蚕丝线。上文提到了,新丝缠着粽子是防止蛟龙来吃粽子的。缠好了之后"金盘送",把它放在盘子里,端上桌,请大家吃。

　　"生绡画扇盘双凤","生绡"是生的绢,用生的蚕丝织成的薄纱,或者是很薄的帛,就是古代的丝织品。用这个东西做成扇子,在上面画画,叫"画扇"。这是古时过端午节的一个重要内容。因为端午节的时候夏天来了,气温太高,需要扇扇子。这时候要画一些扇子,晚辈画好扇子,献给长辈,表示孝心。皇帝有时候也会让他的工匠们制作一些扇子赏给大臣,表示皇帝对大臣的关心。"盘双凤",上面画着凤凰的样子,取吉祥如意的意思。

　　下半阕开始"正是浴兰时节动",这个时候是用兰草泡水洗澡的时节,端午用兰草洗澡,所以叫"浴兰"。"菖蒲酒美清尊共",菖蒲酒,非常的好喝,大家共享。"叶里黄鹂时一弄","叶里"是树叶之间,就是树上浓密的树叶里边,黄鹂时不时叫一声。"犹瞢忪",前面说喝了菖蒲酒,可能喝得有点多,有点晕晕乎乎的,人还没有完全清醒,似醒非醒的状态，醉眼惺忪。"等闲惊破纱窗梦"，黄鹂的鸣叫声一下子把喝醉的人从梦中惊醒。

欧阳修描写出来的端午节特别的美丽。石榴花盛开，满是很长的枝条的柳树，到处都是，一片绿茵茵的。有好吃的粽子，有漂亮的扇子，还要喝着菖蒲酒，这个生活太美好了。欧阳修一辈子特别顺利，没有遇到过什么倒霉事，所以他描写出来的端午节舒服极了，愉快极了，是特别幸福的时间，特别幸福的时刻。李纲说的是"满怀离恨寄南风"，他郁闷又不高兴。因为个人经历，因为每个人的遭遇不一样，所以在端午节的时候感受也是不一样的。欧阳修看到的端午节是那么的愉快、那么的轻松、那么的漫不经心，甚至醉眼朦胧的一种感觉。而李纲心里面就是压抑的，他所想到的是这个不吉祥的日子，这是屈原投江的日子，这是一个国家面临危险的日子。我们不能强迫所有人都有同样的感觉，每个人自己的体验是最重要的。

值得注意的是，欧阳修这首词里提到一个"浴兰"习俗。端午节洗澡，这洗澡有那么重要吗？欧阳修是这么说，另外一个说的人更特别，就是苏东坡。苏东坡一辈子有点倒霉，皇帝不太喜欢他，因为他反对王安石变法。但是他又有运气好的一面，皇后和皇太后都喜欢他，喜欢他的诗词作品。所以有一次过端午节的时候，皇太后招他进宫赐浴，让他使用皇宫里边的浴池洗菖蒲浴。所以可以看出端午节洗澡是个很重要的民俗活动。其实，不光皇家，老百姓端午节也是洗澡的。

甘肃有一个谚语，是民间的口头文学，说"洗了端午澡，能把平安保；饮了雄黄酒，百病都远走"。洗了端午澡，今年就可以平平安安地过了，特别直白。喝了雄黄酒有什么好处？百病都远走。可以百病不生，身体保证健康，端午酒在老百姓心目中是很有用处的。这个谚语背后的意思则是：如果不洗澡，平安难保；不喝雄黄酒，百病丛生。这就意味着端午日不是一个好日子。

《白蛇传》里白娘子喝了雄黄酒，就现出原形。小说里边把雄黄酒的作用，夸张到了如此地步。雄黄酒一喝，千年修行的蛇都丧失了它的力量。也体现出文学能把我们对节日时间性质的想象直接描述出来。为什么老百姓要喝雄黄酒，从文学作品的细节就能看出来。所以文学中的端午节更利于发现人们对端午节的解释和认识。

山东成武县也有一个民间谚语，说"端午不戴艾，死了变个老鳖盖"。老鳖盖就是鳖，也就是王八。就是说人人在端午节都应该在头上戴艾草，谁不戴谁就变成了王八。虽然有点开玩笑的意思，但是它表明了当地端午节是人人都头上戴艾草的。

还有山东临清的民间口头文学，说"五月端午不戴花，死了变成癞蛤蟆"。现在很少见端午节戴花的，但古代确实有这个传统习俗。

举一个古代的例子，雍正皇帝过端午节。如图2所示《午瑞图》，是雍正十年（1732）当时的宫廷画家郎世宁画的。"午"是端午，"瑞"是祥瑞，端午节的祥瑞图。

端午节有哪些祥瑞呢？图中主要的几个植物：瓷瓶中红色的是石榴花，下面宽叶子的白花和粉花是蜀葵，后边发黑的叶子就是艾草叶子，绿色的尖叶是菖蒲。这些都是北京地区端午节应时而生的植物。此图原件现存故宫，它后边专门有个标记，说这是专供五月端午节陈设的。平时还舍不得拿出来看，到端午节专门拿出来观赏。下面水果盘中是红色的果实，小一点的是红樱桃，大一点的是李子，也是这个季节

图2 《午瑞图》

成熟的。右边则是很多粽子。这幅画把端午节的各种祥瑞全都展示出来了,使人们能够很直观地想象出当年雍正皇帝如何过端午节。

端午节还有一个习俗是挂香囊,为了应付五毒、应付邪气。有的地方叫香包,就是弄一片绢或者是布,缝个小袋子,里边塞一点药草或者是香料。有的是用艾草,有的是用其他的一些芳香植物,放在里边。古人用来驱邪气。它其实也有正面的、科学上的效果。因为夏天出汗多,人身上有味,有这个东西就有芳香的气息,确实对身体有好处。河南荥阳有《香袋谣》,就是香袋的民谣,解说香袋的作用:"端午节,太阳红,做个香袋来除虫。带香袋,除毒害,一年四季无病灾。"说香袋是用来辟邪的,防病的,就像我们现在要打疫苗。防病在如今的时代依然是很大的事情,科学这么发达了,我们还不能完全抵抗各种病毒。古人靠中药材预防疾病。过去不太发达的中医学,肯定不能完全消除疾病,消除瘟疫。因此人们就需要宗教信仰的支持。所以人们就想象有瘟神,瘟神是管瘟疫的。古人相信拜了瘟神就可以不得病。

古人对瘟神还有另外一种态度。瘟神是造成瘟疫、引发瘟疫的一个恶神。只要人厉害了,就可以把瘟神打一顿,驱逐出境,这样就可以不得病了。有些地区把瘟神像抬出去,然后大家拿鞭子抽一抽,吓唬吓唬它,不许发灾难、发瘟疫。有些地区则是弄

图3 瘟神庙

一个纸糊的或者是草编成的船,然后再用纸做一个瘟神像,或者把瘟神牌位放在船上,抬到河边,放火烧了;或者是扔到河里边直接让水冲走,就表示把瘟神送走了,这里就不得病了。

这些就是端午节最根本的意义,最原始的意义,它是古人对恶月恶日的处理方法,是中国古代的卫生节。面对人们心目中总结出来的

有邪气、有威胁的时刻,古人设想出各种文化措施,来驱逐邪气,驱逐病魔,保护人类的身体健康。这样的一个卫生性质的节日,是端午节最根本的性质。

二、纪念屈原是端午节的次生涵义

端午节一开始其实跟屈原没有关联,最初《史记》里记录,战国四公子之一孟尝君的出生是在五月初五,那时候的民俗就是不要五月初五出生的孩子,不养育这样的孩子。这种观念是在屈原之前,所以早期的五月初五跟屈原没有任何关系。屈原跟端午节发生联系,被人们想象为端午节划龙舟,端午节吃粽子的原因,是后来人想象的,所以说纪念屈原是端午节的次生涵义。

把端午节跟屈原联系起来的主要是古代知识分子,农民信屈原的不多。民众信屈原的主要地区,一个是屈原的老家湖北秭归,那附近的老百姓信屈原,说端午节是纪念屈原的。还有一个地方是湖南的汨罗。汨罗江是屈原跳江自尽的地方,所以当地的人划龙舟是为了拯救屈原,或者是为了捞屈原的身体。这种传说后来受到知识分子的关注,并得到宣传。因为古代知识分子在政治上不得志,或者是被皇帝贬官,就会想到屈原当年被楚怀王流放,又被楚怀王的儿子流放的遭遇,他们会联想到屈原。因此他们特别愿意把屈原和端午节联系在一起。经过他们的宣传,这种地方性的传说慢慢就开始流行了。所以我们很多的文人诗词都纪念屈原。除了湖南、湖北部分地区之外,古代大多数百姓都把端午节当作辟邪的节日,说端午节是恶月恶日,是需要消除五毒的节日。

端午·节分

[唐]文秀

> 节分端午自谁言？万古传闻为屈原。
> 堪笑楚江空渺渺，不能洗净直臣冤。

"节分端午自谁言？"节日有很多，节日里边分出了一个端午节，这是从谁开始说的呢？"万古传闻为屈原"，自古以来听说，端午节是为了纪念屈原的。"堪笑楚江空渺渺"，"空"是白白的，"渺渺"是一眼望不到边，楚国的江水很大，水量很大。这么辽阔的、巨大的江，水有这么多，可是都没有用，白费了，因为它"不能洗净直臣冤"，冲刷不掉屈原这样的忠直之臣，忠心耿耿的臣子，所蒙受的冤屈。

这首诗特别简洁，主题鲜明。端午节传说是为了屈原产生的。屈原受到了非常大的委屈，委屈大到楚国那么大的江水，都洗刷不尽他所受到的冤屈。

1. 关于粽子起源的民间传说

除诗歌外其他方面的文学作品是怎么描述端午节，怎么解释端午节的呢？

南北朝时期，南方的梁代，有一个小说家叫吴均（467—520），他写过一个志怪小说叫《续齐谐记》。这里边讲了一个传说故事，不能当作真实历史来看的。

"阴历屈原五月五日投汨罗而死，楚人哀之。每至此日，竹筒贮米，投水祭之。汉建武中，长沙欧回，白日忽见一人，自称三闾大夫，谓曰：'君当见祭，甚善。但常所遗，苦蛟龙所窃。今若有惠，可以楝树叶塞其上，以五彩丝缚之。此二物，蛟龙所惮也。'回依其言。世人作粽，并带五色丝及楝叶，皆汨罗之遗风也。"

"阴历屈原五月五日投汨罗而死"，五月初五屈原在汨罗江自尽了。

"楚人哀之"楚国人很悲伤。"每至此日",从那以后每年到了这个时候。"竹筒贮米",把米放在竹筒里面。仔细看这个细节特别有意思。"投水祭之",现在的粽子都是包的竹叶,用竹叶包着糯米,然后煮熟吃的。过去最早的粽子,是放在竹筒里面的。南北朝时期是放在竹筒里面的。"汉建武中",汉是指东汉,"建武"是东汉第一个皇帝光武帝刘秀的年号。"长沙欧回",长沙地区有一个叫欧回的人。"白日忽见一人",大白天看见鬼了,他看见那个人说,他"自称三闾大夫",这三闾大夫中国历史上只有一个,就是屈原。我们古代记录的所有的文献里面,只有他当过这个官。所以三闾大夫就是屈原。"谓曰",他说了。"君当见祭"你给我送来的这种祭品。"甚善",太好了。"但常所遗(wèi)",这个"遗"不能读成遗,不是遗产的遗,它是赠送的意思。你所赠送的东西。"苦蛟龙所窃",都被蛟龙给偷走了。"今若有惠",你以后再要给我送吃的,可以用楝树叶缠在上面,包在上面,"塞其上"。"以五彩丝缚之。此二物,蛟龙所惮也",蛟龙害怕楝树叶。楝树就是苦楝树,它的叶子有特殊的味道,开紫花,果子是青的,成熟之后是微微发黄。楝树叶的味道很重,有芳香气息,把它缠在上面,就认为它能够辟邪。五彩丝,古人也认为能辟邪。五彩丝就是我们后来缠的五色线,最初的五彩丝是缠在胳膊的,后来粽子上也用了五彩丝缠。欧回听了屈原的话之后就"依其言",按照他的嘱咐做了。从此以后人们做粽子都用五色丝缠着,上面还加楝树叶。这个传说就是解释端午节吃粽子是纪念屈原的。

这些传说是作为一种口头文学,而存在于生活里边的。很多的节日习俗古代没有记录,谁也不知道怎么来的。但是老百姓要这么过,需要找出道理,历史文献又没有记录,记忆也不能把那些过去发生的事情都记得清清楚楚。所以人们就创造出了各种口头文学,帮助我们理解这个节日,帮助我们过好这个节日。这些文学作品,对提高我们的节日质量,是有很大帮助的。

2. 龙舟竞渡的传说与诗歌

龙舟竞渡其实在先秦时代就有，但是那个时候它不是为了端午节进行的活动。一直到很晚，龙舟竞渡才变成了端午节特定的民俗活动。屈原又成了传说的主人公，说屈原投江自尽，老百姓很伤心。他们当然不愿意这么一个好人，这么一个忠臣死掉。有传说是，大家一看他投江，赶快划上船去抢救他，但是没来得及。有的传说是他已经死了，找不着尸体，大家都要赶快划船去找他的尸体。

图4是清朝末年《点石斋画报》里面龙舟竞渡的场面。

左边画面上有一个大旗写"楚大夫屈"，就是为屈原招魂的大旗。

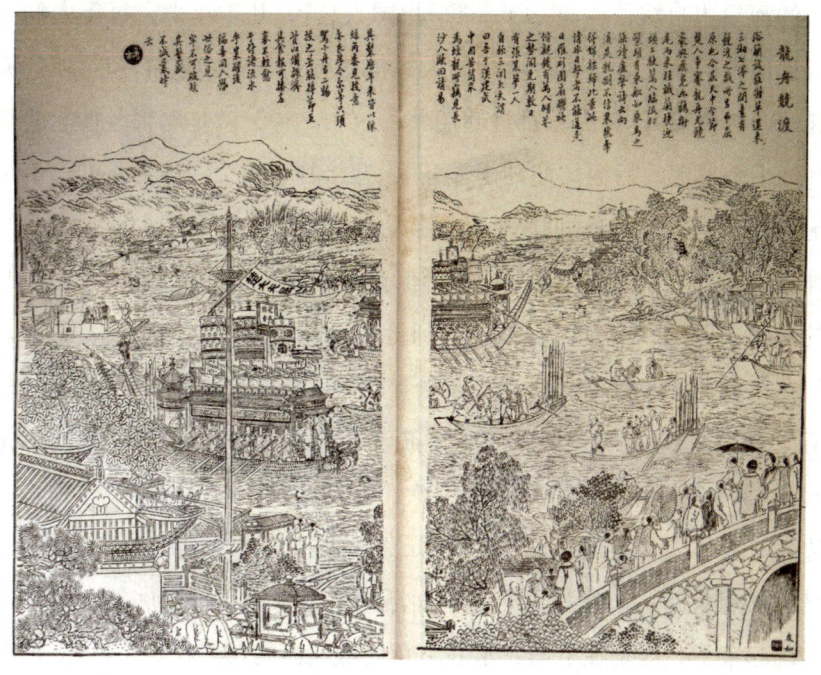

图4 龙舟竞渡，选自《点石斋画报》

观竞渡

[唐]储光羲

大夫沉楚水，千祀国人哀。

习棹江流长，迎神雨雾开。
标随绿云动，船逆清波来。
下怖鱼龙起，上惊凫雁回。
能令秋大有，鼓吹远相催。

唐朝人储光羲的《观竞渡》描写他所看到的唐朝龙舟竞渡的场面，以及龙舟竞渡的原因，证明唐朝的时候，民间传说跟龙舟竞渡是结合在一起的。

"大夫沉楚水，千祀国人哀"，大夫就是屈原，三闾大夫。他在楚国的河里边自沉了，自尽了。"千祀国人哀"，几千年来，每年人们都祭祀他，但是到了今天，全国的人民依然感到悲哀、悲痛。"习棹江流长，迎神雨雾开"，大家都抄起船桨，这个"棹"就是船桨。抄起船桨到江上去赛船。后面"迎神雨雾开"，迎接神。这个"神"是谁，不是纪念屈原吗，怎么就迎接神了？传说屈原死了之后成了水神，去迎接神灵了，其实就是迎接屈原。"标随绿云动"，"标"是过去各个船比赛的时候，要抢一个东西，谁先赶到抢到了那个标，谁就胜利了。标是放在大家前面，在那远远的地方飘着，然后大家都要往那儿赶。"船逆清波来"，船走得特快，就激起了波浪，迎着波浪往前冲。"下怖鱼龙起"，因为船跑得太快，那个船又大，跑得又快，人又多，一边划桨一边高喊口号，"怖"就是惊吓的意思，它惊吓起了水里边的鱼龙，"鱼龙"是人类想象的一个怪物，在水里面活动的，赛龙舟把水底的鱼龙都吓得跳起来了。这是在下面，水底下鱼龙被竞渡的船给惊扰了。"上惊凫雁回"，天上的"凫雁"，"凫"是野鸭子，"雁"是大雁。天上飞的野鸭子和大雁，都被龙舟竞渡的场面给吓坏了，一看竞争这么激烈，它们就吓得掉头跑了。

这前半节讲的都是龙舟竞渡，是纪念屈原的，场面又非常的热烈。后面有两句话特别值得关注："能令秋大有，鼓吹远相催。"龙舟竞渡不光是纪念屈原的,老百姓进行龙舟竞渡,还有另外一个意义。竞渡如果成功了,能够让我们"秋大有"。"大有"就是大有年,这一年会大丰收。"秋大有"就是让秋收能够获得一个大丰收。所以农民去进行龙舟竞渡,不仅仅是为了纪念屈原,还有一个追求农业丰收的目的。"鼓吹远相催",因为当时场面很大,船上大家划着船,使劲地划桨,都是你追我赶,要争取胜利,抢到胜利的标志。岸上的人们还要敲鼓,吹各种乐器,其实就是我们现在说的啦啦队。

所以整个唐代的竞渡场面是非常热烈、激烈的。人们怀着双重目的,既纪念屈原,又追求丰收,所以热情特别高。

《观竞渡》是唐代诗歌,现代也有民谣,比如湖南湘阴县的民谣:"五月五日是端阳,龙船下水闹罗江","罗江"就是汨罗江的简称。"朝拜屈原一炉香,年年五谷用船装",龙船下水之前要朝拜屈原,烧一炉香,点一炉香就是祭祀屈原。但是纪念屈原完了,还有一个目的,他们希望每年的五谷用船装,五谷大丰收,也是双重的涵义。

知识分子说端午节是纪念屈原的。在他们的影响下,全国很多地方的老百姓也开始接受端午节是出于纪念屈原的目的。但是这只是一种美好的节日想象,是人们为这个节日赋予了更崇高的道德观念。这是有意义的,但是这不是唯一的。人们过这个节,除了纪念屈原的涵义之外,它还有追求丰收的涵义。龙舟竞渡有追求丰收的象征意义。

其他地区,比如江苏的苏州一带民众的习俗,端午节龙舟竞渡不是纪念屈原的,是纪念伍子胥的,伍子胥是春秋时代的一个著名的历史人物。到了浙江的上虞那一带,龙舟竞渡既不是纪念伍子胥的,也不是纪念屈原的,而是纪念曹娥的。曹娥是东汉时候的一个著名的孝女,她的父亲在端午节的时候淹死了,尸体找不到,她就非常悲伤,自己也跳到江里面自尽了。结果没想到奇迹发生了,她跳进去之后,过了两天尸体出来了,她的尸体抱着她父亲的尸体,浮到了江面上。所以曹娥被列入"二十四孝"之一。

由此可见，端午节的民俗在各个地方是有差异的。我们应该尊重不同地区的习俗。

三、汪曾祺《端午的鸭蛋》

现代作家们描述端午节的也很多，其中最容易懂的，又是最美好的要数现代作家汪曾祺。我们看看他怎么描写心目中的端午节。《端午的鸭蛋》这一篇，是他回忆当年的家乡江苏高邮县的端午节是怎么过的。

"家乡的端午，很多风俗和外地一样。系百索子，五色的丝线拧成小绳，系在手腕上。丝线是掉色的，洗脸时沾了水，手腕上就印得红一道绿一道的。做香角子，丝丝缠成小粽子，里头装了香面，一个一个串起来，挂在帐钩上。贴五毒，红纸剪成五毒，贴在门槛上。贴符，这符是城隍庙送来的。城隍庙的老道士还是我的寄名干爹，他每年端午节前就派小道士送符来，还有两把小纸扇。符送来了，就贴在堂屋的门楣上。一尺来长的黄色、蓝色的纸条，上面用朱笔画些莫名其妙的道道，这就能辟邪吗？喝雄黄酒，用酒和的雄黄在孩子的额头上画一个王字，这是很多地方都有的。有一个风俗不知别处有不：放黄烟子。黄烟子是大小如北方的麻雷子的炮仗，只是里面灌的不是硝药，而是雄黄。点着后不响，只是冒出一股黄烟，能冒好一会。把点着的黄烟子丢在橱柜下面，说是可以熏五毒。小孩子点了黄烟子，常把它的一头抵在板壁上写虎字。写黄烟虎字笔画不能断，所以我们那里的孩子都会写草书的"一笔虎"。还有一个风俗，是端午节的午饭要吃"十二红"，就是十二道红颜色的菜。十二红里我只记得有炒红苋、油爆虾、咸鸭蛋，其余的都记不清，数不出了。也许十二红只是一个名目，不一定真凑足十二样。不过午饭的菜都是红的，这一点是我没有记错的，而且，苋菜、虾、鸭蛋，一定是有的。这三样，在我的家乡，都不贵，多数人家是吃得起的。"

汪曾祺说家乡的端午，很多风俗和外地一样。

系百索子，百索子是五色的丝线拧成小绳，系在手腕上。丝线是掉色的，洗脸时沾了水，手腕上就印得红一道绿一道的。这就是五色线缠在手腕上，他们当地叫百索子。

做香角子，丝丝缠成小粽子，里头装了香面，一个一个串起来，挂在帐钩上。这个做的不是粽子，是装饰性的，挂在蚊帐上。

贴五毒，红纸剪成五毒，贴在门槛上。五毒一般挂在窗户上，为什么要贴在门槛上，门槛是在门的最底下那一层。等于你每次过都要踩它一下，意思是消灭五毒，设计得很有道理。

贴符，符是城隍庙送来的。符送来了，就贴在堂屋的门楣上。门楣是门的上面一横杠，一尺来长的黄色、蓝色的纸条，上面用朱笔画些莫名其妙的道道。这就是道教的符，端午符。

放黄烟子，小孩点了黄烟子，常把它的一头抵在板壁上写虎字。写黄烟虎字笔画不能断，所以当地孩子都会写草书的"一笔虎"，一笔写一个复杂的"虎"字。

还有一个风俗，是端午节的午饭要吃"十二红"，就是十二道红颜色的菜。十二红里汪曾祺记得有炒红苋菜、油爆虾、咸鸭蛋，其余的都记不清，数不出了。也许十二红只是一个名目，不一定真凑足十二样。不过午饭的菜都是红的，这一点是没有记错的。汪曾祺写"我对异乡人称道高邮鸭蛋，是不大高兴的，好像我们那穷地方就出鸭蛋似的！不过高邮的咸鸭蛋，确实是好，我走的地方不少，所食鸭蛋多矣，但和我家乡的完全不能相比！曾经沧海难为水，他乡咸鸭蛋，我实在瞧不上……"

他对家乡的热爱之情溢于言表，咸鸭蛋也是自己家乡的最好。家乡的端午节给他留下了太美好的印象，一直到老都不忘。

端午节给我们的生活，提供了许多愉快的记忆，使我们的生活变得非常有意思、有意义。这一天的环境，被端午节装饰得更加美丽，门上挂上了菖蒲、艾草，院里清扫了，被黄烟子熏过，被雄黄酒喷过。每一个人都洗了澡，沐浴更衣。然后还有五色线缠在手上做装饰，有香囊挂在胸口来做装饰，使人们的身心得到了很大的安慰。

  本来在这个季节是有各种风险，容易得病、容易被毒虫伤害的，但是通过端午节的这一套习俗，它使我们在物质上有了健康的保障。通过卫生活动，通过驱虫，我们的健康有了保障。精神上也提供了安慰，使生活变得更加美好，更加幸福。这也是我们能够从文学作品中的端午节感受到的美好。

  陈连山　北京大学民间文学教研室主任，中国民俗学会副会长，教授，博士生导师

不知秋思落谁家

——诗词里的中秋

谢 琰

今天跟大家分享三个小的主题。我们说到中秋就会说到月亮,所以第一个主题是中秋与月亮。中秋是滚滚红尘中的一个日子,是漫漫人生旅途中的一天,我们每一年都会走过这一天,每年走过中秋的心情都是不同的,所以第二个主题是中秋与人生。最后一个主题,我想说说跟中秋有关的风俗。当然这些风俗是被记录在、表现在一些优美的古代诗词中的。通过诗词去认识中秋,可能更有趣味、更为亲近。

一、中秋与月亮

十五夜望月寄杜郎中

[唐] 王建

中庭地白树栖鸦,冷露无声湿桂花。
今夜月明人尽望,不知秋思落谁家。

说到中秋,可能最先令人想到的是"明月几时有,把酒问青天"。这句词太有名,好像笼盖了一切中秋的诗词。而《十五夜望月寄杜郎中》可能没有苏东坡的词那样,表现得那么旷达悠远、有哲理性,但是它在安静之中传达出的情韵,是读者更容易感受到的,同时也是更容易忽略的。因为它的表达是那么的细致,那么的幽微。

"中庭地白树栖鸦"。第一句就告诉读者"中庭地白",庭院中间白花花的一片是什么?诗中没有说破。读者可以猜到,既然是中秋,题目又说"望月",庭院中心白花花的一片就像苏东坡在《记承天寺夜游》里所说"庭下如积水空明",像积了一汪清水一样,那么的明澈亮堂,这才会有"中庭地白"的感觉。紧接着又说"树栖鸦"。辛弃疾有名句"明月别枝惊鹊",说小鸟对光线是非常敏感的。但是这首诗里的"鸦",是安安静静地栖息在树枝上,说明这天的月光非常稳定,不会忽明忽暗导致光线变化,小鸟自然不会惊慌,误以为是天亮了,或者是误以为是天黑了。所以"树栖鸦"表面上写安静地停着几只乌鸦,其实是间接地写天上的明月。第一句没有提"望月"之"月",但又处处在写"月"。

"冷露无声湿桂花"。如果说第一句作者侧重于从视觉的角度观察,这一句则调动了更多的感官。露水打湿了桂花,露水不是看见的,而是感受到的湿气,隐隐约约地知道,桂花上凝结了露水。特意强调露水是无声的,表明它不是滴滴答答往下滴,而是安静地凝结在桂花上。这句既写了一种隐隐约约的听觉上的感受,以无声写静,同时也告诉读者,露水打湿的不是普通的地面,不是花花草草,而是桂树,是桂花。桂花在秋天开放,是中秋夜的象征,且香气非常浓郁,"三秋桂子,十里荷花",飘香十里。所以"冷露无声湿桂花"既有听觉的内容,也有嗅觉的内容。前面两句结合在一起,就像是色香味俱全的一道菜。这道菜主角是月光,但是一句都没有写月光,都是间接地迂回描写,所以说它写得非常的幽微,非常的隐秘,非常的有味道。

如果后面两句还隐秘着写,诗就变成了猜哑谜,所以得把最想说的场景、最想说的情感明明白白地倒出来。于是后面两句就直抒胸臆:"今夜月明人尽望,不知秋思落谁家。"所有人的目光都聚集在天上的明月,每个人望月都有不同的一段又一段的心情。如果不说"不知秋思落谁家",而说"不知谁家有秋思",这首诗就没有味道了。

每个人看月亮都有一段秋思,都有一段思绪、一段情感想抒发出来。但诗里不这么说,它说得好似是月亮所引发的情感,就像那一滴一滴的露水,就像那一片一片的月光,就像那一缕一缕的桂子香气一样,飘到、吹到每个人的心里面去了。"不知秋思"这个"不知",表现的恰恰是它的反面,处处都有秋思。此情此景是不是非常美妙?每个人都在看明月,同时明月把不同的心情,放到每个人的心里去了。后两句在直抒胸臆之中又加入波折,所以说这首诗是一首幽微的、富有韵味的小诗。

中秋月二首
[唐]李峤
其二:

圆魄上寒空,皆言四海同。
安知千里外,不有雨兼风。

我们紧接着再看另外一首小诗,是唐代李峤的《中秋月》,这首诗只有四句,它是这么说的,"圆魄上寒空,皆言四海同。安知千里外,不有雨兼风。"如果说"不知秋思落谁家"中大家的情感是不同的,那么《中秋月》可以说把不同的情感,明显地揭示出来了,告诉读者并不是所有人都有福气能看到那轮明月,并不是所有人在中秋这一天心情都是平静、安逸、幸福的。

"圆魄上寒空",圆圆的月亮挂在秋高气爽的天空中,"皆言四海同",都说好像大家一起沐浴在这种"隔千里兮共明月"的幸福安详中。事实上是这样吗?不是。"安知千里外,不有雨兼风",你在这边看到明月,心里很幸福,但是在另外一个地方可能有人看不到明月。天上有雨有风,看的人心里可能也有雨有风,有百感交集,有五味杂陈,都在心里翻腾。这首诗虽短,但是它提醒我们,中秋节的情感可以非常丰富,丰富的情感可能都跟天上这轮明月有关。有的人能看到,有的人可能看不到,有的人看到的比较清晰,比较安详,有的人看到的可能比较模糊,看不全,看不清楚。

八月十五夜月二首

[唐]杜甫

其一:

满目飞明镜,归心折大刀。
转蓬行地远,攀桂仰天高。
水路疑霜雪,林栖见羽毛。
此时瞻白兔,直欲数秋毫。

如果说以上两首诗,更多的是描写望月这样一个动作,一种心情。那么杜甫这首诗就对月亮本身有了更多的尊重和欣赏。每个人在中秋这一天都会做的事情,杜甫把它形象地刻画出来了。"满目飞明镜",一抬眼感觉明亮的月色,布满眼眶,但是心里"归心折大刀",有思乡思归之情。

意象"大刀"来自典故。刀柄的位置有一个环,大刀环是圆形的,经常用来比喻圆形的事物,又谐音着"归还"的"还",有回家的寓意。诗中说的就是看到圆形的月亮,想到这个典故,又会想到世间有很多不圆满,同时在这里思念故乡。其实很多人之所以在中秋这天要盯着月亮看,是因为内心有一种缺憾,不圆满,想见的人见不到,思念的人久而未见,所以会盯着月亮看。

"转蓬行地远,攀桂仰天高"表达出自己漂泊在外不能回家,离故乡、亲人很远，于是就仰头看着天上的月亮。第三联写月亮是"水路疑霜雪，林栖见羽毛"，月色铺在地上，就像积水空明一样，月色如水，月色如霜，月色如雪，小雪粒飞在半空中给人的感觉，就像月光给人的感觉一样。古人觉得月亮上有很多神奇的东西，有桂树、有蟾蜍、有玉兔、有嫦娥，"林栖见羽毛"可以理解为月亮上的东西毫发毕现，也可以理解为在月亮的照耀下，庭院中树上栖鸦的羽毛也变得毫发毕现，也就是说天上地下都变得非常清晰。

到这里，月亮越来越清楚了，于是接最后两句："此时瞻白兔，直欲数秋毫。"这是杜甫的一种畅想，一种渴盼。月亮把世间万物都照得那么清楚，自己本身呢？"直欲数秋毫"，如果有一只白兔的话，中秋的月亮是如此地清晰，几乎都能数得清月上白兔的毫毛了。当月亮很大、很明亮的时候，我们真的可以看到月亮上环形山的形状，从而产生很多联想。所以古人的很多神话传说，都是因为盯着月亮看，而产生种种联想，把月亮上的各种痕迹联想成兔子的形状、宫殿的形状、女性的形象，这样就产生了很多神话传说。

木兰花慢
[宋]辛弃疾

中秋饮酒，将旦，客谓前人诗词有赋待月无送月者，因用《天问》体赋。

可怜今夕月，向何处、去悠悠？是别有人间，那边才见，光影东头？是天外空汗漫，但长风、浩浩送中秋？飞镜无根谁系？嫦娥不嫁谁留？

谓经海底问无由，恍惚使人愁。怕万里长鲸，纵横触破，玉殿琼楼。虾蟆故堪浴水，问云何、玉兔解沉浮？若道都齐无恙，云何渐渐如钩？

《木兰花慢》有一个小序,交代这首词创作的缘起,说"中秋饮酒,将旦",中秋在那喝酒,通宵达旦,很快乐。然后"客谓前人诗词有赋待月无送月者",意思是前人诗词多描写等待月亮,去好好观赏它,但是很少有人写送月,也就是说一般人可能看到三四点,甚至是十一二点就回去睡觉了,但辛弃疾整夜都在看月亮。一般人看月,美美地欣赏一番,吃完月饼便回去睡觉了,但是辛弃疾说:今天我要特意为月亮写一个送月的诗词。

既然是送月,就要想月亮去哪了,由此引发了下面的一段惊心动魄的想象:"可怜今夕月,向何处、去悠悠?"今朝的月亮,悠悠而去,到了远方,消失不见,你到底去哪了?"是别有人间,那边才见,光影东头?"是不是在这个世界的另一面有另外一个世界,这边看到月亮已经西落了,不见了,那边可能刚刚从东边升起来。这个想象非常地惊人。如今的读者知道如果在中国看到月亮落下去,那可能对面美国的月亮升起来了,这是"地球是圆的"这样一个科学知识告诉我们的。但是在辛弃疾的时代,并没有这样的地球模型,在他脑海里是一种诗人纯粹的想象,是不是我们世界的背面,还有另外一个世界,所以这个想象是非常惊人的。

辛弃疾不断地追问月亮到底去哪了:"是天外空汗漫,但长风、浩浩送中秋?"刚才说天外是不是有另外一个世界,再转念一想,也许天外什么都没有呢。我们世界的背面,是一片空阔,一片辽远。"汗漫"表示一种空无一物的状态。所以送月亮过去之后,就送到了悠悠浩浩的长空之中,随风而去了,并不是飘到另外一个世界,而是飘到一片虚空中。

他继续追问:"飞镜无根谁系?"如果把月亮比作一个镜子,没有人去系住它、拽住它、拴住它,它会飘到哪去呢?"嫦娥不嫁谁留",传说月亮上面有嫦娥,为什么不嫁出去,始终在月亮上待着,谁把嫦娥永远地留在了月亮上?这都是对即将要走的月亮的一种挽留,一种畅想。

"谓经海底问无由，恍惚使人愁。"有人说月亮落下去之后，就降落到海水里去了，就像张九龄说："海上生明月，天涯共此时。"明月从海中出来，可能又落回到海里去了，这个道理似是而非，所以是"恍惚使人愁"。他继续想，如果月亮真的到海里，"怕万里长鲸，纵横触破，玉殿琼楼"。月亮带着那么美妙的玉殿琼楼，万一真的沉没到海里去了，突然来了一个身长万里的巨大鲸鱼，大尾巴一扫，琼楼玉宇不是全部毁掉了吗？多可惜。月亮上有嫦娥，有琼楼玉宇，还有蟾蜍，也就是虾蟆。"虾蟆故堪浴水，问云何、玉兔解沉浮？"蟾蜍倒是可以在水里走，月亮沉到海里去也没事，但是玉兔怎么办？岂不是在海里淹死了？也就是说等到下一个月圆之夜，月亮再升起来，里边的楼也破了，蛤蟆倒在，但玉兔淹死了，多可惜啊。

最后"若道都齐无恙"，意思是如果有人告诉你：没事，你杞人忧天了，那些蟾蜍、那些琼楼玉宇都没事。即使这么说，辛弃疾心里还是有一个疑问：都说月亮永远安然无恙，那"云何渐渐如钩"呢？为什么从明天开始，到后天到大后天，月亮就渐渐残缺了。它没有受到损害，为什么我们看到它日渐残缺呢？

这是一篇想象力非常丰富的、描写月亮的中秋词。辛弃疾在这首词里，充分发挥高妙的想象力，甚至让读者觉得他想到另一个世界，想到无边的宇宙，想到一个庞大的月亮沉落海底之后，又遇见庞大的鲸鱼，这样一些壮美的场景。

以上几首，无论如何望月，或安安静静，很幽微地去望月，或怀着一种关怀天下、悲悯天下的心情去望月，再或以天马行空的想象力去望月，都见到月亮了。但天有不测风云，有时候恰恰中秋那天没有月亮。古人也会遇到这样情况，于是就诞生了一种题材，叫"中秋不见月"。

中秋夜不见月二首

[宋] 宋祁

其一：

天上浮云不肯归，凭轩坐惜桂华西。
一年此夕无穷恨，只是城鸦得稳栖。

其二：

万里重阴晦玉轮，兔孤蟾远托霄垠。
世间未必皆同恨，亦有居心不净人。

宋祁，宋代学者，也是著名的文人、诗人、词人。他的《中秋夜不见月二首》，正是中秋看不到月亮的时候，依旧写月亮。

其一，"天上浮云不肯归，凭轩坐惜桂华西。"天上的浮云不愿意走，就在那遮着，老是在那浮云遮月，让人很懊恼，于是凭轩独坐，仰望苍穹，只能在心中惋惜，月亮应该都已经落下去了，但我们还是看不到，多可惜。"一年此夕无穷恨"，这一年不就是等这一天的月亮吗，偏偏见不着，人们心中都非常懊恼。宋祁和朋友们在此把酒待月，就是看不到月亮，心中当然懊恼。

但是有的事物却很安心，"只是城鸦得稳栖"。前面说到，鸟对光线非常敏感，如果一直是明月朗照，它不会动，一直是阴森森的，它同样也没有感觉。所以当整个中秋夜都没有月亮，都是浮云蔽月的时候，乌鸦会睡得特别香。所以当人类觉得懊恼的时候，乌鸦却觉得很安心，一个人的天堂可能是别人的地狱，一个物种的天堂可能是另外一个物种的地狱，反过来也一样。

其二，他不仅讽刺乌鸦，还要讽刺很多人。"万里重阴晦玉轮，兔孤蟾远托霄垠。"到处都是乌云，把"玉轮"这轮明月给遮住了。兔很孤，蟾很远，都在说人们看不见明月，如果看见兔，兔就不孤了，看到蟾蜍，蟾蜍就不远了。所以这些蟾蜍、玉兔，都被遮在天边，看不见，也不能跟它亲近。"世间未必皆同恨，亦有居心不净人。"宋祁说不仅是那些乌鸦开心。乌鸦是没有道德感的，完全凭它的习性，觉得今天没有月亮，很好，人类则不一样。有的人就是坏，看到别人不开心，他就开心，想看到世间人的懊恼。人们都看不到月亮，越看不到，这种人心里越开心，就是想看浮云遮月。因为他们内心就没有那么干净，所以叫"亦有居心不净人"。

有人懊恼，有人却非常开心。宋祁借着"中秋不见月"这样的场景，讽刺了世间的一些小人，这些小人不愿与人同乐，甚至把别人的悲苦，把别人的遗憾，当成一种快乐去咀嚼。这样的人在我们身边可能真的会遇见，这时就想一想这首诗吧。当然，居心不净之人毕竟是少数，我们还应该怀着热切的盼望，去仰望那轮明月。如果（八月）十五的月亮没有，我们能不能（八月）十六看见，永远怀着一份对于圆满的追求和向往。

刚才说了，如果中秋无月，那么万一第二天有月亮呢？我们要始终满怀信心，果然就有一个诗人写了这样题材的作品。

中秋无月既望月甚佳二首
[宋]杨万里
其一：

> 中秋无月莫尤天，月入秋来夜夜妍。
> 且道今宵明月色，何曾减却半分圆。

"既望"就是过了望日，过了中秋之后第二天。人们都觉得十五的月亮必须看,偏偏这一年没看着,中秋无月,但是第二天月亮特别好。杨万里就很开心,他写了这首诗。"中秋无月莫尤天",中秋那天没看到月亮,不要怨天尤人,保持安静,保持向往。"月入秋来夜夜妍",十五看不到,十六、十七、十八总能看到。秋天的月亮永远比其他四季要更漂亮,哪怕它有一点残缺,它也比夏天、春天的月亮更为明亮,更为清晰。"且道今宵明月色,何曾减却半分圆。"看看现在十六的月亮,哪里比十五的月亮差了?好好地享受吧!所以古人有"日日是好日"的说法:当你觉得"若无闲事挂心头"的时候,处处、时时、刻刻都是好日子。每一天都是崭新的,每一天都是可喜的。

古人在中秋看月亮,能看出这么多丰富的现象,丰富的情感,乃至丰富的哲理。有人安安静静幽微地看,有人悲悯天下地看,有人发挥想象去看,有人看不着,会讽刺那些小人,有人先看不着又看着了,会表达一种豁达。月亮就一个,但是看月的人是无穷无尽的。

二、中秋与人生

水调歌头

[宋]苏轼

　　明月几时有?把酒问青天。不知天上宫阙,今夕是何年。我欲乘风归去,又恐琼楼玉宇,高处不胜寒。起舞弄清影,何似在人间!

　　转朱阁,低绮户,照无眠。不应有恨,何事长向别时圆?人有悲欢离合,月有阴晴圆缺,此事古难全。但愿人长久,千里共婵娟。

　　这首词的前半部分跟后半部分有落差,有一种对比,前半部分是对月亮的想象，而后半部分是从月亮中得出的对于人生的感悟。苏东坡这首中秋词之所以能够傲视群雄，是因为他把看月亮，或者说中秋节这个节日中所有可能包含的人生的慨叹写出来了。

写这首词的时候，苏轼是不开心的。这首词写于山东的密州，熙宁九年。提起熙宁这个年号，熟悉历史的都会在脑中立刻跳出一个人物，王安石。王安石熙宁元年来到首都汴京，到第二年开始当宰相。熙宁二年，轰轰烈烈的"王安石变法"展开了。苏轼是反对变法的，所以他在朝中会面对很多危险，于是他就想既然我说的话你们都不听，我也不想跟你们随波逐流，那我就出去。苏轼先到杭州，后来一路辗转又到了密州，这地方生活很苦，相对来说经济条件各方面都不如之前的杭州，当然更不如首都汴京。甚至有一段时间，朋友们都很担心苏轼在密州饿瘦了，但偏偏不久，苏轼还面色红润起来，更开心起来。

这是苏轼自我调适的一个过程，一方面他经历了政治上的失落，一方面也经历了跟苏辙的别离之苦。这两件事情其实伴随苏轼始终，一个是政治上的沉浮，一个是跟苏辙深厚的兄弟情，有时候是一种萦绕，有时候也是一种折磨。苏轼这首《水调歌头》就是在这样的一种心情中产生。他会在最后说："人有悲欢离合，月有阴晴圆缺。"人世间的事情跟天象之间有呼应的关系，当我们观赏月亮的阴晴圆缺的时候，要超越现象本身。

苏轼真正超越了望月这一现象本身。他认为，无论今天看到月亮还是看不到月亮，无论今天月亮是完全圆满的还是有残缺的，无论今天跟心爱的人在一起，还是距离爱人十万八千里，你都要认识到这是人生的常态，没有哪一件是值得你去执着的。执着于今天月亮必须亮，今天月亮必须圆，今天月亮必须照着我和我的爱人。世界不会那么简单，不会那么纯粹，复杂才是人间的况味，简单就会让人生变得无味。

苏轼经常如此超越人生，咀嚼人生。所以他告诉我们："不应有恨，何事长向别时圆？"先质问，然后紧接着把自己的质问否定了。本来就如此,有什么好质问的?"人有悲欢离合,月有阴晴圆缺,此事古难全。"自古以来,古往今来都是如此。所以最后说:"但愿人长久,千里共婵娟。"人只要长久,我们可以"隔千里兮共明月",即使月亮不圆,我们心里圆就好。这首词在后半阕,把看月亮提升了一个境界。

西江月·黄州中秋

[宋]苏轼

世事一场大梦,人生几度秋凉。夜来风叶已鸣廊。看取眉头鬓上。

酒贱常愁客少,月明多被云妨。中秋谁与共孤光,把盏凄然北望。

此时苏轼的人生境况又变了。上一首词的时期,是他自己觉得无法在朝中继续,所以出走。但是这首词所诞生的情境就非常危险、痛苦了。这首词写于苏轼初到黄州的时候,元丰三年。苏轼为什么会被贬黄州?当年的重大案件叫作"乌台诗案",因为苏轼写了一些讽刺朝政的作品,被人拉出来,拿犯上作乱这个大帽子往他身上扣,最终导致他入狱,一度有性命之忧,后经各方营救,让他能够出狱,但被贬到黄州当团练副使。曾经名满天下的苏轼,在那个时候变成了很偏远的一个小城里的民兵小队长,连住的地方都很寒酸,甚至还要自己想办法搭屋子,一度只能住在寺庙里。后来苏轼稍微有了点钱,有了帮手,到长江边上的一块山坡,朝着江水搭了一个屋子,于是东坡诞生了。所以苏东坡之所以能够诞生,是因为有"乌台诗案"的重大打击,有贬谪黄州这样一段经历的磨砺。

这首词写在苏轼刚到黄州的时候,可以说是他人生心情最为低落的时候。在此之前苏轼在监狱里甚至给苏辙写过绝笔诗,跟苏辙说:

我愿意跟你世世代代、三生三世做兄弟。可见非常沉痛。经历这一场痛苦之后到了黄州，他心情是非常低落的。所以他上来就说："世事一场大梦，人生几度秋凉。"恍然如梦，死去活来的一场变故，一场重大的打击。"人生几度秋凉"，会经历多少中秋呢？"夜来风叶已鸣廊。看取眉头鬓上。"晚风一吹，在自己住的地方回荡风声，在风声之中感受到自己的衰老，眉毛也好，鬓角也好，可能皆已斑白。

"酒贱常愁客少"，刚到黄州是很孤独的。"月明多被云妨"，明月经常会被云给遮住，就像我这内心的一腔赤诚，也会被小人所诽谤。这句仍然能看出他内心的痛苦、不满。

"中秋谁与共孤光"，谁能跟我"千里共婵娟"，"把盏凄然北望"，想想北方很多地方那些老朋友们，尤其是首都的一些老朋友们，还有一些跟我一起，因为反对变法而被贬，而受到排斥的这些老朋友们，他们还在吗？他们还好吗？我在这孤身一人，不知道他们能不能想到，在此时此刻与我"千里共婵娟"。

古人爱中秋的明月，甚至可以说古人爱明月，就是因为每当月明的时候，大家都会有抬头看月亮的习惯。月色明朗，才会有看的欲望，才会产生幻想：我在看月亮的时候，会不会在另外一个地方，有人同样在看月亮。这就像北斗卫星系统，它让信息在卫星之间传递。这些卫星就成为人与人之间的媒介。900多年前的唐宋时期，这么多诗人词人都爱写明月，是因为明月就是当时古人的媒介。你向明月投向目光，别人也向它投向目光，两个目光相隔千里，但是在明月上可能相遇了。明月就像一个中转站，连起千家万户，连起相隔千里的人们。

这首《西江月·黄州中秋》非常的凄凉。这是苏轼在不同的人生阶段，经历了不同的中秋，写出的不同的作品。

念奴娇·过洞庭

[宋]张孝祥

洞庭青草,近中秋,更无一点风色。玉鉴琼田三万顷,着我扁舟一叶。素月分辉,明河共影,表里俱澄澈。悠然心会,妙处难与君说。

应念岭表经年,孤光自照,肝胆皆冰雪。短发萧骚襟袖冷,稳泛沧溟空阔。尽挹西江,细斟北斗,万象为宾客。扣舷独啸,不知今夕何夕!

同样可以堪称中秋词绝唱,可以跟"明月几时有"相媲美的就是张孝祥的《念奴娇·过洞庭》。这首词写的是近中秋,还没有到中秋,但写词是有一个过程的,所以通常把这首近中秋而写的词也视作一首中秋词。

张孝祥是南宋前期的词人,他的故乡在安徽芜湖一带。安徽芜湖市中心有一个公园,里面有一个湖,传说是张孝祥挖的。湖边上有一个张孝祥的雕像,手托着腮,卧在那儿,底下有一行字:"扣舷独啸,不知今夕何夕",就取自这首词。一个诗人或者说一个艺术家,一生未必都能保持很高的水平。把张孝祥所有的词拿出来放到苏轼面前,当然逊一筹,但是就这首词来说,甚至能够凌驾于苏东坡的绝大部分作品之上。

"洞庭青草,近中秋",来到洞庭之上,恰遇中秋佳节。这是旅途中写的一首中秋词,"过洞庭"说明他是旅途中遇见了中秋。这时候看到一轮明月,又路过了洞庭湖,于是写下了这首既是吟咏中秋,也是吟咏洞庭湖的名作。这里"青草",不是说洞庭里长满了青草,不然就没有后面的景色了。"青草"也是湖,洞庭湖和青草湖相邻,经常被诗人写作一个整体。"更无一点风色",宇宙很安静,乾坤为之安静下来,都等待那一轮明月。于是下面写"玉鉴琼田三万顷","玉鉴"就是玉镜,"琼田"就是种玉的田,传说神仙会在田里种玉,很多宝石就出现了,好似"神笔马良"。宝石有多大?"三万顷",也就是一块满是玉石的土地有三万顷那么大。广阔的空间里有一叶小舟在漂荡,这就是明月朗照之下的洞庭湖。此景表达的意境是极为辽阔的,真的可以说是"日月之行,若出其中,星汉灿烂,若出其里",既可以看到明月的伟大,也可以看到洞庭湖的伟大。

上下天光,一碧万顷,因为天上明月照耀着八百里洞庭,才让洞庭湖有"玉鉴琼田三万顷"的效果。"素月分辉,明河共影",天上有明月,明月旁边有银河,整个星空非常灿烂、壮美,张孝祥赞美整个天空被月色、星光所布满。到这里,张孝祥写了洞庭湖的广阔明亮,写了天空的广大明亮,最后突然收到一句"表里俱澄澈",也就是说广大明亮的不仅是外在的宇宙,还有内在的心灵。就像著名的哲学家康德说:只有两件事情让我永存感动,一个是头顶的星空,一个是内心的道德法则。所谓的"表里",表就是外在,里就是内在,内外都非常地透明、明亮、澄澈,这一句词收得极妙,天人合一。

接下来,"悠然心会,妙处难与君说",也就是说当意识到内心跟天地融为一体的时候,这种妙处已经是"欲辩已忘言"了。张孝祥在这一瞬间,看到如此壮美的洞庭,如此壮美的天空,心中有无限的感慨,无限的悠然,无限的喜悦。但在这个时候他好像一句话都不想说,"妙处难与君说"。张孝祥为什么有这样的内心波澜?因为"应念岭表经年,孤光自照,肝胆皆冰雪"。

"岭表"也就是岭南,具体来说,张孝祥在桂林那边当过官,当官这个过程中,他问心无愧,内心如冰雪一样透明,所以"孤光自照",仿佛是拿着刚才那一轮明月来照耀自己经历的一段人生,说自己毫无懊悔,毫无惭愧,内心干干净净,一片澄澈,"一片冰心在玉壶"。

要知道张孝祥这个人,和很多南宋的著名文人一样,有恢复中原的梦想。就跟辛弃疾、岳飞一样，他希望能够"还我河山"。但是很多的仁人志士，张孝祥也好，辛弃疾也好，陆游也好，都是在煎熬中度过自己的一生，提的很多意见不被采纳，最终只能流落他地做官，甚至有的人去南方镇压起义，干了自己不愿做的事情。这是很多南宋诗人心中永远挥之不去的一种壮怀激烈，也是一种痛苦。张孝祥在桂林当官，心中虽然无愧，但是仍然有不甘。一方面有理想的灼烧、照耀，一方面还要做好身边一件一件的事情。所以张孝祥回顾自己流落岭海这两年，然后他往内地回还，经过洞庭，想这几年的生活，乃至他这一生，能够告诉自己"肝胆皆冰雪"。

"短发萧骚襟袖冷"，这幅自画像是很多诗人的形象。人已经老了，"短发萧骚"，头发少了，头发短了，在风中吹拂，"襟袖冷"，但是"稳泛沧溟空阔"，也就是说他虽然内心有很多不甘，但无悔，他有内在理想的支持。所以在这样的月色中荡舟的时候，他觉得"稳泛沧溟空阔"，写到这里，他的情感再起波澜。

我们可以揣测，也许他此时不仅在回忆自己"岭表经年"的生活，而且在怀念自己一生的梦想，说："尽挹西江，细斟北斗。"他要把西江水舀起来，当成酒去喝，拿什么舀起来呢？拿天上的北斗把江水给舀起来，去"举杯邀明月，对影成三人"，这就叫"万象为宾客"。李白举杯邀请的还仅仅是一个明月，张孝祥这里邀请西江北斗万象，宇宙间的一切事物，过来跟他一起喝酒。这一句的境界大到苏轼都接不住，乃至李白都接不住。

李白说："长风万里送秋雁，对此可以酣高楼。"秋天的天空中飞过秋雁，拿着酒对着秋雁说，陪我在这高楼上喝一杯，到此为止。但是张孝祥在这首词中指着山河说，给我酒，指着天空说，给我斗，指着人间万物、宇宙万象说，陪我喝。"万象为宾客"，这是何等的境界！

就像上阕的第一个高潮出来之后，张孝祥觉得"妙处难与君说"，就不说了。下阕又出现一个新的高潮，最后这个时候他又不说了："扣舷独啸，不知今夕何夕。"在这样伟大的空间中，人类忘却了时间，他说我只在这里"扣舷独啸"，敲着船舷在唱歌，仿佛宇宙中只剩我一个人，"相看两不厌，只有敬亭山"，只有我跟敬亭山对坐，跟天上明月、地上洞庭、宇宙万象对歌对饮，已经忘却了时间，"不知今夕何夕"。苏轼《水调歌头》中说："明月几时有，把酒问青天。"问今天是什么时候。张孝祥是写完这一切之后，把时间都忘了。这首词所展现的，无论是心境的跌宕，人生的浓缩，还是空间的阔大，可能都会超过苏轼的"明月几时有"，是神来之笔。

张孝祥此后再也没有写出超过这首词的作品。他已经人到晚年，人生的一切都可以总结了，从岭南回来，经过洞庭，又恰逢中秋，又是如此好的月色。在这个瞬间，他在洞庭湖上泛舟，写下这首具有天地境界的《念奴娇·过洞庭》。能跟这种天地境界相媲美的，也许只有我们内心的波澜、内心的理想、内心的光芒了。

三、中秋与风俗

相对于"中秋与人生"这个主题来说，"中秋与风俗"就要轻松很多了。通过诗词，我们来看一看古人的中秋，吃什么、喝什么、玩什么。下面的这些诗词，可能都不太有名。我们会发现很多诗人写一些有趣的诗，并不追求要写得多么精致、多么优美，他们只想记录生活的片段。所以读者读这些诗也许不会觉得有多么震撼，多么沁人心脾。但是这些诗能让人们会心一笑，别有一番风味。

中秋碧云师送蟹
[元]张宪

天风吹绽黄金粟，檐前老兔飞寒玉。客窗不记是中秋，但觉邻家酒浆熟。泖田秋霁稻未镰,苇箔竹断收团尖。红膏溢齿嫩乳滑,脆美簇簇橙丝甜。无肠公子夸镬铄,两戟前驱终受缚。屠心昼暖白玉脐,夔牟夜泣红铜壳。曲生风度亦可怜,且对霜娥供大嚼。酒后高歌绕碧云,九峰一夜霜华落。

"碧云师"是一个僧人,他送张宪一些螃蟹。我们可以猜想,僧人不能吃螃蟹,不能杀生,所以给张宪送来一些螃蟹吃。螃蟹在中秋的时候最肥美,于是这首诗非常细致地描写了吃蟹的过程和感觉。

"天风吹绽黄金粟,檐前老兔飞寒玉",这是到了丰收的季节,到了中秋。"老兔""寒玉"说的都是明月。"客窗不记是中秋",因为客居在外,可能经常记错了时间,不知不觉已经到了中秋。为什么张宪觉得到了中秋呢?因为"但觉邻家酒浆熟",大家开始吃蟹喝酒了。蟹的凉性比较大,所以很多地方尤其是南方,吃蟹的时候一定配黄酒,有地方配白酒。有了好酒要配好蟹,说明中秋到了。"泖田秋霁稻未镰",这时候水稻还没有收割。现在可能还有这样的情况,蟹跟稻谷养在一起,既让稻变得肥,也让蟹变得肥,互相滋养。所以古人也是这么养。拿什么去捉螃蟹? "苇箔竹断收团尖","团尖"就是螃蟹肚脐的形状,指代螃蟹。用"苇""箔"这些竹子、苇叶扎成的筐或匣子,到稻田里去捞螃蟹。

捕上来的螃蟹肥美至极。"红膏溢齿嫩乳滑",膏肥美得都溢出来了,吃起来顺滑如嫩乳一般。蟹肉"脆美簇簇橙丝甜",剥开之后的细肉,像切开的一绺一绺的橙丝一样,很清甜。好的螃蟹是既鲜又甜的口感,这两句写得非常形象。吃完之后还得调侃两句:"无肠公子夸镬铄,两戟前驱终受缚。"说螃蟹是没有肠的,号称"无肠公子",精神很饱满,两个钳子就像拿着两个戟一样,很凶猛。但螃蟹最终还是被捕捉上来了,变成了我们锅里的食物。

下面这两句写煮它的过程。"屠心昼暖白玉脐,夔牟夜泣红铜壳",煮完之后肚子是白的,壳是通红通红的。好的蟹煮完之后,它的壳就像黄铜一样,闪着光泽。"曲生风度亦可怜,且对霜娥供大嚼",酒真好,可以去欣赏,可以去赞美,就拿着酒和红通通的蟹,对着星空、对着明月,去大嚼大吟。喝完吃完之后,"酒后高歌绕碧云",非常开心了。"九峰一夜霜华落",感觉吃完之后天地都安静下来了,只要吃饱了,世界就变得亲近,世间都变得美好。

中秋龙舟曲三首

[清]朱鹤龄

序:中秋灯市,仅见吾邑。父老相传,云始自万历中。年近又有龙舟之戏。每舟燃灯数十,鼓乐幡麾毕具,会于垂虹亭桥下,往来舞棹,旋折如飞。士女游观,远近云集,尤他邑所未有也。

大家可能看到这个题目会觉得诧异,龙舟不是应该在端午节吗?其实古代的风俗没有那么简单,一地一俗,很多风俗是随着地域而改变的。朱鹤龄是吴江人,即今天的苏州,当时的吴江县就有这样的习俗:中秋节会观灯,会有龙舟之戏。

诗序先是叙述了一下朱鹤龄家乡的中秋龙舟的习俗,说:"中秋灯市,仅见吾邑。""灯市"应该是元宵节的,龙舟应该是端午节的。但是很有意思的是在清朝的吴江县,这两件事情都发生在中秋节。所以朱鹤龄也意识到:我家乡的风俗跟别的地方不同。"父老相传,云始自万历中",明朝万历年间以来,就有这样的习俗了。"年近又有龙舟之戏",中秋节也要赛龙舟。"每舟燃灯数十,鼓乐幡麾毕具",龙舟上都燃着灯,非常的辉煌灿烂,各种各样的旗帜、乐器都在舟上准备好。"会于垂虹亭桥下",龙舟在拱桥底下汇聚。"往来舞棹,旋折如飞",赛龙舟的桨划起来就像飞一样。"士女游观,远近云集",各地的、整个县的、村里的人都过来看龙舟之戏,"尤他邑所未有也",这样的盛景别的地方看不到。有这个序,就知道下面三首诗朱鹤龄要写的大致是什么内容了。

其一:

火树银釭映月铺,琉琉片片闪重湖。
光明直欲连鲛室,惊吐骊龙颔下珠。

"火树银釭映月铺",刚才说了既有灯又有龙舟,所以整个场景是灯火辉煌的,"琉琉片片闪重湖",映在水面上。"光明直欲连鲛室,惊吐骊龙颔下珠。"这一夜的灯光,都能够惊动水下的龙,让它们都起来,把口中含的龙珠都吐出来,跟上面的人间的灯光交相辉映。这里运用了夸张的手法。

其二:

虹亭云比幔亭多,凌乱珠辉涌素波。
应共塔灯流照远,明朝渔网笑空过。

"虹亭云比幔亭多,凌乱珠辉涌素波。"在垂虹亭下,是灯光最聚集的地方,人最多的地方。人一多,灯光一多,就让人觉得波光粼粼中倒映的都是灯光。"应共塔灯流照远,明朝渔网笑空过。"这是当时的一个传说,湖边有塔,如果在塔上燃灯的话,第二天去捕鱼都捕不到,说明这些鱼、虾都被光给照走了。

其三:

喧阗鼓吹绕长虹,水马千盘皓魄中。
霜女素娥皆寂寞,夜深应会水晶宫。

"喧阗鼓吹绕长虹,水马千盘皓魄中。""水马"就是水中的马——

龙舟。月夜中，龙舟在这里竞赛，锣鼓喧天。"霜女素娥皆寂寞，夜深应会水晶宫。"在人间喧闹的映照下，天上都显得非常寂寞。就像苏轼说"高处不胜寒"，不如人间乐。

上面三首诗讲古人的中秋，有观灯，还有赛龙舟的习俗。再往下，就要涉及中秋最关键的风俗——吃月饼。

月饼

[清] 祁启萼

> 中秋节物未为低，火曝罗罗出釜齐。
> 一样饼师新制得，佳名先向月中题。

中秋吃月饼的风俗，一般认为是从南宋开始的，明清也一直延续这个传统。

祁启萼的《月饼》描写了月饼是如何造出来的。"中秋节物未为低"，中秋有很多好东西，尤其"火曝罗罗出釜齐"，跟现在的月饼一样是用火烘焙出来的。"曝"是烘焙、烘烤的意思，"出釜齐"，锅里边排着密密麻麻的、整整齐齐的月饼，烘烤之后拿出来。"一样饼师新制得"，也就是说平常我们也能做月饼，为什么今天一定要吃月饼？"佳名先向月中题"，表示这是一种纪念的意义，特殊的意义。平时我们都能吃烘烤的点心，想吃月饼，一年四季都能吃。别人吃粽子你吃月饼也没问题，别人吃元宵你吃月饼也没问题，但日常吃月饼就变得平凡无奇。人们有时候境随心转，感觉会跟着心情走，在中秋这一天吃到了这样的月饼，就会觉得特别的喜悦，特别的重要。所以诗句中有一个小小的调侃，平时不都能够制出来吗？为什么今天要吃？因为"佳名先向月中题"，提前说明今天造的不是普通的点心了，今天造的是月饼。即使用料、师傅都一样，但是在今天此时此刻造出来的月饼就非比寻常了。

留别廉守

[宋]苏轼

编菅以苴猪,墐涂以涂之。小饼如嚼月,中有酥与饴。
悬知合浦人,长诵东坡诗。好在真一酒,为我醉宗资。

苏轼的《留别廉守》里面有名句"小饼如嚼月,中有酥与饴",经常被引用来说月饼,但其实此诗并不是写月饼。苏轼写这首诗的时候,根本就和中秋没有任何关系。而且它前一句写:"编菅以苴猪,墐涂以涂之。"写的是什么?是类似现在的烤乳猪,烤乳猪跟中秋没有任何关系,下面的"小饼"跟中秋也没有任何关系。他只是说了两种食物,让他记忆深刻,感觉制作方法很有意思,一种是烤乳猪,一种是馅饼。"小饼如嚼月",说这个饼是圆形的,然后这饼"中有酥与饴"。"酥"就是"天街小雨润如酥"的"酥",就是奶油,"饴"就是糖。有油、有糖,包在馅里,然后做成圆形的形状,类似现在的老婆饼。这首诗本身跟中秋也好,跟月饼也好,是没有任何关系的。只不过我们后来的月饼制作方式,跟诗中做馅饼的方式很接近,所以误认为它是月饼的祖宗了。中秋吃月饼的习俗最终被定下来是在南宋,而苏轼是北宋人,所以这首诗从各方面来看都不是写月饼。苏轼写了"明月几时有",他跟中秋有密切的关系,所以他随便写了一首吃饼的诗,也被认为跟中秋有密切的关系了。

以上讲了这么多与中秋相关的诗词,最终我们还是回到这个主题——"不知秋思落谁家"。说了那么多,是古人所体验到的中秋,而读者们在今后的日子里不断地继续品味一个个中秋,每一次中秋可能都会让秋思落在心里,我们去体会它、感悟它、欣赏它。

谢琰 北京师范大学文学院副教授

首都图书馆乡土课堂
精选讲座文集

下册

首都图书馆　编

学苑出版社

目 录

城门记忆

煌煌大城制令名
　　——北京历代城门命名的文化渊源……孙冬虎 / 403
阜成朝阳系民生……刘仲华 / 424
气象巍峨正阳门……章永俊 / 439
崇文宣武安社稷……高福美 / 458
东直西直姐妹门……陈清茹 / 478
征伐止武安定门……许　辉 / 504
以德制胜德胜门……何岩巍 / 525

皇家坛庙

千秋功过谁评说
　　——历代帝王庙……许　伟 / 541
享告祫祭佑太平
　　——太庙……贾福林 / 555

神坛乐府传古韵
　　——天坛神乐署……王　玲 / 576
躬耕耤田佑苍生
　　——漫说耤田、先农与先农坛……董绍鹏 / 592
祈福报功民为本
　　——社稷坛……盖建中 / 608

宫廷生活

乾隆皇帝长寿的餐饮秘笈与养生之道……李国荣 / 635
食紫禁烟火，品故宫百味
　　——清代宫廷中的饮食……苑洪琪 / 650
清代宫廷中医文化略谈……倪梁鸣 / 669
"爱与恨，新又旧"：走进乾隆帝的后宫……徐　瑾 / 691

艺术撷珍

丹墨流韵
　　——乾隆朝官造漆器……张　丽 / 715
皇室新风
　　——朱明家族书画艺术……文金祥 / 752
参天覆地盈握间，碧玉琅玕纳一盆
　　——清代宫廷中的像生盆景……刘　岳 / 770
中国古建筑彩画艺术
　　——兼赏北京地区官式建筑彩画……张　隽 / 788

城门记忆

CRITICA

煌煌大城制令名
——北京历代城门命名的文化渊源

孙冬虎

"煌煌大城",指的是曾经高大巍峨的北京城;"令名",意思是一个美好的名称;"制名",则是给一个地方或者一个人起名字。先秦时期哲学家荀子的《正名》篇里边说过"制名以指实",但是名称本身又不等同于它所指代的那个实体,这就像庄子讲过的"名者,实之宾也"。这个"名",是用来表征实体的哲学概念。我们讲北京历代城门命名的文化渊源,就是要说明它们是根据什么样的文化观念、思想和传统来命名的。

一、城门的作用与北京城门的变迁轨迹

北京城门的变化,和城市的发展同步。北京这座城市发展的历史,最初是从先秦时期的蓟城开始,然后在蓟城的基础上产生了汉唐幽州、辽南京、金中都。后来到元代的时候,在蓟城的东北郊新建了大都城。元大都产生之后,明清在总体上继承了大都奠定的格局,但是城的轮廓有缩减也有延伸。在明朝占领元大都之后,因为它已经不再是首都了,所以就把北边的这个半区缩减了,如图1所示的明北平府。到了永乐皇帝营建北京、准备迁都之后,把南边向前延伸,延伸了约有二里地,如图1黄色的部分所示。再后来,明嘉靖三十二年修建北京的

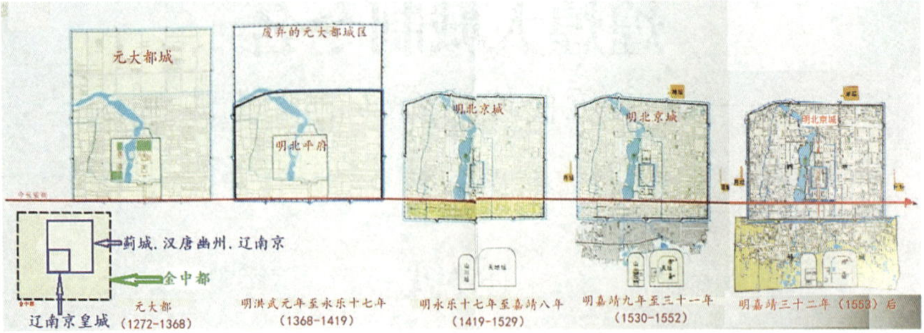

图 1 北京城市轮廓的变迁

外城，才把北京城的轮廓从原来的"口"字形，变成了一个"凸"字形。

随着这样的历史过程，北京城门也在不断地变化。北京的历史从蓟城开始，但是，现有研究对蓟城的了解实际上是非常有限的，至于城门就更少了。现在能掌握的是北宋的时候，乐史的《太平寰宇记》里边引用《郡国志》："蓟城南北九里，东西七里，开十门。"其中还提到了"慕容儁铸铜为马，因名铜马门"，出现了"铜马门"这样一个城门的名字。在《大明一统志》里，也有相同的记载。除此之外，其他的城门就难以寻找踪迹了。

所以，我们对北京历史上的城门的了解，比较系统的，大致要从辽南京开始。图 2 是辽南京城图。可以看到，它的北面有通天门、拱辰门，南边是丹凤门和开阳门，西边是清晋门和显西门，东边是安东门和迎春门。

金代在辽南京的基础上三面拓展，另有一种说法是四面拓展。根据考古发掘的结果，赵其昌先生认为北边的城墙也向外拓展了大约有100 米。经过三面或四面拓展之后，金中都的城市格局呈现出来，把宫城大致放在了这座城市的中心。金中都的城门，最初每面是 3 个门，一共 12 个城门，后来又增加了东北角上的光泰门，形成了金中都 13 个城门的制度（图 3）。

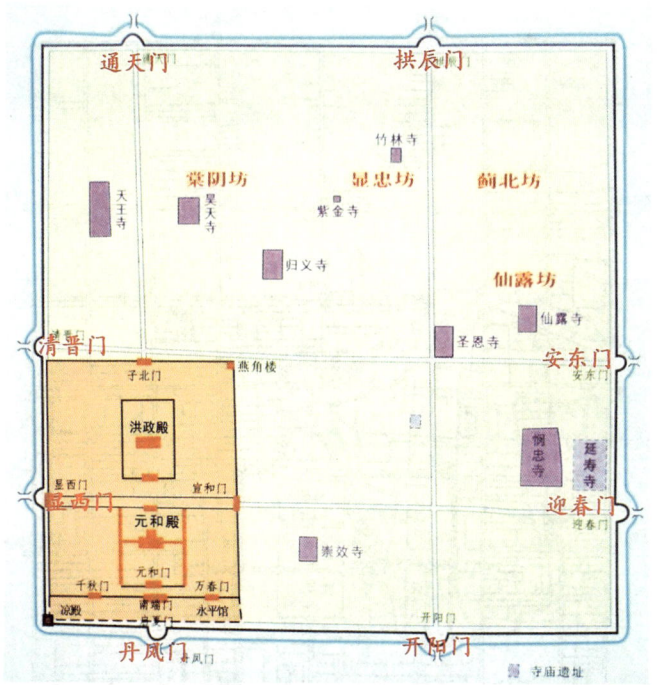

图 2 辽南京城图

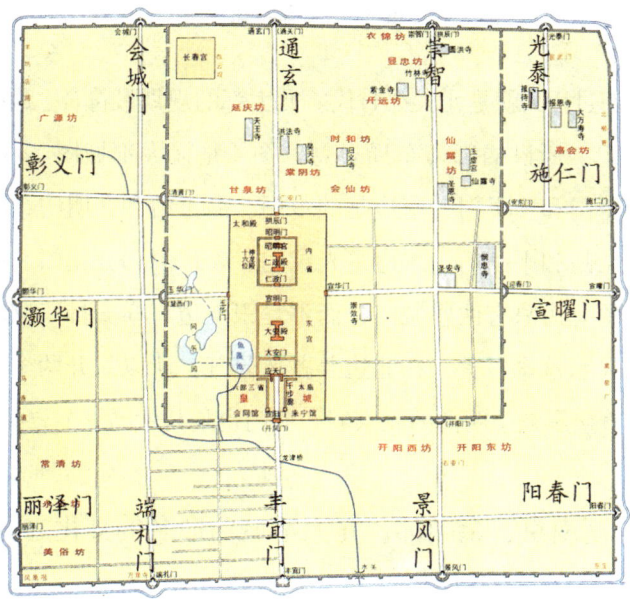

图 3 金中都城图

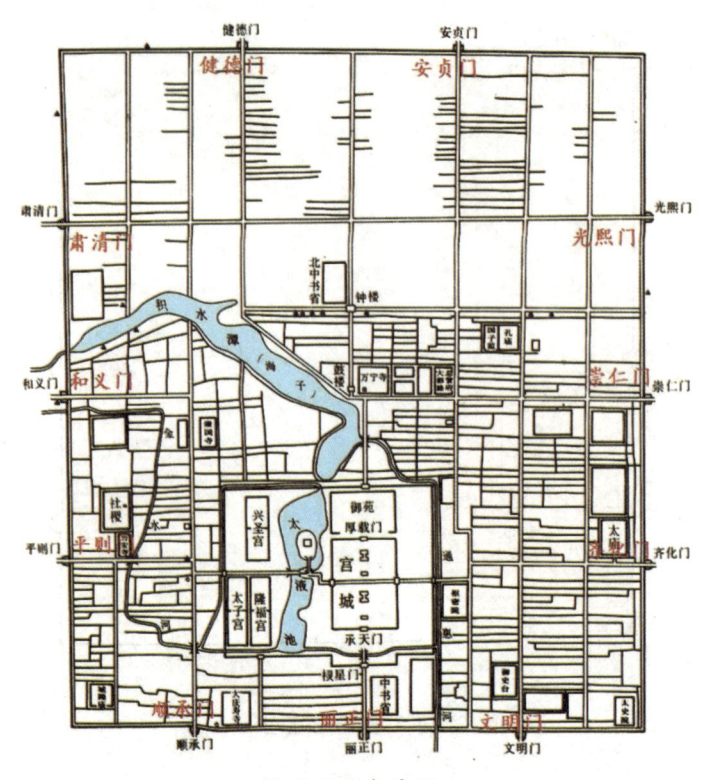

图 4 元大都城图

金中都过后，就是元大都时代。元大都的规划最符合、最接近《周礼·考工记》所讲的都市布局思想。图 4 是元大都城图。可以看到，北边是健德门和安贞门，南边是顺承门、丽正门和文明门，西边有肃清门、和义门和平则门，东边是光熙门、崇仁门和齐化门。有人会注意到，它的北边只有两座城门，而不是跟南边一样安排三座城门。这跟古人的风水观念有关，在北边要藏风聚气，所以只开两个门。元大都的布局直接影响了明清的北京城，城门也是其中的一个方面。

二、辽南京、金中都、元大都城门命名的文化之源

城门是人们日常生活当中出入的一个节点，也是在战争时期需要

重点把守的关口。另外，它也是可以阻挡灾害、战乱侵入城里边的一道闸门，它的重要性不言而喻。对于城门的命名，根据什么样的文化观念，根据什么样的思想来给这些城门命名，是历代国家都非常重视的事情。它的命名者不是饱学的宿儒，就是政治的精英。所以，从辽南京开始，北京历代的城门名称，都体现了中国传统文化的精髓。城门命名的文化渊源，可以笼统地概括为中国传统文化的结晶。很多城门的名字出自《周易》或其他的古代典籍，其中元大都最为典型。元大都的规划者刘秉忠，《元史》上称他"于书无所不读"，精通《周易》和儒、释、道诸家的多种思想学说。这样一来，由他规划命名的元大都城门，当然要受到《周易》等古代典籍的深刻影响。

《周易》以八卦象征八种自然现象。"八卦"就是乾、坎、艮、震、巽、离、坤、兑。八种自然现象，包括天、水、山、雷、风、火、地、泽。然后，以八卦和八方相配合。这八方就是正南、正北、正东、正西，还有西南、西北、东南、东北。另外还和四时，即春、夏、秋、冬，一年四季相配。古代的人们，就用它来推测自然界和人类社会的发展变化。《周易》所提倡的这种学说，把阴、阳两种力量的相互作用，看作万物形成的根源，其中包含着朴素的辩证法，在中国古代思想史上具有深远的影响。历史上研究《周易》的学者数不胜数，即使是寻常百姓为阴阳宅选址，都要找懂风水的人来看一看。这些风水师的理论依据，基本上就是"八卦"，它象征着吉凶利钝。通过研究和运用《周易》，来做出符合上天意志——其实也就是万物发展规律的选择。

汉朝以后，开始将"八卦""八方""四时"和"五行""五德"相配。"五行"就是广为人知的金、木、水、火、土，这个"五行"也叫"五德"。另外一个"五德"，则是儒家的思想观念，即仁、义、礼、智、信。以古代的天文学观念为基础，后来又发展出了"四象"，就是青龙、白虎、朱雀、玄武，把它们与"四方"逐一相配。这套东西有两种人最熟悉，一种是过去的风水先生，还有一种就是民间的说唱艺人。"四象"与"四方"相配的结果,就是左青龙、右白虎、前朱雀、后玄武。再把上述观念与天干、地支等合到一起,形成了东方甲乙木,南方丙丁火,西方庚辛金、北方壬癸水,中央戊己土。一直到今天,有许多号称研究《周易》的人,实际上跟江湖骗子差不了太多,就是用这些玄而又玄的术语来唬人的。但是在古代,作为一种重要的思想,它们的影响非常普遍而久远。元大都城门的命名,也是中国传统文化源远流长的见证。

把所有的关于五行、五德、天干、地支等这些都综合在一起,就形成了一个图,如图5所示。中央是戊己土;东边是春天,以绿色为代表,在四象里是青龙,五行里就是木,五德里则是仁;西边象征着秋天,在五行当中是金,在五德里边是义,四象里边就是白虎;南边指的是夏天,在五行里就是火所在的那一方,在五德里是礼所在的那一方,四象对应的是朱雀;北方对应的是冬天,是五行里的水,五德里的智,跟它对应的四象就是玄武。这个玄武,是古人想象出来的龟与蛇的组合。

这样一来,把图5与北京历代的城墙图重合在一起,就能看出这些城门命名的文化依据是什么。

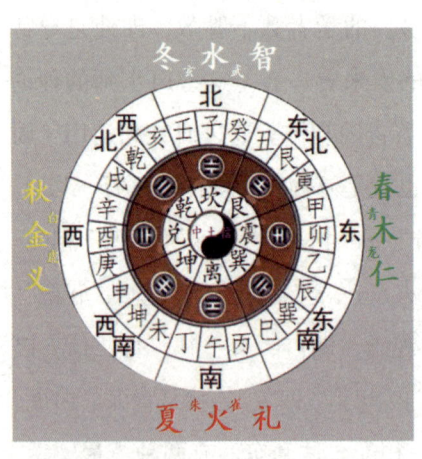

图5 八卦等观念与地理方位

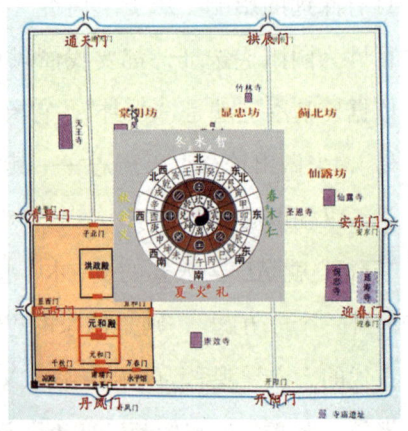

图6 辽南京城门分布及其命名的影响因素

（一）辽南京

辽南京城图与图5重叠起来，形成图6。

辽南京的北墙西边是通天门，通天门的南面对应着皇城的子北门，有通向辽代天子所居住的皇宫的意思。北墙东边的拱辰门，表明这个城门拱卫着北辰，也就是北极星。过去的歌里边有"天上的群星永远朝北斗"，其实是不对的。天上的群星永远朝北极，而北斗的位置一年四季都在不断地变化，和北极是两码事儿。再看东边，有安东门，这个名称就表明了它的方位。安东门以南有迎春门，正与四时中的春天位于东方相符。来自东南的暖风吹起，就宣告了春天的到来，东城墙的南门以"迎春"命名恰如其分。西城墙上的显西门，无疑是以方位来命名的。南城墙上对应分布着开阳门和丹凤门。开阳，是说它面对着太阳每天升得最高的那个方向，也就是南边。丹凤门可以联系到四象，"丹"就是红，"凤"就是四象里面的朱雀。所以，开阳门、丹凤门，都显示它们是南边城墙上的城门。其中比较复杂的是清晋门，它在辽代皇城的西北角上。"清晋"这个词在古代文献当中比较难找到踪影，应当不是固定搭配的词语。古代以"清都"指天帝居住的宫阙，或者是帝王所在的都城，以"清禁"指代皇宫。比如东汉的应劭《风俗通》里就出现了这个词。"晋"有前进和上升的意思，和禁止的"禁"同音，由此"清晋"就多少具有接近皇宫的意思，与清晋门紧挨辽南京皇城西北角的地理特点相符。

（二）金中都

金中都的城门和八卦、四象、五德等相配，就可以比较清楚地解读它们命名的文化渊源，如图7所示。

城门和五德相配的时候，北边属于智，那里因此有崇智门；西边属于义，有彰义门；南边属于礼，所以西南的城门叫作端礼门；东边属于仁，有施仁门。也就是说，仁、义、礼、智，五德中的四个都占

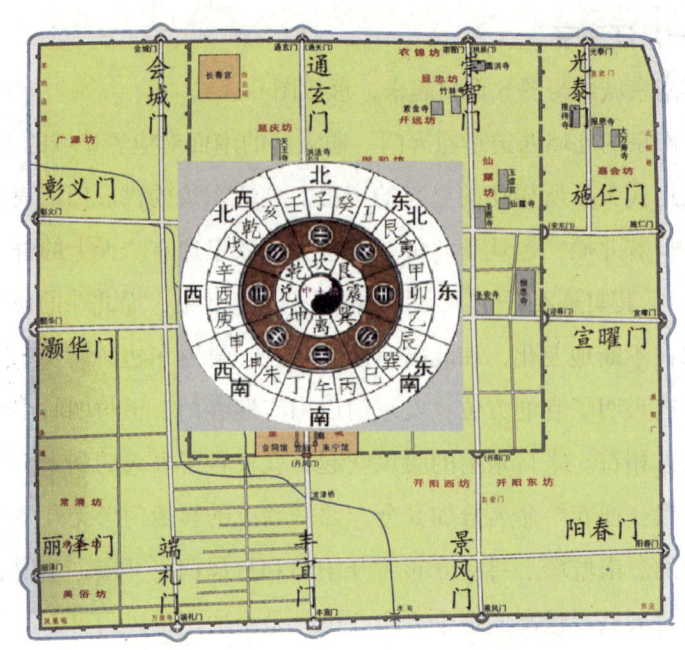

图 7 金中都城门分布及其命名的影响因素

全了,一个方向一个城门,和五德对应的方位完全一致。

东边的宣曜门,朝东,正对着太阳升起的方向。"宣"有扩大、彰显之意,"曜"指太阳,太阳就是天上的"七曜"之一。"宣曜"象征着太阳的光辉不断增强,以此命名的城门就是迎接太阳普照大地之门。宣曜门以南的阳春门,命名之源与辽南京东墙靠南的迎春门相近,同样因为所处位置对应着四时之春、可以最早迎接东南暖风象征的春天的到来而得名。

西边的灏华门,正对着五行里的"金"。金是秋天的方向,"灏"与浩浩荡荡的"浩"意思相通,象征着秋天有很多很大的收获,所以取了灏华门这个名称。

光泰门比较好理解,就是发扬光大的意思,以美好的语词来命名。

通玄门,以所在方位与四象相配而得名。因为玄武代表北方,所以北墙上的这个城门叫通玄门,也就是通向玄武所在的北方的门。

丽泽门，"丽"不是美丽的丽，而是附着的意思；"泽"就是湖泊、水泡子一类。也就是说，这个城门所在的位置接近水泽。"泽"也是福分和恩惠的意思。西方属于庚辛金，按照五行之间的关系，金生水，就像《千字文》里所说的那样："金生丽水，玉出昆冈。"所以，西墙最南端的城门命名为丽泽门。

会城门对应着西北，也就是八卦里乾卦所在的方向。《周易》乾卦的卦辞说："亨者，嘉之会也。"意思是，这一卦所对应的那个方位，是美好事物的汇聚之所。所以，就把西北角的门称作会城门。西边几个城门按照五行相生相克的道理命名，因此才有图上显示出来的布局。

南城墙上的丰宜门，也和八卦有关系，它是金中都的正南门。由八卦衍生出八八六十四卦，六十四卦之一叫作丰卦，丰收的"丰"。丰卦的位置在离卦的下边、震卦的上面，对应着南方。卦辞里说："亨，王假之。勿忧，宜日中。《象》曰：丰，大也。……勿忧，宜日中，宜照天下也。"也就是说：丰，就是大；"勿忧，宜日中，宜照天下也"，意思是古代的王到祖庙里边祭祀，最合适的时间是正午，也就是太阳升得最高的那个方向。丰卦象征着大，王适合在日中时分做大事，太阳的光芒那时候正在照耀着天下。《左传·成公十三年》里说："国之大事，在祀与戎。"国家最重要的两件大事，一个是祭祀祖先，还有一个是建设自己的军队，保卫国家。丰宜门之名出自六十四卦里边的丰卦，对应的南门适宜帝王在正午时分做大事。

南墙最东边是景风门。景风门以方位和物候为名。"景风"是夏至过后吹来的温暖的风，一般认为是南风或者东南风。例如，《淮南子·天文训》里说："清明风至四十五日，景风至。"清明风过去之后又隔了四十五天，景风就来了。东汉的高诱在他的注解里说，景风是"离卦之风也"。离卦是对应正南的那一卦，所以景风就是南风。但是，《淮南子·地形训》里边又说"东南曰景风"，景风又成为东南风的代称，高诱在他的注解里说："巽气所生也，一曰清明风。"他认为景风和清明风是一回事儿。巽气，就是巽卦对应着的来自东南方向的风，也就是东南风。著名文字学家许慎《说文解字》里说："南方曰景风。"这些都显示，景风门是南城墙上的城门，它的命名之源出自方位与物候相结合的特征。

（三）元大都

元大都的城门分布与影响城门命名的文化因素之间的关系，如图8所示。

艮卦对应安贞门，乾卦对应着健德门，肃清门也在乾卦对应的范围之内，兑卦对应着西边的和义门，震卦对应着崇仁门。此外，我们

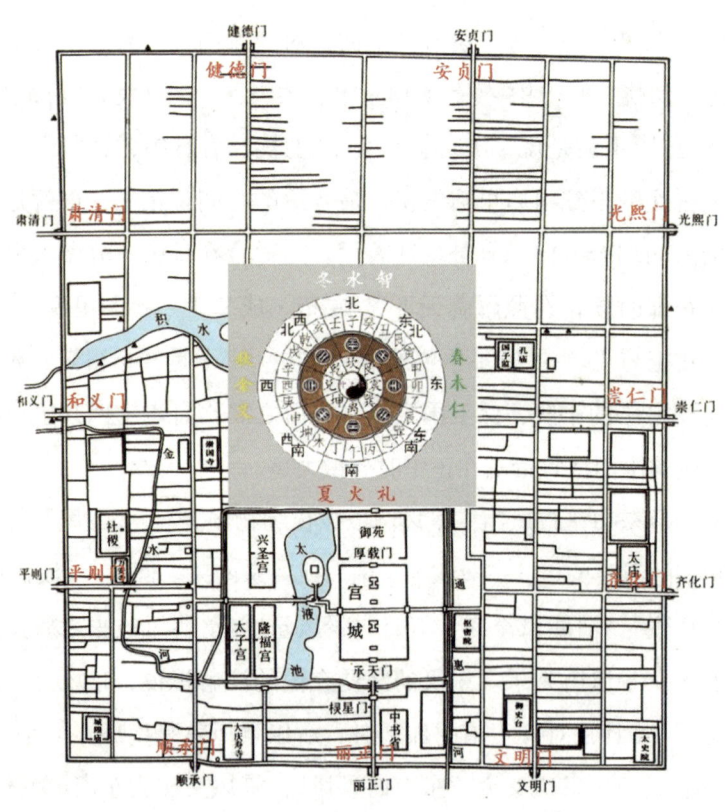

图8 元大都城门分布及其命名的影响因素

一眼就能看出来的，是把儒家的道德观念，五德里的"仁"与"义"拿来取名。东边属仁，所以有崇仁门；西边属义，就有和义门。

丽正门是元大都的正南门，位置在今天的天安门金水桥附近。《周易》的离卦里说："日月丽乎天，百谷草木丽乎土，重明以丽乎正，乃化成天下。"意思是，日月星辰附着在天上，百谷草木附着在地上，日月这两重光辉，附着在真理上，"正"就是真理。以这些东西蕴含的真理来化育万物，教导万民，在这个基础上来治理天下。以"丽正"为正南门的名称，寄托着《说卦》所表达的思想："离也者明也"，离就是明；"万物皆相见，南方之卦也"，南方这一卦的卦象是，在日月两重光明的照耀下，世间的万物就清清楚楚地显现出来了。"圣人南面而听天下，向明而治。"所谓"圣人"，指的是道德观念或思想高尚的杰出人物。这样的人面朝正南，来处理天下的事务，向着光明的那一方治理天下。所以，元大都的正南门被命名为丽正门。

丽正门的左边是文明门，右边是顺承门。文明门，处在八卦中的巽卦对应的东南方向。但是，"文明"这个词，是出自巽卦所指方向的反向延长线上、对应西北的乾卦的卦辞。《周易》的乾卦里说："见龙在田，天下文明。"意思是说，假如在占卜的时候，遇到龙出现在田野里，这就像中正有德之人居住在民间一样，象征着天下富有文采，前景光明。根据这个卦辞，命名了文明门。文明门俗称"哈达门"，近音写作"哈德门"或者是"海岱门"。它们都是对同一个地名的不同语音的记录，这样也就出现了书写用字的差异。熊梦祥在《析津志》里讲："文明门即哈达门。哈达大王府在门内，因名之。"因为哈达大王府在这个地方，才这样命名的。但是哈达大王到底是谁，今天已经很难查证，只能认为哈达门是从元代传下来的一个民间俗称。

顺承门，出自《周易》的坤卦，它的位置与坤卦对应的方向一致，是大都的西南门。坤卦的卦辞说："至哉坤元，万物资生，乃顺承天。"意思是，坤卦的本原已经达到了至臻至善的完美境界，万物之所以能够生长，正是因为顺应和遵循着自然界的法则。所以，就从这个卦辞里取了"顺承"两个字为城门命名。

健德门和安贞门，最能体现刘秉忠根据《周易》八卦命名城门的思想，跟《周易》结合得最密切、最恰当。健德门在西北方，对应着乾卦。《说卦》里说："乾，西北之卦也，言阴阳相薄也。"乾卦所对应的方向是西北方，健德门正好是西北方的城门。乾卦代表着"阴阳相薄"，这里的"薄"不是薄厚的"薄"，而是接近、迫近或者搏斗的意思，意味着阴阳两种力量在西北方向相接触、相冲突、相矛盾、相搏斗。

《周易》乾卦的卦辞说："天行健，君子以自强不息。"意思是说，天道的运行代表着刚健的力量，因此君子做事情，应该遵循着这样的天道，坚持不懈、努力自强、永不停止。后边还有一句："君子以成德为行。"也就是说，君子做事的最高追求、最高境界，是养成至高无上的完美的道德。另外，《周易·系辞下传》里讲："夫乾，天下之至健也，德行恒易以知险。"这里说，"乾"代表着天下最刚劲的力量，它所象征的道德与行为平易持久，由此也能预知未来的艰险。从这些卦辞里边，取了"健"与"德"两个字来命名城门。

安贞门对应东北方向的艮卦，但是"安贞"这个语词出自艮卦的反向延长线上、对应西南的坤卦的卦辞当中。诸如此类的情况，在古代城门命名里并不少见。坤卦的卦辞是："君子攸行，先迷失道，后顺得常。西南得朋，乃与类行。东北丧朋，乃终有庆。安贞之吉，应地无疆。"这段话的意思是：君子远行，最初的时候有些迷惑，找不到正确的途径，后来头脑清醒了才知道应该去的方向；这一卦显示，如果你奔着西南方向出行，容易找到志同道合的朋友；如果朝着东北方向出发，就容易失去朋友。"丧"，就是失去的意思。不过，最终还是能够得到一个完美的结果。"安贞之吉，应地无疆"，它告诉人们，如果沿着正确的思想和道路前进，你所得到的福分就像广阔的大地一样，是无边无际的。因此，从中取了"安贞"作为城门的名字。尽管"安贞"

取自坤卦的卦辞，实际上与安贞门所处的东北方向对应的艮卦并不矛盾。《周易》的艮卦卦辞里说："艮，止也。"艮卦教给人们什么时候停止。"时止则止，时行则行。动静不失其时，其道光明。"意思是说：做事情该停止的时候要停止，该前进的时候就前进。如果遵循着这个规律，你的前途就是光明的。也就是说，人们不要违背自然的规律，也不要违背社会发展的规律，这和"安贞"所表达的思想完全一致。

光熙门和肃清门。"光熙"是光明和暖、明亮兴盛的意思。因为它正好是元大都东边的门，向着太阳升起的东方。前边刚刚提到《周易》艮卦里的"动静不失其时，其道光明"，也跟它匹配。"肃清"就是常见的词了，比如，西晋陆机《汉高祖功臣颂》里就有"二州肃清，四邦咸举"。肃清门和辽南京的清晋门一样，都是西城墙上的北门，处在兑卦和乾卦之间。《说卦》里讲："兑，正秋也。"兑卦对应的四时正好是秋天，秋天既是收获的季节，也是一个万物肃杀的季节。这正像欧阳修《秋声赋》里讲的那样："其容清明，天高日晶。"在《周礼》里，秋官是司寇，是执掌刑罚的，所以欧阳修写道："是谓天地之义气，常以肃杀为心。"肃清门的命名，应当寄托着对于法纪严明的一种期望。

崇仁门、和义门的命名最容易理解，和五德、五方、八卦、四时相配。崇仁门是正东门，五德属仁，对应着震卦和春天，象征着春雷震动、万物萌生。和义门是正西门，五德属义，对应兑卦，象征着秋风送爽、万物丰收。另外，"崇仁"与"和义"两两对称的命名，正好符合《说卦》里讲的"立人之道，曰仁与义"。它的意思是，人活在世间，最重要的为人处事的根本，就是讲究"仁"和"义"。以此命名城门，也寄托了这样的思想。

平则门和齐化门。齐化门是东城墙上最南边的门，对着东南巽卦所在的方向。《说卦》里讲，万物"齐乎巽。巽，东南也。齐也者，言万物之絜齐也"。意思是，万物在南风的吹拂下，很整齐地生长。再配上六十四卦之一贲卦的卦辞"观乎人文以化成天下"，就构成了"齐"

与"化"这两个字的出处,也就是齐化门命名的渊源所在。"齐化",有让天下百姓一齐来接受教育的意思。平则门在西南方向,六十四卦里的谦卦说:"君子以裒多益寡,称物平施。"意思是,君子在行事过程当中,要取多补少;根据实际情况做到施予均衡,不偏不倚。谦卦还说:"㨽谦,不违则也。"意思是,发愤而谦虚,不违反法则。显然,这也是在教导人们应该如何待人接物。

三、明北京城门名称的继承与变更

明朝北京城墙和城门的格局,经历了几次变化。明初的北平府把北边的健德门和安贞门抛弃了,在洪武元年修建了德胜门和安定门,如图9所示。

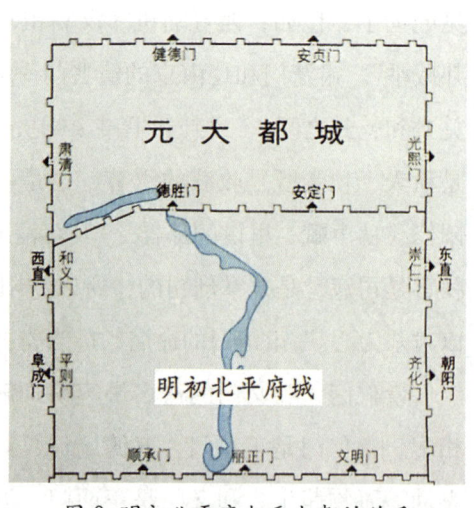

图 9 明初北平府与元大都的关系

《明太祖实录》记载,洪武元年八月庚午,就是1368年9月14日,徐达率领明军从通州出发占领了元大都,然后改大都路为北平府。明朝当时的首都是南京,元大都就称作北平。过了一周之后,9月21日,徐达命令华云龙整理元故都,"新筑城垣,北取径直,东西长一千八百九十丈",把元大都的北边分出去一块,修筑新的城墙和城门。到了九月初一,也就是公历的10月12日,"大将军徐达改安贞门为安定门,健德门为德胜门"。所谓改安贞门为安定门,健德门为德胜门,实际上是把新修的城门命名为安定门和德胜门。这是明代城垣与城市格局的第一次重大变迁。

为什么明初北平府要舍弃北部？有人认为是为了节省守城的兵力，但我们看了史料之后就能觉察到，并不是这个原因。当徐达占领了元大都并改名北平府之后，他紧接着就命令常遇春，还有冯胜等将领，向山西和今天的内蒙古以北地区进军。此时的元大都已经从前线变为后方，根本没有必要为了节省千八百兵力动这么大的工程。更合理的解释是，这和古代城市规模在礼制方面的要求密切相关。改动北城墙的位置，是为了符合古代礼制对于城市规模的要求。《左传·隐公元年》里的《郑伯克段于鄢》一段讲："先王之制，大都，不过叁国之一；中，五之一；小，九之一。"意思是，按照先王留下来的制度，一个大的城邑，规模不能超过国都的三分之一；中等的不能超过五分之一；小的不能超过九分之一。《洪武北平图经志书》里讲："克复后，以城围太广，乃减其东西迤北之半。"意思是，收复元大都之后，因为城墙一圈太长，于是把北边分出去一半，从没有说是由于军事形势紧张要节省兵力才这么做。

《明太祖实录》说，洪武元年之前，南京的城墙是"延亘周回凡五十余里"。意思是，南京那个时候的城墙，一圈周长是五十里稍微多一点。《元史·地理志》里说："元大都城方六十里。"徐达将它的北城墙向南移了五里，周长至少减少了十里，在匆忙当中达到了至少不会僭越首都规模的要求。

至于北平府西北城墙的形状为什么不是直角，看一看地理条件就知道了，这里正好处在高梁河汇入积水潭的入口。城墙不可能修到湖里边，或者修到河里，最省事与划算的办法是沿着河流或湖泊的东南岸修筑，甩到外面的河湖还可以充当这段城墙的护城河。因此，城墙的拐角处就出现了一个稍稍向着西南方向倾斜的角度，而不是机械地非要修成直角不可。由此也可以表明，这样的城墙轮廓是根据自然的河湖水系条件因地制宜的结果，而不是像民间传说的那样象征着所谓"天倾西北、地陷东南"的古代地理观念。

到了永乐十七年，"拓北京南城计二千七百余丈"。为了皇城的建设，尤其是给宫廷广场的布局提供空间，就把北京城的南墙向前推了大约有二里远。"二千七百余丈"指的是为拓展南城而新修城墙的总长度，这是北京城垣的第二次变化。尽管城墙往南推了二里，实际上与大都南墙城门旧址相对应的新城门，采用的仍然是元代的老名称，依旧是丽正门居中、文明门与顺承门分列在左右。一直到明英宗正统二年，这时明朝开国已经有七十年之久，顺承门改成了宣武门，丽正门改成正阳门，文明门改成崇文门，齐化门改成了朝阳门，平则门改成了阜成门。崇仁门改为东直门，和义门改成西直门的时间，应该在洪武年间，因为《明太宗实录》里已经记载，建文元年（1399）七月初五，燕王朱棣率领部将张玉等攻打北平府九门，"黎明已克其八，惟西直门未下"。此时既然已有"西直门"，则必有与之对应的"东直门"。这件事情发生在建文元年七月，则崇仁门、和义门更名为东直门、西直门，必在刚刚过去的洪武朝的后期。再加上洪武元年命名的安定门和德胜门，这才形成了北京内城九门的命名系统。

这些城门名称经过明、清两朝，再到民国，一直沿用到今天。现在尽管城门消失了，但是用来指代地片儿的那些城门的名称，依然是明英宗正统二年最后固定下来的称谓。

明朝嘉靖年间修建外城，北京城垣的形状从"口"字形变成了"凸"字形，相应增加了外城的城门：永定门、左安门、右安门、广渠门、广宁门。

明北京的城门和元大都的城门之间，命名方面有一定的语源关联。德胜门和安定门，北面对应着元大都的健德门和安贞门，"德"和"安"都是由此而来，但新城门名称的含义更加通俗易懂。德胜门就是以德取胜，安定门显然就是安定天下了。

正阳门的命名语词，受到了元大都丽正门的影响。它们同样处在全城的正中，象征帝王面对着艳阳高照的正南方来治理天下。

崇文门的语词选择受到了元代文明门的影响，宣武门跟顺承门的关系就比较远一点了。崇文门和宣武门，强调文治武功是稳定江山社稷的两块基石。就像《史记》和《孔子家语》里孔子指出的那样："有文事者必有武备，有武事者必有文备。"文与武，两个方面都不能偏废。另外，古代官员在朝堂上"文站东，武列西"，与"左崇文，右宣武"完全一致。中央官署里最重要的五府六部的空间分布，也贯穿着这样的思想文化。比如，在明清北京宫廷广场的千步廊左侧，也就是东侧，安排了吏、户、礼、兵、工各部与翰林院等机构；千步廊右侧，也就是西侧，安排了执掌杀伐的刑部、大理寺、五军都督府等机构，形成了所谓"左掌生，右掌死"的格局。

朝阳门和阜成门，与元大都的齐化门、平则门在语意上仍然有联系。它们的名称也和四季相配，朝阳门位于太阳升起、代表着春天与播种的东方，寄托着对大地回春的希望；阜成门位于太阳降落、代表着秋天与成熟的西方，用以赞美物阜年丰的收获。

东直门、西直门，则脱离了元大都的崇仁门与和义门的语词痕迹。其中的"直"作何解释？主要有两种看法。有的认为，"直"就是直接相通。这两个城门中间没有皇城的阻隔，可以直接相通，这是一种解释。事实上，它们也并不直接相通，中间还隔着什刹海这片水域。另一种解释是，"直"就是正当、正对、朝着某个方向的意思，表示城门向外对应的那个方向。对着东边的就叫东直门，对着西边的就是西直门。两相比较，后一种解释更加合理。

四、清至民国时期的城门命名与更名

这个时期最突出的变化，发生在天安门"T"形广场。这个宫廷广场正南边的门，在明代叫作大明门，大约在今天的毛主席纪念堂的位置。这样的名称最具政治色彩，当然也最容易因为改朝换代而更改。

图 10 大清门

图 11 中华门

在顺治元年的时候,大明门改成了大清门,到了中华民国的时候就是中华门。清朝的大清门,右边是满文,左边是汉文,如图 10 所示。中华门只有汉文,如图 11 所示。

另一处重要改动,是明朝紫禁城的正南门承天门,它是君权神授的象征。到了清朝顺治八年,承天门改成了天安门。相应地,北安门也改成了地安门。南边是天,北边是地,天和地相对称。

天安门和地安门,名称里有世间最大的天和地,它们的建筑形制也体现着中国古代"天圆地方"的传统天文观念。因为天是圆的,所以,天安门的门洞是弧形的。地是方的,地安门的门洞就是方形。可以看出,古人对于名称或者建筑形制的象征意义非常讲究。

广宁门何时改为广安门?它为什么这么改?常见的文章或著作里讲,是为了给清朝的道光皇帝旻宁避讳。但是,几乎没有人说出其史料依据何在,或者证明清朝什么时候发过这样的敕令。《清高宗实录》里讲,乾隆皇帝在乾隆四十一年的时候下过一道谕旨,意思是,为皇帝的名称避讳,历来如此,但实际上它属于文字的末节,无关大义,不是那么重要,可以采取某一个字缺笔,也就是少写一笔等方式来表示,不用把某一个字完全避讳不用。比如,皇家区别辈分的人名用字"绵",就是世间常用的字,是"民生衣被常称",如果避讳,必然使百姓多有不便。与其把众人的名字都改了而为一个人避讳,不如把这一个人的名字改了以方便大家。乾隆帝的这个思想是完全正确的。所以，谕旨里说，将来的"承绪者"，也就是他的后代子孙当中继承皇位的那个人，可以把永远的"永"改成"顒"，"绵"改成"旻"。拿这些不常用的字为皇帝本人更名，这样，其他同辈的皇室子孙以及天下百姓，就无需为了回避皇帝的名讳而替换那些常用字了。道光皇帝在族谱里边，是属于"绵"字辈的，名叫绵宁（现在简化字为"宁"）。《清宣宗实录》里讲，在嘉庆二十五年（1820）八月初十，道光帝即位了。即位之后，他就遵照其祖父乾隆帝的谕旨，把"绵宁"改成了相对生僻的"旻宁"，并且提出以缺笔来表示避讳之意，把自己名字里的"宁"写成另一个异体字"寕"。他在谕旨中还说，以前奉旨刊刻的书都不要再改字，如果为了避讳而去更改从前刊刻的书，实在没这个必要。

道光皇帝是这种态度，但底下的大臣却是另外一种想法。肃亲王永锡上奏说："临文不讳，圣主不以为嫌。而臣子之心，究多惶悚。……嗣后文移奏牍，恭请避写甯字。"他的意思是，皇帝虽然说过不用避讳自己的名字，但是我们作为大臣，总感觉战战兢兢比较惶恐。因此建议，今后再写公文和各种奏折等材料时，避讳"宁"字，改用"甯"字来代替，以表示恭敬之意。实际上，后面这个"甯"，是作为姓氏的"宁"（去声）在当代简化之前的用字，与"宁"或"寕"的本义及声调有明显不同。道光皇帝批复说：你们既然知道临文不讳，何必再费这个事儿呢？"仍尊前旨"，还按原来那个旨意办，"改写一画一撇"，也就是把"宁"改写为"寕"。但是，永锡仍不死心，又奏称："前代避讳，原有改用音相近者。"意思是，改用语音相近的另外一个字，在从前也有这样做的，完全可以。道光皇帝再次批复说"不可为法"，始终没有同意。

所以我们可以看到，《清宣宗实录》里有，道光元年"据英和奏，亲至广宁门外查看"；这年九月"赏广宁门外普济堂煮赈小米三百石"，用的称呼还是广宁门。道光朝在奉天有广宁县，广东也有广宁县。但是，到了道光四年，实录里出现了"赏广安门外普济堂煮赈小米三百石"。

从这时开始到道光二十九年，与此完全相同的记载出现了二十七次，"广宁门"不见踪影了。到了咸丰、同治、光绪三朝的实录里边，"广安门"完全代替了"广宁门"，但两个广宁县还依然存在。这就表明，以"广安门"代替"广宁门"，只是京城这些大臣们的共识，而不是朝廷统一的诏令，与常见的官方避讳在本质上大不一样。

民国年间更名比较频繁的是和平门。陈宗蕃的《燕都丛考》里讲：提出开辟和平门的建议，是民国二年（1913）或三年（1914）的事情。当时有人向袁世凯提出，在内城的城门上，在正阳门和宣武门之间，再开辟一个正对着总统府的城门，以此直通作为近代化城市试验区的香厂新市区。这座未来的新城门向北正对着中南海的新华门，所以，也拟定称为"新华门"，新华门南北两边的街道随之称作"南新华街"与"北新华街"。袁世凯同意了这个建议。

陈宗蕃先生又记载：即将开工的时候，前门外的富商们认为，新华门如果开通了，就会把正阳门的商机带走，这显然不利于他们做买卖。于是，他们就请出有地位的人向袁世凯游说。袁世凯"乃寝其议"，就把这个事情搁置了。当时，"南新华街、北新华街之名虽定，但是城垣内外，相距七八里，不能相联"。也就是说，这个城门还没有打通。到段祺瑞执政的时候，鹿钟麟负责城里的警察事务，"乃毅然举工"，用了几天就给它开通了，当时就命名为"和平门"。到了第二年，张作霖的奉军就入京，改成"兴华门"，又过了一年南北统一，不久又恢复了"和平门"的名字。

当年的《世界日报》等媒体新闻，比陈宗蕃的事后追忆更加准确。根据当年的媒体报道，鹿钟麟开凿城门是1924年，根据"和平将军"冯玉祥的主张命名为"和平门"，但没有立即开通。到了1926年4月，张作霖的奉军入京后再度开工。1927年1月24日举行了开通典礼，报纸上的报道把它称作"兴华门"，不是"新华门"，也不是"和平门"。到了1928年，国民政府的军队来到北京之后，又把"兴华门"恢复为

"和平门"。在前后不足两年的时间之内，城门的名称更换了三回。

最后是建国门和复兴门，它们的命名是1945年11月的事情。1939年北平沦陷期间，日伪在内城东西城墙上开凿了两个豁口，分别叫作"启明门"与"长安门"。启明门正对着太阳升起的东方，长安门处在长安街的延长线上。这两个语词本身并无贬义，但它们产生于敌伪统治之下，抗战胜利后毫无疑义地必须清除其痕迹。与当时的社会背景相适应，这两者分别命名为"建国门"和"复兴门"，寄托着对战后国家重建、民族复兴的美好愿望，随之产生了建国门内外大街、复兴门内外大街等城市主干路的名称。

北京历代城门经历了不断丰富和调整的发展过程，城门的命名深受源远流长的中华传统文化的影响，我们应当努力保护和传承这份珍贵的历史文化遗产。

孙冬虎 北京史研究会会长，北京市文史研究馆馆员，研究员

阜成朝阳系民生

刘仲华

阜成门和朝阳门是北京以前的两个老城门。这两个门其实很有意思,一东一西,跨度还有点大,方位基本对称,我们又把它叫作"朝阜文化带"。"朝阜文化带",就是用朝阳门和阜成门串起来的一条文化带,它是北京城,除了南北中轴线之外,撑起北京城的又一个框架,或者是骨干型的一个历史文化带。

关于阜成门,我介绍六个小点:一首歌谣;"阜成梅花抱春暖";庙会;跟饮水息息相关的蜜罐井;跟生活密切相关的菜园;粪厂。朝阳门这一部分,主要从粮仓、商业、文化、石道这几个方面做些介绍。

关于老北京城门,它各有相对比较集中的功能。比如西直门,主要是走水车,因为西直门外水源丰富,像玉泉山的水进城,高梁河从这边经过,这都是相对来说,别的城门也可能会走水车。又如德胜门,清代的时候出兵,经常走这里出城。走德胜门出征,也是一个很好的预示。安定门,据说是回兵的时候由此入城,国泰民安,一切都安定下来了。

东直门相对来说,走砖瓦、木材会多一些,因为它靠近运河漕运,木材主要是从东北方向,或者是从东部通过运河进入内城,比较方便。朝阳门,主要是走粮食,走粮车,因为清代很多粮仓就分布在朝阳门南北两侧,包括东直门附近。主要原因还是这两个门靠着北京城的东侧，面向通州方向，大运河的方向，粮食走漕运，从南方运到北京，从通州码头出发，运往内城，那显然是要选靠近的地方上岸，往城里运。

至于崇文门，走酒车，因为崇文门附近商人居多，商铺、店铺林立，各种各样商货进城，崇文门就成为固定的收税之处，崇文门税关就设在这里。正阳门走龙车，就是皇帝出行走的地方，比如皇帝到天坛祭天，就从此门出。皇帝出城走哪个门，也不是绝对的，别的门，也会用到。比如像去三山五园，皇帝就会走西直门，那是不是去圆明园就只走西直门，也不是，有的时候皇帝也会从阜成门出城。

再过来是宣武门，门外是宣南，这块区域有大量的绅商、士民，主要是士人居住在这个地方，是居民区。清代处决斩人的时候，大多是在菜市口，而前往菜市口，走宣武门更方便一些。以上，对于老北京城门功能的说法，都只是相对的一种概括，都不是绝对的。

至于阜成门，俗称煤门，那是因为它面对的是西山，从交通地理位置各个方面，它都是从西面所来货物进城比较方便的地方，所以阜成门这个地方，有很多从门头沟或者是西山挖的煤，要运到内城城里去，走这里就比较方便。朝阳门俗称粮门，这个也跟老百姓、跟城市的民生密切相关。所以，如果说"朝阜文化带"有什么特色，民生大概是主要的。

一、阜成门

（一）一首歌谣——阜成门文化特色

阜成门的地理位置，位于北京老城西墙的中段，面对的是西山。这块区域，还有一个很大的特色，就是水源比较丰富，比如玉渊潭等。北京的水源，除了山里面流出的，像永定河、清河等河流所提供的地表水之外，还有大量地下水，而阜成门、西直门外一带，靠近西山这一带，往往是泉水溢出区域。在传统时代，城市没有自来水，也没有

图1 阜成门，选自《北京旧城》

更多的引水工程，在这种情况下，有泉水的地方，对于城市居民的生活就显得非常重要。另外，阜成门面向西山，人们要去西山，出城向西，也是人们行走的重要通道。

城门，作为一种古代城市的防守设施，它与城墙结合起来，共同构成了一种城市的管理方式。好比进地铁站，大家乌泱乌泱的一堆人往里面挤，容易引起混乱，如果各有出入口，规范起来，就会比较有序起来。城墙和城门对一座城市来讲，除了防御功能之外，它更重要的作用，是一种管理上的作用，它会成为人员、物资流通的主要通道。

基于人员流动和物资流动的通道，它又会围绕着人群特色或者物资流通特色而形成各种商铺、店铺，从而形成一种文化区域。比如说，商贩开店摆摊，不可能选择背街背巷的地方，而要选择人流量多的地方。所以说北京老城门内外,都会因为各自特色的人群,而形成跟它相关的商铺环境和文化氛围。

北京诸多城门的特色也正是这样形成的,比如朝阳门,粮食多,粮仓多,它就会形成许多跟粮食、粮仓相关的特色文化。像前门、崇文门、宣武门,都会因为流动人群的特色不同,物资进出的种类不同,而形成相关的文化特色。

进出阜成门的物资以煤为特色,它就会形成一些跟煤相关的商铺、店铺,比如煤厂。而运输煤这种物资,不像今天有汽车、有铁路这些运输交通方式,非常便捷,运输效率还高,在明清时期,主要靠什么?没有汽车,只能靠骆驼,甚至是骡子、驴这样的牲畜来驮,或者用这些牲畜拉大车。这样,阜成门内外就会形成很多骡马店、车店,以及租骆驼的,租驴和骡子的骡马店。我们熟悉的阜成门外,往南有条路叫南礼士路,礼士路原名驴屎路,这跟驴、骡遍布阜成门内外就很有关系。

又比如阜成门外往北的车公庄。据学者研究,车公庄的得名跟车辖辘有关系。这种解读也说明,这里都跟车辆运输的交通工具有关。由此可见,在历史上,每座城门内外,都会形成一种特定的文化特色。这种文化特色,经过岁月的变迁,虽然今天已经不太明显,但我们仍然能够通过地名,找到其中的蛛丝马迹。

关于阜成门区域,有一首歌谣大家都非常熟悉。歌谣说:平则门,拉硬弓,隔壁就是朝天宫。朝天宫,写大字,隔壁就是白塔寺。白塔寺,挂红袍,隔壁就是马市桥。马市桥,三跳跳,隔壁就是帝王庙。帝王庙,绕葫芦,隔壁就是四牌楼。四牌楼东,四牌楼西,四牌楼底下卖估衣。这首歌谣很有特色,它基本上就概括了阜成门内,一直到西四这一区域的文化特色。

平则门,老北京都读着"平字门"。隔壁就是朝天宫,朝天宫据说是在明朝正德年间修的一座道观,规模还比较大,后来在明朝天启年间毁于大火，清代也没有重建。朝天宫虽然消失已久，但是今天的地名上仍保留着痕迹。大家看百度上，我搜了一下，叫宫门口，附近胡同有宫门口头条、二条、三条，还有四条、五条，还有北边的叫东廊下胡同、西廊下胡同。这些地名，基本佐证了朝天宫的所在位置。

接下来，隔壁就是白塔寺，挂红袍。白塔寺，今天依然健在。大家如果从阜成门二环路走，远远的都能够看到。当然现在周围的大楼林立，如果没有今天这么多的高楼大厦，白塔寺在当时的北京，很远很远就能看到。挂红袍是什么意思？据专家解读，这是个喇嘛塔，在宗教活动的时候，献的是红色的哈达，那么多红色哈达，在白塔上面挂得多了，远远看去就像挂了红袍一样，所以叫白塔寺，挂红袍。

再往东的路口，南面叫太平桥大街，北面叫赵登禹路，隔壁就是马市桥，马市桥当指此处。按说桥都跟水有关系，事实也是如此。这个地方，南北向原来是一条自然河道，元、明时期，它成为城内的排水沟，到清朝以后，大明壕逐渐淤积，但是桥还在，这个位置就是马市桥。马市桥，三跳跳，隔壁就是帝王庙，十字路口往东，不远的位置就是历代帝王庙。历代帝王庙是明清时期国家用来祭祀历代帝王之处。帝王庙前的景德街有个牌楼，这个牌楼后来被拆除了，但是这个牌楼并没有完全消失掉，它的构件完整保留下来，后来重新组装，就展示在今天的首都博物馆大厅。

以上，我们通过歌谣，了解了阜成门内的文化特色。

（二）"阜成梅花报暖春"

阜成门作为京城煤炭运输的主要通道，大家又将此门俗称为煤门。据说，阜成门周边有很多煤商、客栈，于是就在门洞的墙砖上雕刻梅花。一方面梅花的谐音象征着煤，另一方面梅花也象征着冬季即将过去，春天即将来临。

在清代，阜成门附近有不少煤厂，即便到了民国时期，也是如此。

据民国时期报纸报道，经过阜成门的煤车经常跟一些税收人员发生纠纷。为了收税，炭行新旧帖主经常发生争执，就是经济利益。其实作为牙行牙税征收的经纪人，牙行需要得到官方的许可证，有了许可证，才能够有权向这些煤炭商征税。为了争夺利益，煤炭行新旧帖主大打出手的情形，经常发生。

围绕着城门，不光是有物资流通的运输，还有人群。下面给大家介绍一下白塔寺的庙会。

（三）一个庙会

以前尤其是新中国成立前后，北京城的庙会还是挺多的。我们今天买东西，可以去商场、去超市，那么以前的物资销售，除了街两旁的摊贩、商铺，比如前门大街大栅栏这些地方之外，对于老百姓还有一个很重要的购买商货的渠道，就是庙会。

北京明清时期的庙会，尤其是清到民国时期庙会，比较著名的有护国寺、隆福寺、土地庙、花市、白塔寺。庙会大多有固定的时间，比如十五、十六、二十五、二十六的时候，白塔寺庙会在开。每逢初七、初八、十七、十八、二十七、二十八的时候，护国寺庙会就会开。初一、初二、初九、初十，那就是隆福寺庙会，逢三往往是土地庙，逢四是花市。每逢庙会开的时候，庙方管理人员就会向摊贩租借空地，或是一丈尺平方的地方，或是五尺平方的地方，至于多大的地方，完全根据你的需要。摊位费的收入往往归庙方所有。

参加庙会的摊贩，也是这儿结束了就去下一个地方，比如白塔寺庙会结束以后，商贩就会转战到护国寺，护国寺结束后就转战到隆福寺，就是这样周而复始。所以说，当庙会举办时，寺庙已经不完全是宗教活动场所了，它就会变身为这座城市的物资流通或商业交易的公共空间。因此，我们会看到，凡是有庙会的地方，往往商业也会比较活跃。

当然，白塔寺的庙会兴起较晚，它应该是在清后期逐渐形成的。白塔寺再往东走，还有一个广济寺，在民国时期，广济寺的方丈也颇有生财之道，他发现除了租房，各个方面盈利之外，庙会的收入，就是摊位费的收入也丰厚。于是，广济寺的方丈也向社会局、公安局申请，能不能开庙会，后来也得到了同意。庙会也不是说任何一个寺庙都能开办，需要经过相应的管理部门批准才行。明清时期是这样，民国时期也是如此，需要社会局或者公安局的同意之后才能够开庙会。

白塔寺的庙会还是比较有特点的，简单来说有这么几点：一是白塔寺的庙会，别看它是在城的西面，但是卖玉器、文玩字画颇有名气，不亚于隆福寺。另外一个特色是白塔寺庙会上的估衣特别多，也就是卖旧衣服的很多。在旧社会，衣服都是穿了一代又一代，自己不穿的，还会把它卖出去。有很多穷苦人，穿不起、也买不起新的衣服，买的都是旧衣服。所以，在明清甚至民国时期，北京的估衣摊，卖旧衣服的非常多，而白塔寺庙会的一大特色就是旧衣服。除了有不少城里穷

图 2 白塔寺，选自《北京旧城》

苦人购买之外，还有大量周边关厢、近郊的老百姓，到白塔寺庙会买旧衣服。

另外，白塔寺庙会上还有很多像编织的笸箩、筐之类的生活用品，还有很多篦头用的各种梳子，以及盐、布匹、儿童玩具、纸花等。上岁数的老人可能还知道纸花，现在人很少知道这些东西了。

白塔寺庙会，在近代北京城的众多庙会里面，还是挺有名的。有张老照片拍的就是白塔寺庙会的场景，有卖笤帚的，有卖笸箩的，有各种筐，非常热闹。

（四）蜜罐井

现在人们吃水用水都有自来水，即便没有自来水，还可以买矿泉水。旧社会没有这些东西，怎么办呢？用水主要来自河水或者是井水。河水可能是更多的穷苦人在喝在用，稍微讲究点的人家，主要用井水，因为井水更干净些，更不容易受到污染。当然，井水也有很多不卫生，但是井水对于北京城，尤其是明清时期的北京城市生活是非常重要的，皇家用水，还要从玉泉山拉着水车，从西直门进来，所以把它叫水门。

北京著名的井水不多，内城里的井，甘甜的尤其少。前面已经说到，北京城靠近西北侧，是西山泉水的溢出地带，因此这一带的泉水比较多。

北京著名的井泉，尤其是在清、民国时期，有北郊的沙井，在安定门外，有像德胜门外的满井，据说满井的水始终是满的，直接拿桶就可以舀水。除了沙井和满井之外，阜成门外的护城河挨着的蜜罐井，也是特别有名的。

民国时期的北京报纸曾经介绍过阜成门外的蜜罐井。蜜罐井的得名，据说是因为它的水甜，而且温度恒温，夏天冰凉，冬天喝起来还有点温温的。清代内务府也经常到这个地方来打水。有一次，据说是慈禧太后喝了这个水，感觉非常甘甜，问水是哪儿来的，内务府人员就告诉她了。慈禧太后说，这井水跟蜜罐一样，喝起来甘甜如蜜，而且清冽方凉，喝起来感觉很舒服。于是，大家都开始叫这个井蜜罐井。

据说在光绪年间的时候，有一次疏浚挑挖护城河，有一个军官为了尽快地解决护城河的水源供给问题，他计划把蜜罐井扒开，因为蜜罐井的泉水是源源不断的。当地老百姓知道以后赶紧请愿，说这个井对老百姓的生活太重要了，不能把它挖开，否则老百姓就没水喝了。这位军官虽然是个粗人，但是很体贴老百姓，同意了，然后给这个井还盖了一个高台子，把它给保护起来。

进入民国时期，有个叫许茂林的人，他发现，如果能够把这个井占住，可以获得很大的利润，于是乎他就买通了管理者，然后把井霸占住，在上面还盖了房子。他售卖井水，获利不少，结果引起周围老百姓的不满。有人气愤不过，把蜜罐井上面的房子一把火给烧了，房子坍塌，结果将蜜罐井堵塞。承包井的许茂林发现，我挣不成钱了，也不能让大家好过，于是乎就把蜜罐井给填上了。填上之后，周围的老百姓就向当时的社会局、公安局申诉，最后夺回了这个井的管理权，重新把蜜罐井淘挖疏通，再次成为周围老百姓的用水来源。由此可见，井在城市生活中是非常重要的。

（五）菜园

再说说菜园，也是跟老百姓的生活密切相关。阜成门外水土较好，水源丰富、泉水丰富，种菜自然也非常适宜。民国时期报纸上有篇《洗菜——阜外杂记之二》报道说，如果人们常到阜成门外护城河岸上散步，就会看到当时有很多的人，早晨拉着一车一车的菜，在护城河里洗菜，洗完菜以后去卖。这是符合当时历史事实的，在清朝至民国时期，阜成门外的确有很多菜园子。

据民国时期的统计，北京城外共有菜园子800多家，而且大部分都分布在城外。围绕这些菜园，所形成的蔬菜批发市场，也主要是在各城门外。这些菜是从城外聚集，然后进入城内比较方便，像朝阳门外、东直门、广渠门、左安门、右安门外，都有菜市场。阜成门外就是月坛菜市场，在清末民国时期就比较有名。种菜的园户可能没工夫去卖，零售比较慢，所以说在明清时期，尤其是在清代民国时期，北京的菜行是比较发达的，菜行的经纪也是五花八门。经纪，可以简单理解为经纪人。就是说，经纪人可以收菜，可以定菜的价格，也可以帮你分销。菜户种菜，经纪人可以帮你收，收完之后，再给零售批发。当然，经纪人也可以居间，促成交易。在旧社会，经纪人的角色比较独特，他也可以承担税收的角色。

北京的各行各业都有经纪，比如说卖帽子的有帽行经纪，贩卖皮子的有皮行经纪，皮子又分生皮、熟皮，又分牛皮和羊皮等，各行各业都有经纪。菜行的经纪也是如此，有葱的经纪人，还有蒜的、瓜的、葫芦的、茄子的、青菜的，各种蔬菜几乎都有经纪。围绕着这些菜的销售分销，就会形成有特色的物资供应链，阜成门外的月坛市场大概就是这样形成的。

民国时期，北京城还没有多少商场，随着城市生活的发展，固定的菜市场逐渐形成。阜成门的月坛菜市场，在1925年的时候就已经比较成规模了。这也是从清到民国时期，北京商业转型的重要表现形式。以前可能就是路边支个摊，或者是围绕这些主要的街道路边摆摊。后来，就开始慢慢有了比较大的集中的销售市场，甚至是商场。

（六）粪厂

再讲一个粪厂，当然也是跟民生相关。今天的城市生活，公共设施已经非常发达，污水排放系统都非常发达。我们走在宽阔的马路上，大家想象不到，宽阔马路底下实际上承载着城市的很多供水、供电、供暖，甚至是排污设施。但我们今天的城市建设不是一蹴而就的，是历经曲折甚至挫折，慢慢发展起来的。

在旧社会城市中的排水系统，比如紫禁城里面就有，但是大规模的比较成体系的，像污水、粪水的排放系统并没有建立起来。那么这些生活垃圾怎么处理呢？上至皇帝宫廷下至民间百姓、贩夫走卒，这些无法回避。传统时代，主要靠粪厂和粪夫来掏粪。北京人口众多，因此淘粪就成了一个很大的生意。大家觉得这个东西，可能是不堪入目，令人掩鼻。但这个行当，在旧社会没有别的营生情况下，还是一个不错的营生。粪夫打扫厕所，一般都有固定的路线和区域，粪夫都是由粪厂来管理经营，由粪厂出面确定粪道，如同街道社区一般，某一区域都有固定的粪厂所属的粪夫来负责。粪夫在固定的时间去淘挖，而这些粪厂和粪夫，也会形成一种利益的关系，甚至还有很多粪霸互相争夺。因为粪水是当时重要的肥料来源。我们今天有各种各样化学肥料，可以去购买，以前没有这些东西，只有靠自然的人畜肥料，粪水就显得非常重要。所以在这种情况下，粪厂和粪夫甚至会霸占这些粪道，相互争夺，甚至打架斗殴，也是常有的事儿。

解放前，阜成门区域就有个非常有名的粪霸，叫于德顺，他拥有很多粪厂。当时的北平市政府曾经成立了粪便事务委员会，于德顺担任委员会的主席，有权有势，经常欺压百姓。

当时的新闻报道，"粪夫臭占马市桥"，说的就是粪夫为了争夺粪水而发生的争执。民国时期，北平市粪便委员会还曾经修建粪夫公墓，在阜成门外专门为粪夫提供了一处公墓。设立粪夫公墓，一方面是他们贫困，但另一方面也能反映出，这个群体在当时社会中的独特的地位，也是挺有特色的。

最后再举个例子，当时的报纸上曾经以"赶脚的被骗"报道骡马租用的事。说是在西直门、阜成门外，当时有很多租用马、骡或驴的车店，当时的租用方式也很新颖。比如，有人要去三家店这些比较远的地方，就可以在阜成门附近的这些骡店，租用骡子或者驴，然后可以骑上走。如果是来回，回来还也行，但如果是单程，也可以在三家店归还,不用再把骡子赶回阜成门这里。这有点类似于我们今天共享单车的租用方式,也能反映出在当时的这种社会条件下,所形成的一种特殊租赁关系或商业行为。

二、朝阳门

朝阳门号称粮食门,粮仓遍布,附近有海运仓、禄米仓等。清代漕粮,一是供应清廷和八旗,一是供应城市的官员。当然,粮仓的部分粮食也会进入市场,供城市的商民购买。

漕粮入城的地方,会有很多售卖米面的店铺,朝阳门内外就有大量以米、面经营为主的店铺,像义和店、义盛隆,什么永昌店,什么晋源店等,大多以经营粮食为主。

附近区域,也会形成与此相关的商业设施,比如朝阳门往西的东四牌楼,有很多金融商号,清末京城的"四大恒",像恒兴号、恒利号、恒和号、恒源号,都设在东四牌楼一带。东四牌楼西边的隆福寺,也曾经是北京城里非常著名的庙会所在地,商业兴旺。所以说朝阳门内

图3 朝阳门城楼西、北侧,选自《北京老城门》

外的商业发展,是有历史渊源的。

又如元代的太庙,曾经在朝阳门内。明代中期,又新建了日坛,一直沿用至清代。朝阳门外还有东岳庙,是华北地区最大的正一派道观。

从城市空间格局上来看,朝阳门内外文化特色的形成,与朝阳门的人员流动、物资流通,尤其是粮食的进出、木材的流转,有很大的关系。

再有,城市的发展其实跟交通也是密不可分的。朝阳门、阜成门,作为城市交通的重要节点设施,其便利与否,人员流通的稠密与否,都跟商业文化的兴盛有密切的关系。朝阳门外的石道,在清代就非常重要。朝阳门外石道,是除了水路之外运粮的重要陆路通道,因为漕粮到了通州码头之后,大船已经很难再往上走,绝大多数粮食,直接就在通州码头卸下船来,然后要么换成小船,走现在通惠河,沿着护城河,来到朝阳门、东直门;另外一条重要的运粮通道,是通过陆上的石道。清代,非常重视从朝阳门外通向通州的石道,一方面是运粮车要走这里,另一方面通州粮仓是王公贵族领粮食的地方,来回所走的道路自然就显得非常重要。现在,保护起来的朝阳门外石道碑,就是历史的见证。

图4 改建后的朝阳门,选自《北京老城门》

当时的石道，因为走大轱辘车，经常遭到破坏。不像现在车辆都有弹性的胶皮轮，当时的硬质轱辘，对道路的破坏是比较严重的，即便路面铺上石板，耐磨性也不强，时间长了，石板断裂，坑坑洼洼的。

当时从朝阳门外通向通州的大石道，中间是石路，两边还是土路，也就是说大车、重车可以走上面的石道。但是石道的持久性又不强，所以在清代，历经康熙朝、雍正朝、乾隆朝，要不断地重修石道。不然过那么一段时间，石道要么被压得坑坑洼洼，要么就是石头断裂，无法通行。如果再下雨，道路泥泞，非常难走。

老北京的石道，还有正阳门外石道，出西直门到圆明园的石道，广渠门外的石道，大致的结构也是这样，中间是大概一丈宽的石路，中间高，两边低，便于排水。

民国时期，北京的道路开始采用西式的修路方式，主要是石渣路，放弃了原来路面铺大石板的方式。但这种石渣路，也不够普及，至于水泥路、柏油路就更少见了。后来，随着新的技术条件出现，尤其是经济社会的发展，修路的方式也在慢慢地变化，直到今天才有了非常宽阔的马路。

乾隆末年，英国派出马嘎尔尼使团访华，他曾经描述通州到朝阳门石道的一些观感。他说，这是行人和货物由东和东南往北京去的大道，非常平坦，可见修得非常好。大石板路，当中二十呎（英寸）宽，铺的都是每块约四呎（英寸）宽、六到十六呎（英寸）长的花岗石。花岗石两旁土道可容马车来往并行，路边许多地方栽种了大柳树。可见，当时的道路绿化也是非常讲究的。

关于城门和城墙，对于北京城而言，它是这座城市的一种防御设施，但是更多的，它是这座城市的一种管理手段，一种管理方式。由于这些城门所处的地理位置，它就会在周边区域慢慢地形成一种与物资流通和人群营生密切相关的文化特色。朝阳门区域，围绕粮食、粮仓，就形成了很多米店、粮店，围绕着这些行业，又会形成一些商业，甚至是金融方面的特色。阜成门也是这样的，它围绕着煤这种物资的流通，也形成了跟它相关的一些商业店铺，乃至人文景观。所以说，理解城墙和城门的文化特色，需要我们把它作为一种城市管理的公共设施来对待，围绕着这些公共设施，城市便形成了带有区域特色的文化空间。

当然，如今的北京城市发展与原来相比，已经有了质的变化，已经是日新月异、翻天覆地。但我们依然能够看到，历史上所形成的一些遗留痕迹，甚至一些脉络还在。而这些历史上的脉络，不仅是城市文化的记忆，也是未来发展的根基。

刘仲华　北京市社会科学院历史研究所所长，研究员

气象巍峨正阳门

章永俊

坐落在北京古城中轴线上的正阳门,为明清北京内城的九大城门之一。在元代称为丽正门,到明代改为正阳门。由于位于紫禁城的正前方,所以老百姓俗称为前门。如果从开始营建的丽正门算起,正阳门已经经过了七个世纪的世事沧桑。在这期间经过移位、更名与多次重修,虽然沿革异形,但形制与礼制更加完备,正阳门以"宅中定位"的优势,与崇楼巍峨、藉壮观瞻的"国门"地位,一直位列京师各门之首。

图1 民国时期的正阳门,选自《旧京返照集》

正阳门大街是商业的聚集区，从明代起就是北京繁华的商业街，到清代更为兴盛。正阳门不仅是中国封建社会后期城市布局、军事防御、礼仪制度和建筑艺术的形象体现，也是老北京历史文化的重要载体。在百姓的心目中，正阳门就是老北京城的象征之一。正阳门的防御功能和礼仪功能，在清末以后，随着政局社会变动逐渐消失。

一、从丽正门到正阳门

（一）元代的丽正门

元大都城有11座城门，丽正门为大都城的南城墙正中的门，是有着三个门洞的宏伟建筑。

丽正门作为元大都的南城垣正门，位置在如今长安街稍南一点。丽正门建成于何时，尚未见明确的文献记载，大约是与元大都外城工程同时完成的。元大都城墙于至元四年（1267）开始修建，于至元二十年（1283）完工，历时16年。丽正门和元大都南墙，应该就是在这个时间里完成的。

元大都城门的命名，绝大部分是来源于《周易》六十四卦中的爻辞，或者是彖传、象传。丽正门的"丽正"，就来源于《易经》第三十卦离卦的"日月丽乎天，百谷、草木丽乎土，重明以丽乎正，乃化成天下"，表意是太阳与月亮附着于天，各种谷物、花草树木附着于大地，光明相继而附着于正道，于是天下蒙化。离卦中，离为火，代表着太阳。太阳照耀着万物茁壮生长，千姿百态，因此而美丽。当时之所以会给建于国都之中的城门起一个意义宏大的名字，是因为与其他城门都是两两相对而建的特点不同，丽正门是11座城门的中心，进入大都城的正门。因此可以认为，它所反映的是一种皇权至上的理念，和天人合一的儒家哲学。

元世祖时期营建的大都城11门，都没有建瓮城和箭楼，而只有阁楼式重檐城楼一座。这种情形一直持续到元顺帝至正十九年（1359）。当年十月，元顺帝"诏京师十一门皆筑瓮城，造吊桥"，以加强城防，在不适于建筑施工的冬季湿冷环境下，仓促施工，添建了各门的瓮城和箭楼。

元代末年增建的瓮城和箭楼，究竟是怎样的一种规制和模样？它与明清时期的瓮城、箭楼是否相同？由于元大都城门的地面建筑早已被毁，这给后人留下了许多未解之谜。元代丽正门的形制，由于文献无征，也难考其详。不过根据前些年对元大都光熙门、健德门旧址的考古调查，结合史籍中的零星记载，可以知道这些城门的地基非常坚固。城门的支撑和过梁为木结构，门洞口做成了梯形，门楼的檐脊都用琉璃瓦来加以饰盖。

（二）明代的正阳门

明代洪武元年（1368），朱元璋派大将徐达北伐，攻下了元大都，随后徐达又负责管理元大都，将其北城墙向南缩了五里，废掉了光熙、肃清二门，其他九门依旧。明代永乐初年（1402），朱棣下诏迁都北京，并于永乐四年营建宫殿。永乐十七年（1419），又将元大都的南城墙向南展拓了小二里，也就是把原来大都城的南城墙正中的丽正门，迁到了今天的正阳门的位置。永乐十九年（1421）工程竣工，丽正门的名称暂时还没有改变。

明代正统元年至四年（1436—1439），为了加强京师的防御能力，大规模地修建北京城垣和城门。在京师九座城门之外，增筑箭楼、闸楼，改护城河上的木桥为石桥。正阳门也在这个时候增修了月城，也就是瓮城、箭楼、东西闸楼。并且疏通了城壕，建造石桥、牌楼，形成了"四门、三桥、五牌楼"的格局。工程结束之后，丽正门正式更名为正阳门。

正阳门城楼是正阳门的主体建筑之一，始建于永乐十七年（1419）。正阳门城楼为重檐歇山三滴水楼阁式建筑。屋顶是为灰筒瓦，绿琉璃瓦剪边。面阔七间，连廊通宽四十一米，进深三间，连廊通进深二十一米。上下两层四面都开门，二层外有回廊。城楼坐落在砖砌的城台上，城台外砌城砖，内填黄土，土芯与城墙是一次夯砌而成的。城楼下有拱券式门洞，整个城楼的通高达四十点九六米，城楼外侧重檐以上，悬挂着木质的大门匾。

　　正阳门箭楼位于城楼之南，地位十分显赫。它的规制为京师各城门箭楼之首，是一座最能体现古代军事防御思想和技术的建筑。正阳门箭楼始建于明代正统四年（1439），是一座砖砌堡垒式的建筑，雄踞于巨大的瓮城南端的城台上面，箭楼的下面开有拱券式门洞，设有双重的大门，内侧是普通的对开大门，外侧是可以升降的闸门，也就是千斤闸。箭楼的楼顶是灰筒瓦绿琉璃剪边，重檐歇山式，上下四层。正阳门箭楼的结构，为前楼后厦，南侧的箭楼面阔七间，宽六十二米，进深二十米，北侧面阔五间，宽四十二米，进深十二米。箭楼通高将近三十六米，是北京城所有箭楼当中最高的一座。

　　在正阳门的建筑群中，城楼和箭楼之间用城墙连通以后，形成了一个巨大的瓮城。瓮城又叫作"月城"，南北长一百零八米，东西宽八十五米，东西各设有一座闸楼。箭楼和瓮城，它是保卫内城的重要屏障，它的主要功能是防止从城内出兵或者是城外退兵的时候，在开启城门的过程中，一旦有敌人靠近，守城的士兵就在箭楼上，通过每个射孔向下射箭，或者是在瓮城的闸楼上，向攻击者投掷滚木礌石。瓮城内四面各开有一门，都为拱券式门洞，设置吊落式闸门。敌兵一旦攻破箭楼门洞，守军就可以关闭箭楼和城楼的大门，使敌兵进退不能，如同掉入了瓮中，然后守城的士兵，就可以居高临下，从四面八方合击敌人，可谓"瓮中捉鳖"。

　　明世宗嘉靖三十三年至四十三年（1554—1564），在京城之南又新筑了外城，设有城门七座，并且增筑了月城。明代北京诸门经过洪武、永乐、正统、嘉靖这四个朝代，将近200年的改建、增筑、修筑，规模壮观，形制完备，形成了"内九外七皇城四"的格局。这时候正阳门也就成了京师内城的正门了。

明代后期佚名所绘的《皇都积胜图》，其中描绘的正阳门的箭楼、瓮城、城楼、棋盘街与大明门一段的画面，是我们今天所能见到，表现当时正阳门的这个形象化的资料。不过从画面上来看，当时正阳门的箭楼与城楼的规模、形制，与现在的城楼箭楼，有点细微的差异，而且瓮城的四角方直，也不是后来的委角弧形。

正阳门在明代，它经历过两次火毁，第一次火毁是在明代万历三十八年（1610）四月，箭楼被毁以后，朝廷随即开始重修。在明代，诸门执掌权它是在内官也就是太监，修缮箭楼的事情，当然是要由内官来主持。万历一朝，宦员擅权，中饱渔利是唯一的目的。主持工程的太监们把修缮的预算资金定为十三万两白银。而当时负责营建工程的衙门工程官员是营缮司郎中陈嘉言，这人为人正直，不贪钱财，认为内官所做的预算过大，坚持削减开支，最后只用了三万两银子，就把箭楼修复了，结果他也被太监们排斥出局了。

第二次火毁是明末崇祯十七年（1644）四月二十九日。当天晚上，农民起义军首领李自成，在率部撤离北京的时候放火焚毁了宫殿，以及内城九门城楼。正阳门这次被毁以后何时重建，如何重建，文献无以考证。由于特殊的地理位置，正阳门成为宫城之南最后的保护屏障。在政权交替或外敌入侵之际，前门一带往往成为双方交战的重要战场，许多重要的事件，甚至是影响历史发展的重大事件，也常发生在这里。

明初，驻守北平的燕王朱棣，以"诛奸臣、清君侧"为名，发动"靖难之役"。丽正门是争夺的重点之一，双方展开了殊死争夺。战争最后以南军的失败告终。朱棣推翻了建文帝，登上了皇帝的宝座，成为明成祖永乐皇帝。明代正统十四年（1449）八月，英宗朱祁镇亲征蒙古的时候，在土木堡被俘，史称"土木之变"。十月一日，瓦剌军大举入侵京师。初八日，于谦指挥二十二万人，列阵于九门之外，抵御强敌，其中都指挥李瑞带军守卫正阳门。经过激战,十三日瓦剌军全面溃败,十五日夜晚拔营而逃,京师解围。于谦为保卫北京立下了汗马功劳,赢得了人们的爱戴,成为北京历史上著名的民族英雄。

(三)清代的正阳门

清代200多年间,北京的城门有过多次修缮和改建,但基本上沿袭明代旧制,在方位和形制上没有改变,并且延续了明代嘉靖四十三年(1564)修建后定型的各门的名称。正阳门虽然经过多次的火毁、重建、修葺,除了它的结构、高度、局部略有调整之外,基本上保持了明代正统四年(1439)的格局,它的位置和名称一直没有改变。

正阳门在清代,主要经历了三次火毁。第一次火毁发生在乾隆四十五年(1780)五月十一日,正阳门外的一间铺面房不慎失火,正好遇上大风,火势就很快蔓延,殃及正阳门箭楼,同时还烧毁了瓮城东西月墙的闸楼、官房等设施。乾隆帝接到奏折以后,要求将原木质结构的箭楼,改用砖石新建。这次大规模的重建和修缮,从当年的八月中旬开始,到十月底竣工,共用去工料银六万八千七百九十九两。然而由于在施工的过程中,没有全部新换砖石,致使新建的箭楼和旧门瓮券内有裂缝和鼓闪现象,出现了工程质量问题。负责督工的大臣英廉与和珅只好自请出资赔修,具体负责施工的工部郎中德龄等人,也分别受到了处分。和珅由于当时随从去了热河,并没有在京督办,而且此事也由和珅奏出,所以对他加恩宽免。

第二次火毁发生在道光二十九年(1849)十一月二十九日,这次火灾是起于不慎,而且只殃及箭楼。奉诏于道光三十年(1850)春天开工的正阳门箭楼复建工程,施行起来困难重重,主要原因就在于当时正值第一次鸦片战争后的第十年,朝廷国库空虚,财力匮乏。箭楼需要的三丈四尺多长的大柁都无力筹办,后来还是把西郊畅春园里面的九经三事殿中的三丈六尺长的大梁拆下来使用,才把箭楼修复。这次重修前后用了两年的时间。

正阳门第三次被毁，也是最大的一次火灾是在清末光绪二十六年（1900）的庚子之变当中，这次正阳门的毁损程度极为严重，城楼、箭楼、闸楼、铺舍、寺庙等都遭到破坏，尤其是城楼最为严重。庚子五月二十日，义和团在前门一带查禁洋货，并放火焚烧了前门外老德记大药房。这场大火，不仅烧了大栅栏一条街，还殃及珠宝市、观音寺及正阳门箭楼。箭楼在这次火灾中损毁严重。庚子七月二十日，正阳门的箭楼又遭了火焚。八国联军攻入了北京外城以后，在天坛架设大炮，朝正阳门等处狂轰，箭楼遭到重创，城台以上的部分差不多都已毁掉。侵入内城以后，驻扎在月城内的英国雇佣军印度兵失火，又把幸存的正阳门城楼烧掉了。

光绪二十七年（1901）末，逃往西安的光绪帝和慈禧太后即将回京。按照礼制，由正阳门进入皇宫之际，负责迎驾的官员，在残存的正阳门箭楼城台上，用杉槁、苇席、彩绸临时搭建彩牌楼，以迎圣驾。这是个带有悲剧色彩的彩牌楼，也是对腐朽清政府的极大讽刺。

正阳门再次重修是在光绪二十八年（1902）。清政府派直隶总督袁世凯，和顺天府尹陈璧计划修复。但是当时的清政府内忧外患，民穷国贫，一时拿不出钱来进行这样大的工程。只好由袁世凯带头，倡导各省大员捐资助修。在修复的过程中，因工部所藏的工程"旧卷"，也就是工程档案，经过兵火的焚掠，已经不存在了。只好按照与正阳门平行的崇文、宣武二门的形制，并且根据地盘的广狭，将高度与宽度酌量加大了一些，重建了正阳门的城楼与箭楼。所谓"前门楼子九丈九"的高度，便是这次酌量重建的尺寸，而非庚子事变前的高度。

正阳门的工程于光绪二十九年（1903）五月起，光绪三十二年（1906）五月完工。整个工程耗费足银四十多万两。今天我们看到的正阳门的箭楼就是这次重修的。虽然箭楼在民国时期又进行了局部的改建，但是规制始终没有改变。

有关正阳门箭楼箭窗的个数,最早记述见于清代乾隆年间的《清高宗实录》。正阳门箭楼于乾隆四十五年(1780)火毁后重建时,在内务府大臣金简《勘估正阳门外焚毁官房事奏折》当中,提到了正阳门修缮工程,主要包括"外面下檐炮窗三层,上檐炮窗一层,每层南面十三座,东西二面各四座,共计八十四座"。据此记载,结合正阳门箭楼砖砌堡垒式的建筑结构,我们可以计算出箭楼箭窗的个数。箭楼上下四层,南面、东面、西面辟有箭窗,南面四层,每层开有箭窗十三孔,共五十二孔,东西两侧各四层,每层开有箭窗四孔,共三十二孔,加上抱厦两侧上方各开有箭窗一孔,共有箭窗八十六孔。改建之前的前门箭楼正面的箭窗的模样,侧面的箭窗的模样,记载于《北京的城墙与城门》一书的。箭楼在道光二十九年(1849)和光绪二十六年(1900)两次火毁后重建,箭窗的个数都没有变化,仍旧是八十六孔。

(四)民国时的正阳门

民国初期,正阳门的东西两面,火车站的来往旅客与日俱增,使得正阳门周边,成为当时北京城的交通枢纽,旧有的格局已经不适应形势的变化。

1915年,为了改善正阳门的交通拥堵问题,国民政府内务总长,兼北京政务督办朱启钤,提出了《修改前三门城垣工程呈文》的方案,并且聘请德国建筑师罗思·凯尔主持设计,对正阳门进行了改建。拆除了连接城楼和箭楼的瓮城、闸楼。瓮城内外,除关帝庙和观音庙之外,一律拆除。在城外拆除了原来拥挤杂乱的荷包巷,在城内拆除了已开始坍塌的西千步廊,解决了交通堵塞的状况。同时在城门楼的东西两侧,各开两座宽九米、高八米的门洞,形成了东门洞直通户部街,西门洞直通刑部街,从而便利了交通。

改建工程于1915年6月开工,这一年的年底完工。至此,箭楼就成了一个单体建筑。瓮城变成了一个开放的场所。

在拆除瓮城的同时，还将箭楼城墙东西两侧加宽以后添建了栏杆，增建了东、西"之"字形的登城马道，在城台的南面增建了悬空的眺台。1949年1月31日北平和平解放，2月3日聂荣臻、罗荣桓等人，就站在这里检阅了入城的解放军。箭楼上原来开有四排箭窗，改造以后，下面两排被装上了具有西洋建筑风格的白色的拱形的窗沿，而上面两排则原样未动。在箭楼两侧抱厦又增开了箭窗四个，使得箭窗的数量，从原来的八十六孔，变成了九十四孔，拆下了原来城门上方，嵌有满汉文字合璧的匾额，换上仅刻有"正阳门"三个汉字的新的匾额，现今前门箭楼依然保持着改建后的形状。

虽然正阳门经过改建，交通较以前便利多了，但是前门大街路面只有大约十米宽，摊贩众多。当时的公务部门给北平市政府写的一个报告，就讲到当时正阳门前大街的一些拥挤状况，要求拓宽马路。为此国民政府于1928年决定拓宽前门大街的路面。前门大街展宽马路以后，不仅路面增宽了，而且道路也平坦了，行人和车辆无不称便。

民国时期，正阳门为当时的社会发展所用，成为举办国货展览、观光与放映电影的场所。1928年，国民政府颁布"保护国货政策"，提出振兴民族工业，倡导民众使用国货。在这种背景下，成立了北平国货陈列所，馆址就设在正阳门箭楼。1928年8月，南京国民政府工商部部长孔祥熙，任命吴大业为馆长，同月该馆就入驻箭楼，进行修缮和布展，于当年11月正式对社会开放展出。

当时的一些爱国实业家为了发展民族经济，组织全国各地出产的名特产，参加国货陈列所的展览和销售。商品极为丰富，有玉器、象牙雕刻品，有地毯、刺绣等手工艺品，以及江浙丝绸、江西景德镇的瓷器、贵州的茅台酒、陕西的西凤酒、南北的酱菜等日用杂品和各类食品。国货的展出轰动到北平，每天参观者络绎不绝，甚至当时有歌谣传颂。

1940年12月，北平市伪特别公署的国货陈列馆的馆长，他责令

图2 正阳门城楼,选自《旧京返照集》

国货陈列馆要迁往北海蚕坛。1941年,国货陈列馆正式迁往了北海的蚕坛。正阳门箭楼也于这年的1月25日,交给了伪外一区警察分局。在日伪统治时期,正阳门箭楼被辟为电影院,放映三轮电影。1945年日本投降以后,箭楼的电影院停演。1946年北平市立第二民众教育馆在箭楼重张电影事业直到1947年。1928年11月到1940年12月,北平国货陈列馆以正阳门箭楼为馆址,对外开放了12年。正阳门北平国货陈列馆为了提倡国货运动,促进民生发展,作出了不可磨灭的贡献。

二、国门地位的确立与变迁

(一)宅中定位:正阳门在北京中轴线上地位与文化意义

正阳门的前身丽正门,在开始修建之际,便确立了所谓帝都"宅中定位""仰拱宸居"的地位。从当时的大都城南丽正门起,穿过皇城的棂星门，宫城的崇天门和厚载门，经过万宁桥到中心台，这条南北走向的直线就是元大都城的中轴线，宫城的主体建筑，是按照这条中轴线对称展开的，其中心台地址的选择到丽正门距离的确定，构成了大都城城区四面界至的基准。

元代丽正门是官员上朝集中之地，恰似冠盖如云之状，时人黄文仲在《大都赋》当中，称此门为"衣冠之海"。元世祖每年出城到郊坛举行典礼，他的仪仗必经过丽正门。因此可以说，国门地位在元代初年便已形成。

正阳门国门地位的正式确立，是在明英宗时期，英宗朱祁镇即位后大规模地修建北京城垣。各城门的瓮城在正统时期最后完成。九座城门建成以后，"焕然金汤巩固，足以耸万年之瞻矣"。增修后的诸门，以正阳门的形制最隆，它的主体建筑格局，在此后的400多年间基本没有改变。正统四年（1439）大规模增建修整工程完毕以后，时人的诗赋称赞这次营修是备帝王城郭之制，隆皇都宅居之壮的盛举。嘉靖十二年（1533），新建外城工程完工以后，张四维撰写了《京师新建外城记》的文章，备述了建设的过程，并且颂赞此举。

明代后期的京师内、外城的十六门当中，仍以正阳门最为宏崇，而且在形制设置上，与各门有些不同。正阳门不仅箭楼下面开有门洞，而且瓮城的东、西两面城墙都开有门洞一座，上面加盖有闸楼，而其他的瓮城只开有一个门洞。

明英宗将丽正门改为正阳门，在文化上他是有所取义的。正阳门方位上居国之阳，而且在南三门之正中，所以称为"正阳"。《礼记·明堂位》当中，有"天子负廉，南向而立"。《周易·说传》当中有"圣人南面而听天下，向明而立"。《左转》里面也有"天子当阳而立"的句子。所以将天子出入都城南面的正门，作正阳门。"正者所以建万世之纪，阳者所以为众阴之君。镇天安之路寝，壮帝宅之神威"。据上引可知，以"正阳"这样一个文化寓意颇深的名字称呼国都的正门，可谓名实相符。

此外正阳门的门桥有三座,其余各个门外只有一座,是对清代正阳门国门地位的肯定。正如光绪二十九年(1903)《正阳门楼工程奏稿》当中所说,"正阳门宅中定位,气象巍峨,所以仰拱宸居,隆上都而示万国。现在奉旨修复,其工费固宜核实撙节,而规模制度,究未可稍涉庳隘,致损观瞻"。

明清时期,北京城的突出特点,是有一条东西对称、贯通南北,长达7.8公里的中轴线,既显示出"天地之中"的布局,也营造了一种气势浩大的庄严气象。这条中轴线南端,始于外城正南门的永定门,向北穿过内城的正阳门、大明门(清代改称为大清门),皇城正门承天门(清代改称天安门),端门,宫城的正门午门,太和门,太和殿,中和殿,保和殿,内廷的乾清门,乾清宫,交泰殿,坤宁宫,御花园,然后出紫禁城北门神武门,再通过景山的中亭,出皇城北门地安门,再经鼓楼、钟楼,穿过内城北墙,以东西两旁的安定门、德胜门为"结穴"而收尾。位于北京中轴线上的正阳门,无疑是这座都城一处重要的、不可分割的部分。

19世纪末20世纪初,随着冷兵器时代的结束,固若金汤的北京城垣,没有能抵挡外国入侵者洋枪大炮的进攻,正阳门失去了其军事防御的功能。同时伴随着中国封建帝制的完结,正阳门的国门地位也随之消失。1928年,国民政府成立了北平国货陈列馆,馆址设在正阳门箭楼,当年11月,正式对社会开放展出。至此,正阳门就经历了一次历史性的变化,从封建帝都威严的国门,转变为宣扬国货的公益场所。

(二)礼仪之门:上朝与大祀

元代,丽正门居南三门之中,是帝后辇舆出城之地。元世祖十二年(1275),即于丽正门东南七里建坛祭祀天地。而元成宗即位之初,就在丽正门外南七里,建坛壝,合祀五方帝于南郊。

明代承元代之习，正阳门是帝王车驾出城所必经，可谓关乎国体和国威的礼仪之门。正阳门城楼也是帝王举行仪式的场所。崇祯十七年（1644），李自成的农民起义军逼近京畿，明王朝国祚将尽，大学士李建泰自愿将家财佐军，率兵出城抵挡义军。崇祯皇帝嘉其忠勇，仿古人推毂礼，于当年的正月二十六日，登正阳门城楼，亲自为李建泰把盏饯别。

清代正阳门的礼制更为完备。据吴长元的《宸垣识略》记载，"正阳外门设而不开，惟大驾由之。月墙东西设二洞子门，为官民出入"。这里所指的正阳外门，就是箭楼下的门洞，平时是关闭的，只有在皇帝经过的时候才开启，是仅供皇帝通行的御道。平时守城的官兵，和众多的士官客商、平民百姓出入内外城，需要经过月城东、西两侧的闸门。而且正阳门只许轿子进入，车驾是不许通行的，京官上朝时没有一个乘车的。正阳门对出入时间也有明确的规定，晚上六七点就下钥关闭城门，到半夜复开，以通朝官。

此外，由于正阳门的特殊地位，在北京内城九门当中，此门不许抬棺出丧。这种状况到清朝灭亡才被打破。作为御路的前门大街经常整修，备受重视。每逢冬至天坛大祀，大清门、正阳门至天坛所有御路，都派八旗满蒙汉各官厅分段修理，不平的地方需要用三合灰土修筑。

1929年5月26日，孙中山先生的灵柩，经过正阳门正门运往东车站，启程前往南京中山陵安葬。这在事实上宣告了这座礼仪之门特殊规定的自然废止。

（三）正阳门附属建筑——关帝庙与观音庙

明清两代，北京内城九门的瓮城当中，依例皆建有庙宇。只是在正阳门瓮城内建有两座，其他的瓮城内只有一座。正阳门瓮城内靠近城楼券门两侧，原来建有关帝庙、观音庙各一座，其中关帝庙在西，观音庙在东，都为南向，一层殿宇，歇山顶，规模不太大。这是正阳门瓮城内的关帝庙。

内城九座瓮城内所建的庙宇当中，除了德胜门、安定门供奉着真武大帝以外，其他几座都供奉着关帝。其中规模最大、香火最旺的是正阳门瓮城内的关帝庙，瓮城被拆除以后，那里成为开阔地，关帝庙和观音庙就独立显露了。这两座庙曾经香火不断，求签者络绎不绝。特别是关帝庙，它的影响力超过了旁边的观音庙，不过两座庙、都在1967年被拆除了。

原正阳门关帝庙内塑像是为明代的原物。清朝皇帝由天坛郊祭回宫的时候，必在庙内拈香。庙内有"三宝"——大刀、关帝像和白玉石马。关帝庙内的一尊关帝像，是明世宗嘉靖帝供奉的，传说早期的关帝像尺寸较小，嘉靖帝特命木工，制作了一尊大的关帝像。庙内的"三宝"非常珍贵，三柄大刀最大的长两丈，重二百千克，其余两柄分别为六十千克和九十千克，都为清代嘉庆十五年（1810），陕西绥德城守营都司马国镒，在前门外打磨厂三元刀铺定铸的。每到农历五月初九，关帝庙都要举行一次磨刀典礼，届时将刀抬出，请三元刀铺的工匠举行仪式，将刀磨光，再放回原处。"关帝画像"据说是唐代画圣吴道子的手笔，庚子事变中被德国兵掠走。"汉白玉石马"雕刻精细，是明代的遗物，在历次拆修正阳门时，石马不知何时丢失。

石碑曾经一度遗失。2008年6月，北京市丰台区南苑乡槐房村民，在改建自家房基的时候，发现了两座石碑，经考证是正阳门瓮城关帝庙著名的石碑。一座石碑是明朝书画家董其昌书的《汉前将军关侯正阳门庙碑》，另一座石碑是康熙帝的书法老师沈荃书的《正阳门关帝庙碑》。据当时老人们回忆，在20世纪60年代，上级曾动员各公社、大队进城拆除城墙，运回来建集体房屋，那时也拉回来了一些条石，两块石碑也就顺便拉到丰台。

三、正阳门的职司

元代的大都城分置十一门，每门设有城门尉二员，副尉一员。明代北京内城各门，由内官也就是太监来管理，每个门设有提督九门太监一员，副提督一员，掌司一员，管事官数十员。正阳门守官兼管外城永定门。清代内城九门，循明之旧，兼掌外城七门，而各门之官，清代康熙十三年（1674）以后，称为城门尉、城门校。康熙十九年（1680）以后，改为城门领、城门吏。而当时居于前三门当中的正阳门则例设城门领和城门吏各两名，还有管事官数十人。

四、前门外商业与金融

（一）繁华的前门外商业

明代永乐初年（1403），前门外就建有铺房，"召民居住，召商居货"，此后逐渐形成了几条廊房胡同。随着大运河的终点码头移到东便门外大通桥下，又修建了很多介绍买卖的牙店和存放商货的货栈，原本就有商业基础的前门一带，也很快发展起来。

明代嘉靖时期，前门外大街已经成了北京最繁华的街市之一。《皇都积胜图卷》当中就描绘了明代嘉靖末年至万历初年（1566—1573）正阳门外的商业繁盛情景。

到了清代，外城是北京商业设施最为集中的地区。前门外大街两侧，是各类商铺的聚集区。"正阳门前棚房比栉、百货云集，较前代尤盛"。在明代"朝前市"的基础上发展起来的前门商业区，北起大清门前的棋盘街左右，南达珠市口，东抵长巷二条，西尽煤市街。

嘉庆时期的前门外大街一带，不仅富商巨贾众多，而且行商游贩云集。粮食、瓜果梨桃、日用杂品等农副产品，在这里均有出售。

嘉庆年间，时人在《都门竹枝词》中用"晴云旭日拥城闉，对面

图 3 正阳门五牌楼，选自《北京旧城》

交言听不真。谁向正阳门上坐，数清来去几多人"，来表达前门外热闹喧嚣、人气兴旺的景象。

前门外大街的商业繁华景象，一直持续到清末庚子事变前。作为综合性的商业街市，大栅栏拥有门类齐全、资本雄厚的商店，如同仁堂药铺、六必居的酱园、滋兰斋点心铺，以及清末开设的瑞蚨祥绸布店等。清代前门外商铺，无论是从规模和数量上，都得到了前所未有的发展。据推算，光绪二十六年（1900），大栅栏的老德记大药房着火，殃及二十三条胡同街市，被烧毁的店铺达到 1800 余家，连同其他各种商铺，在 4000 家以上。

在正阳门外大街东西的铺房后，还有两条南北向的商业街，东边是肉市街与果子市，西面是珠宝市与粮食店，形成了三街南北并行的局面。

前门外正街的店铺，大部分是晚于里街的店铺。由于他们在街面上，生意一般比里街的要兴隆，所以著名的老店铺多。路西有永增和钱庄、一条龙羊肉铺、合盛永颜料店、同丰酒店、公兴纸店等等。路东有八大祥之一的瑞生祥、九龙斋的鲜果店、通三益的干果海味店、永安堂药店、老大芳的糖庄、都一处的饭馆、正明斋的饽饽铺、亿兆百货铺等等。东里街肉市有罗兴泰的钻石店、天福堂的饭庄、碎葫芦酒店、全聚德的烤鸭店、正阳楼饭馆等等。西里街珠宝市有合香楼香烛店、花汉冲香皂铺、正通银号等等。粮食店里面有六必居酱园、中和戏园、春元楼饭馆、福云楼肉杠、会友镖局、三义镖局等等。

民国以后，以卖酱羊肉著名的月盛斋也迁到了前门外大街。这时候由于建立了前门火车站，每天吞吐着大量的旅客，前门大街更为拥挤，后来还开设了好几家服装店、百货商店，北京最老的照相馆大北照相馆，也开在这里。

（二）珠宝市炉房

"炉房"亦称"银炉"。炉房最初的业务，仅代客商熔化零碎的银两，定为大小元宝。后来炉房营业，以存放现银为主要营业，反以熔化银锭作为附属业务。到晚清的时候，北京的炉房众多，尤其以珠宝市二十六家炉房信用卓著，又称为"官炉房"。

清代道光年间，直隶深州孤城村的卢天宝，在前门的外珠宝市创立了久聚炉房，专门从事银两的铸造，这是近代北京第一家有影响力的炉房。后来炉房有了很大的发展，卢氏的族属也纷纷到北京来开炉房，有什么复聚、万聚等等。炉房都是卢氏族属们开的。北京从事炉房业的商人，一般为直隶深州人，其次是束鹿、冀县人。时人称为"深束冀帮银号"。

炉房最初是熔化银两，不收手续费的，只在银的成色内取利。原银成色低的，熔成元宝，可以少付，像百两可以加二三两，就少付二三两。成色高的需要多付，一高一低，炉房就有了利润。后来炉房营业，以存放现银为主业。各大商家，各钱铺、烟钱铺，以及衙门口、府第宅门，都要交上一两家炉房作为后盾，或者是通融存放零整的银两。

晚清26家信誉卓著的炉房，包括是聚丰、德顺、同元祥等。这26家炉房虽然是私人开设的，但是由于他们都在户部有备案，因此也称为"官炉房"。光绪年间,这26家炉房实际上控制了北京的金融行情。全市大小店铺在早晨开业之前,都要到珠宝市来查看银钱比价的水牌,之后才能开店营业。

(三)钱市胡同——银钱交易所

钱市胡同位于前门外珠宝市街中部偏南,是北京最窄的胡同。胡同长55米,平均宽0.7米,最窄处只有0.4米,两人对面走过都要侧身而行。胡同南北共有9组建筑,尽西头是一座庭院,上面有罩棚,旁边有铺房,是清代官办银钱交易"钱市"的遗存,可以说是早期金融市场的雏形。"钱市"的形成与"炉行"密切相关。珠宝市街是清代炉行最集中的地段,形成了钱市,民国以后炉行萧条,钱市无市,才改建成银号铺房,形成了一条窄胡同。

(四)施家胡同——银号一条街

北京的银号在康熙时期就已经开始活跃起来,最早是由浙江绍兴人创建于康熙六年(1667)的"正乙祠",又称为"银号会馆"。"正乙祠"在正阳门左右开设商铺,"操奇赢,权子母,以博三倍之利"。

施家胡同位于前门外大栅栏地区的东部,东西走向,东口在粮食店街,西口在煤市街。1949年前,这条胡同可以称为银号一条街。在280米长的街道两边,聚集了10多家银号。规模较大的银号有十号的谦生银号,十一号的裕兴中银号等等。

施家胡同的许多银号,仍然沿用旧式票号的某些经营特色。由于客户相对稳定,定向存贷,代理结算,因此基本不设对外营业大厅,而更多地设置洽谈客房、租赁站房和招待客户的厅堂住房。它的构成类似于现代的商务公寓,裕兴中的银号就是一个典型的代表。

(五)西河沿街——银行一条街

民国时期,前门西河沿街曾经是京城有名的金融街。在这条街中有交通银行、金城银行、盐业银行等多家银行。银行的开设,西、东火车站的兴建,使得前门西河沿街迅速地繁盛起来。

建在前门西河沿街的交通银行,于光绪三十三年(1907)十一月,由邮传部奏请设立。交通银行北平分行的新办公楼,是于1932年6月6日竣工的。新中国成立以后,这里曾经是中国人民银行北京分行的所在地。

盐业银行是新中国成立前的主要商业银行之一。据《北京大栅栏商业金融资料选编》记载,北洋政府以盐款为财政大宗,为维持盐业,调剂金融,于1914年10月筹设盐业银行,1915年3月20日正式开业,在北平设有总管处。北平分行同时开业,地址在前门西河沿街十一号。盐业银行经营商业银行及储蓄业务,是当时全国商业银行之冠。

金城银行创办于1917年,当时是在前门西河沿街内佘家胡同的几间平房里面营业,不久迁到了前门西河沿街十二号。后来这座旧行址的老式平房一直作为具有纪念意义的金城银行的"发祥地",没有被拆除。

章永俊 北京市社会科学院历史研究所研究员

崇文宣武安社稷

高福美

北京的每一座城门，实际上并不是一个单独的建筑形态，它的背后都有非常动人、非常精彩的故事，在北京城市的发展史当中有非常重要的历史文化的价值。今天我们来了解非常重要的两座城门：崇文门和宣武门。

主要介绍三个方面的内容，第一个是梳理元明清以来北京城市的建设进程，及其对于这两座城门变动的影响。接下来的两块内容，分别了解崇文门和宣武门在城市发展中历史变迁的过程及其地位和作用。

本期讲座所涉及的两座城门，分别位于正阳门的两侧，一是崇文门，一是宣武门。关于北京的城门，我们的前辈学者已经做了非常多的研究，比较有代表性的像瑞典学者喜仁龙，他在《北京的城门与城墙》这本非常重要的著作中，对城门的历史价值有这样的描述，他说：北京的城门之美，是中国都城所展现出的举世无双的壮美特征。从历史和地形上看，有些城门至今仍是北京的标志性建筑，与相连的城墙一道，记载了这座伟大城市的历史价值，城内的街道和园林，构成了最具特色的美丽景致。

这样一段描述有两个信息。一个是城门并不是一个单独的建筑。此外，它所构成的地域，对于北京城市发展，对于我们了解这座城市有非常重要的价值。

一、北京城市建设

崇文门和宣武门，是北京内城的南墙城墙上的两座城门，其中崇文门是在东，是在正阳门的东侧，宣武门是在西。两座城门的设置、变迁，实际上与整个元明清以来北京城市发展历程密切相关。我们简单地了解一下北京城市的营建过程，包括它的变动以及对于这两座城门的影响。

（一）明北京城对元大都城的继承与改造

明代北京城是元大都城的一个继承和改造。元大都的南城墙在今天的长安街一线，以城市布局的中轴线丽正门为对称，左右分设文明门和顺承门，一直到明初的北平府时期，依然是这样一种设置。

（二）洪武初年北城墙内缩五里

第一个非常重要的变动是在明朝建立政权之后，明朝洪武年间对元大都城有一个改造，将当时的元大都北城墙向南缩了五里。洪武元年（1368）八月初二，徐达率领的军队攻克元大都之后，明初的都城设在了南京，北京失去了首都地位，降为北平府。北城墙按照礼制的要求缩进五里，元大都的健德门、安贞门一线，这个工程仅仅用了20多天，就向内缩到了德胜门和安定门一线，按照礼制要求，它的城市规模要小于当时的国都南京。明朝沿用了元朝的城门位置、名称。

（三）永乐年间向外拓展南城

永乐十七年（1417）为迁都，"拓北京南城计二千七百余丈"，将明北京城的南城墙向前推进到了大约二里之外，也就是今天的前三门一线。与此对应的元大都时代南城墙上的三座城门，也向南进行了平移，名称还是继续沿用，仍旧是丽正门居中，文明门在东，顺承门在西。

(四）正统年间城门更名

明英宗正统二年（1437），对北京内城的九座城门进行了全面的整修，工程结束之后对部分内城的城门更名，崇文门和宣武门的名称是从这个时代开始的。丽正门更名为正阳门，文明门更名为崇文门，顺承门更名为宣武门，并一直沿用到清代。其中崇文门、宣武门两座城门的命名和含义是象征着文治、武功是维护江山社稷的两大基石。

(五）嘉靖年间修建外城

为了抵御外敌的侵略，嘉靖年间明世宗在今天内城的南侧准备修筑一个外城。开始的设想是围绕内城来进行，再修筑一个包围的结构，但是后来因为经费所限，只做了一半，也就是在内城的南城，做了一个半包围的结构。这样一个结构对于宣武门和崇文门有一个非常重要的影响，使得他们变成了内外城的通道和一个区隔。

为什么说它是一个区隔？到了清代之后旗民分治，其中内城是满人住，外城是汉人居住，它变成了一个内外城的区隔，当然也是一个非常重要的通道。到了后期，我们之所以说前三门成为当时城市最兴盛、最鼎盛的一个阶段，也是因为这样一个通道的重要地理位置产生的影响。

元、明、清以来，随着北京城市空间结构的变动，崇文门与宣武门的地理位置、名称，及其在城市空间中的地位和作用，均发生了非常大的变化。

二、崇文门与北京城

崇文门从元大都的文明门继承而来。当时崇文门的名称有很多个版本，民间也有称崇文门"哈德门""海岱门"。《日下旧闻考》引《析津志》记载：哈达大王府在门内，因名之。哈达大王为何许人，已不可考。

明朝人蒋一葵《长安客话》记载：泰山、渤海俱都城东尽境，元时以"海岱"名门取此。因为崇文门也是在当时南城的东侧，所以元代的时候也以海岱门来称呼崇文门。

每一座城门在北京城市中都有自己独一无二的价值，有不同的功用。

（一）崇文门于北京之"税门"

崇文门最让民间耳熟能详的一个特征是"税门"。为什么说崇文门是北京的"税门"？我们从明清在崇文门征税的历史来了解一下。

1.明代北京商税"统于崇文一司"

崇文门设关征税是从明初开始的，明初虽然设都城在南京，但是为了保证中央财政的来源在各个城市都要征收商税，这样才能保证日用支出。

明初"止有商税"，"凡一应收税衙门，有都税，有宣课，有司，有局，有分司"。顺天府设有崇文门分司、德胜门分司及安定门税课司。

图1 崇文门城楼，选自《老北京城与老北京人》

弘治元年（1488）"京师九门"税课"统于崇文一司"，并"差御史、主事各一员，于崇文门宣课司监收"。也就是说崇文门一个非常重要的地位转换，变成了一个税收的总机构。

从差官的设置来说，当时是单独差御史、主事各一员，于崇文门宣课司进行监收。明后期之后，有一个钞法推行的过程，崇文门宣课司也是"八大钞关"之列，当时明朝在非常重要的运河沿线设立"八大钞关"，它是其中的钞关之一。

2. 清沿明制设崇文门税关

清沿明制，在全国各地的关津要口也设置了税关，来征收过往的商货税，其中设在北京城的税收总机关就是在崇文门，它的报税之例，是从顺治二年（1645）开征。

康熙二（1662）题准："外国人带进货物，崇文门不必收税。"

对崇文门来说一个非常特殊的特征，是从康熙二年（1662）开始，外国人带进货物并不征税，这是一条非常重要的免税的政策。这条政策对于北京后来非常重要的朝贡贸易的发展，有非常大的影响。

康熙五年（1665）六月再次颁布了一条重要的免税政策，即"停崇文门监督出京货物税"。

当时崇文门只征收进城的商货税，所有的货物进城是可以收税的，但是货物从北京出城，崇文门就不必再征收这样一个税收。为什么要单独重点强调这样一条政策呢？古代北京是最大的一个全国性消费中心，这样一条政策非常有力地证明当时进入北京城销售的商货基本不会再转卖出城，也就是说转运税是很少量的。

3. 民国年间北平"废关"运动

清代的崇文门税收一直延续到民国，进入民国之后，崇文门关弊政突出，特别是国都南迁，北平市经济日见衰落，商民负担日益加重，所以废除"崇关"的呼声日益高涨。

史料载，"北平商民，受害最久且深者，为崇文门关税。……崇税一日不能除，痛苦一日不能去，故都市面，一日不能维持，往岁台驾莅平，曾有府徇众请之表示，当此内乱既平，民困望救之时，恭恳毅然主持，立予取消，则北平商民幸甚，河北商民幸甚。"对于"崇关"这样一种深恶痛绝已经是跃然纸上了。也就是说故都原先非常繁荣鼎盛的商业状态是无法维持的，所以要求将崇关税取消掉，"立予取消"。这种拉锯的状态持续了很久，因为相对来说崇关的税收是非常可观的，但是对于故都的商业，对于当时民国北平的商业，也确实是造成了非常大的影响。在多方的权衡之下，1930年11月4日，行政院召开了会议，讨论工商部废除崇关的提案，最终决定撤销北平崇文门关税。到了次年，也就是1931年，崇文门税关正式停止征税，从明初一直延续到民国年间的漫长的税收机关从此消亡了。

（二）崇文门税收对于明清中央财政的意义

税关核心是它的税收，它的税收量。崇文门税关作为中央设立在北京城的税关，它的税收对于明清中央财政，有什么样的意义？它的税收量占据一个什么样的地位呢？

表1 明代后期八大钞关税收一览表

税关	万历年间	天启年间
崇文门	68929	88929
临清	83800	63800
河西务	46000	32000
浒墅	45000	87500
北新	40000	80000
淮安	22000	44600
扬州	13000	25600
九江	25000	57500

这是明代后期八大钞关的税收一览表。万历年间，崇文门的税收

是居于第二位,是 68929 两,仅次于山东的临清。到了天启年间,已经跃居八大钞关之首了,税收量非常可观。

表 2 清代部分税关

税关\年份	雍正十三年(1735)	乾隆四十三年(1778)	嘉庆四年(1799)
淮安关	510350	348309	386796
浒墅关	416358	463983	451385
九江关	367123	681289	567054
崇文门	304520	322641	323874
粤海关	216000	588454	937073
芜湖户关	2188202	215890	2327579

表 2 是清代部分税关,列的是一个户关,因为崇文门是属于户关的行列,跟工关还不一样。我们分别选取了雍正十三年(1735)、乾隆四十三年(1778)和嘉庆四年(1799)三个时期,因为比较有代表性。从税收量来说,雍正十三年排在第四位,在它的前面有淮安、浒墅、九江关,接下来就是崇文关。到了乾隆四十三年(1778)之后,因为粤海关有一个"一口通商"的政策,所以它的税收量瞬间就得到了大幅度的提升,崇文门关就在它之后变成了第五位。从全国的户关的排列来看,应该说崇文门税收还是排在前列的。

从表看明代万历年间崇文门的税收仅次于临清位居第二,到天启年间它的税额已居八大钞关之首。清代也是这样,清代雍正十三年崇文门是排位居第四,但是到了乾隆、嘉庆年间,它变到了第五位,但是它跟第四位的淮安关的税收没有特别大的差距。这是税额的数字层面的分析。崇文门只征收的是进城的商货税,它的税收反映的是所有进入北京城销售的货物的量,但是其他几个税关实际上征收的是转运税,货物经过但并不进城销售,再转运到别的地方。他们的税源是不一样的。

如果从商税、货物的总量、进城的货物税来说,崇文门是远远居于其他税关之上。我曾经跟天津关做过一个对比,能看出从全国各地运输到北京进行销售的货物量是非常惊人的。所以我们说北京是全国最大的消费中心城市,消费中心城市有一个非常重要的定量支撑,就是崇文门。它的商税量、商船的量、商货的量、商货的种类,在档案当中有非常多的记载,量是非常惊人的,也看得出来当时北京对于全国各地商业的辐射量非常可观。

(三)崇文门经费的支出项目

崇文门属于户部关,它是要上交到户部财政的。它的税收除了要上缴到户部的财政大库里,还有一些其他的临时的支出,其中最主要是作为内务府的一个支出的来源。

第一,作为军费临时开支。

天启元年(1621)九月,因辽左用兵,"岁用新饷非一千数百万不可",临时增加关税。

"崇文门、临清关各八万四千两,浒墅、九江、北新关各八万两,河西务四万两,与淮安三万二千两、扬州二万两,共五十万,以二十万解太仓助旧饷,以三十万解新库充辽饷。"

这是在明代天启年间临时支出,临时增加关税,八大钞关税收量最大的两个关崇文门和临清关,各八万四千两,其他的几大关,实际上增收的税收并不是很多。从临时加增军费的角度看,能看出明代崇文门税收量是非常大的。

第二,对于内务府财政的补允。

清代崇文门的税源是内务府财政的一个非常重要的补充,内务府作为皇家支出的主要来源,内务府财政本身有一定的财源,还有一些临时性的,就从特殊的税关里来支取,其中崇文门就是非常重要的一个来源。

(1)乾隆元年(1736):内务府"两次交易皮张",支取崇文门盈余银"两万五千七百八十六两五钱"。

（2）乾隆二十七年（1762），崇文门关净余银145448两余，其中交圆明园岁修粘补银3000两。

（3）道光二十九年（1849）八月初六日谕令："崇文门每年应交同乐园八千两。"

（4）《大清会典事例》记载："内府文职官员并无进益，著向崇文门监督每年取饭银一万两，给予内府官员以为饭银。"

（5）崇文门余银每年例交内务府20000两，以供各种临时支用。

（6）奉命变卖抄没官员财物：嘉庆十年（1805），盛京内库存贮"抄产入官绸缎、绫纱计五千三百六十五件……将此项糟旧绸缎绸、绫纱及少毛貂皮解送总管内务府交崇文门变价"。

乾隆元年，内务府交易皮张，支取了崇文门的盈余银。圆明园的兴修费是非常大的，每年的维护经费也是非常的大。每年崇文门都要交同乐园的经费八千两，用作当时的采购货物等，包括一些日常的维护维修。另外还有内务府的一些官员的饭银，有的也从崇文门的经费银两支出。崇文门的余银每年要交内务府，大概两万两，以供各种临时支出。所以说崇文门每年的税收，一个非常大的用处就是作为内务府支出的来源。

（四）京官最优之差

崇文门的地理位置是非常特殊的，它的税收也是非常惊人的，那么它一个官差实际上也是非常炙手可热的，包括差官人员的收入也非常可观。在《道咸以来朝野杂记》当中说，崇彝曾经充任过崇文门的帮办委员，说他"岁约可得四五千金"，不无夸大的成分。但是可见当时他的官员的税入是非常惊人的。为什么？一讲到崇文门，就说崇文门难过，崇文门难走，是因为崇文门有很多的弊政，在历史中也是非常突出的，每个人经过崇文门都要被扒一层皮。首先在这行走的官员身份比较特殊，商人也是非常多，从他的身上可榨的油水应该说是非常多的。还有一个，它在都城之内，影响面当然也非常大，很多文人的传播效应也比其他地方的税关要大一些，所以历史上书写崇文门不仅是一座城门，也是一道"鬼门关"，因为很难过。税关任意多征在清代并不鲜见，崇文门关吏却以"最侈且暴"著称。管关胥吏在"言官屡劾，谕旨屡诫"之下，却仍然"积习如故"。

当然清政府对于崇文门的管理也是非常在意的。崇文门的差官分量非常重。像乾隆朝每次派来管理崇文门的官员都是亲信大臣，曾经有阿里衮、舒赫德、大学士傅恒等，派这种分量的官员来管理崇文门，可见对于崇文门是非常重视的。

其中一任监督是阿里衮，他是一个世家子弟，权位非常重，曾经任过内务府大臣，派这样一个亲信大臣来管理崇文门，可见清政府对于崇文门是非常的重视的。也看出崇文门重要的地位。

（五）天下总汇：崇文门

1."天下总汇"的商品流通格局

"崇文门乃五方辐辏之地，商贩多于外省。"

崇文门关作为京师之门户，"五方物产、九土财货，莫不聚集于斯"，故有"天下总汇"之誉。这样一个词实际上也能看出崇文门的辐射面是非常广的，来自全国各地的商货，要到北京城来销售，数量比较惊人，另外它的经济辐射范围是非常宽的。

道光年间监察御史任伯寅奏报："查国朝设立崇文门税务，为天下总汇之区。每岁额征正余银三十万两，自烟、酒、茶、布及一切杂项，计货取税，皆有定例。"烟、酒、茶、布，被称为四大项，还有东北的一些特产，京杭大运河从杭州一直到北京不仅仅是走漕船的，很多的商船也要来到北京，所谓"北京什么也不产，但是什么都不缺"。为什么不缺？因为全国各地的各种商货源源不断地输送到北京来进行销售，满足城市的日用消费。

崇文门作为一个商品来源的"晴雨表",档案中记载,崇文门每年的税课春夏两季,南来货物是大宗的来源,每年的六七月是税收最多的时候。主要的商品的来源,比如茶叶、绸缎、布匹、烧酒,其中茶叶一项每年的征税就不下两万两。京杭大运河来的一些漕船允许携带一定的土宜,这部分土宜是可以随船发卖的,其中有我们日常所用的食物、纸张、瓷器、糖、醋等,都是日用必需之物,顺着这条源源不断的生命命脉,输送到北京进行销售。

据乾隆五十二年(1787)的崇文门税关档案记载,当年南来漕船共有3400余只,所带土宜有茶叶、白糖、各色纸张、槟榔、白蜡、柏油、桐油、姜黄、鱼胶等商品计有20余种。

这条档案藏在中国第一历史档案馆,记载非常详细。

2. 崇文门与京城烧酒贸易

正是因为崇文门税关非常详细又非常连续的资料,我们能看到京城商业往来的频率是怎么样的,这批资料值得我们再继续深入地去探讨、去挖掘。

当时进入北京城的最重要的是烟、酒、茶、布四大宗,其中烧酒的贸易资料比较多,其中的故事也比较有意思。

崇文门也被称为"酒门",酒是从崇文门进来的,专门走酒。乾隆年间史料说"京师九门",实际上是崇文门,专门走烧酒,每日酒车是衔尾而进,可见当时每日的烧酒进入北京城的量是非常巨大的。

烧酒现在都讲南路烧酒、北路烧酒,是按照地理位置来区分的。崇文门司往南的地区,甚至到现在的河北的丰润、开平等处,近处的像通州、辛集、马驹桥等处,是南路的烧酒。北路是从崇文门往北,从北边张家口、宣化府等地运送,包括昌平、顺义等地运送过来的烧酒。烧酒的量非常大,清代有禁烧的政策,一段时间对它的量有一个控制。但是北京城对于酒的消费量非常大,供需已经完全不平衡了。在这种

图 2 崇文门，选自《北京的回想》

情况下，清代非常有意思的一个现象"私酒"，我也写过一篇专门的论文讨论。什么"私酒"呢？是不经过崇文门征税的酒，不让正常地进城来销售，只能通过走私进来的。清特别是从嘉庆往后，北京城的私酒量是非常惊人的，而且还想出了各种各样的办法。甚至到民国，用猪的猪脬，就是猪尿泡，装在里边，一点点地运进来，形式非常多，规模非常大，甚至聚集来进行，如遇到查验，甚至会跟差役发生争执。非常严苛的禁酒政策，对于烧酒买卖市场的影响非常大。

史料中关于酒行的把头怎么去控制烧酒的销售有记载，酒行把头对于市场的控制是非常秘密的，也有很多苛刻的手段，其中比较有意思的是"讲庙"，"闻一酒车来京，其价值低昂，皆由酒店所定。更可骇者，车酒入店无论能售与否，先索银四十两，众店分肥，谓之分银。有不遵者，行头即会同众经纪赴大慈庵，或予以薄惩，或予以重罚，谓之讲庙。"

就是说酒车运送到京城之后,价格是怎么样的,怎么样去卖,卖给谁,实际上是由一个酒行的把头来进行控制。而且在销售之前,必须先给上供。如果不同意,经纪就要把你带到大慈庵进行"讲庙"的仪式。"讲庙"是逼迫你根据他们的规则交一定的银两,对于商业来说是一个延误,是一个惩罚的措施。

另外要销售还得有一个酒帖,是类似于牙帖的一种形式,牙帖从官府去获得费用稍微少一点,但是因为数量比较少,他们就控制了酒帖的发放,无形中增加了费用。"自道光二十三年(1843)委员荣玉德给与半壁店等处谕帖,逐开借单影射之渐,历年更换至令积弊未除。马坊十八家私局,每酒一车存京钱二千文,名曰买官走私之费。"当然这是崇文门税关和当时的经济弊政。从另外一个侧面能看出当时烧酒贸易发达的程度。

(六)崇文门与京城商业格局

崇文门因为税关所在,对于整个崇文门片区的商业有非常大的一个影响。崇文门是商人的一个聚集区,所以很多的商业会馆在崇文门外。"东富西贵"的说法来源也是在此。物流畅达,商贸兴盛,因而得以跻身"前三门"之列。对于邻近区域的商业也是一个非常大的推动和促进。

很多的竹枝词、史料中有所记载。比如"万方辐辏极繁华",人流鼎盛,商人往来非常的频繁,另外货流是非常发达的。因为有商人,需要饮食,需要娱乐,需要住宿,一定程度上带动了整个崇文门片区区域商业的发展。作为北京城市货流的一个通道,在整个明清中央财政、北京城市商业经济的地位是非常突出的。

崇文门外大街的街道是非常宽阔的,而且两边的商道,无论是民居还是商铺,规模很大,非常的齐整。

从一座门,到一座城,崇文门是元、明、清以来北京城市发展最直接的见证。历史上的崇文门具有多重身份：它是一座政治之门，对内标识着京城的空间秩序，对外则是都城与非都城人员交往的重要通道；它是一座文化之门，文人仕宦由此行走往来，营造出独特的京师人文环境；它更是一座经济之门，各地货物的流通汇聚，打造出一座全国最大的消费中心，支撑起历史上"北京什么都不产，北京什么也不缺"的独特经济发展格局。

三、宣武门与北京城市发展

崇文门和宣武门两座城门的命名，一文一武相辅相成，分居在中轴线正阳门的两侧。宣武门，从元大都到明正统年间的更名，反映了这种独特的内涵。

（一）命名：从顺承天道到宣扬武节

元代的宣武门，称为顺承门，取自《周易》"至哉坤元，万物资生，乃顺承天"的意念，蕴含着顺天法民的治国理念。它符合忽必烈为首的非汉族统治者对于正统地位的维护，字面上也具有非常庄重典雅的国都的气派。

明英宗即位之后将文明门改为崇文门，顺承门改为宣武门，将崇文门文治与宣扬武节视为稳定江山社稷的两大基石，蕴含着一文一武相辅相成的治国的思想和理念。

在当时千步廊官署的排列中，也能看出左文右武的这样一种官署格局。棋盘街千步廊左边是宗人府、户部、礼部、吏部、礼部、兵部、工部。西边五军都督府、太常司、刑部、大理司等，是一文一武，应该说左主生、右主死的传统布局。

1. 宣武门建筑形态

宣武门位于西便门与正阳门之间，瓮城与箭楼滨邻护城河，瓮城正门朝南,东侧另开一门出入。城楼、瓮城、箭楼与护城河组成一个防御体系,瓮城和箭楼是御敌的第一道防线,一旦抵挡不住敌人的进攻,则可退守城楼、诱敌进入瓮城,以收"瓮中捉鳖"之效。

在《北京的城门与城墙》中,说到了当时的瓮城城墙,箭楼已经不存了,在箭楼的台基上还遗留了五尊轮子高大、生了锈的铁炮,其中三四尊上铸有作为炮主的官员姓名,可见宣武门当时宣扬武力的含义。

图3 20年代宣武门城楼南侧,选自《北京老城门》

20世纪20年代宣武门城楼和瓮城的中心地带,当时已经发生了非常大的变化,瓮城的功能已经发生了变化。

2. 抵御外敌的西南门户

宣武门地理位置是非常特殊的,将宣扬武节作为一种功用也是因为特殊的地理位置，这里是沿着太行山东麓大道北上，从陆路经过卢沟桥向东北进入北京的最短途径。在明代修筑外城之前，外敌就是取道宣武门进来，这也是抵御外敌入侵的一个非常重要的西南门户。

嘉靖年间修筑了外城之后，宣武门实际上变成了外城护翼，它被包裹在内城和外城之间了，变成联系内外城的通道，对外它的军事地位下降了，因为外城变成了抵御外敌的第一道防线。但是它变成了一个内外城的通道和一个分隔，在城市空间布局中的作用是上升的。

（二）宣武门与明清京城史事

宣武门在明清北京史中发生了很多故事。其中比较著名的事件，明正统十四年（1449）八月，蒙古瓦剌部首领也先的军队在"土木之变"中俘虏了明英宗，10月逼近北京城。"寇益四出剽掠，焚三陵殿寝祭器，逼宣武门，南逾卢沟桥，散掠下邑，攻城益急。"当时宣武门首当其冲，成了进攻的入口。到了嘉靖年间之后，因为蒙古土默特的俺达率兵入侵，为了抵御侵略，在前三门的一线布置了大量的军队，城门的位置变得非常重要。

宣武门城楼的历史上还有一个非常重要的事件，就是天理教攻入了宫城之内，嘉庆十八年（1813）九月，天理教徒自宣武门攻入紫禁城。九月初六，河南滑县、直隶长垣、山东曹县等地天理教起事。十五日，70余名教徒居然经由宣武门入城，直至打进皇宫大内，对于嘉庆帝和整个朝廷震动非常大。

（三）宣武门与京城空间布局

宣武门内的阜财坊的南半部与大时雍坊的西半部，经过明代的发展，出现了以官方机构、宗教建筑、居民职业或身份、居民姓氏、特殊地物等为名的街巷胡同。透过这些地名可以窥见当年的社会生活与空间布局。

473

宣武门内主要的功能是大量的官方机构，还有一些宗教的建筑等等，我们从当时街巷的命名和分布可以看出宣武门内生活的空间布局。

阜财坊的南部分地区，比如箔子胡同、手帕胡同、铁匠胡同、棕帽胡同等，从胡同的名称来说，应该跟当时居民的职业、作坊和它出产的物品有关。比如棕帽胡同和派生出来的棕帽二条胡同、三条胡同、四条胡同，应该是与特殊的棕片篾条编织棕帽的作坊有关。箔子胡同，可能是销售苇箔的店铺所在地。

宣武门内一些街巷有非常有意思的来源，比如阜财坊的石驸马街，当时是明宣宗之女顺德公主驸马石璟的府邸，它是以南沟沿、今天的佟麟阁路为界，分为东、西石驸马大街，1969年之后改名为新文化街，是纪念1923年到1926年执教于北京女子师范大学的新文化运动倡导者鲁迅先生，该校的旧址是今天的鲁迅中学。

对于一些胡同的来源进行追踪，有很多非常有意思的故事。后来宣武门整个建筑形态和功能发生了重要变化，比如瓮城的另一侧变成了很多煤栈的所在地，有大量的陶器等，原来非常重要的军事功能变成了一个景观，这其实对于整个城市的演变来说是非常有意思的。

图4 宣武门箭楼，选自《北京老城门》

(四) 宣南文化

说到宣武门，绕不开的是非常重要的一个宣南文化。

"宣南"本是明代修建北京外城后所置八坊之一，到清代成为专门用语，泛指宣武门外的外城西部区域。清初推行"旗民分置"制度，不在旗的官僚士绅和百姓只能居于外城，客观上促使宣南成为汉族士人的聚集区。夏仁虎称："旧日，汉官非大臣有赐第或值枢廷者皆居外城，多在宣武门外，土著富室则多在崇文门外，故有东富西贵之说。士流题咏率署'宣南'，以此也。"汉族士人的聚集，他们的活动，他们的影响，在北京城市中产生了非常有意思的宣南文化现象。

宣南地区寺观林立，像唐代的悯忠寺（今天的法源寺），还有崇效寺、慈仁寺等。最初宣南因为在外城，并不是十分繁华，相对来说比较空旷，寺庙遍布是最突出的一个特征。像慈仁寺、长椿寺，士人流连在此，也是因为这些寺庙是他们题咏唱和的非常重要去处，他们郊游、聚集，一般都是选择这种环境优美的、历史悠久的寺庙作为聚集的场所。居住在宣南的士人有很多文集记述了宣南寺庙，像法源寺的丁香、海棠，都是当时他们主要活动题咏的内容。

当时居住在宣南的很多戏剧家，像《长生殿》的作者洪昇，当时就寓居孤屿草堂，他与宣南的士人关系非常密切。还有《桃花扇》的作者孔尚任当时创作《桃花扇》，因为从琉璃厂西街西口往北有一条通往宣武门大街的胡同，叫"海柏胡同"。这条胡同的命名，是因为里面有一座庙宇叫"海波寺"，明清的时候称为"海波巷""海波寺街"。在这样一条不起眼的小胡同里，孔尚任在他的"岸堂"寓所创作了《桃花扇》。《桃花扇》创作出来之后，他让很多的"伶人"在此进行首演，在戏剧史上也是非常重要的一页。

清初寓居宣南的京城诗人群体中，施闰章、宋琬、丁澎、张文光、严沆、赵宾、陈祚明并称"燕台七子"；施闰章、宋琬又与王世禛、王士禄、汪琬、沈荃、曹尔堪、程可则合称"海内八家"；宋荦、王又旦、曹贞吉、颜光敏、叶封、田雯、谢重辉、丁炜、曹禾、汪懋麟又称"辇下十子"或"都门十子"。群体之间会有重复,但是首先是聚集效应,他们之间的往来非常频繁,活动也很多,产生了非常重要的文化现象。

正因为诗人众多,清末民初统计宣南地区的会馆多达五百多座,特别是到了近现代之后,戊戌变法的一些重要的人物,像康有为、梁启超、谭嗣同等,分别都在这些会馆居住过,南海会馆、新会会馆、浏阳会馆都在宣南的区域里。

在宣南地区还有一条非常重要的琉璃厂大街。琉璃厂书市始于康熙年间,因乾隆修四库全书,琉璃厂书市逐渐发展起来。当时琉璃厂的书市多达数十家。琉璃厂的书铺经营广泛,除了面向学者、藏书家销售古籍以外,还售卖当时科举考试、翰林院考试等各种考试的辅导用书。因此,琉璃厂"已隐然为文化之中心,其地不特著闻于首都,亦且驰誉于全国也"。作为一个销售古籍的重要场所,后来又变成了文玩一条街,也与整个宣南文化现象密不可分。

清代琉璃厂除有大量书市外,还成为重要的古董、碑帖贩售地点。乾隆年间朝鲜燕行使者称,"市中多书籍、碑版、鼎彝、古董",市集周长"可五里,虽其楼栏之豪侈不及他市",不过市中"珍惟奇巧充溢罗积"。

在鲁迅的日记中,有很多名人经常去琉璃厂访书、逛游,"下午至琉璃厂购《李太白集》一部四册,二元;《观无量寿佛经》一册,三角一分二;《中国名画》第十五集一册,一元五角。"(1912年5月25日)

这样一个士人的聚集区,到了近现代,还是中国近代史上非常重要的一个活动区域,当然跟士人心忧天下、报国热忱的知识分子爱国热情是分不开的。

戊戌维新是中国近代史上的重大事件,许多主要人物的居住及活动地点都离不开宣南,由此为宣南文化写下了悲壮的一笔。康有为住在米市胡同南海会馆以及上斜街寓所,梁启超在粉房琉璃街新会会馆,谭嗣同在北半截胡同浏阳会馆。与谭嗣同一同成为"戊戌六君子"的康广仁、刘光第、杨深秀、林旭、杨锐，也住在宣武门外的会馆或绳匠胡同等处的民房。正是这样一种在宣南地区的集聚性，使得宣南在近代史上书写了浓墨重彩的一笔。

1895年9月，康有为和梁启超在安徽会馆创立了强学会，这是强学会的一个遗址。宣南胡同的铁鸟胡同曾经是清代《京报》的一个发行中心，曾有"报房胡同"之称。

很多的人喜欢在这儿聚集、畅游，1920年毛泽东、邓中夏等也在陶然亭慈悲庵聚会。

综上，有形或无形的城门，是把各类历史文化信息连接起来的地理枢纽。它的兴衰过程和时代命运，以及依据城门派生命名的街巷、区片以及它们所指范围内的社会发展，各类人群在城门内外进行的活动及其创造的物质与非物质的文化遗产，无不展现着古都北京深厚而独特的历史文脉。

高福美 北京市社会科学院史志学研究所副所长，副研究员

东直西直姐妹门

陈清茹

一、东直门和西直门的建造过程

元大都城有 11 个门，除北面以外，其余 3 面都是 3 个城门。东直门和西直门在元代叫作崇仁门和和义门，在东西三座城门中间的位置，均为方形的瓮城的城门。

（一）东直门的建造历史

元代之前，东直门基本处于荒地状态。元大都的建造开启了东直门的历史。根据五行学说，东方属木，其性仁，东直门又在京城的东方，故有崇仁门之称。元初军事实力雄厚，没有外来的威胁，因此大都城门都没有建造瓮城，到至正十九年（1359），农民起义开始爆发。为了加强都城的防卫能力，元顺帝才下令建造大都城 11 座城门的瓮城。

明代洪武元年（1368），明军攻破大都，改称北平府，缩小城区范围，北墙缩进五里，都城南移，东西城就保留了元代城墙上 3 门当中的南、中两门，城门数就由 11 座减为了 9 座。明代永乐十七年（1419），经过修葺以后改名为东直门，它的含义来自"东方盛德属木，为春"和扬雄《太玄经》当中的"直东方也，春也"之意。

永乐十九年（1421），明成祖正式迁都北京，正统元年（1436）开始重新修建九门的城楼。东直门为正统三年（1439）开始动工，比西直门要晚了一年。到正统四年（1440）基本完工，在土筑的城墙内外侧都包砖，形成完整的砖城，又修建了九个城门的门楼、瓮城，在城门外建立了牌楼和石桥，形成了远比大都的土城更为壮丽的砖砌城池。

清代基本上城门没有大的变化，只是进行部分的修建和完善。到了民国时期，城门及其城楼依然沿袭了各种重要的功能。民国四年（1915）修建了环城铁路，从西直门经德胜门、安定门到东直门，和军工铁路衔接，东直门的位置就更加重要。为了修建环城铁路，东直门的瓮城和闸楼被拆除，只剩下箭楼一个孤零零的单体建筑，就这样也没有保存下来，到1927年箭楼也被拆毁。

民国时期，虽然北京的城墙、城楼做了一些拆建、改建，但大部分的城墙还在。到了50年代，北京从消费城市改造成大工业城市，城墙开始分段拆除。1954年，东直门的箭台被拆除，1957年城楼和城台被拆除。到了1969年，作为仅存的唯一的、明代成化年间、雕梁画栋式的楠木建筑，最终也被拆掉。至此东直门仅作为一个地名被留存下

图1 北京东直门，选自《北清事变写真帖》

来，这是东直门的建造历史。

(二) 西直门的建造历史

西直门在建造过程和东直门基本一致。要说明一点的是，西直门是在北京内城所有的城门当中规模和形制仅次于正阳门的，所以它虽然是东直门的姐妹门，但是它比东直门的规模要大，可以说是京城第二壮观的城门。

在明永乐十七年（1419）的时候，改和义门为西直门，同时将和义门的瓮城城台包砌在箭楼的城台之下。永乐十九年（1421），明成祖正式迁都北京以后，西直门于正统二年（1437）开始动工修建，是在德胜门和安定门之后。清代北京没有实施大的改造工程，而是将主要的财力和物力用于开发建设北京西郊的皇家园林。

在清朝统治的 200 多年内，先后在西郊营建了"三山五园"等皇家园林。西直门作为连接内城与皇家园林的必经之道，这一地区迎来了繁荣发展的时期。1912 年民国建立以后，西直门的城楼及箭楼曾多次拆改。1929 年 11 月，瓮城上的箭楼东半部出现坍塌，工务局原本予以拆除。在北平古物保委会的建议和工务局长刘砚池的坚持下，因陋就简，只是修理未被拆除。

1934 年，西直门瓮城内的关帝庙因年久失修被拆除。1935 年，北平为了方便电车通车，曾计划拆除西直门的箭楼，改筑马路。后来经过交涉，电车可以穿越铁路通过驶向万牲园，也就是

图 2 西直门，选自《北京的回想》

动物园，箭楼的拆除计划得以搁浅。

到了新中国成立以后，因筹建地铁环线，于1969年将西直门所剩下的所有的建筑一并拆除。在拆除箭楼台基的时候，发现了元代和义门的城台、券门以及城楼的残迹，可惜未予保留。

二、东直门的历史文化

古代社会对进出城门都有严格的规定，内城的九门都有不同的用途，东直门在当时俗称是"木门"，多走木材、砖瓦之车。明代建造北京所需的木材，大多是从此门运进城。清代的时候南方的木材也多储存在东直门外，砖窑场也都设在东直门外。由于北京城所需要的木材、砖瓦、沙石等建筑材料，大多都是从东直门运进北京城，因此它又有"木门""柴道""料门""砖瓦门""建直门"之称。清代于东直门外设立"春场"，每到立春的时候就在此鞭打"春牛"，预示着一年春耕生产的开始。为了安置雅克萨战役中被俘的人员，设立了俄罗斯馆，后来俄国传教士团来华也安置在这里。所以俄罗斯馆在中俄关系当中占有重要的一页。

图3 东直门城墙，选自《北京的回想》

（一）水流环境

在元代通惠河的疏浚通航，为解决粮食进京的最后1公里带来了极大的便利，使得数千里之外的漕船，可以直达什刹海旁边的积水潭。关于通惠河的贡献，大家都应该非常了解，因为这是当时最出名的大运河。在当时还有一条河运工程，和东直门息息相关，这就是大都城东北方向的坝河。可以说在通惠河修建之前的20年及通惠河通航之后的50年间，这条河流是从通州到大都的重要水道，一直承担着重要的漕运任务。

北京城中坝河的流域和通惠河的位置重合，它和通惠河是同时并立的一条河流。作为一条重要的漕运河道，它全长21.7公里，属于北运河水系，主要的支流有北小河、亮马河和北土城沟等。至元十六年（1279），忽必烈采纳郭守敬的建议，在坝河的旧河道的基础上拓宽扩建，在40多里的河面上拦腰修建了七座滚水坝，这就是民间所谓的"阜通七坝"。阜通河又名为坝河，坝河西起东直门，通过七坝然后到达光熙门，漕船到达光熙门后，再用骆驼驮载货物进城，因此在坝河的码头建有骆驼房，至少在清末民初，骆驼房村还有从事拉骆驼跑运输的"驼户"。当时已无漕粮可运，驼户多是将煤炭、白灰以及农副产品用骆驼运到京城。

亮马河是坝河上游的一条重要支流，最初是东直门外一条大车道，因地势低洼，形成季节性的河道。大约是在元末，因附近的地下水源丰沛，多条河流汇聚成一条小河。明代初年重修北城墙的时候，开挖护城河，这条小河与北护城河相通，向东注入坝河，因在坝河的南侧，俗称"南坝河"，全长约10公里，流域面积为14.25平方公里。明永乐年间，南坝河一带牧草丰盛，皇家在此设立御马苑，派太监在此养马，因它地处于京城的东部，俗称"东御马厂"。每当皇帝皇家要使用御马的时候，由宫里的太监提前到此禀报，然后御马苑的太监就将选用的马匹进行冲洗、梳理，配套各种设施，因御马在河中清洗后要晾晒干净，就把南坝河称为"晾马河"。这个晾是晾晒的晾,后来谐音就为"亮马河",明亮的亮。也有人说是南坝河地处东直门外,古代客商的马队来到这里,经常在河里给风尘仆仆的马匹洗涮,洗完的马匹就在河岸上晾干身体,因此称为"亮马河"。不管是哪一种说法,总之这条河流都与马有着不解之缘。

清代皇室到东陵祭祀时,多出朝阳门,经通州到东陵,有时也出东直门,经过亮马河继续向东至东陵,为此在亮马河上修建了一座汉白玉石桥,因横跨亮马河而称"亮马河桥",后来就简称"亮马桥"。

光绪三十四年(1908)十月十二日,慈禧太后因病亡于西苑的仪鸾殿,为了更好地举办她的葬礼,相关人员用了一年多的时间,在1909年11月19日,已经去世了一年多的慈禧太后的奉安大典正式举行,把她的棺材从京城抬到清东陵下葬。慈禧太后的葬礼规模宏大,远远超过光绪皇帝。美国的报刊早已经在当时就刊发过葬礼的奢侈豪华,也有其他报社的记者、传教士当时都目睹了这一状况。亨利·博雷尔在《晚清映象》一书中,详细记载了这场超级豪华的葬礼。关于这方面的报道也有很多,比如她的棺材是用金子做的,48人抬,到了城郊又换了一个特别大的金子棺材,需要128人抬着,从宫中经过东直门到东陵,100多公里走了5天,有很多骆驼拉着一路需要用的用具紧随葬礼的后面,走在棺材前面的是贝勒爷、摄政王和一些重要的大臣,后面还有一些骑兵。

慈禧太后的陪葬单,大家通过回忆录还有影视,有所了解,比如她的棺材底部,铺的都是金丝棉絮,镶嵌的珠宝都很多,珍珠的数量都有几千颗,被子上面全是宝石等,诸如此类的就不再说了。需要提到的一点是,当时在东直门附近一个土丘上,外务部的人员专门为在京的外国人搭建了一个带顶棚的看台,也为外国的外交官、商业权贵以及记者搭建了单独的亭子,这个看台和亭子是专门为外国人准备的。有意思的是,慈禧的葬礼用的冥器,有很多是外国的物品。并且用冥器制造的纸糊的这些兵马，当时很震惊外国人。外国人从来没有见过这样的架势，打造了成千上万用纸人扎的兵马。宛如真人一般骑在马上，带着枪炮等物，还有用纸糊的凉亭，还有法国的轮船等。所以有人就曾总结道，"量中华之物力，结与国之欢心"指的是慈禧对外的政策，但是在她的葬礼上则体现了"量世界之物力，结吾阴世之欢心"的说法。

在葬礼的前几个月，去东陵的道路就被修缮一新，在修路过程当中还用了蒸汽压路机，并且在八月已经烧过大量用纸糊的冥财，这些东西都代表了她心爱的财物，包括钟表、梳妆台、烟杆，还有纸糊的假人，另外纸糊的士兵也排列成队。这些东西在葬礼举行的两天之前，在紫禁城至宫门之间的某个地方被烧毁。按照一般的说法，他们是用来去冥府打前站的，作为随葬品被烧掉的。那一天凌晨北京几乎所有的市民源源不断地涌出了东直门观看送行的队伍，但是普通老百姓是不被允许看到的，因此葬礼队伍经过的道路上挂满了蓝布，防止有人看到。东直门大街看不到百姓，但是在东直门右边的一条小街上聚集了大量的人群。为了避免庚子国难慈禧狼狈西逃时饿得没有饭吃的命运，操办的部门还贴心地为慈禧准备了一桌满汉全席放在轿子里，以备她黄泉之路当点心。可想而知，经过5天长途的跋涉，最后弥漫的全是臭味。

下面要讲的是东直门的水厂。以供水系统为代表的民生工程决定了居民的生活质量，也体现了一个城市乃至一个国家的发展状态。在西方先进的城建水平的影响下以及现实的需求下，京师自来水公司仅仅用了不到两年的时间，就已经开始正式向北京供水，这种施工速度和工作效率，在当时极为落后的条件下是极为惊人的，很不容易做到。

北京的水资源一直很紧张，在自来水公司出现之前，北京人喝的都是井水，或者是到玉泉山去打水，卫生健康得不到保证，因此解决老百姓的吃水困难是一件刻不容缓的大事。因孙河地理条件优越，周边没有污染源，水量稳定且水质良好，因此京师自来水公司在孙河和东直门两地建造了水厂。河水在孙河水厂经过自然沉淀和过滤后，流入清水池，再用水泵抽到东直门水厂，东直门水厂再将孙河初步净化的水，进一步加工成自来水成品，再通过主管道和支管道，送往千家万户。铺设的管道全长约20万米，共安装了480多个水龙头，差不多每430米左右就有一个水龙头。孙河水源断绝以后，直接在东直门取地下水进行加工过滤。

民国时期，大多数人从公用水龙头买水以后，自己再挑回家。对于无力挑水的人，自来水公司也有提供上门送水的服务，就是价格略贵一点。直到解放以前，北京居民家中一般都有一口大水缸，就是用来存放自来水的。一直到20世纪末，北京内城才把自来水龙头接进每家每户，结束了全胡同排队等一个公共水龙头的历史。

（二）繁华街道

东直门地区在没有通铁路时，往来的货物大部分都是靠河流输送，东直门和漕运关系密切，为了储存漕粮，元代就在坝河附近的光熙门和崇仁门设立仓库，在文明门外设立仓库。当时柴炭市集有4个，其中一个千斯仓就在东直门附近。

明代漕船直抵城东的大通桥，为了减少朝阳门的压力，顺义运来的木材还有南方运来的部分粮食，都由东直门运进城里，所以东直门内外盖起了大小仓库，比如北新仓、海运仓等，附近几里就成了繁荣的商业区。很多商户在此盖商铺、建房子，这个地区慢慢变得既富且贵。从延续至今的永昌胡同、元大人胡同、王大人胡同等名称，也可以推测当时有高官贵人居住在此地。

王大人胡同就是明朝司礼秉笔太监王承恩的府邸所在的胡同，他也是最后跟着崇祯皇帝跑到景山自缢，以死效忠的那个太监。明代东直门还有一座铸铜厂，就是现在的南馆公园，部分用来生产红夷大炮，日积月累产生的灰渣竟然堆起七八丈之高，当时的人竟然"疑从天外飞来"。每当春秋两季，附近的居民都在这里登高远眺，山顶甚至可以和附近的城墙齐平。不过到南馆扩充的时候，这座铜山已经消失不见。

清代于康熙三十六年（1697）挑挖引东护城河，引漕船可达朝阳门和东直门下，这里依然是储存粮食和货物的庞大仓库群。当时北京有13座粮仓，大多都在北京东边的城门附近。乾隆时还出现了两座规模较大的王府建筑群，靠西的是"履亲王府"，靠东侧是"多罗贝勒允祁"王府，这两座王府都毁于八国联军入侵北京的炮火。现在俄罗斯大使馆里面还保留了一处别有特色的中国建筑，就是履亲王府的后寝殿，这是仅存的建筑。

最早的东直门大街其实是现在的东直门外大街，整条大街大概有三里多长。过了冰窖口，柴米油盐酱醋茶，只要是与百姓日常生活相关的，无论是吃的用的，都可以在这条大街上找到。街道两侧林立着各种各样的店铺，如铁铺、皮匠铺、首饰铺、中药铺、理发铺、干果铺等，一切与生活相关的店铺一个挨着一个，十分热闹。到了民国时期，东直门外大街依然繁华。据"北平市社会局档案"记载，仅1948年这一年，在这条街上新开业备案的商号，就有七家。

民国时期，东直门外的义和冰窖很有名气，经营义和冰窖的是东直门外陈家，又称为陈家冰窖。当时讲究用"玉泉山的水，东直门的冰"。这个冰主要就是产自北护城河向东护城河拐弯的地方，因水流湍急而杂质少，冰的密度大，不易融化，这里又处于北京城的东北角楼，俗称转角楼，因此这里产的冰又叫作"转角楼的冰"。

陈耀华作为义和冰窖的经理，既是全市冰窖行业公会的会长，还是东直门地区联保公所的联保长，在日伪统治北平时期，他利用自己的社会地位和冰窖的特殊条件，为中共地下党的情报组织的建立和开展做了很多有益的工作。所以义和冰窖还有陈耀华，对中国革命的贡献都很大。

现在东直门内大街又称"簋街",东起二环路东直门立交桥的西端,西至北新桥十字路口,长约1.5公里,这是北京著名的餐饮一条街,在这1公里多长的大街上,自1997年初具雏形,到2000年最红火的时候,聚集了近200家店铺,多半是餐馆,从金鼎轩到爆肚王,从粤菜到"麻小",体现了全国的饮食文化。簋街也是京城夜文化生活的一部分,当人们在深夜游玩的时候,热闹的簋街依旧灯火辉煌。由于这里挨着工人体育馆,所以众多年轻人在KTV和夜店欢乐之后,这里就成为吃夜宵的绝佳场所。

(三)寺庙道观

寺庙道观也是太平盛世的一种体现,在繁华的时候,寺庙道观一般都建得比较多,这个地区历来也是寺庙道观比较集中的地方。简单介绍以下几个有代表性的寺庙。

1. 铁塔寺及其庙会

铁塔寺在东直门外下关道南迤东一里许,寺内有铁塔,故有"铁塔寺"或者"东直铁塔"之名。塔的造型比较独特,它的下部分是垂直的八棱柱体砖石结构,墙壁上没有窗子,砖石和铸铁融为一体,显得古朴庄严,只有塔尖的部分,是用铸铁浇铸而成的,形状和北海的白塔相同,只是没有那么宏伟,颜色是黑色的。

铁塔寺在20世纪70年代被拆除了,传说这个里面供奉的神像,是明朝第二位皇帝,也就是那位倒霉的建文帝朱允炆,他的神像被称为"肉胎佛"。据说在北京城肉胎佛像一共有两处,一个就是在铁塔寺内,一个在香山八大处的香界寺桂芳方丈的肉身像。现在看来这种说法毫无来由,但是在历代的普通民众当中却颇为流行,从中可以看到民众非常同情建文帝。老百姓通过野史传说来表达他们对历史事件的观点和感情。

靖难之役是一场皇室内部为了争夺皇位发生的内战,这场藩王对中央朝廷的军事叛乱，实际上是以下犯上的僭越之举，但是明成祖成功了。他为了掩饰自己的篡位痕迹，大开杀戒，清洗朝臣。革除了建文的年号，两次重纂《太祖实录》，通过血腥的杀戮与修改伪造历史来确立承继帝统的合法性。建文帝在短暂的四年统治中努力改变朱元璋的严刑峻法，为他赢得了仁慈的声名，他为政仁慈却失掉了皇位，朝臣忠于君主却被指为奸党，建文事件引发的朝野震荡以及民众的深切同情。因此永乐恐怖的"党禁"措施，虽然可以钳制民口却无法取得民心。

再有一个明显的例子也可以看出民众的同情心。虽然官方一再声称，建文帝已经死了，已经自焚而死，但是民间不相信，一直都认为他逃亡在外。这是因为民众不相信吗？民众是从内心里不愿意让这位可怜的皇帝年纪轻轻就去世，他已经失去了权力，所以不能再失去生命，所以种种传说就延续了很多年。这个传说一直传到宫廷内部，这个事件已经过去了172年，即万历二年（1574）的时候，万历皇帝还询问左右，建文帝是否真的逃亡在外。当时的首辅张居正听到了就回答说，"国史不载，但故老相传"。就是说虽然没有正式的记录，但是大家都在相传。甚至有一首诗有"流落江湖四十秋，归来白发已盈头"之句，也被称为是建文帝所写。少年皇帝闻之"太息，命录诗进"。这说明关于建文未亡的传闻渗入宫廷，而且万历皇帝和张居正对建文的同情未加掩饰。

民众之所以同情怀念建文帝以及其追随者，一方面是因为他们的遭遇太过无辜和悲惨，另一方面也与建文帝的仁慈宽柔有关。这个皇帝的统治政策比较温柔，特别是相对于前一任朱元璋的专制恐怖，还有他的继任者永乐皇帝的残酷杀戮，形成鲜明的对比。并且永乐帝一继位，就宣布废除建文的减租令，这让民众心里更加不平衡，更加幻想如果建文帝没有去世的话，他们过得多么幸福，因此越加美化他的行为，于是建文帝的德行就在民众口耳相传当中被高度理想化了，成为一个完美的君主的典范。铁塔寺这个肉身佛像的传统,也可以说明民众的一种思想。我们从野史传说当中忽略掉它失真的一面,可以体会到民心所在,这可能也是它们存在的价值和意义。

铁塔寺的庙会在当时也很出名,每年正月初一、四月十八,开庙迎接香客,门前有卖应节时令的物品,还有地方风味的小吃。立春的时候在这里还举办迎春会,当时的迎春会也很有意思,在立春这一天,在庙前刨一个坑,里面放了一个席筒,席筒里放有鸡毛,等到立春的时刻一到,凭借地气,鸡毛就从席筒内飞越而出。这时围守在场的人们就欢呼"春来了",然后互相庆贺,并且蜂拥而进,到庙里去拈香拜佛,以祈求一年的平安吉庆。然后广场上就开始进行风筝大赛,各种各样的风筝飞满天空,因此卖风筝的也云集在此,成为当时北京别有特色的一个庙会。

2. 东顶娘娘庙及其庙会

明朝在北京城周围,建立了5座求子祈福的娘娘庙,其中东顶娘娘庙就在东直门外亮马河边,俗称"行宫庙"。因庙侧有一株数百年的老榆树,因此顺义、通县一带,又把这个东顶娘娘庙称为"孤榆树庙"。清乾隆年间进行了重修,每年农历五月初一到初七为东顶娘娘庙会,场面极为壮观。虔诚的香客从远处各地而来,甚至有从京外昼夜兼程而来。庙会期间,街旁商贾云集,百货杂陈,娘娘庙山门的对面还建有一座大戏楼,民间的戏班子、杂耍等团体都在这个戏台上表演酬神。1949年的时候还有遗存,后来全部毁于"文化大革命"之中。

3. 慧照寺

慧照寺是原来明代的永宁伯府所在地,永宁伯始谭广,江苏人,行伍出身,跟着明成祖起兵靖难,功劳很大,后来被封为永宁伯。他死后三十七年,即成化十七年(1481),僧人庭佑将他的住宅改建成了慧照寺,寺庙所在的巷子也改名为慧照寺胡同。乾隆年间进行过整修,到民国的时候已经衰败,现在保留的存在下来的慧照寺已经变成了居民大杂院。

4. 清真寺

清真寺在东直门外二里庄,是北京的清真古寺之一,现在搬到东直门外察慈六号,也就是察慈住宅小区以内。元代大都城内外有不少的西域人,其中有不少人信仰伊斯兰教,因此在城中建有清真寺庙。清代康熙三十五年(1696)进行了重修,现在存有的寺庙是清代中晚期的建筑,寺门坐南朝北,砖砌的二柱一楼牌坊式,有砖刻的匾额"清真礼拜寺"。1989年至1991年清真寺移到东直门外察慈六号,原来的清真寺距离现在1公里左右。

5. 通教寺

通教寺也叫东直门尼姑庵,位于东直门北小街东侧的针线胡同,这是北京为数不多的尼姑庵之一。其山门坐西朝东,与南馆公园相对,很少有人来,因此它虽然深居闹市,却十分幽静,是京城著名的比丘尼修行及女居士学习佛法的庵堂寺院。这座尼古庵始建于明代,相传为一太监所建,本来是坐北朝南,清末明初的时候,殿堂破败,只剩下一个老尼姑。1942年,两位福建籍的尼姑开慧和胜雨大师来到此地,对破败的寺庙进行重修。经过四处化缘召募资金,历时六年到民国三十七年(1948)才建成,建成以后将山门改为坐西朝东,不仅重建了大殿,新建了很多新的建筑,同时还制定了严格的修持戒律,男士一律不准入内。因此这座虽然名为寺庙,却实际是一尼姑庵,对于普通大众来说十分神秘。

弟子当中比较出名的是通愿法师,通愿法师俗姓翟名尧臣,她的父亲翟文选,是民国时奉天的省长,可见她出身豪门。她于1937年毕业于北平大学,1940年剃度出家,1941年到通教寺,随开慧大师学习佛法,晚年曾任中国佛教协会理事等职。"文革"期间寺内的经像法物被毁,尼姑也离散而去。1978年以后,北京市贯彻宗教自由政策,对通教寺进行了重修,将"文革"时离寺的比丘尼召回,恢复了原有的宗教活动。

6. 关帝庙

永乐年间朝廷按照明成祖的旨意，在九座城门旁边都建了一座庙，各庙供奉的并不一样，多数供奉的是关帝庙，但也有例外。如德胜门和安定门，瓮城内供奉的就是真武大帝。正阳门的瓮城有两座寺庙，一座是关帝庙，一座是观音庙。东直门的瓮城尺寸，在北京内城各门当中是最小的，瓮城内东北角建的关帝庙却没有关羽塑像，而是用木制的神主来代替，不知道是不是由于瓮城地方狭小的缘故。老北京民间谚语当中有"九门十座庙，一座无神道"，其中的"无神道"，指的就是东直门的关帝庙。

7. 东药王庙

东药王庙现在位于簋街中段，坐北朝南。明清时期是古代北京医药神祭祀的黄金时期，当时有大小药王庙十余座，内外有名的有东、西、南、北四个药王庙，规模最大的是南药王庙。东药王庙建于明代万历四十五年（1617），俗称"药行会馆"，每月朔望开庙之外，每年的四月二十八日即药王诞辰时日，东药王庙举行"药王会"，盛极一时，给东直门带来繁华。民国之后药王庙逐渐没落，1937年只有一位住庙的道士。

（四）东直门春场

立春是二十四节气当中的第一个节气，一年之计在于春，自古以来立春就是一个重大的节日，从官方到民间都极为重视，周代就有"迎春""接春"的风俗习惯。通过汉代的记载，也可以看到立春这一天，上至皇帝下至平民不分贵贱，都要到郊外，也就是东郊去走动。早期的官员要穿着青色的衣服，戴着青色的头巾，因为五行对应的颜色是水黑、火赤、木青、金白、土黄，东方属木为春，而木对应的颜色就是青色，所以迎春都是穿着青色的衣服，戴着青色的头冠，到了明代改为朱色。

在古代牛是重要的耕作工具,五谷丰登离不开牛的辛勤劳作。整个冬天牛都卧在家中,到了春天,人们就用泥土塑造牛的造型,然后用棍棒鞭子对其抽打,提醒它要下田耕作。因此鞭打春牛是迎春,立春又被称为"打春""鞭春"。战国时所写的《礼记》当中,就已经有了"春牛"的记载。"鞭春"的习俗在唐代的诗词当中也多有所见,元稹和白居易的诗,还有卢肇的诗"脆鞭一响打出春",都能看出来打春的习俗。

宋代是"鞭春"习俗的一个鼎盛时期,在宋代以前,土牛一般都要放置几天才打碎,到了宋代的时候,基本上都是仪式举行完,就立即将它打碎,并且围观的人群要争抢春牛身上的土还有腹内的五谷,抢到的人则预示着五谷丰登,仓满粮足。宋代的时候还曾经以真牛代替土牛,观者如堵。景祐元年,宋仁宗还专门颁发了《土牛经》,也就是说从牛的颜色、笼头、缰绳、犁具,到策牛人的衣饰、站立位置等方面,都一一加以规定,并且还统一了土牛制作的标准,把"鞭春"习俗推向高潮。

明清两代"打春"的习俗仍旧很兴盛,其丰富多彩与热闹劲堪比如今的春晚。明代的一些诗篇也记录了当时热闹的场景。明代北京把春场设在东直门外的五里的地方,《帝京景物略》记载了这一仪式。清代把春场设立到东直门外一里,其他仪式基本没有变。立春这一天地方官员要穿着朝服,带领士农工商各式人等,在仪仗队伍的引导下,敲锣打鼓,浩浩荡荡到东郊去祭拜事先制作好的土牛与勾芒,以求风调雨顺,五谷丰登,并且将其迎回城内。勾芒是传说中的草木之神,生命之神,它本来是人面鸟身,执规矩、主春事的,立春之日化为手执柳鞭的牧童,土牛为泥塑,腹中空,事先塞满五谷,这是清代依然保留的习俗。

清代为了增加节日的欢乐气氛,民间的活动更加丰富,伴有社火、耍狮子、舞龙灯、扭秧歌、踩高跷等活动。家家还要买来画有春牛、芒神的《春牛图》贴在屋里,在红纸上写上"宜春"二字,张贴在大门上,称"宜春贴",还要剪窗花。女人还要戴各种各样跟春有关的首饰、饰物。老人和孩子要"咬春",也就是俗称的吃春卷、春饼。

民国的时候还把立春设为"农民节"。古语所说的"立春大如年",鞭牛迎春是举国欢庆的活动,深受大家的喜爱,传承了两千多年。今天"打春"的习俗早已消失不见,但人们仍习惯称立春为"打春",这就是古代的遗风遗韵所在。

(五)俄罗斯馆(北馆)

《北京童谣》里有"东直门挂着匾,隔壁就是俄罗斯馆"的说法,俄罗斯馆在北京有两馆,北馆在东直门内胡家园胡同,就是现在的东直门中街,这是为了安置雅克萨战役当中的被俘人员而设的馆舍,也是现在的俄罗斯联邦驻华大使馆所在地。南馆是在东江米巷玉河桥西,也就是现在的东交民巷,前身是明代的"高丽馆"。康熙时,朝鲜等国使节来华朝贡就住在这里。我们今天所说的俄罗斯馆,指的是北馆。

明末清初,靠近我国东北的沙俄土著人和猎户哥萨克人侵入黑龙江,占领了雅克萨地区,烧杀抢掠为非作歹,当地人称他们为"罗刹",实际上是满语,也是凶神恶煞的意思。康熙二十四年(1685),清军攻克雅克萨,然后将愿意留在中国的战俘——"罗刹"100多人带回中国,其中41人被安置在沈阳,其余59人被押解到北京,被安置在东直门胡家园的关帝庙内。因此北京人称之为"罗刹庙",或者"罗刹馆"。清朝统治者对俄罗斯战俘是很宽容的,允许他们保持东正教的信仰,将关帝庙改建成东正教堂,由被俘来京的司祭——马克西姆·列翁齐耶夫主持宗教事务。因教堂内供奉着一幅圣主教尼古拉的圣像,因此又被称为"圣尼古拉教堂"。康熙三十五年(1696),这座教堂更名为"圣索菲亚教堂",这也是北京第一座东正教的教堂。清政府赐予这些俘虏与旗人一样的待遇，编入镶黄旗，允许他们娶妻生子，这就是著名的"俄罗斯牛录"。

中俄于康熙二十八年（1689）签订了《尼布楚条约》，两国商贸进入了一个新的繁荣时期。早期来华的俄罗斯商人就居住在北馆，并在该地设市贸易。俄罗斯商队主要带来的是毛皮，因为俄国占有西伯利亚之后成了世界上最大的毛皮出口国。清朝的王公贵族喜欢在冬季的服饰中，使用毛皮种类来显示等级差异，因此北京就成为毛皮制作和消费的中心。在清代著名小说《红楼梦》第五十二回"俏平儿情掩虾须镯　勇晴雯病补雀金裘"当中，贾母就送给了宝玉一件非常珍贵的俄罗斯产的孔雀毛大衣，名为"雀金呢"。从贾母和王夫人的一再叮嘱当中，也可以看见这件衣服的珍贵和不易，从中也透露出当时富人阶层以俄罗斯出产的毛皮服饰为荣。

从18世纪俄国东正教传教士团于康熙五十四年（1715）四月抵达北京开始，到咸丰十年（1860）俄罗斯馆南馆成为俄国驻华公使馆，一共有14届共150多名喇嘛和学生在俄罗斯馆活动，他们在中国起着俄国官方代表的作用。自东正教传教士进入中国的那一时刻起，便与沙俄的军事侵略、不平等条约的签订离不开关系。1818年，沙俄政府训令在华的传教士团，今后主要的任务不是宗教活动，而是对中国的经济和文化进行全面研究，并应及时向俄国外交部报告中国政治生活的重大事件。显然东正教在中国的任务主要是收集情报，为俄国在华利益服务，并不是以传教为主。俄国官方曾不止一次下令禁止向民间传教。但是为了打入社会各阶层，这些传教士又必须学习中华文化，了解中华文化，因此一些人员的汉学水平比较高，客观上也促进了中俄之间的文化交流，在中俄关系史上写下了重要一页。

为了打破俄罗斯馆与北京民间交往的沉寂局面，俄国政府向中国派遣医生和画家，他们凭借技艺深入京城民间，融入京城社会，医生因跟人们的生命息息相关，所以受到人们的重视，在京城享有盛名。

当然了，这些为数很少的外国医生，老百姓也很少能够接触到，他们主要服务于皇族或者是贵人。最先来京服务的是在俄的英国医生托玛斯·哈尔文，他来京时间很短，虽然康熙皇帝很赏识他，但是因他水土不服，很快就回到了俄国，回去的时候，康熙皇帝还赏给他很多东西。从第10届传教士团开始，随团的医生多是莫斯科医学院的毕业生，约瑟夫·沃伊采霍夫斯基是第一个随团来华的医生，由于他高明的医术，在京城获得不错的口碑。道光九年（1829），他因治愈礼亲王的弟弟病病而出名。第11届随团医生有4人，其中波尔菲里·基里洛夫的医术最为高明，据说他在京城家喻户晓，当时的士大夫甚至不顾儒家的规训，允许他可以进入妇女的闺房进行治病，可见对他的信任。

从第11届传教士团的随团画家列加绍夫来京城开始，以后又有3届随团画家来京进驻俄罗斯馆，这些画师毕业于彼得堡美术学院，有很高的画技，深受王公贵族的欢迎。

俄罗斯馆还组织喇嘛和学生，以编译满汉书籍和研究著述为宗旨，翻译出版了很多中国经典书籍，为传播中国文化作出了杰出贡献。其中著名的有几位，如第2届传教士团学生罗索欣、第3届传教士团学生列昂季耶夫、第9届传教士团长雅金夫·比丘林、第12届学生扎哈罗夫、第10届学生克雷姆斯基等。还有居住时间最长的第13届达赖喇嘛帕拉季，有的译作巴拉第，在中国待的时间最长，先后3次来华，在中国居住30年，写了很多关于中国的著作，翻译了很多经典。

除了编译研究著述之外，俄罗斯馆还大量收集中国的书籍，他们都是收藏家，因为这是沙皇的旨意。在1818年，沙皇给传教士团的指令中称，传教士团必须尽可能利用拨的资金收集图书、地图和城市平面图。当发现好书和珍贵物品时，应该购买两份，一份留给传教士团，另一份运回俄国。在这样的指示下，几乎所有的传教士成员都拥有大量的私人藏书，并且在回国的时候都带回去。1795年第8届传教士，还在北京俄罗斯馆建立了一座藏书图书馆，这成为俄国最大的中国文献收藏地之一。

传教士团还带来了中俄文化史上重要的一次赠书。应俄国人的请求，道光皇帝将800余册的经卷《丹珠尔经》赠送给俄国人，后来俄国也回赠给清政府图书10箱375种共700多册，由第12届传教士带来北京。

三、西直门的历史文化

（一）水流环境

西直门的水流主要就是长河，长河在辽代称高梁河，金代称皂河，元代称金水河、玉河，清乾隆以后称长河。这个水源来自万寿山，日日长流，不干不枯，虽然不是北京最大的河流，但是它对北京城的作用非常重要，是将西山玉泉诸水引入北京城内的唯一水源。长河两岸风景优美，沿途都是行宫、皇家私家园林，清末以三贝子花园为基础建设的农事试验场，是北京动物园的前身，也是几代京城百姓美好记忆的精神家园。

长河在明代的时候，就已经成为京城重要的游憩点，风景绮丽。这在两则游记当中也可见一二。这就是著名的"公安派"的代表，袁中道和袁宏道。他们在京城的时候，都写了关于这个长河高梁桥的游记，并且在他们的游记当中也可以看到，当春天到来时全城的人都到这个地方来游玩，长河上有著名的高梁桥。

在清代，长河还是皇帝前往西郊御园的专用水路，所以又称为御河。畅春园建成以后，康熙帝为了方便，对长河进行了疏浚，乾隆时期，三山五园成为清廷的政治副中心，长河又成为皇家专用水道，沿岸修建了乐善园、倚虹堂、五塔寺、万寿寺，以及紫竹院等处的行宫。乾隆年间，为了太后七旬、八旬的万寿庆典，驾幸畅春园，沿途都又修建了各处行宫，长河两岸盛况空前。

图 4 透过城门洞看西直门，选自《北京的回想》

　　光绪年间，慈禧六旬万寿，本来也打算按照乾隆太后盛典的案例进行办理，只是畅春园经过英法联军的侵袭，已经不可能再举行了，只能以颐和园为临幸之所。长河沿岸只有万寿寺面目如故，因此每次慈禧去驾幸万寿山的时候，都以万寿寺为休憩之处。每年夏季慈禧太后入园避暑，都由高粱桥弃舆乘舟，中途在万寿寺短暂停留，然后直驶颐和园。到民国初年，由于失于维护，河道淤塞、堵塞不通，但是营业的小船，仍可以往上行驶十里余，到白桥的地方折回，所以盛清一代，西直门外高粱桥那个地区，依然是纳凉的胜地。

　　民国初年，长河两岸的柳树遭到破坏，1935 年，故都文物整理委员会成立后，又开始挑挖长河河道，整治两岸的绿化，由西直门乘船可达颐和园，河岸搭茶棚数座，游人日增，呈一派繁荣景象。经过疏浚和整治的长河两岸，再次成为西直门外一道亮丽的风景线。

　　在长河上有个著名的高粱桥，靠近西直门外，横跨南长河，是北京城外一处幽静之地。关于高梁桥的得名，京城百姓有一段神话传说，就是刘伯温做梦，梦见老人推着水车，然后老人说这个车里装的是京城百万居民所喝的水。刘伯温觉得很奇怪，梦醒了，发现正在闹水荒，军师姚广孝听说了他的梦，就派了太监高亮骑马出城，让他看见有老人推着水车，就要把车上的油篓扎破，往回跑，别回头。然后高亮就奉命向西行走，看见了推水车的老人还有一位妇人，就把油篓扎破往回跑，眼看已经到了城门，想着可以回头了，结果就看见汪洋大水浩荡而来，高亮就被水淹死了。事后为了纪念高亮筑了一道桥，名高亮桥。还建了一个小庙，叫高亮庙。这个传说反映了京城百姓向往风调雨顺的朴素感情，也证明了当时北京城确实存在着水荒。

西直门又被称为"水门"，城门的洞顶就刻着水波纹，皇帝不喝市井的水，专喝玉泉山的泉水。民国以后，直到溥仪被逐出故宫，每天早上，西直门仍然要给为溥仪送水的驴车开门，军阀混战时期也没有耽误过，西直门的区域处处留下与水相关的遗迹。一个是水井多，皇帝去圆明园、颐和园西郊游玩的时候，西直门是必经之路，帝王出行必得是黄土垫道、净水泼街，所以西直门除了公用水井和私家水井之外，还有七口皇家专用的官井，井口都用铁盘锁住，百姓不得动用。

公用水井也有不少，私家水井也很多。当时有钱人为了用水方便，自己开挖水井，有的也雇佣人把水送到别的用户，渐渐出现了靠吃水井和靠送水为生的水局子，也称为水窝子。解放以后西直门大街还有两家。

与水井有关的胡同地名也有不少，如西直门大街路北的高井胡同、西井胡同，都是因胡同内有水井而得名。

水井多，寄托水文化信仰的龙王庙也不少，例如龙泉庵、观音庵、龙王庙特别多。

（二）王府寺庙

以清代的5个王府所在地为例，可以看出当时的繁荣的局面：

惠郡王府：在西直门内大街东口路北。府坐北朝南，面临大街，东临今新街口小学，西面包括今新街口电影院。

贝勒永瑆府：在西直门内大街路北，东邻西章胡同，西接高井胡同，北邻永泰寺。

恂郡王府：在西直门内半壁街路北。恂郡王即康熙帝第十四子、雍正帝的同母弟允禵，乾隆二年（1737）被封为恂郡王。

贝勒弘明府：在恂郡王府西侧，约在今消防指挥中心大楼的位置。

棍贝子府：位于新街口东街北侧，又称诚亲王新府，即贝子弘景府。

现在存留的只有棍贝子府，在现在的积水潭医院里面，还保留有一部分，其他的王府都已经消失不见了。

西直门区域分布了众多的寺庙。

1. 永泰寺

永泰寺，建于元代，但是逐渐荒芜了，是明朝修武伯、沈清等人于明英宗正统八年出资修建的，历经14年才完工，明英宗朱祁镇赐名曰"永泰"。现在寺庙已不存，只存下永泰胡同这样一个地名。

2. 崇元观

崇元观是明清时期北京一座著名的道教宫观，俗称曹公观或者叫曹老虎观。始建于明代，康熙年间为了避讳改成崇元观。乾隆重修以后香火旺盛，成为京城大的庙会。每月初一、十五，庙会两天，正月初一至十五，庙会半个月，除百货杂陈外，还举行大型的灯会。清末再次败落，民国初年，在崇元观旧址兴建了陆军大学。"九一八"事变之后，张学良曾将东北冯庸大学的逃亡师生安排在这里，日本统治时期，这里还驻扎着日本的宪兵队。

3. 五塔寺

五塔寺是目前中国留存的十余座金刚宝座塔当中，年代较早、样式最秀美，堪称明代建筑和石雕艺术的代表作，也是中外文化结合的典范。现在五塔寺称为石刻馆，约建成于明代。是印度僧人来京，向明成祖呈献了五尊金佛和这种金刚宝座的规式。明成祖与他谈论佛法比较投机，封他为大国师并授予金印，然后就根据他呈献的样式制作了五塔寺。建成以后的五塔寺，前临长河，背倚西山，成为当时京城士人重阳登高、清明踏青的去处。清代乾隆为他的母亲做寿曾两次重修五塔寺。乾隆二十六年（1761）是太后七十大寿，作为祝寿的主要场所，又进行了全面修葺，并请来了一千名喇嘛念经，各国使臣都进贡了寿礼。

清朝后期五塔寺开始衰落，到民国初年仅剩一个塔，突兀在一片瓦砾之中，由于无人看管，宝塔上面镏金的东西多次被偷，迫于无奈，北京市政府于1937年至1938年，进行了简单的维修，庆幸的是在各种败落之中，两棵与塔同龄的白果树幸免于难，至今还郁郁葱葱，果实累累。

4. 广通寺

广通寺元代叫法王寺，是旧时高梁桥北的最大建筑群，位于桥西北约300米处，规制宏大，景色优美。明太监刘瑾入广通寺进香的时候，当时仍叫法王寺，后来的太监出资重修了法王寺，改名广通寺。重建了以后规模扩大，然后增加了围墙和高楼，成了北京人登高远眺的理想场所。明代不断有出宫养老的太监，到广通寺居住，颐养天年，因此广通寺与皇宫的联系从未中断。

到了清代康熙、雍正年间，又对寺庙进行了维修，这个寺庙里还立有雍正皇帝的《御制广通禅寺》碑，后来的著名高僧彻悟大师也到广通寺参拜，并继任了广通寺的方丈，前后十四年如一日的在这里用功办道，在佛教界有很高的声誉，也使得广通寺的声名愈加显著。但是由于此庙是明代宦官刘瑾的坟墓，乾隆十分讨厌刘瑾，所以他在寺庙降香时，派左右的人把碑文砍掉，把墓也给平了。晚清，慈禧太后去万寿山降香的时节,来往必在佛殿小憩,所以后来又改名为"天佛宝殿"。广通寺毁于"文革"期间,寺庙改建成了北下关的小学,就是现在的交大附小。

(三)从农事试验场到动物园

西直门外有一个标志性的文化景区——动物园,它的前身是清末的农事试验场,又称三贝子花园。清末鉴于我国农业不够振兴,特于此处创建京师农事试验场。光绪三十四年(1908),农事试验场全部建成开放,人们可以观赏动物、花草之外,还可以在亭台楼阁里品茶、休息。慈禧太后和光绪帝曾两次来观看农事试验场,观赏里面的珍禽异兽,并且为里边的建筑题名。

当时叫作万牲园,开放时间是早上8点到下午的6点。票价8枚铜子,儿童减半,学生在老师的带领下,可以享受免票待遇。由于观看万牲园的越来越多,也引起了西方媒体的关注,宣统元年,英国的《泰晤士报》就刊发了这样的报道,说北京人无论男女,有一个爱好就是到万牲园,里面有餐厅和茶馆,中西式兼备,宾客盈座,充满生机。

1912年清朝灭亡,万牲园被保留下来,民国时改成中央试验场。1914年,清末最后一个状元刘春霖当了场长,出现了短暂的辉煌。购买了动物,然后修葺了动物的兽舍,制作标本,开设学堂,办讲习所等。后来由于政局动荡,军阀混战,动物都消失。1922年,动物已经多半死伤了,经呈请农商部,后来又购买了各种珍禽异兽,陈列园中,农事试验场还举办农产品博览会,让农民来献农产品,预备陈列。

1929年8月,农事试验场改名为天然博物院,东面是动物园,为了招揽游客,农事试验场曾经找来身材高大的巨人刘玉清、魏集贤,在门口负责检票,由于他们身材高大,被人们称为哼哈二将,他们身高两米有余,坐在电车里头可齐车顶,成为当时北京城的一道奇观。担任万牲园检票员为没有一技之长的巨人带来生活的改善。有美国人来华游历，看到刘玉清非同寻常的身高，就邀请他去美国拍影片，当时的华人编剧家关文清，还为他编写了电影《太子求剑》，其中的剑仙就由刘玉清扮演。后来因为电影公司亏损，再次失业。然后马戏团同样看中了他的身材高大，用他来招揽顾客，但是马戏团也解散了，刘玉清再次失业。马戏团的主人还想东山再起，担心他被别人雇去，就让他到一座荒山中居住。旅美的华侨听说了，为他打抱不平，将他救了出来，乘船回到中国。回国以后的刘玉清利用在美赚取的3000余元，在北京购房，又在老家购地，还认了一个儿子做继承，没想到认的儿子不成器，把他的钱都花完了，把他的地也给卖了。刘玉清知道以后大病不起，于1937年去世，年仅49岁。

从万牲园到天然博物院，西直门外的区域已经成为北京重要的文化公共空间。而且万牲园每年过年过节都免费开放，任人参阅概不收费，所以是北京人非常喜欢的一个地方。北平沦陷以后，天然博物院和研究院，再次遭到破坏。等到1949年人民政府接收时，动物园只有3类14只动物，农场也是满目疮痍，杂草丛生。

（四）水陆交通

1905年，詹天佑被任命为总工程师，主持修建了京张铁路。1909年，京张铁路通车，比原定计划提前了两年，费用也只用了外国人估计的五分之一。铁路的修成沟通了北京与西北的联系，打破了英国和沙俄企图夺取该铁路建筑权的迷梦，同时也大大提高了中国建设铁路的信心。

除了京张铁路以外，西直门附近还有京门铁路和环城铁路。京门铁路的修建，就是为了给京张铁路提供燃料，也是为了把门头沟的煤炭运出来。因此1907年3月京门铁路正式开工，只有半年的时间就全线通车，时间也是很紧，耗银36万两。1939年，日本人占领了京门铁路，为了加快侵略中国的目的，又把京门铁路修到了大台。

打开北京的地铁沿线图，可以看到二号线，二号线基本上是和老北京的城墙重合的，在地铁二号线诞生之前，就曾经有一个铁路，就是京师环城铁路，1915年6月开工，12月竣工，全长12.6公里，沿线经过的各城门瓮城城墙全部拆掉，只保留箭楼和部分整修过的城墙。1971年8月，北京环城铁路全部拆除，这座服务于北京55年7个月的铁路，退出历史舞台。

除了铁路以外，西直门的道路建设，也进入了新的阶段。一个是西直门到门头沟，开通了往返的公共汽车，然后还修建了道路。还有一条是西直门到颐和园的道路。因为西郊是北京著名的游览区，所以对西直门到颐和园这一段的路程，曾多次修建。

陈清茹 北京市社会科学院历史研究所副研究员

征伐止武安定门

许 辉

安定门是明清内城北门之一,在都城建置上具有浓厚的军事色彩。明清时期都在安定门外设置军事校场,清代没有了来自北方的强敌,安定门外成为民族宗教文化交往和贸易的重要场所。而安定门内的城区,却表现出另外一幅景象,作为最高学府聚集地,从元代开始就一直成为中国传统文化中心的代表。同时这里也是佛教文化的繁荣区,大大小小的寺庙分布在安定门内的街区,使得安定门内外呈现出迥异的文化氛围。

一、从安贞门到安定门

安定门是明清北京城北墙偏东的城门,也是明代改造大都城北垣后新建新命名的北门之一。元大都北墙原有二门,偏东安贞门,偏西健德门,明代改造大都城后,安定门取代了安贞门。

元大都的主要规划设计者是大名鼎鼎的宰相刘秉忠。他依据大都的地理形势,确立了全城中轴突出、两翼对称的整体格局,再以中轴线为准,划出了横平竖直的经纬网状的街巷胡同。元大都的外郭方圆六十里,"口"字形的外郭、皇城、宫城由外向内依次环围。外郭围着皇城,皇城套着宫城。外郭共有十一座城门,南、东、西三面各有三座,北面设立两座城门，西北门称作"健德门"，东北门叫作"安贞门"。

刘秉忠的思想混合了儒、道、佛三种来源，对儒家经典《周易》尤其具有深邃的研究。安贞门的命名，具有浓厚的《周易》色彩。安贞门是元大都的东北门，故址应位于今北土城东路元大都城垣遗址公园西侧。东北是与八卦中的"艮卦"相对应的方位，但"安贞"这个词却取自与它恰好方向相对、代表西南方向的"坤卦"的卦辞。《周易·坤》写道："君子攸行，先迷失道，后顺得常。西南得朋，乃与类行。东北丧朋，乃终有庆。安贞之吉，应地无疆。"安贞门从坤卦的卦辞中，选取了"安贞"二字命名，蕴含着对君子自觉遵循正道而获得吉庆的期望。《周易·艮》写道："艮，止也。时止则止，时行则行。动静不失其时，其道光明。"大意是说：艮是如何适时静止的一卦；客观环境要求静止就安心静止，要求行动就马上行动；无论行动还是静止，都不能违背自然与社会的具体条件，这样才能前途光明。从这里可以看出，艮卦的卦辞告诫人们要懂得因时而动、因时而止，与最终获得"安贞之吉"的坤卦相辅相成。

洪武元年（1368）八月，徐达攻下大都城之后，将大都改名为北平府。对于徐达这样做的动机，有人认为是由于元大都北部已经萧条，不如干脆放弃以节省守城兵力。但是当时的北平已从前线变为后方，虽然偶尔也有元兵骚扰，但北墙南缩五里后所减少的那一点点守军，对于需要大批军队戍卫的北平府影响并不大。《洪武北平图经志书》说"克复后以城围太广，乃减其东西迤北之半"，但从未表明是因为防守耗费兵力过多才觉得"城围太广"。相反，古代城市规模在礼制方面的象征意义更为重要，由此导致明代北京（北平）发生了城市格局的第一次重大变迁。

徐达对于新城门命名原则不同于元大都城，带有鲜明的政治号召。新城门名源于《尚书》疏义武王"黜商命、灭淮夷"为"见征伐乃安定之意也"，朱氏兴义兵除暴元，攻下大都，功业堪比周武王新朝鼎革，安邦定国。"四方既平，王国庶定"，克胜而安定王国，安定门也意在结束动荡，因此改名为安定门，以象征新王朝国运安泰，天下太平。安定门作为明北京城北门之一，名称就此固定下来。

北城楼与城墙的修建除了从明初徐达改建，又在明成祖迁都、明英宗以后继续进行了三次修建。

二、安定门城楼与城墙

明成祖迁都最早修建北京城的内部，即宫城、皇城，最后才修城垣。修北京城城垣是从永乐十七年到十九年（1419—1421），因为元代大都城的城墙是土城，没有包砖，用夯土建筑的形式。明英宗时才修建那些雄伟的箭楼、瓮城，此前都很简陋。

永乐十七年（1419）在修完北京内城之后，明成祖决定对北京城的城墙进行加固，主要是在外面包砖。而在永乐十九年（1421），当时的皇宫三大殿发生了大火，让明成祖感到非常恐慌，认为连年修建北京城使老百姓负担沉重，对国库的消耗也很大。由于明初一直跟元朝作战，城墙的修建是必须的，但是又考虑到国库吃紧，战争不断，明成祖在对外墙包砖之后，就停止了对内墙的贴砖加固，所以在明成祖永乐十七年到十九年之间，只是在城墙外层加砖巩固，内层就没有能力顾及了。内墙仍是土墙，加建的城楼也比较矮小，不过比大都城垣有了不少改进。对东、西两垣的土墙进行了加宽、加厚，同时南部的城墙进行了新筑，把元代大都城南墙向南拓了两里。经过成祖的一番修整，北京城城墙已经初见规模。南墙和东、西墙都是高三丈，城墙宽两丈，而北城墙不同于这三道城墙，有四丈高，城墙上宽约三丈。在近代瑞典学者喜仁龙所著的《北京的城墙与城门》里对北城墙的高大给予了关注，他经过实地测量，指出北城墙与内城其他三面城墙明显不同，其规制更大。并且他特别提到：骑着马从城内的马步道是可

图1 安定门,选自《北京旧城》

以直接登上北城墙的,但是其他三面城墙因为更陡峭、规制更小,是不可能实现的。这次修筑确定了北京内城墙四垣九门的框架,城周长"四十里,为门九",但仍然较为简陋。

对北京城墙和城楼进行大规模扩建是在英宗时期。在英宗之前的仁宗和宣宗,因为北京经常受到蒙古的军事威胁,一度想还都南京,改北京为行在。但是英宗继位后,就是后来土木堡之变中被俘虏的那位明朝皇帝,很有雄心壮志,在位期间,两次大规模修整了北京内城墙,加固了北京城城楼等建筑,将明代的首都牢牢地固定在了北京。

他第一次对北京城墙的加固是在正统二年到四年(1437—1439),是规模最大的一次内城墙、城楼修筑,为加强京师的防御工事,在京师的九座城门外都增筑了箭楼和闸楼,还改护城河木桥为石桥。改建后英宗对京师的部分城门重新命名,从此北京城的城门名称完全确定下来,清代也沿用了明朝的旧称。《明英宗实录》里记载了这次修筑过程,城墙城门修建启动于正统元年(1436)底,十月开始颁布命令,然后举行祭祀仪式,祭祀那些城壕土地神,接着开始计划修治。正统四年（1439）四月开始正式动工，最庞大的当然是正阳门，正阳门月城有两座，其他城门就只有各一座正楼加一座月城，并在城门外补立了牌楼，城的四角修筑了角楼。北京城焕然一新，"巩固足以耸万国之瞻矣"。杨士奇在他的《纪略》中对当时修建一新的北京城墙和城楼进行了夸赞："崇台直宇，巍巍宏壮，环城之池、既浚既筑，堤坚水深、澄洁如镜，焕然一新。"正统十年（1446），英宗诏令对京师城垣用砖石进行加固，完成了对内城的城垣城门的彻底修整。

安定门城楼规制上与东直门和西直门相近，但是因为更厚的城墙，城楼高约22米，纵墙长26.4米，山墙宽11.5米，面阔七间（31米），进深五间（16米）。作为北面的重要城门，安定门在明代屡受蒙古及满族攻击，饱受战火创伤，城楼多次被修缮。第二次鸦片战争时期，受到英法联军的枪炮损毁并被占据，在1861年大规模重修。民国时期，因为修建环城铁路，瓮城被严重破坏，直到新中国成立后整个城墙与城楼都被拆毁。喜仁龙在民国时期拍摄了北京城墙与城门的大量照片，为我们留存了安定门宝贵的影像。

当时在每个城楼内都有道观寺庙，供奉关帝。但安定门是例外，供奉真武大帝，也就是玄武，因为玄武是北方的守护神，于是在安定门城内修建的庙称为真武庙。玄武崇拜是从宋朝开始的，为了避圣祖赵玄朗的讳，而把玄武改成了真武。

三、安定门外的坛庙与校场

安定门对于北京城北部的军事防御十分重要，在安定门城外为军事防御相应地建立了军事校场，还有作为祭祀用的地坛。古代国家"国之大事，在祀与戎"，敬奉上天祖先，修武备重军事，是保障国家长久安定的基石，安定门地坛和军事大本营的历史，就融合体现了祀与戎对一个王朝的重要意义。

安定门外的地坛是明清帝王祭祀皇地祇神的坛庙，每年举行祭地典礼。"古者祭天于圆丘，在国之南，祭地于泽中之方丘，在国之北，所以顺阴阳，因高下，而事天地以其类也。"因此在安定门外修建了地坛，作为重要的祭祀后土神的场所。方丘又称方泽，元代以后又有"地坛"之称，每逢夏至、立冬，皇帝或宰臣都要郊祀于方丘坛。

明代祭祀后土神的方式分为两个阶段。明成祖迁都北京之后，把祭地和祭天合在同一个场所进行，在城南的天坛也举行了祭地仪式。直到嘉靖皇帝时期，开始遵循祖制，把祭天和祭地完全分开，这样就要另外筑地坛。

嘉靖皇帝于是决定在安定门外修建地坛。中国的建筑按照传统基本都是坐北朝南的，但是地坛却是坐南朝北的，即它是北向，大门朝向北方。嘉靖九年（1530）筑"方泽坛于安定门外之东。圜丘二层，坛面及栏俱青琉璃，边角用白玉石，高广尺寸皆遵祖制，而神路转远。内门四。南门外燎炉、毛血池，西南望燎台。外门亦四。南门外左具服台，东门外神库、神厨、祭器库、宰牲亭，北门外正北泰神殿。正殿以藏上帝、太祖之主，配殿以藏从祀诸神之主。外建四天门。东曰泰元，南曰昭亨，西曰广利。又西銮驾库，又西牺牲所，其北神乐观。北曰成贞。北门外西北为斋宫，迤西为坛门。坛北，旧天地坛，即大祀殿也。十七年撤之，又改泰神殿曰皇穹宇。二十四年又即故大祀殿之址，建大享殿。方泽亦二成，坛面黄琉璃，陛增为九级，用白石围以方坎。内，北门外西瘗位，东灯台，南门外皇祇室。外，西门外迤西神库、神厨、宰牲亭、祭器。"嘉靖十三年（1534）改称地坛。地坛祭祀"皇地祇神"，即后土神，是仅次于天坛祭祀的重要祭神之礼，以求告地神，福佑四方山川土地平安。

皇帝去地坛进行祭祀是非常隆重的国事，《明穆宗实录》记录了完整的祭祀过程："前期四日，上御皇极殿太常寺奏祭祀如常仪。是日早，上御皇极门，太常寺堂上官奏请圣驾诣方泽致祭，锦衣卫官备法驾、设板舆于皇极门下，中门内侍官跪请，上升舆锦衣卫官跪奏起舆，上常服乘舆由午门、端门、承天门、长安左门、安定门诣北郊坛外西门，内北门之左降舆，导驾官导上至具服殿，具祭服出，导驾官导上由内壝右棂星门入，行大祭礼如常仪，祭毕仍导上至具服殿，易常服还宫。"后土祭祀礼烦琐苛细，十分消耗体力。清乾隆时地坛祭祀，因树木新栽，无树荫遮挡，随从的官员甚至因暑热而晕倒，乾隆诏令以后祭祀，官员可以随同他一起入斋宫休息。

清代地坛在明代地坛的规制上进行了拓展，"世祖奠鼎燕京，建圜丘正阳门外南郊，方泽安定门外北郊，规制始拓"。乾隆时期对地坛进行扩充改建，形成了现在尚存的建筑局面。清代沿袭明朝的制度也固定在夏至日在地坛举行祭祀大典。现在所见到的地坛遗存都是清代建筑，在《清史稿》里对地坛的建筑有完整的描述，在规制上比明代扩大了很多。

除了祭祀是封建王朝最为重视的一个仪式，还有一个是军事。明成祖迁都，天子守国门，抵御蒙古入侵，北城垣是独挡北面的防线，对北京军事守卫有着极其重要的意义，面对蒙古的大军入侵，安定门的守卫受到了相当的重视。

在安定门外，作为明代一个军事大校场，明代大量的军事活动都与北城相关。北京的民间有个说法，出征是从德胜门出，凯旋是从安定门归。但实际上没有特别严格的要求，很多明清的出征、凯旋和阅兵、讲武、操练，都是从安定门出入。明代的军事校场，主要是在明英宗时期设置的，正统三年（1439）二月，"辟安定门外地为训练军士之所"。据嘉靖三十九年（1560）张爵编写《京师五城坊巷衚衕集》载，北城安定门外有四卫勇士营，大教场（五军神枢），三大营。明人张瀚《松窗梦语》称演武场"其地广大，可容禁兵数十万"。《明英宗实录》记载，正统三年，除了安定门外教场外，占用民田地税粮五十四顷八十亩之多，说明当时的教场是非常大的。

明代驻扎的军队是在安定门外的教场进行军训与演习的，代宗时，昌平侯杨洪说这种集中的操练方式让那些驻守各个城门的士兵、其他军事操练场的士兵往来奔波，很耽误时间，建议在各城门外各设教场，到集中的时候再去到安定门外的大教场进行集中演练。到了嘉靖三十三年（1554）的时候，又因为在南城外的练兵太过于吵闹，又把南城外的教场操练改回到安定门外。直到明末，安定门外的军事大教场一直发挥作用。明末，因为面对辽东的战役，明朝政府想加强军事，继续在安定门外教场修建了营房，作为固定的操练场所。

明代的教场范围更为广大，红庙曾是明代出兵祭旗的一个场地。明代在大教场除了京营驻扎、平常的军事操练，还举办过两次大规模的大阅礼。大阅为军礼之一，有提振士气、宣扬国威和皇权的重要意义。明初太祖与成祖亲蹈锋镝，尤其成祖五次亲征蒙古，马上得天下，居安思危，对军队战斗力极为重视，时常举行阅兵，但是明初的大阅并不固定在城北大教场举行，一般在南苑，只要有空旷的场地，都可能举行大阅兵礼。明初与蒙古的战事非常紧张，通常通过阅兵礼来提振士气。到了隆庆三年（1569）以后，在安定门外大教场举行大阅兵礼，一共记载的就两次，一次在隆庆三年穆宗举行的大阅，还有一次在万历九年（1581）。这主要是为了与蒙古作战振兴军事而举行的重大典礼。

明穆宗隆庆元年蒙古侵犯大同，直攻到滦河，京师戒严。为振兴军事，对抗蒙古，张居正倡议循例祖制举行大阅礼，整饬武备。隆庆三年八月，在安定门外的大教场，穆宗亲临大教场举行了礼仪完备的阅兵礼，"上常服乘辇由长安左门出，扈驾官军前后导从，钲鼓响器振作，从安定门出至阅武门外。总协戎政官率领大小将佐官戎服跪迎接。"万历九年，升为首辅的张居正力主内修守备，依照隆庆三年大阅礼例，再次举行了大阅，但从此以后明王朝江河日下，大阅礼不再在大教场举行。

安定门见证了明王朝的军事与国力兴衰。正统十四年（1450），雄心勃勃的明英宗在王振蛊惑下，亲率二十万大军出征，在土木堡被蒙古俘虏。被俘一年之后，英宗被也先释放，从一国之君沦为阶下囚，英宗成为明史上最屈辱的帝王，他被极其简陋的仪从由居庸接回，通过安定门回到了皇宫。依民俗所言，安定门为凯旋回师之门，英宗由安定门重归宫廷，颇具讽刺意味。他所一心要仿效的曾祖成祖，多次北征蒙古从安定门凯旋回朝。

清代在安定门外设镶黄旗校场，是镶黄旗以及八旗军队演武的重要场所，安定门内则是镶黄旗人的居所。在安定门外的校场举行"旗纛之祭"，作为出征前和凯旋后的重要仪式，在清代非常受重视，"圣祖征噶尔丹凯旋，翼日为坛安定门外，致祭随营旗纛，用太牢，始遣大臣行礼。雍正初，定三年一祭"。

清代北方无强敌，安定门大多时候迎接的是去围场狩猎而归的皇帝。清末西方列强打破了安定门牢固坚守的历史，1860年，英法联军进攻北京，首先攻打安定门。10月13日正午，安定门被攻陷，英法联军从此进入北京城，直到和议签订后，八国联军才撤离安定门。

图2 民国年间安定门箭楼曲阶及道口马路，选自《京师环城铁路工程摄影》

安定门城楼与城墙的拆毁是在民国和新中国以后。经过八国联军的攻城毁坏，清政府也没有能力再进行修复，成书于大概30年代的陈宗蕃《燕都丛考》里，已经说到城墙破败不堪了，城楼倒塌，形成了危楼，为了安全进行了拆除，1913年的时候，大量地拆除城门和闸楼、瓮城，用于修建有轨电车。安定门的箭楼是在1956年最终被拆除的，在1969年为修建二环铁路，城楼最终被拆毁了。

四、双黄寺与清王朝宗教及市民生活

清代安定门成为宗教盛地，为了加强藏蒙关系，对西藏与蒙古的喇嘛教分外重视，为进京觐见的达赖与班禅在安定门外修建了驻锡行宫——黄寺，成为加强民族团结、民族融合的重要象征，也使得安定门外成为一个藏传佛教氛围特别浓厚的场所。清朝建立以后，首先与蒙古部落的关系非常紧密，蒙古人信奉藏传佛教。

清代京城民众当中曾广泛流传"南有双黄寺，北有双黑寺"的说法，指的是北郊安定门、德胜门外深具特色的四座喇嘛庙。作为清代西藏政教领袖达赖喇嘛和班禅额尔德尼来京觐见时的驻锡所在地，黄寺是北京具有标志意义的藏传佛教寺庙，不仅发挥过重要的历史作用，也孕育了悠久深厚的宗教文化内涵。

乾隆年间官修的《日下旧闻考》卷一百七《郊坰》记载："安定门外镶黄旗教场北有东黄寺"，这座寺庙是为顺治九年进京朝觐的西藏黄教领袖达赖五世修建的下榻之所，因此称为"黄寺"或"达赖庙"。顺治八年（1651），为迎接五世达赖入觐，敕令修整镶黄旗教场以北的"喇嘛庙"——普静禅林，作为他在京师驻锡之所。普静禅林的历史可远溯至辽金时期，逐渐演变为藏传佛教寺庙。

五世达赖顺治九年（1652）来北京觐见顺治皇帝，早在顺治五年（1648），清朝就派人向五世达赖传达旨意，希望他到北京觐见皇帝，并来北京宣扬佛法。顺治六年（1649），五世达赖做正式的答复，为了迎接五世达赖的觐见，清朝做了准备。首先是在内蒙古代噶、怀来等地修建了达赖喇嘛的行宫，八年对北京城北普静禅林扩建，作为达赖喇嘛在京师的驻锡之所，竣工之后还是用的旧有名称。《钦定蒙古源流》记载：兴建"黄墙庙宇"高大巍峨，因为达赖喇嘛信奉的黄教，所以寺院的墙是黄色。各种随从居住的房舍都进行了整修。

顺治九年年底达赖喇嘛抵达了北京，首先在南苑觐见顺治皇帝，然后入驻黄寺。他在北京逗留的时间一共两个月，受到了清廷的高度礼遇，接受了顺治皇帝各种珍贵的礼物赏赐。除了皇帝的赐予，当时的满蒙王公贵族也对达赖喇嘛的到来非常虔诚，不仅带各种宝物来进献，并且举办各种宴会，邀请达赖喇嘛为他们讲经说法，祈福，甚至蒙古部落的首领亲自或派人来北京礼拜。到了正月的时候，王公贵族、满清的大臣，都来参加达赖喇嘛的宴会，进献各种丰厚的礼品。作为对信徒的回报，五世达赖给京城内外的藏、蒙，甚至汉族的信教僧众，进行布施，摩顶祈福。因为上层的带动，普通的老百姓也跟着蜂拥而至，到黄寺来瞻仰五世达赖，观摩他们的佛法。

因为水土不服，达赖喇嘛在北京待了两个月返回了。返回时也受到了蒙古各部王公贵族的热情拥戴，清王朝派出了礼部尚书和理藩院的侍郎，带着金册到代噶，赐封五世达赖并颁布了金印，这是中央政府第一次正式地册封达赖喇嘛，从法律上明确了达赖在藏传佛教上的宗教地位，也加强了西藏地方与中央政权的直接关系，巩固了蒙古各部对清廷的归附。

黄寺因为达赖喇嘛的到访成为在京师的驻锡地，一直由黄教喇嘛执掌，受到清廷的持续重视。因为黄寺曾经失火，康熙帝出于对满蒙和西藏民族团结的重视，一直在加强与佛教上层的联系，康熙初年对黄寺进行了重修，他还亲自给黄寺写了匾额，写了对联，在《重修东黄寺碑记》里进一步阐述了佛教对民族团结、国家安定以及对民众教化的重要意义。

黄寺对于清代民族统一和京城的藏传佛教传播具有重大意义。通过册封和访问活动，安定门城外成为藏传佛教的聚集地和传播中心，从此也给安定门城外的民风民俗带来很大的影响。黄寺作为五世达赖在京师曾经的驻锡寺院，受到清廷持续重视，拉开了清代黄寺辉煌历史的序幕，在清代驻京藏传佛教版图中，一直占据着相当崇高的位置。雍正和乾隆朝东黄寺一直是达赖喇嘛来访的住所。清代晚期，东黄寺继续以活佛的驻锡寺闻名京师。但经历清末以来侵略者的劫夺，至新中国成立前后其主体建筑已基本损毁，"文革"期间的扫荡更使曾辉煌一时的东黄寺踪迹全无。

东黄寺之西为西黄寺，敕建于雍正元年（1723），是应蒙古贵族上层信徒的请求进行修建的。雍正元年正月，蒙古喀尔喀、厄鲁特等部首领为表达对康熙皇帝的感激，出资修造了佛像、宝塔并求得佛经，向朝廷请求利用他们剩余的钱财，把京城北郭外原来为达赖喇嘛修建的黄寺修葺一新，用以供奉这些法物，得到了雍正皇帝批准。这次不仅整修了原来的达赖庙，还在它的西侧进行了扩建，这就是在《日下旧闻考》里所记载的"东黄寺西为西黄寺"，其实这两个黄寺都在同一个院墙之内，同垣异构，分为两个建筑主体，其实是连接在一起的。同一道院墙包围着藏传佛教的东、西两座"黄寺"，当地人称作"双黄寺"，成为京城北郊的著名寺庙。

乾隆三十四年（1769），为了迎接当时的六世班禅来北京向乾隆皇帝祝寿，对东黄寺进行了一次大修，同时对西黄寺也进行了大规模的葺修。乾隆皇帝还曾为西黄寺题写匾额和对联。西黄寺经过这次整修显得更加堂皇壮丽，规模宏大，地位、人气很快超越了东黄寺。

为庆贺乾隆七十大寿，四十五年九月，六世班禅来到北京，入住西黄寺达赖楼。继清初五世达赖喇嘛驻锡后，西黄寺再度成为藏传佛教徒瞩目的中心，前来祈福献礼的僧俗民众络绎不绝。六世班禅生于藏南，在札什伦布寺"坐床"，乾隆三十一年被册封为"六世班禅"，颁布了金册和金印。六世班禅博学多才，著有多部佛教经典，在西藏享有非常崇高的宗教地位。他在位的时候，对加强西藏与国家的团结起到了重大的作用。当时英印的总督要跟西藏建立联系，自由通商，想在拉萨设立代表，但是被他拒绝。他强调与清王朝的联系，要接受清朝皇帝的统治，因此得到了乾隆皇帝的高度赞许。

为了庆祝乾隆皇帝的七十大寿，乾隆四十四年（1779），六世班禅从札什伦布寺启程东行，四十五年到达承德，向乾隆皇帝祝寿。在承德待到九月，经古北口来到北京，入驻了西黄寺。这是继清初五世达赖喇嘛驻锡黄寺之后，西黄寺成为藏传佛教徒瞩目的中心。当时前来祈福献礼的僧俗民众络绎不绝。不久乾隆皇帝与六世班禅在香山的昭庙会面，又亲自到西黄寺来看望六世班禅。六世班禅也在西黄寺举行了盛大的佛教活动，来观礼的民众络绎不绝。

不久六世班禅染病，十一月在西黄寺因病圆寂了。高宗在他生病期间曾多次来探病，进行了多方的关照。在他圆寂之后，高宗对他特别重视，御赐黄金七千两，修建安放班禅衣冠的清净化城塔和清净化城塔院。塔院除了有一座白塔之外，还有相应的大殿、牌楼、钟鼓庙、僧房，一应俱全，规模相当庞大。

清净化城塔院外观采用藏式喇嘛寺奠基、细部杂用中原佛教寺庙点饰的方式，屋顶覆以清一色的琉璃黄瓦，院落布局则采用高低错落的朱红围墙各自区划。其总体上自成格局，形成既具有中原传统佛寺的典雅严整，又有雪域高原粗犷朴素的独特风格。修建过程中，乾隆皇帝表现出超乎寻常的重视。乾隆四十六年（1781）二月，他亲临佛塔装藏仪式，将六世班禅生前所用的衣履、经咒、日用器皿以及念珠等物，一并装藏塔内。四十七年十一月，又亲笔书写《清净化城塔记》碑文，以汉、满、蒙、藏"四体文书"刻写，称誉班禅"自后藏越二万里来觐"的壮举，又赞颂其"于震旦国土宣扬宗乘，成就无量功德",感叹六世班禅"以无量功德,受无量供养。以无量功德,受无量赞颂"。受乾隆朝极力赞誉的影响,清净化城塔成为双黄寺中最令人瞩目的标志性建筑。整个西黄寺的规格与名望,也随之超越东黄寺,在清廷与民众间的影响迅速扩大。

乾隆朝供奉六世班禅衣冠的清净化城塔院建成后,京城北郊从安定门外到德胜门外辽阔的镶黄旗教场之北,紧密相连的东西黄寺,再加上西北距其不远的双黑寺,在北京城北共同形成以双黄寺为中心的庞大藏传佛教寺院区域。作为清代京城面积最大、最具特色的藏传佛教文化区,黄寺吸引了北京内外藏、蒙、满、汉各族民众的目光。乾隆元年的进士王显绪有《中秋双黄寺道中》之诗,略称:"盼到良宵仍客边,匆匆鞍马夕阳天。一环水曲丛烟远,十笏山尖吐月圆。断续钟声梵王刹,高低帘影酒家廛。去年此夜经行地,今日重来觉宛然。"可推测当日黄寺门前人来人往的繁盛景况。由此逐渐形成独具特色的庙会,在京城民众间更是闻名遐迩、老幼咸知。

黄寺庙会最为著名的活动是"打鬼","打鬼"又称为"跳步叱""跳布扎",为蒙古语"舞蹈"的音译。《水曹清暇录》谓:"打鬼者,喇嘛话曰部勺,每岁打鬼有数次。"作为藏传佛教的重要仪式之一,"跳布扎"是在特定日期以喇嘛装扮神佛魔鬼,诵经跳舞,以驱除邪祟,其正名为"金刚驱魔神舞"。《北京指南》有记:"安定门外北西黄寺十三日至十五日打鬼,德胜门外黑寺二十三日至二十五日打鬼。"考诸史籍,北京"跳布扎"之俗,最迟在明代已深入宫廷。清代以藏传佛教辅助统治,每届年底与来年正月,京城的藏传佛教寺庙都会例行"跳布扎"仪式,清廷还派出王公大臣亲临,以示重视。《天咫偶闻》载:"黄、黑寺皆有跳步札之举。每岁以正月,黄寺十三日、雍和宫二十一日、旃坛寺初六日。其法近古之大傩,至日钦派王公听经,典至重也。"这也成为观者群集的诱因之一。

根据《名刹双黄寺》的研究,西黄寺"跳布扎"的传统与清初五世达赖有密切关系。自五世达赖来京的顺治十年正月起,"金刚驱魔神舞"成为东黄寺按年举行的重要仪式。随着规模的扩大,影响的积累,参与者的增多,黄寺"金刚驱魔神舞"也逐渐演变为京城民众耳熟能详的"跳布扎""打鬼"。

据记载,黄寺"跳布扎"规模很大,且有严格仪式。乾隆时期的金石学家汪启淑记录了京中"跳布扎"的详细情况,而未明言见于何处。但清代黄寺为喇嘛庙"跳布扎"的代表,可知一般观者眼中的"跳布扎",大体分为鸣金集众,大喇嘛列座,以水净手;进鬼食供品,诱鬼出;喇嘛妆鬼,潜入人群,奏乐跳跃;天神、菩萨出现,喇嘛起舞;喇嘛诵念经咒,斩鬼驱邪;众人向附神之喇嘛献哈达,问休咎;众喇嘛出,门口抹糖,佛事告终。熟悉仪式内幕的学者则认为,"金刚驱魔神舞"前后共计十场,各有明确的宗教含义,佛事结束,"表示一切恶魔都被清除"。对于其教徒而言,黄寺"跳布扎"的场面,可谓"气势恢宏,波澜壮阔,舞姿优美,引人入胜"。

当然,对于众多的普通百姓,不会完全了解"跳布扎"每个环节的宗教意义。他们携朋约友来黄寺参与庙会,除了一般的驱邪送祟含义外,更多则出于相互交际、集市交易、休闲出游的世俗需要。《京华春梦录》谓黄寺上元"打鬼"时,"是日万人空巷,裙屐杂沓"。《北京指南》则称,"届期商贾纷集,士女杂沓,亦有走马驱车以行乐者。"自清代中期以来,黄寺热闹非凡的"打鬼"场面,吸引着"成千上万的北京居民及附近的百姓前来观瞻"。它每年按期举行,直到1926年后由于经费紧张方才停止,持续相沿长达一百多年。黄寺庙会融神圣佛事及世俗娱乐为一体,成为春节期间北京"人神共娱"的重大节目,并逐步演变成为北京历史与民俗文化的组成部分,在民众心底留下了长久印象。

五、蒙古外馆商贾集

安定门外黄寺东的蒙古外馆，是清朝理藩院接待进京朝贡的外蒙古王公贵族之处，也是安定门外极具特色的繁华之地。蒙古族与清王朝的关系很密切，蒙古王公贵族每年都要进京进贡，觐见皇帝，这是清廷的年班制度。外蒙古使臣按班轮流进京朝贡，除了年班制度规定的朝贡之外，蒙古随员及商人则用骡、马、骆驼载运皮毛、药材等土特产，与内地商人运来的丝绸、布匹、金银首饰等进行易货交易。"凡皮物（裘褐之属）、氎物（毡绒之属）、野物（狍鹿之属）、山物（雉兔之属）、蒂物（茹茵之属）、酪物（乳饼之属），列于广场之中而博易焉。"因为外蒙古东部与相邻的黑龙江省以哈尔哈河（又作"哈拉哈河"，位于海拉尔西南约200公里）为分界线，过了哈尔哈河就是外蒙古，所以"外馆"又称"哈尔哈馆"。夏仁虎《旧京琐记》中也写到了外馆，"外蒙宾馆，昔日在东交民巷北者曰内馆，在黄寺傍者曰外馆"。在黄寺之东蒙古王公接待处称为外馆，因为北京城内各个朝贡少数民族接待处被称为内馆，而为了接待外王公贵族，依傍着黄寺，又重新修建了一个聚居地，于是称为外馆。

选择黄寺附近修建外馆是因为大多数蒙古王公贵族都是信藏传佛教，紧挨着黄寺修建外馆也是为了照顾蒙古贵族的宗教信仰。北京的城门是定时开启的，修建在城外，活动更为自由，而且蒙古商人带来的货物包括大量牲畜，需要大片场地安置。同时他们居住又靠近北城门，便于人们进出城门交易。

伴随着蒙货贸易的发展，清末安定门内外已经是北京城内最大的蒙货贸易区。清末民初的震钧在其《天咫偶闻》中记载：安定门外"两黄寺之东，为蒙古外馆。市廛栉比，屋瓦鳞次。充街隘巷，只见明驼，列肆连箱，惟陈服匿。而居人除蒙古外，皆贾人也"。外馆附近的商业活动，规模相当大，不单品种多，且数量巨大。保存的货物就是从当时的安定门内的大街,一直到安定门外的黄村西,甚至到元大都故城的土城一带,就是安定门城外的关厢,都是他们的货铺,或者仓库,或者是交易场所。

安定城外的外馆商业区非常发达,与从事外蒙古蒙货贸易的商行、商铺将近150家,有很多有名的商行和商铺,像永聚成杂货行,就是河北衡水人集资的买卖,不但在安定门外有货铺,并且在张家口和库伦都设有分号。主要经营对象就是外蒙古的商人,贩卖内地的砖茶和内地比较精致的手工业品、绸缎、铜盆、铜镜、古玩,不仅有满足蒙古上层王公贵族和富人阶层的装饰和赏玩用品,并且还有普通人的生活物品,所以称为杂货行。他们从内蒙古贩回来一些贵重的药材、羊毛或者皮货以及黄金,甚至做眼镜用的茶晶石。有名的双顺铜器铺,供应外蒙古的铜器。仁义毡鞋帽铺,将在内地制作的毡帽远销到内蒙古。还有芳蕙斋鼻烟铺,规模非常的大,分店都有200多家,主要从当时的山东兖州购买烟草,然后制作,远销到当时的蒙古。鼻烟有一定的治疗感冒作用,所以无论是王公贵族,还是一般的平民老百姓,都会购买鼻烟。

外馆设定的本来目的是出于一种礼制和政治的需要,为了方便觐见的蒙古贵族居住,他们促进了商业贸易的发展,让安定门内外成为一个著名的商业场所。从清代到民国以来,形成了从北京到外馆到张家口,延伸到外蒙古库伦地区的一个重要的商业道路,甚至远到俄罗斯,有着北方丝绸之路之称。

六、安定门内明清国子监

安定门内街区分布着大量佛教寺庙,以及清代著名的藏传佛教寺庙雍和宫,国家最高学府——国子监,还有孔庙、府学和衙署。这一片区域并没有纷繁的商业贸易市场,是宗教与文教的重要场所。清代作为镶黄旗的居住划分区，作为重要的军事防护城门，安定门内外的街区在城市发展上有浓厚的继承性，同时也因为宗教的传播，藏传佛教也在城门内外分外兴盛，成为北京一大宗教文化圣地。

安定门内的浓厚的佛教文化氛围来自前代的传承。辽金时期的统治者对佛教就较为重视，北京地区的大部分寺庙历史都可以上溯到辽金时期。而元代统治者也十分重视佛教，还将藏传佛教引进到北京地区。元世祖将藏传佛教定为国教，直接扩大了佛教的流传和影响，元代寺庙尤其是皇家寺庙在大都城内外发展旺盛。环绕积水潭附近修建了规模较大的寺庙群，相对空旷的北城德胜门和安定门附近，也成为民间寺庙较为集中的区域。元代这里就分布着大量的寺庙，有些寺庙的历史甚至上溯到金代。

紧靠安定门的内城街区，是明清最高官学学府国子学及最高教育机构国子监，以及顺天府府学和大兴县学，这一片是元明清北京城市的高端文化区。

国子监始建于元代至元二十四年（1287），明清依旧，明代永乐、正统年间曾大规模修葺和扩建，清乾隆四十八年（1783）又增建"辟雍"一组皇家建筑。国子监整体建筑坐北朝南，为三进院落，中轴线上依次排列着集贤门（大门）、太学门（二门）、琉璃牌坊、辟雍殿、彝伦堂、敬一亭，现存主体建筑。

明代北京作为全国的政治和文化中心，大致沿袭了元代的教育体制，设置有中央的官学——国子监，恢复了汉唐时期地方儒学向中央国学选送学生的做法，使得中央国学一时成为全国精英学子荟萃之地。作为明代中央设立的最高学府国子监，具有相当重要的地位，国子监的监生成为明朝官僚体系重要的供给来源。

明洪武时期因在南京设国子监，遂将北京国子监改为"北京郡学"，永乐时期都城北迁，"北京郡学"恢复为"国子监"。元世祖忽必烈时营建大都城时规划了庙学的位置，即北京孔庙和国子监所在。明朝建立之后，沿袭了元代的"左庙右学"之制，重修了孔庙，北京国子监的建筑格局仍依元代之旧，《钦定国子监志》卷一"庙志"载："元都燕京，建庙城东北隅，明永乐因之，而体制未壮。"此后明清多次对孔庙和国子监进行修缮、扩建，十分重视对孔庙和国子监建筑群的营建和保护。

清朝入关之始，便提出要兴文教。顺治帝从吏科都给事中张文光奏所请，此后清代所有文庙一律尊称为"至圣先师孔子"庙。除了加赠封号，清政府每年还举行祭孔典礼，给孔子的后裔衍圣公以种种荣耀和特权，给孔府增拨土地、赏赐财物。不仅如此，对孔孟后学、历代重要的儒家代表人物都优礼有加，为他们建祠庙，立牌坊，赐匾额，"先儒"的后裔都世袭五经博士，倍加荣宠。

清顺治十四年（1657），世祖因北京孔庙年久倾圮，谕工部重修文庙。工部以"钱粮匮乏，所需工料，未能措办"，顺治帝筹措再三，发内帑银三万两，"特加修葺"，并发下谕旨："诸王、贝勒、大臣及在京满汉官员，愿捐资者许令协助。"历经三年，清代第一次大规模修葺孔庙完工，不过此时的孔庙仍是明朝的旧制。

乾隆二年（1737），高宗认为"皇考世宗宪皇帝，尊师重道，礼敬尤隆，阙里文庙特命易盖黄瓦，鸿仪炳焕，超越前模"，又"思国子监为首善观瞻之地，辟规制，宜加崇饰"。特命北京孔庙的大成门、大成殿着用黄瓦，以昭展敬至之意，清代文庙规制更胜明朝。

文庙大成殿内，"正位"为孔子神位，其全称是"至圣先师孔子之位"，"配位"为"四圣"神位：复圣颜子、述圣子思子位，在殿东，西向；宗圣曾子、亚圣孟子位，在殿西，东向。配位两边为"从位"，清初只置"十哲"：先贤闵子损、冉子雍、端木子赐、仲子由、卜子商，在殿内东序，面向西；先贤冉子耕、宰子予、冉子求、言子偃、颛孙子师，位殿内西序，面向东。康熙五十一年，以"朱子昌明圣学，升跻十哲，位次卜子商"。乾隆三年（1738），又升有子若为十二哲，位次卜子商，移朱子次颛孙子师。自此四圣十二哲从祀沿袭未变。

大成殿东西两庑为文庙从祀的先贤、先儒。康熙中后期，有军事实力的反清势力已经被次第荡平，清统治者开始大兴文治，努力成为继明之后的正统王朝。为了争取新一代汉族士大夫、士人的认同，康熙帝力推崇儒重道，其手段之一便是增加文庙陪飨的先贤、先儒。清初只有先贤六十九人、先儒二十八人从祀。此后飨文庙先贤、先儒时有加增。

清代的祭孔礼仪很多，在很多重大场合中都有祭孔典礼，如视学、临雍、经筵开讲、巡幸阙里、平叛凯旋、立太子、登极、大寿、皇太后大寿、皇妣升祔等时节，都要举行释奠祭孔典礼，日常也有相应的祭孔礼仪。

清代皇帝最为看重、规模也是最隆重的祭孔礼仪是视学与临雍。皇帝亲自到国子监讲学之礼，始于汉明帝，唐以后，始设讲榻。明代设御座于彝伦堂，清沿明制，顺、康、雍三朝，清帝均曾诣国子监释奠孔子，并至彝伦堂讲书，称之为"视学之礼"，此时祭奠孔子的礼仪称为"视学释奠"。乾隆四十九年（1784），于国子监集贤门内建成"辟雍"，次年亲诣释奠，礼成后，临辟雍，行讲学礼。以后皇帝亲诣国子监讲学均在辟雍，"视学之礼"改称为"临雍之礼"，"视学释奠"亦随之改称"临雍释奠"。

顺治元年（1644）改明北监为国子监，按照明朝制度，设置祭酒、司业及监丞、博士、助教、学正、学录、典籍、典簿等官；又设六堂为讲肄之所，曰率性、修道、诚心、正义、崇志、广业。清代国子监首任祭酒为李若琳。国子监设立是为了选拔治国之才，一方面要优先保障官僚子弟入学，同时也从民间选拔有才学者："官生除大臣恩荫入监外，其余自一品至七品子弟，有勤敏好学原在庠序者，许提学官造册送监；民间除贡生廷试坐监外，其廪、增、附生员中有文义优长、壮年力学者亦许提学官考选送监。"

清初国子监始终面临着无宿舍、无经费的困境，而且国子监是在元、明国子监的旧址上兴建的，明国子监宿舍到清朝已久为民居，监内只有各教官办公和讲课之所，没有学生宿舍，这一问题长期制约着国子监的发展。直到雍正时期孙嘉淦任国子监祭酒，才得以解决。雍正八年（1730），孙嘉淦就向皇帝请求每年拨银两作为国子监生讲课、桌饭、衣服、赈助之费，得到雍正的首肯，著为定例，从此国子监有了固定的经济来源。同年，孙嘉淦又与侍郎兼管监务鄂尔奇一起奏请，将国子监门外方家胡同空置的官房一所，赏给监里，用每年的公费银两修葺，让拔贡等人就近肄业。这一请求也得到雍正批准，从此国子监有了学生宿舍，由于它在国子监南面，故称南学。

到道光末年，原有的教学制度已形同虚设，住监人数减少。至此国子监已经腐朽不堪了。至同治二年（1863），定住学人数仅四十余人，其萎缩状态可见一斑。不仅学生锐减，且纪律混乱，连每月一次祭酒主持的考试"大课"也难以维持，顶替代考者众多，可见清朝的最高学府衰落到了极点。为振兴国子监，统治者曾多方设法，在八股文之外加考策论、经史等，但由于大的方向没变，国子监终于在清末随着科举制的废止而停办。

许辉　北京市社会科学院历史研究所副研究员，北京史研究会秘书长

以德制胜德胜门

何岩巍

德胜门的历史情况分为两大块，第一部分讲皇权专制思想影响下的德胜门；第二部分讲德胜门水关与积水潭美景。

一、皇权专制思想影响下的德胜门

20世纪早期德胜门跟现在相比，城墙还是很完整的，可以看到全貌。德胜门正好是在积水潭北边一侧，因为还要讲到德胜门和积水潭之间的关系，所以在这里先强调一下。

（一）德胜门的命名

关于德胜门，基本上可以这么说，它的名字是来自元代的健德门。元代的健德门"健德"之意，一般认为

图1 北京德胜门，选自《北清事变写真帖》

是取自《周易》的乾位,"天行健,君子以自强不息","乾者健也,刚阳之德吉"。这个门是元朝军队出征之门,命名为"健德",其意有出兵打仗全军需刚强之意。虽然"健德"与"德胜"在语义方面有所区别,但二者之间的相关性还是显而易见的。可见,德胜门含义中"德胜"之意,在元代时候已经基本确立了。

明代的德胜门其实有两座,这一点可能很多人不太清楚。第一,在洪武元年有一个以健德门为原址的德胜门。当时元朝末年的时候,朱元璋派大将徐达攻打大都,他打下大都之后,把健德门这个地方拆了之后重新修了,在这个地方建了一个新的城门,这个门当时也叫德胜门,但是这个德胜门,不是我们现在所称的这个德胜门,它的位置在现在德胜门的北边五里,存在了大约四年时间。到了洪武四年(1371),又过了大概有四年时间,徐达将元大都城墙南缩了五里,重新建当时北京城的北城墙,在城墙上修建了一个城门,这才是我们今天所说的德胜门。

德胜门的位置基本上就是从元代健德门往南缩了五里。为什么要特意强调这个问题呢?因为这个问题一般的历史爱好者大多不清楚,很容易把两座不同位置及产生时间不同的德胜门混同。

(二)中国各地的德胜门及其方位与含义

关于德胜门还有一些挺有意思的地方。实际上除了北京的这个德胜门,在全国各地,还有很多城市的城门以德胜门为名。可见"德胜"一词在中国传统城门命名方面的重要影响。

据我统计,中国有五个城市都有德胜门。银川的德胜门在今天银川市北京东路和中山北路交叉路口,俗称"北关门"。这个门它也在北边,在银川城的北面。所以从位置上来说,它和北京的德胜门很像。

合肥也有德胜门。已经毁掉了,现在已经不存在了。如果大家去过合肥,就知道合肥的德胜门在金寨路和环城路的交会处。历史上,合肥旧称庐州，也是出城作战的班师地点。在合肥市流传着所谓"出威武，进德胜"的谚语，"威武"其实也是庐州城的一个城门，叫"威武门"，这个"威武门"是军队出城的起点，而德胜门是进城的，这一点与北京的安定门和德胜门的关系正好相反。合肥的德胜门在城内也有一个大街叫德胜大街，这一点也和北京德胜门很像，而且凡有官员来合肥视察或上任，都会经此入城。北京德胜门，皇帝出巡、祭祀经常从德胜门走。合肥级别没有北京高，它不是都城，但是当地的官员视察和上任也会从此入城，从这点上来看，其蕴含的文化意义和北京德胜门也比较近似。

南昌也有德胜门，现在也毁掉了，地方志《南昌府志》可以看到德胜门的位置。北边有护城河。南昌德胜门在胜利路和阳明路交叉口，是明清南昌城的七门之一，因南昌德胜门附近有刑场，当地有所谓"杀人放火德胜门"这种说法。

沈阳的德胜门，俗称"大南门"。该门建于天聪元年（1621），天聪元年就是清代初期，是皇太极重修沈阳城后改建。皇太极在入关以前就用北京的德胜门给自己的都城城门命名，暴露了他倾覆明王朝，入主中原的野心。

吉林德胜门，在吉林老城西北，是同治年间新开的城门，供军队出兵之用，门外有教场，供士兵训练，每年将军、副都统在此检阅士兵，这点也和北京德胜门比较近似。北京的德胜门也建有教场，也有专门供士兵训练用的各种器械之类的。

下面讲一讲德胜门的方位和含义。

一般常见的说法认为，北方按星宿属玄武，玄武指征战，故古人打仗，从城市的北门出兵，而德胜门就是北京的北门，同时这个门为"德胜"，也就是所谓以德取胜，征战之兵出门应称德胜。所以德胜、征战与北方三者之间，有了一种关系。不过要是从全国来看，银川、沈阳、吉林、合肥和南昌德胜门，似乎各有不同特点，很难都简单地和征战、北方联系起来。

从城门位置来看，银川、吉林和南昌德胜门，均位于城墙北侧。南昌的德胜门，虽然已经毁掉了，其实它很像北京德胜门，也是北面有一个北壕，北护城河，而北京的德胜门，以前也是在城门外面有护城河。沈阳、合肥德胜门，在城墙的南侧。从这点来看，说德胜门因与征战有关一般在北面，看来是不完全对的。

从城门的功能来看，沈阳、吉林德胜门与北京德胜门很相似，也是征战出兵之处，而合肥德胜门是军队凯旋入城之处，这一点类似于北京的安定门。银川、南昌德胜门，没有关于征战的记载。就取义而言，健德门应该是来自《周易》，这一点应该是肯定的。所以德胜门的位置和定义，还是跟军队的出征有关系的。总体来说，除北京之外的德胜门虽然在位置、功能各方面与北京德胜门有所差异，但是也有一些类似之处。

（三）德胜门的建筑形式及箭楼建筑特点

德胜门的主体已经毁掉了，就剩一个箭楼，所以很多人以为目前遗存的箭楼就是德胜门，其实箭楼只是城门的一部分遗存。箭楼已经很宏伟了，所以如果城门也完整保存下来，那规模会非常宏大。

德胜门的箭楼，它的规格是很高的，有四排箭窗，共八十二格，整个箭楼的形制为七檩重檐歇山顶。从它这个规格整体来说，在中国传统的这种建筑格局、建筑等级里面，还是属于比较高的。而且上面有绿色的琉璃瓦，作为明清两代都城城门，这样的等级和规制，在城门中是很高的。

西安城门它是三檐歇山顶，其箭楼是单檐歇山顶，而北京德胜门箭楼是重檐歇山顶，可见北京箭楼比西安箭楼等级要高，西安只是城门的正楼是三檐，而北京箭楼已经是重檐了。西安箭楼的箭窗虽然也有四排，但是整体箭窗的格，并没有北京的德胜门多，所以两者对比

图2 德胜门箭楼曲阶及道口马路碑亭,选自《京师环城铁路工程摄影》

可见,德胜门箭楼的规格显然高于西安这些城市的箭楼。从北京德胜门的箭楼的规格来看,也高于国内的另外四座德胜门。

现在学术界研究建筑方面的专家认为,德胜门箭楼的斗拱,还有它的大木结构,基本上是按照清朝工部《工程做法则例》的做法。这《工程做法则例》是当时政府专门制定的对于各种建筑规格的一种标准,其中卷十六中,特别提到了重檐七檩歇山箭楼的大木做法,不过在德胜门实际的建造过程中,应该是有改动的。所以现在这个箭楼,它既有明代的一些痕迹,也有清代的痕迹,当然这是一个非常专业的建筑学的问题。其实德胜门的名称、功能、建筑形制本质上反映的都是皇权至高无上。谁"以德制胜"?当然是皇帝,而围绕这一含义的各种功能和高规格建筑形制都是为皇帝的权力服务的,与老百姓没有什么关系。

(四)德胜门与军事征伐

关于德胜门的军事征伐,最有名的要讲到三个人。

一个是大家熟知的明成祖朱棣,朱棣就是把都城从南京迁到北京的皇帝,朱元璋第四子。明朝将都城迁到北京以后,北方边境地区仍然常常受到退入大漠的蒙古残余势力骚扰,为彻底稳定北方局势,朱棣五次出德胜门北伐蒙古的鞑靼和瓦剌两部,每次的方向不一样,但是基本上都是往正北,有的是往西北。他这五次征伐,可以说每次都取得了胜利,但是并没有真正地解除蒙古瓦剌,尤其是瓦剌部对明朝的威胁,所以才有后来于谦的北京保卫战。所谓北京保卫战,如果大家熟悉明代历史应该知道,瓦剌大概在15世纪中期,就是明英宗的时候,因为土木堡失败,英宗被俘虏了,瓦剌的首脑也就带着皇帝一直打到北京,威胁当时的明朝统治。明朝的于谦这些大臣,就拥立了英宗的弟弟(英宗叫朱祁镇,他的弟弟叫朱祁钰),称帝以后就是明景帝。于是明景帝就主持当时的北京保卫战,打得非常激烈。当时在德胜门镇守的大将包括于谦、石亨、范广、武兴,实际上是集中了北京的重兵的。据统计,当时明朝很多的著名将领均在这里镇守,应该说打得非常激烈。当时于谦不是关门闭守,而是选择合适时机直接带兵出城,出其不意地击败了当时的瓦剌军队。如果当时德胜门这一战打败的话,可能整个明朝的历史就改写了,北京就很可能会陷落。明朝北方的很多地方就会被瓦剌给占领,重现当年宋金对峙的局面。所以这场北京保卫战,可以说是一场决定当时明朝命运的战争。

到了清朝,德胜门其实与军事征伐也有很大关系。清初的时候,蒙古的准噶尔部,对当时清朝的威胁很大,也是屡次进犯,所以康熙帝也是三次亲自出德胜门征伐,当时准噶尔部的首领,叫作噶尔丹。

这三次征伐噶尔丹,虽然说是打胜了,但是损失也是很惨重,很不容易。所以这场战争在很大程度上决定了清初的历史。如果康熙帝的战争失败,那么清朝就有可能把北方丢掉。

综上所述,不论是明初的朱棣北伐,还是清初的康熙北伐,都对两个王朝北方的稳定打下了比较坚实的基础,如果在北伐中失败,明清两代的历史就会被彻底改写。这些北伐均从德胜门出城,虽然现代人看来战争的胜利与城门的名称无关,但是在传统时代二者确是息息相关,不容忽视。

(五) 德胜门与皇帝出巡

说完了关于征伐的问题,下面谈一谈德胜门与皇帝出巡。清朝的皇帝多次从德胜门出巡,最早从顺治皇帝开始,史书上就有记载,但是记载比较多的是康熙帝。以下介绍三次。

"辛未,上奉太皇太后往赤诚汤泉。是日启行,上随辇步行。"康熙帝带着太皇太后"往赤诚汤泉",然后"上随辇步行",皇帝还步行了,"至神武门乘马,出德胜门,驻跸巩华城"。巩华城就在昌平居庸关那边。"丙寅,上幸德胜门外观麦,"然后"丙辰",又"出德胜门观禾",这是去看看麦子和稻子,是看一些庄稼的长势如何。下面这一次,"乙未驾发清河,设卤簿"。什么叫作卤簿?卤簿就是仪仗队,"设卤簿"说明阵势比较宏伟。前面观麦、观禾,还有奉太皇太后往温泉就没说"设卤簿",乙未这次"设卤簿",说明这阵势不小。"皇太子诸王",那些王爷,还有各种官员,要出城外五里跪迎,那么八旗护军、骁骑、步军、京城附近绅衿,就是一些官员,还有当时一些所谓的士绅、老百姓这些人,要设香案沿门结彩跪迎。"上由德胜门入",皇上从德胜门回来,"诣堂子行礼毕"。"堂子"是什么呢,"堂子"就是满族人萨满教的礼拜场所,就是萨满教寺庙。可见皇帝不管是干什么,去温泉,看看庄稼长势,一般都喜欢从德胜门走,规模还不小。

皇帝出巡有的时候阵仗比较大,卤簿也分各种档次。各种规格不一,有的时候乘御辇,有的时候乘金辇,等级不一。之所以等级不一,大概也就是根据他活动的目的不同,所以各有差异。皇帝的出巡具有很强的随意性,基本上是想怎么样就怎么样,但是下属、随从和百姓可不敢随意,必须老老实实、恭恭敬敬地跪迎,专制统治的厉害可见一斑。

（六）德胜门与咸丰皇帝葬礼

咸丰皇帝死了之后，他的棺木进京的时候同治帝也要亲自到德胜门外等候。此后，"太庙，遣官行礼斋戒三日期内，所有承祭执事各官均应素服，冠缀缨。谨拟除橙祭执事各官毋庸跪迎外，其余无执事之王公百官等均服缟素，于二十八日在南石漕地方恭迎，二十九日在德胜门外恭迎……御道所经百里内守土官跪迎于道右，举哀候过，赴宿次。于城门外行三跪九叩礼。届奠时，文武官员于左右翼班末行礼。凡在途之日并同。在京之王公大臣除有紧要差事者酌量远近分班迎接外，其余王公以下一品大臣及镇国将军等恭迎于蔺沟。二品大臣辅国将军等至四品官员奉恩将军等以上恭迎于清河北。闲散宗室及五品以下官员恭迎于德胜门外。穆宗毅皇帝先往德胜门外，祗俟跪迎后，由闲道豫往。灵驾至，跪举哀，候过兴，不往送各官皆退。往送各官出城外，按旗乘马随行。公主福晋以下，县君奉恩将军恭人以上，民公侯伯一品夫人以下，男夫人以上于德胜门外关厢内齐集……宝亭出德胜门，至巩华城进南门，排跪奉迎。彩亭由中门入，至二门止，礼部官豫奉绢。地安门外桥南齐集，右翼民公侯伯以下，四品官员以上，干桥北齐集。满汉大臣官员于鼓楼西大街齐集。左翼五品以下，有顶戴官员以上于德胜门内齐集。右翼五品以下有顶戴官员以上于德胜门外松林桥西齐集。左翼闲散宗室于土城关外。右翼闲散宗室于两闲房北。左翼觉罗于老虎庙西。右翼觉罗于冰窖北，均跪迎举哀，候过随行。内务府三旗官员于大红桥南东向跪迎举哀，候过随行。内务府三旗佐领管领下拜唐阿护军领催于东欞众木外跪迎举哀。"没有紧要事务的王公官员都要到城外迎候，有的在德胜门外，有的在蔺沟，有的甚至要到清河北去迎驾。排场之大，礼仪之隆重让现代人无法想象。

综合以上的介绍，我们可以发现，不论是德胜门名称的含义、建筑等级，还是该门的主要职能，无不与皇权的至高无上紧密相连。"以德取胜"也好，重檐七檩歇山顶的箭楼也好，军事征伐、皇帝出巡和葬礼也好，都和普通百姓没什么关系。正所谓：兴，百姓苦；亡，百姓苦。高高在上的德胜门数百年来承载着帝王家的荣辱，而历史中沉默的大多数只能默默注视着这与自己没有真正关系的城门楼子。

所以我们讲到德胜门的时候，除了讲历史文化，还是站在我们现在的角度来看这个问题。但是如果放在明清那个时候，实际上就是皇权至高无上，跟老百姓没什么关系的。德胜门的辉煌也好，它的毁坏毁灭也好，实际上都是当权者的事情。所以"以德取胜"，以什么德，谁的德，当然是皇帝的德。重檐七檩的歇山顶，这种等级为什么要这么定，因为这是都城，都城是皇帝在这儿，所以等级要求高。军事征伐为什么？那是皇帝的利益，征伐也为了他的天下。出巡、葬礼，也是劳民伤财。所有这一切，我们现在把它作为一种文化，一种历史传承来看待，在当时它是和统治、君主的专制不可分的。

二、德胜门水关与积水潭美景

元代积水潭不像现在，现在到积水潭什刹海那边看，实际上分成了好几部分，最外头叫西海，然后有后海，分成好几部分，后边北海、中南海。但是在当时它是整个连成一体的。

实际上明清时候的积水潭，基本上是在城外的，而这一块儿现在已经没有了，现在这个地方已经被填平了，当时这个地方有一个大湖，叫作抄纸坊泓渟。这个名字比较奇怪，抄纸，就是抄东西，纸就是纸，抄纸坊泓渟。泓渟是什么东西呢？泓渟就是一个比喻词，它的意思就是指非常深的一个湖。

讲德胜门的水关，要提到和积水潭的关系，因为自明代中后期以来，德胜门的门楼底部就有水道和北京城内的水系连通，而出水口就在如今积水潭旁边的汇通祠的下边。汇通祠就是这个，如果大家去西北二环边上那块儿，能够在路边儿看到有一个小山，小山上头有一个小庙，这就是汇通祠，旁边有一个叫解放军歌剧院的地方。德胜门的水关有着十分重要的作用。城外西部山区的水，水流通过引水工程进入城内，所以如果没有德胜门水关，将西北一带的水流导入河内，那么北京城内的水系就会枯竭。所以德胜门水关，它实际上还有非常强的实际功能。

刚才我说到了，元代的积水潭是连成一体的，今天积水潭和什刹海之间已经只是一个非常小的桥来连着了，说明这个地方已经干涸了。所以明清以来的广义的积水潭包括了现在的积水潭、什刹海，它的面积相比于元代缩小了一半左右，这是积水潭面积最大的时候。

明代积水潭边的园林景致是非常好的，但是可惜的是现在没有什么遗留了，只能从史书上看。明代有一部非常有名的讲北京风景的书叫《帝京景物略》，其中对这一带的园林和寺庙介绍得非常详细，"沿水而刹者，墅者，亭者，因水也，水亦因之"。当时有镜园、莲花庵、刘茂才园，有方园，还有虾菜亭、莲花社，反正很多，而当时风景被称为"西湖春、秦淮夏、洞庭秋"。连东南沿海一带的人，都认为风景太好了，就是说连他们那边好像都不能比，当然这是比较夸张的说法了。

到了清代的时候，积水潭边也有好多园林，比较有名的就是棍贝子府。棍贝子府最开始在明朝的时候，是定国公徐达的一个别业，相当于别墅，到了清朝成了固山贝子弘璟的府邸。嘉庆的时候又成了玛尼巴达喇的府园，后来就成了棍贝子府。现在这个园子被积水潭医院所占，如果大家去积水潭医院看病，从正门进去，一直往里走，走到最里头，就能看到这个小园子，还是很不错的。这就是当时棍贝子府残留的一个部分。

最有名的就是恭王府。恭王府也是在积水潭边的园林里面，其实恭王府还是面积挺小的，给人感觉很有江南园林的特色。在明清时期，因为德胜门水关，城外的水流持续进入积水潭，逐渐使周边成为达官贵人、文人墨客的游乐之地。明清两代的皇室宗亲、权贵官员，利用手中的特权，在此兴建了大量的私家园林，也可以说是极尽享乐之能事。所以可以这么说，从元朝到明清，在德胜门南边积水潭附近，实际上发生了一个变化。元朝时候积水潭边实际上是一个商业贸易场所，因为当时南方的商船，可以从运河直接开到积水潭，但是到了明代以后，北京城内的水系发生了改变，船已经不能开进积水潭了，所以这个地方贸易场所的作用就消失了。因为这个地方风景很好，也正是因为有德胜门水关，把大量的水源输入积水潭，所以使这个地方变成了一个游乐之所。当然，不管是明朝也好，还是清朝也好，这些园子周围的园林，包括别墅，要不然就是王公大臣的，要不然就是些所谓的权贵、皇室宗亲这些人的，所以虽然风景不错，但是基本上也和普通人没什么太大关系。

民国时期的积水潭给人感觉已经很萧条了，可以看出德胜门当时破败的状况。随着清朝灭亡，随之积水潭边的繁华，也就烟消云散了。

乾隆有三首诗讲到了积水潭和德胜门周边的景色，这三首诗后来收到他的《积水潭即景诗》里。这三首诗对德胜门及周边积水潭一带的风光景色描写很生动，他对德胜门外一带的田园风光颇为欣赏，留下了"雨意溟濛犹未止，出郊即看麦苗芃"这样的诗句。除了麦田，数百年前的德胜门外，还有大片的水域。这些湖泊和沼泽，是元代积水潭的残迹。这就是刚才我说到的抄纸坊泓渟。

2002年，当时有个北护城河的综合治理工程，就利用当时德胜门水关附近的护城河，当年的一段河道及周边的沼泽地带，重现了作为"太平观荷"的动人景色，也就是如今北二环"潭西胜境"景区。

这三首诗还是很值得一读：

积水苍池畜众流，节宣形胜巩皇州。
疏淤导顺植桃柳，三里长溪可进舟。

一座湖亭倚大堤，两边水自别高低。
片时济胜浮烟舫，春树人家望转迷。

烟中遥见庙垣红，瞬息灵祠抵汇通。
雨意溟濛犹未止，出郊即看麦苗芃。

如果对当地的地理比较熟悉的话，就可以看出它对于积水潭、西直门这一带的景色是全都提到了。"积水苍池畜众流"，所谓"众流"，当然就是从城外的西山，汇流的水源都集在这儿了，所以它叫"节宣形胜巩皇州"。"皇州"，当然是皇帝的"皇州"。"疏淤导顺植桃柳，三里长溪可进舟"，就是说居然可以走船。"一座湖亭倚大堤，两边水自别高低"，这是说到当时的水关，水关两边水有高有低。"雨意溟濛犹未止，出郊即看麦苗芃"，这个里面提到当时的皇帝，他实际是站在德胜门外，来看当时的德胜门外种的麦苗。

德胜门南面和北面都有护城河，但是后来护城河在20世纪六七十年代的时候，都给填埋了，上面盖上板子，所以说基本上就没了，后来是重新又把它恢复了。明代北京北城墙把元代积水潭分为两个湖泊，留在北墙之外的部分逐渐湮没，到清代中期时成为荷花池和稻田，到清末此地被称为"贡家苇塘"，只剩下一些芦苇荡了。20世纪50年代的时候，这个地方重新修了两个湖，一个湖叫太平湖，一个湖叫青年湖。这个青年湖就是今天的青年湖公园，而这个太平湖现在没有了，但是当时太平湖规模还不小，而且还建成了公园。太平湖和青年湖其实都是积水潭留在北京北城外的部分，就是抄纸坊泓渟的残迹。太平湖实际上就和德胜门北边的护城河勾连在一起了，尤其是下雨的时候，德胜门北边这护城河一涨水,基本上就是淹成一大片,可以说它就不是一个河了,成了一片汪洋了。所以由此也可以看到,刚才说潭西胜境,实际上某种程度上,它和元代的抄纸坊泓渟之间有着比较紧密的关系。

何岩巍 北京市社会科学院历史研究所助理研究员

皇家坛庙

千秋功过谁评说
——历代帝王庙

许 伟

历代帝王庙是明清两朝的皇家庙宇,特点是由明清皇帝评价历代帝王的功过是非,决定入祀哪些帝王,不入祀哪些帝王,划分这个界限的主导权和话语权,全在明清皇帝,这很像是同行评议。明清皇帝评说历代帝王的功过是非,也有史学研究的成分在里头,那就看这位皇帝的史学功底如何了,当然他们身边还有礼部和大学士帮助引经据典,但是明清皇帝的主张是最重要的,我们从中可以看到明清皇帝的帝王祭祀观。首先从几个方面举例来看。

比如,为什么要有选择地入祀帝王,被入祀的帝王就是有功无过的帝王吗?通常讲,历代帝王有明君、庸君、昏君、暴君之分,北宋司马光在《资治通鉴》里分为创业、守成、陵夷(走下坡路)、中兴、乱亡五种帝王,而入庙祭祀就要有选择,有褒贬,有扬弃,明清皇帝的取舍是依据他们个人的看法,和我们今天的认识不会完全相同。但乾隆皇帝指出了很重要一点,就是被入庙祭祀的帝王不一定都是最好的,即使是最好的帝王也有不足和过失,因此祭祀他们的要义是效法其功德,警戒其教训。

又比如,明清皇帝都尊崇三皇五帝。我们现在说天下华人都是炎黄子孙,是从中华民族共同祖先的角度讲的,但从治统上讲,最早治理中国(中原)的著名首领就是三皇五帝。西晋的皇甫谧著有《帝王世纪辑存》一书，就把三皇五帝列为了古帝王，历代帝王庙也是把三皇五帝作为中华治统之首来祭祀的。

还比如，我国历史上的统一王朝占时最长，也就是说统一是中国历史的主流，但也有短暂的分裂割据时期，如南北朝、唐末五代等。历史上把统一王朝称为正统，把割据王朝称为偏安之国，但他们的头儿也敢称皇帝。对此，乾隆皇帝的认识很深刻，他说"中华统绪，不绝如线"，就是中华的治统序列就像一条完整的线，从来就没有中断过，所以他主张既要入祀统一王朝的帝王，也要选择一些出色的偏安之君入祀。

再比如，历代帝王中有开国创业的，也有治国守业的。前者是少数，后者是大多数，怎么平衡这个关系呢？最初只崇祀开国创业的帝王，后来又大量增加了治国守业的帝王入祀，做到了创守并重。

还有，历代帝王中绝大多数是华夏汉民族的帝王，也有部分是北方民族帝王，如辽金的契丹族、女真族皇帝，北魏的鲜卑族帝王，元朝的蒙古族帝王等，还有不同民族联姻而来的"混血帝王"。怎样包容这些帝王呢？大家知道，明朝皇帝是汉族，清朝皇帝是满族，结果是汉族皇帝朱元璋入祀了蒙古族皇帝忽必烈，清朝满族皇帝自觉融入了中华治统，乾隆还把中华治统精辟概括为了"中华统绪，不绝如线"，达到了很高境界。

我认为，如果把历代帝王看作历史符号，那么，由这些符号串联起来的这条线，本质上就是中华治统的一脉相承，虽然朝代更迭，但国家主权始终延续，体现了中华文明的独特性。世界上哪个国家有这种历史和庙宇呢？我们常说中华文明是一脉传承的，是世界唯一没有中断的文明，但西方有些人却否认这一点，说元朝是蒙古族殖民中国，清朝是满族殖民中国，你这个文明断线了。其实这是一种无知、偏见或诋毁，我们的历代帝王庙就是一个有力的反驳。所以历代帝王庙的文物价值很高，已被列为全国重点文物保护单位，将得到永续保护。

一、历代帝王庙概况

历代帝王庙是明清两朝的皇家庙宇。明太祖朱元璋建立大明王朝后定都在南京,所以建国不久,他就在南京创建了历代帝王庙,这名字也是他起的。

明永乐皇帝迁都北京后,没有马上在北京修建历代帝王庙,直到明代中期以后,嘉靖皇帝才再建北京历代帝王庙,南京旧庙由太常寺负责祭祀,到清朝南京旧庙不存在了,北京历代帝王庙就是全国唯一了。

北京历代帝王庙,位置在西城区阜成门内大街路北,处在白塔寺和广济寺之间。它的大殿主祀三皇五帝和历代帝王,东西配殿从祀历代名臣,是主祀帝王和从祀名臣的格局。

主体大殿叫景德崇圣殿,就是景仰德政,崇尚圣贤的意思。现在大殿的内景基本上是乾隆时期的面貌,共有七个龛位,每个龛位里面

图1 历代帝王庙景德崇圣殿外景(历代帝王庙博物馆提供)

供奉着入祀帝王的牌位。庙门外面原来有两座牌楼，是明朝的原装木结构，清代的彩画，1953年拆除了，在梁思成的要求下保留了构件。首都博物馆建好后，需要在前厅放一件最大的明代文物，就选定了历代帝王庙的一个牌楼。我们去首博参观，可以留意欣赏一下。

历代帝王和历代帝王庙是两个概念，历代帝王是总称，历代帝王庙是选择的结果。

我国的历代帝王，共有460多位，包括三个大时代。

1. 三皇五帝时代

三皇五帝是中原华夏地区最早的治理者。在西晋的《帝王世纪辑存》里记载，三皇指伏羲、炎帝、黄帝，五帝指少昊、颛顼、帝喾、唐尧、虞舜。历代帝王庙祭祀的三皇五帝就是指这八位。其实，他们是各自所在族群的著名首领和代表人物，而每个族群应有数代首领，共同构成三皇五帝时代。

2. 夏商周时代

最高的统治者称王，所以又叫王国时代，比如夏禹王、商汤王、周武王，就是夏商周三朝的开国之王。其他还有不少方国或者诸侯国的统治者，他们一般叫公或君，不在历代帝王之列。

3. 秦汉到明清时代

最高的统治者称皇帝，所以又叫帝国时代。秦始皇统一六国后，没有再叫王，要高于王，就取了三皇五帝中的皇和帝两个字，开始叫皇帝了，故称秦始皇。从秦始皇一直到清朝的末代皇帝溥仪退位，帝制时代就终结了。

历代帝王庙的入祀帝王由少到多，乾隆时期最多达到了188位，约占历代帝王总数的40%。主导者是明太祖朱元璋、明嘉靖皇帝和清朝的顺治、康熙、雍正和乾隆这6位皇帝，虽然他们的主张各有不同，但总的发展方向是不断完善了历代帝王的祭祀体系，其中，乾隆皇帝的学识与见解最为深刻。

这里需要说明一点，清朝入祀了明朝皇帝，清朝以后就是中华民国了，不可能再入祀清朝皇帝，所以历代帝王庙只到明朝皇帝为止。

二、历代帝王庙的演变发展

我国很早就有建庙祭祀前代帝王的传统。两千多年前的《礼记·祭法》中就记载说"有功德于民"的帝王才配建庙祭祀。所谓有功德就是利国利民，还具体说了五条标准："法施于民者、以死勤事者、以劳定国者、能御大灾者、能捍大患者"才值得祭祀。

（一）明太祖朱元璋：创建历代帝王庙

朱元璋之前，只有祭祀某个帝王或某几个帝王的庙宇，但前面冠以历代二字的历代帝王庙，是明太祖朱元璋的首创，他创建历代帝王庙有特定历史背景。朱元璋推翻元朝的战时口号是"驱除胡虏，恢复中华"，建立明朝后，需要强化家国天下的中华意识，就以祭祀文化为切入点，用来彰显自古以来华夏汉民族帝王的主体地位，但朱元璋也入祀了元世祖忽必烈，把他列入中华帝系一起祭祀。

首先调查恢复了各地帝王陵寝的祭祀，并在国都南京修建了一座历代帝王庙，朱元璋三次亲临祭祀，以扩大文化影响力。

朱元璋共入祀了16位帝王，有中华治统之首的三皇五帝，接下来是"三王"，即夏禹王、商汤王、周武王，再下来就是大一统王朝的开国帝王，汉高祖刘邦、汉光武帝刘秀、唐太宗李世民、宋太祖赵匡胤、元世祖忽必烈。每个人都塑有"衮冕坐像"。

但是这些帝王怎么排列位次呢？这是个全新问题，谁也没有遇到过。朱元璋想了个好办法，他要求"仿太庙之制"排列他们的位次。太庙本来是皇帝祭祀自己祖先的地方，太祖的礼制很古老，叫"先祖居中，左昭右穆"，即老祖宗居中，后代们按一左一右的顺序隔辈排列。

历代帝王庙仿太庙之制，把大殿分为五室，就是五个龛位，中室为三皇，伏羲居中，左炎帝，右黄帝。中室左面为五帝，少昊居中，左颛顼，右帝喾，左唐尧，右虞舜。中室右面是三王，夏禹王居中，左商汤王、右周武王。汉唐在更左面，宋元在更右面。这种位次排列很巧妙，也很得当，就是把朝代的早晚看作是辈分的先后，三皇是老祖宗居中，五帝居左，夏商周居右，汉唐再左，宋元再右。这样安排就像太庙里的大家庭一样，历代帝王同堂异室，共享祭祀。

朱元璋创建的历代帝王庙有以下特点：

1. 崇祀三皇五帝。他们居中的地位最高，是作为中华治统之首的地位被祭祀的。

2. 只祭祀统一王朝的开国帝王。这符合朱元璋是大明朝开国帝王的身份。他说自己继承的是三皇五帝、夏商周三王以来一脉相承的法统，由我祭祀历代帝王，是重视"古今一统"的做法。

3. 入祀了元世祖忽必烈。这点很重要，朱元璋是以"驱除胡虏，恢复中华"的战时口号推翻元朝的，但建立明朝后，为缓和民族矛盾，尊重历史传承，又强调"胡汉一家，华夷无间"。他说元朝和明朝的皇帝只是姓氏不一样，但都是为了抚安天下（华指华夏，代表汉族，胡指北方民族，夷指东方民族）。朱元璋这点很像唐太宗李世民，李世民说自己的成功有五条经验。其中之一就是"自古皆贵中华，贱夷狄，朕独爱之如一"，意思是自古都以中华为尊贵，看不起夷狄，唯独我是一样爱戴他们。李世民能够这么说，可能与他的身世有关，因为李世民的母亲是鲜卑族，父亲是汉族，他本人是"混血帝王"。但朱元璋可是纯汉族，爹妈祖上全是汉族，他能够入祀元世祖忽必烈，把元世祖忽必烈纳入中华帝系之内，比李世民还要英明。所以后来乾隆皇帝夸赞朱元璋"犹有一统帝系之公"。我认为，其实这是统一多民族国家历史发展所决定的大势所趋，可谓顺之者昌。

4. 不入祀秦始皇、晋武帝和隋文帝。在统一王朝的开国帝王里缺少这三个人，朱元璋的理由是他们的"功德有愧"，故"斥而不与"。还因为秦和隋都是二世而亡，如果功德都好，为什么只有两代就亡国了。西晋比秦和隋的年代稍长，传了五世，但皇室腐败、内乱不止，是出了名的糟糕。朱元璋深知"立国安民者兴，无道昏君必亡"的道理，所以不祭祀他们，一直到清朝也没有主张入祀秦始皇、晋武帝和隋文帝，始终没人站出来替他们说话。

我认为，秦始皇统一六国，尤其是统一文字的功劳还是很大的。

5. "偏方之君虽贤不祭。"朱元璋承认在偏安之国中也有贤良之主，但他们的功德远不及统一王朝的明君来得大，所以虽贤不祭。

6. 入祀了37位历代功臣名将。如果没有他们从祀，历代帝王就都是光杆司令了。

总之，朱元璋创建的历代帝王庙，在崇祀三皇五帝，构建华夏——汉民族为主的统一多民族的帝王祭祀体系，褒明君、弃昏君，仿太庙之制排列位次，从祀历代名臣等方面，都奠定了良好基础。

（二）明嘉靖帝：再建北京历代帝王庙

明永乐皇帝迁都北京后，没有马上修建历代帝王庙，直到嘉靖皇帝时，才再建北京历代帝王庙。嘉靖皇帝为什么要做这件事情呢？

嘉靖的亲爹只是一个王，嘉靖是过继为皇子才当上皇帝的。嘉靖继位后硬把他爹弄成了皇帝，还入祀进了太庙，取得了所谓"大礼议"的胜利。这以后他热衷于规范祭典，认为帝王庙远在南京，不便前去亲祭，而在北京的天坛（山川坛）附祭，很不正规也不合礼制，便决定再建北京历代帝王庙。与南京旧庙相比，北京历代帝王庙的规格提高了，但只设牌位不塑像。嘉靖十一年建成后，嘉靖帝还能恪守祖制，朱元璋入祀谁他就入祀谁，嘉靖皇帝还亲祭了一次。

早在建庙期间，就有人要求罢祀元世祖忽必烈，被礼部严词驳回，理由是"胡元受命九世，世祖最贤"，"太祖神谋睿断"，祖制不得更改，这次嘉靖帝听从了礼部意见。但建庙十多年后，又有人要求罢祀元世祖，这次嘉靖帝同意了。他当时面对蒙古鞑靼部的北患之扰，没有采纳扩大贸易往来、化干戈为玉帛的良策，而是拿罢祀元世祖及其名臣出气。后来乾隆皇帝指责嘉靖帝此举是"置一统帝系于不问矣"。应当说，嘉靖帝有建庙之功，也有罢祀元世祖之过，这个过失直到清朝初年才得到纠正。

（三）清顺治皇帝：满族皇帝首次面对历代帝王庙

清朝初年的顺治皇帝是个过渡人物，六岁继位，由他叔父多尔衮摄政，多尔衮做了两件事。

一是为了使用明朝的太庙祭祀大清祖先，就把明太祖朱元璋等明朝皇帝的牌位迁入了历代帝王庙供奉，这个办法很高明，腾笼换鸟，和平解决。移位时，还举行了一个告祭仪式，祭文说，念你（朱元璋）是一代明君，不敢怠慢，所以把你请入历代帝王庙享祀。还顺便说，明朝的灭亡，是李自成闹腾的，我们进关是来救大明朝的，结果一看你们实在不行了，所以就替你们当家吧。然后很隆重地把明朝皇帝们的牌位移入了历代帝王庙。

二是恢复了对元世祖忽必烈的祭祀，纠正了嘉靖帝的过失，还进一步提出"元世祖之有天下，功因太祖"，于是又追加了元太祖成吉思汗入祀。并以"宋之天下，辽、金分统南北"为由，增加辽太祖耶律阿保机、金太祖完颜阿骨打和金世宗完颜雍入祀。多尔衮作为满族重臣，更看重北方民族帝王的入祀。后来乾隆皇帝说，只入祀辽金帝王，不管其他的偏安之国的帝王，这是明显的偏袒之意。

顺治七年（1650），多尔衮意外身亡，顺治皇帝亲政。他当时14岁，汉字都不认识几个，却苦读诗书，努力学习，经常找大学士们聊学问。他说朱元璋是最好的皇帝，靠制度管理国家，我们要多学习中原汉族皇帝治国理政的经验，因此增加了商、周、西汉、宋和明代的7位守

图 2 历代帝王庙及景德崇圣殿鸟瞰照（历代帝王庙博物馆提供）

成帝王入祀，撤出了多尔衮时期增加的辽金帝王，保留了元世祖忽必烈、元太祖成吉思汗。顺治皇帝还亲祭了历代帝王庙，"以抒景仰前徽至意"。

到了康熙时期，康熙皇帝也是少年继位，还是由满族大臣辅政，他们又否定了顺治的做法，帝王庙的入祀人物又退回到了多尔衮时期。

（四）康熙皇帝：用排除法划定入祀底线，确立中国大历史的帝王祭祀观

康熙皇帝没有去过历代帝王庙，但他在生前的最后两年开始关注历代帝王庙，于康熙六十年（1721）和六十一年（1722），两次颁布谕旨，指出了历代帝王庙存在的问题，提出了自己的重要主张，一是用排除法划定了入祀底线，二是确立了中国大历史的帝王祭祀观。

康熙指出的问题是：对入祀帝王的族属纷争不断，选择入祀帝王过于严苛，只崇祀开国君臣，缺少治国守业的君臣，显得冷冷清清。

康熙皇帝首先回答了为什么要祭祀历代帝王,康熙说,前代帝王已无后裔祭祀他们了,后来君临天下之人,继承了他们的基业,就理应祭祀他们。我今天临御天下,不得不为前代帝王说句公道话,即"凡曾在位,除无道、被弒、亡国之主外,应尽入庙崇祀",这就是康熙皇帝用排除法为历代帝王庙划定的入祀底线,超越了民族纷争与创守之辩,由此确立了中国大历史的帝王祭祀观。

康熙还认为,对于亡国之君也要具体分析原因,比如明朝的崇祯皇帝应当是殉国,他本来是想励精图治的,但他之前的万历、泰昌、天启这三个皇帝已经埋下了亡国的祸根,崇祯无法拯救,无力回天了。所以可祀崇祯,不可祀万历、泰昌、天启三帝。

康熙皇帝知道,他虽然定了入祀底线,但真正研究起来并不容易,所以他嘱咐礼部和大学士们不必着急,要从容详议。结果礼部研究了一年,拟定了入祀164位帝王、79位从祀名臣的方案,但未及上报,康熙就去世了。办丧期间,刚刚继位的胤禛皇帝(第二年才使用雍正年号)要求赶在年底前速办,就这样很快落实了历代帝王庙帝王。实际上,这个名单方案,康熙没看到,雍正没审查,就落实到位了。我为什么要交代这个过程,因为这个方案定的原则是,只入祀统一王朝的开国和守业帝王,偏安之国的帝王不入祀,但礼部却选择了辽金九位帝王入祀(金朝女真族与清朝满族有渊源关系),到底要不要入祀,礼部拿不准,指望留给康熙皇帝定夺,结果康熙不在了。后来乾隆晚年发现了这个问题,他的解决办法是继续保留辽金帝王,又选择了东晋、南北朝、唐末五代等部分偏安之主入祀。乾隆为什么会这样做,我后面再讲。

(五)雍正皇帝:强调入祀治国守业君臣的重要性

雍正皇帝继位后,历代帝王庙增加了大量治国守业的君臣入祀,入祀帝王从朱元璋时的16位增加到了164位,功臣名将从37位增加到了79位。由于雍正皇帝本人就是一位艰苦卓绝的治国明君,所以对新的祭祀格局特别重视。雍正在位13年,5次亲祭历代帝王庙,而且大修庙宇,在工程告竣时,亲自撰写手书了《历代帝王庙碑》。

这篇碑文观点鲜明,见解深刻,集中论述了治国守业的极端重要性。雍正皇帝说,历代王朝开国之后,只有出现了英明睿智的守成之主,或是继世而生,或是间世而出,才能使功绩重光、德教相续,国泰民安,出现太平盛世。雍正对治国良臣的评价也很高,说他们是"功在社稷,德协股肱",意思是他们的功劳利国利民,他们的品德配得上是股肱重臣,皇帝的左膀右臂,他们的作用一点都不比开国元勋差。

(六)乾隆皇帝:三大贡献

乾隆皇帝从25岁继位到79岁高龄,7次亲祭历代帝王庙,5次写诗,4次写碑文,十多次颁布谕旨,作出了三大贡献。

第一,把历代帝王庙的大殿规格提高到了乾清宫级。帝王庙大殿的木结构是明代的原结构,重檐庑殿顶,两层檐,四面坡,面阔九间,进深五间,60根柱子全是金丝楠木。因为是庙宇,所以殿顶是黑瓦绿剪边的形式。乾隆二十九年(1764),乾隆皇帝把它换成了最高等级的黄瓦殿顶。乾隆认为,这座大殿相当于历代帝王的寝宫,是他们的魂灵安居之地,所以要和当下皇帝的寝宫享受一样的待遇,也要换成黄瓦殿顶,大殿的彩画也相应改成了最高等级的金龙和玺彩画,这样就和故宫的乾清宫完全一样了。

第二,提出了"法戒论"是祭祀要义,就是祭祀历代帝王既要效法他们的功德,也要警戒他们的教训。

乾隆皇帝为什么把"法戒论"作为祭祀要义呢?因为康熙划定的入祀底线比较宽容,虽然排除了最差帝王,但入祀的帝王也不全是最好帝王,即使是最好帝王,既有值得效法的功德,也有引以为戒的教训,不能盲目崇拜,所以乾隆提出了"法戒论"才是祭祀要义。

乾隆二十九年,大殿提高等级后,乾隆亲书了匾联,在左楹联里特别写了"法戒兼资,古可为鉴"的话语,用来宣示他的"法戒论"。同时乾隆还写了诗文和碑文,一起刻在同一座碑上,诗文在背面,碑文在正面。诗文的第一句话就是"三皇五帝道功崇,历代君王懋建中",这个"懋"字是勉励的意思,整句的意思是,三皇五帝的道德和功劳是崇高伟大的,历代君王都以他们为榜样,勉励自己建功立业。而碑文联系这句诗文又说,历经百世之后,比较历朝帝王,到头来都是亡国的结局,这就像房屋变成废墟一样可怕。祭祀入祀帝王就是在无形之中获得这种告诫和警惕,学习到圣主明君的成功之法。从中可以看出乾隆皇帝的"法戒论"思想是非常深刻的。

乾隆四十年(1775),65岁的乾隆皇帝第四次亲祭历代帝王庙又写了一首诗,大意是我很希望效法历代帝王的功德,但是历代帝王中值得效法的太少了,引以为戒的实在太多了,所以我在祭祀的时候,更多想到的是他们的失误和教训。

乾隆四十八年(1783),73岁的乾隆皇帝第五次亲祭历代帝王庙,再次写诗说,祭祀时我想到了令人恐怖的帝王兴衰史,在回宫的路上心情就像在

图3 历代帝王庙景德崇圣殿内景
(历代帝王庙博物馆提供)

帝王庙里被折服了一样,不时再回头看看这座历代帝王庙。以上这两首诗,乾隆都吐露了应当警戒教训的迫切心情。

第三,以"统绪论"的高境界,弥补入祀帝王的缺失。

乾隆四十九年(1784),乾隆皇帝在一篇增加入祀帝王的谕旨中,明确提出了"中华统绪,不绝如线"的著名论断,即中华治统从一开头

就像一条完整的线，从来就没有中断过。乾隆皇帝的"统绪论"和精辟概括，达到了很高的境界，也是乾隆皇帝增加入祀帝王的理论依据。起因是，乾隆针对入祀帝王中，偏安之国的帝王只有辽金帝王，没有其他偏安之国的帝王入祀，认为这是明显的缺失，其实"中华统绪，不绝如线"，从来就没有中断过，所以主张必须弥补这种缺失。于是乾隆皇帝又择优选择了东晋、南北朝、唐末五代的部分帝王入祀，并举例说，北朝时期的北魏，雄踞黄河以北，地广势强。太武帝（拓跋焘）、道武帝（拓跋珪），经常思考为政的道理，尊儒重佛，讲学育才，兴修水利，发展农业，堪称是英明之主，像这样的帝王为什么不酌量入祀以示彰显呢？经过乾隆皇帝的增祀与调整，入祀帝王最终达到了188位，使历代帝王庙成为"中华统绪，不绝如线"的象征，为历代帝王庙画上了一个圆满句号（乾隆以后的清朝皇帝，难以望其项背，再无任何建树）。

三、历代帝王庙的特点价值

明清两朝是中国帝制时代的最后两朝，明清皇帝既是中华帝系的继承者，也是难得的回望者。明清6位皇帝朱元璋、嘉靖、顺治、康熙、雍正、乾隆，持续主导和推进了历代帝王庙的演变发展，今天看具有以下特点价值：

1. 把三皇五帝作为中华治统之首，享有崇高的祭祀地位。

2. 构建了华夏汉民族为主的统一多民族的帝王祭祀体系，体现了"中华统绪，不绝如线"的重大特点，为中华文明是世界唯一没有中断的文明，提供了又一重要佐证。

3. 彰显了"重一统、崇明君、弃昏君"的褒贬与扬弃。

4. 主祀帝王、从祀名臣，表达了"忠君礼臣"的唇齿关系。

5. 是明清皇家庙宇建筑的经典之作。

最后欢迎大家莅临历代帝王庙,提示如下主要看点:

大殿内的祭祀陈设和乾隆亲书匾联;

雍正、乾隆皇帝的四座御碑;

东西配殿的"从祀名臣"展;

西跨院的"关羽身首魂尊"展;

东跨院的"三皇五帝与百家姓"展。

正在筹备的"历代帝王庙来龙去脉"展(现已在祭器库正式展出,展览名称为《回望·选择——明清皇帝与历代帝王庙》)。

许伟 中国文物学会原副会长,北京市文史研究馆馆员

享告祫祭佑太平

——太庙

贾福林

太庙可以说是一部规模宏大的书,其中的知识博大精深,非常深邃,要想了解它需要下非常大的功夫。比如说俎豆管弦、牺牲玉帛、卤簿仪仗、斋戒沐浴、三跪九叩。这些成语我们可能不太熟悉,但在祖先文化当中却是非常重要的。

图1 太庙享殿中轴线(贾福林摄)

一、太庙的祭祀制度

佑太平是祭祀太庙礼仪中最主要的目的和宗旨之一,我们为什么要祭祖呢?主要就是为了祈福,保佑我们现在的人和子孙万代都太平、幸福、安康。太庙祭祖主要有时享、岁末祫祭、告祭、进鲜四种方式。

时享又叫四孟,中国的长幼顺序有孟仲叔季,孟排第一,就是说每季度的第一个月、第一日要在太庙举行隆重的祭祖仪式。如果与其他重大问题相冲突了,就再择其他吉日进行。岁末祫祭就是说年三十的头一天,把祖先的排位都集中在大殿,进行隆重的祭祖仪式。告祭,是指皇家、国家、朝廷有重大事项,比如婚丧、登极、亲政、册立、征战等,一般是皇帝亲自或者派重要大臣到太庙的寝殿进行祭典。在太庙祭祖,每时每刻每天都是符合礼制的。进鲜,也叫荐新,就是每个月把新鲜的蔬菜和果品供奉到寝殿的祖先神主前面。

图 2 明清举办祭祖礼乐的太庙广场

二、话说太庙

太庙位于天安门旁边。古人说太庙是天子明堂。外国人称太庙是紫禁城,所有在太庙搞活动的,他们都打上"紫禁城"的标记。说太庙是紫禁城没有问题,因为太庙就是紫禁城的一部分。

改革开放以前,北京居住的老北京人称太庙是文化宫,老北京人对文化宫的记忆太深刻了。好多人都在文化宫学过诗歌、舞蹈、美术,所以说太庙变成文化宫后是文化艺术的摇篮。

改革开放以来的新北京人,他们就不知道什么是太庙。新的北京人来到北京以后打拼赚钱,可能没去过这个地方,并不知道太庙是做什么的。

现在关于太庙有很多讹传和误解。一是因为太庙离现代的生活太久远了,从1924年或者1912年清帝逊位以后,封建社会结束后太庙

图 3 太庙享殿龙头石雕(贾福林摄)

就被冷落了。

再就是我们拼命地反封建。传统的东西可能有封建的，封建的东西也是传统的，传统的东西也有好的，封建的东西要一分为二，"取其精华，去其糟粕"，不能一棍子打死。而且太庙有深远的文化，里面有很深的内涵，确实需要很好地研究。

民间对太庙有很多不同的、不太科学的、不太明确的认识。比如有人说太庙有阴气，我觉得这倒是迷信。再有现在电视古装剧里涉及太庙的内容也非常多，往往是错误的，有些电视剧说老太妃在太庙停灵、太庙有地宫、宫女自罚到太庙去做苦工，这些都是不可能出现的。因为过去九坛八庙中，女性唯一能参加的祭祀在先蚕坛。北海公园有一个先蚕坛，那是要由皇后亲祭的，祭祀的是嫘祖，就是黄帝的妻子，养蚕就是她发明的。因为它是祭祀一个伟大的女性祖先，所以由皇后亲祭。

古代的文化既有精华，也有糟粕，所以首先要了解它，认识它，才能够评判它，不能人云亦云，就采取否定的态度，这是一种虚无主义。所以我们有些对太庙的误解，是关键性的、原则性的误解，对它的漠视、反感，是来源于民族的虚无主义。

另外还有一个原因是源于西方的文化中心论，中国五千年都是领先世界的，只是近两百年我们遇到了"侵略掠夺"，最后才积贫积弱。西方在构建文化架构的时候，就没有考虑到东方文化因素，所以说他们对东方文化是不了解的，是采取一种贬低的态度。

我们了解一下太庙与宗庙、与寺庙、与明堂、与社稷坛、与紫禁城故宫之间的关系。最初祭始祖的场所叫太庙，其他的叫宗庙。周朝以后，只有大一统的天子才能叫太庙，他才有权力祭祀全民族的共同祖先，别的诸侯是没有权力的，所以它才能叫太庙，太也是大、终极的意思。韩国、越南也是东方文化，他们原来是中国的属国，相当于中国国内的王国或者诸侯国，所以他们不能有太庙，只能叫宗庙。但是韩国比我们重视宗庙，韩国的宗庙，在1995年就已被联合国教科文组织指定为世界文化遗产。韩国宗庙祭礼和宗庙祭礼乐2001年被联合国教科文组织列入人类非物质文化遗产代表作名录。但是我们的北京太庙建筑、北京太庙礼乐还没有申报世界遗产和非物质文化遗产。

太庙与寺庙。庙是中国本土文化的一个词，是一种建筑的名字。它有两个意思，一个是祖庙，一个是庙堂，原来庙堂是指朝廷。寺是中国古代的一个官署名，不是外来词。比如古代的大理寺主刑名的，鸿胪寺主礼仪的，光禄寺是做重大庆典和祭祀吃食的，太仆寺是给皇家养马的。实际上这个寺是中国本土的寺。佛教的寺庙是怎么产生的？汉朝时候的皇帝做了一个梦，他梦到了佛祖，就派大臣使者去取经，用白马驮回到洛阳，然后放在鸿胪寺暂住，后来就专门给它新建了一个寺院，因为是用白马驮来的，它又曾经在寺这个地方暂住过，所以叫白马寺。佛教场所的名字就变成了寺。后来老百姓就把宗教场所的寺和庙都联系起来一块说，好像寺就是庙，庙就是寺，庙和寺都变成宗教场所了。这是它的一个变化，这样我们就明白了庙与寺的区别。

太庙与明堂。这里面的误区非常大，古书里面就混乱，古书里讲天子明堂文王之庙，古代叫互训，互相证明这个明堂就是太庙。但实际上明堂是不是太庙呢？太庙与明堂有什么区别？太庙是祭祖的，明堂是祭天兼祭祖、宣布政令、会盟诸侯，所以说明堂是一个政治性的建筑，太庙是专门的祭祀性建筑。

之前明堂和太庙的功能是混一的，到了周朝的时候，专门建立了明堂，明堂和太庙就分开了。后来历朝历代一直都把明堂和太庙分开，宋朝时候的天坛、明堂都是要祭天的，一年要祭天祭四次，冬至祭天、正月祈谷、六月祈雨、九月要在明堂祭天。祭天的同时祭祖，同时宣扬祖先的功绩。所以说明堂和太庙的功能是不一样的。一直到明代都建有明堂。清代偏重于天坛祭天，没有专门的明堂，部分明堂的功能移入了紫禁城的中和殿。

太庙与社稷坛。社稷坛是祭祀土神和谷神的场所，土和地不一样，地是大地，土是长庄稼的土。社稷坛，社是土神，稷是谷神，稷是周朝的祖先。社稷祭祀跟农耕文化有关，祈祷庄稼的丰收。因为有了农业的大丰收，老百姓才能吃好饭，国家才能安定，所以说社稷就象征着邦国。

《周礼·考工记》记述周代王城的规制是"左祖右社"。"左祖"就是皇城的左前方是太庙。"右社"指皇城的右前方是社稷坛。《周礼·考工记》的"左祖右社"规制在明朝得以实现，这是一个非常重要的关节点。还有一个关节点就是太庙原来都在远处，在隋朝以后才跑到皇城里面。明朝北京太庙真正的进入紫禁城外朝，完全实现了"左祖右社"的规制。

太庙与紫禁城故宫。太庙是紫禁城外朝的一部分，外朝是皇帝工作的地方，民国时候也曾经是故宫的图书馆分馆，现在是劳动人民文化宫、国家重点文物保护单位。

三、太庙的起源和发展

说起太庙的起源和发展，先说一下"朝"的概念，就是朝鲜的朝，早朝的朝，它还有一个读音是（zhāo），古时候应该是读（zhāo），天子皇城三朝（zhāo）五门，或者叫三朝（cháo）五门，这也是周代皇城建筑的规制，这个朝比大房子还要早，它是祭祀、占卜、议政决策的场所，后来逐步演化为三殿。北京故宫紫禁城的三殿，明代叫奉天殿、华盖殿、谨身殿。后来嘉靖改为皇极殿、中极殿、建极殿，清朝改为太和殿、中和殿、保和殿。五门是指皋门、库门、雉门、应门、路门。对应紫禁城的门，明朝是大明门、承天门（就是天安门）、端门、午门、皇极门。清朝是大清门、天安门、端门、午门、太和门。这是一个架构，一种制度，这就是天子的威仪，天子的权威要通过它的建筑表现出来。

甲骨文的朝，它上面是一个草，中间是一个太阳，下面还是一个草，太阳刚刚露出来的时候就是早晨，然后旁边是一个舟，这是一个标音，记音标的。甲骨文有7000多字，辨认出2000多字，里面70%已经有形声字了，这个朝是一个会意加形声的字。这可以理解为一个空场，古代人开大会的时候，人多没有那么大的房子，所以这个空场就叫朝（chāo）或者叫朝（zhāo）。为什么叫朝（chāo）或朝（zhāo）呢？因为要大清早来开会，这和古代人对太阳神的崇拜有关系，"左祖右社"也和原始崇拜有关系。

仰韶晚期的甘肃大地湾已经有比较完善的庙的雏形了，位于聚落中心。是最大的建筑，而且是对称格局，开放性的主室。这种大房子比较长，有附属建筑，前面还有廊子。这个附属建筑里可能会藏祭祀的牌位、藏一些祭品。廊子前面可以开大会，因为里面没那么大，开会的时候人多，天子在这临轩听政。

龙山文化牛梁河女神庙是最早的宗庙。里面有女神像，有人说这是女娲，中国的老祖宗，这些都需要进一步研究，但女娲是我们的祖先是没有错的，我们一定要尊重她。

浙江良渚文化的城市遗址，发现了若干个坛。一般说高起一块的叫台，然后再高就变成坛了，有的坛非常巨大，出土了许多象征王权的玉器。这些距今有4800多年，也是太庙建筑发展的一个非常重要的遗址，需要进一步的研究。

大地湾的大房子、牛梁河的坛庙冢、太湖之滨的良渚文化祭坛，应该是中国五千年文明曙光期的满天星斗。这时候还没有到炎黄时期，就已经奠定了华夏文明的基础，可以说祭祀祖先在中华民族中埋下了深深的根、永久的根。

夏商周时期有明确记载，河南堰师二里头夏代都城遗址，这个遗址结构非常复杂，专家论定这个宫殿遗址就是夏代宗庙的遗址。

商朝祭祖是非常隆重、非常频繁的，也经常出现一些问题，所以后来周朝对祭祖方式进行了改革。商朝祭祖有两个问题，一个是特别频繁，再一个是使用人殉。现在河南安阳小屯村的商朝宗庙遗址规模已经很大。

春秋战国时候的政治制度有重大的变化。原来商周时期祭祀非常重要，出土那么多甲骨文都是占卜用的，国家有什么大事，要占卜，问祖宗，问神，今天应该不应该出兵？应该不应该接见外宾？但是到春秋战国时候，就以人为主了，国王为主，国王主政了，他的决断是最重要的。祭祀就变成对祖先崇拜、尊敬的一种形式，祭祖的观念发生了变化。

秦代用天子七庙的制度。秦始皇焚书坑儒，说他是一个暴君，好像秦始皇完全和周朝的礼乐制度相对立，实际上不是的。六国都离周朝比较远，秦朝反而离周朝比较近，秦朝反而更加标准地沿用周代的礼乐制度，它的祭祖也采用周朝天子七庙的制度。七庙是怎么来的呢？就是始祖和三昭三穆。九庙是怎么来的呢？加上周文王和周武王，就变成了九庙，天子最高级别的庙址。历史上有两个人出于某种政治目的要恢复九庙制，一个是王莽，一个是嘉靖皇帝。

西汉王莽改制改成九庙，建了一大堆。东汉的都城在洛阳，洛阳的九庙是焚毁后又重修的，同时还有明堂。

魏晋的都城也在洛阳，魏晋两朝有两个，一个是魏朝的，一个是晋朝的，它的都城没有变化，但是都是在中西线往前延伸左祖右社的位置。

晋朝时候的人非常自由，非常散漫，佛教在这时候传进来了，民间对儒家的礼乐基本上放弃了，但是皇帝仍然坚守着太庙祭祖的传统，皇帝把几千年传承的祭祖仪式保留了下来。皇家太庙的文化传承有非常重要的作用。

隋代是一个重要的关节点，隋文帝修大兴城，大兴城就是唐代长安城的前身。以前的国都没有皇城，在这个都城里还单建一个皇宫，皇宫外头还有一个皇城，就变成三重了。这时太庙第一次正式地进入皇城，左祖右社已经得到实现。这对后来的长安城都有非常深刻的影响。唐朝太庙的位置是在皇城里面，左祖右社的位置。

北宋的太庙遗址已经被烧掉了。南宋的太庙遗址是在1995年发现的，现在我们看它的遗存物，柱础上雕的龙非常精美。我们虽然总说南宋积贫积弱，实际上南宋在经济上非常发达。而且宋朝时候，卤簿仪仗规模是非常庞大的，达到一万多人，说明那时候对祭祀也是非常重视的。

四、北京地区太庙的变迁

北京建城有三千年历史了，古时燕国有两个，一个是周代的燕国（现在房山琉璃河），那时候就已经有宗庙了。还有一个是战国时候的燕国（现在广安门附近），战国的宗庙有点奇怪，距离王宫很远。石景山有金顶村、模式口，这个顶就是鼎，有鼎的地方是宗庙。那么为什么又叫模式口呢？因为太庙还有存放兵器的功能，那时候没有军队，平时大家都干活劳作，有了战争才把大家集合起来分发兵器，平时兵器都在太庙放着。打完仗以后兵器有磨损，要对它进行重新打磨，修复完好以后再存起来备用。

燕国一开始建都在石景山附近，后来搬到广安门附近。但它的太庙没有搬到广安门。因为这时候燕国国王和周朝时候的燕国国王虽然都是燕国，都是一脉相承，但是这种姻亲关系已经疏远了，所以跟燕国的太庙不是太亲，就没有搬过来。这就是战国时的燕国宗庙距离王宫距离很远的原因。

我们看辽代南京太庙，之前北京是辽代的南京，辽代有五京，这五京制度从隋代就有了，后来又有两京制度。这是跟民族、跟供给有关系的。辽代和游牧民族有关系，五京和气候有关系，一年四季随着节气迁徙。辽代的祖先是东胡人的后代鲜卑,他们也尊炎黄为他们的祖先,他们接受汉文化的同时也保留自己民族的特点,所以它治国叫因俗而治,南官制度和北官制度,南官制度就是汉族制度。但实际上他们的官员包括他们的太子都非常尊崇儒家经典,他们在游牧的基础上建了5个都城。建都城的时候就遵循着汉朝都城的规制,但是它5个城不可能都建太庙,史书上记载中京就建有太庙,西京发现了太庙的遗址,东京、南京有御容殿,御容殿就相当于太庙的功能,可视为太庙。

金朝从海陵王迁都以后,在北京建了金中都,金中都的规制和建筑样式完全模仿汉制,建造得非常华丽。当时的太庙叫作衍庆宫,也是左祖右社规制,但它建在城外,祭祀大典的所有规制都完全仿照汉制。

元代是游牧民族,接受的中原文化很少,所以它向全世界扩张,它有四个大汗国,这时候它是世界上最大的帝国。后来忽必烈建都北京,采取汉制,也是采取"左祖右社"的规制兴建了元大都,建立了与中原汉族样式完全相同的太庙。

明代南京的太庙。明代开国皇帝朱元璋定都南京,他没有文化,但是他对礼乐非常重视。因为他是开国皇帝,所以他就建了一个四祖庙,供奉他的前四代祖先,后来又改建为太庙。朱元璋还有一个创新,就是在皇城里建奉先殿,方便随时祭祖。南京的太庙没有北京的太庙大。

明代北京太庙完全实现了《周礼·考工记》的设计,明清太庙进入了紫禁城外朝,离皇帝主政的地方太和殿近在咫尺,说明对祖先的崇拜达到了新的高度。

清代完全承袭了明代的皇宫建筑和礼仪,同时承袭了太庙建筑和礼仪。顺治皇帝入驻北京后,很快就把明代太庙明朝皇室列祖列宗的牌位移入了历代帝王庙,将自己的祖先——努尔哈赤、皇太极的牌位隆重地放入太庙。所以,北京太庙是唯一由两个统一王朝共同使用过的太庙。

五、太庙的主要建筑

太庙建筑的特点有三点,一是崇高性,它有五千年的历史,是中国文化的精髓,它位于国都,皇帝主政地方的中心,横向和纵向都是中心,中轴的脉点,等级非常高。等级怎么高呢?因为中国古建屋顶的样式是分等级的,悬山顶、硬山顶、庑殿顶(也就是咱们说的五脊六兽)、歇山顶、卷棚顶、攒尖顶……其中庑殿顶是等级最高的,故宫太和殿和太庙大殿采用最高等级的重檐庑殿顶。

为什么说它等级最高呢?我们看故宫太和殿是重檐庑殿顶,中和殿是攒尖顶,保和殿变成了歇山顶,这就有了功能的变化。另外还有美学意义上的变化,因为它美观。太庙里供的都是帝王,哪个级别都不低,所以它从戟门开始,后边四重全是庑殿顶,享殿是重檐庑殿顶。它整个规划是"左祖右社"规制,家国融合,风水上天人合一,质量

图 4 太庙重檐中的九龙匾额(贾福林摄)

非常好。太庙有过重大维修，20世纪60年代简单修了一次，奥运会之前又修了一次。大家知道中国古代建筑是石基、木构，上面是琉璃瓦的木结构。木结构之一的宫殿建筑，行话叫官式建筑，发展到明朝达到了顶峰。太庙全部都是明代的建筑，它是明代建筑顶峰之作，非常优美。

太庙有四点是最重要的。

第一点，太庙是北京最具特色的人文景观，因为它是唯一的。

第二点，太庙是世界现存最大的祭祖建筑群。它是一个群，不是一个单独的庙。而且它是一个保存完整、功能齐全的建筑群。如果一个城市有宗庙，政治地位就有了，就可以叫都城，没有只能叫邑。只有北京有太庙，这是中华民族的象征。而且太庙是现存历史上唯一两朝皇帝使用过的太庙。

北京太庙面积19.7万平方米，沈阳故宫的面积是6万平方米，太庙是沈阳故宫的面积的三倍多。而且北京太庙非常规整，有礼仪之门戟门，三重大殿，东西配殿，三重红墙，外面种了柏树。为什么种柏树？柏树寿命是非常强的，象征国家也会非常长久。另外，它营造一种自然的环境，与自然相接，天人合一，这都是古代哲学煞费苦心产生的一种绝妙效果。

第三点，太庙是明代官式建筑最经典的遗存。天坛只有南神厨是明朝的，北京的一些庙，包括现在大高玄殿是明朝的，故宫里也有明朝的建筑。明朝另一个大的建筑群是武当山，但是它的大殿绝对没有北京太庙的大殿大。

第四点，太庙是中华传统核心文化的发源地和凝聚地。前面说了发源，大房子有祭祖、祭天和行政的功能，礼乐的诞生地就在这里面，所以它是发源地和凝聚地，虽然是皇帝的。

太庙的享殿是最好的大殿。几十年前文物界就有一个说法：中国有三个最好的大殿，一个是太和殿，一个是曲阜孔庙大成殿，一个是

图 5 碧空中的太庙享殿（贾福林摄）

泰山岱庙的天贶殿。比较起来，这三个还没有太庙大殿好。

从建筑规模上，大成殿和天贶殿都是面阔 9 间，太庙是面阔 11 间。太庙柱子是楠木的。太和殿是清代康熙年间最后一次被烧，它里边的柱子都是从东北运来的红松。

长陵的祾恩殿也是明朝的，它建造时间比太庙早一点。太庙是进深 6 间，面阔 11 间，68 根柱子。祾恩殿面阔 9 间，进深 5 间，60 根柱子。另外它大柱的质量情况、保存情况也远远不如太庙，现在太庙的柱子都包浆了，柱子的那种质感确实是天下第一。太庙享殿内屋顶上面有浑金彩画，地面还有金砖。

故宫太和殿是皇帝主政的地方，太和殿的须弥座高 8 米多，太庙的须弥座高 3 米多，太和殿总体高度要高一点，是 35.5 米，太庙是 32.46 米，太庙矮就矮在须弥座上，不过太庙的木结构部分比太和殿高 2.05 米。

泰山天贶殿是宋神宗时候建的，据说他梦见上天送给他一套天书，然后他到泰山去封禅，殿里的壁画就画了他封禅的整个卤簿仪仗浩浩荡荡的情况，这是珍贵的文化史料。

太庙大殿的大柱，直径最粗的有1.24米，最高的有13.2米。寝殿是平时存放皇帝牌位的地方。古人视死如生，好像他们在这睡觉一样。祭祖的时候，它后面一个平台是通着的，用龙椅和凤椅把牌位抬到前面的大殿去。

祧庙是供奉没当皇帝之前的前四代祖先的地方，相当于四祖庙，祧庙是明朝弘治年间建的。它是单独一个院落，中间有墙相隔，有门相通，这也是反映古代的礼制和等级。

每一个殿都有东配殿和西配殿，东配殿和西配殿是一种功臣配享制度。它一共是15间，中间13间，两边的是放东西，中间供奉13位有功大臣的牌位，其中有汉族人张廷玉、蒙古人僧格林沁等，所以说太庙是皇帝的家庙是不对的，因为它是国家的行为。

图6 太庙西配殿

图 7 太庙戟门西侧井亭与玉带河（贾福林摄）

神厨和神库的位置是相对，井亭上面的屋顶叫盝顶，盝顶原来中间是空的。中间为什么是空的呢？因为它不是人坐在那乘凉的，它下面是井，上边空着是让雨水能够落到这个井里面，天人相接，天人合一。

牺牲所是以前宰杀牛羊制成祭祀的牺牲的地方，原来这里有流水的槽，旁边有一个打牲亭。还有一个小金殿，小金殿叫进鲜殿，一开始理解这是择菜的地方，但它走兽的规制相当高，经考证这里边应是供奉关公的。

燎炉是焚烧祝版和帛的地方，现在封上了。原来就是炉，底下有炉条，燃烧后烟气升上天空，跟祖先的魂灵相接。

太庙是相当美的，个人觉得有几个最美的地方，一个是戟门和玉带桥，从东边往西边看，能看到端门，端门是歇山顶，歇山顶的侧面描金，金光闪闪。玉带河波光粼粼，与玉带桥上的栏杆和大戟门形成非常优美的景观。如果是夏天，荷花开了就更美了。还有后河，站在

图8 太庙玉带河（贾福林摄）

图9 太庙戟门雕龙望柱（贾福林摄）

图10 太庙戟门之雪

图11 太庙戟门(贾福林摄)

图12 玉带河栏杆衬托戟门更加壮丽

栏杆上，往左能看到五凤楼，就是故宫的午门，往右看就是故宫的角楼。太庙的西北门正好对着故宫的午门。太庙的柏树是市内柏树最多的地方，最老的柏树有500多年了，非常美。

六、太庙文化传承的重大意义

过去说中国的传统文化是宗法制下农耕文化的伦理制度，它的价值咱们自己先不说，先看看外国人怎么说的。

罗素曾说："中国至高无上的伦理品质中的一些东西，现代世界极为需要"，"若能够被全世界采纳，地球上肯定比现在有更多的欢乐祥和。"从罗素的这段话可以看出，中国优秀的传统文化闪耀着人性的光辉。不只是外国有人权，外国的人权还是跟中国学的。周公制礼乐，礼乐制度就是人本制度，西方的人文主义，就是跟周公制礼乐的民本主义学的。举个例子，礼乐制度，舜帝制礼乐，当时有一个乐官叫夔，夔是中国最早的大型文化策划人、音乐制作人、音乐家和舞蹈家，是他导演的韶乐。舜帝南巡到了韶山或者韶关这个地方，苗族少数民族围起来要攻击他们，这时候舜帝让夔演奏韶乐，韶乐演出来后天地感动、凤凰来仪、百兽率舞，少数民族感动得放下武器，参加到队伍里跳舞，舜帝也跟着一块跳舞。这是多么祥和、美妙的场面。中华民族的文化是博大精深的，用思想来创造世界和谐，所以，罗素说中国对世界的文化具有重要的意义。

我们国家的传统文化中，现在有好多非物质文化遗产，剪纸也是非遗，二十四节气、京剧、武术、中医、汉语、书法、绘画都非常灿烂，但是文化有主流有本。

小篆的"本"字是一个会意字，一棵树，下面是根，根上点一个点，这就是本。我们说根和本，这些都很重要，根是一大堆，没有根这棵树就不能立起来，就不能长成参天大树。但是，在这所有的根中，有一个最主要的根，我觉得这是我们中国传统文化中的祖先崇拜和礼乐文化，也是太庙文化当中最主要、最重要的部分，今天我们就是要追根溯源。

中华民族有自己的民族特性，如果丧失了自己的民族特性，国家民族就没有了。世界上所有的民族都崇拜自己的祖先，中国的祖先形成了一套科学的系统，由此形成了一套礼乐制度。怎样去崇拜我们的祖先，怎样向祖先表达这种崇拜，在向祖先表达这种崇拜的时候，如何团结我们的人，团结我们的民族，如何使他们更有秩序，更积极向上，形成更伟大的合力，这就是礼乐文化的作用。

这种礼乐文化促进了中华民族五千年领先于世界。一般都说礼乐文化分等级制度，说封建、落后的应该被打倒。那外国没有等级吗？美国为什么只有总统能坐"空军一号"，别人不能坐呢？它表现的形式不一样。个人认为中国礼乐文化最重要的问题是因为人是社会的人，生下来就要受家庭、社会的教育，是社会的成员，就必须得遵守社会的规则，找到自己的位置，发挥好自己的才能。这并不是简单的一加一，所有人在这种秩序下共同努力，就形成了巨大的社会创造力，推动我们中华民族繁衍、发展、创造，取得辉煌成就。所以祭祖是很重要的。

世界文明古国中，中国是唯一没有中断的。印度人让英国人写历史，埃及人让美国人和德国人考古，现在的埃及人和古埃及人根本没关系。就伊拉克人的文化，底格里斯河流域和幼发拉底河流域那两条流域都中断了，楔形文字现在还有人认识吗？而我们汉字，我们甲骨文拿到大家面前，我们还能认识，我们的文化一直没有中断，这就是我们祖先给我们制定的文化种子、文化制度所起的至关重要的作用。

我们不排斥西方的文化，但是我们首先要传承自己的文化，要尊重我们的老祖宗，要向祖先学习智慧，从祖先的伟大业绩和人格上吸收精神力量，保持文化特性。然后自信地、有尊严地融入世界，在现代的基点上实现文化的复兴，创造中华民族新时代的辉煌。

太庙毕竟是农耕时代的产物，戴着封建的帽子，我主张进行三个切分：

一，要和封建切分。因为古代是家天下，它是皇帝自己家里的祖宗，但是家天下也是大家的祖先，现在没有皇帝了，也就没有家天下了，但那是我们中华民族共同的祖先，应该有庙。古代祭祀有两种方式，一种是陵祭，一种是庙祭，比如到黄帝陵，到大禹陵，到舜帝陵，那都是陵祭，详细分是有区别的。

二，要跟阴丧切分。有人说太庙是一种现代迷信。实际上古代国家实行五礼，嘉礼、吉礼、宾礼、军礼和丧礼。太庙祭祖列为吉礼，它要严肃，要庄重，要崇敬，要有力量，但是并不悲戚。丧礼是人死后发丧那一段的礼节。他死后到庙里，就跟他的本体无关了，在那放着的是一个牌位，完全是一种精神象征。祭祖是人类最崇高的精神活动。

三，要与迷信切分。古人认为灵魂不死，人是由阴阳两气组成的，实体部分组成了魄，虚的部分变成了魂，人死后的灵魂不死，就像现在我们说的精神不死。我们崇敬祖人，就是怀念他的精神，用他的精神来教育、感染、激励我们后人，这样就和迷信切分开了。

太庙的文化我们要扬弃、创新，形成中华民族新的福祉。经过三个切分，我们就能摆脱困惑。使太庙祭祖变成全民祭祀共同祖先，这样文化就好传承了。

太庙是祖先留给子孙的瑰宝，内涵是中华传统文化的核心，从位置上说，不管是地理位置还是心理位置，古代和现代都是民族的中心。随着中轴线申遗，这样传统文化和现代文化交会点的特征就更加凸显。所以，我们对共同祖先的尊崇，不仅是中华民族的优秀传统，而且是国家民族的核心凝聚力所在。

我们还要对太庙礼仪等具体的东西进行创新改造。因为毕竟那时候节奏非常慢，不适合于现代社会。实际上我们老祖宗也说了，并不是让你去保守，一切都按祖宗之法。有一句话叫"礼乐之不传"，不是说礼乐不传,而是让你创新着传。比如我们现在让它节奏加快,让它简化,但是要保持它的基本形状。

通过对传统文化的追根寻源,拨亮和点燃每个中国人心中的灯,这心中的灯就是我们的祖先崇拜和礼乐文化,就能够促使我们中华民族繁荣昌盛,千秋万代。

贾福林 北京市劳动人民文化宫原研究室主任,文博副研究馆员,现北京文化促进会礼乐专委会主任,京华文脉讲师团成员

神坛乐府传古韵
——天坛神乐署

王 玲

说起天坛,人们首先想到的是一座开放的公园,脑海里浮现的大多是郁郁葱葱的绿树和参天的古柏,是有趣的回音壁和神奇的天心石,又或者是北京文化旅游标志上那个世界闻名的祈年殿。其实,它作为明清皇家祭坛,更像一座博物馆,内容包罗万象,记载了中国古代先民的企盼和希冀,也记录了历代帝王的睿智与哲思。

图 1 天坛祈年殿

一、六百年的皇家祭坛

祭祀起源于原始社会的崇拜，是由原始人类对无法战胜自然现象的恐惧和依附心理而产生，经过长期发展和完善，逐渐形成了制度化的祭祀行为，最终发展成为国家祭祀，祭坛随之产生，以显示祭祀的庄严。古有"筑土为坛"的说法，所以最初的祭坛多为土制，随着历史的演变，祭祀礼仪越来越正规和繁复，祭坛的形式也在不断变化，最终形成了明清两朝北京的皇家祭坛，其中天坛是圜丘坛、祈谷坛的总称，明、清两朝皇帝祭祀皇天上帝、祈求五谷丰登的场所。它是目前中国保存最完整、规模最大的古代祭天建筑群，1961年被列为中国第一批重点文物保护单位，1998年被列入世界文化遗产。

（一）天坛名称的由来

天坛位于北京永定门内大街东侧，占地273万平方米。历史上的天坛叫作天地坛。明朝永乐十五年（1417），皇帝朱棣决定迁都北京，便仿照南京天地坛的规制在北京营建天地坛，于永乐十八年（1420）建成使用，作为合祀天地的祭坛。之后，明世宗朱厚熜决定将祭祀天、地分开举行，于是在天地坛内修建圜丘用以祭天。嘉靖十三年（1534）明世宗朱厚熜颁布圣谕，实行天、地、日、月分坛祭祀，并规定"南郊之东坛名天坛，北郊之坛名为地坛，东郊之坛名朝日坛，西郊之坛名夕月坛"。天坛由此而得名。清王朝一直保留着天坛的格局和制度至乾隆皇帝登基。乾隆皇帝对天坛进行了大规模的修缮、改建和扩建，并种植了大量树木。直至清朝政府衰败，天坛的格局再无改动。

（二）天坛的建筑布局

天坛内有古建筑92座600多间，古树3500多株，绿地面积达到152万平方米。巍峨壮美的祈年殿，圣洁崇高的圜丘，优雅庄重的斋宫，在万千树木掩映中,形成独特的坛庙园林景观,充分显示出中国古代的建筑工艺和劳动人民无穷的智慧。

　　天坛建筑是中国古代祭天文化的产物和载体,蕴含着浓烈的祭祀文化氛围,天坛建筑整体布局呈"回"字形,坛墙北圆南方,象征天圆地方。内外两重坛墙,形成内外坛的格局,内坛又分为南北两部分,北部是祈谷坛建筑群,主体建筑是祈年殿,甲骨文的年字就很像一个侧面的人把一束成熟的稻谷举到头顶,是表示收获的意思,卜辞中有不少关于"祈年""受黍年"的记载,表明我国远古时期就有祈谷的祭祀活动,历代演变逐渐形成了后来封建王朝重要的国家祭祀礼仪制

图2　圜丘天心石

图3　回音壁

图4　斋宫

度——祈谷礼,祈求五谷丰登,风调雨顺;南部是圜丘坛建筑群,主体建筑圜丘的造型完全应和古人"天圆地方"之说,从地面石板、台阶到栏板所有建筑数据均为阳数之极九或九的倍数,反映了当时朴素的世界观和对天神的无限尊崇,渴望达到天人合一境界的强烈愿望。冬至日在圜丘举行最高规格的"祀天礼",秋收事竣以答谢上苍,并祈祷风调雨顺,国祚绵长。

圜丘坛和祈谷坛的主要建筑集中在一条轴线上,并在东侧各自配有与其功能相适应的附属建筑:宰牲亭、神厨、神库等。两坛各自独立,但功能齐备,且主从有序。两坛之间由长360米,宽30米,北高南低的墁砌大道——丹陛桥相连,浑然一体,形成偏离中心的南北轴线,构思十分巧妙。内坛西侧建有斋宫,是皇帝举行祭天大典前进行沐浴、斋戒的场所。斋宫是一座方形宫城,有围墙两重,御河两道。皇帝斋戒时,兵丁在河廊护卫,戒备森严,人称"小皇宫"。斋宫坐西朝东,虽自成一体,却又与祈谷坛、圜丘坛有着极为密切的联系。西外坛南部有神乐署,则是专门培养祭祀乐舞生和演陈礼乐的场所。

(三) 天坛祭祀

传说尧帝时曾"乃命羲和,钦若昊天",特别是在国家制度确立后,祭天成为历代统治者奉行不悖的国家大典,西周时祭天典礼"礼仪大备",形式逐渐趋于规范。秦汉以后,历代帝王都以"王者,父天母地,为天之子"为政治理念,以"敬天礼地"为己任,至明清天坛祭天典礼形成了一套非常完备的礼仪形式,无论是冬至祭天在圜丘,还是孟春祈谷在祈年殿,所有典礼都由礼部主持,其余吏部、户部、兵部、太常寺、光禄寺、内务府等多个部门参与实施。如果皇帝要亲自祭祀,王公大臣们还要陪同祭祀。祭天典礼包括"题请""演礼""斋戒""行礼""庆成"等多项仪程,礼节繁琐,声势浩大,以示礼莫大于敬天。1914年12月23日,时任民国大总统的袁世凯率领百官在天坛的圜丘祭祀，举行了中国历史上最后一次祭天典礼，袁世凯死后，民国政府停止了祭天典礼，至此中国历史上延续了三千余年的国家祭祀制度正式终止。1918年天坛作为公园正式对外开放，昔日皇家祭坛变身人民公园，焕发新的光彩。

二、世代沿袭的礼乐学府

祭天在我国已有数千年的历史，历代帝王都建有各自的祭天场所，均有专门的礼乐篇章详细地记载，并设有专门的机构负责礼乐的事务。天坛秉承了历代祭坛的神韵"苍璧礼天"，为明清之前历代祭坛所不能及。除了严谨的建筑布局、奇特的建筑构造和瑰丽的建筑装饰外，天坛建筑承载着天文、地理、美学、声学、数学、哲学、音乐等诸多层面，祭天大典所涉及的礼仪制度、乐舞理论等都是我国传统文化的瑰宝。

（一）历代皇家乐舞管理机构

乐舞，源于上古的祭祀活动，在长期的历史发展中，成为一种包含音乐、诗歌、舞蹈在内的综合艺术形式。这种原始时期的宗教崇拜祭祀仪式在后世得以继承和发展成为一种文化风俗，渐渐被赋予更多的内容，进而形成礼乐制度。

祭祀乐舞在夏商时代就已产生。到周王朝礼乐制度建立后，设置了我国历史上第一个礼乐机构——大司乐，其规模相当庞大。据《周礼·春官》中记载最高乐官大司乐的职务是："大司乐掌成均之法，以治建国之学政。"因此"成均"被认为是传说中最早的古代大学。准确一点说，"成均"是五帝部落联盟时期用于实施"乐教"的场所，实际就相当于"音乐学院"。乐舞管理机构设有大司乐、乐师、大师等乐官，乐工1400余人，负责音乐教育、传授乐艺、表演和其他音乐事务。教学科目主要有乐德、乐语、乐舞（大舞）和小舞四种。

自周代以后，历代都有管辖礼乐乐舞的中央机构。秦朝建立"乐府"，设置太乐令、太乐丞及乐府令、乐府丞。汉承秦制，朝廷也设立"太乐""乐府"两个礼乐管理机构，前者掌管雅乐，后者掌管世俗音乐。魏晋两代，朝廷都设立了掌管礼乐的机构"清商署"。隋朝设立的礼乐机构有"太乐署"（掌管雅乐）、"清商署"（掌管俗乐）、"鼓吹署"（掌管礼仪音乐）。唐初，乐舞制度沿袭隋制，朝廷设立的礼乐机构有太乐署、鼓吹署和教坊，都由太常寺管辖，负责创作、训练、排演各种乐舞。唐代开始创立教坊制度，盛唐时，教坊独立于太常寺以外。宋朝建立以后沿袭了唐代教坊制度。宋徽宗崇宁元年（1102）制作新乐，名曰大晟乐，特创立大晟府专管。大晟府以大司乐为长官，典乐为副。前此礼、乐皆掌于太常寺，设置大晟府后，礼仍归太常寺掌管，乐则由大晟府掌管。

明代设置太常司管理雅乐，设置协律郎等职位。后又设置教坊司，负责掌管宴会大乐。朱元璋为中和韶乐管理和演练，专门修建了神乐观。《明太祖实录》卷122记载："（洪武十二年二月戊申）上以道家者流，务为清净，祭祀皆用以执事，宜有以居之，乃命建神乐观于郊祀坛西。"明永乐十八年迁都北京时，有三百名乐舞生随驾进京。修建天坛时依照南京规制，在天坛修建了神乐观。明代神乐观常有乐舞生六百名左右。到嘉靖年间神乐观的乐舞生总数达到二千二百名。

清朝初年，沿袭明代礼乐制度。乾隆七年（1742）增设乐部，作为管理祭祀、朝会、燕飨的演乐及审定乐器音律事务的机构。设有管理大臣，也称"典乐大臣"，由礼部满人尚书一人兼任，后改各部侍郎或内务府大臣兼任，无定员。神乐署设署正一人、署丞二人、协律郎五人、司乐二十五人、乐生一百八十人、舞生三百人。皆隶属太常寺。《清史稿·乐志》记载："祠祭诸乐则太常寺神乐观司之，以协律郎教习乐生，月三六九日演于凝禧殿。"

清朝灭亡到解放前，神乐署遭到严重的破坏，建筑破败不堪，乐舞生被驱逐，失去了作为祭祀礼仪音乐演习之所的作用。

（二）明清皇家乐舞管理之所

神乐署在天坛的建筑群中地理位置相对偏远，它坐落在天坛的西南角，坐西朝东，自形成以来，承担着非常重要的作用。作为天坛的五组主要建筑群之一，负责选拔和培养北京各庙坛祭祀官员和乐舞生以及祭祀礼仪的训练。在历史中神乐署的乐舞生除了负责天坛祭祀活动外，还兼负其他坛庙祭祀活动。清代的祭祀分为大祀、中祀、群祀，在大祀和中祀的祭祀典礼中所使用的乐舞生，都由神乐署选派乐舞生来承应，所以说神乐署可称得上是明、清两朝最高的礼乐学府。

神乐署创立之初，为明永乐帝迁都北京仿南京神乐观旧制而建，又称"天坛道院"，观中原有太和殿、玄武殿、天师府、关帝庙等建筑，由道教正一派主持演习祭祀乐舞。坛庙祭祀为什么要让道士充当乐舞生呢？这是因为大明王朝第一任皇帝朱元璋信奉道教，他认为道士喜

图5 神乐署

好清修，能与上天交流，所以明朝建立时，在都城南京建立天地坛的同时，就建了座神乐观，让道士参与祭祀，并指派正六品官员掌管，还沿袭祖制，把数百名南京的道士带到了北京，承担祭祀乐舞的任务。然而这喜好清修的道士却没给神乐观带来一刻清静。一是因为观中道士利用闲暇给百姓送符驱邪，二是因为观中盛产一种良药——益母草，道士们将其炼成膏药出售。一时间神乐观周边各种药店、茶院如雨后春笋般冒了出来。明弘治年间及清康熙年间曾两度大兴工程，修缮观中建筑，观中一度建筑鼎新，花木繁茂，游人纷至沓来，成为森森庙堂外热闹繁华的所在，盛极一时。清乾隆七年（1742）朝廷以"天坛为祭祀重地，应宜肃静"，下令禁止神乐署栽植花木，并拆毁观中酒肆，乾隆皇帝还下令"禁太常乐员习道教，不愿改业者，削籍"，驱逐观众道士，改神乐观为神乐所，乾隆十九年（1754）又改神乐所为神乐署，以后一直沿用此名。

神乐署由凝禧殿、显佑殿、署门和廊庑（俗称群房）等组成神乐署大院，占地面积近10000平方米。神乐署正中凝禧殿五间，崇基，三出陛，各六级。左右步廊各两间。后显佑殿七间，左右廊各三间。殿后为袍服库，典礼署、奉祀堂南北各三间，左右门各三间，左门东通赞房、恪恭堂各三间，正伦堂、侯公堂各五间南转穆佾所三间，右门东掌乐房、协律堂各三间，教师堂、伶伦堂各五间。北转昭佾所三间，前后均联檐通脊。正门三间，三出陛，各四级。

凝禧殿是神乐署的正殿，明清两朝这里是演练祭祀乐舞的综合场所。大祀前40天，中祀前30天要到这个大殿进行排练。凝禧殿初建时称为太和殿。清军入关定都北京，把当时紫禁城的皇极殿改称为太和殿，北京城同时出现了两个太和殿。清康熙十二年（1673）把神乐署的太和殿改称为"凝禧殿"，作为坛庙祭祀时执事、官员等演习礼乐之所，大殿正中至今仍悬挂有乾隆皇帝御笔"玉振金声"匾额。现在殿前的月台上还能看到从前乐舞生排练时留下的痕迹。

图 6 凝禧殿内悬挂的乾隆亲笔题写的匾额

图 7 凝禧殿

显佑殿在凝禧殿后，初称玄武殿，明末改为显佑殿，是乐舞生祭祀北方玄武大帝的场所。因为神乐署最初叫神乐观，供养的是祭祀的道士。乾隆年间严禁神乐观乐官习道教，不愿从业削籍为民，观中道士尽遭驱逐。祭祀乐舞生也改用年少俊秀的八旗子弟充任，由朝廷协律郎对祭天乐舞生进行培训。显佑殿便逐渐失去了它的历史功能。

神乐署署门前有一面巨大的影壁，曾是京城一处名胜，传说端午节来摸影壁能驱五毒，保一年平安。清代潘荣陛的《帝京岁时纪胜》

图 8 神乐署影壁

中写道:"帝京午节……更入坛内神乐观前,摸壁赌墅、陈疏肴、酌余酒,喧呼于夕阳芳树之下,竟日忘归。"说的就是每逢端午,人们都会备好美酒菜肴来到天坛神乐署摸影壁、品佳肴、喝美酒,游玩至夕阳西下,流连忘返。

神乐署院内两侧廊房分别是执事演礼、司乐办公、教习乐舞生的地方,凝禧殿南北两侧的典礼署、奉祀堂则是署正、署丞的办公场所。作为专门为坛庙祭祀活动培养乐舞生的衙署,可谓当时礼乐最高学府,曾一度辉煌,随着清王朝的衰

图 9 廊房

落,神乐署也趋于没落,古朴典雅的建筑与昔日的皇家风范荡然无存,失去了原来的面貌和作用,文物古迹也受到了严重的破坏,神乐署所承载的中和韶乐也随之消亡。从 20 世纪 80 年代开始,天坛公园经过

图 10 祭天乐舞展示

艰苦努力的工作，逐步收回了神乐署建筑，恢复了神乐署"古代音乐最高学府"的历史原貌，并开辟成中国古代皇家音乐展馆正式对外开放，向世人展示着古代皇家音乐的历史和内涵。展馆内容包括了神乐署历史沿革、使用功能以及中和韶乐在祭祀活动中的使用情况；中国古代乐律、祭祀乐舞等，将文物古建、文化历史、服务管理、研究展示等内容集为一体，面对来自世界各地的观众，展示天坛文化独有的魅力。

三、传唱千年的祭祀礼乐

（一）雅、韶之辩

《左传·成公十三年》："国之大事，在祀与戎。"祭祀与战争从来都是伴随着国家的建立而出现的，而礼乐又是其不可或缺的元素。祭天所用的乐舞属于古代音乐的最上品——雅乐，历来为皇家所专用。

神乐署所承载的中和韶乐，在远古时即被称为雅乐、韶乐，仅从有文字记载的夏朝"韶乐"算起，距今已有四千多年的历史。雅乐，就是我国古代祭祀天地、神灵、祖先等典礼中所演奏的音乐和表演的乐舞。雅（韶）乐的源头，可追溯到远古先民时期的氏族部落图腾崇拜、祭祀典礼、狩猎农耕等社会生活活动中。随着周代礼乐制度的建立，宫廷中有了专门的音乐机构——大司乐。所奏的六朝大乐均融歌、舞、礼、乐为一体。自西周以后，雅乐一直被用于坛庙祭祀、朝廷宴享及其他重大的国事活动，至明代初期形成了完整的祭祀音乐体系中和韶乐，清代承袭了明代中和韶乐的精华，使祭天乐舞达到了封建社会的最高峰。中和韶乐更因其乐音纯正、舞姿庄重、进退有序、整齐划一而受到了儒家学者和中国历代统治者的推崇，被认为是最和谐完美、最符合儒家伦理道德的音乐，尊为"华夏正声"，成为中华礼乐文化的重要标志。

图11 宫廷乐展示——踏摇娘

（二）明清中和韶乐

明朝初期雅乐更名为中和韶乐，是明清两朝皇家在祭祀、朝会时所使用到的礼仪音乐。《中庸》有云："喜怒哀乐之未发，谓之中，发而皆中节，谓之和。中也者，天下之大本也；和也者，天下之达道也。致中和，天地位焉，万物育焉。""中和"一词是儒家道德修养的准则，是致万物和谐的标准，在中国古汉语里，"韶"的意思是美好。《论语》中就有"子在齐闻韶，三月不知肉味"的记载，意思是说：孔子在齐国听到韶乐演奏后大为赞叹，评价他是尽善又尽美的音乐。

中和韶乐融礼乐歌舞为一体，是儒家礼乐文化体系的集大成之作。在孔子看来，实现礼乐教化的前提是要先学习诗，《论语》中就有"兴于诗，立于礼，成于乐"的记载。意思是说，诗歌启发人的心智，礼制使人言行规范，音乐可以完善人性。诗书礼乐是儒家思想的重要组成部分，也是传统教化的基础。中和韶乐在乐队规制、乐器使用、人员数量到演奏方法都有严格的规定。演奏遵循着严格的礼仪程序，《律吕正义后编·祭祀乐通例》中记载，中和韶乐乐生71人、舞生128人、执事生5人，共计204人。在乾隆二十六年增加镈钟特磬，乐队增编至206人。在香烟缭绕，牺牲陈列，肃穆虔诚的祭坛上，乐舞生衣着鲜明，配饰庄严，一歌一字，一字一音，一个舞蹈动作，用最简单的方式，发出整齐划一的声音，进退有序，动静相宜。以特有的乐器，特有的音调，特有的金石之声和一种特有的幽深宏远、发人深思的韵味表达着人们对天神的歌颂与崇敬。

（三）金声玉振

从所用的乐器上说，中和韶乐必须使用"八音乐"。就是以"金石土木丝竹匏革"八种材料制成的乐器进行演奏的音乐。古人认为只有八音俱备了的音乐才能称得上是最正统的音乐，这也就是我们说的华夏正声。其中金类乐器编钟、石类乐器编磬既是乐器又是重要的礼器，在宫廷音乐中占有很重要的地位，一直是祭祀和宴饮中最为隆重的乐器，被形容为"金声玉振"。"金"指的是钟，象征着"阳"；而"玉"指的是"磬"，象征着"阴"；所谓"金声玉振"就是以钟喧声以磬收韵。代表着音乐的开始与结束。这正是乐队有始有终、条理清晰的基本演奏方法。

祭祀大典仪程有六项至九项不等，其中祭天大典共分九项仪程，是一年当中最隆重的祭祀仪式。每一项仪程对应一个乐章。乐章的演奏方法是协律郎起麾；击柷三声以起乐；键钟一击，代表一个乐句的开始；编钟一击，代表一个乐音的开始；吹奏乐器和弹奏乐器共同演奏一音，用以合乐；在音的末尾，编磬一击，代表一个乐音的结束；在整个乐句演奏结束后，特磬一击，代表乐句的结束；击建鼓一声，应搏拊两下，共计建鼓三声应搏拊六下，用以节乐；当乐句演奏结束后，栎敔三下，表示整个乐章的结束。钟声磬韵，八音齐奏，有始有终，乐曲演奏起来，阴阳平衡，和谐有序。

古人之所以把祭祀乐舞作为礼制的重要内容，是认为"礼"与"乐"是密不可分的，中国历代提倡礼乐治国，用礼来区分等级，用乐来调和人与人之间的关系，以达到君臣和敬、长幼和顺、父子兄弟和亲的整个社会完全和谐的目的。《礼记·乐记》对此作了深刻的阐述："乐者，天地之和也。礼者，天地之序也……乐由天作，礼以地制。""大乐与天地同和，大礼与天地同节。和，故百物不失。节，故祀天祭地。"意思是说通行于天下的"乐"有着自然的和谐，通行于天下的"礼"有着自然的节限。能和谐，所以万物各遂其性而生长；有节限，所以人们祭祀天地。出于对礼乐的这一认识，自孔子始，历代儒家均奉周代"雅乐"为乐舞的最高典范，认为它的音乐中正和平，歌辞典雅纯正。由此看来，在孔子眼里，礼乐应是融为一体的，没有脱离礼的乐，亦没有脱离乐的礼，礼乐之间相辅相成，和谐圆融。而中和韶乐在漫长的历史长河中一直保持着肃穆典雅、优美和谐的艺术风格，充分体现了师法自然、道法自然、中正平和、天人合一的中国古代哲学思想，体现了儒家"和合"文化的精髓。

从传统的礼乐空间到文化研习之地，天坛神乐署的建筑本身就具有历史和文化的属性。中和韶乐作为中华民族特有礼乐文化的代表，在整个中国音乐文化发展过程中具有重要的历史地位，在中华民族发展史上塑造了中华文明的形象，汇集了中华文明丰富的思想文化内涵。作为非物质文化遗产，它具有丰富的内容和明显的时代特征，作为天坛文化的典型例证，与天坛这一物质文化遗产相匹配，是天坛文化不可分割的一部分，是对天坛物质文化遗产的动态补充。

四、结语

天坛在1998年被列入世界文化遗产名录时，世界遗产委员会曾给予了它很高的评价："天坛是华夏文明的积淀之一。天坛是建筑和景观设计之杰作，朴素而鲜明的体现出对世界伟大文明之一的发展产生过影响的一种极其重要的宇宙观。许多世纪以来，天坛所独具的象征性布局和设计，对远东地区的建筑和规划产生了深刻的影响。两千多年来，中国一直处于封建王朝统治之下，而天坛的设计和布局正是这些封建王朝合法性之象征。"虽然这是对天坛作为物质文化遗产所做出的评价，但我们不难体会出，这同时也是对天坛在物质形态中所蕴含的非物质形态的中华灿烂民族文化及其伟大历史发明的赞美。中华传统文化是人类文明的成果，是最深厚的文化软实力，在韩国、日本、越南甚至中国台湾都有专门从事研究和表演雅乐的团体，日本宫内厅至今还保持着雅乐管理机构。将这曾经消亡的声音恢复和传承下去，代表的不仅是一个民族的文明和信仰，更是一个国家在世界文化激荡中站稳脚跟的坚实根基。

2020年天坛建成600年，600年的时间里它见证了历史的沧桑变化。

今天我们说，天坛的价值不仅仅在于它的古建筑，更因为天坛有着极其丰富的历史文化内涵而具有文化的灵魂。而神乐署，恰恰可以让人们带走对历史的记忆和思考。古迹，早已不再是静止不动的，它可以像音乐一样不断地浮现于脑海，回荡于耳际，它是一种看得见摸得着的历史。随着时移世易，当代天坛所承载的祭祀礼仪乐舞的功能也在发生悄然转变，使大众"知礼仪""懂尊卑"，将"大礼"服务于大众。

王玲 天坛公园宣教中心主任，研究馆员，天坛神乐署中和韶乐非物质文化遗产传承人

躬耕耤田佑苍生
——漫说耤田、先农与先农坛

董绍鹏

一、先农坛概况

在明清北京城西南,有一座面积比天坛小而与天坛左右相对分布于中轴线西侧的皇家坛场,它与明清北京城的建立并肩,始建于明永乐十八年(1420),也是所谓老北京九坛八庙的组成之一。在历史上的极盛时期,它的坛区范围北到今天永安路,南到护城河,东到今天的永定门内大街,西到今天太平街(陶然亭公园东门一线)。外坛围墙全长1368丈(见清乾隆《工部则例》,约合今天4378米),坛内面积约合2000亩。明清时尤其是清代雍正帝开始,每年春天的三月或者四月,天子都要率领文武百官在仪仗队的伴随下来到这里,祭祀中华民族的人文先祖——炎帝神农氏,然后更换服装,亲自下地扶犁耕作四趟,而后犒赏文武百官和耕作的农夫,以此体现一国之君为天下农业之先的风范。

这里就是明清北京先农坛,是中国古代国家祭祀农业神炎帝神农氏的最高级别祭祀坛场。

在这里,上演着一出活报剧——封建时代一国之君体察民之艰辛,以扮演农耕农业时代最高身份耕作者的角色进行农田耕作,同时还试图通过祭祀炎帝神农氏自觉不自觉地客串一下先农之神。虽然,有人说天子耕田不过是做做样子，企图用耕田的行为将自己树立成子民的榜样。即便这样，祭祀炎帝神农氏和天子亲自耕田，还是在历史上发挥着其他祭祀文化不能发挥的积极作用——至少在耕田那一刻，我们知道天子也不过是个位居九五之尊的农民而已。

北京先农坛建成600余年，其中经历的封建时代发挥祭祀功能作用的历史时期将近500年。600年的风霜，从建立到兴盛，从完整到支离破碎，从皇家祭坛到昔日的城南公园和后来的育才学校……70多年以来，先农坛在人们的视线中逐渐模糊，几近被人们遗忘。很多人知道先农坛体育场，知道育才学校，不知道原本它们的立身之地是有着几百年辉煌历史的皇家坛场！美丽与哀愁并存，让人不胜唏嘘。

令人欣喜的是，这处昔日辉煌的皇家祭坛，在传统文化复兴的文化大环境下逐步获得新生，几十年以来不合理的占用正在有计划地逐步腾退，先农古坛区伴随着开放也在逐步进入广大市民的视野。相信不久的将来北京先农坛会浴火重生，迎来自己新的春天。

为何这里有先农坛？皇帝的耕田是怎么回事？他和先农坛又是什么关系？而先农专指炎帝神农氏吗？

所有的概念中，大概最为陌生的但也是最为关键的，就是天子的耕田——耤田。我们就从这个概念开始说起。

二、天子的耕田——耤田

北京先农坛内，历史上有着一处与众不同的遗址———一亩三分地。怎么样，这个名字很耳熟吧？

我们俗话常说的"一亩三分地"，其实寻其根源大抵就是来自北京先农坛的这处特殊之地。说它特殊，那是因为这块面积大约798.72平方米的耕田是昔日封建天子的独有独享之田，每年耕作和收获不仅天子重视，丰歉甚至牵涉到国家的兴衰！

这块天子的耕田，称作耤（音籍，借的意思）田。

耤田是怎么来的呢？

粗通中华文明史的人都知道，我们民族几千年来居住的这块土地，是一个适宜进行农耕农业的黄土地区，也就是以大黄河流域为中心区的地理区域。当然，长江下游的温暖湿热地带也是适宜进行农耕农业地区，只不过南北气候环境差异导致的农耕作物有着天壤之别，北方是适应少雨干旱的、以后世五谷中的黍稷菽麦为主的旱作种植区，而南方是适应多雨潮湿的稻作种植区。我们中华的先民们，就是在这样差异的南北不同环境中艰难生存着。

为什么说艰难呢？按照古生物学和人类学发现，全世界在进入全新世之前，人类基本上都是在进行狩猎和采集（如果把狩猎和采集也算成一种农业形式，只不过是被动利用大自然恩赐的形式），食用狩猎的野兽兽肉和采集的野果。也就是说，人类演化进程中多数时间是在扮演着生物圈顶级掠食者的角色。进入地质学上的全新世后，随着人类群体的壮大导致的乱捕乱杀加剧以及气候的变化，可供狩猎的大型野兽快速灭绝，人类的肉食时代也走向终结。人类被逼无奈，逐渐开始了主动式农业，即选育大自然中可供食用的植物种子，使它们逐渐向符合人类需求的方向演化。这也就是真正农业的开始。但万事开头难，经历了无数次失败，在逐步积累的经验基础上每次只能取得一点点进步，面对着仅仅能吃饭但无法保证吃饱饭的窘态，还要担心不期而至的各种天灾——水灾、旱灾、蝗灾、虫害、鸟兽灾……

这就是艰难。

伴随生产形式的演化，人类的社会组织形式也在演化，为了适应大自然，为了能够生存，为了有序而明确地繁衍，在原始群居的基础上衍生出适宜的存活形式，最基本的就是一个一个单独的家庭，紧接着与此相关，逐渐又出现了家庭之上的部落、部落联盟等。像世界其他地区的先民一样，我们的先民也处在这种人类学所说的原始社会阶段，当时的部落酋长既是部落的大事要事决策人，更是这个大家族一家之长，每年春耕时要带领大家耕田，作为部落的表率。进入国家形态后，沿袭自原始氏族时期的祖先崇拜之习引申出现宗庙，也就是崇拜祖先和祭祀之处，而宗庙要按照时节供奉不同的供品。所谓供品，其实就是当时的农产品和为了饮食必需的辅助用品，比如调料。为此，需要有一块土地的出产用来专门供奉宗庙。这个时期，土地都是公有的，土地是不能买卖的，即是说人们对于土地只有使用权没有所有权，只能接受天子的分配后永久使用，天子之下的诸侯和士大夫也一样，仿效天子的做法把土地分配给自由民耕作。于是，田地当中总有一块不分配给任何人的公田，专门种植用来祭祀和供奉宗庙的农作物。由于这块土地没有分配给任何人，也就不可能有人来耕作，为了达到供奉宗庙的目的，天子或者诸侯、士大夫们就要以身作则，每年春天率领自由民们前去耕作、打理，秋收时要去收获。这也就是后世人们探讨耤田的含义时说的"昔古者使民如借"。商代出土的甲骨中，就刻有商王"观耤"的记载。到了周代，这个制度就成为国家的一项典章制度，就是天子躬耕耤田，这块供奉宗庙的土地称为耤田，这块耕地借助自由民的人力完成耕作和打理，因此耤字又读作借，耤田又读作借田。躬耕耤田的全程，也就是耤田礼。本质上说，他与任何一个农夫耕作农田发展农业生产没有实质区分，这也就是后世耤田礼与祭祀农业神祇炎帝神农氏相结合成为先农祭享礼仪制度的根本原因所在。

周代，天子的耤田广阔，大至千亩，约合今天三百余亩，所以周代以降耤田的别称也叫千亩，以表示遵循周礼之意。

耤田的收获物，也称作粢盛，原指一种盛放粮食（黍稷）的器具，后来引申含义为专供宗庙祭祀用的谷物。耤田的收获物除了供奉宗庙，还用来供社稷、山川等神祇祭祀之用，周代以后用于所有皇家坛庙等祭祀场所的祭祀之用。

周代以降，历代耤田的大小一般是按照千亩之名，维持在一千亩至几百亩的规模，种植各个时代不断变化的五谷——黍稷菽麦稻。五谷早期以北方的旱作和南方水稻为主，旱作中包括以大豆为代表的各种豆子（豆类古称菽，音熟）、燕麦、莜麦、荞麦（统称麦），小米（粟、谷），黄米、黏黄米（黄米食用，黏黄米酿酒。一般泛指黍稷），后来基本固定在大豆、小麦、水稻、小米、黄米等作物上。比如元代，元大都东南方的耤田（位置在今建国门向东南方到东三环一带）还承袭着周代理念，大体保留着千亩规模，种植着五谷。

具体播种的做法历代不同，比如清代天子的种植，就保留着天子播稻种（旱稻）、其余人等播麦菽黍种的做法。

耤田的五谷收成又是如何呢？

民国冯柳堂《中国历代民食政策史》中说，清代耤田岁入"黍一石二斗二升一合八勺，谷一石五斗五升七合八勺，大麦五斗七升九合七勺，小麦一石三斗五升三合"，可为管窥。

耤田为啥又叫一亩三分地呢？

原来，明朝在金陵（今南京）宣告成立后，洪武皇帝朱元璋忙着驱逐鞑虏恢复中华的政治大业，在李善长、刘伯温等人辅佐下，急急忙忙地张罗着全面复兴唐宋时期的礼仪制度（典章制度）。但不凑巧的是，朱元璋定都的金陵城外地域狭窄，可用的平坦土地太少。为了大体在周代理念前提下匆忙恢复一系列祭祀坛场和庙宇，不得已对李善长、徐一夔等人考订的让朱元璋看来很是烦琐的《大明集礼》进行调整，以体现明初这种因地域的窘况不得已的考虑，其中一项就是将历代遵循了千年的周代千亩规模，大幅度缩减为一亩三分地。之所以为一亩三分，大体的含义是：古人数字中的奇数一虽为最小，但寓意着周代千亩的一千之意，三则是天子下地推耕往返三趟的寓意。这样，从朱元璋开始，沿袭近1400年的天子耤田千亩之制被更改为一亩三分，一直到清亡。

以晚清为例：

春三月或者四月吉亥日一大早，天子洗漱完毕出宫，乘御辇前往城南西侧先农坛，从先农坛东门（正门，先农门）进入坛内下轿，径直向西走到先农神坛祭拜先农神炎帝神农氏，祭祀中和韶乐和祭祀八佾之物一并上演。祭拜完毕，折回向东来到先农坛具服殿，更换黄缂丝夹朝袍吉服，开始亲耕耤田，行耤田礼。

耤田东西横向布置，矩形，依次分为15个部分，中间部分为天子亲耕之处，天子往返推犁耕作4趟（清雍正帝为了体现体恤农民劳作之苦，将自周代以来的天子三推改为三推复加一推，即四推）。天子的左右，首先是护卫、吹奏耤田乐的乐生、打彩旗者，再次依次为亲王和六部、大理寺、布政司、督察院等相当于今天部级官员的耕田，王五推五返、部级官员们九推九返。最后，顺天府尹（相当于今北京市长）率领管辖京城的大兴县、宛平县两县太爷和一班两县选出的耆老（乡绅）、衣着普通劳作农服的农民，将剩余田地耕作完毕，由顺天府尹到先农坛东侧的庆成宫禀报天子耤田礼成。而后，天子对陪同行礼的各级官员和农夫依次赐茶和赏赐银两、绸缎，大家皆大欢喜，天子起轿回宫。

天子躬耕耤田，成为自汉代祭拜先农之神以来的国家祭祀核心礼仪活动。耤田、躬耕耤田的出现早于炎帝神农氏的祭祀活动。

三、先农之神——先农炎帝神农氏及其他

中华大地，自古就是农耕农业的兴盛之地，因此一切的文化内涵不外乎围绕着农耕农业展开，各种神话传说和民俗大大小小都留有农耕农业的烙印。

我们知道的三皇五帝传说，不仅是华夏民族早期的神话传说的重要组成，也是具有强烈政治含义的神话传说，这种含义很早以前，大约是春秋时期就已为当时逐渐成型的各种社会学说所传颂宣扬，比如墨家、儒家、道家等，不断将自己的政治理论以上古圣贤之口说出，

也就是假托圣贤之口，目的显然是为自己的所说抹上浓厚的政治合理性色彩。这种传统后世愈演愈烈，使得神话传说逐步成为世俗政治合理性的背书。

在已知的历史神话中，炎帝与神农氏在秦代以前并不是后代所称为的炎帝神农氏，而是分开的、代表着不同内涵的两个神祇。通常讲炎帝神话起源较早，内涵主要是方位之神，代表着五行中的火，是南方之神。这里，炎帝是一个自然神。比如这些古籍的记载：

《左传·昭公十七年》：炎帝氏以火纪，故为火师而火名。

《淮南子·天文训》：积阳之热气生火，火气之精者为日……南方火也，其帝炎帝。

炎帝也代表着一个位居黄河中下游一直到今天湖广一带这样一个广大区域的大型部落集团，他的首领被称为炎帝。

而神农氏的神话缘起就更晚一些，东周的战国以前不见有文字描述，战国时期文献描述突然增多，几乎所有的百家学派的著述中都有所提及，他被描绘成不仅仅是一个始创农耕农业的人文始祖形象，还是具有多种技能和政治贤德的上古之君。后世，诸如晋代皇甫谧《帝王世纪》直至宋代罗泌《路史》，经过文人不断的文字加工和所谓传说的再创造，最终炎帝与神农氏神话不仅完成了合二为一的过程，新的神话人物——炎帝神农氏的人文描述和圣德功绩表达也日益完美，使原本并不十分突出的神话故事内容得到充分的文学修饰和艺术加工，神话完成历史化的演进，炎帝神农氏除了原有的发现并选育稻种、勇尝百草，发明并传授农业生产工具——耒耜，还有了姓氏、妻儿家庭，甚至成为制定音乐以教化人们、创制最早的市场经济形式"日中为市"、发明弓箭等之始祖，颇有上古全能神人之德。

宋代最终完成了炎帝神农氏半具神话半具历史的神话历史化进程。

这里为了理解的需要，顺带简单说一下炎帝神话中涉及的五行内涵。

古人认为，五行主要是组成万物的五种物质属性，金木水火土，万物由这五种属性相克相生。在地理方位上古人也按照五行的概念对五个方向做了属性符合，例如：北方寒冷，常年阳光不足，以水德代表，颜色为黑；南方炎热，以火德代表，颜色为赤；东方是太阳升起的方向，代表着生命缘起和成长，颜色为青，以木德代表；西方是太阳降落的方向，为金德，颜色为白；中央是以古华夏民族的主要聚集地河南、山西、陕西一带为中心区，这里因是著名的黄土地带，色彩以黄色为代表，又因为是农耕农业主要区域，因此冠以土德。其中土德之黄色自唐宋开始，成为中国古代天子专享的颜色，此不细述。

汉代对炎帝神农氏的农业神认同中，也有汉天子奉行的五行说因素。简单来讲，汉代以五行中火德红色为自己王朝的颜色，自认为以火德代替秦代水德。因上古的说法，五个方位各有一个守护之神作为代表（也就是五方帝祭祀的内容），南方的守护之神为炎帝，炎帝之色为红色，因此将炎帝奉为汉代守护之神顺理成章。

从汉代开始，炎帝神话结合着神农氏神话，形成炎帝神农氏这个新的神祇并逐渐为汉代国家文化所接受，被冠以先农之神的称号，成为后代所称先农之神的主要内涵，关于这一点，《汉官旧仪》说得十分明确：先农，神农炎帝也。

历史上的先农之神并不是专指炎帝神农氏一位，而是还有其他神祇，加后稷之神。这也符合一个民族神话形成过程中因族群不同、地域不同而出现的祖先认同差异的传统或者习俗。

文献记载中，大约周代是有明确堆土为台祭拜农业神祇的做法，只不过祭拜对象并不是后来的炎帝神农氏，而是周人自己的农业先祖——后稷。在周人自己的传说中，称为后稷的周弃为周人之祖，成就了周人世代的繁衍壮大，传说其人在上古尧舜二帝时期因擅农事，晓耕作、辨五谷，为天子指定为农官，指导天下从事着北方旱作农业生产。因为当时的北方旱作农作物主要以稷为代表，因此也就以后稷相称。这里"后"字不是后世的帝后、王后的含义,实际上是"司"这个字的反写,为执掌、主管、掌握之意。以后,人们用周弃的官职作为对他的称呼,因而后稷之名深入民心,周弃反而知者渐少。

周代衰微,周人旧有的农业神祇后稷不再为人们重视,到了汉代,新的农业神祇——炎帝神农氏取代了后稷,成为新的华夏农业神。也就是从这时开始后稷退居其次,祭祀中以配位出现在炎帝神农氏之侧。最终在明初洪武帝初年,后稷的配祀也从先农之祭中撤除,先农炎帝神农氏成为明初以降国家先农祀典中唯一的先农之神。

四、简说明代以前的先农坛及明清北京先农坛

周代自进入春秋时期开始,随着周王室政治权威性的下降,诸侯争霸日益强烈,礼乐典章逐渐衰落,礼仪废弛,国运式微。原先天子诸侯士大夫践行的耤田耕作以及后稷崇拜,基本为世人遗忘,甚至到了战国时,除了个别文人儒生还残留着几百年前天子耕作耤田和对后稷的崇拜的记忆,绝大多数人早已对此无从知晓。如后世推崇的儒家经典《礼记》中对天子耤田礼的描述,就是战国以至更晚时期儒生们的追述,追述之人并不是亲眼所见当初周天子的亲耕,只是口口相传而已。

汉代在承袭秦法的同时,也恢复了一些秦代废止的周法,例如分封,对秦代废止的周代神祇祭祀的一些内容也逐渐加以恢复,以期传承周代正统。耤田礼,作为周代国家典章的重要内容,关系到宗庙粢盛和为天下人务农从本做出表率的精神落实,汉天子不可能不予以高度的价值观认同。像文景之治的文帝景帝,都用自己的语言阐明耤田礼对农业生产的重要性,"夫农,天下之本也,其开耤田,朕亲率耕,以给宗庙粢盛"(汉文帝语),"朕亲耕,后亲桑,以奉宗庙粢盛、祭服,为天下先"(汉景帝语),可见,宗庙粢盛和给农业大国人民做出表率,

就是汉代恢复耤田礼的核心考虑。

根据《汉官旧仪》中的追述，汉代的一般做法，是在天子行耤田礼的田地旁边，设先农祠进行神农氏的祭拜活动。在天子躬耕的田地之侧，设立祭拜神农氏的建筑（神祠），成为汉代祭拜活动的物质组成内容。耤田礼和先农坛（祠）的结合，也就是从这时开始的，以后一直到1911年清代结束，再也没有出现制度上的分开。躬耕耤田礼与炎帝神农氏的祭祀就是这样联系到了一起。

结合后的礼仪，称作"耤田享先农"或"亲耕享先农"。

根据文献记载来看，在相当长的中国封建时代发展时期，天子对躬耕耤田、践行耤田礼的热情和投入的精力，应该是远大于对神祇的祭祀。耤田礼这种以普通农人耕作的形式，来表达对维护江山社稷的农业根基认知，对统治者来说它的吸引力和体察民情的政治力度都不是祭拜行为能够替代的，因此它的重要性不言而喻。历代实行的耤田享先农活动中，炎帝神农氏和作为配位的后稷明代之前几乎都处于"非常祀"状态，就是说天子不是每年都要举行祭享活动，通常是在天子登基之年，或者天子遇到对农业发展有所考虑、有所深刻认识的年份举办，甚至有时还取决于天子本人的喜好，如汉代天子亲耕耤田12次，唐代9次，宋代6次。甚至元代时天子虽未亲耕，但天子遣王公大臣等祭祀先农、代耕耤田也达8次之多，这对于一个入主中原的少数民族政权来说，是相当难能可贵的。

再来说说祭祀先农神的主要功能建筑有哪些。

首先说的是祭拜先农神的祭坛——先农神坛，也叫先农神拜台，是祭祀先农神的核心功能建筑，形象上与其他古人祭拜神祇的祭台一样，先农神坛不具备任何外观上的特殊性，只不过是个普通四方形砖石台子。

坛这种建筑类型，自从原始社会产生之时，就是古人以土堆台、以石堆台而成的祭神（自然神、祖先神等）场所，高起的平面便于摆放祭祀物品和凸显对祭祀对象的敬重，总之就是从精神上把祭祀对象放置于高于人类自身的一种考虑。不得不说，这种考虑简单却又实用，成为世界古代很多民族的趋同认知的结果，大家不约而同地选择这种方式祭拜神祇。我国上古时期的考古学遗址中，就发现过浙江良渚文化的瑶山祭祀遗址，以及辽宁建平牛河梁祭祀遗址，都有祭祀拜台的建筑形式。后世，这种具有一定高度的呈四方形或者圆形的祭祀建筑形态就没有出现过变化。祭祀先农神的祭坛，就出现在南北朝南朝宋文帝刘义隆时，而这之前自汉代开始，是在先农祠中进行。所谓祠，也就是祠堂。南朝宋文帝以后，先农祭祀就是在祭坛上祭拜，历朝不断，直到清亡。

祭享先农的功能建筑中，除了祭祀拜台（先农神坛），还有神仓、观耕台、斋宫等。大体来说，耤田享先农需要的功能建筑主要就是这些。其中，神仓和观耕台又是耤田享先农中具有代表性的建筑，因为其核心突出了一个农字。

神仓，字面含义就是贮存供奉神的粮食仓廪。周代，在天子躬耕耤田并祭祀后稷之神时，就已经在耤田旁设置专门用来收存耤田谷物的神仓。后世，比如隋代、唐代、宋代等，都按照周代做法如法炮制。明代，朱元璋虽然致力恢复周礼，但对于先农祭祀至关重要的神仓有所疏忽，明代早期文献没有看到有明神仓的具体描述，只有建神仓的寥寥记载。推测设置的仓储建筑不是很显眼，只强调实用，储存耤田收获五谷。到了明世宗嘉靖时期，由在位早期的大礼议开始，纠正太祖一些违背周礼制度的坛场庙宇布局，如大家熟知的天坛改造，南北郊分祀天地，建圜丘坛，辟建明堂（又称大祀殿，清改名祈年殿），东西郊分祀日月，体现周礼的严肃性和祭祀体系清晰性，使天坛建筑比较完整地还原周礼本意。嘉靖十年（1531），在北京先农坛（当时称神祇坛）内坛门内之北新建神仓。新建神仓为一个院落，内有六座建筑，即迎接岁入新谷并进行晾晒新谷的收谷亭；东西各一的碾坊，用来压碾和脱粒谷物；东西各一的仓房，用来收存压碾、脱粒完毕后的谷物，仓房有气窗，加强自然风的流通；供奉祭祀用谷物的神仓圆廪。当时京城内的皇家坛庙祭祀都要用先农坛（神祇坛）五谷。后来，到了清乾隆十八年（1753）时，乾隆帝下令拆掉先农坛内的祭祀兵器、军队旗帜等物的旗纛庙，把神仓向西平移，移进原旗纛庙前院，后院的原旗纛庙祭器库，改为存放天子亲耕耤田农具之用。至此，先农坛神仓形成了今天的布局。

观耕台，是天子亲耕完毕后站在上面观看其余随耕人员完成耕作的台子。这种建筑物不是始自周代，而是始自南北朝的南朝梁。当时，观耕台也称望耕台，与先农神坛相仿，不过是临时夯土而成的台子；宋代时才改为砖石结构。明初洪武二年编制《明集礼》时设计并描绘了明的观耕台（当时称御耕位）"高三尺，阔二丈五尺"，为砖石台，但旋即又取消，以天子观耕的仪门代替。到了世宗嘉靖帝时，大臣建议在仪门前方搭建观耕台，以彰显天子的身份高于常人，《明史》"其御门观耕，地位卑下，议建观耕台一"，说的就是这个事。

明代观耕台，木质，凡进行观耕前临时搭制，《天府广记》说"用木，方五丈，高五尺，南、东、西三出陛"，约合今周长1555厘米、高155.5厘米。到了清乾隆十九年（1754）时，乾隆帝考虑观耕台每年临时搭制耗费银两既奢靡也无必要，因此下令建造永久性琉璃砖石结构的新观耕台。新观耕台"方五丈，高五尺，台座用黄绿琉璃仰覆莲式成造，南、东、西三出陛，面甃金砖，卫以青白石栏柱，版用白石"（光绪《清会典图》卷12），成为耤田享先农的重要建筑物之一。今天北京先农坛内的观耕台，就是清乾隆时期的原物，虽历经浩劫磨难，但文物还是顽强地保存下来，成为这类文物建筑的孤品。

与其他坛场不同的是，先农坛因没有出现在周代，因此也无从查考布局形制。虽然后世参照一般的祭坛形制也为先农坛安排了壝墙、棂星门等布局因素，但明代仍然为先农坛的布局埋下遗憾，先农坛以没有壝墙、棂星门，成为祭坛中的奇葩，且因为明太祖个人极端简朴的思维，坛址的附属建筑等级甚至极为低下，朴实无华到极致。

北京先农坛，是这篇文章最后出场的内容。

前面的内容，已经或多或少地谈到了先农坛。

北京先农坛，始建于明永乐十八年（1420），跟随着明北京城一道登上历史舞台。它的建造由来，正是明初靖难之役成功的永乐皇帝朱棣登极后迁都北京、仿照南京山川坛的布局建造而成，史籍说明北京皇宫衙署坛庙等"悉仿南京旧制，而高敞丽过之"，这其中也包括那时称为山川坛的先农坛。当时，这座坛场的布局与今天有些差别，一是分布于北京城外的南方西侧，还不是今天所说的位于北京南城，而已经是城外；二是全坛虽然南方北圆，但坛内的建筑比后世要少，当时仅有今天的先农神坛、具服殿、神厨院落、宰牲亭、太岁殿院落、旗纛庙，这些建筑都在内坛墙内，且局限在全坛的南半部。这个布局，充分显现出南京时期立坛的理念有不少看着杂乱又有一定关联性的现象，其中，因祭祀山川诸神祇的太岁殿建筑群（太岁殿当时称山川坛）祭祀内容繁复，包括太岁神、岳镇海渎、风云雷雨、城隍、天寿山，且因该组建筑群规模宏大、颇为壮观，因此这里便以山川坛作为全称，而先农神坛并不起眼，仅为一座砖石祭台。

位于先农神坛北方的神厨建筑群，由贮藏山川坛和先农坛诸神神牌的正殿神牌库、东侧的贮藏山川坛和先农坛祭祀器用的神库、西侧的制作祭祀山川坛和先农坛祭品的神厨，以及两座为清洗祭品取水的水井组成。正殿西方，是棒杀祭祀牺牲的宰牲亭，亭前不远处是专供为宰牲亭洗涤牺牲取水的山川井。极为简朴的是，神厨院落建筑及宰牲亭，都是使用素面的普通瓦件，没有一处使用琉璃瓦，且建筑的形式为官式建筑中的最低等级之一悬山顶。作为一处皇家中祀等级的祭坛，竟然供奉神牌的正殿和宰牲亭使用如此低等级建筑形式且没有琉璃瓦，应该说是北京皇家坛庙的最为特别的一处，它实质上体现着前文提到的明太祖简朴立国的思想，而这个特征在以后几百年中没有改变，一直延续到清亡。

太岁殿（山川坛）东面，是一处军事主题的祭祀庙宇，称旗纛庙。为军队祭祀各种军器之用场所，院落分成前后两个部分，后为存放祭祀器用的祭器库，前为旗纛庙正殿和东侧焚帛炉。明代之所以将旗纛庙建于此处，在于明代有军队征战时需祭祀所过之处山神及求拜太岁之神等规定。明代每年都有军队官员至此祭拜各种军器之神。与山川坛正殿如此之近，也方便了祭祀活动的开展。

这就是早期的北京先农坛。

为了体现祭祀功能的完整性，以后坛内建筑又有添建。比如明英宗复辟后的天顺年间，在进入山川坛东门后的北方这里，建造了专供祭祀前斋戒的斋宫，分为前后两座大殿，均使用体现天子身份的庑殿顶，施绿色琉璃瓦，外围两道宫墙。世宗嘉靖帝时，全坛改称神祇坛，在旗纛庙东侧添建专门贮存耤田收获五谷的神仓，由收谷亭、碾坊、仓房、神仓圆廪组成，因前文已述此不再述；又在内坛南门外另行辟建天神坛、地祇坛。严格按照祭坛的传统布局，建有两道壝墙和四面棂星门，将原供奉于山川坛正殿的风雨雷雨迁于天神坛供奉，将岳镇海渎迁于地祇坛供奉，且将二坛的祭祀等级列为中祀。天神、地祇二坛仅在明世宗时期有过祭祀，世宗后废止。后世清代虽恢复祭祀，但仅局限于天子因久旱无雨雪或雨雪不止而在此祭拜，以求丰盈或停止，因此坛的作用降为与大高玄殿、风云雷雨庙、黑龙潭、白龙潭祈雨雪相同，本身的原初祭祀功能事实上已然废止。世宗时期还添建观耕台，前文已述此不再述。

万历四年（1576），北京山川坛正式更名先农坛。自此，先农坛之名得以确立，成为这里的全称至今。

明中晚期开始，随着北京外郭南城墙围建，先农坛也被纳入城墙内，形成今天位于北京南城的现状。

清代建国后的百余年中清袭明制，先农坛的一切没有什么变化。发生变化的是清高宗乾隆十八至二十年（1753—1755）间。这个时期的变化，成为北京先农坛坛区布局的定型。

乾隆帝在位时国泰民安，国家实力大增，府库充盈，这为乾隆帝按照自己的愿望大兴土木改建添建宫室提供了必要的前提和保障。乾隆十八年（1753），乾隆帝见先农坛年久失修，颇有一番感慨，经过思考做出修葺先农坛的决定。《清朝文献通考》卷110记载说：

朕每岁亲耕耤田，而先农坛年久未加崇饰，不足称朕祇肃明禋（yīn，祭祀）之意。今两郊大工告竣，应将先农坛修缮鼎新。其外壖（ruán，城下宫庙外及水边等处的空地或田地）隙地，老圃于彼灌园，殊为亵渎，应多植松、柏、榆、槐，俾成阴郁翠……该部会同查明具奏。总理工程王大臣遵旨详议。次第修缮，并太岁殿、天神、地祇坛俱崇饰鼎新。惟旗纛殿以前明旧制，本朝不于此致祭，毋庸修葺。壖外隙地计一千七百亩，乘时种树，交太常寺饬（chì，同敕，命令）坛户敬谨守护。

这次先农坛大修，是历史上规模最大、影响至今最为深刻的一次大修，也是一次先农坛建筑局部调整。主要变化是：全坛所有修葺建筑的琉璃瓦一律更换瓦件，重施彩画；将明代斋宫的两道围墙由回廊式改为单体墙，拆除斋宫前方的鼓楼，同时将斋宫改名庆成宫，以示在此庆贺亲耕礼成之意；在拆除旗纛庙前院的同时，将东侧神仓院西移至此，形成今日的神仓布局；废每年搭建木质观耕台之习，改建为永久性琉璃砖石观耕台。

在建筑修葺的同时，也进行了历史上的唯一一次坛区整治，即将明代坛内设有坛户进行坛地耕种，以便将坛地所获变卖银两维护坛内日常运作开支的做法废除，坛区一律改种松柏榆槐，目的是彰显坛区肃穆的祭祀气氛。乾隆帝还对清代开国以来天子亲耕耤田的习惯做法进行调整，废除了亲耕时临时搭建的耤田彩棚（1755年颁旨撤除）。

明清先农坛建成以来，只有清乾隆帝对先农坛的硬件、软件动了如此大的手术，既因为开朝百年国运昌盛，经济实力空前充盈，可以进行国家典章建筑的修葺和添改建，也是国家政治的需求，因为此时调整坛庙祭祀的硬件软件，可以彰显清代自己的典章制度特色，摆脱给人过于依赖明制的感觉。乾隆帝以前，祭祀先农多用明代办法，祀神之用不够严肃，过于简单化。乾隆帝时对祀神礼器进行了厘正，各个坛庙之用分类创制，使用不同材质恢复了周代以来的祀神器用之形。先农坛的祭祀、亲耕仪程均有一定的调整，较之前代均有完整体现敬祀先农之意。

清代，也是每年春季吉亥日天子亲耕耤田实行得最为彻底、到位的时期，根据《清实录》统计，共进行天子亲耕耤田98次之多（其中雍正帝以在位13年亲耕12次成为历史上亲耕次数与在位年限之比比例最高的天子载入史册），而且史无前例地开创出天子亲耕耤田之前要进行演习耕作的制度（雍正帝始，即演耕之制）。出于对"民以食为天"的认知，明清两代尤其是清代，将"耤田享先农"上升到无与伦比的高度，不仅成为国家大典，天子每年必亲耕祭拜先农神，以身作则为天下子民做出发展农业关系国计民生之本的表率作用，更以这个形式将先农之祭的重要性普及灌输到国民认知当中，使先农之祭成为中华民族国家的基本文化内涵与组成，时时提醒人们对于农业的重视，不要放松对农业这个本业的常抓不放，牢记中华民族农为本的文化属性。

这个认识，也是当下国人不能忽视的，毕竟，我们生存的这块土地条件并不优越，先贤的智慧和敢为民先的精神，将永远是鼓励我们后人奋发图强、不忘民族之本的精神动力，勇尝百草、开创农业之始的百折不挠和勇于创新精神，也永远是中华民族优秀文化内涵和永不磨灭的精神支柱。

董绍鹏 北京古代建筑博物馆（先农坛）研究馆员

祈福报功民为本
——社稷坛

盖建中

现在的北京中山公园是明清两朝的社稷坛,其位于园内中心,是一座三层方坛,四周用汉白玉石围砌,坛面铺有黄、青、白、红、黑五色土壤。原址曾经是辽代的兴国寺,然后到了元代是万寿兴国寺。明代改建为社稷

图 1 中山公园南门

坛,是皇帝祭祀土地和五谷之神的场所,清代沿用。1914 年辟为中央公园,1928 年为纪念孙中山,改为中山公园。全园面积 23.8 公顷。本文主要交流社稷坛四个方面的内容:为民祈福,国家象征;开风气先,顺潮流需;沧桑巨变,人民乐园;传承文脉,任重道远。

一、为民祈福,国家象征

(一)社神、稷神的渊源

什么是社?什么是稷?社神在《国语·鲁语》当中有记载:"共工氏之伯九有也,其子曰后土,能平五土,故祀以为社。"这个观点认为

社是句龙，也就是社神。因为中国人古代祭祀的对象只有三种：天神、地祈、人鬼。天神门祭祀分为祭祀昊天上帝、祭祀日月星辰、祭祀司中、司命、风师等三类；地祈门祭祀分血祭社稷、祭山林川泽、祭四方百物；人鬼门则分六类。

　　社神跟稷神到底是谁？从开始到现在一直都在进行争论。关于社神是谁，目前两种说法最为主流。一种说法认为，现在通用祭祀的一般都是句龙，就是共工氏的后人，他能够平水土，认为他应该就是社神。还有一种说法就是《孝经》里记载的："社者，（土）地之主。"这个像是在解释这个"社"字，社是地之主。这是两种不同的概念，前一种很显然认为句龙是个人，当作祖先崇拜，后一种则不是。

　　关于稷神也有两种说法，一种认为稷为五谷之长，故立稷以表名。还有一种说法认为稷神是个人，就是烈山氏之子柱。有个很有意思的传说，认为稷还有一个身份，就是周代的先祖弃。弃的母亲叫姜嫄，是古代一个部族首领的女儿，有一次她出去郊游，发现一个特别大的脚印，她无意之中跳到上面踩了一下，回来以后就怀孕生了一个孩子，这个孩子不被部族承认，就把这孩子扔了，但是这个孩子没有死，据说这个孩子就是弃，传说中周王朝的祖先。《诗经·生民》中有关于姜嫄的描述，当然不是歌颂她生孩子，主要是表述姜嫄与弃的关系。关于稷神到底是句龙氏，还是弃或是柱，一直在不断争论。

（二）五土之神和五谷之神

　　通过从后期祭祀的情况来看，历朝历代，都不是把句龙跟这个柱作为祭祀的主神，都是作为配享，还是将太社太稷作为祭祀主神。就是说太社太稷神是五土之神、五谷之神，仍然不是一种具体的祖先崇拜，而是一种神的崇拜。我们现在一直沿用社稷坛祭祀的是社神，就是土神，稷神就是谷神。

　　但是这种表述是不是准确呢？当然说祭祀的是土神、谷神可以，

图 2 社稷祭坛

但是仍然缺少一个全面性,就是说祭祀社神不应单单就祭祀土神。单单说社神是土神,那么明嘉靖以后,社稷坛跟地坛分祀以后怎么解释它跟地坛的关系?有的专家说,社稷坛是比较广的,是比较大的,土地小的地坛是祭祀土地庙的总坛。这是不是有些牵强?社神应该是五土之神,这个五土出自哪儿呢?《孔子家语·相鲁》中有句话"五土之性,而物各得其所生也"。这五土是什么呢?是山林、川泽、丘陵、坟衍、原隰,简单来说就是山地、平原、沙漠、丘陵和沼泽地。这是五土的概念,也就是说社神应该说是五土之神。这么多土不可能都祭祀,那么立土为社。实际五土的概念也涵盖了中国,就是所有的土壤。稷神也是这样,应该理解为五谷之神,不要简单地说是谷神。谷神有很多,如稻子或者是小麦什么都可以。关于五谷也有几种说法,《孟子》介绍五谷为"稻、黍、稷、麦、菽"。有的书里把麻也作为其中一个列出来,列麻就更不对了。但是不管怎么说,当中的稷,就是社稷的稷始终是存在的。所以社稷坛祭祀的应该是五土之神和五谷之神。

（三）祭祀社稷的原因

《祭法》里说"土生万物"。中国在很长时期一直是农业社会，土地对于国家、民族、老百姓都非常重要，没有土就种不出粮食。毛主席曾说"手中有粮，心中不慌"。现在粮食是国家安全战略的一个很重要因素。土生万物，所以土非常重要。"天下之主也，尊重之，故亲之。"皇帝为什么要亲自去祭祀社稷？因为土是万物之主。"国中神莫大于社"。古代皇帝认为国家大事，在戎在祀。凡是国家重要的活动都要祭天、祭祖、祭社稷，这是必须做的。

孟子曾说："民为本，社稷次之，君为轻。"

为什么要祭社稷？首先中国社会长期以来是农业社会，土地跟粮食之间的关系是密不可分的，没有土地，粮食就出不来，没有粮食就影响到国家。第二就是一种人文情怀。特别是中华民族对土地眷恋，觉得故土难离，离开这块地方总觉得有一些牵肠挂肚，这都是一种人文情怀。不管到哪儿祭祀社稷，都是对自己家乡、对自己故土的一个怀念。再一个就是国家层面。渴求的是江山稳固、国泰民安。刚才说五土之神，也就是说这个国家，不管是山川、丘陵、平原、沙漠，它涵盖整个国家的土地，这个土地就有领土的意思。这三个层面构成了封建社会对社稷祭祀如此重视的理由。

（四）社稷祭祀地位的演变

中国祭祀社稷神的历史是相当长的，最重要的一个起点就是夏朝，夏朝对社稷祭祀的最重大贡献就是：社的含义发生了根本性的变化。从简单的土地崇拜转变为与国家一起崇拜，很重要的一点就是，社与九鼎一起成为国家政权的象征。大家都知道夏朝之前，都是施行禅让制，这个部族谁有本领，谁有德行，就把这个王位传给他，但从夏朝开始，大禹没有把王位传给别人，直接传给了自己的儿子。中国几千年的家天下从夏朝开始，所以夏社还是很有意义的，但是它的祭祀记载不是特别多。

夏朝之后就是商朝。这里引用古文中一句很有意思的话,"大旱七年,遂斋戒,剪发叚爪",大家不要误认为皇帝祭祀社稷神,把自己头发都剪了,手都剁了。其实不是这样的,他只是做了个样子。封建社会很难理解大旱这种天气现象,大旱七年,不是一般的天旱,这种重大旱情,古代社会一般都认为是天谴,皇帝有责任去祭祀。文献记载皇帝在桑林之社做了一个祭祀。因为历朝历代都要把前朝的社毁掉,商朝把夏社整个毁掉,然后在桑林立了自己的桑林之社。

再就是很有标志性意义的周朝。周朝对于社稷祭祀的重大贡献就在于,从周代开始,中国的社稷开始分级。《周礼》中提到了社稷分级。分成几级呢?分成多少种呢?大社、王社、国社……在周朝的时候,只有天子才能用大社或者王社,诸侯是不能用的,诸侯的社要么叫侯社,或是叫礼社、置社了,很小范围才能用这个,不能够随便用,有很严格的等级制度。比如只有天子之社才可以用五色土,也就是国都的社稷坛才可以用五色土。诸侯的社稷坛,分封地在哪儿,就用哪个土,封你在山东,那就用黑的,封你在西北,就用那个土。从周代开始天子的土是不能随便用的,这是中国祭祀文化开始的一个非常重要的起点。

再说秦朝,这方面的史料不多,就不多说了,但为什么又把它点到呢?因为秦《史书》中有句"高祖除秦社稷",把一个历史史实告诉大家,就是汉高祖刘邦是把秦朝的社稷毁了,才立了汉代的社。汉代社稷祭祀的发展非常热闹,是不断变化的。西汉之初是一社一稷,就是地社和地稷,很简单。到了西汉末,王莽篡了西汉的朝廷以后,他从稷社里迁出一个官稷,就变成了一社两稷,除了大社大稷,就是所谓的太社太稷,又出了一个官稷。刘秀时又恢复成一社一稷。最后慢慢地到了汉末,特别是曹魏魏明帝的时候又变成了太社、地社、太稷。

西汉、东汉,包括三国都始终是在不断变化,等级也在不断变化,有的时候是大社，有的时候是大稷，有的时候是中稷。但不管怎么变，不管是一个社两个稷，一个稷两个社，不管怎么变来变去，社稷祭祀始终是国家的一个重要活动。如果说社稷没什么必要，也无足轻重，变它干吗？王莽没必要从太稷拽出一个官稷来单祭祀，非要把它变成一社两稷，之所以引发出各种演变就是因为重视。

下一个比较重要的就是隋代，隋代把太社太稷都列在了含光门内之右，不再有地社了，只有太社太稷，有的文献写的是大社大稷，实际上是一个概念，大社大稷跟太社太稷差不多。隋代与唐代都把太社太稷设在了含光门。宋代基本跟唐代是一致的。唐代的《礼记·祭法》对唐以后的祭祀礼仪有很重要的意义，它规定了很多祭祀的礼仪、程序和方法。

金代天德四年的时候，把太社太稷之神的主神奉安到新都。因为辽金实行五都制，北京应该是陪都。这个新都有专家解释说，仍然还是在它的老地方，但这能证明金代仍然有祭礼，遵循着唐礼。

元代至元三十年（1293），把社稷坛建于和义门，实行的是社稷分祀。元代一直到明初都是实行分祀。明代从吴元年到洪武十年（1377），社稷坛都是位于宫城之南，实行社稷分祀。明之前一直都是同坛异壝，所谓的同坛异壝就是同在一个坛里头，但是社神跟稷神是不在一起的，是分开的。直到明洪武十年十月，一直到现在，改到了午门之右，社稷坛终于搁在一个坛里了，终于在一个坛里同坛同壝，同时祭祀。以前分祀的时候皇帝要磕两回，先拜社神，再拜稷神，因为它们不在一块。在这之前是两个坛，更得分开祭，洪武十年开始变成一个坛，一直到后来的清代。

国家社稷从夏开始确立地位，周代开始定级，慢慢演变，一社一稷，同坛同壝，同坛异壝，分祀合祀。特别是明代，逐步地完善了典章制度，这是国家祭坛发展的一个很重要的脉络。

封建社会不仅仅有国家的社，除了官社以外，民间还有各种各样祭祀社神的场所。周代的时候把25家作为一社，元代是50家立为一社，这个社可以理解为现在的社区。通过资料查证资料，县州都有这个社稷，像房山县有自己的社稷。但这些社稷都跟国家社稷不同。而且祭祀在《明史》和《明会典》中记载很清楚，对郡守怎么祭祀社稷有很强的要求。

（五）社跟稷的关系

首先说社，最简单地认为社就是土，稷是种的作物，离开土作物没法生长，这是一个很简单的关系。

第二，就是社稷坛跟地坛的分祀，在社稷祭祀的演变过程当中，特别是嘉靖帝大礼议之争以后，天地分祀对社稷坛与地坛之间的关系，很多专家学者有过探讨，基本有两种观点：一种是政治的考虑；再一种就是抛开政治的考虑，还有宗法。大家都知道嘉靖帝是藩王，后来继承成皇帝的。大礼议之争，是要强调自己这个皇帝的正统地位。通过进行天地分祀，把社稷坛跟地坛分开以后，强化自己对国家政治的决策权，对宗法、对祭祀绝对的权威。也可能是一个双重考量。

（六）社稷坛的形制

左祖右社来自《周礼》，说营国定制，"左祖右社，前朝后市"。但是左祖右社到底是什么样？现在能够看到的例证，一个是北京中山公园，也就是所谓的社稷坛，还有一个就是北京劳动人民文化宫，也就是太庙。社稷坛跟太庙一左一右，作为天地之中一个很重要的体现。

大家可能知道《洪范九畴》，是说当时有个人告诉周武王怎么建国，怎么管理国家。洪范就是洪大的范畴，九畴是九条规律，九个要点。其中第一条就是五行，因为中国古代非常看重五行八卦。有的说左面太庙是祭祖的地方，为阳，土地本身为阴，左祖右社，左面是阳，右面是阴。有的认为左为人道，右为地道。有的认为左为本仁，右为仁义。

只有这样安排国家，国家才能长治久安，这是一个重要说法。

更重要还有个引申，皇帝的宫城居中，左面是他的祖先太庙，连在一起体现了皇帝血统的正宗。右面是社稷坛，连在一起体现了皇帝作为大宗主对国家政权的统治。左祖右社的概念对现在，特别是新中国以后天安门地区的一些建筑也有很重要的影响。当时要建中国革命博物馆、中国历史博物馆，在选址的时候据说有很多种考虑。当时吴良镛先生提出了一个重要建议，应该尊重周礼国家都城建设的左祖右社思想。以天安门广场为核心，往南看，左边是咱们中国革命历史，右边是人民大会堂，国家最高权力机关都在这儿，它也是一个简单的象征。引用这个说法，抛开封建的那些思想，说明"左祖右社"对一个国家，特别是对首都城市规划，仍然是重要的，至少对天安门地区是有影响的。

（七）社稷祭祀

社稷祭祀是一个很重要的事情，皇帝要做，而且皇帝很多时候是亲祀，与祭天、祭祖一样同属国家大祀。但是要说明的是，这个等级在明朝之前进行过多次变化。据文献记载，金代的时候是中祀，元代以后开始变成大祀。但是明代有明确记载，比如《明会典》《明史》中记载，社稷祭祀是与天、祖是等同的，是国家大祀。

今天我们研究的祭祀制度一般都用清代的，因为清代的典籍制度比较完备，还有就是相对来说比较方便查找。

（八）祭祀路线

社稷坛有三个门，在这里指出两条线，一条线是皇帝亲祀，一条是遣官祭祀。皇帝亲祀一般是从阙右门出来，直接就奔社稷坛的东门（不是今天中山公园的东门），我们现在有个概念，一说社稷坛东门，就认为现在中山公园东门就叫社稷坛东门，这不准确。中山公园东门很晚才有，查一九九几年的北京市航拍图，还找不到中山公园的东门。实际东门已经有了，但是航拍图还没有。社稷坛这个东门是现在中山公园东门往西再走一点，有一个大高门楼，那是社稷坛东门。当时那个墙是从朝房向北直接沿过来，阙右门过来就直接奔到东门。皇帝就从东门进，即北坛门东侧的一个门（北坛门有三个门洞）。感兴趣可以去中山公园看看，中山公园这几个门，只有北坛门的那个坛门是三个门洞，其余都不是。有人会说南坛门也是三个门洞呀？大家注意南坛门那个墙，它是掏墙掏出来的，不是真正的门洞，那是后期中山公园开放以后设置的。

皇帝亲祀从北坛门东边的一个门洞进去，从戟门旁边过来，到拜殿，到拜殿不进去，在这边有一个专门的地方，在这儿稍事休息，然后进行祭祀。

如果遣官祭祀，是从社稷街门，也就是社稷坛的大街门进，由南向北。社稷坛与其他坛祭祀的不同，就是社稷坛祭祀时皇帝从北边进来。

实际在社稷街门向北还有一个社稷左门，这个社稷左门只有在行

图 3 中山公园北坛门

献俘礼的时候才开。没有献俘礼时只是遣官从社稷街门进来，如果说行献俘礼，当时是要把社稷左门打开，把俘虏从午门押进社稷街门，然后到社稷坛附近。从记载来看，皇帝没有参加过献俘祭祀活动。

（九）祭祀流程

祭祀社稷坛有一套完整的程序。大家感兴趣可以去看看中山公园社稷文化展，有一个很详细的程序。举几个关键点：首先是前二十日，前二十日是什么时候呢？皇帝亲自参加的常祀是农历的二月、八月的上戊日，这是常祀的日子。比如选了六月十八日，往前数二十天，太常寺卿就要准备一个奏章，告诉皇上常祀时间快到了。皇帝同意以后，就要做各种各样的准备，包括取土、视牲等。

常祀前三日，礼部的一名堂官跟太常寺、光禄寺堂官要去天坛牺牲所查看。因为社稷坛没有牺牲所，只能去天坛看。包括演礼要去神乐署，看一看到底准备得怎么样，是很漫长的一个过程。前三天还有一个重要的环节，进斋戒牌和铜人各一座在乾清门。到了祭祀前一天，皇帝要阅祝版，像是个奏折似的。同时太常寺要告诉内务府，包括兵部、九城兵马司要准备开门时间、祭祀时间，还要进行斋戒。祭社稷坛当天，在日出前四刻，天还没亮，礼部、太常寺卿的堂官就要到乾清门跪迎皇帝着祭祀服从午门出来，进坛北门，去进行祭祀活动。陪祀的官员，要在日出之前就跪在午门外。皇帝从自己的线路走，陪祀的大臣从社稷街门进去。皇帝的玉辇一出来他们就要过去。这个准备程序很长，一般要在常祀前四十天开始准备。

（十）祭祀管理部门

首先是礼部，礼部是封建社会管礼仪的重要部门，它是一个宏观的、什么都管的部门。包括怎么见皇上行三跪九叩礼等各种礼仪都由礼部负责。

还有一个执行机构就是太常寺。太常寺最重要的职责就是管祭祀。管器具的是光禄寺跟内务府。还有管乐舞的神乐署，神乐署只有天坛那儿有，其他九坛祭祀的活动，演习乐舞一般都要去那儿。

还有辅助的鸿胪寺、钦天监和顺天府，为什么把顺天府算在里面？有人说顺天府不应该算是祭祀管理部门，但是现在查《顺天府志》，顺天府尹有一个重要工作，就是在祭祀前协调顺天的四个地方：霸州、房山、东安、涿州进献坛土，就是五色土由顺天府尹负责，所以把顺天府也列在辅助机构里。

还有都察院，刚才说这个祭祀如斋戒是很严格的，大小官员应该在衙门进行斋戒，都察院有专人去查，你到底有没有斋戒，是否违反斋戒各项规定？有的大臣没有斋戒，被都察院发现了后果很严重，皇帝是要处分的，说明你对祭祀礼、对祭社稷神不敬，是一种很重的罪名。

（十一）祭祀行礼

《礼记》中一献三献五献七献之文，皆不记载拜礼。从至正二十七年（1367）开始，大概捋了捋，社稷祭祀分为迎神等几个环节，每一个拜礼不同，有四拜，有九拜。大家都知道见皇帝行三跪九叩或者三拜礼，应该是怎么行礼？只找到这个文献资料，只找到这个说法，也需要进一步再做一些了解。祭礼不一样，历代拜的次数也不一样。

（十二）祭祀时间

前面介绍农历的二月、八月的上戊日是常祀，但一些文献里也没有明确解释，有的解释说农历的二月、八月上戊日是说进入农历二月的第五个戊日，还有的说立春立秋后的第五个戊日。

这里我们看看《明清两朝皇帝祭祀时间》，它是历代祭祀社稷坛的简谱，已经很清楚地把祭祀社稷坛的时间标上了。里面记载祭祀时间是立春、立秋后第五个戊日，"戊"是天干里的第五位，所以象征的是茂。

社稷坛与五非常有缘分，天最大是九，地最大是五，首先祭祀的日子是天干里的第五个，而且还是第五个戊日，社稷坛社神的神主牌位总高五尺。

二、开风气先，顺潮流需

光绪三十四年（1908）以后，清代皇帝就没有再祭祀过社稷坛，到了1913年前后，辛亥革命胜利以后，清代皇帝逊位，进入一个新的历史时期，这个时期大概总结一句话，就是中山公园的开放应该是历史的机缘，也是发展的必然，历史走到了这个时间节点。

公园开放有几个关键点，一个是清帝退位以后，按照他的优待条例，他应该退居颐和园，不应再占着紫禁城三大殿，但是他迟迟没有移出紫禁城，一直到1913年，始终就没有走。

再有一点，当时有一个很重要的社会改良思想，特别是西学东渐，影响着当时很大一批有识之士，特别是一些上层人物。还有一点是城市的发展需要、环境需要。据当时的记载，北京当时土比较大，空气还不是很好，所以这几点应该是促成中山公园开放，是从社稷坛到中山公园转变的重要历史契机。

提到中山公园开放就不能不提朱启钤。朱启钤应该说是在中国近代史，特别是在中山公园发展史上一个很重要的人，而且也是北京城市发展史中一个很重要的人，很特殊。

朱启钤在开放中山公园之前，曾经连续九期在一个《市政通告》上介绍全世界建公园有什么好处，他陆陆续续地介绍，什么好处呢？最后总结了三大点：1.有益于卫生，因为当时北京环境不太好，所以有一个公园可以改善空气；2.有益于民智，启发民智；3.有益于民德。因为当时北京得到了一周有休息的权利，但是北京市民上哪儿去休息，没有地，没有公园，那么无外乎就是推推牌九啊、喝酒啊、闹事啊，如果有一个公园呢，大家伙儿就可以去进行各种休闲娱乐。

中山公园1914年10月10日正式对公众开放，中山公园的开放是北京城内最早的把这些祭坛改变成公园的一个重要实践。

有一些专家也在提，说这个举措应该是文物保护的一个重要实践，因为如果让这些祭坛荒了，或者作为遗址公园也是一种选择，但是有可能也毁了，因为如果不开放公园，照当时社会发展的情况，不一定就能保存下来。所以说开放公园也是一种有益的尝试。

图4 北京中山公园园景

（一）公园景观

社稷坛时期门都在东边，没有南门，1914年才开的南门。开南门用的东西都是拆千步廊的一些料移到这儿做的，这个门开了以后，后期太庙的门也是比照着这个门。北门是1915年建，并设有一座木桥，直接可以到故宫边上，1951年北门拆掉了。

中山公园内有一个唐花坞，还有来今雨轩，都是1915年建的。

图 5 来今雨轩　　　　　　图 6 格言亭

　　松柏交翠亭是 1915 年建的，松柏交翠亭是重檐六方亭，这座亭子被中国古建筑一本书列为重檐六方亭的典范，做得非常规整。而且它周边是日本造园家点布的石头，如果大家有兴趣去中山公园可以看到，凡是发黄的，感觉漂亮的多数都是那会儿的，后期的是发白的，大部分都是新中国以后的。2014 年公园东部景区改造的时候，园林专家一致要求改哪儿都成，别动这个松柏交翠亭就行，动完了不但恢复不了，弄不好还弄巧成拙，所以这个保持最好，基本上就这样，只是把松柏交翠亭匾摘了。

　　格言亭位置是已经移到后河了。这个亭子最早应该是 1915 年的前后，建在南门里，就是现在保卫和平坊的地方，亭子的柱子上刻有格言的，诸如诸子百家写的一些格言，如"文官不爱钱，武官不惜死"等，都是提醒大家，所以它也叫药言亭。很不幸新中国成立以后都被抹了。曾经申请过是不是再把这些刻上去，答复都说不合时宜。

　　1915 年还建了投壶亭，就在老管理处，来今雨轩旧址的后面，它从空中看是十字勾连搭的。这个形式很好看，是进行一种投壶游戏的地方，现在还有一些大爷大妈在这儿跳舞。

　　1915 年又新建了绘影楼，绘影楼应该说是北京比较早的一个照相馆。

　　后来的南门里头还新建了灯柱、喷水池。之前里面还有滦州起义两位重要的将领——王金铭、施从云的烈士塑像，是并立的。后来王怀庆在北京当官，一看哪儿能有他俩的铜像，直接就给推了。推了以后，中山公园没把这个塑像扔掉，后来日本人来了，逼着把这俩铜像拉走了，据说在天津化了做武器。有记载说跟同仁堂那口大锅一起运到了天津，中山公园曾经派人去过找，同仁堂的锅找着了，这俩铜像就没找着，最后就留下两块牌子和铜像的两个石磁，现在放在后河供游客休息了。

美国一个已故总统叫哈定，他死了以后，北洋政府在中山公园进行了很重要的纪念活动，还给他立了一个像，现在这个就剩一个基座，其他都没了。

还移来了一些东西，首先是太湖石，大家都很了解。青莲朵、青云片、搴芝、绘月这四大名石都是后期移到中山公园的。朱先生移来这些东西，一个很重要的目的就是要把社稷坛，特别是外坛，逐步地改建成像是一个公园，而不是光秃秃的就一个坛，进去就看社稷坛，别的没有，它是在向公园转变，这是一个很重要的举措，叫作依坛造景。

还有一个很重要的就是石牌坊——克林德碑坊。《辛丑条约》第一条就点到要与街同宽建一个牌坊给克林德，当时的摄政王载沣要去德国向德国皇帝公开道歉，应该说克林德碑坊是中国近代史上一个耻辱，堂堂皇帝给人家赔礼。而且要给一个杀了咱们中国人的人立碑，还要求文武官员、群众走到这儿要向他致敬，很不合理。1918年德国战败，老百姓把这个拆了，移到了中山公园，改成协约公理战胜坊，再后来1956年亚洲及太平洋地区和平大会为了表彰、纪念中国对世界和平的贡献，就把公理战胜坊改名为"保卫和平坊"，由郭沫若先生题写了保卫和平坊匾额。

1915年还移建了习礼亭，现在在南坛门外。还有石头狮子，这两个石狮是河北大名镇镇守使发现的，大名镇有一个庙，叫临济寺，临济寺这个石狮子头是埋在地里的，就脑袋露着，镇守使发现以后就把

图7 保卫和平坊，原名克林德碑坊

它挖了出来，一看还比较完整，1918年把它从京汉铁路运到了北京，最先是在徐世昌的总统府旁边，后来送到了北京中山公园，到了中山公园就一直放在这儿。"文化大革命"时要"破四旧"，非要把这砸了，中山公园的老职工爱惜东西，说不能

图8 中山公园习礼亭

给砸了，就想办法在前面土地上挖了一个坑，把这俩石狮子给埋了。"文化大革命"过后，老师傅根据回忆把它挖出来，又重新立在了这儿。

到了1925年，孙中山先生逝世，孙中山先生的灵柩从协和医院移到中山公园举行了公祭仪式。1928年为了永久给市民一个纪念孙中山先生的地方，北平市特别政府决定将中央公园更名中山公园，将拜殿改为中山堂。拜殿在社稷坛北侧，殿宽五间，深三间，黄瓦朱墙，庑殿顶式。

图 9 拜殿（中山堂）

邓云乡先生说："中山公园的开放成为京城各界人士重要的活动场所，渐成习惯，功能已经超出自身范畴。"中山公园是个综合性的公园，在后河可以看鸟，儿童可以在游乐场游玩。

（二）社会团体

因为中山公园是北京市第一个开放的公园，而且当时很多的社会团体没有什么特别合适的场地，很多重要的组织都在这儿成立和集会，这也是一个很重要的原因。

北京第一个群众体育组织，叫行健会，始建于1915年，现在是游客服务中心的所在地。这个也特别有意思，它是会员制的，交点钱你就可以去那儿看报纸、打球、踢球，还可以练太极拳，各种活动都可以。

为什么叫行健会？天行健，君子以自强不息，取的是这个意思。公园还成立了一个卫生陈列所，就是在神厨神库，1916年由内务府主办，分十组，讲什么呢？给大家介绍十组卫生知识，幼儿卫生、饮食卫生、衣服卫生、传染病怎么防治等，一直到解放后，才由北京卫生局接管。现在这里头仍然是北京市计划生育委员会在办公，还在进行展览。

通俗图书馆，1916年教育部利用中央公园戟殿创办图书阅览所。后几经更名，这就是咱们首都图书馆的三个前身之一。

再有一个就是画学会和书学会，这两个组织应该说都是在徐世昌的资助和授意下成立的。1919年成立画学会，据说是中国画院的前身。1936年成立书学会，它每年都要搞一次笔会，笔会会把参会者的书法作品送到天津给徐世昌，因为徐世昌夏天要去天津。徐世昌会给每人回赠一幅字，还会给一笔资助金。

再有中国文学研究会，这个研究会是1921年在来今雨轩成立的。因为时间关系，不再详细介绍了。民国时期的来今雨轩确实是社会各界活动的一个很重要载体。中国文学研究会是中国新文化运动一个很重要组织，里面有名的人太多了，像冰心可能都只算很一般的成员。它有一个刊物就叫《小说月刊》。

少年中国学会是1918年李大钊等人在中山公园商定组建。其用意就是用了那句"少年强则中国强"。而且李大钊、邓中夏、高君宇多次在这里进行集会、演讲。少年中国学会是近代史上一个非常重要的革命组织，中国共产党很多早期成员都是这个学会的成员。

还有反帝大同盟，是1924年由20多个社会组织筹建的。特别是中国签订了不平等条约以后，多次在中山公园进行集会。

马克思主义学术研究会，这是最早的传播马克思主义学术的一个组织。

三、沧桑巨变，人民公园

民国时期算中山公园比较闪光的一段阶段。进入新中国以后，北京中山公园进行了大规模的建设，特别是20世纪80年代以后。

新中国成立初期，党和国家政府把一些活动安排在中山公园。新

图10 北京中山公园长廊

中国成立以后周总理第一次新闻招待会据说就是在中山公园习礼亭附近草坪上举办的。后来周总理去世以后，中山公园职工为了表达对总理的纪念，就在习礼亭旁种了一棵油松。

在规划建园思想指导下，先后四次编制中山公园规划：1975年、1985年、1995年和2016年，这四次规划奠定了中山公园发展的一个重要基石。首先依坛造景，应该最大限度地把祭祀建筑、祭祀空间、祭祀文化予以保护。在这方面朱启钤先生做得是最好的，他的所有建筑都是在外坛，内坛微乎其微。对于规划，大家基本上是认可的。新中国成立后对内坛进行了点缀。

第二个就是坛园融合。祭坛是中山公园的载体，没有社稷坛就没有中山公园，但是没有中山公园也没有社稷坛，叫升华也好，叫延续也可以。要没有中山公园，社稷坛能不能保存到现在也不一定。

但是有一点，首先要尊重历史，就是说为了社会的发展和需要可以改变，也必须改变社稷坛的一些环境，因为社会在发展，功能部分和建筑部分不能不变。但是这些改变必须尊重前面的改变，不能把前面全部推倒，要尊重历史，不能影响公众，特别是后人对社稷坛的认识。

图11 愉园

图12 兰亭八柱亭

改造要有价值，没有价值的改造是没有意义的。

首先在内坛建了蕙芳园，蕙芳园是三北地区最大的兰花展演地，包括朱德、张学良、邓小平先生送给中山公园的兰花都在祭坛西侧。

在祭坛的东边就建了愉园，把金鱼搁在展廊，是看金鱼的地方。愉是愉悦的愉，金鱼都在展廊上，大家也可以去看看。

再有就是兰亭八柱亭，原为圆明园遗物。"519"工程以后复建的时候，把那八根柱子跟那石碑搁那儿了，这就已经改变了原来的形式，原来圆明园那个八根柱子不是这么搁的。

"景自天成"是康熙的御笔，以"景自天成"这个碑为基准进去以后转一圈，这八根亭子上面写了东西，但现在很可惜的是八根亭子风化得非常严重，拓片有标注也不是很清楚。

还有就是再新建的，如1986年建的孙中山像，纪念孙中山先生。

再就是在规划建园的同时，还非常重视文化建园，因为公园文化种类很多。

首先稷园花事，为什么用这个词？有的领导说这个词不太好听，稷园是社稷坛别称，据查证民国时期确实就是这么叫的。当时中山公园的牡丹是北京城内少有的，也非常好，从天津有一辆专列可以到中山公园来看花，然后晚上再走。朱启钤先生在中山公园的内坛建了28个国花台。

图 13 孙中山先生像

中山公园的花坛展摆历史是从新中国开始的,一直都是中山公园职工设计展摆的。中山公园曾经连续数年在天安门广场西北角摆一个花坛,而且还给天安门城楼摆过花,毛主席纪念堂、毛主席追悼会、周总理追悼会、邓小平追悼会所需的花卉都是中山公园进行安排的。

再一个就是木海观鱼。估计这个木海也快成文物了,现在做的这个木海不像当时那个,而且也不是很好,如果冬天不搁水,就容易裂。

古建也进行了大规模的建设。有个用五色土做的标识。有拜殿、有唐花坞、有两个代表性的兰花和古树,兰花是一园一品的代表,兰花也是中山公园最早进行引种的。

中山公园的诗文集收录了148首从明代到民国时期的诗词。还有新中国成立以后第一本,也是唯一的一本画册。

中山公园给人的感受是非常静的公园。现在有些公园进去看不像是公园,更像是个大集市似的很乱,但中山公园外头不管多乱,多么嘈杂,进了中山公园特别是下午两三点钟的时候很安静。

中山公园园史展、社稷文化展长期免费开放,但是社稷展现在正

图 14 唐花坞

在进行修缮。

四、传承文脉，任重道远

中山公园已经对公众开放了一百多年，公园的开放职责已清楚，但传承文脉确实是非常艰难的。

首先中山公园最闲提出了坛庙园林的概念。中国园林一般分三类：皇家园林、宅第园林和寺观园林，寺观园林跟坛庙园林到底是不是一个概念？应该说是有差别的。寺观园林不管如何，它多数是可以向公众开放的，公众可以进去烧香拜佛。但是坛庙园林，包括现在的社稷坛，还有天坛、地坛、日坛、月坛、先农坛，还有历代帝王庙、太庙、孔庙等，这些坛都是皇家祭祀的祭坛，不是普通老百姓想进就能进的。这些地方的选址多数都是明清皇帝的祭坛所用，是御用的，普通民众是去不了的。而中山公园的营建大体上都保持了它原有的祭坛风格，因它的营建而提出了坛庙园林这个概念，应该说是一个发端。

再一个就是中山公园的开放对北京城市建设具有跨时代的意义。

北京有八百年的建都史,作为皇城,前朝后市这个格局基本上是不可能变的。但是1914年朱启钤先生开放中山公园,包括后期南北长街的建设,前门的改造,拆掉千步廊,这些重要的举措,应该说是给这个城市空间打开了一个新的境界。

从那时候开始,设立公园便是改变不良的一个好方法,公园是社会衣食住行之外不可或缺的要素,现在更是提到公园是市民生活的第三空间。除了家和工作单位,多数人都愿意去公园。

中山公园的开放,具有时代性,是历史的机缘,是社会发展的必然;中山公园的开放,彰显了包容性,中西合璧,公园本身的概念不是中国原有的,但是引进来以后,特别以中山公园为代表以后,包括其他几个坛庙与中国人文园林的结合是非常成功的。古今融合,古为祭坛,今为民享。南北荟萃,南花北养,中外花卉都可以在公园看到,这是一种雅俗共赏。

但是传承文脉不是那么容易的,难点也有很多:一个是历史格局的解读不够清晰,虽然在这儿说了这么多,似乎已经厘清了一些,似

图15 中山公园的古柏树

乎认识了一些，但是我们对历史的解读还是不够清晰，有些东西仍然存在着误区和不清楚的地方。

再有一个驻园单位的存在，中山公园驻园单位还是比较多的。公园绿化普查，中山公园的文物建筑2851.6平方米，其中被占用了2500平方米，也就是91%都在人家手里头。

最后想说一句话：把美丽的中山公园完整地交给后人。一百年前朱启钤先生开放中山公园，1949年我们把中山公园接到手里，我们能不能把这个美丽的公园传承下去，完整地交给后人，需要公园人有历史担当，社会公众也应有这个历史担当。

盖建中 北京市中山公园管理处研究室主任，馆员

宫廷生活

官逼民反

乾隆皇帝长寿的餐饮秘笈与养生之道

李国荣

乾隆 25 岁登基开始当皇帝，在皇位上 60 年，退位后又当了 3 年太上皇，89 岁辞世。他是清朝也是中国整个古代史上 494 位皇帝中最为长寿的。乾隆为什么能如此健康，如此长寿？这和他的餐饮养生方法是分不开的。

中国古代有句俗话说，人生七十古来稀，以前六七十岁就觉得是老人了。档案文献记载，乾隆 80 多岁的时候，身体仍然相当不错。85 岁时，乾隆去承德避暑山庄，路上还骑了几十里路的马，而且到了山庄还能开弓射箭，在园子里还带着重孙子打猎。乾隆 86 岁那年秋天，在避暑山庄还用火枪打死了一只园子里的鹿。已是八十五六岁还能打猎，还能骑马，这说明老年的乾隆，身子骨确实是还很硬朗，视力和听力还都很好。

乾隆当了 60 年的皇帝，86 岁的时候禅让退位。为什么退位？因为乾隆刚刚登基的时候就说，他爷爷康熙功德无量，在位时间是 61 年，如果他执政 60 年了，到时会主动退下来，不能超过康熙爷，结果到乾隆六十年的时候就真的退位了。但是乾隆退而不休，明确说"大事还是我办"，仍然住在原来的办公场所——养心殿，说是为了时时训导儿皇帝嘉庆。而且，乾隆仍然自称朕，嘉庆过生日叫万寿节，他过生日叫万万寿节。虽然是嘉庆朝了，天下已使用嘉庆年号，但在皇宫里面继续使用乾隆年号。最重要的是大臣的奏折送上来以后，还直接送到乾隆那里进行批阅，知州知府等五品以上的官员赴任，还得到乾隆这里来陛辞，也就是只有他点头才可以赴任。所以乾隆一直到死都把批阅奏折、任命官员这些大权牢牢地握在手里。而从另一个角度说，这个年近90岁的太上皇，一直有效地把控着朝政，说明他的精力和体力是相当不错的。

说到这里，我想和大家一起来看一下，清王朝截然不同的两种特殊的历史现象。在康雍乾盛世时代，康熙皇帝活到69岁，皇子35个，皇女20个；雍正皇帝活到58岁，皇子10个，皇女4个；乾隆皇帝活到89岁，皇子17个，皇女10个，皇帝都是长寿，而且儿孙满堂。形成鲜明对比的是，在清朝末期，同治皇帝只活到19岁，光绪皇帝活到38岁，寿命都不长，且无子无女，末代皇帝溥仪后来也没有子嗣。这可以说是家国相一，康雍乾时代如果皇帝没有充沛的精力，没有强健的身体，不可能打造出一个盛世；而在清朝晚期下滑败落的时候，皇帝也恰恰都是体弱多病，寿命不长，这是值得回味的。

下面，我们具体地看看长寿皇帝乾隆是如何养生的。

一、乾隆皇帝的餐饮秘笈

两千多年前成书于西汉的《黄帝内经》，是中国古代最早的医学养生典籍，历代黄老医家又有增补发展。该书提到养生要诀是，五谷为养，五果为助，五畜为益，五菜为充。这一养生理念，也充分体现在乾隆的膳单之中。

清宫膳单，就是皇帝后妃们吃饭的食谱。清朝皇帝的膳食餐饮由内务府御膳房掌管。御膳房把皇帝后妃每一天的用膳记录整理后汇抄成册，就叫膳底档，记载什么时辰在哪儿用餐，具体的食谱内容等。皇帝的每样食品为何人烹调，须逐日开单具稿，呈内务府画行存档。应该说，皇家档案记载是相当详细的，也为我们今天研究皇宫生活提供了依据。举个例子，乾隆三十五年八月初七，乾隆的母亲在长春仙馆进早膳的《膳底档》这样记载：二号黄碗膳一桌八品，铺内野意菜三品，饽饽二品，寿意点心二盒每盒四品，银葵花盒小菜一品，银碟小菜四品，粳米膳一品，素粉汤一品。乾隆母亲一顿早饭总共28品。

皇帝的用膳地点，在顺治、康熙时期主要是在乾清宫。雍正把他的办公地点搬到了养心殿，这养心殿北侧几步之隔就是他的寝宫。自此之后，皇帝用膳主要在养心殿了，乾隆也是这样。皇帝的御膳房在养心殿的南院，离得很近，可以防止饭菜过凉。皇宫里面其他众人用餐有御茶膳房，在皇宫东侧的景运门外，那里经办皇室餐饮与宴会。

清朝皇帝吃饭有特别的叫法，称为"用膳""进膳"。为什么？因为以天子之尊叫"吃饭"，太俗了。而且还有一种说法，说"饭"和犯人、犯罪的"犯"是同音，应该避开，所以就叫"用膳""进膳"。皇帝御膳房有官员、厨役370人，御茶膳房是120多人，全加起来有500来人。乾隆每年的吃喝要花掉多少钱？档案上有记载，皇帝的御膳房每年支出是4万两白银，这还不算封疆大吏们每年进献的山珍海味、干鲜水果，若说乾隆吃掉的是金山银山，那是毫不过分的。而且，这4万两白银还只是乾隆个人的餐饮开销，因为按照清宫的规矩，皇帝与后妃、皇子们分别有自己的膳房，他们是要分灶做饭、分开用膳的。

皇帝平时用膳，就自己一个人吃，只有逢年过节才到一起举行家宴。皇帝的家宴，一般是在乾清宫摆宴席，其排场十分讲究。比如乾隆四十一年（1776）的年三十，乾隆在乾清宫举行的除夕家宴《膳底档》记录是：热菜20品，冷菜20品，汤菜4品，小菜4品，瓜果、蜜饯果28品，点心、糕、饼等面食29品，总共105品。但这顿团圆饭虽然是在乾清宫内一个屋子里，却不是围坐在一个桌子上，皇帝一个人在乾清宫"正大光明"匾正下方的桌子上，皇后在紧挨着他的一个桌子，然后是皇贵妃、贵妃的桌，再依次是妃、嫔、常在、答应，这是森严的等级观念在皇家餐饮上一种体现。乾清宫除夕家宴，虽说是团圆饭，也只有后妃们参加，皇子们都不能来，因为妃嫔都很年轻，有的皇子可能二三十岁了，为了防止授受不亲，所以皇子不参加。

有意思的是，清宫的膳单上经常记载皇帝饭后把哪道菜赏给谁，因为一顿饭几十道菜，皇帝一个人吃不完，有时候一桌菜还赏给好几个人，有赏给后妃的，有给阿哥的，有给公主的，还有给军机大臣、内务府大臣、南书房当天值班大臣的。

皇帝要是出巡在外，也有专门的档案记载，用膳档案即按出巡的时间、地点汇抄成册，比如《江南节次照常膳底档》《五台山照常膳底档》等。

通过清宫膳单，我们可以看到，乾隆用膳大致有这样几个特点：

第一，御膳特供，玉泉山的水和丰泽园的米。

宫廷餐饮，是皇权的体现，等级最高、烹饪最精、用料最好。

乾隆特别钟情玉泉山的水。玉泉山是皇家三山五园之一，在北京西郊，紧邻颐和园。乾隆曾说，"水之德在养人"，他认为上好的水要味美质轻，首先是味道甘美，再一个是质地要轻。乾隆曾经命人把北京玉泉山、济南珍珠泉、扬州金山泉、杭州虎跑泉这四个地方的泉水分别取来，用特制的银斗进行测量，结果玉泉山的水最轻。所以，乾隆钦定玉泉山为"天下第一泉"，他所喝的主要就是玉泉山的水。皇宫里面有牛车、驴车，每天早晨天不亮就要出神武门，到玉泉山拉御膳房备用的水。皇帝外出巡幸，只要不是特别远，队伍后面也会有几个水车拉着玉泉山的水跟着走。

乾隆吃的米，也很讲究。康熙时在中南海的丰泽园培植了一种稻米，相当不错。到了乾隆的时候，所用的御稻米主要产自丰泽园、玉泉山、汤泉这三个地方。当然，各地进贡的上好稻米，乾隆也是吃的。《清代中南海档案》对中海丰泽园的稻米种植有着详细的记载。

第二，荤素搭配，白菜、豆腐少不了。

影视文学作品里皇帝用膳的场面，经常是宫女们没完没了地端来端去，好像走马灯一样。实际上皇帝用膳基本在15道菜到25道菜之间。

拿乾隆来说，乾隆做了三整年太上皇，嘉庆四年（1799）正月初三驾崩，这年正月初一早膳，也就是89岁的乾隆皇帝临死前两天的《膳底档》记载：燕窝肥鸡丝热锅1品，燕窝烧鸭子热锅1品，肥鸡油煸白菜热锅1品，羊肚片1品，托汤鸡1品，炒鸡蛋1品，蒸肥鸡鹿尾1品，烧狍子肉1品，象眼小馒头1品，白糖油糕1品，白面丝糕糜子米面糕1品，年年糕1品，小菜5品，咸肉1碟，攒盘肉2品，野鸡粥1品，燕窝八鲜热锅1品。乾隆大年初一这顿饭，连菜带汤再加上糕点总共有22道，也是样数不少了。

从膳单来看，乾隆平时最喜欢吃的是燕窝，基本上每餐都有。他吃的肉有鸡、鸭、鱼、鹅、羊肉、鹿肉、猪肉。但是乾隆不吃牛肉，也很少有鱼翅、海参这类东西。不过，像豆腐、白菜这些家常菜，倒是经常上乾隆的餐桌。档案记载，乾隆下江南带了众多厨师，这些厨师各做不同的菜，有专门做鸡的，做鸭的，做狍子肉的，做鹿肉的，专门做豆腐菜的厨师就有3个。乾隆三十年（1769）第四次南巡，三月十八日在淮安的早膳，总共十几道菜，其中就有豆瓣炖豆腐、炒豆腐两种豆腐菜。

在乾隆晚年的膳单中，几乎每天都有"炒豆芽菜一品"，豆芽菜清淡爽口，对脾胃特别有好处，老年的乾隆是很爱吃的。乾隆也经常吃五谷杂粮，每年春天榆树发芽的时候，乾隆都要吃榆钱饽饽、榆钱饼。煎饼、粽子等不登大雅之堂的民间粗食，乾隆也按时令吃上一些。

乾隆用膳，虽然不乏帝王气派，但也并不像人们所想象的那样全是山珍海味。乾隆饮食最主要的是从养生的角度来考虑的，饭菜不过冷过热，精粗搭配，荤素相宜，从我们现今的科学养生角度来看也是合理的，这对他的健康无疑是有益的。

第三，一日两餐，从不暴饮暴食。

乾隆，也包括整个清代的皇帝，他们不存在晚饭暴饮暴食的问题。因为清朝皇帝用膳，也就是正餐，一天只有两次，分别叫早膳和晚膳。

乾隆的早膳时间，是早晨卯正辰初，也就是七八点钟，晚膳是下午未时，也就是一两点。夏季和冬季的时令不一样，早饭、晚饭的时间跟随季节有所变化。每天两顿正餐，晚上睡前不存食，这是利于养生的。

在两顿正餐之外，乾隆每天早晚各有一次小吃。早晨洗漱好后，会先喝一小碗冰糖燕窝粥，然后处理些政务，再吃正餐。晚上六七点的时候，吃点夜宵点心，喝点茶，但没有大鱼大肉。乾隆皇帝的这种饮食，与我们现今所说的"早吃饱，午吃好，晚吃少"的理念是相近的，这种饮食规律符合传统中医和现代养生的理念。

第四，融会南北，苏州厨子进宫掌勺。

建立清王朝的满族，兴起于东北的白山黑水之间，漫长寒冷的冬季，需要鹿肉、熊掌这些高热量的食物来补养，主要吃炖菜、火锅、热量高的食物。清朝入关以后，顺治、康熙、雍正时期，主要还是吃关东菜，沿袭东北的饮食习惯。

到乾隆时期，清王朝经过近百年的统治，与中原文化越来越融合，宫廷饮食也打破了"关东货"一统天下的局面，从饮食结构到烹饪技术上，都有重大调整。乾隆的御膳逐渐形成南北融会、满汉合璧的餐饮结构。

乾隆六下江南，喜欢苏杭天堂一般的景致，喜欢江浙别具风情的园林，也很喜欢南方口味的饭菜。乾隆三十年（1765）第四次南巡，《江南节次照常膳底档》记载，二月十三日乾隆来到淮安平桥大营，晚上在码头用餐，膳谱上有"莲子鸭子""春笋炒肉丝""肥鸡豆腐片汤"的记载，这些菜肴都是淮扬名菜在宫廷档案中留下的印记。乾隆还不时把苏杭两地的厨师请进皇宫，江南厨师在乾隆的御膳房里越来越成为重要的掌勺者。第四次南巡期间，有个叫张东官的苏州厨子，做的饭菜很合乾隆的口味，乾隆不仅传旨赏银子，而且还把这个张东官带回皇宫的御膳房。张东官很乖巧，他很会揣摩乾隆喜欢吃哪类食物，不断地调整口味，把苏杭的南方菜和北方菜融合在一起，做出了乾隆爱吃的"野鸡汤""鸡丝酸菜汤""清蒸鸭子"等宫廷名菜。乾隆出巡东北盛京等地,也点名让张东官这个江南厨师跟随。张东官50岁走进御膳房,在皇宫待了整整20年,到70岁腿脚实在不利索了,乾隆才与和珅商量,把张东官送回苏州老家。

"王天下者食天下"。在乾隆的餐桌上,是南北融合的全新菜肴。乾隆的口味确实是比较宽,厨师中满、蒙、汉、回,不同民族的都有,所以我们说乾隆会吃,吃出了文化,吃出了健康。

第五,不同年龄,不同的饮食特点。

乾隆当上皇帝后,在不同的年龄段,其饮食也有不同的特点。大致可分为青壮年、中老年和古稀之年三个时期。

乾隆的青壮年时期,25岁登基到45岁,火力旺盛,体力充沛,膳单中鸭肉不少,尤其是白鸭肉更多。白鸭肉属于凉性的,体力壮吃一些凉性的,具有滋阴养肾、利水消肿的功用。膳单中鸡肉也挺多,鸡肉性味平温,可调节胃口。荤菜中这样的膳食搭配,使青壮年的乾隆得以平阳滋阴,满足这一年龄段身体的需要。

乾隆的中老年时期,46岁到65岁。中医认为,人值中年,阴自半,肾精肾阳不足。乾隆在这个时期注重滋补肾阴,以壮肾阳。这个时期膳单中的羊肉、鹿肉越来越多,可强筋骨、补五脏、润血脉。膳单中的鸭肉,也由原来的白鸭子改为红鸭子,因为白鸭子是凉性的,红鸭子性味甘温,有温补肾阳、强腰助膝的功效。中老年时期的乾隆,需要的肉量越来越多了,少量的羊肉、鹿肉来做补养,再加上温性的鸡鸭肉来补肾阳。

乾隆的古稀之年,66岁到89岁。这个时期的膳单上,燕窝、鸭子作为滋阴的副食,始终跟着乾隆的餐桌转。中医认为,燕窝能补肾虚损,润肺燥,滋肾阴,用冰糖一起煮了吃,往往更见效。乾隆一直坚持吃燕窝粥,羊肉、鹿肉也不断,而且用量逐渐增加,这对年老体弱、虚劳羸瘦、腰膝酸软,具有益气补虚、温中暖下的功效。

老年时期的乾隆还注意吃药膳。《膳底档》记载,老年乾隆常吃的药膳是果子煮粥。老年人脾胃虚弱,消化功能减退,仅用药物调理身体,一则见效不是很持久,二则伤脾胃影响食欲。药食同煮,对人体长期调理,可达到食疗食补、强身壮体的功效。因为老年时期脾胃虚弱,消化功能减退,用药调理副作用较多,为此,乾隆常把一些有滋补功能的药品和吃的食物一起炖煮,来达到强身壮体的目的。

第六,节制喝酒,每天2两不过量。

清朝乾隆年间,来中国的朝鲜使节在记述乾隆的饮食时,曾写道:乾隆"平生不饮酒"。这个记载,也对也不对。说它对,乾隆确实不饮烈性酒,不喝过量酒,白酒他是基本不动的。说它不对,乾隆并不是一滴酒不沾,他每天还是要少喝一点的。

乾隆饮酒,以健身为本,根据不同季节喝不同的酒,而且很有节制。春节喝屠苏酒,端午节喝雄黄酒,中秋节喝桂花酒,重阳节喝菊花酒,还有一些滋补药酒,如龟龄酒、太平春酒、状元酒等,每次只喝一小杯。根据档案记载,乾隆最常喝的是玉泉酒,每天下午的晚膳喝2两玉泉酒。这是一种度数很低的糯米甜酒,少量饮用很利于养身。这种酒是专门用乾隆最欣赏的北京玉泉山的水酿造的,所以叫玉泉酒。

我们说乾隆喝酒注意节制,还有个比较,乾隆的儿子嘉庆的酒量就相当大,有点像酒鬼了。嘉庆每天最少要喝六七两,多的时候要喝十四五两,喝起酒来收不住,比他的父皇乾隆是能喝多了。嘉庆享年61岁。乾隆不仅自己饮酒很节制,档案里还记载了他对宫廷大臣们喝酒也有限制,朝廷宴会,原来每桌放8两酒,后来减一半变成4两。

顺便说一下,乾隆还曾经颁布过禁酒令。明清时期,烧制白酒的作坊称为烧锅。乾隆二年(1737)五月,乾隆颁布烧锅禁令:米谷浪费首推烧锅造酒,"养民之政多端,而莫先于储备。夫欲使粟米有余,必先去其耗谷之事,而耗谷之尤甚者,则莫如烧酒。"乾隆谕示天下:"朕筹之已熟","烧锅一事,当永行严禁"。由于种种原因,乾隆的烧锅禁令并没有得到彻底的贯彻执行。但是，从中我们却可以看到，为节约粮食，乾隆确曾考虑禁止酿造白酒这样的问题。

说完乾隆的喝酒，我们再谈谈乾隆的饮茶。曾有朋友问，乾隆皇帝喝不喝茶，回答是肯定的。清宫档案中，存有一件乾隆五十七年（1792）内务府进呈的《各省督抚所进土物清单》，在封疆大吏们进献给乾隆爷的这件土特产清单中，茶叶实在不少，其中闽浙总督进献"莲心茶四箱、花香茶五箱、郑宅芽茶一箱。"云贵总督进献"普洱芽茶一百瓶、普洱蕊茶一百瓶、普洱茶膏一百匣"等等。看来，全国各地的特色茶叶，乾隆都是要享用的。乾隆还独创了一种名茶，叫三清茶。所谓的三清茶，是以龙井茶为主料，佐以梅花、佛手、松子仁三种清雅的材料，用雪水烹制而成。乾隆时，每当雪后，都要命人采集积雪，用以烹制三清茶。乾隆还御笔题写《三清茶》诗："梅花色不妖，佛手香且洁。松实味芳腴，三品殊清绝。"乾隆不仅自己品茶，还召集文臣举行品茶作诗会，每年的正月初二至初十日中，择一吉日，召请诸王、大学士、内廷翰林等官，在重华宫举行饮茶作诗活动，实为文臣新年招待会。在清宫，还有一种代茶饮，不是用茶叶冲泡而成，而是由各种药物组成的宫中保健品。代茶饮治疗作用各有不同，归纳有：解表类代茶饮、清热类代茶饮、去暑类代茶饮、温中类代茶饮、补益类代茶饮。皇帝和后妃有些慢性病，就是通过服用代茶饮来调理的。

第七，适当补养，人参、鹿肉及八珍糕。

清宫药养之品，首重人参。乾隆曾将人参称为"仙丹"，还曾亲笔写过一首《咏人参》的诗，诗中说："性温生处喜偏寒，一穗垂如天竺丹。"说明乾隆很注意用人参补养龙体。清宫留有乾隆朝《上用人参底簿》，是专门记录乾隆吃用人参的簿册，根据其中的记载，自乾隆六十二年十二月初一开始，至乾隆六十四年正月初三截止，也就是乾隆的最后一年，大约13个月的时间里，乾隆共用人参359次，吃人参37两9钱，几乎每天都吃用人参。这样算来，乾隆晚年每天吃人参约

5克，量不是很大。

乾隆很注意随着季节的变化调整饮食。春天来了，去掉火锅，逐渐换上凉性菜肴。夏季三伏天，必喝绿豆粥、糊米粥。鹿肉、羊肉、熊掌，这些热量较高的补养食物，主要是在秋冬季节吃。乾隆很在意按时令进补，是很讲究的。

八珍糕是乾隆晚年常吃的一种点心。八珍糕用什么料，每种料各放多少，都是乾隆亲自指定的。档案记载，其原材料有人参、茯苓、山药、扁豆、莲子、芡米面、薏米面、粳米面、糯米面、白糖等。乾隆专门让一个叫胡世杰的太监向御厨房的师傅们传旨，完全按这些材料配好，研成细末后，蒸成糕点，每天夜宵随着熬茶送上。

第八，品尝鲜果，御用果品一天也不能少。

乾隆的御用水果也注重季节性。北方的桃、梨、杏、葡萄，南方的橘子、橙子、荔枝，什么时候成熟就送到宫里来，要吃新鲜的。各地送来的水果，经过御茶膳房的精心挑选，随时摆在乾隆的膳桌上。

那时候没有冰箱，怎么保鲜呢？皇宫其实有真正的"冰箱"。清宫制作了各式各样十分精美的冰箱，冰箱里设有屉子，上面存放水果食品，下面是冰块。皇家的蔬菜、水果平时就放在冰箱里，而且夏天乾隆理政办公时身边也放着冰箱降温。为保证冰块的存储，紫禁城里有5处冰窖，景山西门的冰窖胡同有6处冰窖，德胜门外还有3处冰窖，正阳门外面有2处冰窖。每年入冬后，工部和内务府都安排伐冰，在永定河、西苑三海、昆明湖进行伐冰，都是方方正正的冰块。今天，人们到故宫参观的时候，可到西路的冰窖餐厅用餐，那里就是原来的皇家冰窖。

中国有句古话，叫作"美食不如美器"。乾隆的饮食器皿也是非常讲究的，他用的碗、盘、碟子，都是用黄金、白银、珐琅特制的。乾隆每次用膳，大大小小几十件金银器皿摆在餐桌上，是这些赏心悦目的金碗银盘，都是无价之宝了！

二、乾隆皇帝的健身巡幸

乾隆也很会玩，他的健身娱乐活动一直是丰富多彩的。乾隆健身，主要是骑马，那时候没有健身器材，乾隆也没想刻意要怎样去健身，但是骑马确实成为他的一种健身活动。"当政六十年，巡幸占十载"，也就是说乾隆有十几年时间是在马背上。乾隆在位是60年，出巡150多次，平均每年2次还多，每次出去，少则一两个月，多时三四个月、四五个月。这在清朝是首屈一指，在两千多年的各代封建帝王中也极为罕见。朝鲜使臣就说，乾隆"一日不肯留京"。乾隆出巡，主要是骑马，因此人们把乾隆王朝称为"马上朝廷"。

北巡热河与木兰秋狝，是乾隆乐此不疲的。康熙四十二年（1703）建了避暑山庄，从此以后，山庄成为清王朝的第二个政治中心。雍正刚过世的几年，乾隆服丧以示哀悼不去避暑山庄，从乾隆六年（1741）开始，乾隆除皇后丧期等特殊情况外，几乎每年都去。乾隆执政60年总共去了52次，夏往秋返，一般都在两个月以上，有时还长达三五个月，算下来在避暑山庄就待了10年多，相当于乾隆执政全部年代的六分之一左右。乾隆每次去避暑山庄都是要骑马的，抛开政治上的执政理念不说，这本身就是一种健身活动。到避暑山庄后，乾隆还会打猎。档案记载，乾隆在65岁以前，几乎每次从北京到山庄的往返都是全程骑马，中途在行宫歇脚。在年老之后，乾隆也是骑马从紫禁城出去，到了清河以后再改坐轿子。清朝统治者把"国语骑射"视为其根本，乾隆自己一直坚持骑马射箭。

俗话说，上有天堂，下有苏杭。乾隆处处和他爷爷康熙相比，康熙六次南巡，乾隆也六次。乾隆6次南巡的时间分别是乾隆十六年（1751）、乾隆二十二年（1757）、乾隆二十七年（1762）、乾隆三十年（1765）、乾隆四十五年（1780）、乾隆四十九年（1784）。乾隆南巡，每一次都是正月十五过完春节出去，从北京出发，经过直隶、山东，到江苏的清河口渡过黄河，然后再改成坐船沿运河南下，经扬州、镇江、丹阳、常州、苏州，进入浙江境内，再由嘉兴、石门，最后抵达杭州。南巡回来时，一般是绕道江宁也就是南京，于四月下旬或五月初返回京师。乾隆与他爷爷康熙，这祖孙两位皇帝，都是六下江南，南巡主要活动都是巡视黄河、钱塘江，召见地方官员，笼络文人和百姓，但花费却是大不一样。康熙六次南巡，"所费不过一二万金"。乾隆六次南巡，花费高，排场大，极度奢华，各类花费总数高达2000万两白银。乾隆晚年检讨说："六次南巡，劳民伤财，作无益，害有益。"乾隆以后的清代皇帝，再也没有南巡。

再说乾隆拜谒祖陵的活动。清朝的皇陵，有盛京的努尔哈赤、皇太极两陵，河北遵化的清东陵，河北易州的清西陵。乾隆提倡以孝治天下，几乎每年都亲行谒拜京畿各陵。他在位60年，拜谒祖陵达66次之多。乾隆拜谒祖陵也是亲自骑马去，而且还有4次是走出山海关，到盛京谒陵，分别是乾隆八年（1743）、乾隆十九年（1854）、乾隆四十三年（1778）、乾隆四十八年（1783）。

乾隆的其他外出活动，还有巡幸盘山、五台山。乾隆曾说"早知有盘山，何必下江南"，他先后32次巡幸盘山，盘山行宫于是盛极一时。乾隆还御笔题写了"盘山"二字。乾隆为什么去盘山的次数这么多呢？因为清东陵在遵化，乾隆每次都是拜完祖陵，顺便再到盘山行宫住一段时间。乾隆还去五台山，康熙5次巡幸五台，乾隆则是6次上五台，五台山的菩萨顶，至今还有乾隆的御笔四楞碑碑文。

说起来，乾隆巡游天下，寄情山水，但就健身娱乐而言，乾隆是发挥到了极致。

三、乾隆皇帝的乐观心态

乾隆的养生还有一大特点，就是他的心态好。康熙的时候，是打拼的阶段，平三藩，统一台湾等一大堆的难事；雍正的时候，改革朝政极其艰辛，可谓日夜操劳；而乾隆的时候，面对父祖留下的盛世遗产，他会吃、会喝、会玩、会活，心情涵养是特别的好。乾隆自己说"事烦心不乱"。乾隆很注意调整好的心态，保持好的心情，节制自己，不因为喜怒哀乐过度而伤身，有多乱的事，都要保持平静之心。

乾隆信佛拜佛。雍正有这样一句话，"儒以治世，佛以治心，道以治身"，佛是修身养性的。乾隆专门建造了雨花阁，那是皇宫里面最大的佛堂。乾隆也常到宫内礼佛活动中心中正殿烧香拜佛，他到中正殿每一次烧几炷香，油灯用的奶油多少，档案上记得都很细。在清宫画作中，有一幅《乾隆帝佛装像》，画面上，佛国中的乾隆身披袈裟，端坐在高台上，接受众多沙门、菩萨的礼拜。这幅画不一定是写真，但却反映了乾隆是位礼佛皇帝。乾隆常常拜佛，保持了心情的清净。

乾隆的日常起居生活很有规律。档案记载，乾隆一直保持着卯刻起床，也就是早晨五点到七点，冬天是夜长天短，凌晨就要御门听政，所以天不亮乾隆就要到乾清宫。再有，乾隆的后宫生活也是比较有节制的。乾隆很看重当宝亲王时身边女人的感情，这是挺难得的。档案记载，乾隆总共有41个有名分的后妃，在后宫生活方面，不是过度的。

乾隆的一大特点是，总是自我感觉良好。知足者常乐，他会自己找乐子。比如乾隆津津乐道的"十全武功"，其中包括两次平定准噶尔，两次征服大小金川，两次出征廓尔喀（尼泊尔），一次平定新疆回部，一次镇压台湾林爽文起义，一次征伐越南安南，一次征伐缅甸，加起来就说是"十全武功"。实际上，大小金川是苗疆内部的事，前后两次征战是小题大做；出兵征伐缅甸，结果是损兵折将。但乾隆却说是圆满了，还在中南海的紫光阁建了"十全武功"展厅，把功臣像挂在那里进行展览。

从另一个角度来说，乾隆的好大喜功，也是一种自我满足感。乾隆自称"十全老人"，还专门刻了"十全老人之宝"印章。如果说康熙是奋力开拓的皇帝,雍正是务实勤政的皇帝,那么乾隆就是坐成享受的皇帝。康熙开拓了疆土,雍正大力整顿打下了底子,乾隆是充分享受了。把乾隆作为一个人来看,从身心健康上来讲,他的心态是乐观的。

四、乾隆皇帝的兴趣爱好

乾隆能够健康长寿,还因为他有着广泛的兴趣爱好。人需要有爱好,不能闲着,乾隆就是一个闲不住的皇帝。

乾隆很有作诗绘画的雅兴。他一辈子写了4万多首诗,乃至超过《全唐诗》的总数。诗以言志,言为心声。乾隆的御制诗记录下漫长岁月里的生命体验、喜怒哀乐、家国天下。那4万余首诗,就是4万余面人生的投影,这在中国历史上是仅见的。乾隆在明朝画家顾正谊《开春报喜图》上题诗,自己打草稿"梅花坞里春先到",打好草稿再抄在顾正谊的画上,工工整整的,然后再盖上他的一些闲章,很是下了一番功夫。还有绘画,乾隆临仿宋朝苏轼的《偃松图》、明朝沈周的《写生册》、清朝黄鼎的《岁寒三益图》,都是有模有样。乾隆的绘画,在故宫博物院现存690件,其他博物馆藏15件,其中有八成是"仿古"画。

乾隆也钟情各类珍玩。乾隆做皇子时居住的乐善堂,在他登基后作为肇祥之地改名重华宫。乾隆把皇祖、皇父、皇后的珍品,都收存在这里,以作缅怀,重华宫成了乾隆的博物馆。清宫瓷器,分为大运、传造、贡献几种形式进送皇宫,乾隆对御用瓷器常常传旨,亲自指点如何设计烧造。乾隆对珐琅彩瓷器珍爱有加,乾隆一朝珐琅彩瓷器的烧制数量超过康雍两朝。乾隆对小物件也很上心,比如望远镜,在清朝形象地称为"千里眼",是西洋传教士经常带来的新奇物件。乾隆三十七年(1772),意大利传教士潘廷璋来到北京,向乾隆进献"新法望远镜一架"。乾隆帝对这架望远镜很是喜欢,对传教士潘廷璋除给予赏赐外,还封其为启祥宫"行走"。

清宫所藏钟表1500多件，其中绝大多数是乾隆时期的。这里面有中国的钟表，是当时清宫做钟处以及广州、苏州制造的，也有英、法、瑞士、俄罗斯、美国、日本这些国家造的西洋钟表。档案记载，乾隆二十二年（1757），十二月十一日，广州将军李侍尧和粤海关监督李永标进呈一批贡品，乾隆朱批："此次所进镀金洋景表亭一座，甚好。嗣后似此样好得多觅几件，再有此大而好者亦觅几件，不必惜价。如觅得时，于端阳贡进几样来。"意思是说，你们这次进了一批钟表，镀金的表亭挺好，照着这个样子再去多弄几件来，再有比这个大的更好的，要多选几件，采购也好，定制也好，不差钱尽管买。遵照乾隆的旨意，第二年的四月二十三日，也就是在限定的端阳节的前几天，新购的洋镀金乐钟亭二座送进皇宫。看来，乾隆对钟表确是玩性很大的。

还有圆明园西洋楼前的大型喷水池，意大利传教士郎世宁、法国传教士蒋友仁原本要在这里建造一组具有西方特色的裸体女性雕塑。乾隆帝觉得这有伤风化，谕令重新设计。根据乾隆旨意，郎世宁、蒋友仁在海晏堂前面的喷水池最终设计出了12个人身兽首雕像。把中国传统文化的十二个时辰和十二生肖恰到好处地结合起来，每昼夜的十二个时辰，由十二生肖兽首依次喷水，俗称"水力钟"，这成为中西方文化交融的皇家艺术珍品。乾隆的兴致与雅好，的确还是很有品位的。

通过以上的梳理，我们透过清宫档案看到，乾隆的养生大致有这样几个特点：一是管住嘴——荤素搭配，进补适度；二是迈开腿——骑马射箭、四方巡游；三是放宽心——事烦不乱，自满乐观；四是多动脑——写诗绘画、雅好珍玩。这些看似平常又不一般的养生之道，成就了乾隆89岁的健康长寿。

李国荣 中国第一历史档案馆原副馆长，研究馆员，清代宫廷史研究会秘书长，故宫博物院兼职研究员

食紫禁烟火，品故宫百味
——清代宫廷中的饮食

苑洪琪

中国的饮食文化一向讲究食不厌精，脍不厌细，皇室餐桌更是典范。宫禁森严，这种隐秘性反而激发了人们对皇家饮食的好奇。皇帝是不是每顿饭都吃一百零八道菜？他们都吃些什么山珍海味呢？皇帝请客吃饭是什么样的排场？帝后们逢年过节吃食有什么特别的吗？文物可以留下来，唯独食物的味道留不下来。但经膳房精心加工的食物，与皇室舌尖的感受，却被严格记录在了皇帝一日两正餐的档案中，这些饮食活动的记录，不仅仅是历史的一部分，更是我们重现当年故宫百味、窥见帝王生活的珍贵线索。

本篇就从清朝皇宫的饮食制度、趣事逸闻、养生之道几个方面讲述，以呈现清代宫廷饮食的原貌，其中不乏对化样菜式与制作方法，皇室食器与时节食俗，帝王们独特的口味与嗜好的道来。

一、清宫饮食中的规制

民以食为天，寻常人家的吃食我们并不总感到意外，但皇帝怎么吃饭，却总显得格外神秘。实际上，皇帝膳食所用的食材并没有我们想象中的那么奢侈，不少食材与如今我们餐桌上的十分相近，毕竟清代距离我们并不十分遥远，因此很多食材我们至今仍在食用。

第一历史档案馆藏有卷帙浩繁的《膳底档》，记载着皇帝每天吃的什么，怎么吃，以及吃的次数。御膳房每日按事前报批核准的菜谱烹饪，何人制何菜，职司明细，全部记录在案。皇帝餐毕，随同用膳记录一并存档，按月结集成册。相关的档案还有《节次照常膳底档》《出巡膳底档》《江南膳底档》，这些档案还原了清代宫廷饮食的蛛丝马迹。

皇帝每日两次正餐，早膳和晚膳，两次加餐。遵循的是农业社会日出而作，日入而息的用餐习惯。一天两餐，根据季节的变化，略有不同。一般辰时（7—9点）进早餐，未时（13—15点）晚餐。两正餐之间有一顿点心，没有摆桌，很随意的点心，比如饽饽、包子、面、馄饨、饺子等，有需要可以随时传膳。晚膳后有一顿"晚点"也叫酒膳，两个小菜，一点酒。这就是皇帝一天的饮食生活，实际也很简单，并不全是大鱼大肉，尤其晚膳与酒膳中，同样遵循着晚间不要吃得过饱，太油腻。这与皇帝讲究养生，讲究饮食依时节而行的理论是有关系的。

皇帝用餐地点不固定，御膳房的太监都要随时背着桌子跟着皇上，一旦皇上定好在哪里用膳，就赶紧摆好桌子，随后御膳房的厨师、厨役们把他们做好的饭菜就一一端上来。如乾隆皇帝，他在位时间长，因此《膳底档》留下较为齐全的记录，他最常在重华宫吃饭。重华宫是乾隆继位之前还是皇子时所居住的地方，继位后，他将重华宫作为自己的潜邸，重华宫距养心殿又比较近，所以在重华宫吃饭的时间比较多。御膳房，不是皇帝吃饭的餐厅，而是给皇帝一人做饭的厨房。帝后嫔妃以及太皇太后、太后、太妃、皇子女等内廷主位各设本宫厨房。此外，皇帝用餐通常是一个人吃，只有在宴会或者节日时才会和后宫或大臣同进。宫廷日常生活饮食自有一番规矩。皇帝一家人平日各吃各的，不像寻常人家聚在一起用餐。过年时候皇帝要表现家庭团圆，年三十晚上和后妃在一起用餐，正月初一和皇子们、亲王们在一起。但有皇帝侍奉皇太后吃饭，就在漱芳斋后殿，有一个"正谊明道"匾，是乾隆皇帝经常陪母亲吃饭的地方。

清代的饮食制度很严格，不同等级的人有不同的饮食待遇，标准定量"份额"。皇帝是一国之主，紫禁城是他最大的家，但是他吃饭也是有口份的，也并不是他想吃多少就吃多少，有着严格的制度。除皇帝外，紫禁城中的妃嫔中，皇太后、皇后，以及皇贵妃、贵妃、妃、嫔、贵人、常在、答应，八个等级的妻妾口份也不一样。皇帝每日的份额最大，有盘肉22斤，汤肉5斤，猪油1斤，羊2只，鸡5只，鸭3只，各种蔬菜，牛乳100斤，玉泉水12罐，乳油1斤，茶叶75包等等。皇后每天盘肉16斤、汤肉10斤、猪肉10斤、羊2只、鸡五只、鸭3只、蔬菜19斤、萝卜（各种）60个、葱6斤、玉泉酒4两、清酱3斤、醋2斤以及米、面、香油、奶酒、酥油、蜂蜜、白糖、芝麻、核桃仁、黑枣等。皇后以下妃嫔、皇子、福晋相应递减。

　　《国朝宫史》卷十七"日用"详细记录了内廷主位的日用、月用分例，仅举猪肉一项，就可看出清代后妃等级待遇之间的巨大差距：皇太后，猪一口；皇后，猪腿肉菜肉共25五斤；皇贵妃，12斤；贵妃，9斤8两；妃，9斤；嫔，6斤8两；贵人，6斤；常在，5斤；答应，1斤8两。每日供应食材与蜡炭，食材包括米面、油盐酱醋、时令鲜菜等品类亦等级分明。蜡炭则是照明用的白蜡、黄蜡、羊油蜡，烧饭取暖用的红罗炭、黑炭。可见皇后以下的份额递减，太监、宫女也都有自己的口份，不过相差就非常悬殊了。

　　皇帝的每日膳食，档案中也有记载，乾隆五十三年（1788）七月十七日，"寅正一刻清驾，卯正二刻，（乾隆帝）勤政殿进早膳，用填漆花膳桌：额思克森一品；辣汁鱼一品（八吉祥盘）；猪肉丸子清蒸鸭一品（朱二官做）；全猪肉丝一品（此二品大银）；燕窝鸭腰锅烧鸭子一品；炒鸡白鸭子炖杂烩一品（红潮海水碗）；羊他他士一品（五福珐琅碗）；燕窝攒丝肥鸡一品（此二品八仙碗）；燕窝葱椒鸭子一品（江黄碗）；烧肉烧肝血肠攒盘一品；塞勒肝肚抓攒盘一品；肥鸡腿烧狍肉猪尾庄一品；江米瓤藕一品；煮藕一品（此二品珐琅盘）；孙泥额芬白糕一品（此二品黄盘）；竹节卷小馒首一品；珐琅葵花盒小菜一品；珐琅碟小菜四品；随送，燕窝红白鸭子大菜汤膳一品（此一次亦末赏额食）。

从以上的记录可以看出，乾隆皇帝这天在勤政殿进早膳，这一天的膳单比较有代表性，七月十七日正在夏季，第一道菜"额思克森"是满语羊肉的意思，而像"辣汁鱼一品（八吉祥盘）"记录了所使用的盘子，"猪肉丸子清蒸鸭一品（朱二官做）"记录了厨师的名字，以防出问题可以查找。膳单中还有江米藕、煮藕、葵花盒适合夏天吃的小菜。以及满族传统的饮食狍子肉，尽管夏日饮食狍子肉是大忌，但此时节这一食材都由地方进贡而来，特地让皇帝尝鲜，很多档案中都有这方面的记载。

皇帝的饮食既有主食，亦有副食，主食有米饭、馒头、花卷，各种米面糕，鸭子口蘑馅、鸡肉馅、羊肉馅、韭菜馅的包子、烫面饺子，各种汤面，猪肉馅烧饼、饽饽。菜有热锅，种类多样，鸭子最多，像是燕窝口蘑火熏白鸭子、红白鸭子炖白菜、糟鸭子糟肉、葱椒鸭子、挂炉鸭子、燕窝莲子鸭子、山药鸭羹。再有是肥鸡烩大丸子、肥鸡鸡冠肉、炒鸡肉片炖菠菜豆腐、酒炖羊肉豆腐丸子菜。鸡肉、羊肉及杂脍热锅。热菜为炒、炖，燕窝口蘑鸭丝、冬笋鸭腰、口蘑冬笋炒鸭丝、鸭子东坡肉、鸭丁炒豆腐、醋熘鸭腰。此外是鹿筋拆肥鸡、肥鸡拆肘子、鹿筋酒炖羊肉，还有烧狗肉、炒木樨肉、狍子肉、羊肉片、羊肉丝、羊肚丝等。从此都能看出来，每一品菜都是复合型的，像炒鸡肉菠菜炖豆腐，其中既有蔬菜，也有豆腐和鸡肉，吃起来不口腻，很适合夏天食用。冷盘有多种，清蒸鸭子鹿尾糊猪肉、蒸肥鸡炸羊羔、烧狍肉、野鸡爪、五香肘子丝、五香鸡丝。

皇帝除每天吃御膳房做的菜外，太后、妃嫔、亲近大臣有时也给皇上送菜。如"乾隆四十一年正月二十四日早膳，皇太后赐炒鸡大炒肉炖酸菜热锅一品、酒炖羊肉一品、鸡蛋蜂糕一品"。乾隆四十六年

（1781）十二月二十六日，和珅进热锅一品，因为这时是冬天，热锅是每天都要吃的。和珅进了热锅一品、菜八品、攒盘肉一品、饽饽六品、银碟小菜四品、咸肉一品。和珅送来的，有热菜，有冷菜，有点心，还有牛奶、果子粥一大堆，摆了好几桌，皇上吃了高兴，吃完后赏给和珅家厨子四儿、张成、王玉等每人大制钱两贯。也就是说皇帝不仅吃自己御膳房做的，也品尝王公大臣们所进献的菜。而更多是后妃、皇太后为他送菜，且都选择他爱吃的食物来满足他，但皇帝的偏好在宫廷之中亦是十分私密。我们常说皇帝吃菜不过三口，因为菜品花样繁多，他每品只吃一口，也是吃不过来的。

新春第一餐，乾隆四十八年（1783）正月初一，乾隆皇帝独自坐在乾清宫西暖阁西侧的弘德殿吃饺子，也同我们大众喜爱的习俗一样，他也要在饺子当中找到"钱"饺子，寓意这一年多福、有财。但皇帝饺子中的"钱"并不是铜钱，而是花瓣形状玉制的"花钱"，玉温润洁白且美好，放在食物中更加卫生，寓意幸福、美满、发财，是吉祥语的一种方式。乾隆皇帝吃饺子也一定要吃到这个有花钱的饺子，才算是真正吃到了饺子。据档案中记载，一共给他上了四个饺子，其中两个里有花钱，因此无论如何他都是能吃到的了。

皇帝除了每天要用一定数量的肉，还要吃素膳。每到初一、十五，先帝、先后的祭日、诞辰日，都要吃素膳。在这前一天皇帝下旨，"止荤添素"，特别时期会下旨令所有皇家人皆食素食。膳房中有做素膳的厨师，素膳也有档案记载。我们也在皇帝的口份记载中看到，他每天都有种类众多的食材，且份额很大，皇帝是吃不下这么多的，因此在每餐之后皇帝都会"赏克什"，也就是将剩下的吃食赏赐给大家，皇帝被认为是受先辈庇护有饭吃的有福之人，因此赏克什是这一福气的传递，无论是谁，都会高高兴兴地接过。

紫禁城中有很多做饭的地方，但唯独皇帝的膳房叫御膳房。后妃所居住的东西十二宫，以及皇子所居住之所，也都是各自开火，叫作

"饭房"。储秀宫住着多个嫔妃，各主位和她的宫女用一个集体饭房，是一个多人居住的环境，在各自宫旁有小耳房作为小厨房，可以开小灶。米、面、油、蛋、菜等根据日量，按月到御茶膳房领取，御茶膳房负责所有紫禁城常住和流动人口的口份。另外，像鲜鱼、水菜各种时蔬，可以根据时令折合银两，派太监出去买。可见他们有固定的饭房，也有各自灵活的小厨房。像我们上文中提到的，皇太后、皇后或者嫔妃送给皇帝的菜，实际就叫作私房菜。虽然从《国朝宫史》的记载中，我们看到皇帝每日的食品份额都是很大的，但清代的皇帝，对节约粮食非常重视。如康熙皇帝，他对节约粮食就有很多论述。清朝御膳房提供的饭菜，以猪肉、鸭肉和时令蔬菜为主，海鲜与野味的记载相对较少，主要原因是运输不发达，物流成本很高，内务府不能终日前往高价采购。

清代宫廷宴会很多，新年举行的各种宴最集中，年三十晚上举行皇帝与后妃的家宴；正月初一举行皇帝与亲王皇子的家宴；正月择日举行蒙古外藩宴；正月初二到初十择日举行重华宫文臣茶宴；正月择日举行紫光阁武臣宴；正月择日举行宗亲宴；正月十五赏灯宴；正月十九——筵九之后，过年活动才算结束。佳时令节宫中家宴多在乾清宫举行，有时也在漱芳斋或者在重华宫。皇帝的座位居中，皇后在皇帝席稍后的东边，嫔妃席列在东西两侧，面对面而设，后妃桌上餐具用位份碗，攒盘、银盒等匙箸等自备。古代男女授受不亲，皇家尤其是对男女大防，皇帝嫔妃众多，年轻的嫔妃甚至比皇子还要小，为了避免产生不当的关系，需要隔离他们之间的接触，宫中规定，后妃在50岁以后，才可与非亲生的皇子见面。所以家宴要分两次举行，年三十晚上是皇帝和嫔妃在一起，初一是皇帝和皇子们在一起。

以乾隆四十六年（1781）除夕晚宴的家宴为例，皇帝"金龙大宴桌"摆在乾清宫宝座台正中，桌上的菜点，由里到外分成八路，各式荤素甜点，有冷盘，有热膳，还有果盅、奶子、小点心、炉食、敖尔布哈、鸭子馅包子、米面点心等一百零八品。宝座台下东头桌为愉妃、容妃、十公主一人一桌，顺妃、循嫔为二人一桌，禄贵人、鄂常在三人一桌；宝座台下西头桌为颖妃、惇妃一人一桌，诚嫔、林贵人二人一桌，明贵人、白常在三人一桌，每桌冷菜点心三十二品，还有六桌陪桌的，每桌冷菜点心二十四品，比起皇帝桌上的菜品就少多了，而且菜点的盛器也使用了位份碗。位份碗，是不同颜色、不同纹饰的碗，用以区分使用人身份。皇后、皇太后所用的是里外黄龙碗，黄底绿龙碗是皇贵妃、贵妃和妃三个等级所用的碗，嫔用蓝底香色龙碗，贵人用绿底紫龙碗，常在和答应用的是白底五彩云龙碗。皇帝与后妃们在年节之际的聚餐，虽然是聚，也依旧是同堂分桌制，且依照等级所使用的餐具与菜品数量递降。

台北故宫藏了一幅《岁朝欢庆图》，就描绘了新春团聚的场面，长辈们坐在前厅聊天，观看满堂儿孙嬉戏，满心欢喜，妇女们则忙着准备丰盛的年夜饭，小孩们则在庭前玩着各式的游戏，他们打着太平鼓，吹着笙，敲锣打鼓，玩起悬丝傀儡等等，使个庭院充满着欢乐的气氛。但这与宫廷中的实际情况是不同的，这也是帝王想象中的节日场景，但实际上是不可能达到的，这是由宫廷的制度决定的。用乾隆皇帝的话说，这就是"丹青游戏"，因此这样场面的画虽然多，但也仅仅是画甲的景象。

除家宴外，还有联络感情的宗亲宴、皇帝孝敬皇太后举行的圣寿宴、皇帝与文臣作诗联句的茶宴、皇帝在紫光阁赏赐武大臣的酒宴、元宵圆明园赏灯宴等着，大大小小的宴会，雨露均沾的赐赠，彰显着皇帝与母亲、妻子、儿女、宗室间，严格等级制度下的骨肉亲情，也借机向天下树立了孝悌的榜样。孝圣皇太后八旬办寿庆典，乾隆皇帝为皇太后在居住的慈宁门举行寿宴，孝圣皇太后坐在宴桌的正面，乾隆皇帝陪着母亲坐在宴桌的左面，他率妃嫔女眷、皇子皇孙们给皇太后祝寿。在姚文翰等人的《紫光阁赐宴图》中，描绘了皇帝在新年之际择吉日举行的武臣宴,在紫光阁宴请武大臣。这是冬日的露天宴会,但是大臣们有机会与皇帝一起入宴,实属是一种宠幸。

清代家宴带有浓重的关外色彩,其一,入关前皇帝使用的厨师大多是入关前的汉军旗人,他们做饭基本上都带有满族传统的一些风俗和风味儿;其二,满族先祖们崇尚打猎,菜肴中常常带有野味,像鹿肉、狍子肉、野鸡、野鸭、家畜等,肉类居多。康熙二十三年(1684),宫廷宴事礼制改满席为汉席,逐渐被统称为"满汉席",菜品野味减少,并改烧烤为蒸、煮、炖、炒。少肉类,多家禽,其中鸭子用得最多,其次是鹅、鸡。另外菜、汤中的蘑菇,都是产自长白山的山货,有时也称其为野味儿。此外,宫廷的大宴中只饮酒三巡,清代的康、雍、乾三个皇帝,都对饮酒十分节制,三巡酒过后,皇帝离席还宫,宴会也就停止。

宫内还有一种宴会,不饮酒、不吃肉,饮茶作诗,那就是茶宴。就比如著名的重华宫行茶宴,自乾隆八年(1743)起,每年正月初二到正月初十,他都择一吉日在重华宫举行茶宴。重华宫是乾隆皇帝还作为皇子时娶妻生子的地方,继位后将重华宫作为潜邸,可见他对此处感情很深的。茶宴饮三清茶,吃饽饽,赋诗联句,是重华宫茶宴的主要内容。"三清茶"是梅花瓣、佛手片儿和松籽仁儿这三种材料所泡的茶,三清亦有为政清廉的寓意。"饽饽"是饮茶所配的点心。起初,这个茶宴不定人数,但不超过十人,与皇帝近距离坐在一起,吟诗联句,因此是小规模茶宴。规模小,但名气大,很多翰林王公能诗者,都迫切地希望参加茶宴,因此后来定为十八人的规模,乾隆皇帝有诗说,以此寓意"唐太宗十八学士登瀛洲",后来又增至二十八人,以符上天二十八星宿。茶宴后,皇帝有时会赏赐印有茶宴诗的茶碗,另外还赏赐砚台、书画等。茶宴融和君臣关系,寄予了为国求贤之意,与唐太宗说"为政之要,惟在得人"相合,参加重华宫茶宴者,登上大雅之堂的,均是饱读诗书的大学士和翰林,皇帝的亲信之人,体现了皇帝对国家栋梁的殊恩隆重。

二、清宫饮食中的趣闻

1. 自掏腰包的宴会

大臣们受邀赴宴，那么大臣们参加国宴都要带什么呢？或许谁也想不到，大臣们参加国宴需要自掏腰包。在《大清会典》里记载，不同的官职要带不同的食品，比如多少酒，多少肉，但各家带来的食物或许有差异，因此执行下来是上交食物所折合的银两，上交后会返还赴宴回执，来证明参加了宴会，不过获得回执是需要一定代价的。清代最重要的宴飨就是元旦、冬至、万寿三大节的太和殿宴会。君臣共同出资共宴，是延续了入关前的满族传统，源于八旗兵民合一的行政军事管理制度，在当时遇到了战争，将士们自带武器、干粮出征，所获的战利品由八旗平均分配，遇到喜事聚会和庆祝，各家分摊，君臣共同出资。清入关后这种制度得到了延续，太和殿大宴需用饽饽桌，二百一十席，羊百只，酒百瓶。在《清会典礼部事例》中记录了王公进献的份额，亲王每人进八席，郡王每人进五席，羊三只，酒三瓶，贝勒每人进三席，贝子进两席，羊两只，酒两瓶，奉恩公一席，羊一只，酒一瓶，当时亲王十二人，郡王八人，贝勒五人，贝子二人，奉恩公十五人，共应进一百七十三席，羊九十一只，酒九十一瓶，不足部分由礼部行文光禄寺，补办三十七席，羊九只，酒九瓶。

大宴结束后，赴宴的王公大臣们还有一项"抢桌子"的任务。"抢桌子"就是把桌子上的食品全部打包回家，有的大臣来不及打包，就用衣服兜着。赴宴的大臣，都要穿统一的服装，大臣们里边穿着朝服，外边要穿着补服，由于这些服装要自己出资制作，因此有人的衣物是绸缎的，有人的衣物是粗布的。补服上的补子是官员身份官级的标志，非常重要，但同样分出不同的情况，有人是织的，有人是绣的，买不起补子的人就在纸上画一个，但没想到宴后打包，食品拿衣服一兜，衣服就成了五颜六色的大染布，这也成为王公赴宴的一个笑话。

2. 参加国宴是个辛苦活儿

为什么说参加国宴是辛苦活儿呢，正如前所说清代有三大宴，其中元旦、冬至两大宴会都在冬天，尽管穿很多衣服，但跪拜在外，也并不舒服。此外，光绪皇帝的生日在农历的六月，此时正值炎炎夏日。光绪二十六年（1900）六月二十六日，在太和殿举行万寿宴会，时任吏部郎中的何刚德参加了万寿宴会，他在《春明梦录》中记载，当时他里层穿有朝服，外层罩有补服，宴桌是矮几，大家席地而坐，两人一桌，桌上有饽饽，有水果，还有整只的羊腿，摞在一起。这虽是国宴，参加者定是皇帝的特许，昭示恩宠，但夏日中穿着那么多的衣服，坐在太和殿的院子里，又无树荫，可以想见在宴席上的艰辛。随着赞礼官的跪、拜仪式，皇帝离座，这也意味着宴会结束，一些食物可以打包带回家。据何刚德记载，唯水果可食，饽饽及余果可以带走。

另有一段记载中，光绪二十三年（1897）十月八日，是慈禧的圣寿宴，《澄斋日记》的作者恽毓鼎，他在日记中记载了这一天的情况，"卯正二刻颐和园仁寿殿筵宴。入座皆朝服。毓鼎改与庶子庆颐同桌。光禄寺斟酒一巡，内务府斟奶茶一巡，均系银碗。计：羊腿四只，一大盘（国语名色食牡丹）；苹果四盘，葡萄四盘，荔枝、桂圆、黑枣、核桃仁各一盘；五色糖子四盘；五色饽饽二十盘，牛毛徽子三盘（每盘十六件，虚架起）。谢宴，谢盘赏，行一跪三叩礼……辰初宴毕，以口袋携各品果饵而归（唯苹果、葡萄尚可吃，余则或生或蛀）。"各种食物，每盘十六件，一盘一盘摞得很高，但实际里面都是架空的，宴会结束以后，要谢恩行礼，随后打包食物带走，但是唯有苹果和葡萄还可以吃，其他的饽饽都长虫子或者发霉了。可见，虽是皇太后的宴会，但当时内务府官员层层贪污，其中却有很大的黑洞。

3. 上元节吃元宵

这一习俗我们并不陌生，但清代宫廷里的上元节，可能比民间还要热闹。宫廷膳房最拿手的元宵，是牛奶和面做的奶子元宵。乾隆年间，每逢元宵节，宫里边都要招募很多洁净的厨役，到宫里帮着加工元宵，因为宫里面要举行元宵宴。元宵宴往往在圆明园举办，在"山高水长"殿内设桌摆元宵与果盒，到了夜晚，乾隆皇帝与皇太后观灯、吃元宵，亲王、皇子、皇孙随侍左右，其乐融融，尽享天伦之乐。但是清代晚期，慈禧与光绪皇帝，却如同仇人一般，同样也是上元节吃元宵的日子，光绪已吃过了元宵，前往慈禧面前请安，此时慈禧正在吃着元宵，随即就赐给光绪皇帝吃，依照宫中的规定，如果赐膳不吃就是大不敬，因此光绪皇帝虽然已吃过了元宵，但还是强忍着吃，剩下这个他实在吃不下了，就悄悄把元宵藏在袖口里面，元宵既热又黏，所以可想而知，据说光绪皇帝想甩又甩不掉，不甩又感觉很狼狈，这也成为元宵节的一大讽刺，可见光绪与慈禧母子关系的紧张程度。

4. 哪儿都少不了的饽饽

宫廷里的饽饽，是满族传统的一种叫法，凡是把粮食加工成面类的食品，都叫饽饽，饺子、烙饼、蒸糕、馒头都统称叫作饽饽。饽饽有甜的、咸的、油炸、烙熟、烤熟的，以甜食的居多，这和满族多吃蜂蜜的传统有直接的关系。清代初期，孝庄皇太后进膳时，有螺丝饼、红糕、盆糕、澄沙饽饽、豌豆饽饽、蜜麻花、炉食，这七样都统称为饽饽。早晚膳之间还有克食，也是各种甜饽饽、甜粥、甜酱等小食品。皇后、妃嫔过生日，皇帝要赏饽饽桌；公主下嫁，皇帝以60张饽饽桌做聘礼；就连王公福晋生孩子、洗三，皇宫也要送甜食饽饽表示祝贺。可见饽饽在宫廷里非常常见，"有饽饽"就是有粮食吃，能吃饱饭，有饽饽，就有福气。"饽饽桌"是放饽饽长方形的油漆矮桌，上面摆放各式饽饽十五品。每品饽饽的数量，根据筵宴等级来定。筵宴前一日，内外膳房会将饽饽装入盘，分摆在饽饽桌上，每桌15盘，每盘有5层，经光禄寺派来的官员查看以后，合格的要盖一层红色的包袱，证明第二天饽饽桌是可以拿到大宴上使用的，饽饽桌置于棚里，大宴前需要很多饽饽桌，夜里头还有专人看管，在第二天开宴前，把饽饽桌抬到现场，以备宴用。饽饽桌有头品、中品之分，头品饽饽桌用的面额定35斤，做成炸、炉、烤、蒸，不同熟制不同口味的饽饽，用于嫔、妃等级的生日、晋封赏赐用；中品饽饽桌额定用25斤面，制法与头品桌相同，只是数量少，用于皇子、亲王生日时赏赐；另外，妃嫔遇喜生育，皇子娶妻，公主下嫁都用饽饽桌来做贺礼，尤其是宫中节日、祭日、礼佛、敬神、祭祖上供等，更是需要大量的饽饽。

5．饮奶茶是清朝国俗

清代宫廷筵宴所用的奶茶，由光禄寺熬制，在筵宴前一日，光禄寺会派人亲临奶茶所，监督熬制。奶茶的原料有茶叶、牛奶或羊奶，将铜壶中水煮熟烧开，砖茶捣碎，加入锅中，放入牛奶和青盐，待茶汤煮熟后，不断用勺子搅拌，直到茶乳充分交融，再除去茶叶，即成奶茶。熬成的奶茶装在银茶桶里备用，筵宴时分装在银质的龙首奶茶壶中，宫廷筵宴饮用的奶茶，也有专门的奶茶碗，是一种大敞口墩式的奶碗，乾隆皇帝用的奶茶碗是描金嵌宝石的白玉碗，上面刻着乾隆皇帝赞美奶茶的一首诗。《养吉斋丛录》里面就记载着，"旧俗最尚奶茶"，饮奶茶是满族的旧俗，所以不管在大宴，还是日常，都有喝奶茶的习惯。"每日供御用乳牛及各主位应用乳牛，皆有定数"。清代帝后、妃嫔们每日膳食份例有一定数量的牛奶，供帝后们享用奶茶。皇帝每日例用乳牛五十头，每头牛每天交乳两斤，共交乳100斤；玉泉水12罐；乳油1斤；茶叶75包，每包2两。皇后例用乳牛25头，共得乳50斤；玉泉水12罐；茶叶10包。茶房备贵妃每位乳8斤，妃每位乳4斤，贵人以下随本宫主位份例。妃嫔等位日用茶叶均为五包。皇子、福晋每位例用乳16斤及茶叶8包。除了乳和茶的份额外，还有熬奶茶器皿的配置。《国朝宫史·经费·铺宫》就明确记载了皇太后可享用金茶瓯盖1个、银茶瓯盖10个、银茶壶3个、锡茶碗盖5个、锡茶壶34个；皇后及妃嫔等不同等级依次递减。所以在大宴里，都有赐奶茶这一个环节，赐奶茶一定要用标准的奶茶碗，赐完以后就可以揣奶茶碗而归了。

6. 节俭的道光皇帝

如果我们说康熙、雍正、乾隆是盛世之君，所以他们的饮食生活，享用的是非常丰厚的，虽然在食材上和我们今天常见的有很多的相似之处，但是他的份额高，比我们民间百姓，要高出了多少倍，但是也有一位皇帝，他虽然也有份额，但是他非常节俭，这就是清代第八位皇帝道光皇帝，道光皇帝在位时，正是清王朝走下坡路的时候，吏治败坏，军备废弛，鸦片大量地输入，白银大量地外流，鸦片战争就是在他这个时期发动。清代宫廷内财政支出减少，道光皇帝只得节衣缩食，把维持生活的限度降到了最低。道光皇帝继位之初就下令，停止福建荔枝贡、扬州玉贡，随后命减各省方物例贡，贡品中的陕甘口外梨贡、两淮盐政进贡的烟盒花爆等亦相继停办。热河避暑、木兰秋狝等活动也因耗费过大、扰及地方而很少举行。尤其是到了夏天，皇帝们有吃瓜消暑的习惯，清代宫廷每位后妃们，每日都要吃西瓜解暑，按例皇帝每日供应三个西瓜，可是道光皇帝只让御膳房给他预备一个西瓜，后来道光皇帝觉得，每日吃一个西瓜也很浪费，就改成每日吃半个西瓜，但是剩下那半个西瓜也无人敢吃，十分浪费，最后他下令停止西瓜，每日只供水，所以这个夏天道光皇帝只喝水，绝不享受西瓜这种消暑食品。清宫规定皇帝的日常饮食，吃全份48品，而道光皇帝每餐只是菜和饽饽共5品，他这5品有燕窝鸭子、燕窝白菜、烩金银丝、鸡蛋炒肉、羊肉包子，这与乾隆皇帝比起来，少而又少了。有时晚膳也不变样子，红白鸭羹、酒炖羊肉、鸭丁炒小豆腐、鸡蛋炒肉、白糖油糕，就连除夕和元旦的膳食，也没有改变多少。档案上记载，道光七年（1827）除夕的早膳，他吃的是鸭子白菜锅子、海参熘脊髓、熘野鸡丸子、小炒肉、羊肉炖菠菜，第二天正月初一早膳是浇汤煮饽饽、羊肉丝酸菜锅子、熘鸭腰、鸭丁炒豆、鸡蛋炒肉。道光皇帝在过年时，仍然吃鸡蛋炒肉，这可能是他最喜欢吃的、也是最奢侈的一品菜了。

三、清宫饮食中的养生理念

清皇室发源于东北的白山黑水之间，这个地区比较寒冷，所以在饮食传统上，要吃一些热量较高的食品，像鹿、豹、野猪，高热量且抗寒。但是在入关后，这些热量的食品就会让身体"火大"，易长疖子，熊掌、鹿肉渐渐淡出，食物的制作方法也从烤、烧，慢慢地转变为煮、炒、炖，而且蔬菜也多起来了。康熙时期的饮食中还有很多东北食材，到了乾隆时期，就基本打破了东北食材一统天下的习惯，慢慢地在不同季节食用不同的蔬菜，这都是清帝养生的好方式。

康熙、乾隆两位皇帝的养生理念表现得非常突出，康熙皇帝为教育子孙，把自己一生所经历事情的感悟写了一部《庭训格言》。在里面对饮食和养生的理论，分析的十分精到。比如"节饮食，慎起居，实却病之良方也"；又如"养生之道，尤以饮食为要义，朕自御极以来，凡所供馔肴皆寻常品位。"康熙帝认为多吃蔬菜、水果对身体有益。但是仍要"适可而止"，不能有所偏嗜，更不能暴食暴饮。康熙帝深知饮酒可以舒筋活血，他也能饮儿一点酒："平日膳后，或遇年节、筵宴之日饮小杯一杯""适饮酒，益健身，饮酒莫得酣。"他反对酗酒，"大抵嗜酒，则心志为其所乱而昏昧，或致病疾"。他认为酗酒不仅误事，大酒伤身体。清代宫廷禁喝"大酒"的这一习惯，历代相传，各种大宴都没有出现醉酒的现象。在《庭训格言》中还记载了康熙帝对补药的见解。有人给康熙帝送人参补身体，康熙皇帝对此严厉拒绝。他认为食补要胜于药补，"苟于饮食禁之太过，惟任诸凡补药，鲜能滋补气血而令之充足也？"康熙帝认为食用营养品，必须要了解自己身体是否适用。"药惟与病相投,则有毒之药亦能救人",就是说,药必须与病对症,即使带毒的药品亦能以毒攻毒治病。反之,珍贵的"人参"如果食用不当,也能使人"受害"。一次康熙皇帝南巡,当地百姓就拿着很多好吃的到他面前,他就说,"诸样可食果品,于正当成熟时食之,气味甘美,亦且宜人。如我为大君,下人各欲进其微诚,故争进所得出鲜果及菜蔬等类,朕只略尝而已,未尝食一次也。必待其成熟之时始食之,此亦养身之要也。"因此好之物不可多食,他说他只拿了一点点,也是养生的要诀。再有,"每兼菜蔬食之则少病,于身有益,所以农夫身体强壮,至老犹健者,皆此故也",就是说吃任何东西不要过量。

乾隆皇帝的养生也有自己的独到之处,乾隆皇帝在位时间最长,超过了他的祖父,长寿,活到了89岁,85岁退位但是仍然训政,说明他精力很旺盛,据记载不管是东巡、南巡、西巡他都骑马出城,但作为"康乾盛世"下的君王,日夜操劳,会损害他的身体。他有御医指导饮食,且十分了解自己的身体,知晓自我调节。他的长寿与养生不无关系。同康熙皇帝一样,乾隆皇帝节制饮酒。在早膳和晚膳之间有一次点心,晚膳后有一次酒膳,小酌夜宵,没有大鱼大肉,也没有大醺大醉。清代皇帝不贪杯,无论宴会还是自酌,都限量。乾隆帝睡觉前适量饮玉泉酒,舒筋活血,对身体有好处的。酒是粮食的精华,玉泉酒是宫廷酒醋房用玉泉山的水自酿的酒,但为节约粮食,乾隆帝原饮四两玉泉酒,后减少改为二两。乾隆帝注重实际营养,节制饮食,对他的健康长寿是有一定作用的。

乾隆皇帝对应季食品趋利避害,有选择性地吃。皇帝用膳虽然有帝王气派,但也并不全是山珍海味,乾隆时,只有每天早晨一碗燕窝,其他时候很少用补品,每年春季榆树发芽,民间有吃榆钱的习惯,乾隆皇帝也要吃榆钱,他曾经做过很多榆钱糕、榆钱饼的诗,不但他自己吃,他还要宫内嫔妃们也尝一尝,体验一下民间缺粮的艰难生活。新麦下场,乾隆皇帝要吃碾转儿,碾转儿是在河北、河南非常流行的一种吃法，就是在青黄不接时，新麦子刚刚灌浆，把麦粒弄下，上锅蒸或炒，熟的麦粒再用碾子来压成一条条的粉条状，麦壳就被压了出去，在民间用这种吃法度过荒年。乾隆皇帝也要吃，所以不管是他作为尝鲜，还是他体验民间的疾苦，至少民间的东西他是一定要吃的。档案上经常记载着，二月二要吃煎饼，初夏吃碾转儿，端阳节吃粽子，重阳节吃花糕，应季的蔬菜吃法也有记载。黄瓜蘸面酱、炒鲜豌豆、蒜泥茄子、摊瓠瀫、腌春不老、腌芥菜缨、酸黄瓜、酸韭菜、秕子米饭、粘䊞团子，这些都是登不了大雅之堂的民间粗食，却为身为"九五之尊"的乾隆皇帝喜爱，他既吃新鲜的食品，也吃一些粗茶淡饭，这种合理的饮食对他的身体来说确实是很有益。

御膳房也有专人来指导皇帝饮食，来指导备膳的食官。乾隆五十四年（1789）的《膳底档》，详细地记载了皇帝春、夏、秋、冬四季的御膳食情况。早春时节，二月二十三日早膳记录有"炒鸡大炒肉、炖酸菜热锅、鹿筋折鸭子热锅、羊西尔占、苹果软烩、蒸肥鸡烧狍肉、醋烹豆芽菜、肉丝炒韭菜、象棋眼小馍首、火爆豆腐包子、曾瓦尔糕、粳米干膳、豆腐八仙汤、银碟小菜，银葵花盒小菜"，食材简单，都是民间常见的应季菜；五月初夏有"拌老虎菜、拌凉粉、菜花头酒炖鸭子、小虾米炒菠菜、糖拌藕、江米藕、香草蘑菇炖豆腐、烩银丝、豆尔首小馍首，菱瓜羊肉馅包子，黄焖鸡炖豇豆角、鸭羹、鸡汤馄饨、绿豆水膳"；九月中秋过后，在九九登高的季节，又开始吃热锅，"燕窝酒炖鸭子热锅、燕窝葱椒鸭子热锅、燕窝锅烧鸭子咸肉丝攒盘、水笋丝炒肉丝、韭菜炒小虾米、江米肉丁瓢鸭子、螺蛳包子、鸡肉馅饺子、万年青酒炖樱桃肉、四水膳、萝卜汤、鸡肉馅烫面饺"；冬天十二月，"燕窝松子鸡热锅、肥鸡火爆白菜、羊肚丝羊肉丝热锅、口蘑肥鸡热锅、口蘑盐煎肉、糊猪肉、清蒸鸭子鹿尾、竹节卷小馍首、匙子红糕、螺蛳包子、鸡肉馅烫面饺、咸肉、老米干膳、山药野鸡羹、燕窝攒丝脊髓汤"，都是适合冬天吃的。皇帝的饮食顺应了季节的变化，春季阳发容易外泄,在皇帝的膳单中多带酸味的食物,如酸白菜、苹果、醋烹绿豆菜等菜肴,少食辛辣油腻食品;夏季汗流浃背,容易心火上升,宜吃些凉拌菜,像绿豆粥苦寒的食品,缓散心火,清热下泄;秋季渐凉,体内湿热难排,御膳适当地增加了韭菜、萝卜,及酒炖菜等带辛辣味的食品,意在助燥,调节体内的湿气,有清肺调养的功效;冬季,气候干燥低寒,是全年最适宜食补的季节,御膳又以咸味的羊肉、猪肉、鹿肉等含有温热量的菜肴,供皇帝进补,以滋阴壮阳。

皇帝也会注意多吃素食,这里的素食指的就是豆腐。古人说吃豆腐是"小宰羊",豆腐有肉的功效,但又没有肉对身体的侵害。豆腐在乾隆和康熙的膳单里都经常见到,康熙的膳单里有一种八珍豆腐,他还把八珍豆腐的制法分享给王宫大臣,在大臣之间流传。乾隆皇帝喜吃豆腐,因此也留下了很多像"豆腐御厨"的说法,在他的御膳房里就有三位做豆腐的厨师,除了做豆腐,还有豆腐干、豆腐丝儿诸如此类的豆制品。乾隆皇帝六下江南,其中有三次都带着豆腐师傅去了,专门给他做豆腐菜。乾隆三十年(1765)他第四次南巡,三月十八日在淮安的早餐,吃的十几道菜中就有豆瓣炖豆腐,炒豆腐两种豆腐菜。乾隆晚年的膳单当中,几乎每天都有炒豆芽菜,炒豆芽菜和醋烹绿豆芽都是他常食的菜肴,在黄豆、大豆、绿豆中,豆芽是营养最高的。

八珍糕是乾隆晚年几乎每天都要吃的一种食品。八珍糕本是明代江浙一代的名医陈实功制作,专门给小孩吃的肥儿糕,是用八种食材上锅蒸熟后,代替小孩患有积食后不想吃东西的食品。但在乾隆晚年,八珍糕成了他的养生食品,八珍糕中本有人参、茯苓、山药、扁豆、芡米、莲子、粳米、糯米、白糖,但乾隆为了适应自己的身体,将人参换成草参,把山药换成山楂,因此此八珍糕非彼八珍糕,但这种八珍糕很适合他的身体,所以一直到他晚年一直食用,作为调节自己身体的一种小食品。

在乾隆的四季膳单中,九月和十二月都提到火锅,宫里的火锅分为两种：一种是把生的食物加熟后置于暖锅中，起到保温作用，也叫暖碗；另一种是火锅中加炭火，把生的食物在火锅里煮熟。宫里吃火锅的机会很多，除了日常食用，还举行过四次火锅宴，也就是千叟宴，第三次和第四次千叟宴是在乾隆时期，乾隆皇帝把各省的长寿老人分地区请到宫里，还允许他们带着孙子一起赴宴。在冬天吃火锅不仅暖身，而且也吃着方便，常吃常热。宫里的火锅有银镀金、错金银、珐琅、掐丝珐琅、瓷质的，因此这些火锅是冬季餐桌上的盛器，也是观赏器。除了火锅外，还有暖碗，像宫里有一套元宝式的火锅和暖碗，据推测是过年时使用的，既喜庆又象征着美满和谐，是宫里独有的一套。另外还有锡制做成瓜形的暖锅，屉上有五个孔，将五个碗坐在孔上，碗口和屉一平，但碗底浸在热水里永远保温，锅的外边还有四个碟，可以放调料，这种锅在宫廷里有方形的、有瓜形的，各种各样，既是艺术品也是盛器，对进食来说很是悦目。

冬天用火锅，夏天要用冰碗儿，这是宫廷里的一个特色。夏天用膳之后一般会食用应季的瓜果，比如初夏要吃桑葚、白杏、枇杷，仲夏要吃西瓜、樱桃、荔枝、水蜜桃，秋天吃葡萄、山奈子，冬天吃橘子、苹果，四季吃不同的水果。后妃们、皇帝均食用冰碗，还有冰果是各种的应季的水果，瓜、果、梨、桃切成小块儿，放到碗里冰镇，乾隆皇帝就有吃冰碗、冰果的诗句。宫里有南果房和北果房，两个果房存放水果，有北方水果也有南方水果，南方水果运送至北京路途遥远，且要考虑保鲜问题。据宫里的档案记载，"盆栽荔枝运到京"，就是将福建、广东产的荔枝种在盆中，连着盆一起把荔枝运来。夏天吃瓜果更多时候是为了消暑纳凉，因此要用冰镇瓜果，用到的就是自然冰的冰箱，这在当时的民间确实很少见，所用的冰在每年的三九天，在河边打捞，经窖藏至第二年，每年的端阳节开始供冰。紫禁城里有五座大冰窖，藏冰三千多块。宫里的冰箱设计得漂亮精美，既能冰镇食品，自然冰也通过气孔融化，起到给屋子降温的效果。故宫博物院收藏的冰箱，方斗形，中间有屉，底部有流水孔，在层屉上放冰食，层屉下的冰化后，通过孔流出冰水，起到给屋子降温的效果，冰箱有掐丝珐琅的，也有木头的，但里边都有一种铅里，铅里可以使冰融化得慢，使屋子能够慢慢地降温。

饮食养生是个既古老又常新的话题。历朝历代的宫廷御膳、皇家菜肴都能代表那个时代中国烹饪技艺的最高水平，同时也体现出了食物对人体的滋养作用，是身体健康的重要保证，保证机体有充足的营养供给，使气血充足，保持五脏六腑功能旺盛，清代皇帝确实很好地实践了养生之道。

文物可以被永久珍藏，记录着历史与文化，但食物的美味却只存在于瞬间。从清朝皇宫的饮食制度、趣事逸闻，到养生之道，我们试图平和道来清代的宫廷饮食。"民以食为天"深植于国人基因，是中国农耕传统中的生动体现。"吃"可以是对饥饿感最基本的满足，也可以是生活中的头等大事，"吃"的仪式是等级秩序的侧写，同样也是对生活的尊重。在漫长的历史中，我们对食物味道的感知通过神经传递到大脑，成了人类关于食物的珍贵记忆，这些记忆代代相传，成为文明的一部分。如果艺术能够实现人类情感的共鸣，那么"饮食"又何尝不是一门极具艺术性的领域呢？

苑洪琪 故宫博物院宫廷部原副主任，研究馆员

清代宫廷中医文化略谈

倪梁鸣

清代宫廷的中医药文化，有自己的特点和特色，主要跟清代的政治、经济和整个历史发展脉络是相一致的。大家都知道，清王朝从顺治帝开始，到康乾盛世，到嘉庆帝，整个清王朝的综合国力，或者说它的经济实力是发展的。相应地，文化的发展在清代中期或者中前期也是一个从发展到兴盛的阶段。宫廷医学在乾隆时期或者乾隆之前也是发展到兴盛的一个时期，大家可能也都知道，在乾隆时期，也修了一部大医书叫《医宗金鉴》，有人也把它称为清代医学或者是中国古代医学的一部总结性医书。

乾隆之后，国力渐衰，医学尤其是宫廷医学也逐渐从兴盛走向衰落，一直到辛亥革命之后，推翻帝制建立了民国，依附着封建王朝的宫廷医学也就消失了，因为没有皇帝了，宫廷也没有了，所以宫廷医学就到此结束了。这就是它的历史脉络和特点，是从发展到兴盛，到消亡的一个历史过程。在200多年的历史中，宫廷里面发生了很多与医学相关的事儿，有一些还挺值得探究一番。

一、太医院和御医

太医院这个名字最早是在金代开始用的。如果追溯到北齐，叫太医署，就是负责宫廷医疗事务的。如果从太医署开始算的话，太医院大概沿袭有近千年的历史了。

太医院主要有三个工作职能。第一个是管理全国医疗的正式机构，就是说各个地方的相关医疗机构，主要由宫廷里面的太医院来管，相当于现在国家的卫生主管部门，管理各地的医疗机构。

第二个就是管理医学教育和选拔医学人才，就是说太医院也教人学医，优秀的人才可留在皇宫，在太医院给皇帝、后妃们看病。除此之外也向民间征招，就像我们有时候小说上看的招医黄榜，说皇帝哪儿病了，贴一张招医黄榜，征招地方性人才，尤其是光绪皇帝、慈禧太后那会儿，招的地方人才、医学人才比较多。

第三个就是皇室医疗，主要给皇帝、皇后，给太后老佛爷看病，也包括给宫女、太监，给紫禁城里面的人看病，还包括给王公大臣看病，这也是太医院的主要职责。

清代以来太医院的发展最为成熟，也成为宫廷医疗的重要机构。下面主要说太医院的宫廷医疗，关于医学教育、管理全国医学政事不作重点介绍。

（一）太医院在什么位置

根据史料记载，清代太医院是继承明代永乐年间就固定了的一个位置，大概在正阳门之北，大清门之东，在礼部后，坐东朝西，大概位置就是天安门东的东交民巷那块儿。

这里说的大清门，明代的时候叫大明门，清代的时候叫大清门，就是现在毛主席纪念堂和人民英雄纪念碑那个位置。故宫往南中间那块儿就是大清门，东边中间那块最上边是户部，再往东是鸿胪寺、钦天监。鸿胪寺是负责皇家礼制的，钦天监管天文历法，再往南就是太医院了。这是乾隆时期太医院的位置。

嘉庆时期太医院的位置还在这儿。但是后来八国联军打到北京城，当时皇帝跑了，太医院这个地方被俄国人占去，成了俄国使馆。太医院只得搬家，当时找了一个御医叫白文寿，把他们家作为临时的办公地点。白文寿家住在东安门大街。后来又搬到北池子的大悲观音院，但是始终场所太小，而且设施也不齐全。到1902年的时候，在地安门外东皇城根兵仗局（兵仗局是给皇帝、给国家造兵器的），内务府抄了一个房产，把那个地方给了太医院，三年以后才建成。现在要去地安门东大街还有这个太医院的遗址，还挂着牌子。前一段时间我还去看了一下，还有太医院的遗址。附近按摩的、拔罐的也比较多，还在借太医院的风。太医院作为宫廷医疗机构，地点相对固定，可是皇上家在紫禁城里面，有时候还出去巡幸，太医院就得跟着，所以太医院有派出机构，满语叫"他坦"，汉文就是临时休息、停留的地方。当时"他坦"一共有四个地方，一个在西苑门（西苑门在紫禁城西南边，跟东安门对着），还有三个在圆明园、颐和园、避暑山庄。这四个"他坦"也不是一年盖的，也有时间先后。比如说西苑门是光绪时候建的，圆明园是乾隆时期建的。大小也不一样，这跟国力可能也有关系。西苑门就五六间房一个小的派出机构。圆明园的"他坦"有80间房子，比较大，人也比较多，设施、设备也比较齐全。

（二）太医院的官职

太医院里也不能都是太医，有管事儿的。最大的官职叫管理院事王大臣，他虽然最大，但他不管事儿不看病，只是挂一个皇家的牌子。真正管事儿的是院使，相当于医院院长，正五品。院使下面有院判，一般是两个，一个叫左院判，一个叫右院判，皇上的病和后妃的病一般都是由院判去看。左院判升职就是院使了，右院判升左院判，左院判品级要高一些，正六品，剩下的叫御医，御医13人。我们现在看一些宫廷戏、小说里面说传御医，其实御医是太医院里面一种官职，一般是统称。御医一般就是一个级别，13个人，最初是八品，后来升为七品。底下有吏目，还有医士。医士20人，从九品冠带。最后是医生30人，医生在太医院里面级别是最低的，不授官阶。一般太医院刚毕业的学生留在太医院了叫医生，统共30人，不授官职，他们看的病人级别也比较低。

　　太医院里面也分科，就像咱们现在医院的内科、外科、五官科。清初的时候一共分为11科，包括大方脉、小方脉、像妇人、疮疡、针灸、眼、口齿、接骨、伤寒、咽喉、痘诊，其中大方脉就是成人内科，小方脉就是儿科。痘诊就是天花，清朝天花也比较厉害，死的人也比较多，所以专门设一个天花科，专门治天花。给人种痘的叫痘诊。康熙时候就把痘诊并到小方脉里面去了，因为小孩子好得天花，要种痘。

　　嘉庆时候把接骨骨科划归到上驷院蒙古医生长兼职，上驷院是给皇家养马的。

　　到道光时候把针灸给取消了，他说："针刺火灸，究（非）奉君之（所）宜……太医院针灸一科，著永远停止。"也就是说，皇上是天子，医生拿针往我身上戳，拿火往我身上燎，你这是君臣之道吗？所以针灸科就不要了。其实针灸在清代治了不少人的病。康熙时候，有一护军包衣当时脚扭了，康熙皇帝就派一个太医用针灸把他脚病给治好了。因君臣关系不敬就把针灸给取消了，其实是不应该的。

　　光绪的时候，国力更加衰微，就剩下五科：大方脉、小方脉、疮疡科、眼科、咽喉，其他就没有了。从医术分科也可以看出，中医慢慢地衰落了。

　　皇上得病了御医怎么进皇宫给皇上看病去？不能从太医院去，因为太医院还在外边，皇上要看病你过去得多长时间？所以宫廷里面有值班医士，他们轮流值班，分两种值班，第一种是"宫直"，第二种叫"六直"。

　　宫直主要是在御药房还有各宫外面值班，在那儿给帝后、嫔妃备着，给她们看病。在宫外值班的叫六直，六直最初是在宁寿宫、慈宁宫、乾清宫、钟粹宫、寿康宫、寿安宫六处，也是给皇帝后妃看病的。道光以后这六直概念变了，不是这六处宫殿了，是给总管、太监、御前内宦、嬷嬷、女子、祭神房女官（祭神房是萨满教里面的祭祀女官），包括升平署的内宦，给这六种身份的人看病。御医入宫殿去给皇帝看病，不能自己闯进去，得皇帝召哪个医生才能过来，由御药房太监领进来，给皇上看病，把好了脉，给开药方。开方子上面要写：皇帝什么病，什么症状，这些症状病因是什么，病机是什么，病证是什么，开的方子是什么原理，这方子包括哪些药，多少分量，怎么服用，这一类的都给写出来。写好了就叫脉案，把这个写好了给皇上看。给皇上看了以后说行，那这个脉案就给太监，御药房的太监保管作为档案，以备以后一旦要有什么问题得核对。这个东西备了案以后，拿去御药房抓药，抓好了以后把这药拿一个封条封上，上面写好哪些药，写好了以后把这个药单拿去煎药，煎药的时候御药房的太监跟这个看病的御医都得在，得看着煎，不能煎错了，一般煎药煎两份，一份煎好了御医先尝，尝过以后院判得尝，院判尝过太监尝，确保没事儿再把另一份药给皇帝喝了。当时宫里面留下来的一些煎药的或者盛药的文物包括药锅、药铫子，装药的壶、提梁壶都是银的，特别精美。

　　御医的等级也决定了他看病的病人的等级。比如光绪时候的珍妃，她最早是嫔，后来当了妃，后来又降为贵人，那么她得病，不同身份时御医等级也不一样。李德昌第一个给珍嫔看病，杨际和给珍妃看病，这两个人都是院判。中间珍妃被打了以后降为贵人，给她看病的张仲元是吏目，等级就降下来了。御医在皇宫里边也不容易，也不是说给皇上看病威风凛凛，其实是伴君如伴虎，他们也很担惊受怕，看得好的可能就褒奖你几句，看得不好可能就被革职查办了。

　　举几个例子。雍正的时候，当时皇帝给一个领侍卫内大臣叫侯陈泰的派了御医过去看病，后来御医刘裕铎看完以后，说奉旨看了侯陈泰的病，原系伤寒发癍，服过益气、化痰、温胆的汤药以后，现在已经好了。雍正皇帝听了很高兴，他说："陈泰病症难为，冀栋、刘裕铎医治，着各赏记录一次，钦此。"就是说这个病不好看，你能给看好了，不错，给奖励一次。这个是很难的，因为历史上雍正皇帝比较多疑，他能去褒奖一个人不容易，更多的是批评。比如说康熙的时候，正黄旗包衣、护军参领莫尔洪治暑伤，暑湿伤气下痢症，就是中了暑湿，拉肚子，老是治不好，当时派的御医刘声芳、李德聪去看，没看好，回来一次妄称病势缠绵，恐成"关格"证。关格证是什么东西？关格证就是脾肾虚衰，膀胱气化不利，邪气拥塞全身，西医说法就是慢性肾衰竭。本来就是一个暑湿，受了暑湿拉肚子的病，怎么弄到最后弄成这个样子？康熙帝也不高兴了，说"尔等皆因医学粗浅之故，所以往往不能救人"，这话就不好听了。

乾隆时期，御医刘裕铎给简亲王看病，简亲王是清初八大铁帽子王的后裔，乾隆特别赏识他，这个人操行比较厚道、正直。他也是湿热伤脾泄泻，导致拉肚子，口疮糜痛，腹泻腹痛，日更衣六七，一天拉六七次肚子，拉得最后吃也吃不下，人也瘦了，四肢浮肿，再加上他本来年龄也比较大了。喝了一些汤药，但是老不见好。乾隆朱批说知道了，夏至以前就该治好了。这个折子是五月二十九日给乾隆的，乾隆批的是夏至以前就该治好了，本来很简单的一个病，拖延了二十多天还不见好，从言语中自然可看出乾隆皇帝对此颇有微词。

除此之外，我们知道光绪皇帝身体很不好，38岁就死了。他大概从27岁就开始天天吃药，到最后吃药吃到久病厌医，久病厌药了，都不爱吃了，所以他经常发脾气，一发脾气就骂御医，说他们无能。他说的是"所用之药，非但无效，而且转增诸恙"。非但没有效还转移到别处，出现新的病了，"似乎这药与病总不相符，每次看病匆匆顷刻之间，岂能将病情详细推敲，敷衍了事而已"。后来他又说："寸效毫无……名医伎俩，仅止如此，亦可叹矣！"这个就说得比较重。其实光绪皇帝自己底子太薄，又加上政治上面不得志，所以他身体老是好不了。

御医受责骂还算是轻的,有些御医因未能治好皇帝的病,弄了个革职查办的下场。同治皇帝19岁就死了,一般说是得天花死的,得天花那时候不太好治。他死了以后,慈安太后、慈禧太后下懿旨说:"上月大行皇帝天花,李德立等未能力图保护,厥咎甚重。""太医院左院判李德立、右院判庄守和即行革职,戴罪当差。"直接就革职了。民间医生也不会出现革职,但是宫廷医生就容易出现这种看不好就直接革职查办的下场。

乾隆十二年(1747),当时的太医院吏目崔生伟,奉旨前往都尔伯忒看札萨克贝子丹珠尔病,都尔伯忒在现在黑龙江大庆那一带,从北京城去大庆给一个蒙古的贝子看病,看完病,看好了以后给他赏银50两,崔生伟不敢擅收,上奏。乾隆朱批,银子不必接他的,钦此。就是说不要他的银子,派你去你把病治好了就行了。那个时候必须得报,因为太医院属于皇家的医院,属于皇上的,所以,太医出去治病得皇上派,属于皇上的家里人,所以这事儿得跟皇上说。

宫里除了太医院里面的御医,也到民间征招一些御医,比如说雍正时候向地方下了八道谕旨,要求去查访内外科优秀医生和深达修养性命之人或道士,或讲道之儒士俗家,把这些人给他送到宫里来,尝试让他们给雍正看病,如果病没看好不怪罪,只要推荐了就行。如果你们这个省没有,别的地方要是有,你也可以推荐。雍正皇帝是信道的,后来也死在炼丹上面。

为什么他要找一些道士?他跟康熙皇帝不一样,康熙皇帝找医生找西洋医生,但是雍正皇帝他找道士,这个跟中国传统文化有关系,大家可能也听过"医道同源",中医的基础理论是阴阳五行,讲精气血、精气神等内容,与道家的某些基本理论相一致。现存《道藏》中还收有《黄帝内经》等一类医书。古代有些道士也是医学家,比如写《本草经集注》的张仲景,既是道士也是医生。西晋时候的葛洪人称葛仙翁。唐代时期孙思邈,历史上说他活了140多岁,他也是一个道士,被后人视为药王，写过《千金要方》《千金翼方》。所以雍正皇帝要找道士来看病，某种意义上来说，也就可以理解了。

光绪皇帝也找，因为他身体不好。还有慈禧太后，光绪六年（1880），慈禧太后招了马培之、薛宝田。薛宝田写了《北行日记》，就是说当时他怎么去的，怎么给慈禧太后看病，怎么回来的。当时是浙江省的巡抚谭钟麟推荐的薛宝田。直到光绪三十四年（1908）十月二十一日，还在草拟上谕说光绪皇帝哪儿不好，"无论有无官职迅速保送来京，以候待诊"，但是光绪皇帝当天就死了。

二、御药房及药源

御药房主要分为内药房和外药房，外药房主要是给各宫的太监和首领取药的地方，内药房主要是给皇帝、皇后他们取药的。除了内药房、外药房以外，还有寿康宫、储秀宫、圆明园、雍和宫都有药房，统称为御药房。御药房的位置大概在故宫东边日精门再往南一点。为什么放在那个地方？因为乾清宫是皇帝的寝宫，药房在旁边比较近，给皇上看病方便。还有御药库，在现在故宫花房那里。

药品的来源，第一就是各省出产的药材，中央去征收，征收的实物药材叫"本色药"。有些征不来的给钱也行，比如说今年这个地方药材质量不好，那就给钱。康熙十三年（1674），当时浙江布政史陈秉直供给宫里的药，也是各个州县给他的，他给上交到皇宫里面。当时"本色药"是白芍、白术、乌药、猪牙皂。"折色药"包括草决明、蔓荆子、僵蚕，这些就没给，怎么办？给钱就行，这是从地方征收而来的。

第二就是在京城药店采买，比如说同仁堂，很有名的老牌子。同仁堂最早大概从崇祯十年（1637）的时候就给皇家供药了，距今至少有380多年历史。清朝的时候也是这样，皇上每次没药了找他要也挺麻烦的，后来到乾隆十三年（1748）的时候直接跟他说，你们同仁堂每三个月给我上一批药，平时不找你要了，你每三个月给我一批就行了。直到光绪年间的时候，皇上嫌麻烦说你干脆把方子给我，我自己配药去，不用你送药了。所以现在故宫里面有一些同仁堂的药方、配方，有些甚至同仁堂自己都没有了。同仁堂的神效活络丹、再造丸，都是清朝的东西，是老药，还用蜡封着。乾隆四十八年（1783），当时是秋天，乾隆皇帝外出到热河打猎去，要带一批药，通知御药房给准备，御药房一看准备不了，太多了。临时就找了同仁堂，说我这儿有多少药，你给备一下吧，皇上马上就要出去打猎了，秋天了，你八月底之前得把药给配齐了。后来同仁堂一两个月就全给备齐了。

天德堂、济生堂当时也给皇帝供药。天德堂就在新街口顺着赵登禹路往南，三十五中再往南前公用胡同那儿。济生堂在东华门外大街那儿。还有鹤龄堂，写着开设于朝阳门外集市口内。这个敬修堂在广东，是外面的药给供过来了。

第三是各省督、抚的"土贡"，包括云南的茯苓、广东的老树橘红，四川的冬虫夏草、广西的三七、吉林的人参，因为人参效果特别好，慈禧太后就喜欢。

第四就是御药房自己和药。这是当时炮制、和药的一些主要的器具，有杵臼、研钵、药刀、铁药臼、药模子、药盘、戥子、银药匙，药有疏风活络膏、人参琵琶膏，都是清代的老药。

然后就是国外进口了。比如道光二十四年（1844），当时御药房、外药房从泰国（那时候叫"暹罗"）进口了硫黄两箱，一共是满150斤，但是暂时用不上，紫禁城也不敢收，为什么？怕炸了，因为这东西是易燃物。这是当时外国的一些药，郭巴益巴去除油、巴尔撒木油，但是这些药现在具体是什么意思不太清楚了，可能是外语的翻译，至于治什么病，还存有争议。

我们说一下皇上家用的、专用的上品药材。刚才我们说了药材主要是由地方供上来的，薛宝田在《北行日记》里面就提到过供药，供上来的药特别好，他记载道，光绪六年（1880）八月，当时吉林将军进了人参两根，慈禧太后命各医看，这个人参"连根须长尺许，其色金黄，其纹多横，其质坚硬。尝其须，味微苦，渐回甘，真上品"。没多久，慈禧太后就服用这个人参，用了一钱，用过以后精神顿健，因为慈禧太后有脾胃疾病，用人参补气补脾胃，一下精神顿健，皇太后甚喜，就说"吉林人参颇有效，仍照用"。

光绪三十四年（1908）五月的时候，给皇太后看病，当时开了一副药，药方子里有橘红八分，署内。署内就是宫廷专用的，特别写了"署内"两个字，就是说专用药材，外面买不着。当时清代的一些药：金果榄治嗓子，喉咙咽痛。黄连，鸡爪黄连呈鸡爪状的，可治下焦湿热。

三、皇室疾病考证

因为皇帝得的病多且杂，说全了不太可能，咱们就说几个。第一个说的就是雍正皇帝死于炼丹服石，雍正皇帝特有，因为他信道。我们知道明代皇帝信道的多，到清代很少有信道的，唯独雍正皇帝他信道，刚才也说了，他招道士到宫里来给他看病。当时在下谕旨之前雍正的十三弟胤祥给他介绍过一个人，叫贾士芳，可能大家看电视剧《雍正王朝》里面知道有贾士芳这个人。

贾士芳是一个道士，当时十三阿哥胤祥就把贾士芳推荐给了雍正皇帝，说有这么一个人看病特好，您试一试。于是雍正皇帝挺高兴，把贾士芳就招进宫里。招到宫里后，跟他问了几句话，感觉话不投机，就觉得这人没什么本事，说算了，别在这儿了，我也不追究你什么罪，你走吧。于是贾士芳就出去了，他出去以后到河南给人看病去了。因为他是道士，他给人看病有个习惯，他一边给人看病一边念咒，什么太上老君啊，又是天地鬼神的，一边念一边给人看病。后来雍正皇帝下了谕旨，要招道士。当时的浙江总督叫李卫，知道贾士芳这个人在河南，于是他就推荐贾士芳给雍正皇帝，雍正皇帝说，怎么又有人推荐，不行的话，再把他招进来试一试，于是就找当时的河东总督田文镜，让他把贾士芳再给送到北京城来。贾士芳来了，给雍正皇帝又看病，看着看着出事了。出什么事呢？雍正皇帝本身就生性多疑，好乱想。其实贾士芳也不会看什么病，他给雍正皇帝看病就老是看不好，雍正皇帝觉得贾士芳为什么老是给我留个病根呢，是不是故意留个根儿把我牵着，老要找他，求着他。贾士芳看不好病但嘴好乱说，出去见人说，雍正皇帝这病看不好了，因为他这个人老不听我的，我让他这么做他不干，我让他那么做他又不干。后来有人就把这个事儿给雍正皇帝说了，雍正皇帝就不高兴，说我干吗要听你的？我是皇帝还听你的吗！一天雍正皇帝又找贾士芳看病，这个贾士芳给雍正皇帝看病的时候，他一边看病一边晃悠脑袋说天地鬼神听我差使，大概说这个咒了，雍正皇帝听见了，恼了，说叫天地鬼神听你指使？我是天子我就是天地，我听你指使什么？你也别干了，直接下死牢吧，就把他打到死牢。没多久就把贾士芳给杀了。杀了贾士芳以后，雍正皇帝也应该知道道士不一定能看病，但他还在弄这些东西，在圆明园，在乾清宫弄符牌，神符板，太上老君驱邪宝，最后炼丹，吃符丹，还弄这些东西。大家知道丹药都是有毒的，含铅含汞等重金属，最后雍正十三年（1735）八月的时候突然就发病了，然后急召重臣传位于乾隆皇帝，第二天就死了。他就是吃丹吃死了，没别的，所以他死得早跟这个有关系。

历史上说嘉庆皇帝是遭雷劈劈死的，有的说是给火烧死了，到底是怎么回事？嘉庆二十五年（1820）就是他死的那一天，七月二十五日。商景霱、郝进喜两个太医给嘉庆皇上看病，当时的脉案是这么记录的，说"商景霱、郝进喜恭请皇上圣脉虚软"脉虚，气虚，气血虚，玄脉虚。"原系暑湿停饮受凉之症"，就是夏天受暑湿了，有些胸闷，肚子胀，肚子疼，拉肚子之类感冒似的症状，所以说"懒食少寐"，就是说觉也睡不好，吃也吃不香，烦热口渴。所以开了一个清热代茶饮给他喝，当时解了表了，但是体内的热出不来，嘉庆皇帝这个人操心操得比较多，所以操心一多就伤气，本来气虚，再加上体内有瘀火，那么虚火熏蒸就导致喉咙痛，小水频数，小便比较多，气虚小便勾不住，气喘声重，就出现这种症状，现在说可能就是感冒引起的肺部疾病、呼吸道疾病这一类的。

后来第二次，商景霨、郝进喜又给皇上号脉、把脉，大概还是这个意思，当时出现烦热口渴，喉咙疼痛，小水频数，气喘声重，还是呼吸道的问题。当时用的参麦定喘汤给他调制补气的、滋肺水的、滋阴润肺的，还是不行。第三次的时候已经病重了，还是因为外感，就是感冒以后发热，又因劳累，他本来身体就虚，太过疲劳了，伤了中气，最后导致湿痰上壅，喘汗交作，神脱气散，还是属于肺部疾病导致的，最后出现一命呜呼的情况。嘉庆皇帝没有给雷劈，也没有给火烧，他就是感冒引起的肺部疾病，身体太虚弱了，导致病逝。

咸丰皇帝怎么去世的呢？咸丰皇帝其实身体挺好的，他得过天花病，而且活过来了。清代得过天花病活过来当皇帝的就两个，一个是康熙皇帝，一个就是咸丰皇帝。这两个皇帝是得过天花好了以后当了皇帝，说明身体底子不错。但是咸丰的死跟他的时代可能有关系，因为正好是国家内忧外患的时候。咸丰皇帝时候国内出现了一个大事件——太平天国运动，半个江山都丢了，当时太平天国定都南京。还有对外第二次鸦片战争，火烧圆明园。所以这个皇帝一直在国乱的压力中，便开始纵欲，天天声色犬马，就患上咯血症，据史料记载，因为他咯血，所以有太医给他一个方子，让他喝鹿血，说一咯血就喝鹿血，就补过来了，他就喝鹿血。后来英法联军打过来了，火烧圆明园了，皇上跑到热河去了，到那儿还是声色犬马，突然就咯血了，临时找不到鹿血喝，就死在热河了，后来把他的灵柩往回运的时候发生了辛酉政变，把同治皇帝给扶起来了。史料记载说他"益溺于声色，辛酉，咯疾大作，令取鹿血以供，仓促不可得，乃殂"。所以说人还是要保养身体，不能太过于纵欲了，其实他身体不错，但把身体弄垮了。

同治皇帝19岁就死了，现在有不少史料。说是因为他出入烟花巷，得花柳病死了，到底是怎么回事？据正史记载，同治皇帝确实是得天花而亡的。我们来看一下他的医案是怎么说的，同治得病第一天，同治十三年（1874）十月三十日未刻，李德立、庄守和两个太医请得皇上脉息浮数而细，觉得他可能是风瘟闭束，阴气不足，不能外透，就是受了风热了，体内本来就是阴气不足，外面又受了风热了，所以可能要出一些热疹子，但出不来，以致发热、头眩、胸满、烦闷、身酸、腿软，皮肤发出疹形未透，因为体内太热，有时候气堵作厥，就热晕过去了。所以当时开了叫益阴清解饮给他喝，当时还不是煎药，就用了代茶饮给他喝。

到第二天的时候，还给他用益阴清解饮，后来疹形透出，太医感觉有点不对，就挟杂瘟痘了，烦闷堵厥俱退，但是痘疹尚未透彻。人从出天花到好，大概分为六个阶段，第一个阶段就是发热；第二个阶段叫见点，身上会长点；第三个叫起胀，点子要突出来；第四个叫灌浆，毒浆要往皮肤上灌；第五个叫收眼；第六个叫结痂，结痂的痂脱落了，天花就算好了。这个时间段一般是十五天，或者多一点点，十六七天就好了，如果这个时间段没有好的话说明身体不行，就有点麻烦了。咱们看一下第二天的时候，说痘疹尚未透彻，痘子就没出来，所以热出不来，瘟热熏蒸肺胃，导致喉咙干痛、胸闷，所以当时就给同治皇帝开药了，不能再开代茶饮了，用清解利咽汤，主要是滋阴、宣肺、利咽、解风热、宽胸理气的药，到中午时候确诊说是得天花了。第八天的时候，出得就比较厉害，记载说同治皇帝本来就是阴虚肾虚阴亏的体质，体内阴液比较少，再加上火毒太重了，所以导致腰酸腿疼，咽痛呛咳，胸堵作呕，蒙头盖面锁项，咽关板实，顶陷紫艳、灰干。意思说热出不来，毒火出不来导致肺胃热重，而且蒙头盖面锁项全是痘子。

根据《医宗金鉴》记载，喜痘如果出现顶陷紫艳，是灌浆没灌好，顶不起来，所以往下陷，呈紫艳色，底下是灰干的。一般天花跟燎疱似的，如果出现灰干，就属于陷阵，毒就没出来。所以当时就给他用药调制，但咽痛、音哑、呛咳就是治不好，因为他病太重了，毒火太重出不来。他身体素质太差了，肾气不足，因为肾为先天之本，如果底子要好的话，人可能还能活下来。这是第八天了，他灌浆就没灌好。一般十五天就结束了，他到17天的时候开始结痂了，结痂将近脱落应该就好了，但是一转，惟肾虚赤浊，余毒挟湿袭入筋络，毒火还在体内进入筋络，出不来了，所以导致腰软、重痛、微肿、不易转坐、腿痛、痉挛一些运动神经系统的疾病就出来了。从中医说，湿气、湿毒或者火毒、毒火出不来，所以出现这些问题，全在筋络里面了。

到21天的时候结痂都结完了，但是，痘后余毒湿盛，气血两亏，腰疼重软，漫肿流汁，就是说虽然开始结痂了，但是还在往外流脓，说明这毒还没出去。26天的时候就不行了。他禀赋太弱，又加上毒气太盛，内虚外盛，所以导致最后虽然用药去脱毒、清热，但是无药可救了。同治皇帝就是这么死的，正史里面是这么记载的，医案里面这么记载的。

1979年的时候，故宫博物院和北京医院共同做了一个研究，就是故宫把这个病案交给北京医院去分析，看这个到底是梅毒还是天花。当时北京医院就找了中医科的几个专家，包括皮肤科的，最后会诊，大家讨论一致认为同治皇帝是患天花，就是痘疹病故，病程大概分为三个部分。第一病的初期就是天花，病的中期是天花毒导致的痘后拥堵，病的后期为痘疹余毒所致的"走马牙疳"，最后毒热内陷而死。什么叫"走马牙疳"呢？走马就是快，牙疳是牙龈发黑、肿重，然后腐烂，出现这种情况，最严重的会导致两个腮帮子都烂透，鼻子也烂，整个脸部就烂完了，叫"走马牙疳"。

天花在中国中原地区是没有的，可以说是一个外来的病。最早记载，现在有两种说法，一种说是汉代的时候从西域俘虏身上带回来的，还有一种说法是汉代的时候打越南，从广西越南传进来的。不管怎么说，咱们中国中原本来没天花，但是后来天花一直断断续续，到了清朝的时候散播开了，因为以前在东北是没有的，清人入关以后，突然碰到天花，医典籍里也没有记载，也不知道怎么防治，死亡率特别高。所以天花在满族人中间流行的时候引起很大的恐慌。努尔哈赤的二儿子，也是铁帽子王代善，他的三个儿子全部死于天花，他的十二子阿济格，阿济格的两个妻妾顺治六年（1649）死于天花，另一个铁帽子王十五子多铎，直接就死于天花。皇室死于天花的特别多。顺治六年（1649）北京城闹了一次天花的瘟疫，特别厉害，连宫廷都死了不少人。到顺治八年（1651）的时候，当时又闹天花，痘疹甚多，顺治皇帝说我要到清静的地方避一避灾，你们各地老百姓要来告状的，不要到皇宫来告，要到皇宫来告就直接斩了，不管你对错。北京城的老百姓告，该到哪儿告到哪儿告去，地方的老百姓要告，到你地方官官衙去告。如果你要是来告冤的，就到这个都察院通政司去告，都察院通政司要是不允许，你再过来告。不能自己来皇宫告御状，你要过来直接处斩。就是说管得特别严，对天花防御特别严。

到康熙的时候，大家都知道，康熙得过天花，后来孝庄皇后选的是康熙当皇帝，为什么？因为康熙得过天花，有免疫力了。当时她跟顺治在皇嗣人选上面有争论，后来就问了一品光禄大夫汤若望（传教士），汤若望说选康熙，因为他得过天花，有免疫力了，所以就让康熙当了皇帝。康熙得过天花，他知道天花太痛苦了，登基以后，他说我一定要把天花给治下去，所以他把种痘技术给引到了皇宫和贵族阶层。一般我们说种痘是明代时候隆庆年间（1567—1572）在安徽宁国府太平县有那么一批种痘医生，他们在民间种痘。后来康熙皇帝知道那里有种痘医生，就去派人到那找了一个种痘医生叫胡纯嘏的，让他来给当时满人的皇宫子弟、皇家子弟去种痘。除此之外还给蒙古各旗，包括喀尔喀，给他们的子弟种痘，主要是给满人和蒙古人贵族子弟种痘。

种痘在中国历史上，从明代开始就有了。种痘主要有四种方法。

第一种叫痘衣法，把患儿穿的小衣裳脱下来，给健康的小孩穿，这样这个小孩就得了天花，这叫种了人痘，但是这种方法种痘的概率比较低，一般穿的衣服种不上。第二种叫痘浆法，就是天花在灌浆的时候，拿刀把那个痘给割破了，把浆取出来，沾上棉花，塞在小孩的鼻子里，说也能种上痘。但是这种方法太残忍了，因为本来小孩得病就特别痛苦，在灌浆阶段，你拿刀刺伤口，父母也不愿意，所以这种方法最后也没有推广。第三种叫旱苗法，在天花结痂以后，把它碾成粉，找一根稻草似的东西，把中间的芯抽了，把那粉放进去，那么一吹，吹到小孩的鼻子里面去，但这种种痘率也比较低，因为弄一点东西搁鼻子里面，打喷嚏、流鼻涕全给冲出来了。最后一种叫水苗法，就是把天花结痂的痂磨成粉末以后，沾上清水或者是人乳一搅和，然后变成稀的跟面糊似的东西，找一块小棉布，薄薄的摊在里面，一拧变成一个小枣核似的，一边拴根绳，另一边给塞在小孩鼻孔里，一般12个小时就种上了，这种方法比较好，胡纯嘏用的方法基本上就是水苗法。当时确实有用了，所以康熙皇帝特别自豪，他说，"朕坚意为之，遂全此千万人之生者，岂偶然耶。"确实当时种痘是有成功的，而且还不少。

咱们看《延禧攻略》，令妃娘娘生了两个公主，一个七公主，一个九公主，九公主是和硕公主，她在小的时候就种过痘。档案写得很清楚，说乾隆某年二月二十二日，当时总管太监潘凤带着种痘的大夫蔡世俊给大家种痘。到了8天以后，开始出现惊恐发热的现象，然后初二的时候又用透喜汤给她把热排出来。然后一直很顺利，到三月五号的时候开始应期发热了，然后在右手腕及左腰下见点了，颗粒比较分明，就是比较好，红火光润，饮食上好，中气足，不然的话，中气不足吃不下去饭，所以她饮食精神都好。到初六，九公主脉息都很好，胃气不太好，用了一些保和调胃、调气的一些药。三月十一日的时候，次第结痂，然后算种痘成功了。咸丰帝是得过天花的，咱们就不说了，但是他得天花不是种痘，他是真得天花了，活下来了。道光时期的三公主,她也死于天花。道光十五年(1835)十一月初七的时候,出天花,带着周身疼痛、发热,头面不真,就是说出痘没出好,那么第二天的时候就出现闷乱抽搐,痘形板实不起,就是起胀没起来,所以热度过甚,当天就死了。等于出天花第二天就死了,三公主死的时候是10岁,她跟同治不一样,同治还熬了20多天,她第二天就死了,毒太深了,所以天花特别厉害。

关于光绪皇帝的死。光绪皇帝在27岁的时候,身体已经很不好了,所以医生给他断定叫心肾不交,肝旺脾弱,阴虚肺燥,他五脏没一个好的,就是说27岁的时候这个人身体就已经不行了。二十七岁应该是青壮年时期,康熙皇帝二十七岁的时候平了三藩,身体多好,光绪皇帝在这个年纪就已经不行了,五脏俱损。临终的时候,有人说光绪皇帝是被慈禧太后毒死的,但是我们从临终前的医案来看的话,大概还是自然死亡,并没有出现中毒的现象。包括说他左尺退,右尺不退,关左无力,这是脉象,大概意思就是气血比较虚,包括有一些血虚、血亏、阴亏的一个症状,然后导致一些神经系统疾病,比如说目睑微启、白珠露、嘴有涎、唇角动。最后下结论肝脾肾阴阳两虚。从这上面来看的话,没有什么中毒的现象。关于中毒的说法也有,比如说光绪时有个叫屈桂庭的,他写下《诊治光绪皇帝秘记》,里面就说了,他去看的时候,皇帝突然患肚子疼,在床上乱滚,大叫说肚子疼得不得了。当时慈禧太后不行了,所以大家都去给慈禧太后看病去。其实光绪皇帝是二十一号死的,十八日叫屈桂庭去看病的时候,慈禧太后的身体还是比较稳定的,光绪的身体状况还没有到临终的那种状态。他说太后患重病,都去太后那边去了,这也不一定。所以说光绪是不是给毒死的,现在光凭他这本书是不行的,而且屈桂庭这个人现在也搞不清楚是谁。当时给皇帝看病的御医,包括从民间征召上来的,有一个姓屈的,但是不是这个叫屈桂庭的也搞不清楚。这是当时太医留下来的,那其他人的说法,包括德龄公主、溥仪等,那都是道听途说的,这个算是比较有力的一个证据，证明皇帝是被毒死的，但现在就是两边史料不相合，有冲突。直到2008年，中国原子能科学院内有一个专项小组，把光绪皇帝的头发带回检测室，利用特殊的方式进行检测，结果显示该头发中含有"砷"，而且含量在2404微克。

"砷"这个字可能很多人都不知道，但要说"砒霜"大家一定都听说过，"砷"就是砒霜的主要组成物，是一种毒性特别强的化学物质。而且，光绪头发里的"砷"含量还是普通人的2404倍。参与检测的专家表示，在对光绪的尸骨进行检查时，他身体里砒霜的毒性已经蔓延到了衣服上。里边穿的衣服比外边的含量更高，特别是靠近胃的那款衣服，远比其他部位的多很多，所以，专家推断，光绪在临死前很有可能吃了带有砒霜的东西。为了结果的准确性，多个部门的专家多次进行了检测，可结果都跟猜想的一样。之后，他们还将结论发布，确定光绪帝死于砒霜中毒。这一科学的检验结果，也证实了光绪皇帝的真正死因，当时光绪皇帝临终前的医案存在篡改、伪造。

慈禧太后是怎么死的，从病案上来说就是感冒导致的肺气虚，包括气道病，最后也是肺部疾病而死的。她是光绪三十四年（1908）十月二十二日死的。光绪是三十四年十月二十一日死的，就是第二天死的，那么传闻说光绪看慈禧太后要死在他先了，他开心，慈禧太后不高兴了，找人毒死他。我们看一下慈禧太后临终最后七天发生了什么事。她是二十二日死的，十月十六日的时候，皇太后夜寐时睡时醒，十七日就感觉气道疼，她好抽水烟，本来肺就不好，又加上脾胃不好，所以肝火比较重。肝火重，肝火犯肺，所以她肺燥咳嗽，然后大关防三次（就是大便三次），小关防勤（就是小便比较勤），早上吃了半碗粥，到十七日的时候，大概还是这个意思，喝点豆汁什么的。十八日、十九日，到二十日，就是皇帝最后临终头一天的时候，她是夜寐时睡时醒，时作咳嗽，顿引胁下作疼，因为她气道疼，肺比较燥，而且肝火比较旺，所以她胁下作疼，口干而渴，并没有出现临终的现象。

一直到二十一日皇帝死了以后，二十二日出现了一些问题了，包括大小便不禁，痰涎涌壅，吐痰了，热疹出来了，就是渴思冷饮，恶心不食。后来就舌短口干，胃不纳食。所以在二十日的时候，慈禧太后的病情还是很稳的，而且并没有出现什么危重的状态，所以并不能说明慈禧太后知道自己要死于光绪皇帝前面了，因为光绪皇帝在二十多日的时候已经不行了，慈禧太后没什么问题，没什么特别重的病。所以光绪皇帝的死是否直接与慈禧太后有关，还有待进一步地研究。

四、帝后养生

第一个要说的是康熙，康熙皇帝的养生其实很简单，没有什么太大的秘诀在里面，就是行简朴、戒声色、广胸怀、习骑射。行简朴就是个人的行为简单朴素，简化自己的个人生活。戒声色就是没有被很多的外务所侵扰，保持内心的一种安静和平和。广胸怀就是宽宏、大度。习骑射就是体育锻炼，《清史稿·圣祖本纪》里面说，"朕自幼读书寻求至理，府库帑金，非出师赈饥，未敢妄费。"就是说，我很简单，虽然国库有钱，但是我不乱花。"少时即知声色之当戒，佚悖之宜远"，声色犬马的东西一概不碰，所以幸得粗致谧安。现在我身体还行，体气稍健。但是今年春天有点头晕，因为春天肝火比较重，导致头晕。所以他就去塞外骑射，加强锻炼，塞外水土好。他说，要当于明爽之时，举平生心事一吐为快。心里面得痛快，人心里面不能郁闷。清代宫廷的女性，几乎从宫女到慈禧太后肝都不好，为什么？就是因为宫廷生活压抑，肝普遍都不好。很多病都是从肝引起的。宫廷的女性普遍肝不好，都出现肝的问题，太医诊断时，多数都有玄脉。康熙坚持体育运动，外出围猎、狩猎，还爱喝一些西洋酒，主要是两种，一种是药酒，一种是葡萄酒。药酒他治病用的，康熙四十七年（1708）曾经生过一场大病，服用了药酒以后，感觉特别好，所以他对西洋药酒有感情。康熙皇帝爱喝葡萄酒，说每日进葡萄酒几次，甚觉有益，饮膳亦如，每日竟进数次，朕体已经大安。还有就是温泉，温泉主要是治一些皮肤病，减减肥，预防风湿关节炎，包括神经炎，辅助治疗都可以。清代叫坐汤，清代人就喜欢泡温泉去。还有就是合理饮食，圣祖康熙说，朕每食仅一味，如食鸡则鸡，食羊则羊。意思是他荤菜不多吃，要吃就吃一样，不吃杂了。康熙皇帝就吃一味，不多吃，不食兼味，不多吃东西，保持肠胃健康，其他吃不完的都赏人，他就吃一点点。还有，康熙皇帝认为，七十老人不可使食盐酱咸物，夜不可食饭（它这个夜是入了夜，不是说晚饭不吃）。遇晚则寝，灯下不可看书。朕行之，久而有益。其实就是饮食简单一点，晚上早睡一点，吃的少一点。跟乾隆皇帝不一样，乾隆皇帝各种补酒吃喝，康熙皇帝没有，很简单的一个人。喝一些果汁什么的，提高免疫力，延缓衰老的一些东西，木瓜、青果、橄榄、百合汁、荔枝等。

  咱们看一下乾隆，吃各种补药，补肝肾的，助肾阳的，包括滋补心肾的，我觉得还是康熙的养生方法比较好，没有吃那么多东西。乾隆皇帝有一个特点，他生活比较有规律，比如说老了以后，天天去走走路，适当地运动运动；夏天晚上暑气退后，就去划划船，冬天去滑滑冰，坐在冰床上面让人给拉一拉，活动身体。乾隆有很多兴趣，兴趣可以怡情养性，他喜欢写诗，在位60年写了4万多首诗，平均一天大概能写两首。他爱玩，爱画画、收藏，这些兴趣疏解了自己体内的一些不愉快或者是转移一下注意力，他给自己母亲画《多禄图》为母亲做寿，他还喜欢自导自演，写一些剧本，然后演演戏，听听戏，对京剧的产生与发展起到了推动作用。咱们说说乾隆皇帝的食补，乾隆皇帝也喜欢吃一些荤肉，鸭子、肉皮、文蹄、鹿肉、狍子肉什么的都爱吃。乾隆皇帝爱吃豆腐，各种各样的豆腐，豆腐也有清胃热包括补充植物蛋白的作用，羊肉炖豆腐、鸭丁豆腐、锅烧鸡，或者什锦豆腐、素豆腐什么的。

慈禧太后养生，第一就是乐观，她爱好广泛，喜欢养狗、养马等，她在万寿山底下建了个御犬厩，养了十多只哈巴狗在那玩，其实就是爱好。她还喜欢养花，还爱看戏。慈禧的饮食就比较奢侈了，注重饮食多样、营养丰富。她一天的伙食基本是这样的，猪一口，羊一只，鸡鸭各一只，老黄米、高丽江米、粳米、白面，猪肉12斤，鸡蛋、面筋，各种酱，她吃不了就赏给别人。比如说盆糖，盆糖是日本的一种高级砂糖，还有枣什么的。她每天正餐是100到150碗，她吃一些荤菜，爱吃鸭子，还有熏鸡、羊腿、猪皮、樱桃肉，蔬菜也吃。慈禧太后特别爱喝豆汁，因为她小的时候比较苦，那个时候她就拿着豆汁拌饭吃，到老了还爱喝，她临终前，还在喝豆汁。夏天的时候就吃解暑汤，去湿、解表、燥湿化痰，这一类的东西补气，以气宽重，调脾胃。慈禧还会在夏天吃梅苏丸，它是酸干化阴的，我们说一些食物也好，药物也好，它的性味是酸的干的，它就能化阴，在体内能滋阴，所以什么盆糖甘、乌梅肉酸，像这样的东西就可以滋阴，生津止渴。她也坚持运动，出去旅游，慈禧太后从北京坐她的小火车，出了天津往北出山海关到奉天去旅游，放松心情。美容卫生方面，喜欢洗澡，慈禧太后洗澡怎么洗呢，两个大盆，每个盆由两个太监给伺候着，端进来，端进来以后热水大半盆，四个宫女给伺候着，太监给递毛巾，四个宫女洗上身，上身洗三遍，上身洗完了，把热水倒了，再换一盆水来洗下身，四个宫女伺候着洗下身，又是三遍，那就是六遍，得洗六遍，至少两大盆水，四个宫女、两个太监六个人伺候着，洗个澡多奢侈。洗完以后，夏季弄一些可以除湿、避秽、芳香的东西，家里面除除湿、除除秽，拿避瘟丹烧。八珍糕就治脾胃虚弱，乾隆也吃过八珍糕，八珍糕主要就是党参、茯苓、白术、薏仁、芡实、扁豆，剩下两个当时没写，没写不知道是保密还是什么原因，但是现在一般说有山药，或者说消化不好了，加一点山楂，有的要加藕粉，然后用白糖一和，变成稀末以后，和白米粉蒸成糕吃。

五、美容秘方

大家清楚，人的口腔跟体内的五脏是有联系的。比如说人的牙齿是跟肾有关系，属肾，所以人的牙齿松动一般跟肾有关系。人的舌头跟心有关系，如果舌头生疱了，一般心火比较重，嘴唇通脾，嘴唇烂了一般是脾比较虚，有湿热。如果是牙龈的话，属于胃和大肠，光绪皇帝身体不好，患有牙周炎、慢性咽炎，所以他的药很多都是去火、去炎症的、止痛的、凝血的。

美发里面染发的话，一般很简单，清代的东西就是用黑大豆用醋去煮，然后调稠了梳就可以了，不像咱们现在各种各样的化学品，没有那么麻烦的事。包括治落发，用的是榧子、核桃和侧柏叶，侧柏叶现在好多洗发水里面都有这东西，榧子主要是除湿杀虫的，核桃是补益发肤，那么侧柏叶主要是清热凉血去风的，所以我们落发一般有三种情况，第一种血虚，第二种体热，第三种头油过多，就这三种，有些东西针对这三种就能用。

美容首先就要做好清洁。北京人管肥皂叫胰子，其实最早它就是皂角，后来为什么叫胰子呢，最早它是用猪的胰腺，加上猪油和着天然的碱做成块状，后来猪胰子猪油不用了，用羊胰子羊油，包括鹅胰子，这些东西也是宫里后妃经常用来清理皮肤的。此外，慈禧太后还喜欢使用一种叫做玉容散的药物来滋养皮肤。根据《医宗金鉴》相关记载，玉容散主要由团粉、白蔹、白芨、白芷、白术、荆芥、僵蚕等数十味中药组成，古代妇女常用其作为盥洗时的美容方搽在皮肤之上，再用上等的好玉加以按摩，有疏风化痰、清热燥湿、润泽肌肤之效，主治面生黵斑，或生小疮，或生痤痱、粉刺、皮肤瘙痒。

倪梁鸣 中国人民大学历史学博士，中国历史研究院副处级调研员

"爱与恨，新又旧"：
走进乾隆帝的后宫

徐 瑾

后宫是封建皇权下的产物，后妃又涉及清宫的政治、典章制度、文化生活。《清史稿》中记载，在清宫中："皇后居中宫，主内治。皇贵妃一位、贵妃二位、妃四位、嫔六位，分居东西十二宫，佐内治……贵人、常在、答应俱无定位，随居十二宫，勤修内职。"[1] 后宫，一个等级森严，充满礼教桎梏的地方，若想要生存，就要杜绝一切爱恨、情仇。但事实上，清代的皇帝却和他的后妃们，发生了很多或感人至深，或遗憾终生的故事。特别是乾隆皇帝爱新觉罗·弘历，他25岁即位，89岁薨逝，在帝位60年，虽少于祖父康熙帝，但加上4年太上皇时期，则是中国实际统治政权时间最长的皇帝，更是中国历史上最为长寿的皇帝。

图1 清人画弘历元宵行乐图

---

[1] 赵尔巽编《清史稿·列传一·后妃》。

乾隆帝的后妃人数多，身份构成更加复杂。史料档案中记载有名号的乾隆帝后宫达40余人，根据她们最终所获得的封号，乾隆帝有皇后3位，皇贵妃5位，贵妃5位，妃6位，嫔6位，剩下为贵人、常在、答应等较低位份嫔御。她们或默默无闻，或为皇室开枝散叶，各有着不同的人生际遇。

一、制度、嫔妃与皇权

中国封建时代的宫廷施行严格的"内外隔离"制度，使得内廷生活封闭而神秘。那么清代皇帝的妃嫔是通过什么途径，怎样进入宫中的呢？清代明文规定了"选秀女制度"。

选秀分为两种。一种是"八旗秀女"，她们是满、蒙、汉军，八旗官员、另户军士、闲散壮丁家的女子。当时规定旗籍的女子在未经选秀之前不能自行婚嫁，这些女子要参加每三年一次的选秀，如果她们在这个年限之间因为有病或有事，没有来得及选秀，就要在下一届补上。选秀的目的明确，或为内廷主位，或为皇子、皇孙拴婚。她们是清宫中后妃，当然也是皇子、王公、福晋、侧福晋、侍妾的主要人选。嘉庆十九年（1814）的进士吴振棫在《养吉斋丛录》中记载："其年十四至十六为合例。有应挑而以病未与者，下届仍补挑；年已在十七以上，谓之逾岁，则列于本届合例女子之后。"[1] 八旗秀女年龄为十四至十六岁，十七岁以上为"逾岁"。但根据档案显示，参选秀女虽普遍为十几岁的女子，但不同时期"及岁"和"逾岁"年龄的界定仍有差别。

另一种为"内务府秀女"，也就是内务府上三旗——镶黄、正黄、正白旗的包衣佐领、管领旗下的女孩子，包衣是世代服役于皇帝、宗室王公之家的奴仆，这些女子大致在13岁左右要参加一年一度的内务

---

1 吴振棫：《养吉斋丛录》卷二十五，古籍出版社，1983年，第246页。

府选秀,她们进宫后大多成为宫女,供后妃、皇太后差使。这些女子并非一辈子深锁宫中,通常年至25岁后,则可以出宫婚嫁了。因此,宫廷之内不论后妃还是宫女,原则上都应来自秀女的选拔,而秀女都出自旗人,因此清代后宫实际是一个旗人社会。两种秀女之间并非存在着不可逾越的鸿沟,后妃中也有不少是内务府包衣出身,即入宫之初是宫女,她们在服侍后妃的过程与皇帝见面、发生交集,后来被皇帝宠幸,晋封为妃嫔,从而有机会转变自己的身份。也有一些"内务府秀女",中选后被拨去皇子、皇孙府邸充当使女,后被皇子、皇孙"青睐有加"而晋封为格格甚至是侧福晋,如果这位皇子恰好被秘密立为皇储并顺利即位,她们则成为名正言顺的妃嫔。乾隆帝的数位皇贵妃、贵妃就曾是他"潜邸"时期的侍女,出身于内务府包衣。

　　"选秀女制度"是清代后妃的最主要来源,但并非是女子进入清宫的唯一途径。顺治朝奉行"满蒙联姻"制度,他的两任皇后及宫中重要妃子直接来自于皇太后母家——漠南蒙古科尔沁部博尔济吉特氏。

图2 清末秀女照片

清初战争频繁，漠南蒙古是爱新觉罗家族强大的后援，皇室对其依赖很强，所以爱新觉罗家族和博尔济吉特氏家族间奉行联姻政策。蒙古族上层贵族的女儿，会嫁入清宫中为后为妃，同时清朝皇帝、宗室的女儿会远嫁蒙古贵族。

皇太极的皇后（孝端皇后、孝庄皇后）和顺治帝的两位皇后都出自于博尔济吉特氏家族。自康熙起，清代皇室进入了全盛时期，对于蒙古的依赖相对减弱。蒙古女孩子的相貌性格相对朴实，并不太符合清皇帝的审美，因此康熙后宫中蒙古的后妃人数和地位瞬间降低，雍正帝后宫中甚至没有蒙古及蒙军旗出身的妃嫔。至乾隆时期，因政治军事形势改变，情况又发生变化。乾隆帝的颖贵妃巴林氏祖上原为喀尔喀蒙古人，后入旗镶红旗蒙古，是清代少数出身于蒙古八旗的妃嫔。在乾隆二十二年至乾隆二十四年（1757—1759）期间入宫的豫妃博尔济吉特氏、恂嫔霍硕特氏、慎嫔拜尔噶斯氏均为厄鲁特蒙古人，容妃和卓氏为维吾尔族人，她们成为乾隆帝的妃嫔与乾隆帝平定准噶尔部及回部大小和卓叛乱后的民族联姻政策息息相关。此外，清宫中还有

图 3 清人画孝庄文皇后像

图 4 清人画慧妃常服像（康熙帝的蒙古妃子）

通过各种特殊渠道进入后宫的汉族"民人妃嫔"。

二、爱与恨：乾隆帝的三位皇后

（一）嫡后孝贤纯皇后

乾隆的嫡后孝贤皇后，是其一生最为钟爱的女人，二人琴瑟和鸣。孝贤皇后姓富察氏，为满洲镶黄旗。她的家族显赫，祖父米思翰在康熙朝曾任议政大臣、户部尚书、总管内务府大臣。父亲李荣保是米思翰的幼子，承袭爵位任察哈尔总管。富察氏的伯父马齐是历经康熙、雍正、乾隆三朝的重臣，更是雍正时期的四大总理事务大臣之一。除此之外，富察氏胞弟傅恒、外甥福康安，傅恒之侄的伊犁将军明瑞、明亮，都为清朝立下了汗马功劳。富察氏是雍正帝亲自为儿子择选的嫡福晋，皇四子弘历被雍正帝秘密立为储君，因此他的嫡福晋人选当是格外慎重。没有特殊情况，这位嫡福晋就会成为日后大清朝的皇后。

雍正五年（1727），富察氏与弘历成婚，雍正皇帝亲自为他们主持了婚礼。婚礼后，雍正皇帝命弘历从原来居住的"毓庆宫"搬到"乾西二所"。这对少年夫妻在乾西二所生活了8年，乾隆皇帝晚年曾作诗《重华宫新正》，记录了这段人生中非常重要的时光。在乾隆继位后，他就将乾西二所作为潜龙邸升级为"重华宫"。在每年新年，皇帝邀请他的近臣来到重华宫赐茶宴，举行联诗活动。

乾隆二年（1737）十二月富察氏被正式册立为皇后，帝后二人继续过着"愁喜惟予共，寒暄无刻忘"的宫中生活。台北故宫至今收藏有一件孝贤皇后为乾隆亲手制作的火镰荷包，堪称是他们的爱情信物。荷包是满人系在腰带上的物件，这与满人来自关外，"马上得天下"的关系密不可分。荷包中除了存放食物，还有满人行军在外须带的火种和打火石。皇后为什么要亲手制作这个荷包献给乾隆呢？原来，乾隆十二年（1747），皇帝木兰秋狝时告诉皇后，他当年读《清文鉴》时得知满人有用取鹿尾谪毛,以缝袖来代替金丝的旧俗,因为在关外金丝得之不易。之后,孝贤皇后亲手缝绣了一个朴实的火镰荷包进呈。皇后去世后,皇帝将此荷包放在金漆盒中,外配置木盒,盖正面刻有清高宗的满汉文诗与序,四侧则分别刻着大臣们的题赞,珍藏于乾清宫中。

宫中的美好时光总是短暂,美好的时光又随着皇后的嫡子接连夭折和皇后早逝而转眼成空。繁衍子嗣是后妃最为重要的职责,特别是诞育嫡子对于皇后的重要性更是不言而喻。然而,孩子既是富察皇后的幸福所在,又是她英年早逝最重要的原因。

在富察氏与弘历成婚的20余年之中,富察氏先后为弘历生育两子两女4个孩子。她的两位皇女,分别出生于雍正六年(1728)、雍正九年(1731)。在富察氏与弘历成婚的第二年,她为弘历生下了一位格格,可惜这个孩子不到两岁就夭折了。雍正九年,富察氏生下了皇三女,乾隆十二年(1734)被封为固伦和敬公主,指婚给科尔沁部博尔济吉特氏辅国公色布腾巴勒珠尔。为安抚蒙古上层,清代公主多远嫁蒙古,乾隆帝特别宠爱他与孝贤皇后的女儿,色布腾巴勒珠尔从小被乾隆帝选为未来的额驸而养育在宫中,同时还为宫中皇子们的伴读。乾隆不舍得女儿远嫁,破例准其婚后与额驸留驻京师。清朝公主的平均寿命只有20岁,固伦和敬公主于乾隆五十七年(1792)去世,享年62岁,是清朝最为长寿的公主之一,她也是孝贤皇后唯一一位活至成年的孩子。

雍正八年(1730)富察氏诞下嫡子,雍正帝亲自为其取名为"永琏"。永琏可谓是弘历最为钟爱的儿子,弘历曾描述他"朕之嫡子,聪明贵重,气宇不凡……"[1]。乾隆元年(1736),乾隆即位之初就将永琏秘定为皇太子,把立储密诏藏于正大光明匾后,此时弘历才26岁,可见永琏在乾隆心中的地位是其他任何皇子都不能比拟的。清代的立储制

---

[1]《清实录·高宗》卷三,乾隆三年十月。

度不同于前朝,并没有施行汉族封建王朝的嫡长子皇位继承制,即《春秋公羊传》《左传》中所言"立嫡以长不以贤,立子以贵不以长",但乾隆帝真心希望他的皇太子为元后嫡子。可惜在乾隆三年(1738),年仅九岁的永琏"偶患寒疾,遂致不起",不幸夭折。乾隆帝虽标榜"朕为天下主,岂肯因幼殇而伤怀抱",但因"永琏系朕嫡子已定建储之计与众子不同",仍不可掩饰他的"深为悲悼"。乾隆帝命大学士鄂尔泰、张廷玉将永琏立为皇储的谕旨,从正大光明匾内取出并晓谕天下臣民知之。乾隆帝按照皇太子的典仪为永琏举行丧礼,追谥其为"端慧皇太子"。[1]

乾隆十一年(1746)的四月初八,这一天也是佛诞日,孝贤皇后再育皇子,即皇七子永琮,当时孝贤皇后已经34岁了。《清实录》中曾经记载"是日起,上以常雩、祀天于圜丘,斋戒三日。"[2]永琮出生后,乾隆在御制诗《浴佛日复雨因题》中写道:"已看黍田沾沃若,更欣椒壁庆居然(自注:是日中宫有弄璋之喜)。"[3]弄璋之喜即生育男孩。那时乾隆皇帝正因干旱而无法顾及马上临盆的皇后,前往天坛斋戒为众生祈雨,而佛诞日这天不但天降甘霖,期盼太久的中宫嫡子也同时出生了,乾隆可谓大喜过望。只是宫中快乐太过于短暂,乾隆十二年十二月二十九日,本应阖家欢乐的除夕夜,未满两岁的永琮却殇于天花。永琮薨逝后,乾隆帝在谕旨中明确表示,永琮出自正嫡,早已被默定为储君可属承祧,嫡子再遭夭折,殊难为怀。但永琮毕竟不似永琏已被正式秘立为太子,将早殇的幼儿追封为储君于礼制不符,但皇七子丧仪要从优于众皇子,因其是他的爱妻贤后之子。永琮的去世可以说是压倒孝贤皇后的最后一棵稻草。

在永琮去世的几个月以后,乾隆十三年(1748)的正月,乾隆帝

---

[1]《清实录·高宗》卷三,乾隆三年十月。
[2]《清实录·高宗》卷二四六,乾隆十一年四月。
[3] 清高宗:《浴佛日复雨因题》,载《御制诗》初集卷三十一。

奉皇太后东巡，孝贤皇后侍奉在旁，乾隆帝本想趁这次出巡的机会让皇后散心以缓解丧子之痛，谁承想此行却成为二人的永诀。这次出巡之中他们来到了山东，看过了曲阜，登上了泰山，去了趵突泉。三月初八，他们弃陆路登船准备回京，三月十一日皇后在德州病倒，去世在回京的船上。因此山东也成为乾隆帝的伤心之处，此后的几次东巡都特地避开德州。

乾隆十三年，37岁的孝贤皇后富察氏薨逝。这一年也是乾隆帝一生中特殊的一个年份。《清实录》记载，乾隆帝继位之初就曾预感乾隆十三年的不顺遂。这一年金川之役陷入焦灼之中，他挚爱的妻子离他而去。乾隆十三年也是乾隆帝在政策上、文化上、经济上执政从宽容到严厉的一个转折点。乾隆在即位之初，不希望再遵从其父雍正帝的严苛，本愿以宽容之策来对待王公臣子，制造一个太平盛世，不想却事与愿违，乾隆帝的宽容、隐忍换来了自上而下的贪污腐败、欺上瞒下，悲愤交集的乾隆帝以皇后的丧仪为借口以重整吏治。于是，乾隆十三年，皇后病逝后在官场上掀起了一场风暴，皇长子永璜、皇三子永璋因皇后的丧仪上不够悲伤，被乾隆帝当众训斥，直接宣布他们断不可继承大统，两位皇子彻底失去了成为皇太子的机会，皇长子永璜不久后抑郁而终，年仅23岁。全国各级官员或因不重视丧礼，入京吊丧的人数较少，或因皇后丧期百天之内未剃发而受到了各种处罚，有的人受贬黜，甚至被赐死。

孝贤皇后去世后，乾隆皇帝为爱妻写了很多诗，可以说是情意深刻，句句含情，字字珠泪。在皇后去世的第三天，乾隆皇帝就连作了三首悼亡诗。皇后梓宫运到紫禁城，乾隆皇帝更是作了一首《述悲赋》的长诗。在诗中，这样一个坐拥六宫的皇帝竟然说，皇后走了，人生如梦，万事皆空，皇后走了之后的日子谁来陪伴朕。直至晚年，乾隆帝仍不能忘却他的结发妻子，年过七旬的乾隆帝在新年之际喜得玄孙，

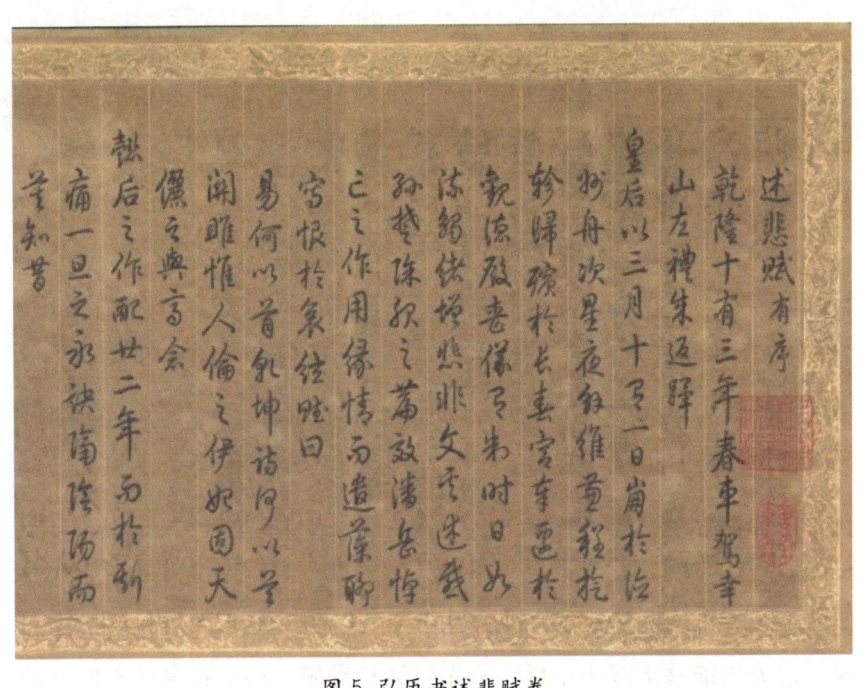

图 5 弘历书述悲赋卷

他作诗《元旦试笔》,"昔日谩教思老伴,开年且喜得元孙"[1],告诉皇后老伴,我们已经有玄孙了。乾隆八旬万寿,他又写诗说:皇后你走了,就剩我这么一个人,你走了这么多年,发生了很多事情,我都无法一一告诉你,但值得欣慰的是还有20年的时间我就可以和你相聚了。85岁的乾隆帝已是太上皇,他又去祭拜皇后,写诗说皇后一个人走了,我活得再长又有什么意思。嘉庆元年(1796),乾隆帝带新君来看皇后,这也是乾隆最后一次看望孝贤皇后了,之后乾隆在御制诗里面写到:"暮春中浣忆,四十八年分。偕老愿虚,不堪追忆!"[2] 这个时候乾隆和皇后已经分别48年了,他知道,他和皇后相聚的日子已经不远了。

---

1 清高宗:《元旦试笔》,载《御制诗》五集卷一。
2 清高宗:《驻跸桃花寺叠丙申诗韵》,载《御制诗》余集卷三。

（二）继后那拉氏皇后

如果说孝贤皇后是乾隆心中一生难忘的白月光，那么他的第二任皇后那拉氏就是乾隆帝心中的云，开始的时候云淡风轻，而后彩云追月，最后就变成了乌云密布。

乾隆与那拉氏皇后的结局太过于决绝：死生，不复相见。

那拉氏为护军参领讷尔布之女，祖上王机砮为镶蓝旗辉发那拉氏，"初率兄弟及同里人等来，归编佐领使统之"[1]，因此那拉氏的母家原应为镶蓝旗辉发那拉氏而非正黄旗乌拉那拉氏。雍正十二年（1734），那拉氏直接被雍正帝指婚与宝亲王弘历为侧福晋。[2] 乾隆二年，那拉氏被封为娴妃，位居皇后和高贵妃之后。乾隆十年（1745），高贵妃病逝，那拉氏晋封娴贵妃。乾隆十三年孝贤皇后去世，妃嫔中位份最高的娴贵妃被乾隆帝晋位皇贵妃，即将成为下一任皇后，清朝规定皇后去世后，继任之人不能马上成为皇后，要先封为皇贵妃，待大行皇后丧期满后再正式册封为皇后。乾隆十四年，乾隆帝还特地册封那拉氏为摄六宫事皇贵妃，这个称号与殊荣是前所未有的，乾隆十五年那拉氏正式扶正为中宫皇后。

此后，那拉氏皇后随乾隆皇帝去木兰秋狝，南下江浙，北上盛京祭祖，连续为皇帝诞育了二子一女。乾隆十七年诞育了皇十二子永璂，乾隆十八年（1753）生皇五女，乾隆二十年（1755）生皇十三子永璟。那拉氏皇后在生永璂的时候正好赶上河道总督高斌，也就是慧贤皇贵妃高氏的父亲上折奏事，汇报当时全国雨水充沛，天气晴好，五谷丰收，乾隆帝在朱批中回复，中宫皇后又生育了皇子，一切都顺适吉祥。但这种云淡风轻的日子却在乾隆三十年（1765）急转直下，这年，皇后

---

[1]《八旗满洲氏族通谱》卷二十四，辉发地方纳喇氏。
[2]《为镶蓝旗原任佐领讷尔布之女指与宝亲王为侧福晋等咨查宝亲王等嫡福晋侧福晋位数并于何处备造仪仗事致内务府》，雍正十二年七月初五，中国第一历史档案馆藏，档案号：05-13-001-000007-0043。

陪乾隆、皇太后第四次南巡，本一切安好，乾隆皇帝还为皇后庆祝了48岁的生日，闰二月十八号驻跸杭州，帝后在西湖边"蕉石鸣琴"用过早膳后，皇后突然自行断发意欲出家。断发在满族旧俗中，只有主人和长辈去世以后才会断发，以示哀事。因此，皇后断发有诅咒皇帝、诅咒皇太后的含义。乾隆皇帝愤怒至极，令额驸福隆安护送皇后提前回京，送回宫中。

关于导致皇后断发意欲出家的直接原因，乾隆帝称"皇后疯了"。皇后为何会有此种完全失常的举措，学界及民间有说法是乾隆帝要在江南纳汉女为妃，皇后愤而劝阻；乾隆帝欲立令贵妃为皇贵妃取而代之；宫中专宠者设计诬陷皇后偷盗宫中东珠等语。直接原因众说纷纭，间接原因则是皇后长期积累的抑郁不得排解从而导致她心理的瞬间崩溃。首先，是无法超越的前任。孝贤皇后病逝后乾隆帝一生都在为她写诗以表思念，这些诗是他与孝贤皇后爱情的证明，但是对继任者来说又是另外一番滋味了。乾隆帝在封那拉氏为摄六宫事皇贵妃的时候作诗"六宫此日添新庆，翻惹无端忆惘然"[1]；孝贤皇后的忌日，乾隆帝又说，"岂必新琴终不及，究输故剑久相投"[2]；乾隆帝带着那拉氏皇后出巡真定（今河北正定）写诗说"劝餐非昔侣，举案是新人"[3]。乾隆帝不停地在那拉氏皇后身边表露出她对于第一任妻子的思念，可想而知那拉氏皇后心中的滋味。

除了对旧人的不断思念，还有盛宠不断的新人，以令贵妃为代表的更加年轻的女子，源源不断充实后宫。乾隆二十二年（1757）三月那拉氏皇后的母亲郎佳氏去世，七月幼子永璟夭折，半年内两位至亲的过世，突来变故又令皇后备受打击。更重要的是，即使已为乾隆帝生下两位阿哥，但同为嫡子的永璂、永璟却没有得到永琏、永琮的待遇，

---

[1] 清高宗：《惘然》，载《御制诗》二集卷九。

[2] 清高宗：《三月十一日作》，载《御制诗》二集卷二十五。

[3] 清高宗：《真定行宫晚坐叠旧韵》，载《御制诗》二集卷二十。

未有被乾隆帝立为储君的迹象，而更年幼的皇子则不断出生。

皇后在断发之后，被额驸福隆安提前送回了北京紫禁城。在一份《十五阿哥请安折》中，有一段很长的朱批，详细说明了皇后被送回北京时候的具体境遇。皇帝朱批说，"谕王成：皇后此事甚属乖张，如此看来，他平日恨朕必久"，也就是说皇帝和皇后之间的积怨已经很深了，冰冻三尺并非一日之寒。乾隆帝又说"宫中圆明园住处，净房，你同毛团，仔细细看，不必让别人知道。若有邪道踪迹，等朕回宫再奏，密之又密"。皇帝甚至认为皇后断发事件可能是受到了巫蛊之惑。再传旨与潘凤等，说皇后疯了，送到宫，在翊坤宫后殿养病，即皇后之前所居之处是翊坤宫，"不许见一人。阿哥公主请安只许向潘凤等打听。此旨俟到宫前一日再传，不可预先传出"。皇后回到宫中，此时乾隆皇帝虽然没有废后，但收回了那拉氏皇后从皇后、皇贵妃册、贵妃到娴妃的四份册宝，等于将他们二人的结婚证书收了回来，而且只让两名宫女伺候，这是宫中妃嫔等级最低答应的照料配置。一年之后，乾隆三十一年（1766）七月，那拉氏皇后去世。

在第二任皇后去世的时候，乾隆帝同样也失去了理智，只不过这一次乾隆心中充满了怨恨。皇后去世时，乾隆帝正在承德木兰秋狝，对于皇后的死他表现得异常冷淡，说皇后性忽改常，在皇太后前面不守孝道，不废除她已经格外优容，她的葬礼断不可跟孝贤皇后同等级。最后，那拉氏皇后的葬礼只按照皇贵妃的等级匆匆下葬，实际上她葬礼的级别还远不如皇贵妃。棺椁直接被挤在纯贵妃的陵寝的侧位，她没有任何谥号，没有神牌，没有任何祭奠。在潦草办完那拉氏皇后的葬礼后，乾隆帝竟然把皇后的画像或毁掉，或裁掉，即使她出现在人群之中，她的脸也要被抹掉，让那拉氏皇后的影子从他的生活中彻底消失，真正的做到死生不复相见。

《心写治平图》中描述了乾隆皇帝和他的12位重要后妃，现收藏于美国的克利夫兰美术馆。前十幅是乾隆帝、孝贤皇后、高贵妃、纯妃、嘉妃、令妃、舒妃、庆嫔、颖嫔、忻嫔，为乾隆二十六年到乾隆三十年（1761—1765）以西法绘制。后几幅，惇妃、顺妃和循嫔绘制于乾隆的四十一年到四十二年之间（1776—1777），以中国传统绘法绘制而成。根据这幅画的绘制年份，本该有那拉氏皇后的画像，且应在孝贤皇后和高贵妃之间。但是乾隆帝命人把皇后的画像整体裁掉，再重新装裱这幅长手卷，所以现存的《心写治平图》中已不见那拉氏皇后的御容。

另有一幅《塞宴四事图》，描绘了乾隆二十五年（1760）木兰秋狝中的九月初九重阳日，蒙古扎萨克盟长在鄂尔衮沟，向皇帝表演赛马、蒙古乐曲、摔跤、驯马的场景。这幅画纵三米、横五米，它原为避暑山庄"云山胜地"处贴落，现藏于故宫博物院。由金廷标、姚文瀚和方琮等宫廷画师绘制于乾隆二十六年十二月。画中有一组后妃画像，其中一名居于主位，但有很明显的涂抹痕迹，她脸庞消瘦，但身材臃肿，似是令妃的面容。但根据档案记载，乾隆二十五年十月初六，令贵妃分娩阿哥一位，这位阿哥就是乾隆皇十五子，日后的嘉庆皇帝。

图6《塞宴四事图》（局部）

画中九月九日，此时的令妃怀有身孕并即将临盆生育，因此她不可能长途跋涉、舟车劳顿来到塞外。且嘉庆皇帝的出生地也非常明确，乾隆二十五年十月初六生于圆明园之天地一家春。因此，令妃是在圆明园中生下的孩子的同时不可能前往塞外陪驾秋狝。这个居于主位的人原应是那拉氏皇后，应是乾隆命人将皇后的脸抹去，换作了当时正在身怀龙裔的令妃。

（三）皇帝生母孝仪纯皇后魏氏

乾隆帝的第三位皇后为孝仪皇后魏氏。乾隆帝称赞她"敬慎柔嘉，温恭端淑"[1]，他也是乾隆帝的继任者嘉庆帝的生母。魏氏虽然出身自内务府包衣，但在后宫中稳扎稳打，一路平步青云成为了乾隆后宫最后的"胜利者"。

孝仪皇后本姓魏，嘉庆二十三年（1818）嘉庆皇帝把生母母家姓氏改成了魏佳氏。魏氏比乾隆小16岁，正黄旗包衣内管领魏清泰之女，其先人曾任内务府总管，因此魏氏的母家此前为内务府下官吏。魏氏最初以包衣三旗秀女的身份入宫成为宫女。乾隆十年，乾隆帝为病笃的贵妃高氏冲喜封高氏皇贵妃，同时受封的还有其他妃嫔，魏氏就在此时由"魏贵人着晋封为嫔"。因此，魏氏至少在乾隆十年前就已是贵人身份。魏氏的封号"令"字出自《诗经·大雅》中的"如圭如璋，令闻令望"，含美好之意。乾隆十四年（1749），乾隆帝封那拉氏为摄六宫事皇贵妃时，魏氏从令嫔升为令妃。乾隆二十四年（1759），为庆祝第二年乾隆五旬生日，晋封为令贵妃。乾隆三十年，那拉氏皇后断发，令贵妃取代皇后之位被封为皇贵妃。乾隆四十年（1775）正月二十九日49岁的令皇贵妃因病去世，二月十一日册谥令懿皇贵妃，将皇贵妃之外戚人等由内务府拨出编至镶黄旗满洲。乾隆六十年（1795），

1《清高宗起居注》卷二十四，乾隆三十年五月。

乾隆帝为守当年诺言将禅位于新帝，九月初三日，"御门理事召皇子皇孙、王公大臣等，将癸巳年所定密缄嗣位皇子之名，公同阅看，立皇十五子嘉亲王颙琰为皇太子。"[1] 皇太子即移宫毓庆宫，以明年为嘉庆元年，皇太子生母令懿皇贵妃追赠为孝仪皇后，其神牌升祔奉先殿，列孝贤皇后之次。孝仪皇后与孝贤皇后一同入葬乾隆帝的裕陵，乾隆帝在晚年祭奠孝贤皇后的时曾写诗"旧日玉成侣，依然身傍陪"，"令懿皇贵妃为皇后矸教养者，今并附地宫"[2] 说

图 7 清人画令懿皇贵妃朝服像轴

明两位皇后的关系也许很不一般。在清宫中品级较低的女子，或者未经过正式选秀的女子在晋封前要跟随皇后或者品级较高的妃嫔先学习规矩。根据《清乾隆添减底账》中"皇后位下学规矩的女子封为伊贵人，纯贵妃位下学规矩女子封为郭常在"等记载，魏氏在封为贵人前极有可能是在孝贤皇后位下学习宫中的规矩、礼仪的。魏氏在后宫中一路坦途，除了有皇帝的宠爱外，还在于她为皇室开枝散叶，魏氏至少在乾隆十年以前就已成为贵人，却一直未曾生育，但也没有影响晋升之路。魏氏第一次诞下孩子是在二十一年，在之后十年的生育期中先后为乾隆生下四子二女。她是为乾隆皇帝生儿育女最多的一位后妃，也是清朝生育子女最多的后妃之一。魏氏终其一生在生前只停留在皇贵妃的位份上。令皇贵妃未能在生前扶正中宫，除了其出身内务府包衣，

---

1 《清实录·高宗》卷一四八六，乾隆六十年九月。
2 清高宗：《孝贤皇后陵酹酒》，载《御制诗》四集卷三十五。

乾隆与前两任皇后经历的爱恨情仇,还与乾隆帝秘密选择皇储有关。

乾隆三十年在皇后断发事件后,健在且比较有竞争力的成年皇子有:淑嘉皇贵妃所出皇四子永珹、皇八子永璇、皇十一子永瑆,纯惠皇贵妃所出皇六子永瑢,那拉氏皇后所出皇十二子永璂,令皇贵妃所出皇十五子永琰、皇十七子永璘。此时永瑢和永珹已于乾隆二十四年、二十八年出继慎郡王允禧、履亲王允祹为嗣,永璂因其生母之故不可能成为国储之选,因此乾隆帝会在永璇、永瑆、永琰、永璘四位皇子中择其一。乾隆三十八年(1773),十三岁的永琰被秘密册立为皇储。因此皇帝之所以没有册封皇后,也有不想过早暴露皇储人选的考量。

虽然令贵妃止步于皇贵妃,最终没有被扶正中宫,但是她陪伴着乾隆皇帝从壮年走向了老年,纵使后宫起伏风云变幻,她都能独善其身,或许也和她的性格有关,其中的悲喜,也如人饮水,冷暖自知。乾隆六十年,乾隆皇帝信守了当年的诺言,在位时间不超过在位六十一年的康熙皇帝,于是他就退位了,将令贵妃的儿子永琰册封为皇太子,追封令懿皇贵妃为皇后,拟她的谥号为孝仪皇后,直到儿子继位这位包衣出身的女子终于成了大清朝的皇后。

三、新又旧:乾隆帝的皇贵妃

有观点认为那拉氏皇后断发是因乾隆帝要继续晋封令贵妃为皇贵妃引起。虽然清代后宫制度中规定后宫中除皇后外要有一位皇贵妃,但是事实上因为皇贵妃的地位很特殊,位同副后。通常除去因薨逝前后晋封皇贵妃,皇后在位中宫时皇贵妃的位分一般是空置的。因此,皇后断发并非因令贵妃晋封皇贵妃。

首先,令贵妃晋封皇贵妃是在皇后突然断发的数月后,此时皇后已被幽禁后宫无主。再次,除非皇后在位时已与皇帝水火不容,皇帝才会册封皇贵妃(如顺治帝册封董鄂氏为皇贵妃,但此时清代后宫制度尚未健全），否则不会轻易如此行事。在南巡之中，皇帝为那拉氏皇后庆祝了她48岁的生日，断发当天还赏赐很多膳食，因此乾隆当时并没有废后的心思。且在乾隆三十年，乾隆皇帝已55岁，与那拉氏皇后也已经是半辈子的夫妻，他即使再宠爱其他妃嫔，也不会轻易乱了纲常，因此那拉氏为令妃一气之下断发是不合常理的。

皇贵妃在清宫中的确是一个特殊的位分。册立皇贵妃通常有三种情况：

第一种是皇后去世后，皇帝要先册立皇贵妃，待皇后丧期满再将皇贵妃扶任为继任的皇后。康熙的孝懿仁皇后、乾隆的那拉氏皇后、孝仪皇后、嘉庆的孝和睿皇后、道光的孝全皇后，她们都是先册封为皇贵妃，再被扶正为中宫。

第二种在皇帝的宠妃去世前后，皇帝会晋封或追封她们为皇贵妃，以示抚慰或者是以示追思。

第三种还有嗣位皇帝尊封或追封皇贵妃。这些皇贵妃的身份就比较特殊，或是皇帝的养母，或是地位特殊皇子的生母。

乾隆皇帝亦有数位皇贵妃。哲悯皇贵妃，姓富察氏，她虽与孝贤皇后同姓但并非同族，其家族原属于正黄旗包衣，族人大多为包衣中下级职官。富察氏原为潜邸的格格，是乾隆帝皇长子永璜和皇二女的生母，但富察氏在弘历即位前的两个月就不幸病逝了，追封为哲妃，乾隆十年因哲妃诞育了皇长子之功，追封为皇贵妃。但哲妃的皇长子运气不济，前文提到乾隆十三年，永璜因在孝贤皇后丧礼上表现的不够严肃而悲伤，被皇帝当众训斥，从此失去了继承皇位的机会，不久抑郁而终。

乾隆的皇贵妃中，最受乾隆帝宠爱的是慧贤皇贵妃高氏。高氏一族是内务府包衣出身，高氏在弘历为皇子时入侍潜邸，最初为弘历使女，后晋封为侧福晋。高氏之父高斌在雍正朝曾担任内务府主事、出任苏州织造历任广东、浙江、江苏、河南布政使。雍正十一年高斌署

图 8 清人画慧贤皇贵妃朝服像

图 9 永瑢平安如意图

理江南河道总督一职。雍正和乾隆年间水患严重，高斌治理河道立下了汗马功劳。因乾隆帝重用高斌，高氏又陪伴弘历多年，因此她在后宫中也享受到非常高的殊荣。乾隆帝继位后，被封高氏为贵妃，仅次于孝贤皇后。乾隆十年，高贵妃病重，在其弥留时晋封为皇贵妃，但乾隆帝的册封最终也并没能挽救高氏的性命。正月二十五日，在期盼新年五谷丰登的填仓日这一天，高氏去世。高氏后被追封为慧贤皇贵妃，与孝贤皇后、孝仪皇后一起入葬裕陵陪伴乾隆帝。

纯惠皇贵妃苏氏。苏氏起初也是潜邸中随侍的格格，苏氏既非出身于满洲八旗又非如高贵妃出自内务府包衣，苏氏的母家为汉人民籍，目前尚不知苏氏是何时因何机缘来到弘历的身边。乾隆帝即位后苏氏先后被封为纯妃、纯贵妃，并生育二子一女。其中六皇子永瑢，在诗画方面出众，故宫博物院收藏的一幅《平安如意图》，就是皇六子永瑢进献给皇太后的一件生日礼物,画中永瑢题诗:"恰合岁朝成古语,永绵亿载奉慈娱",其中"永、绵、亿、载"这四个字,分别是皇子永字辈,皇孙绵字辈,曾孙奕字辈,玄孙载字辈的排序,可见其用心。乾隆二十五年三月"奉皇太后懿旨:纯贵妃久膺册礼克勤内治,敬恭淑慎,毓瑞椒涂,今皇子及公主俱已吉礼庆成[1],应晋册为皇贵妃"[2]。四月纯皇贵妃病逝,谥号"纯惠皇贵妃"。

淑嘉皇贵妃金氏。上驷院卿三保之女,也为弘历的"潜邸旧人"。金氏祖上为朝鲜人,原为正黄旗包衣旗籍,后顺附满洲。至康熙朝后金氏一族已跻身高位,其祖上曾为康熙帝的保姆,与皇帝"自幼共嬉游",甚至有皇帝"乳弟"之称。其族中亲属在康、雍、乾三朝,曾任总管内务府大臣、领侍卫内大臣、散秩大臣等职。金氏之兄金简在乾隆朝已任吏部尚书之职。金氏因出身于内务府包衣,因而最初以为宝亲王弘历使女身份服侍弘历,后成为他的侍妾。乾隆二年,金氏被封为嘉嫔,后来又被封为嘉妃、嘉贵妃,于乾隆二十年病逝,谥号"淑嘉皇贵妃"。金氏为乾隆生下四位皇子,其中皇十一子永瑆,是清朝颇为有名的书法家。

图 10 清人画弘历妃及颙琰孩提时像

---

1 作者按:乾隆二十五年三月,纯贵妃之子永瑢娶孝贤纯皇后侄女参将富谦之女为嫡福晋,之女和硕和嘉公主嫁与孝贤皇后亲弟傅恒次子福隆安。

2《清实录·高宗》卷六〇九,乾隆二十五年三月。

庆恭皇贵妃陆氏，陆士隆之女，原为民籍出身且在乾隆帝登基后入宫。陆氏初封为常在，后晋为陆贵人，乾隆十六年被封为庆嫔。陆氏并无生育子女且并未受到乾隆帝的特别宠爱，之所以能晋封为皇贵妃，因其有一个重要的身份——嘉庆皇帝的养母。嘉庆四年（1799），乾隆帝去世的第二天，嘉庆帝就追封他的养母为庆恭皇贵妃。

结语

后宫制度是中国封建社会中皇权衍生出的产物。在这里，亦承载了无数的情感交织。近来，随着宫廷剧的热播，清宫后妃的故事成为街头巷尾的谈闻。我们常常会问皇帝有真的爱情吗？当权力支配一切的时候，还有真爱存在吗？

爱情与权力是一个悖论。作为一个皇帝，尤其像弘历这样一位号称自己要做千古明君的皇帝，所做的一切都要首先为政治服务。主宰一切的皇帝，很难存在纯粹的爱，当权力可以赋予一切时，众多的心理负担也让爱变得理性，服从于权力。当然这也并不能说皇帝不存在真爱，乾隆帝与孝贤皇后富察氏的"故事"让人感怀，但富察氏首先是三朝重臣马齐的侄女，雍正帝亲自指婚的嫡福晋，这是弘历与富察氏可以"琴瑟和鸣"的前提。而乾隆帝与继后的水火不融又让人唏嘘不已，这背后又藏有多少尚未发现的深宫中的权力之争。深入乾隆皇帝后宫，我们洞悉了其中的权力、情感与那些饱经风霜的人物。宫廷之中的爱与恨的交织，新与旧更替，这一切无疑都是围绕着权力或者说是皇权进行着的。

清代"宫壶肃清"，向来难窥奥秘。史书中对后妃的记载知之甚少，而皇帝又会根据自身的政治需要，加以修改，存疑处颇多。除官修史料外，学者们更会查找原始档案中那些无意间留存下来的生平细节还原她们的过往。这些女子虽从不是宫廷之中的要角，但对她们的研究无疑是建构了一部动态的女性史，她们共同构成了王朝政治的复杂图景。通过走进乾隆皇帝的后宫，我们或许对权力与爱情有了别样的感触。

徐瑾 故宫博物院展览部研究馆员

艺术撷珍

丹墨流韵

——乾隆朝官造漆器

张 丽

髹漆工艺的制造历史十分悠久，乾隆朝是我国古代髹漆工艺最后繁荣和辉煌的朝代。

漆器就是以漆作装饰的各种与实用相结合、并具有欣赏价值的物品。这里所说的漆指的是天然漆，也叫大漆、生漆或土漆。这种漆是从漆树上割取获得的一种白色的黏性乳液，是天然的树脂。漆天然具有防腐防锈、耐酸耐碱耐高温等优良特性。漆树属于落叶乔木，叶子是奇数羽状，复叶互生的。漆树在我国分布很广，除了黑龙江、吉林、内蒙古和新疆外，其他地方几乎都有生长或者栽培，其中生长漆树的主要省份是陕西、湖北、四川、贵州、云南和甘肃等。

漆树一般情况下是在生长5年以后，有的树种要到10年以后，才可以开始割漆。树干上有三角形状的痕迹就是割漆的痕迹。每割一处，都会在底下插放一个塑料的薄片，以盛接流下来的漆液，最后再逐个收集。漆树出漆量很少，因此漆十分珍贵，一般情况下，一棵树一年出半斤到一斤的量，有句俗话叫"百里千刀一斤漆"。

漆树自古就是我国非常重要的经济树种，历朝历代大部分都由王室皇家管控，民间如果种植栽培，必须向官府纳税。春秋战国时期，著名的思想家和哲学家庄子，就曾经做过"漆园吏"，也就是管理漆园的官吏。

漆很贵重，在古代，使用漆是奢侈的事情，有个例子就很说明问题。秦二世昏庸挥霍，有一天他突发奇想，就说想把咸阳的城墙都给涂上油漆，目的是"漆城御敌"。众臣只做赔笑不敢反驳，宫里有个歌舞伎叫优旃，他听说了以后就马上进宫找到秦二世说：大王，我听说您要油漆咱们的城墙，这个主意好呀，您还没说的时候其实我就想到了，把咱们的城墙给漆得光光的，强盗来了都爬不上来，虽然破费点，让老百姓多交点税多受点苦，但咱们都安全了。可也有难处，城墙涂漆后不能暴晒呀，需要阴干才行，那得造多大的阴室才能把城墙罩起来呀。秦二世根本就不懂这些，一听说还要造阴室罩上城墙进行阴干也就作罢了。

漆器是我们中国人的发明，也是中国对世界文明的重要贡献之一。考古证明，漆器已有八千年的悠久历史。据此推断，在早期物质文明发展进程中，在漆器与石器、陶器并行了数千年后，中国才进入青铜时代。2001年浙江萧山跨湖桥第三层遗址中发掘出土了一件漆弓，它表面是黑漆色，我们所看到的颜色是它被环境浸蚀后变化了的颜色。通过碳十四对漆进行检测，年代有八千年。这件是1978年浙江余姚河姆渡发掘出土的朱漆碗，表面上的漆是红色的，这说明我们长江流域的先人，在七千年前不仅会使用大漆，还能调制出朱红的颜色，并用有色彩的漆来装饰生活用具。

漆器制造在长期发展过程中工艺不断革新，技术日益精进，形成了丰富且独特的漆器文化。有相当一部分漆器，在发展过程中，其功能逐步从实用功能转向了陈设与欣赏，艺术化成为髹漆工艺发展的新方向。这种转变大体从隋、唐开始，在历经元、明之后，到清代的乾隆朝迎来了前所未有的发展。乾隆皇帝在煌煌帝业纷繁的政务之外，从容享受人生，将自己的情趣与爱好贯彻到宫廷艺术品的制作与发展之中，成就了古代中国工艺品制造发展的最后辉煌。在林林总总的工艺门类中，漆器可以说是重要的类别之一。这个时期的漆器制造，在工艺品种、造型、装饰等方面都集历史之大成。

一、乾隆朝官造漆器的基本状况

先说一下基本状况。在历史上，官办作坊一向是工艺品发展的温床，这个毋庸置疑，这是由皇家拥有的无可匹敌的财力、物力和人力决定的。如汉代的东西织室、唐代的少府监、宋代的文思院、明代的御用监、最后到清代的造办处，都没有例外。清代官造漆器的制作，在历经康熙、雍正朝的发展之后，到乾隆朝迎来了前所未有的发展。

（一）乾隆朝官造漆器的制造地点

清代乾隆朝官造漆器的制造地点一共有三处，首先说清宫里的造办处。清宫造办处是专做御用器物的皇家工厂，里面设立诸多不同工艺或器用的作坊，各作坊各司其职，在皇帝的亲命下，不停地生产制造。在众多作坊中有一个作坊叫油木作，它就是生产和制作漆器的地方。

第二处在圆明园。日本有一种髹漆工艺叫莳绘，档案上称之为洋漆，我们现在称之为描金漆，更具体的就是叫黑漆描金。这种工艺的作品备受雍正皇帝的喜爱，为了仿做洋漆活计，雍正帝在雍正七年（1729）的时候下令在圆明园修造地窨，也就是又开设了一个漆器作坊。圆明园的生产制作不仅在雍正朝，且一直延续到乾隆朝。圆明园的这个漆器作坊的建成，标志着描金漆工艺的制作进入了黄金时期，不仅制作量大，而且制作得非常精美。仿洋漆在清宫漆器中是重要的品种之一。

第三处是在苏州织造设立的漆器作坊。清代在江宁、苏州和杭州三处设立了专办宫廷御用和官用的各类纺织品的织造局，叫江南三织造。名曰织造，其实还包括很多内容，如玉雕、牙角雕、砚雕、漆器制造等。当然，三织造的职能不仅是给皇家制作和进贡各种物品，同时还兼有皇帝的亲信和耳目的作用。

（二）工匠的来源和管理办法

无论是造办处的工匠，还是三织造的工匠，他们的来源是哪里呢？对工匠的管理方法又是怎样的呢？我们先讲造办处工匠的来源和管理方法。造办处工匠的主要来源是定期从包衣里选拔而来的。包衣是指清代满洲贵族中豢养的仆人或朝廷封赐隶属于满洲贵族宗室管理的属民。隶属于清廷内务府的包衣，是专门为皇家服务的人群。内务府会定期从这些包衣里选拔人才，然后进行培训，这样就能使工匠有着不断的来源，能够人才接续，不会断档。

造办处工匠的另一个主要来源是南方的南匠。南匠是在宫廷里约定俗成的称呼，就是来自南方的工匠。由于自然条件与历史等因素，苏州、扬州历来就是我国生产漆器的主要地方，那里工匠云集，能工巧匠辈出。漆作所用的南匠，主要是由钞官或者织造官员按照宫里的指示选拔推荐而来的。由于南方温暖，北方寒冷，乾隆皇帝对这些南匠还是比较关怀的，起初除了给工钱以外，额外还发衣服银，这也体现了帝王的人文关怀。但是过了一段时间，乾隆皇帝又觉得不舒服，然后命人去查那些南匠一个月到底能够拿到多少钱，最后他说，这些南匠不过就是匠人，所食的钱粮比我的官员俸禄还多，后来又做了裁减。对于这些南匠，如果手艺平常，创造不出让皇帝满意的作品，就退回去；还有生病的、年老的，也都一律退回原籍，从哪儿来的回哪儿去，决不养在宫里。

从包衣里选拔来的工匠和南匠都是有固定俸禄的，此外还要临时外雇，外雇的人员不算定额，只是给临时工钱。这些外雇人员都是根据宫中造作的需要临时加雇的，档案中对这些情况有一定的记录。我们能够感觉到，当时宫廷漆器制作盛况空前，由于制造量很大，工匠不够使用，就去外面招雇，由此还反映出当时在民间也有很多漆器作坊和制作漆器的高手，这样宫廷才有工匠可雇。

三织造的工匠来源，主要是招募的各色局匠，就是去各地招募，并进行考试。所谓的考试，就是先让考匠制造一件体量比较小的东西，之后由专人进行鉴定评审。招募上来的这些人就属于官局编制内供应口粮的额定设置的人匠，故一般称为食粮官匠。这类工匠应差后，如不被革职，不仅终身从业，而且子孙世袭。织造局还招收工匠的子侄为幼匠学艺，然后升正匠，即所谓的长成工，也就成为正式工匠。

无论给造办处下令，还是给三织造下令，毋庸置疑都出自皇帝本人。此外，还有个别的一两个人，也有这样的权力。在雍正朝是怡亲王，在乾隆朝是海望。

苏州和京城虽分处两地，相隔千里之遥，但完全听命于宫廷，按照宫里的旨意进行各种生产制作。醉心艺术的乾隆帝在器物制作中，常常亲自审查制作样稿，提出有关造型、花纹、尺寸大小、花纹疏密、精细程度等十分具体而明确的要求，以自身的修养和品位影响着包括漆器在内的皇家艺术品的创作。乾隆帝对于自己认定的"好"与"不好"的作品，赏罚分明，绝不姑息，从而促使工匠艺人殚精竭虑地发挥自己的才智和潜能，努力创造惊世之作，以博取帝王的青睐和奖赏。诸多因素共同作用，打造出了一个卓越的漆器时代，谱写了古代漆器工艺最后的华彩乐章。

（三）漆器制造所用的材料

首先是漆，必须是大漆，天然漆，和我们现在普遍使用的化学漆是完全不同的。除了大漆之外还需要很多的材料。首先就是胎体。我们根据档案记载进行了汇总，有楠木、杉木、椴木、柏木、松木、广榔木、锡、铜、紫砂、旧漆器胎骨，其中以楠木和杉木为主，因为这两种木材收缩率比较小，不易变形，最为适宜制作漆器。在漆器的制作加工过程中还需要很多的物料，如生桐油、严生漆、退光漆、银硃、笼罩漆、漆灰、麻布等，这些物料看上去平常普通，但缺一不可，如同大厦中的砖瓦一样重要。至于如何使用这些物料，那都是经过长期摸索和实践经验总结得出来的，也是一代一代传承下来的。通过这些名目繁多的物料就能够反映出漆器制作的复杂性，同时也折射出工匠艺人的智慧。

二、工艺品种

漆器的工艺品种。《髹饰录》是我国现存唯一的一部古代漆工专著，是明代隆庆年间（1567—1572）安徽新安平沙黄大成所著，后来到天启年间，嘉兴西塘的杨明又逐条作了注释，使《髹饰录》更加的清晰。这本书一共分两部分，《乾集》和《坤集》，内容不同，都是文言文，读起来晦涩难懂。王世襄先生用了十几年的时间，把《髹饰录》逐条逐句进行了解说，他的这本书叫《髹饰录解说》，对漆器感兴趣和进行研究的人，首先就要反复研读这本书。还有一本书叫《髹饰录图说》，是近几年刚出版的，是东南大学张燕教授撰写的，值得一读。再有就是台北故宫的专家索予明先生对《髹饰录》的解说，叫《蒹葭堂本髹饰录解说》。《髹饰录》有不同的版本，大同小异，如果对漆器研究感兴趣，应该读一读这几本书，会对大家有所帮助的。

漆器的定名，主要是依据《髹饰录》的定名而来的。通过档案和实物，我们总结出，乾隆时期造办处所做漆器的工艺品种，主要是描金漆、描彩漆、描金彩漆、描油、戗金彩漆、填漆、镶嵌、金漆，此外还有罩漆、波罗漆等。苏州所造漆器品种主要有雕漆、脱胎漆、描彩漆、描金漆和填漆。这两处所造的品种是不完全一样的，这和自然环境、工匠的技艺都有直接的关系。这两地都有的制造品种是描彩漆、描金漆和填漆。苏州独有的品种是雕漆和脱胎漆器。

下面我们就具体解说主要的漆器品种。

1. 雕漆

雕漆的做法是，先以木做器物的胎骨，然后在胎骨上层层涂漆积累，使漆达到一定的厚度，然后在漆呈软干的状态下进行雕刻。雕漆是髹漆、绘画、雕刻相结合的工艺品种，漆赖画而显，画赖漆而存，是雕漆工艺突出的特点。雕漆使漆工艺由平面艺术发展为浮雕艺术，产生出立体的装饰效果，是漆工艺的一次重大革新。根据漆色的不同，雕漆又分为红雕漆、黑雕漆、黄雕漆、绿雕漆、白雕漆和雕彩漆，我们也可以对应地称之为剔红、剔黑、剔黄、剔绿、剔白、剔彩。其中剔红的制造数量最大，工艺成就最高。此外还有一种雕漆叫剔犀，花纹都是抽象的，例如如意云纹、卷草纹。剔犀工艺的来源说法不一，至今还莫衷一是。剔犀是雕漆工艺中唯一不做具象装饰花纹的品种。

雕漆制作起来最为费工费时。首先是涂漆，涂到一定厚度以后才可以进行雕刻，那么漆层是怎么堆出来的呢？根据现在工艺大师的操作经验得知，漆要涂15层到18层，才能出1毫米的厚度，大家可以换算，1厘米厚的漆层，要涂多少层，那就得涂150到180层。那么涂漆又是怎么操作的呢？是涂1层漆，阴干1层，涂1层漆，阴干1层，使漆逐步地阴干，这就是雕漆工艺费时的原因所在。在天气好的情况下，也就是潮湿度很高的情况下，相当于南方的梅雨季节，一天能够涂两道漆。在北方，不具备这样的自然条件，干燥，风沙大，如果想要做雕漆，首先就得修造地窖，然后还要在内部墙壁的四周挂上草帘子，不断地往上喷水，从而达到百分之七八十的湿度。这是因为漆中含有一种物质叫作漆酶，只有在潮湿温暖的情况下，它才活跃，才能够把漆中的水分带出来。如果在干燥的环境下，漆表层马上就会结出1层漆膜，这样就会把里面的水分锁住，那漆就永远都干不了了。当然现在不用在地下了，在地面就可以达到各种要求，因为现在有科技手段，可以用电来控制温度和湿度，并保持干净，没有尘土。

图1是我们故宫收藏的一件非常精美的雕漆作品。

图 1 乾隆款剔红枫叶秋虫纹带座盒

　　上边刻的是枫叶纹，纹理细密清晰，在叶子上面还雕有两只秋虫，非常的精细。漆层的厚度应该是 1 厘米半左右。雕漆这门工艺，在整个漆器工艺里制作周期最长，因为它首先要涂漆，涂漆所用时间，一般情况下要 3 个月到半年，然后再进行雕刻，然后再进行打磨等一系列的工序。大家可以算一下，这件作品涂漆就需要多长的时间。

　　飞龙宴盒（图 2）是乾隆八年（1743）下令制作的。当时制作了一对，具体的尺寸、花纹、款识都是按照乾隆皇帝的旨意来的。飞龙宴盒是摆放在年节大宴桌上使用的。这样的盒子，也叫看盒，因为它四周都嵌有铜镀金的网子，能够由外看到里面，所以又叫看盒。

　　海兽图盒（图 3）是上下两面都做雕刻的那种。乾隆十八年（1753），太监持出海兽图盒一件，皇帝下令给造办处，传给苏州织造，照着样再做两件，所以历史上一共有 3 件，现在流传下来的只有两件，两件都在故宫珍藏着。这个海兽图盒，可以说是雕漆工艺中最为精细的一件，上面的海水波纹，相当于头发丝一样的纤细，而且中间没有断痕，没有败笔，技艺极高，是现在的我们难以达到的。在流传下来的作品中达到这样精细程度的作品，大概有五六件。据此分析这些作品可能

图 2 乾隆款剔红飞龙宴盒

图 3 乾隆款剔红海兽纹圆盒

出自同一位工匠之手，并且应该是在工匠年富力强、技术纯熟的时候制作的。太年轻，经验和技术达不到，年岁大了，眼睛不行了，手也不稳了。

七佛钵（图4）。环绕腹部一共雕有七位佛陀，其中之一是释迦牟尼，另外六位都是在释迦牟尼之前就出现的佛陀。这件是以铜为胎体制作的，在漆器中罕见。

放鹤宝盒（图5）。这个典故来自宋代。宋代在徐州有一位非常著名的隐士叫张天骥，善于驯养仙鹤，那些鹤早晨放出去晚上能飞回来，叫朝放暮归。他还在云龙山建了一个放鹤亭。当苏轼被贬到徐州的时候，和张天骥成了朋友。他们之间有一番对人生的问答，苏轼就此写了《放鹤亭记》，放鹤亭一下就著名了。放鹤亭也有隐逸超脱的意思。乾隆时期的雕漆作品中有很多是以山水人物故事做装饰的，其中大部分是依据古代的典故创作的。

寿春图盒（图6）。雕漆作品中，最早以寿春做装饰的是明代的嘉靖朝。嘉靖皇帝前半生励精图治，后半生笃信道教，而且相当痴迷，所以他那个朝代工艺品的装饰主要是祥瑞长寿的内容。乾隆皇帝仿而为之，做了大量的春字盒，不仅有雕漆的，还有戗金彩漆的、填漆的，此外竹木牙角材质的也都做了不少。所谓的寿春图，就是图案中间有一个硕大的春字，春字的中间有一个圆形开光，里面是寿星，两旁是龙纹，图案下方是聚宝盆，宝贝满溢，上边光芒四射。在雕漆寿春盒的作品中，剔红的最多，然后是剔彩，最少的是剔黄。

十二方盒（图7）。最有看点的是器壁上边雕刻的诗文，还有盖内阴刻戗金的诗文。在宋末元初的时候，有一位诗人叫仇远，善于作诗。他喜欢游历山水，而后把各种情感都赋予诗句当中。他作过一首诗叫十二辰体诗，这种诗有点像文字游戏。乾隆皇帝自称十全老人，说自己有十全武功，其中最大的武功就是平定大小金川。这个战事历时五年，用帑银七千万两，是耗费人力、财力最多的战役。乾隆让臣子和

图 4　乾隆剔红莲托七佛钵

图 5　乾隆款剔红放鹤图梅花式盒

图 6　乾隆剔红寿春图圆盒

图 7　乾隆剔红御制诗十二方盒

他一起以平定大小金川的事件来作十二辰体诗，诗的要求是每句都要以属相结尾，而且通体要用一个韵，属相就是鼠牛虎兔……挨着来。盖儿里面的这首诗，是乾隆皇帝让臣子和他配合着作有关《四库全书》的十二辰体诗。《四库全书》的编纂是乾隆朝的文化

图 8　乾隆款剔红云龙纹圆盒

盛事，这首诗要求在每句句尾都以干支结尾，也通体用一个韵，即子丑寅卯……挨着来。其实这样的诗文水平不见得有多高，但做起来确实有难度。在此我要表达的是刻字比刻画图案景致难度更大，因为刻

字不能有错，一旦出错，无法修补，那就前功尽弃。盒的边壁满刻着乾隆的御制诗句，制作之难，可以想象。

云龙宝盒（图8）。云龙的装饰是宫廷工艺品中使用得最多的图案，雕漆中亦如此。相近的盒子还出现在绘画作品里。这幅画是清代画家金廷标所绘。金廷标是当时宫廷顶级画家，他在乾隆第二次下江南的时候，给乾隆献上了他的白描罗汉图册，乾隆皇帝非常欣赏，于是就把他调到了宫中供职。他一生画了很多作品，包括山水人物、花草鱼虫，一般情况下，每幅作品乾隆皇帝都会在上边题诗。宫廷画一般是根据真实的景象再加艺术构思创作的，因此这幅金廷标画作（图9）也反映出了雕漆盒的用途。

图9 弘历宫中行乐图

三式（图10）。是由三件不同但相关联的器物做固定搭配组合而成的，三件分别是炉、瓶、盒，是专门用于燃烧檀香净化空气使用的。在宫廷大大小小的宫殿里边都会放置三式，因此三式的制造量非常大，材质有玉石的、珐琅的、瓷的等，其中雕漆的相对较少。使用时先用瓶子里面的筷子夹出盒里面的檀香块到香炉里，等燃烧完了以后，再用铲把香灰压实，充分体现了宫廷生活的精致与讲究。

图 10 乾隆剔红三式

图 11 乾隆剔红云龙纹御笔四知书屋记长方匣

《御笔四知书屋记》长方匣（图11）。刻纹是双龙对舞，典型的宫廷风格。这个匣子的漆层比一般器物上的漆层都要厚，所以特别的沉重。漆的颜色特别的鲜艳，漆的质地特别的细腻，根据档案记载可以推断，这件作品使用的是上等漆。漆是有档次之分的。该匣是为了存放乾隆皇帝书写的《四知书屋记》而做的，因此规格高也是必然的了。

提匣（图12）。上面一共有七个画面，七个画面雕刻的是不同的山水人物图景，其中六个是历史上著名的典故，分别是曲水流觞、竹林七贤、放鹤图、题壁图、洗桐图、诗仙图，顶面上的图案是鹤鹿在山水间漫步徜徉，是具有吉祥寓意的鹤鹿同春图。这件作品集中了好几个文人典故的画面，正反映出雕漆工艺的突出特点，漆赖画而显，画赖漆而存。

以上都是乾隆时期的雕漆作品。那么雕漆是从什么时候开始有的呢？我国漆器工艺的历史很长，有八千多年，但雕漆工艺起步很晚，

图12 乾隆剔红人物故事图提梁匣

根据文献记载，雕漆是从唐代才开始有制作的，但是目前我们还没有看到唐代的作品，最早的作品是宋代的，既有传世的，也有出土的。到了元代出现了私家制作款识的作品，非常著名。明代早期宫廷的雕漆，髹漆肥厚，雕刻圆熟，花纹饱满。明代晚期，特别是到了乾隆时期，漆色鲜艳、雕刻细密，刀锋毕现，纹饰繁满，不同时代有不同的风格。

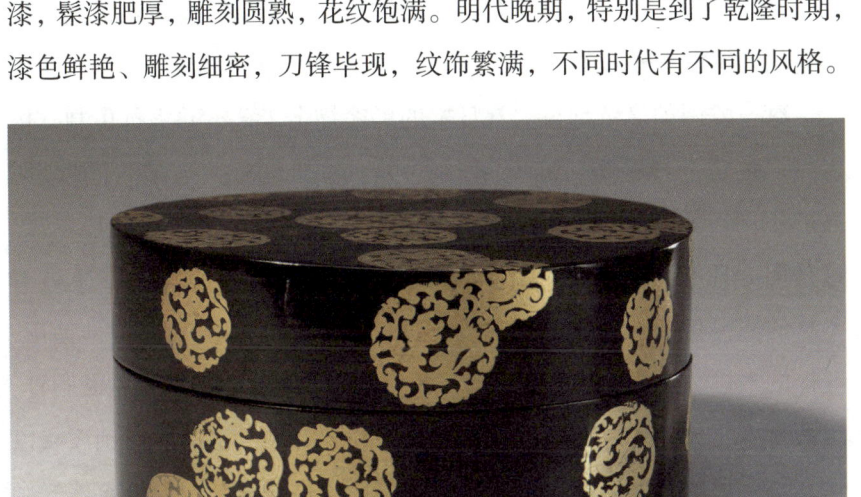

图13 乾隆款黑漆描金团凤纹圆盒

2.描金漆

描金漆就是在单色漆地上加描金花纹的做法，其中黑漆地最常见，其次是朱漆地和紫漆地。描金漆具有强烈的装饰性和表现力。早在两千多年前的战国时代，已使用描金描银之法。清代官造描金漆工艺始自康熙朝，其后雍、乾两朝达到高峰。描金漆里面的大部分作品都使用一种装饰手法叫彩金象，就是用不同颜色的金箔粘贴花纹，使花纹有深浅不同的色泽变化，从而产生出层次感和立体感。

有一种说法，团花这种装饰源自日本，是从日本传过来的，其实不然，在唐代就有了这种团花的装饰，当时影响到了日本，日本大量使用，我们却使用得少了。到了清代，由于雍、乾二位皇帝都非常欣赏日本的描金漆器工艺,并进行仿制,同时也借鉴了日本漆器上的一些装饰花纹。实际上,这种装饰纹样的根源在我们国家。

紫砂胎描金漆工艺的作品,上边描金的菊花蜜蜂纹饰都是鼓出来的,高于平面,这有个专业名词叫识纹描金。紫砂胎体在漆工艺中很少使用,所以十分珍贵。

雍、乾两朝皇帝都很欣赏日本的黑漆描金工艺,并进行仿制,仿得可以说是十分逼真,如果不仔细分辨,很难区分。但有一个比较明显的不同,就是日本作品的胎体特别的轻薄,我们的作品略显厚重。这是因为日本一般用桧木做胎骨,桧木这种材料相对较轻。日本还对木材的使用有一个传统,当木材砍伐下来后,要放置5年以上才能使用,这样的木材一般情况下不会变形。我们则主要用檀木或者杉木做胎骨,这两种木材比桧木要重一些。此外我们还要在胎骨上披麻布刮漆灰以达到不变形的目的。披麻刮漆是我们的传统做法,与干燥的自然气候有关。有的漆器表面出现裂纹,其实是木胎的收缩膨胀导致的,如果胎体不变,漆表面是不会开裂的。披麻布刮漆灰是我们的漆器作品重量大于日本漆器作品的主要原因。

图14是红漆描金的代表性作品,周身是描金的凤穿牡丹的花纹。

图14 乾隆款红漆描金凤穿牡丹纹银里碗

红色鲜艳，金色饱满，又是传统的吉祥纹饰。档案记载："乾隆元年（1736）十月二十九日，司库刘山久、七品首领萨木哈来说太监胡世杰交红漆彩金穿花凤碗16件，传旨：着镶银里。钦此。于乾隆四年（1739）十月初四日首领李久明将红漆彩金穿花凤碗16件俱镶银里，交太监毛团、胡世杰、高玉呈进讫。"这16件碗至今一件不少，全部保存在故宫博物院中，虽历经两百多年的岁月，依然光鲜如新。

图15是紫漆地的作品，上面是描金山水的景致。紫漆地在描金漆工艺里面制作得最少。造型是传统经典的长方委角形状，图案是显著的宫廷画院的风格。整体漆质细腻，做工精致，堪称良品佳作。

图15 乾隆款紫漆描金松鹤山水图长方委角盒

图16 黑漆描金万寿纹寿字形盒

黑漆描金福寿纹寿字盒（图16），作品的制作难点是在造型上，由此也可以看到吉祥的装饰不仅体现在纹饰上，在造型上也多有体现。中国传统理念，人共有五福，第一福是长寿，第二福是有财富，第三福是康宁（健康），第四福是修好德，第五福是考终命，也就是善终。长寿位列第一。这件作品无论纹饰还是造型都充分表达出期盼长寿的意愿，寓意福寿相叠。

图17是一套组装的提匣，黑漆描金缠枝花卉纹的装饰，典型的宫廷风格。里边一共有42件盘、碗、盒等。这种内装多件物品的装置，源于宋代，叫游山器，是出门旅游时使用的。乾隆时期仍有制造，不为使用，只为玩赏。

黑漆描金的插屏（图18），双面的装饰，一面山水图景，一面梧桐凤凰。乾隆时期工艺品的一大特点是有图必有意，有意必吉祥。我国

图17 乾隆黑漆描金勾莲团花纹提匣

图18 乾隆黑漆描金山水桐凤图双面插屏

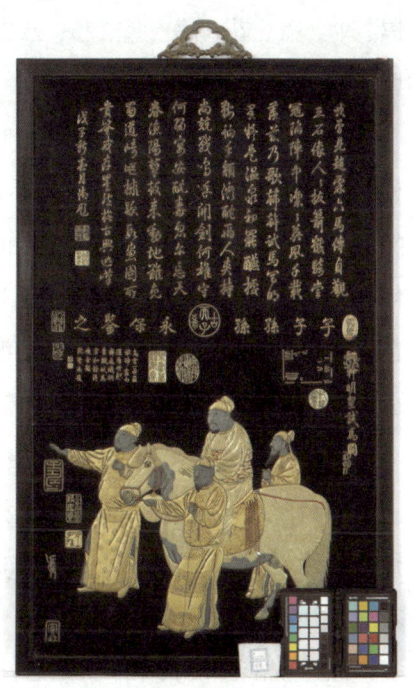

图19 乾隆黑漆描金明皇试马图挂屏

自古就有栽桐引凤的美丽传说,所以梧桐、凤凰是传统的喜闻乐见的吉祥图案。

图19是仿照着唐代韩干的《明皇试马图》做的识纹描金工艺的挂屏。明皇试马图是唐代画马名家韩干之作,描绘了唐玄宗在臣子护持下端坐于马上的情景。乾隆对此图十分钟爱,曾令造办处以不同材质制作了数件,分别挂在多个宫殿之中,意在以古警今,告诫清王室的子孙勿忘骑射,不要重蹈前朝积弱衰败的命运。挂屏上的纹饰略高于平面,有立体感。

3. 描彩漆

描彩漆是指在一色漆地上,用多种色漆描绘花纹的做法。描彩漆可上溯到新石器时代,战国、汉代十分盛行,纹图多样,花纹飘逸,为一时之盛。这是描彩漆工艺的一件圆盒,盖面是八吉祥的纹饰,即轮、螺、伞、盖、花、罐、鱼、肠，八吉祥是明清工艺品中多用的装饰题材。里面放的是一串念珠。

在描彩漆里边还有一种工艺叫漆画，做法是在一色漆地上用另一种色漆描绘花纹，色彩简约。《髹饰录》中说这种做法不容易产生出好的效果，所以在明代极少制作，但通过流传下来的实物我们知道在清代宫廷是有制作的，而且效果还非常的好。这件作品便是例证，它是在红色漆地上用浅红色的漆描绘缠枝花卉纹做装饰，十分典雅。这种造型我们叫葵瓣式，像秋葵的花瓣一样。

4. 描金彩漆

描金彩漆就是将"描金漆"和"描彩漆"两种技法结合运用的一种复合工艺。具体方法是在单色漆地上用两种以上的色漆描绘纹图，之后再用金漆勾描轮廓和纹理，使彩色的图画都勾描着金色的边线，装饰意味较浓。代表作品就是这件精美的花鸟纹菱花式盘，金光闪闪，典型的皇家宫廷的气息。

5. 描油

描油工艺就是以桐油代漆描绘各种花纹的做法。油与漆不同，它可以调制出任何所需要的颜色，所以说"无不备天真之色"，"如天蓝、雪白、桃红，则漆所不相应也"。这种描油工艺早在战国时期就有了，并一直沿用至今。用大漆调出来的颜色，如红色、黄色、绿色等浓重深沉，而那些非常鲜艳的颜色，则是以桐油为基材调制出来的，漆是调不出来的。

描漆和描油之间比较容易区分。描油与描漆的色彩完全不同，鲜明艳丽。描油工艺的水平相当高，可做任意的模仿。

6. 戗金彩漆

戗金彩漆是"戗金"与"彩漆"相结合的一种复合工艺，与前面所讲的描金彩漆有些相近。所谓戗金是在一色漆地上，阴刻出花纹图案的凹槽，然后在凹槽内打金胶上金箔，成为金色的纹理。线条内填

图 20 乾隆款描彩漆八吉祥纹圆盒

图 21 红漆描红缠枝花卉纹葵瓣式盒

图 22 乾隆款描金彩漆花鸟图菱花式盘

金后仍为阴线,低于漆的平面。所谓彩漆有填彩漆和描彩漆之分,但无论是填漆还是描漆,我们都统称为戗金彩漆。明代一般制作戗金填彩漆,清代主要制作戗金描彩漆。戗金彩漆在清代乾隆时期的制作量很大，数量仅次于雕漆，说明戗金彩漆是重要品种。戗金彩漆工艺的最大特点是流光溢彩，富丽堂皇，极其符合皇家贵族的审美理念。

图23是最具代表性的戗金彩漆作品，上面刻划的是吉祥的万福飞凤纹。整体流光溢彩，艳丽无比。还有这件盒子（图24），缠枝莲四合如意纹椭圆盒，体量虽大，但造型周正稳重，色彩鲜艳，戗划均匀，金色饱满，做工精致，代表了乾隆朝工艺品制作的高超水平。

图23 乾隆款戗金彩漆万福凤盘

图24 乾隆款戗金彩漆缠枝莲四合如意纹椭圆盒

7. 填漆

填漆的制作方法是先在漆平面阴刻出低陷的花纹，然后在低陷的花纹内填上各种色漆，最后打磨平滑。填漆作品的表面非常的平滑，触摸有细腻感，装饰风格含蓄内敛，有蕴藉之美。填漆制作起来比较费工费时，因此我们看到的作品，大部分都是以锦纹做装饰的，这样制作起来会相对简捷。如这件填漆锦纹梅花式盒（图25）。

但乾隆朝也有突破，比如这件寿春宝盒（图26），盖面中间的装饰是寿春图，内容复杂，斜壁上的装饰，都是人物故事，更为复杂，这反映出乾隆朝制器追求的是更高更好，不惜时不惜力。

图 25 填漆锦纹梅花式盒

图 26 乾隆款填漆寿春人物故事图菱花式盒

8. 脱胎漆器

脱胎漆是由夹纻胎漆器发展而来的。纻，就是麻的意思，可用来织成粗布。所谓的夹纻胎就是用泥、木、石膏等材料塑造器物模型为胎模，然后糊麻布、涂漆面胶，层层裱褙刮灰，干固后脱其模，即是夹纻胎。这种夹纻胎起源比较早，战国时期就有了，之后延续不断。最流行的时候是东汉，因为那个时候佛教传入中国，人们以这种脱胎的方法制作佛像，使佛像方便搬动和挪移，所以那时候的夹纻工艺得到了相当的发展。乾隆朝利用其法，制作了连夹纻胎的那一层麻布都没有的、完全漆质的漆器，称之为脱胎漆器。清宫脱胎漆器的传世品较多，器形有盘、盖碗、圆盒等，体量大小相近，大部分刻有乾隆款识及乾隆的御制诗文。如这件盘（图27），色如珊瑚，菊瓣式造型，器壁薄如片纸。乾隆皇帝非常欣赏本朝所创的这种脱胎漆器，曾作四首诗以赞美，这四首诗都分别刻在了这些器物上。

图27 乾隆款脱胎朱漆御制诗菊瓣式盘

9. 金漆

金漆的做法是以一色金漆做地，以另一色或多种色的金漆做装饰花纹，让地色与花纹有深浅的变化，使纹图清晰。金漆有贴金、上金、泥金三种技法，其中泥金的效果最好，当然用金量也最大。金漆装饰的效果是光华灿烂、富丽堂皇，最为符合皇家贵族的审美。金漆的代表作是这件福寿花果纹镂空八方盒（图28）。

图28 金漆福寿花果纹镂空八方盒

当然这件作品还用了红漆和黑漆的装饰，从而更反衬了金漆的亮丽。

图29是仿生的代表作品，蝴蝶造型蝴蝶纹饰，十分生动。

图29 金漆蝴蝶纹蝴蝶式盒

10.镶嵌漆

分两种,一种是嵌螺钿,一种是百宝嵌。

嵌螺钿,顾名思义,就是将加工过的各种螺钿片、条等嵌饰在器物上。螺钿有薄厚之分,厚螺钿颜色比较浅,主要呈白色,又称硬螺钿。厚螺钿在商代就有制作,并一直延续到清代。代表作品是这件团花纹圆盒(图30),螺钿的颜色是比较一致的白色。

《髹饰录》上说,嵌螺钿以黑漆地最适宜,朱漆地不适宜,通过这件作品我们可以看到乾隆朝宫廷不仅以红色为地色制作,而且效果还出奇的好。薄螺钿,是相对厚螺钿而言的,呈多彩的华光,又称软螺钿。薄螺钿,从宋代开始有制作。代表作品是这件花卉博古图菱花式盒(图31)。

图30 红漆嵌螺钿团花纹圆盒

图31 黑漆嵌螺钿花卉博古图菱花式盒

这种颜色的螺钿并不是我国海域出产的，它产自琉球海域，叫夜光贝。它的颜色比较浓郁，有紫色、绿色、蓝色等。在清代，琉球所做的螺钿漆器，比较受清代宫廷的欢迎，因此他们就大量地进贡，同时清廷也有购买，有时还购买螺钿片，然后自己加工制作螺钿漆器。

百宝嵌就是在器物表面镶嵌那些经过加工过的精美的珍贵材料，组成图案，达到装饰的效果。嵌饰的材料比较多，有珊瑚、琥珀、玛瑙、玉石、象牙、玻璃、玳瑁等各种宝石半宝石。

这是五老观日图长方盒（图32），上面嵌有厚螺钿、青金石、松石、玛瑙、玻璃等。五老指的是宋代宰相杜衍，退休回到河南绥阳后，常与德高望重、八十有余的四位老者一起宴集赋诗，时称睢阳五老。当时的人们都非常仰慕这五位老人的健康爽朗和长寿，慢慢地就出现了睢阳五老图，后来又把图引入工艺品的装饰上，使器物有了祝颂健康长寿的吉祥含义。

这是百宝嵌的一件笔筒（图33），花蝶纹、海棠式造型。一般嵌饰三种材质以上的器物就可以叫作百宝嵌，这件作品所用嵌材并不多，只有玉石、象牙、螺钿，但效果简洁典雅，具有独特的美感。

图32 百宝嵌五老观日图天盖地式长方盒

图33 百宝嵌花蝶纹海棠式笔筒

以上介绍了乾隆时期主要的十个工艺品种以及代表作品。乾隆时期还善于将多种工艺结合使用来创造新品,这在历史上是比较少见的。把两种甚至三种工艺结合在一起,体现的是对各种工艺技术的把握和成熟度。

我们看这件填漆作品(图34),器身是填漆加描油的锦纹装饰,盖面上是嵌玉工艺,中间嵌的是立体的青玉海马,四周是八卦纹,整体装饰舒适和谐。

再看这件雕漆盘(图35),中心部位是戗金彩漆的玉兔捣药的情景,称为海月香盘,整体装饰新颖别致。

图 34 填漆描油锦纹嵌玉海马八卦纹三层八方盒

图 35 乾隆款剔红戗金彩漆海月香盘

三、器物的种类

乾隆朝制作的漆器器物种类很多，涉及宫廷生活中的各个方面，远超前代。从流传下来的实物看，大致有五大类。生活用具有盘、碗、勺、唾盂、盆、冠架、花篮、鞍板等等。陈设赏玩用具有炉、瓶、盒、如意、亭、楼阁、座屏、插屏、挂屏、琴、龙、凤、龟、麟等。文房用具有毛笔、笔筒、笔架、水丞、砚盒。家具有箱、柜、几、案、桌、椅、绣墩、宝座、屏风、床榻。宗教用具有佛像、佛龛、坛城、钵、经匣、巴苓、五供、七珍、八宝等。在这里我们只是做了一个大致的总结，可以说还没有囊括所有。有的器物是一器多能，既能陈设欣赏，又能使用，集多种功能于一身，有的完全实用的器物演变成观赏品，总之漆器类工艺品的器物，种类繁多，随处可见。

四、器物的装饰

装饰主要是指器物的造型和纹饰两个方面。漆器的造型是很丰富的，我们不可能一一举例出来，在此只以盒子为例，那盒子有多少种造型呢？几何形的就有方形、长方形、六方形、八方形、十二方形、菱形、圆形、双圆形、椭圆形；仿生的有菱花形、葵瓣形、梅花式、菊花式、海棠式、枫叶式、桃式、葫芦式、瓜果式、蝴蝶式；仿物的有书卷式、册页式、琴式、筒式、扇式、方胜式；字形的有寿字形、万字形、囍字形；仿古的有琮式、圭璧式、磬式、罍式等，此外还有二层、三层、多层的不同，每种器形里又有大小的不同，可以说是琳琅满目。通过比对得知，漆器在造型艺术中远超瓷器，可谓独占鳌头。这些器物在造型设计上一般都符合黄金分割比例，具有相当的视觉美感，令人赏心悦目。到了清末、民国甚或现在，有的人想去模仿，但在线条上掌握不准，有的人想去创新，在比例上做些调整，最后几乎都是失败的。因为乾隆时期的造型,已经达到了黄金比例,一变就破坏了这个比例,结果是不伦不类。

漆器上的纹饰包罗万象,内容丰富,堪称传统文化的又一载体。具体内容有花卉、果实、飞禽、走兽、海藻、鱼虾、龙凤、池林、山水、人物、名典、几何、吉祥、仿古等不胜枚举。花卉题材的就有莲花、牡丹、梅花、茶花、月季、石榴、桃花、芙蓉、芍药、菊花、桂花、栀子、牵牛、蔷薇、玉簪、罂粟等,既包括我国传统的绝大部分的花卉品种,还吸收了一些西洋的花卉品种。人物故事题材最具文化含量,特别是以文人雅士、佳句名典为内容的图案,平添着器物隽永的文化内涵和赏读性,这也正是漆工艺术的魅力所在。

还有一种装饰方法十分有趣,如经典的图案,会以图案的正反两面为稿本进行制作,如这对剔红观莲宝盒(图36),它们的装饰图案是一个稿本,只是左右颠倒过来,犹如镜像学的原理,从而制作出成双成对的作品。我们国人历来乐于好事成双,所以成双成对也是吉祥的象征。

图36 乾隆款剔红观莲宝盒一对

五、漆器上的款识

我们来讲一讲漆器上的款识。明代的永乐朝，开官造漆器制款之先河，在器物外底左侧针划小字"大明永乐年制"，成为皇家专造专用的标志。至宣德朝，将铭文改为刀刻大字，再用浓金填之，使标志显要突出，呈现出皇家的尊严与气派，这一做法被一直沿用。到了乾隆朝，在继承的基础上更有创新。

先说一说继承。继承的是纪年款，乾隆朝漆器上制作纪年款的品种有雕漆、戗金彩漆、描金彩漆、描金漆、描彩漆、脱胎漆器，其中以雕漆作品最多，其次是戗金彩漆，再次是描金彩漆。其他品种上不做款识，如填漆、描油、嵌螺钿、百宝嵌，为什么？到现在真的不知道，因为没有看到相关的记载。脱胎漆器形制虽比较单一，但大部分都带有款识。

款识内容有：大清乾隆年制、乾隆年制、大清乾隆仿古、乾隆仿古，有四个字和六个字的区别。排列方法有横行、竖行、双竖行、三竖行，形式是不同的。书体有楷书、篆书、隶书，其中以楷书为主。制款的手法有阴刻戗金、描金漆、描黑漆、起地阳文，其中以阴刻戗金的方法为主。

再来说一说创新。在器物上制作年款，留下本朝的铭文，打上时代的烙印传以万世，这完全是传统的继续，但是乾隆朝，在年款以外还多做一个款识，在档案上叫名色签，为了更容易理解我们称它为器名款，其实就是给器物起的名称。

如剔红赤壁宝盒（图37），是根据苏轼的《后赤壁赋》里面形容的情景创作的装饰花纹。

如戗金彩漆菱花凤盒（图38），是根据花纹和造型起的名称。

如剔彩百子晬盘（图39），画面上刻有一百个童子，晬盘是婴儿满一岁时抓周使用的，这件作品是根据使用功能起的名称。我们以上

图 37 乾隆款剔红赤壁宝盒

图 38 乾隆款戗金彩漆菱花凤盒

图 39 乾隆款剔彩百子晬盘

看到的器名款都是四个字的，这与档案记载相对应。乾隆四年（1738）时下令，让大学士给器物拟名字，结果大学士拟出来的都是6个字的，乾隆又下令要求一律改成4个字的，所以我们现在看到的作品主要都是四个字的器名款。个别有5个字的，应该是乾隆四年（1738）以前的作品，如这件剔彩龙凤集福盘（图40）。

图 40 乾隆款剔彩龙凤集福盘

器名款只在雕漆、戗金彩漆的作品上使用,其他漆器品种目前还没有见到有做,这无疑说明了雕漆、戗金彩漆这两个品种受重视的程度。纵看历朝历代、横看各种工艺和材质,这种器名款的做法绝无仅有,是乾隆朝漆器工艺上的一大特色。

六、咏漆器的御制诗文

乾隆皇帝一生作了 4 万多首诗,虽也有个别为词臣代写,但都是经过乾隆帝最后的审定,说明乾隆作诗的态度是认真的,是勤奋的。在 4 万多首诗里面有 66 首是赞美漆器的诗文,其中 62 首赞美的是明代的作品,4 首赞美的是当朝的脱胎漆器。根据乾隆皇帝的诗作来看,他对前代作品的断代,主要是依据器物上的款识,但有的款识是后人加上去的或是改刻的,所以乾隆皇帝就会被这些款识带错,因此我们在读诵乾隆皇帝的御制诗文时,要斟酌着看,谨防被误导。

七、漆器的仿古

漆器仿古与其他传统工艺的仿古有所不同,其他工艺的仿古自古有之,而漆器的仿古是从乾隆朝才开始的。乾隆朝仿古大致可分为两类:一类是仿汉代以前的器物,如仿青铜器、玉器。手法主要有二:一种是忠实地摹拟,造型、纹饰、全面地模仿,有的还运用古法,再加上做旧的手段,与古器毫无二致。这种仿古追求的是逼真,体现的是技艺水平,与赚钱盈利无涉。另一种是以古物作为创作元素,像诗文用典,把古代的制作元素做演变或重组,创造新的图像,寓古于新。这种仿古追求的是古韵,也是乾隆朝漆器创作的重要来源。

如这件剔红夔凤纹多层盒(图41),仿的是汉代铜壶的造型和纹饰,但纹饰上有了变化,形制上成了多层的盒子。

这件剔红祝寿图磬式攒盒(图42),造型源自古代玉磬。

这件剔彩圭璧式盒(图43),造型源自古代玉圭和玉璧,并将它们

图41 剔红夔凤纹带座多层盒

图 42 剔红祝寿图磬式攒盒

艺术撷珍

图 43 乾隆款剔彩圭璧式盒

合体。这些作品虽都有典型的古物特征,但都是乾隆朝的风格,只是具有了古香古色的特点。

乾隆朝仿古的另一类做法是仿清宫旧藏的明代漆器遗物。图44是明代嘉靖时期的剔红龙凤纹八方盆。乾隆皇帝仿而为之。

乾隆朝仿嘉靖朝的作品较多,大概是因为嘉靖的作品多是祥瑞的装饰。

还存在一件是嘉靖剔彩开光龙凤纹碗,乾隆皇帝仿而为之。

有关这个碗我们还找到了相应的档案记载,"乾隆四十一年(1776)九月二十六日员外郎四德库掌五德福庆来说,太监鄂鲁里交黄漆地红绿雕漆龙凤碗三件,内库收储,系大明嘉靖年制款,传旨着发往苏州,将碗里另漆素黑漆,其碗外并底足俱不必动,得时先送二件来呈览,留一件照样成做四件,俱要大清乾隆年制款,钦此。于本月二十七日员外郎四德库掌五德福庆将雕漆碗一件写得大清乾隆年制三行方款样

图44 嘉靖款剔红龙凤纹八方盆

一张，长款样一张，交太监如意呈览，奉旨准照方款样刻做，钦此。于四十二年（1777）五月二十三日员外郎四德五德将苏州送到雕漆龙凤碗两件交太监如意呈进留下作诗。于四十三年（1778）正月二十七日员外郎四德五德将苏州送到雕漆碗四件，做样碗一件交太监鄂鲁里呈进，新做碗交乾清宫宁寿宫各两件，做样碗交景祺阁讫"。

仔细观察乾隆朝的仿品，与原件相比有明显不同。如漆层厚度不同，色漆层的排列顺序有别，龙凤纹饰更具本朝特点等，这一方面说明被仿器物深受乾隆帝的喜爱，另一方面是要体现出乾隆朝在制器上的能力与水平。

明代天启五年（1625），杨明在为黄成的《髹饰录》撰写序言时说："又出国朝厂工之始，制者殊多，是为新式。于此千文万华，纷然不可胜识矣"。自此，这一形容明代晚期髹漆工艺繁盛的词语确立，并被广泛引用。时代变迁，世事难料，在不远的六七十年后改朝换代，又过了一百年，历史迎来了一个前所未有的朝代，这个朝代漆器制作的数量之大、品种之多、用途之广、制造之精，远胜杨明所处的那个朝代，用"千文万华，纷然不可胜识"来形容，更为适宜，这个朝代就是乾隆朝。

张丽 故宫博物院研究馆员，中国文物学会漆器珐琅器专业委员会秘书长

皇室新风
——朱明家族书画艺术

文金祥

以朱元璋为首的明代帝王及外藩诸王大都雅好文艺,他们的书画创作虽不能囊括整个明代的书画历史,但至少可以说,他们掌管明廷书画机构、内府书画鉴藏,其艺术取向、审美观和艺术活动,都直接影响,甚至左右着当时的书坛、画坛。但在以往的研究中,多看重明代文人书画大家及其门下优秀弟子之表现,对朱明家族中诸多能书善画者之作品,通常未予注意。本文拟按明代初(1368—1424)、中(1425—1505)、晚(1506—1644)三个分期,从书画特点、创作背景、历史文献价值等方面,对两岸故宫所藏朱明家族的传世之作进行综合研究。

一、朱明家族书画艺术的初兴时期(1368—1424)

朱元璋是一个很传奇的人物,纵观中国历史,成就帝业的皇帝基本上都是一些有权有势的人物,而平民起义造反起家,一个是汉高祖刘邦,然后就是朱元璋。朱元璋是很穷很孤苦的一个人,是个乞丐,五代都务农。明朝初期,洪武、建文、永乐三朝(1368—1424),历时56年。在这一时期,皇室书画艺术发展出现了一些变数。到成祖朱棣时,藩王们被迫开始远离政治权力中心,转向追求风流好文的儒雅生活。在书法上，他们以朱棣倡导的"台阁体"书体为宗；在作画上，延续元人或北宋院体画风。形成了帝王、藩王及宗室人员雅好诗文、喜爱书画之时尚。至此，朱明家族书画艺术初成气候。

（一）濒临灭绝的濠州钟离朱氏一族复兴并成为大明皇族

据清初谷应泰在《明史纪事本末》中载：太祖之先，故沛人，徙江东句容，为朱家巷。宋季，大父再徙淮，家泗州。父又徙钟离太平乡。母陈，生四子，太祖其季也。元至正四年（1344）淮河流域发生大饥荒，濠州钟离（今安徽凤阳）朱氏家族中只剩下朱元璋、朱文正叔侄及寡嫂朱田氏三人。至正十二年（1352），已经沦为乞僧的朱元璋孤身投奔濠州郭子兴领导的红巾军，从普通士兵当起，历经十多年浴血苦战，由九夫长、镇抚、总兵、左副元帅、都元帅，直至被诸将拥戴为吴国公，进而称吴王，一步一步登上了大明王朝天子之宝座。朱元璋、朱文正叔侄在征战中使濒临灭绝的濠州钟离（今凤阳）朱氏家族得到了复兴，并最终成为大明皇族。

（二）戎马生涯成就了朱元璋颇富军事特色的书法艺术

史籍中对朱元璋习书的渊源记载甚少，从其《安丰令、高邮令卷》《总兵帖》《明大军帖》等传世墨迹及有关史料分析，朱元璋对书法艺术产生兴趣的时间，当是在他开始要有为于天下之后，特别是渡盾江攻占集庆（今江苏南京）以后。在这一时期，刘基、宋濂、高启等儒士纷纷投到其麾下效力；这些人不仅是出色的谋士，而且还是著名的诗人、作家、书法家，在他们的熏陶下，朱元璋把习练书法当成是战阵之余的艺事，投入较大的兴致。在这种历史背景下，书画这门高雅的艺术开始走入这个世代以务农为生的家族。现试就朱氏之《总兵帖》《明大军帖》等三幅与征战有关的传世墨迹进行一些分析。

当时朱元璋听取并实施了儒士朱升"高筑墙、广积粮、缓称王"的著名策略。当时南京西南方向的元兵,被陈友谅在武昌一带挡住了,他在这边养精蓄锐。后与陈友谅南方红巾军发生矛盾,打起来了。朱元璋采取刘伯温的计谋,先跟陈友谅交锋,最后在著名的鄱阳湖水战之中歼灭了陈友谅主力,反手回来又乘胜平灭张士诚,最后统一了南方以后,他兴兵北伐。故宫博物院藏的这三幅作品跟他的征战关系比较大,戎马生涯成就了朱元璋颇富军事特色的书画艺术。

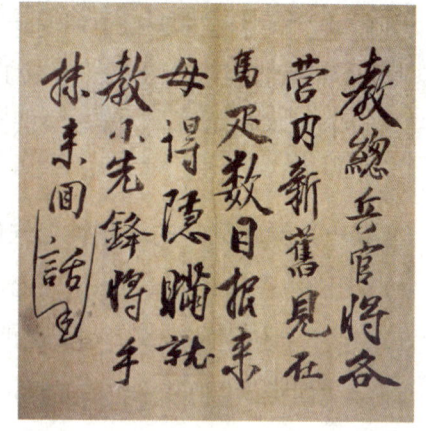

图1 《总兵帖》

《总兵帖》是朱元璋写给时奉命征讨东吴张士诚的军统帅徐达的一封手敕。其运笔娴熟,使转遒劲凝重,其书云:"教总兵官将各营内新旧见在马疋数目报来,毋得隐瞒,就教小先锋将手抹来回话。朱。"这件作品说明了什么问题?考证《明太祖实录》有个记载:当时元军要南下,驻守在庐州一带他的将领俞通海报过信来,说元军要打过来,需要马军。因为当时在南方作战基本是水战,都是船只,如果跟元兵作战,没有骑兵很难取胜。过去看元末历史,陈友谅的船都又高又大,朱元璋则更重视马军的建设,所以他手下有很多优秀的骑兵将领,像常遇春他们那些人都是很能打的。此帖是朱元璋命徐达在泰州地区核实马匹有多少,做好从速支援俞通海的手谕,时间应该是龙凤政权,即韩林儿、刘福通起义时候建立的龙凤政权。

朱元璋是中国历史上第一次以南军北伐成功而夺得天下的开国之君,他推翻了蒙元王朝,建立了明王朝。在平原地区作战骑兵是突击力最强、机动性最强的军队,如果没有马军就很难取胜。朱元璋很注意骑兵的建设,有一些很优秀的骑兵将领。当时在庐州有一个元代的马政基地,他注重这些建设,他的部队在陆战方面很强。如果到华北平原跟元军作战,兵书上记载平原作战1个骑兵的战斗力可以抵8个步兵,所以过去南宋北伐为什么总是失利?刚开始打一些胜仗,但是一遇挫折,就兵败如山倒。北方的打不过就跑了,你也追不上他。朱元璋很早就注重马军建设,为以后夺取天下做了准备。

《明大军帖》笔意雄劲,得自然生动之趣,从表面上看,似乎它只是朱元璋写给征虏大将军徐达、常遇春的一件关于如何处置投降人员事宜的信札,实则遇有很深奥的军事韬略。常遇春号称"常十万",讨论北伐的时候,他建议直攻大都城大都(今北京)。但是朱元璋则以为此非万全之策,有顿兵坚城、粮饷难济之风险,于是采取了比较妥善的策略,决定先攻打山东。这就是《明大军帖》创作的历史背景。自大军征伐山东,所过之处,徐、常二将收降元朝官兵甚多,朱元璋担心这些人留在军中隐患会很大。毛泽东主席曾经评论古之帝王用兵者,打仗最棒的是唐太宗李世民,次则朱元璋,他是仅次于李世民的一个军事家,考虑比较周全。过去历史上发生过这种事情,383年淝水大战的时候,百万大军要征东晋,东晋当时是谢石和谢玄带领的8万禁军

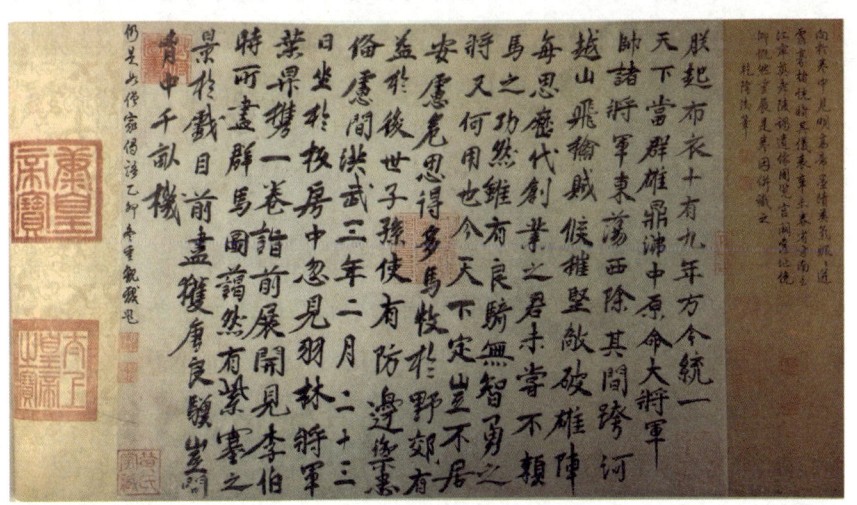

图2 朱元璋《临韦偃牧放图》题跋

抵挡前秦的部队，前秦号称97万，但到达前线的已有25万人。在渡河的时候，稍微后撤一下，不料留在前秦军中的东晋降将襄阳刺史朱序临阵倒戈，趁前秦军稍退即大呼"秦军败了！秦军败了！"致使秦军以为自己打败仗了，兵败如山倒。这场大战东晋以少胜多取得胜利。前秦没过几年也就灭亡了。朱元璋警惕这些事情，要把他们这些人的家属送到南京来，让他们好吃好喝好玩，以免发生变故，他嘱咐徐达他们说，你一路上打仗都很顺利，万一轻敌可能前功尽弃。

朱元璋有个羽林将军，洪武初年拿北宋李公麟《临韦偃牧放图》请朱元璋看，朱元璋在后头题了一大段跋，这就是"朕起布衣，十有九年。方今统一天下，当群雄鼎沸中原，命大将军率诸将军东荡西除，其间跨河越山，飞擒贼侯，摧坚敌，破雄阵。每思历代创业之君，未尝不赖马之功，然虽有良骑，无智勇之将，又何用也！今天下定，岂不居安虑危，思得多马牧于野郊，有益于后世子孙，使有防边御患备虑间。洪武三年二月二十三日坐于板房中，忽见羽林将军叶升携一卷诣前，展开见李伯时所画群马图，蔼然有紫寒之景。於戏！目前尽获唐良骥，岂问胸中千亩机。"他想的还是骑兵。说如果光有马，没有像徐达、常遇春这种智勇之将，还有傅友德，万一在平原上跟元军铁骑交锋是不行的。在对元作战中，他连谁中间抵挡，谁包抄两翼都有安排，还考虑边患的问题，这时候就已经为后世子孙的北方防线做了一些考虑。

（三）朱元璋、朱棣对其家族书画艺术发展的影响

明代的建立，对他们家族的书画艺术的发展，影响很大。朱元璋在这些征战之中，一共生有26个儿子，16个女儿，他侄子朱文正也生有孩子，在洪武年间，朱明家族已经发展到58个人了，到永乐时候已经发展到127个人，朱氏家族从2个人发展到成祖的时候已经120多个人了。朱元璋对子孙们的习书作画活动给予积极的倡导。除了太子

朱标在南京，有两个儿子去世比较早，他把其他的儿子都分封到全国各地，开封、太原、北平、大同、陕西这些重镇，万一中央政府有叛乱，希望这些藩王们能拱卫中央政权。打下天下以后，他命令徐达把元代内府的法书名画运到南京，所以明内府有丰富的收藏。在诸子如太子朱标、皇三子晋恭王朱棡、燕王朱棣、皇五子周定王朱橚、皇十二子湘献王朱柏、皇十五子辽简王朱植、皇十七子宁献王朱权等成年就藩前，他充分利用内府丰富的收藏，将宋拓《淳化阁帖》等法书名画赏赐给他们，使之有更多机会接触到历代书画名迹，也使他们能尽快理解和掌握传统书画艺术之真谛。

朱棣登基后，在其倡导下，朝野上下俱得以松江府"二沈"（沈度、沈粲）婉丽端秀、圆润平正的台阁体书风为标准，诸皇子之书法教育亦不例外，朱棣并为此做出了严格的规定。他特别喜欢二王的作品，让这些人临摹《兰亭序》。台阁体全国朝野上下都是以此为标准，包括科举。至此，朱明家族的书画初具规模。据明代黄佐的《翰林记》记载："凡东宫年八岁，即出阁讲学，侍书官向前侍习写字，务要开说笔法，点、画、端、楷，写毕各官叩头而退。"凡写字，春夏秋不管什么时候，每天要写100字，冬天写50个字，凡遇上天气不好的时候，才能暂停。至此，朱明家族之书画初具规模。

（四）明初诸王中之能书善画者

在朱元璋和朱棣的倡导下，皇族中能书擅画者很多。朱标去世以后他的儿子朱允炆继承了皇位，燕王朱棣发起了"靖难之役"，朱棣把他皇侄的江山推翻了，后来迁都北平，南京叫留都，所以朱标和朱允炆的作品存世很少。晋王、燕王、周王，还有湘献王、辽简王和宁献王朱权中成就最大的是宁王，其次是周王和晋王，他们以后几支发展得也很好。赵伯驹《江山秋色图》，后头有一段跋，徐邦达先生考证是洪武八年皇太子朱标写的。过去著录是明太祖朱元璋写的，实际是他儿子朱标写的字。朱标比较仁厚，字如其人，用笔无矩其父雄强之势，给人以中规中矩之感觉。三子晋恭王㭎，书法则师杜环，行笔自然流畅。这件东西是晋王的作品，现在晋王的作品就这一件。四子燕王棣（即成祖），尤好二王书法，笔法奇崛。五子周定王橚著《救荒百草》，择可救饥荒草木四百余种，画为图谱。其子朱有炖、朱有爌等工书善画。十二子湘献王柏能书善画，尤喜以儿童生活为题材作画。十五子辽简王植擅长画人物。十七子宁献王权善书法，颇娴丹青。前期他们很少有绘画作品，基本都是法书。

二、明朝中期朱明家族绘画艺术

明朝中期是仁宗洪熙，还有宣德、正统、景泰、天顺、成化、弘治这七个朝，1425至1505年，历时80年。这一时期宣宗和宪宗、孝宗，除了着力于自身对书画艺术的追求外，还推波助澜朝野间的书画艺术活动。于是，包括皇室绘画在内的宫廷文化也进入繁盛时期。明成祖比较讨厌南方的残山剩水，说马远、夏圭作品是马一角，只喜欢北宋的大山大水的绘画。所以擅长画南方者都进不了宫，风气也就没有起来。到了宣宗的时候才变过来，大批擅长南宋院体风格的高手进入了宫廷内，戴进也曾经进去过，吴伟都是很得力的。

（一）仁宗的书画艺术

仁宗朱高炽在位仅短短十个月，48岁。据《书史会要续编》载：仁宗万机之暇，留意翰墨，尝临《兰亭序》帖赐沈度。意法神韵，唐之太宗不能过也。可知，仁宗朱高炽的书法主要受王羲之《兰亭序》的影响，而且造诣匪浅。其传世墨迹亦多为这一期间所书。故宫所藏的这几开墨迹在体现他书法基本特征的同时，也是探讨明朝从纷争的政治草创格局，向稳定守成的文官治国制度方向转变的可贵资料。

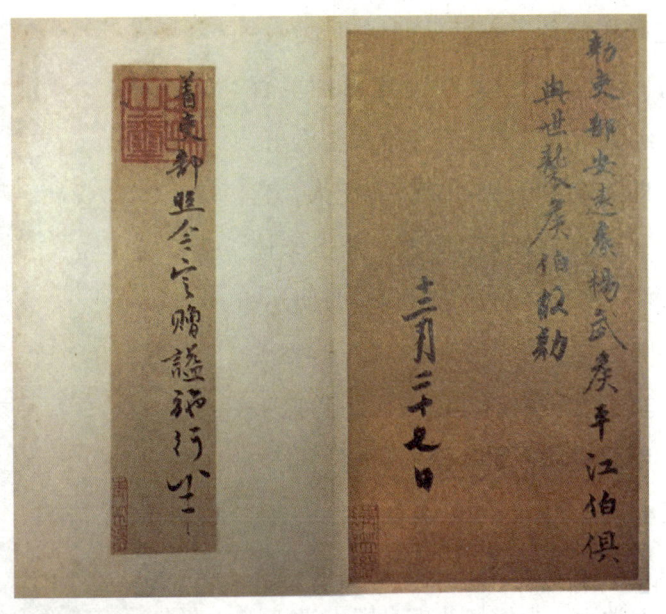

图 3 仁宗写给武将

第一开是给几个武将写的，因为当时朱允炆很仁厚，四年的统治，政治很宽厚，但是文官武将没有特别能治国治军的人物，因为朱元璋杀的武将只剩下耿炳文了，耿炳文比较擅长防守。文官是齐泰、方孝孺这些人，书生气十足，治国能力有限。明仁宗能站住脚，他的弟弟高煦比较像明成祖，明成祖也曾经想立他的二儿子做皇帝，明仁宗的太子之位一直比较危险，随时都有被废的可能。他没有被废的原因是张皇后，成祖对张皇后评价比较高，另外明史记载朱棣特别喜欢他的孙子朱瞻基，所以仁宗保住太子之位，很大得益于自己的儿子。他继位前，当时朱棣在北征，死在沙漠里。后来的"三杨"之一杨荣当时在军中参赞军务，他发回信来说皇帝死了，太子准备继位。然后进行了一些防御措施，《明实录》里记载，调一万精锐马军回京城防政变。很多的措施是很得力的，对明代中期后世影响很大。

第一开书云：敕吏部，安远侯、扬武侯、平江伯俱与世袭侯伯。故敕。十二月二十七日。钤"中和之玺"（朱文）。对开书云：着吏部照令定赠谥施行。安远侯即柳升（？—1427），怀宁人，袭父职为燕山护卫百户，身经数十战，累迁至左军都督佥事。平江伯即陈瑄（？—1433），合肥人，建文四年（1402）率舟船降燕，燕王朱棣得以渡江。其后以总兵官身份总督海运。杨武侯则指的是阳武侯薛禄（？—1428），胶人，靖难之役中，其以卒伍跟随燕王征战，屡建奇功，累官至右都督。此文有安定军队之意。

第二开书云：尚书少傅、士奇少保兼华殿大学士、少傅杨荣谨身殿大学士、金幼孜武英殿大学士。士奇就是杨士奇，兼华盖殿大学士，杨荣谨身殿大学士，金幼孜武英殿大学士，大学士是五品的。仁宗的班底对宣宗、对明代极盛起到了很大的作用。

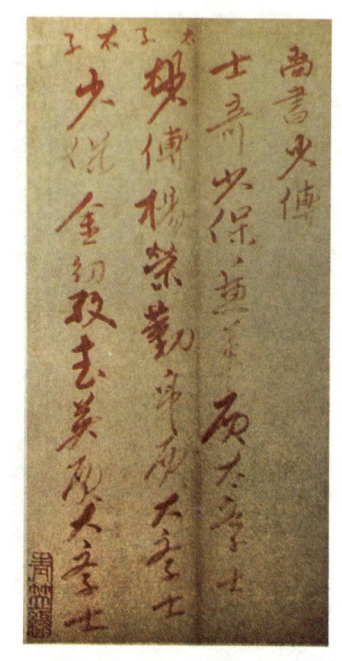

图 4 第二开书

"斑龙珠丹，能治尾闾不禁，善补玉堂关血。食前，温酒吞下五、六十丸。七月二十日。尚书蹇义收。"这个大臣就是吏部尚书蹇义，从中表现出他对朝中老臣的一种关怀。他跟朝臣的关系都比较好，当时几个重要的大臣吏部尚书蹇义，户部尚书夏原吉，"三杨"杨世奇、杨荣、杨溥三个人，为了保住仁宗的太子之位，有的曾经被关进监狱。这是他给蹇义写的药方，这个药方应该是他自己琢磨出来的。

（二）朱明家族绘画艺术之领军人物宣宗朱瞻基

1. 生平

朱瞻基即明宣宗（1399—1435），是仁宗朱高炽的长子，年号宣德，是明朝的第五任皇帝。洪熙元年（1425）六月登基。自此开启他辉煌的帝王事业。他秉承祖、父辈之余荫,励精图治,将大明江山治理得井井有条,从而谱写大明帝国最为光辉灿烂的新篇章。

2. 宣宗在书画艺术上的贡献

明宣宗雅好诗文书画,尤擅绘事,是一位"点染写生,遂与宣和争胜"的青年君主。最为明显的就是他一反成祖的做法,征召大批江浙地区擅长马、夏南宋院体画风的名家入宫,并使之很快地主宰画坛。不仅如此,他还亲自投身于绘画创作,以九五之尊的身份及超常的艺术天分,将包括其家族绘画艺术在内的皇家文化推进到空前繁盛的时期。其中,宫廷绘画的盛况几乎可以与北宋末年的宣和画院相媲美。

3. 宣宗的传世名作

宣宗堪称全才,其人物、山水、花鸟无一不能,如《画史会要》中所记：宣宗皇帝御临之时,重熙累洽,四海无虞。万机清暇,留神词翰,山水人物、花竹草虫,随意所至,皆极精妙。上有年月及赐臣名。有广运之宝、武英殿宝及雍熙世人等玺印。为了方便起见,以下分几个画科来阐述宣宗之画艺。

（1）人物画

图5《武侯高卧图》

人物画最为显著的功能，就是为政教服务，明宣宗对此有着颇为精明的筹划，可由下述几件作品略见一二。

《武侯高卧图》，宣德三年（1428），时年30岁。藏在故宫博物院，画的是诸葛亮，竹里正躺着比较洒脱的样子，画风吸收了一些元人的风格。他赐给当时的平江伯陈瑄，死后被追封为平江侯。这个人在"靖难

图6 寿星图

之役"的时候，是朱允炆朝廷的一个水军将领，在朱棣要过江的时候，他投靠了朱棣，当时还是燕王。后来朱高煦就是朱棣二子汉王争皇位，仁宗作为大哥，对朱高煦比较宽容，但是朱高煦挺看不起这大哥，认为这个皇帝应该是他的。但是他的侄子朱瞻基不买这个叔叔的账，跟他叔叔针锋相对。这个画里他要勉励这些朝臣们为国家多做贡献。他赐给这种军事将领也有深意，因为皇室内争到宣宗的时候并没有结束，他的皇叔一直想从他手中夺权，另外一个叔叔赵王，朱棣的第三个儿子，也对皇位觊觎，所以朱瞻基不是很稳定，要鼓励朝臣。

图6是一幅寿星图，赐太保户部尚书夏原吉，是他62岁的时候给夏原吉画的作品。仁宗、宣宗对这些文臣们特别好。

（2）山水画

其偶尔为之，主要是继承南宋马远、夏珪等人的传统。见于著录的有《烟波捕鱼图》轴、《春晓捕鱼图》轴等。台北故宫藏有一《山水图》轴。

（3）花鸟画

历来论画者都以他的花鸟画最为擅长，而他传世的绘画作品中，也以花鸟画最多。明宣宗的花鸟画虽大多以描写皇家园林内的奇花异

卉、禽鸟走兽为主，但其中绝大部分都寓有祝寿、祥瑞、富贵之意。在这些作品中，各种刻画出的形象无不生动自然、活泼有趣；举凡自然界动物、植物那种不事华饰的纯朴美和帝王画家的独特感受，都得到了融洽完好的表达，给观赏者以无比的美观。流传到现在的明宣宗花鸟画，尚有北京故宫博物院藏之《松荫莲蒲图》卷、《苦瓜鼠图》卷，台北故宫博物院藏之《花下狸奴图》轴、《壶中富贵图》轴、《戏猿图》轴、《嘉禾图》轴、《三阳开泰图》轴、《子母鸡图》轴、《金盆鹁鸽图》轴、《御笔三羊图》轴、《花鸟图》卷、《书画合璧图》册，还有辽宁省博物馆藏之《万年松图》卷等。《松荫莲蒲图》卷破裂为二段，第一段图绘松荫，款署："宣德二年五月御笔赐赵王。"第二段图绘荷花、莲蓬、湖石、小鸟，署款："御笔。"从这些画里可以看出宣德皇帝功力是很深的，而且这幅画又有他的寓意。当时是朱高煦造反，他认为朱瞻基会派大军去平叛，但是杨荣、杨士奇提出吸取朱允炆的教训，结果朱瞻基亲征平叛，把他这个叔叔押回京城。杨荣提议顺势把赵王朱高燧也解决了，杨士奇不同意，认为影响不好。朱瞻基把这个画赐给赵王，就是安抚一下赵王，画小鸟也有点警告赵王朱高燧，怎么也跑不出皇帝的控制之下，以后赵王就比较老实了，长期以来明代藩王和中央政权的矛盾到此基本解决了。

《万年松图》卷：引首"宣德六年四月初一日，长子皇帝瞻基敬写万年松图，奉仁寿宫清玩。"都极抒写之妙，构图别致，笔墨灵活，技法多变，独特的帝王面目与气质俱清晰可认。

（三）将绘画"规谏"功能发挥得淋漓尽致的君主宪宗朱见深

朱见深即明宪宗（1447—1487），是明英宗长子，年号成化，是明朝的第九任皇帝。其在位23年间，虽出现宦官汪直擅权的局面，然从总体上来看，其江山基本上还是稳定的，宫室里因而有闲暇研习和享受书画艺术。

他将绘画规谏的功能发挥得淋漓尽致，他绘画作品并不很多，但基本都跟历史事件有关系。《一团和气图》《岁朝佳兆图》二图分别创作于成化元年（1465）和成化十七年（1481），也许是"隔代遗传"的缘故，明宣宗的书画"基因"遗传到宪宗朱见深的身上，在此二图中，宪宗将人物画的政教功能发挥到炉火纯青之地步，比其祖父宣宗则是有过之而无不及，在明代宫廷绘画史上留下了一段佳话。

《一团和气图》画了三个人。当时他的父亲英宗夺权以后，把北京保卫战的一些功臣于谦他们给杀了，把景帝的班子清除了。他登基以后老百姓或朝野官员就呼吁为王文他们平反。这幅画三个人，取自虎溪山下，晋朝的时候有位高僧慧远，居住在庐山东林寺，三十多年从来不出山，送客也不过虎溪，有一次陶渊明、道士陆修静一起来访，他们谈得很投机，临别的时候，慧远不知不觉，送他们走的时候过了虎溪，三个人相视而笑。通过这个故事，他要告诉朝民们，儒家、道家和佛家、释家三种不同信仰的人，都能够谈笑在一起，其他人为什么不能做到一团和气？他画这个画的目的就是要社会各阶层都能忘记过去的种种不快，平反只是时间问题，让大家要团结一心。由此可以看到这幅画的政教功能十分鲜明。构思别致，用笔劲健，色泽清雅，人物的衣纹都很流畅，曲折有力，颇见功力。

画《岁朝佳兆图》时候朱见

图7《岁朝佳兆图》

深已经在位17年,在这期间,他宠幸万贵妃,常年不上朝,当时朝政由宦官汪直把持。汪直勾结大臣,专权陷害贤臣,对于不肯依附他的一些重臣、大臣,贬官、迫害,一些老臣被迫退休,尚书董方等数十个官员弹劾汪直,也被罢官,形成了士大夫都侍奉汪直,天下之人只知西厂而不知道有朝廷,只知有汪直而不知有陛下的局面。西厂就是特务机构,汪直掌握着特务机构,他的权力要比锦衣卫大得多。朱见深也听到了一些说汪直怎么不好的话,包括唱戏的都说只知有汪太监,不知有皇帝,于是就利用汪直好战,把他派出去打仗。打仗以后,诸将回朝,把汪直和亲信王越留在宣府不让回来了。宪宗取材钟馗是有深意,钟馗手持如意,一个小鬼,手托盘上有柏枝和柿子,上面还有蝙蝠,他画的蝙蝠寓意为福,表现要除去奸佞汪直,自然就会百事如意。朝臣看出皇帝这个意思,纷纷上本弹劾汪直,后来贬官,挽回了汪直长时间执政擅权的局面。

(四)中兴之主孝宗朱祐樘

朱祐樘即明孝宗(1470—1505),是宪宗第三子,年号弘治。其在位18年间,明室江山重得中兴,宫廷绘画得以持续发展。

这个皇帝生活方面很节俭,他就一个皇后。到宪宗的时候,台阁体已经僵化,没落得基本后继无人。据《图绘宝鉴续编》等书记载:"宪庙、孝庙御笔,皆神像,上识以年月及宝,宗室善写神像、金瓶、金盘、牡丹、兰、竹、梅、菊之类,旧家多有珍藏者。"其虽无绘画作品存世,他经常与吴伟、王谔等著名宫廷画家在艺术上有所磋商,应根基不浅。更为重要的是他对树立宫廷山水、人物画的风格标尺,推进宫廷绘画向风格化演进作出了重要贡献。

(五)明中期朱明家族各分支代表性善书或善画者

宁靖王朱奠培(1418—1491),宁献王朱权之孙。正统三年(1438)

袭爵。他勤于诗文，善画写意山水，成就很高。宁王朱权是朱元璋的第十七子，最后因为跟他四哥合作，被夺了兵权，改封到南昌，把心思全用在书画方面了。宁王叛乱曾经请过唐伯虎去他那，后来唐伯虎装疯，才从他那儿脱离出来，不然也会受牵累。他这一支在书画方面很厉害，历史记载有个杨妃书画不错，但杨妃不能确定是谁，宁王权的母后是杨妃，朱元璋的妃子有杨妃，所以不能确定。但是宁王家族的书画特别兴盛。

三城王朱芝垝（？—1511），太祖第二十三子唐王朱桱之孙。成化七年（1471）封三江王，驻南阳府。他博通经史，擅长画人物、花卉，曾作有《耆英》《王母》《九老》《百花》诸图。

蜀惠王朱申凿（？—1493），蜀献王朱椿之曾孙。善草书。

晋庄王朱钟铉（1428—1502），晋恭王朱棡之曾孙。初封榆社王，正统七年（1442）嗣晋王位。他喜书法，所藏书画颇多。

辽惠王朱恩（？—1495），太祖第十五子辽简王朱植之曾孙。成化十六年（1480）袭爵。他博通群籍，为人雄健，诗律精雅，尤善大书。

朱兰江，是太祖玄孙，支派不可详考，自号野鹤道人。善画牡丹、蔬果。

蜀惠王朱申凿（？—1493），蜀献王朱椿之曾孙。成化七年（1471）蜀怀王朱申鈘薨，其以通江王晋封。他好学能文，亦善草书。

朱觐锥，太祖四世孙，宁王朱权之曾孙。号中仙，成化九年（1473）被封为钟陵王，弘治十八年（1505）废为庶人。善画人物。

朱觐錬（？—1538），朱觐锥之弟，成化十七年（1480）被封为建安王。他工画，尤长于画翎毛。

唐成王朱弥鍗（？—1523），太祖第二十三子唐定王朱桱之曾孙。成化二十一年（1485）嗣。工诗画。其弟文城王朱弥钳，擅长隶书。

朱承彩，字国华，是齐王朱博之玄孙。彩以风流著称，擅绘花鸟，"翩然有生动之状"。

蜀成王朱让栩（？—1547），是太祖第十一子蜀献王朱椿之五世孙。正德三年（1508）袭父爵。他好学善书，手不释卷，日观经史，临法书、作诗属对，皆有程要。

朱彦汰（？—1544），是太祖十八子岷庄王朱楩之玄孙。弘治十三年（1500）袭封，驻武冈州。天资聪颖，诸书稍一阅读，便晓大意，尤长于写诗作画。

枝江王朱致樨（？—1565），太祖十五子辽王植之玄孙。资质聪颖，在书法、绘画上都有高深的造诣。

益端王朱佑槟（1479—1539），是宪宗第六子。其好书史，工楷、篆。

镇国中尉朱致槼，善书，尤精章草。

朱春亭，宗室，名号失传，居住祥符县（今属河南）。与张路学画，能继承师传。

朱洪图，宗室，住南昌。擅画山水，师法元四家之一倪瓒。

朱约佸，靖江王朱守谦四世孙。善画，曾绘屈原像，画风与吴伟相近。

乐安端简王朱拱㮟，号眠云，是太祖第十七子宁献王朱权的五世孙。工诗文，善画兰石。

三、明后期的皇室书画艺术

明后期特指正德、嘉靖、隆庆、万历、泰昌、天启、崇祯七朝（1506—1644），历时134年。自武宗以后，明代在政治、经济、军事诸方面，出现越来越严重的危机，于是革新之声渐起。在台阁体书法与宫廷绘画纷纷走向末路之时，朱明宗室书画却迅速地适应这种变革，步入文人书画的境界，从而谱写光辉的一页。其中，最富有代表性的，当属太祖第十七子宁献王朱权之后的"多"字辈、"谋"字辈与"统"字辈。

（一）明代后期诸帝存世之书画作品

1. 朱厚照即明武宗（1507—1566），年号正德，他于1505年登基，在位17年。据《明画录》记载，他"善绘神像，有设色钟馗小幅颇佳"。辽宁省博物馆曾购有他的一幅《青松偕老图》，画面上苍松劲挺，间以鸟雀，景色简略，意境清幽，具画外之趣，是朱厚照存世稀见之佳作。

2. 朱厚熜即明世宗（1507—1566），武宗堂弟。1521年登基，改元嘉靖，在位45年。《书林藻鉴》载张居正云："皇上天纵睿资，日勤圣学，至于操觚染翰，亦莫不究其精微，穷其墨妙。一点一画，动以古人为法，且笔意遒劲飞动，有鸾翔凤翥之形，信所谓云汉之章攷也。"其楷书《张思叔座右铭》卷（北京故宫博物院藏），款云："嘉靖岁甲申（1524）春仲月望吉日御笔朝暇写。"钤"广运之宝"等印。该卷为世宗18岁时所书，行笔利落，结体俊俏而又端庄，代表了世宗早年书法的特色，表现他追求古意的审美观。

3. 朱翊钧即明神宗（1563—1620），年号万历。于1572年登基，在位48年。据钱谦益《列朝诗集小传》称："神宗天藻飞翔，留心翰墨，每携大令《鸭头丸帖》、虞世南《临乐毅论》、米芾《文赋》以自随……在他的倡导下，草书入门书《草书百韵歌》极为流行，士子之家，几乎人手一册。

4. 朱由检即明思宗（1610—1644），他于1627年继位，年号崇祯，是明朝的最后一任皇帝。他兼工书画，现流传至今的墨迹有《九思》轴（台北故宫博物院藏），本幅正上方有押字："崇祯御笔"，笔力瘦劲凝练，风格秀逸，是思宗楷书中的精心之作。《松风水月》（北京故宫博物院藏），款署"崇祯御笔"，钤"广运之宝"。笔力骄纵，挥洒任意，为思宗书法之佳作。《思无邪》轴（北京故宫博物院藏），此书行笔遒劲，结构清晰，显示出思宗深厚的书法功底。他可以说是字如其人了，一直在忧患之中，陷于两面作战，一面是国内的农民军李自成和张献忠、罗汝才他们的起义，一面就是清兵。《思无邪》有一些刚愎自用的东西。

《松风水月》经常出展，包括去比利时展出过。

（二）宁王朱权后裔"多""谋""统"三代的书画成就

在朱明家族中，宁藩一脉在书画艺术上所取得的成就最为显著，其后裔"多""谋""统"三辈更是在宫廷绘画全面走入衰微之时，不守旧，敢于创新，进而把宗室书画艺术推入一个崭新的阶段，如朱多煃、朱多炡、朱统锲、朱统鋷等。由此可以看到文人画的创作理念已在朱明家族中起到十分重要的作用。

后来宫廷画家有名的像林良、吕纪都是在明代中期。过去对宫廷绘画一般评价比较低，研究的比较少，所以皇室书画资料特别零散，特别少。也不好划分时代，有的皇帝去世比较早，有的皇族们从事书法，跟权力没有关系反倒活得比较长，所以就笼统地定在了明代中期。元代绘画虽然只有90年，书画发展可以说是一个很大的高潮，但是由于朱元璋和朱棣不喜欢，朱元璋杀画家也很厉害，像周位、赵元基本都被杀了，那种画风一下子就没了。明宣宗有元代画风，但是他主要是南宋院体的风格。

四、结语

朱明家族存世的书画艺术作品多兼具艺术与史料的双重价值，有的史料价值尤为珍贵，如太祖的《明总兵帖》《明大军帖》，仁宗的《行书敕谕》页，宣宗的《武侯高卧图》卷，宪宗的《一团和气图》轴、《岁朝佳兆图》轴等，俱为明朝政治、军事、经济、文化等方面的重要文献，对研究明代军事形势与政治方略有着颇为珍贵的参考价值。

文金祥 故宫博物院副研究馆员

参天覆地盈握间，碧玉琅玕纳一盆
——清代宫廷中的像生盆景

刘 岳

盆景，蕴含着中国古代文化"观天地生物气象"的精神追求，代表了"一花一世界，一叶一菩提"的宇宙观，实践了"虽由人作，宛自天开"的美学思想，是传统思维模式与时代好尚交融的产物。

除天然之外，还有一类人工制品盆景，以各种金银贵金属和稀有宝石作为材料，惟妙惟肖地模仿盆景形态，是工艺美术和盆景艺术的创造性结合，被称作像生盆景，或工艺盆景、宝石盆景等。像生盆景能够超越时间的限制，保持生机盎然的姿态，在制作过程中还可以根据作者的巧思，实现对现实的再创造，增添各种带有吉祥含义的意象，实现人们的美好愿景。

一、从天然盆景到像生盆景

（一）何谓盆景

盆景是一种别具一格的中国传统艺术形式，综合园艺的技巧、绘画的美学和诗的意境于一身，通过对花草树木等植物进行特殊的栽培处理，加入各种人工配景，种植于精心挑选的容器中，形成微缩的、可移动的小型景观，陈设于厅堂、居室，与环境融洽无间，达到美化居室，增添生活趣味的目的。

盆景的艺术特征被学者总结为六个方面：

其一，概括性。盆景以小见大，"一峰则太华千寻，一勺则江湖万里"（文震亨《长物志》中语）。

其二，综合性。盆景艺术是多学科综合的结果，需要高超的园艺栽培技术，融入绘画、雕刻、文学、书法等艺术形式的审美精神，从而构成"立体的画与无声的诗"。

其三，整体性。盆景的景、盆、架（几）等一起构成了相互协调、相辅相成的有机整体。

其四，盆景是活的艺术品，不仅仅是空间艺术，还是时间艺术，它具有植物的季节性，需要长久维护，创作过程和创作周期具有持续性和变化性。

其五，与传统园林艺术有密切关系。盆景的发展与园林艺术的发展息息相关。园林是微缩的自然，盆景是微缩的园林。

其六，盆景艺术深受文人阶层的生活方式与审美变迁的影响。盆景和园林都与文人阶层的兴起、文人的生活方式有密切的关系。

（二）盆景的历史

盆景的发展与中国古典园林艺术的演进密不可分。早在河北望都东汉墓壁画中已出现插有六支红花的圆盆，有的学者认为它就是后世盆景的雏形[1]。一般将盆景最初的成熟期追溯至唐代，不仅是因为唐初章怀太子李贤墓前甬道东壁壁画上就绘有手捧盆景的侍女（图1），也因为文献中不乏此时园艺技巧已相当发达的证据，更出现了"盆池""盆

---

1 彭春生：《盆景起源的研究》，《中国园林》1985年第2期；谢欣、彭少林：《盆景起源的九种观点》，《中国花木盆景》2004年第7期；李树华：《中国盆景的形成与起源的研究》，《农业科技与信息（现代园林）》2007年第10期。

图 1 [唐] 章怀太子墓前甬道东壁所绘侍女像，墓室位于陕西省乾县乾陵乡杨家窪村

花""盆奩""些子景""盆玩"等雅称[1]。

而盆景艺术的全盛时期还是在明清。此时园林设计思想日趋成熟，在明人计成的造园理论专著《园冶》中，已总结出一系列如"抑景""引景""借景""框景"等空间处理手法，"巧于因借，精在体宜""移竹当窗，分梨为院"，令有限体量的建筑、山水形成一个丰富完满的环境系统，使身处其间者有与广阔天地亲身相接之感。这种造景和造园思想有着深刻的社会文化背景与美学理论依据，同时也是文人生活审美化倾向的一种反映。

关于盆景的各种著述也不断涌现，如《遵生八笺》《考槃馀事》《长

---

[1] 李树华：《〈中国盆景文化史〉摘辑：中国盆景艺术的起源（上）》，《花木盆景》，2006 年第 5 期。

物志》《花镜》《南村随笔》《扬州画舫录》《盆玩偶录》等，都涉及盆景艺术的理论与实践。在当时的人眼中，盆景是"不下堂筵而能坐穷泉壑"的所谓"卧游"佳具。清人陈淏子在园艺学著作《花镜》中说得很清楚："至若城市狭隘之所，安能比户皆园，高人韵士，惟多种盆花小景，庶几免俗。"李渔在著名的《闲情偶寄》中所言更为直白："幽斋磊石，原非得已，不能置身岩下，与木石居，故以一拳代山，一勺代水……然能变城市为山林，招飞来峰使居平地，自是神仙妙术……不得以小技目之。"江南地区盆景栽培技术已达历史高峰。明代王鏊编《姑苏志》卷十三中称："虎丘人善于盆中植奇花异卉、盘松古梅，置之几案间，清雅可爱，谓之盆景。"清人王鸣韶在《嘉定三艺人传》中载："（朱）小松……将小树剪縶供盆盎之玩，一树之植，几至十年……后多习之者。"朱小松本是嘉定竹刻的奠基者之一，兼擅盆景栽培，后来者相沿成俗，使得嘉定成了盆景名家辈出之地。李斗的《扬州画舫录》算是一部扬州旅游指南，其中也谈到当地的盆景制作："湖上园亭，皆有花园……养花人谓之花匠，莳养盆景……盆以景德窑、宜兴土、高资石为上等。种树多寄生，剪丫除肄，根枝盘曲而有环抱之势。其下养苔如针，点以小石，谓之花树点景。又江南石工以高资盆增土叠小山数寸，蓄水作小瀑布，倾泻危溜。其下空处有沼，畜小鱼游泳响嚅，谓之山水点景。"而在北方，通过暖房栽培，可使鲜花在冬季开放，世称"唐花"或"堂花"。《红楼梦》第五十三回写正月十五贾母在花厅摆酒席，"每一席旁边设一几，几上设炉瓶三事，焚着御赐百合宫香。又有八寸来长、四五寸宽、二三寸高的点着山石、布满青苔的小盆景，俱是新鲜花卉。"这是一段极具画面感的描绘。宫中年节所陈设的盆景则出自"南花园"，据清人高士奇在《金鳌退食笔记》中载："南花园……杂植花树。凡江宁、苏、松、杭州织造所进盆景，皆付浇灌培植。又于暖室，烘出芍药、牡丹诸花，每岁元夕赐宴之时安放。"我们在清人绘制的乾隆帝《岁朝行乐图》（图2）内，确实看到了花朵盛开的盆景。

图 2 [清] 弘历岁朝行乐图（故宫博物院藏）

（三）像生盆景的起源

像生盆景始自何时的问题，还没有定论，相关的史料极其有限。不过孕育出这一独特艺术形式的文化观念与工艺技术的积淀却是有迹可循的。即以珠玉宝石状拟花树植物的形态而言，就可追溯至很多古代传说中去。《山海经·海外南经》中载"三珠树"："三株树在厌火北，生赤水上。其为树如柏，叶皆为珠。"又《山海经·海内西经》："开明北有……珠树、文玉树、玗琪树……"这里的诸种异树皆是古人在自然现象基础上所展开的瑰丽想象，却可能成为人造像生工艺的灵感源泉。

在汉魏时期流行一时的汉武帝传说里，也能找到以珠玉为像生花树的描述。如《艺文类聚》卷六十一引《汉武故事》："上（汉武帝）起神屋，……前庭植玉树，珊瑚为枝，以碧玉为叶，或青或赤，悉以珠玉为之，子皆空其中如小铃，鎗鎗有声。"描述的规模虽非后世区区像生盆景可比，但其表现形式却颇有相通之处。

与之类似而更近于信史的载于《资治通鉴》卷一百八十，大业元年（605）五月隋炀帝营建洛阳西苑，其北为龙鳞渠，沿渠筑十六院，"堂殿楼观穷极华丽，宫树秋冬凋落则剪采为华叶，缀于枝条，色渝则易以新者，常如阳春，沼内亦剪采为荷芰菱芡，乘舆游幸，则去冰而布之"。剪采（彩）本为立春时的风俗，用花纸或织物剪裁成花草虫鱼之类为饰。南朝梁宗懔《荆楚岁时记》里谓："立春之日，悉剪彩为燕戴之。"剪彩以肖形生动为尚，如唐人李峤在《立春日侍宴内殿出剪彩花应制》诗中赞叹："缀绿奇能似，裁红巧逼真。花从篋里发，叶向手中春。"而宋人高承在所编类书《事物纪原》卷八中引《实录》曰："（正月百花未开）晋惠帝令宫人插五色通草花。汉王符《潜夫论》已讥花采之费。晋《新野君传》，家以剪花为业，染绢为芙蓉，捻蜡为菱藕，剪梅若生之事。按此则是花朵起于汉，剪彩起于晋矣。"剪彩和通草像生花的出现时间甚早，使用也更为广泛，对像生盆景的工艺技术与文化内涵均有影响。

  随着研究的深入，近年来关于像生盆景出现时间的史料得以进一步被开掘、整理。如在成书于明清之际的长篇世情小说《醒世姻缘传》第五回中，我们就发现了一段颇为细致而生动的描述："……到了（二月）十三日，王振的生日，苏刘二锦衣各备了几件稀奇古怪的物件，约齐了同去上寿……苏锦衣的一个羊脂玉盆，盆内一株苍古小桃树，树上开着十数朵花，通似鲜花无异，细看是映红宝石妆的。刘锦衣的也是一样的玉盆，却是一株梅树，开的梅花却是指顶大胡珠妆的。王振看了，甚是欢喜，说道：'你两个可也能！那里钻刺的这门物儿来孝顺我哩？'随分付近侍道：'好生收着。拿罩儿罩住，休要暴上土。不久就是万岁爷的圣诞，进了万岁爷罢。'"[1]从小说的描写来看，即使是王振这样的人物，见到这两盆用珍珠宝石仿制的盆景都觉得非常稀罕，还要进献给皇上，可见到明末清初之时类似物品并不常见。

---

[1] 扬之水在谈到清代流行的簪钗装饰题材时，首次引用这条材料。参见：《中国古代金银首饰》卷三，故宫出版社，2014年，第821页。

二、清代宫廷中的像生盆景

（一）皇家与像生盆景

我们现如今所能看到的传世的像生盆景实物，基本都是清中期以后制造的，且制造的主要推动力量来自宫廷，所以这些像生盆景也代表了皇家的工艺水平与审美趣味。

关于当时清宫制造大量像生盆景的原因，主要有以下几个方面的推测：

一是季节因素。北方的冬天气温较低，天然盆景受季节影响，需要特别的园艺技巧，像生盆景却能四时常新，无虞代谢，相比之下优势立显。

二是养护因素。天然盆景是活的艺术品，如长期陈设，需要专人养护，这在宫禁中有诸多不便，而像生盆景形态相对稳定，且不用担心落叶、脏污或特殊气味等因素。

三是标示等级。像生盆景所用皆是珍贵材料，更能够彰显宫廷格调。

四是寓意吉祥。清代宫廷讲究"图必有意，意必吉祥"，像生盆景通过堆砌吉祥符号，迎合了清代皇室对"吉祥"的世俗性渴求，是时代风尚的直接反映。

像生盆景的表现题材主要是各种花果植物，表面上看来是模仿自然，实则多是具有吉祥寓意的符号，妙在二者和谐统一，丝毫不觉凿枘。比如常见的圆筒式

图 3 [清] 填漆筒式盆玉石万年青盆景（故宫博物院藏）

盆万年青，可谐音为"一统万年清"（图3）；又如佛手和桃、石榴的组合，称作"三多"纹，含义为多福、多寿、多子；再如葫芦象征家族绵延、柿子与灵芝相配寓意"事事如意"等，不一而足，反映了流行的风尚。

像生盆景所用多是较为珍贵的材料。如用来制造花、果、枝条等部分的主要有珊瑚、蜜蜡、碧玺、玉、料（玻璃）、金、银等；翡翠、染色象牙常用来制成叶片；珐琅、金银、玉石、竹木、漆、瓷等材料则是盆的用材，再配以紫檀等硬木所制的架座，从而构成景、盆、座三位一体的装饰效果。正因为像生盆景选料讲究、工艺精美、寓意吉祥，故而成了清宫中节庆典礼的重要贡品与礼品。

据《万寿庆典初集》载，时为雍亲王的胤禛为康熙六旬万寿进献寿礼中包括多件像生盆景：如群仙庆寿寿山珐琅盆景、仙山珊瑚彩石盆景等。在乾隆十六年（1751）十一月二十五日皇太后六十大庆时，每日例进寿礼"九九"（共九种，每种九件），二十一日盆景占"一九"，细目为：

> 绥山福永象牙蟠桃大盆景一件；
>
> 涂林嘉粒象牙石榴大盆景一件；
>
> 宝掌拈花象牙佛手大盆景一件；
>
> 华林丹颗象牙柿子大盆景一件；
>
> 春台日丽象牙牡丹盆景一件；
>
> 珠囊启瑞汉玉石榴盆景一件；
>
> 安期仙果汉玉枣树盆景一件；
>
> 玉砌长春象牙月季花盆景一件；
>
> 瑞实金英象牙桃菊盆景一件。

均为像生盆景无疑。

通过清宫遗留的专记各宫室陈设情况的档案，可知像生盆景在清宫中很可能不作为日常陈设，而是重要的年节（元旦，即今春节）陈设，如道光年间的《乾清宫珠石档案》中载：乾清宫东暖阁年节陈设有"金胎台萨（台萨是满语捶打之意）桃花盆景一盆""金胎台萨松梅盆景一盆"，西暖炕上年节陈设有"鸣凤在竹铜镀金盆景一件"等[1]。而光绪年间的《年节陈设清册》[2]中列举的物品很多，盆景就有255件，占了相当大的比例。

（二）清宫像生盆景的设计、制造与陈设

清代宫廷工艺的审美风格来自于帝王有意识的建构，早在雍正五年（1727）雍正皇帝就曾指出："朕看从前造办处所造的活计，好的虽少，还是内廷恭造式样，近来虽其巧妙，大有外造之气。尔等再做时不要失其内廷恭造之式。"[3] 乾隆继承乃父之风，对于宫廷工艺的干预更加巨细靡遗、不遗余力。那么"恭造式样"又是怎样贯彻到具体的活计中去的呢？这有赖于一套严格而有效的宫廷工艺管理机制。从档案记载看，在皇帝划定活计内容后，从设计阶段开始，即不断提出要求，审查方案，其中一个重要的环节是确定"样"，通过"样"来传达设计意图，令工匠能更直观地理解器形、纹样，乃至款识的写法等。[4]"样"包括平面的画样及立体的木样、合牌样[5]等，以画样最为普遍。参与像生盆景设计与制造的主要机构，是内务府下属造办处的各个作坊，有"镶嵌

---

[1] 以上出自《清宫陈设档·乾清宫珠石档案》，道光十五年七月十一日立，编号：陈011。

[2]《清宫陈设档·年节陈设清册》，光绪年间钞本，编号：陈533。

[3] 见雍正五年闰三月初三日"记事录"，载中国第一历史档案馆、香港中文大学文物馆合编：《清宫内务府造办处档案总汇》（以下简称《档案总汇》），人民出版社，2005年，第2册，第456页。

[4] 关于"样"的作用，可参看郭福祥：《宫廷与苏州——乾隆宫廷里的苏州玉工》，收入故宫博物院、柏林马普学会科学史所编《宫廷与地方：十七至十八世纪的技术交流》，紫禁城出版社，2010年。

[5] 合牌样即所谓"烫样"，是以硬纸板为主要材料来制作建筑、器物匣座等模型，比较利于表现直线条的立体效果。

作""珐琅作""牙作""匣作""皮作""玻璃厂"等。我们可从造办处遗留的档案中看到不少实例，如乾隆二年（1737）五月二十日"珐琅作"得到谕旨："着将各式寿意活计做些，以备万寿呈进"，于是画得"珐琅盆景芝仙祝寿盆景纸样一件、梅椿盆景纸样一件、松树盆景纸样一件、芝兰盆景纸样一件"等，并于当年八月十二日"做得玻璃罩珐琅盆镶嵌象牙盆景四件"[1]。而乾隆四年（1739）十月初十日"镶嵌作"在为化日舒长做"堆山石树木衬玻璃盆景"之前，不仅先画样，还要"照样先堆做小盆景一件呈进，如好时再做化日舒长屋内大盆景"[2]。可见皇帝对像生盆景设计的严格掌控。

制作的例子如雍正四年（1726）八月初七日"牙作、砚作、镶嵌作"受命照"葫芦片嵌玻璃罩通草莲花盆景"配做"象牙岁岁双安盆景一件、九安团聚盆景一件、莲艾鸳鸯盆景一件、松鹤长春盆景一件"[3]。又如乾隆六年（1741）三月十六日"皮作""为烧造得端阳节呈进玻璃盆二对，欲配做绫绢花盆景二对"[4]。乾隆七年（1742）六月二十五日"镶嵌作"为建福宫延春阁桌子上做"月白玻璃牙花盆景一件"[5]等。不过，造办处承制活计的能力有限，制作完整像生盆景的记录远不如给盆景收拾见新、配制配件的记录多。像乾隆二年（1737）八月二十七日"镶嵌作"曾为一件"珊瑚狮子盆景""见新收拾，配一罩"[6]。又如乾隆十年（1745）二月十一日"玻璃厂"接到"碧玉八角盆景一件，上随金松树一柯（棵）"，受命"将盆上树山子俱各拆下，照样另配做呆黄玻璃盆，成做盆景一件，其换下玉盆送进"[7]。乾隆十九年（1754）二月初七日"牙

---

[1]《档案总汇》第7册，第709—710页。

[2]《档案总汇》第8册，第793页。

[3]《档案总汇》第2册，第246页。

[4]《档案总汇》第10册，第131页。

[5]《档案总汇》第10册，第763页。

[6]《档案总汇》第7册，第817页。

[7]《档案总汇》第13册，第396页。

作"接到"翠叶盆景四件，各式牙花盆景十八件"，工作是"将翠叶盆景收拾枝梗，铺地景，其余牙花盆景收拾见新"[1]。相近的例子甚多，此不赘举。

与天然盆景主要由三织造采办贡进相类，像生盆景的制作也常常交付这几处内务府下属机构，有时连皇帝亲信包衣官员把持的盐政、榷关也参与其中。在乾隆四十二年（1776）正月初四日的"行文"[2]中曾详细记载了一次分派下发盆景活计的过程，可例其余。乾隆在谕旨中交代："宫内瀛台永安寺等处现设各式盆景四十八对，俟过节后持出，交长芦盐政西宁、两淮盐政寅著、苏州织造舒文、杭州织造福海、江宁织造基厚、淮关监督伊龄阿、九江关监督全德、凤阳关监督跕住各六对，收拾见新，算伊等贡内呈进。"具体分配如下：

交长芦盐政西宁：
永安寺——呆玻璃盆绢花盆景八座，
瀛台——蓝玻璃盆绢花盆景二对；
交两淮盐政寅著：
建福宫——紫檀木都盛盘象牙五老看图盆景一座，
静怡轩——洋漆镶象牙长方盆牙花盆景一对（随座），
洋漆长方盆各式牙花盆景九座（各随座）；
交苏州织造舒文：
重华宫——嵌银母方盆牙花盆景一对（随座），
镶嵌六方福禄寿盆景一座（随座），
漱芳斋——一统万年青绢花盆景一座（随座），
红漆描金盆绢花盆景一对（随座），

---

[1]《档案总汇》第20册，第255—256页。
[2] 行文是经内务府堂官审画，发至其他机关之公文。通常由大臣阅后，于上写一"行"字，因以为名。

黑漆描金盆绢花盆景一对（随座），

紫漆六方八角盆绢花盆景一对（随座），

蓝玻璃海棠式盆绢花盆景一对（随座）；

（交杭州织造福海）：

重华宫——铜胎法（珐）琅元盆牙花盆景一对（随座），

斋宫——玳瑁海棠式盆牙花盆景二对（随座），

五彩磁盆牙花盆景一对（随座），

泥金釉磁盆牙花盆景一对（随座），

瀛台——翡翠玻璃盆绢花盆景一对；

交江宁织造基厚：

永安寺——锡胎漆盆绢花盆景四座，

文竹盆绢花盆景八座；

交淮关监督伊龄阿：

咸福宫——洋漆长方盆牙花盆景一座（随座），

寿安宫——铜胎法（珐）琅各式盆景九座（各随木座），

瀛台——玳瑁盆牙花盆景一对；

交九江关监督全德：

德日新——铜胎法（珐）琅盆各式牙花盆景九座，

永安寺——呆玻璃盆绢花盆景三座；

交凤阳关监督跕住：

寿安宫——白石各式盆牙花盆景八座（各随座），

铜胎法（珐）琅长方盆牙花盆景二对（随商丝木座）。

当年十二月初四日各处陆续将收拾见新的盆景呈进。

除去宫廷工艺制造系统生产、采办之外，王公大臣以个人名义贡进，也是宫中盆景的一个来源。仅以乾隆五十九年（1794）一年档案中所载为例，就有：三月二十五日河南巡抚穆和兰差千总林元臣进贡

"镶嵌福寿盆景二对";七月十九日河南巡抚穆和兰差千总林元臣进贡"镶嵌四季长春盆景二对、镶嵌葡萄盆景一对、玉海棠花盆景一对、玉万年青一统一件";七月二十一日调任广东巡抚朱珪差把总王俊进贡"镶玉四季盆花二对、镶玉大吉轿瓶花一对、万年一统"[1]等,可见其数量是非常可观的。

  像生盆景的陈设习惯应与天然盆景近似。天然盆景可以置于室外,与园林环境相配合,具备可移动的借景道具功能,这可以从江南名园的布置中略窥其堂奥。在室内,则较多出现在书房、起居室等与人日常活动关系密切的建筑中。为适合传统建筑的形制和陈设习惯,多对称安置,有的置于高几上,也有的可以并排放在长几案上,主要是根据居室结构,并寄寓主人的喜好和生活情趣。而从宫廷绘画,如清人绘雍正妃行乐图之一(图4)、清人绘弘历观孔雀开屏图(图5)等作

图4 [清] 胤禛妃行乐图(十二选一)(故宫博物院藏)

图5 [清] 弘历观孔雀开屏图贴落(局部)(故宫博物院藏)

---

1 以上各条分别见《档案总汇》第55册,第68—111页。

品中反映出的盆景陈设方式来看，基本上与汉族传统一脉相承，显示出清代帝王对精致文化的有意识地吸收。

与天然盆景可外可内的特点相比，像生盆景更多承担室内装饰的功能。通过清宫陈设档案来看，像生盆景主要布置在与居住者生活起居有关的建筑内，礼制建筑内比较少见。盆景的置放处多在案、格、桌、炕几等醒目而又不妨碍日常活动之处，但有时也会起到实际的遮挡作用。如雍正十二年（1734）"记事录"载：

四月初三日，内大臣海（望）奉旨，佛楼地坛内神像，朕礼拜时前面太露，尔用牛油石做抹角长方盒，其盒长八九寸，宽五六寸，高一寸几分，盆内配珊瑚树，嵌紫英石，着常保做样呈览过再做，钦此。于四月二十日画得牛油石盆样一张，常保呈览。奉旨珊瑚树太高不必挡着脸像，将珊瑚树宝石做平些，钦此。于五月二十日做得牛油石盆景一件，用配做宝石银镀金胎□镂钱方胜，随紫檀木香几一件，司库常保持进安讫。[1]

制作精美小巧的像生盆景还会被收入具有集中收藏、展示意味的多宝格内。如乾隆九年（1744）正月二十三日"镶嵌作"载：

首领开其里交漆边镶白肖子石八方盆象牙牡丹花点翠叶盆景一件、紫檀木镶嵌银母六方盆象牙长春花点翠叶盆景一件、黄杨木盆松树盆景一件、乌木镶嵌盆蜜蜡佛手点翠叶盆景一件。传旨，着收拾，得时仍在清玩格上摆，钦此。[2]

如今故宫博物院开放区域主要是依据紫禁城原状复原，虽然难以

---

[1]《档案总汇》第6册，第520页。
[2]《档案总汇》第13册，第97页。

图 6 储秀宫东次间前沿炕落地罩前炕几上陈设的玉盆珊瑚盆景

图 7 养心殿西暖阁三希堂内墙上的各式壁瓶

做到若合符节,但也可以为我们认识像生盆景的陈设规律提供一个直观的现场。以储秀宫东次间前沿炕紫檀雕花炕几上的玉盆珊瑚盆景为例(图6),它与一对玉壶春瓶并置,通过镂雕的落地罩,在分割中也保留了通透,从背面看过来还有借景之妙。

值得一提的还有一种像生盆景的变体——壁瓶。其器型为常见花瓶的一半,内插宝石花卉,靠壁一面平坦有孔,可以悬挂于墙壁上。它既可以节省空间,又具有三维浮雕效果,与壁纸相得益彰,从而成为清代宫廷室内陈设中一种独具特色的用品。养心殿西暖阁三希堂内景观,正可作为壁瓶装饰效果的一个突出例证(图7)。

(三)传世像生盆景举隅

以下我们从故宫博物院珍藏的像生盆景中撷取几件佳作,来感受一下这类极具宫廷色彩的工艺品的独特艺术魅力。

铜镀金嵌珐琅盆红珊瑚盆景(图8),盆呈海棠式,通体錾缠枝莲纹,四面开光内装饰珐琅桃树、石榴等纹饰。盆中植天然珊瑚,红色纯正润泽,枝干分布均匀,高达64.5厘米,宽达75厘米,是难得一见

图 8 [清] 铜镀金嵌珐琅盆红珊瑚盆景（故宫博物院藏）

图 9 [清] 金长方盆红宝石梅花盆景（故宫博物院藏）

的巨材。

金长方盆红宝石梅花盆景（图9），盆通体以卍字不断头纹为地，凸起"寿"字一周。景为梅树一株，枝干木胎，包裹一层铜镀金皮，花瓣为红宝石与尖晶石制成，金制花蕊，翠制叶片。周围衬点翠叶玛瑙茶花、玉叶珊瑚珠万年青、铜镀金嵌宝石灵芝及青金石、玛瑙湖石等，错落有致，主次分明，为清宫祝寿用品中的代表。

珐琅盆碧玺桃树盆景（图10），盆为铜镀金胎掐丝珐琅嵌画珐琅制成，外壁纹饰为卐字锦地，每面四角饰折枝宝相花，中央以西洋卷叶围合出开光，内嵌画珐琅西洋风景人物。盆中景为铜镀金枝干点翠叶染骨花碧玺及玉石

图 10 [清] 珐琅盆碧玺桃树盆景（故宫博物院藏）

桃树一株。金树、翠叶、各色玉石花果与中西融合的珐琅盆相互映衬，显得雍容华美，极具宫廷趣味。

青玉菊瓣式盆水仙盆景（图11），青玉菊瓣盆轻薄透明，局部镶嵌宝石，带有明显的伊斯兰玉器风格，当时称作"痕都斯坦玉"。盆中青金石湖石周围植有五株水仙，以螺壳为鳞茎，以染色象牙为叶，以白玉为花瓣，以黄玉为花蕊，形态逼真，寓意"芝仙祝寿"。

天然木槎象牙仙人景（图12），以木根雕作槎舟状，槎下以着色木雕波浪为座，波浪上留孔插入象牙雕刻的莲花、莲叶、莲蓬。槎头置铜镀金錾胎珐琅盆，内植小型碧玺果桃树景。槎中部端坐一位以染牙雕刻的老者，长髯及胸，一手执画卷，神色安详。仙槎源于神话传说，明清时期被纳入吉祥图案体系，有祝寿之意。

紫檀嵌玉座蜜蜡珊瑚仙人驾凤景（图13），主景为一红珊瑚凤凰立

图11 [清] 青玉菊瓣式盆水仙盆景（故宫博物院藏）

图12 [清] 天然木槎象牙仙人景（故宫博物院藏）

图13 [清] 紫檀嵌玉座蜜蜡珊瑚仙人驾凤景（故宫博物院藏）

于孔雀石上，凤翅上立蜜蜡制仙女，肩披点翠嵌红宝石彩带，手持碧玺仙桃。旁以金累丝嵌珍珠松树和嵌大红宝石的灵芝、寿石为衬。下配一紫檀方座，嵌白玉雕龙纹和福禄寿纹装饰。在众多清宫所藏珊瑚盆景中，选材如此精良、雕刻如此细致、配色如此具有时代特点者，诚不多见。

刘岳 故宫博物院器物部副研究馆员

中国古建筑彩画艺术
——兼赏北京地区官式建筑彩画

张 隽

一、历史篇

中国古建筑的营造有几大技法，木作、瓦石作、油漆作等，今天我们就来讲讲古建筑的点睛之笔——油漆作的彩画艺术。我们在很多种类的古建筑上都见到过彩画，如宫殿建筑、府邸宅院、园林建筑、坛庙建筑、寺观建筑，还有陵墓建筑等。

图1 建筑屋檐彩画

这些建筑施以彩画的位置主要在梁、枋、桁檩、斗栱、翼角、天花、柱子、椽望、雀替及匾额等地方。施以彩画的目的，首先是保护木结构，因为日晒雨淋、虫蛀霉菌等危害，造成木结构的糟朽，所以有防腐防虫的作用。其次是装饰效果，北方地区的冬季树叶凋零，灰色暗淡，而鲜艳的建筑彩画可以带给人们愉悦，尤其是大屋顶下，本来黑压压的阴影部分通过梁架彩画，一下提升了建筑色彩。

中国古建筑的彩画即油饰技术，源于建筑木体系的要求，为了保护木材构件免受燥湿、冷热、风雨侵蚀及防虫防朽等因素，而在其表面涂刷红色或黑色涂料。随着古代人民对美观的要求，刷饰各种颜色的图案，历代相传，成为装饰生活环境的重要手段，也是构成中国建筑东方特色的表征。人们常以"雕梁画栋""金碧辉煌""绣桷云楣""青琐丹楹"等美丽的辞藻形容古建筑彩画在艺术表现力方面的重要作用。那么彩画源于何时？中国美术史为我们提供了答案，人类最初的美术活动，并非是以纸绢为载体，而是以墙壁、洞窟、岩石等为载体，石器时代的岩画上绘制的简易图像，便可以看作是建筑彩画的起源。建筑彩画可分四个时期，宋代以前的称为早期彩画，包含自石器时代至唐代的各个时期；宋辽金元的彩画发展循序渐进、各有特点，为发展时期；明代为成熟时期；清代为繁盛时期。

（一）早期彩画

宋以前的彩画现存实物较少，但从一些文献上可窥一二。东周春秋时期就有文献记载："楹，天子丹，诸侯黝、大夫苍、士黈""春，王三月，刻桓公桷"。说的是东周时的鲁庄公所盖宫殿柱子用了红色的，是不合礼法的。不同阶层人士居住建筑的柱子，涂饰不同颜色用于区分身份地位，是建筑上的一种等级制度。周天子用红色，其诸侯国的君王用黑色，大臣官员用深青色，中级阶层的知识分子用土黄色。鲁庄公他是周天子的诸侯，柱子应用黑色的，不应用天子等级的红色。"山节藻棁"的记载，意思是在大斗上涂饰山状纹样，在短柱上绘制藻类的图案。这也是僭越的。另外，《鲁灵光殿赋》提到"圆渊方井，反植荷蕖"的内容，即是在天花上绘出莲花、荷花、菱角、藕等水生植物图案，表示以水制火之意，还有"橑檐皆绘龙蛇萦绕其间""柱闲皆画云气、花葩、山灵鬼怪"等描述。在汉代的室内装饰中，通过汉墓的反映可见斗拱已施彩绘，颜色有朱、棕、紫、绿、黑、白等，给人感觉为暖色。

随着佛教的传入与推广，南北朝时期的建筑构件出现简约的彩色

图 2 根据文献艺术化处理的秦汉时期诸侯级别的宫殿（焦作影视城）

图 3 根据文献艺术化处理的秦汉时期天子的宫殿（横店影视城）

图案，如莲花、忍冬纹、火焰券、飞天、卷草纹。有的建筑椽檩开始有彩绘，有的建筑内部开始吊装天花，天花井口内绘飞天、莲花等，图式多样。这一期间写生手法浓重，自由变化度较大，尚无固定形式。唐代留存的建筑稀少，但从石窟和墓葬中亦可看出其对南北朝时期的传承与发展。柱身的彩绘丰富了，斗拱有彩色花纹装饰且拱身与大小斗分饰不同颜色，额枋有"七柱八白"的画法，即额枋全身刷土朱色，在枋木中心画出八块小方块，白块之间留有朱色，这一形制延续至宋。同时唐代的天花也更为丰富，内容图案增多。开始出现叠晕的方法，使得图案更具立体感。

整体来看，早期彩画的特点是，图案规划自由，尚无定制，颜色丰富，五彩纷呈，不求色调，植物性题材为主要装饰母题，开始使用金以提高彩画华美力度，初步使用间色与退晕的手法。

图4 [西魏] 敦煌莫高窟内人字坡顶橡望彩画

图5 [中唐] 敦煌莫高窟内壁画佛殿柱子彩画

图6 [中唐] 敦煌莫高窟内壁画佛殿斗拱彩画

图7 [五代] 浙江临安吴越国康陵墓室彩画

（二）发展时期

宋代出现了一部有关建筑技术的科学文献，即李诫的《营造法式》，它首刊于北宋崇宁二年（1103），继刻于南宋绍兴十五年（1145）。《营造法式·彩画作制度·总制度》载："五色之中，唯青、绿、红三色为主，余色隔间品合而已。"此书提供了建筑构件上的图案做法（色彩、样式、材料），与唐代相比较，此时的彩画制度已进步不少。体现在以下几点：①建筑的装饰已遍及梁柱、大小枋板；②彩画分为五种形制，即五彩遍装、碾玉装、青绿叠晕棱间装、解绿装、丹粉刷饰。并按等级规定，五彩遍装及碾玉装为上等，青绿和解绿装为中等，丹粉为下等；③图案母题也有所增多；④提出根据等级预估功料的验算标准。我们来看一下根据《营造法式》所推断的建筑彩画。

图8 五彩遍装示意、碾玉装示意

图9 青绿叠晕装、解绿装、丹粉刷饰

宋代彩画制度有着承上启下的作用，其艺术成就对后世影响有如下几方面：

1. 整体色调分为青绿的冷色调和丹粉的暖色调；
2. 间色——一组颜色相隔着对比使用，方便统一色调；
3. 叠晕——沿墨线或图案，将不同色阶的相同颜色，由浅入深或由深入浅排列绘制，形成渐变效果；
4. 缘道——沿边缘画出界限，强调构件体积转折；
5. 团花——圆形的花卉图案。

其中，重点介绍一下"团花"，此时的团花已有两种形式，一种用于柱身、梁栿身内的素地锦纹中的"团窠"形式，呈单独的构图状态或方胜近菱形的花饰。另一种用于梁栿、柱身的折枝花叶图案，呈二方连续的图案状态，即在每一波折中皆包含一朵团花。需要说明的是《营造法式》是北宋中原地区官式做法，而现在这一地区实物已无存，仅有山西若干建筑、甘肃敦煌石窟窟檐建筑，及宋辽时期墓室彩画可供参考，所以我们能看到的或许与当时官式建筑有一定差异，但也有接近《营造法式》制度的，所以应该能够反映出概貌。这些区别及地

图10 [北宋] 山西高平开化寺大殿拱眼壁彩画

域特色以后有机会再说。

辽金两代战火不断,建筑彩画实例山西遗存较多,除此主要是由墓室反映出来。元代统治时间不足百年,遗留彩画实例较少。山西芮城永乐宫、洪洞广胜下寺、高平定林寺部分殿宇存有元代建筑彩画,其余也主要是通过墓室反映。

元代统治时间不足百年,遗留的彩画实例较少,但通过现有建筑及元代墓室反映的彩画,它的一些变化确实为明清彩画的定型做出了先河铺垫。如①青绿色调占主导地位,五彩遍装和海墁式渐少;②箍头式做法出现;③整团的旋花出现,代替写生式的花纹;④退晕层次渐少,已无三四层晕道的画法;⑤斗栱彩画简化;⑥龙凤纹的大量运用,开创明清的先河;⑦原木彩绘,无地仗一说,仅油底色。

图11 [元] 高平定林寺配殿彩画

(三) 成熟时期

明代是国家统一兴盛时间较长的朝代,土木建筑的数量和质量都有了空前的进步,建筑美学的进步也通过建筑装饰表现出来,彩画是其中一方面。但明代彩画留存实例依旧不多，屈指可数，而造成明代彩画稀少的原因，一则是颜料的耐久性限制，二则是建筑业主即帝王、房屋主人的除旧布新，追求"时尚"观念而没有保存历史信息的概念。明代的彩画从大方面归纳，有官式做法和地方做法两种。由于遗存实物较少，其官式彩画究竟分几类依旧是个谜，但就实物来看分两类，一类是"旋子彩画"（因明代并未有像宋《营造法式》和清《清工部工程做法则例》那样的明确记载，姑且按其图案，套用"旋子"称呼）；另一类即绘于皇家园囿建筑上的，近似清中期官式苏画的龙纹枋心、锦文找头彩画。明代的旋子彩画是从元代同类彩画演变而来，大木上的彩画构图形成了严谨的风格，最突出的就是枋心和找头两个部分，枋心端头明确固定了型，找头固定了旋花造型，"一整两破"为基本形式。箍头的形式定型，作为端头的收尾。斗栱演变为青绿色退晕做法，不再绘饰细部花纹。天花构图确定了方、圆鼓子造型。明代是彩画的成熟期，它的彩画定式为清代奠定基础，从设色和工艺上有以下特点：

1. 颜料，采用国产矿物质颜料，接近国画颜料，使用此颜料绘制的彩画十分淡雅，艳而不浮，犹如青绿重彩的装饰画。

2. 色调，冷暖色调组合十分调和，如青绿色基色中装饰红色花心莲座，用金也并不是大面积铺开，而是在突出部位如花心、花蕊等部分点饰一下。

3. 做法，无论等级高低，均采用退晕做法，退法都是从浅色入手，逐层加深，且色阶宽度不大，勾线也不用反差大的白线，而是用最浅的青或绿，使色调更为柔和。

明代官式旋子彩画可分三个等级（以绘制的精细程度和用金箔多少而划分）：

1. 金线大点金彩画——最高等级彩画，用于皇宫内主要殿宇和重要坛庙主殿。

2. 墨线点金彩画——中等级做法，适用范围较宽，如皇宫内后、妃居住的殿堂和较重要的殿宇及各种宗教寺庙主要殿宇。

3.不点金彩画——用于一般建筑。

图12 金线大点金

图13 墨线点金

图14 不点金

（四）繁盛时期

清代的彩画也不是完全一样的，有它的时代特点。一般分为清前期的官式彩画与清中后期官式彩画，是以乾隆时代为分界。乾隆以前的顺治、康熙、雍正三朝的近百年间是继承明末凋敝社会的社会经济状况，力图恢复国力的时期，所以并未开展大规模的建筑工程，技术与艺术也是延续明代的成规。而乾隆朝以后，随宫廷建筑数量的增加，艺术要求也有所提高，所以形成了现在普世认为的官式彩画三大类，即和玺彩画、旋子彩画、苏式彩画。此外，尚有吉祥草彩画和海墁式彩画，虽不够普遍，但自成一类。下面就北方官式建筑中较为常见的三大类彩画，做一下详细介绍。

刚才按等级来说是和玺等级最高，但是按照出现顺序来讲，和玺是在旋子彩画基础上演变而来的，所以这里首先介绍旋子彩画。

旋子彩画是官式彩画的第二类，是以明代旋子彩画基础演化而来，至清代可大致分为八种类别。按等级做法从高至低为：

1. 浑金旋子；

2. 金琢磨石碾玉；

3. 烟琢墨石碾玉；

4. 金线大点金；

5. 墨线大点金；

6. 墨线小点金；

7. 雅五墨；

8. 雄黄玉。

旋子彩画在应用上有四个范围：

1. 皇宫、皇家园囿中的次要建筑。其中最多使用的是金线大点金和墨线大点金。个别比较重要的殿堂采用金琢磨石碾玉或烟琢墨石碾玉。附属房一类低等级建筑多采用小点金或雅五墨。

2. 皇宫内外祭祀祖先的殿堂（如奉先殿、太庙等），帝后陵寝的主体建筑。

3. 重要祭祀坛庙的次要建筑及一般庙宇和王府等采用旋子。

4. 雄黄玉彩画是专用的彩画，用于庖制祭祀的建筑装饰上，如帝后陵寝及坛庙的神厨、神库等。

和玺彩画是宫廷建筑中最华贵的一种彩画，多用于宫殿、坛庙的主殿和殿门。它是在旋子彩画的基础框架上演化而来，即保持了箍头、找头—枋心—找头、箍头的三大段落，只不过把找头两端60度角的皮条线、岔口线删去，换成三个横向排列的莲瓣形边框，再去掉旋花的样式。其纹饰另一特点是，枋心、找头、盒子及平板枋、垫板等构件不施绘花卉、锦文，而是编绘龙纹、凤纹、西番莲纹和吉祥草纹。在设色上，主体框架线一律沥粉贴金，不采用墨线的做法。根据所用图案，和玺彩画又分若干类别与等级：

1. 龙和玺；
2. 凤和玺；
3. 龙凤和玺；
4. 龙凤枋心西番莲灵芝找头和玺；
5. 龙草和玺。

苏式彩画是装饰园林建筑的一种彩画。是清代经江南苏州一带传至北方宫廷内，在构图、细部纹饰上被官式化、北方化的独特彩画，所以我们现在江南水乡一带看到的私家园林的彩画与北方所见的彩画是不一样的。而且苏式彩画也有分期。早中期和晚期。这两大时期的构图可分为三种，即枋心式、包袱式、海墁式。枋心式即像旋子彩画框架式，只不过去掉了旋花，换上锦纹、团花、卡子等图案，枋心依旧绘龙纹、凤纹、西蕃莲等纹饰。其间也有绘博古或写生画的。包袱式的构图，即去掉枋心，在同一位置用一个半圆形画框，覆在檩、垫板和额枋中部，因其形象酷似一个下垂的圆形花巾，故称其为"包袱"。海墁式的梁枋两头只保留箍头，其间的枋心、包袱、池子、找头一律删去，不设任何画框，像一幅开阔的画面，遍绘卷草纹、斑竹、流云纹等。苏式彩画中包袱式中的包袱内容，有故事人物画、写生花鸟画、亭台楼阁画、山水画等，虽然不如吉祥图案那样直接，但也有着吉祥寓意，有很多还含有教化民众的理念。

二、工艺篇

我们简单地介绍一下彩画的工艺程序。这部分阐述的是彩画呈现在木结构上的流程的几大步骤。彩画的工艺技术分为地仗工艺，油皮工艺，贴金工艺。

（一）地仗工艺

彩画并非直接绘于木料上，第一道工序便是地仗，"地仗"是指在未刷油之前，木质基层与油膜之间的部分，这部分由多层灰料组成，并钻进生油，是一层非常坚固的灰壳。地仗在木材表面砍、洗、挠的工序，即使木材表面粗糙，有利于使灰层与木接合，如遇旧木料，缝隙较大，则先要用木条、竹钉填缝。像装修瓦匠贴瓷砖，先拉毛的工序。

一麻五灰工艺是油漆地仗的特色，即地仗中包含一层麻和五层灰，当然根据情况会有一麻四灰、一麻六灰的变化，还有不使麻的四道灰、三道灰、二道灰等，但原理是一样。

通俗来讲，木结构搭建起来，是本色的，表面也不平整，通过地仗的工序，通过几道灰层、麻层、布层，使其平整之后，木色柱子就变成了灰色的，平整了，再在上面进行油皮工艺。

（二）油皮工艺

油皮工艺分两部分进行，一部分是进行彩画，另一部分则是继续油漆工艺，即油皮工艺，其中油皮工艺在某些部分与彩画工艺交错进行，这就需要提前确定进行油皮工艺部位。一般进行油漆部分由上至下为山花、博风板、连檐、瓦口、椽头、椽身望板、柱子、槛框、大门、窗装修、栏杆扶手、雀替、楣子等部分。对于檐下大木，视彩画内容而定，如做和玺彩画，则檩、垫、枋均不做油皮；如做旋子彩画则根据等级、规格而定垫板部分是否进行油皮工艺；如做苏式彩画也是根据等级，确定檩、垫、枋何处油漆，何处彩画，在掐箍头彩画和包袱彩画中，都会留有大面积油皮。通俗一点讲，能看到大面积统一的红色、绿色即油皮工艺。举例，柱子、门窗、檐下、博风板的红色等，其余便是彩画工艺。

我们来说说彩画的基本工艺，按顺序大致为：

1. 检查地仗是否可进行彩画；

2. 用砂纸打磨地仗表面，再过水通刷，使地仗颜色深，以便以后认清谱子图样；

3. 起谱子，丈量实际尺寸、裁好配纸，根据和玺、旋子、苏式的种类起谱子，起稿定稿；

4. 打谱子，将图样转移到构件上去，即在定稿的牛皮纸上，扎小孔，拍上粉迹，局部找补；

5. 沥大粉制造凸起的双线条、沥小粉制造细部凸起图样；

6. 涂底色；

7. 包胶表示贴金部分，即黄颜料加胶调和，现在包胶中是黄颜料加漆，这样可将两道金胶节省为一道；

8. 打金胶贴金；

9. 退晕色，增加层次，即渐变；

10. 拉大粉上白色线条；

11. 压老黑增加彩画层次，使图案整齐、格调沉稳。

最后两个步骤都是为彩画"提神"的。

（三）贴金工艺

贴金工艺其实归属于油皮工艺中贴金工序，这里单独再提一下，金即金箔，以装饰效果按部位划分有两大部分，一部分装饰于彩画图案之间，这在用金量上占很大比重，比如金龙图案，就是贴金箔；另一部分装饰于油漆部位，即用于突出各构件的装饰线，比如椽头。贴金部位一般是以沥粉来确定，沥粉就是为贴金而设定的，它凸起的线条被金箔覆盖后，楞线反射十分光彩夺目。一张金箔厚度只有0.13微米，1万张金箔叠在一起才1毫米多厚，所以金箔很易碎裂、折皱。贴好金箔后，要扣油，即粘到图线外的金箔用油漆压掉，最后还要根据金箔的成色，给金箔罩油。

三、赏析篇

此篇以前面讲的内容，对照北京地区官式建筑的彩画进行欣赏和分析。

图15 太和殿的重檐彩画：梁架金龙和玺、金琢墨斗拱、金琢墨雀替，斗子匾

图 16 太和殿椽望做法：飞椽万字、圆椽福寿，望板为片金流云，椽肚必须彩画

图 17 故宫端门龙草和玺彩画：法轮吉草枋心（柱头、找头）

图 18 故宫坤宁宫外檐草和玺彩画——龙凤枋心

图 19 天坛祈年殿弧形枋龙凤和玺彩画、童柱流云纹饰

图20 天坛祈年殿片金西番莲大卷叶草柱子．天坛皇穹宇片金西番莲草柱子

图21 故宫奉先殿外檐一字枋心金线大点金旋子彩画

图 22 故宫奉先殿内檐混金旋子彩画

图 23 文丞相祠山门雅伍墨彩画

图 24 苏式枋心式彩画

图 25 故宫倦勤斋内海墁葡萄架（修复后）

张隽　北京市考古研究院副研究馆员